美國史
America

陳靜瑜　著

三民書局

增訂二版序

　　美國，十八世紀才創立的美洲新大陸國家，這塊土地之上，除了北美原住民（Native American，通稱印第安人）是這塊土地的主人外，其他都是客族，意即美國是一個接納移民的國家。兩百多年來，來自各方一波又一波的移民前往追求新大陸的自由、平等和財富，也因為移民的共同努力，從十三個英屬殖民地發展成一個經濟及軍事大國。這奇蹟般創造的原因，在眾多複雜的歷史因素中，有兩個因素是不容忽略的。首先，美國全名是美利堅合眾國 (The United States of America)，美利堅民族的主體是來自世界各國的移民及其後裔。亦即，北美奇蹟是由各國移民及其後裔創造的，沒有移民就沒有美國，沒有移民的奮鬥就沒有今日的美國。其次，美國具有廣闊富饒的空間，空間的優勢彌補了她的時間與歷史的短暫。誠如托克維爾所云：「整個這片土地，好像專為一個偉大民族預先準備好的空搖籃。」尤其西部的開發對美國的發展格外重要，沒有西部開發，就不會有現代化的美國。築基於「移民」與「西拓」這兩個歷史因素，讓在十九世紀下半葉的美國顯現最活躍、巨大的影響力。當時移民的遷入出現新的高潮，西部的開發已延伸到太平洋沿岸，遠西的開發與移民的遷入，構成了美國歷史上最瑰麗的一頁。如果說十八世紀的移民，主要是為建立美利堅合眾國而奠基，以開發美國的大西洋沿岸，那麼十九世紀的移民，則為美國太平洋沿岸的開拓而英勇奮鬥，使美利堅合眾國成為政治、經濟上真正統一的國家，最終成為橫跨兩洋的國家，在地球上實現由「大西洋時代」到「太平洋時代」的偉大轉變。在這偉大的歷史轉捩點上，移民的貢獻功不可沒。

　　為了呈現多姿多采的美國歷史,本書撰寫方式以時間為縱軸,以政經、社會文化為橫軸,藉主題單元方式,將本書分成三篇予以敘述。第一篇以「美利堅的崛起」為題,計分八章討論美國從殖民地的建國、南北戰爭乃至美西戰爭,再再從歐洲經驗中學習新國家的民主與典範,並積極向西開拓,充實實力,而成美國之大。第二篇以「美國的世紀」為題,計分九章探討美國歷經兩次世界大戰,成為世界首要強國,對外積極擴張。在冷戰時期,美蘇太空科技及武力競賽下,韓戰、越戰接連發生,考驗美國的智慧與實力。這個世紀是美國的世紀,美國各時期的社會變遷、文化改變,乃至少數族群的抗爭吶喊,都牽動影響世界的脈動。第三篇以「多元文化的美國」為題,討論多元族裔聚集的美國,除了彼此欣賞各自的獨特外,也相互接納彼此的優點,融合為一而成今日的美國;並視二十一世紀美國將再創一「新」的美國紀元,在國際舞臺現身。

　　築基作者過往的專長與興趣,著手專著《美國史》一書,希望能客觀不倚的評述美國的發展歷史,並期待能對臺灣學術界貢獻棉薄之力。本書自 2007 年付梓以來,也已十餘年,茲再增訂二版實感榮幸。為求本書的完整,作了內容的增刪與調整,並補充二十一世紀美國歷史之概況。雖非倉卒成書,謬誤遺漏之處在所難免,尚祈博學先進不吝指正。

陳靜瑜

2020 年 9 月

書於國立中興大學歷史系研究室

自　序

　　美國是一個由移民構成的國家，當其立國之初，在這個新大陸上，除了北美原住民外，皆為客族。因此之故，美國立國的先天條件，族群是多元性，文化是多元性，追本溯源，從初期各國移民的各個族群和各個文化結合起來，而成美國之大。這一形成過程，歷時數百年，因素也相當複雜。美國雖然是當今世上的一個泱泱大國，但她的歷史並不久遠。從 1607 年，英格蘭殖民者在北美建立了第一個永久殖民據點，定名為詹姆士城開始，揭開美國史的序幕。從美洲殖民地地位至今日二十一世紀的世界強國，美國扮演著領導者的角色，她的歷史演變發展，值得我們重視。

　　筆者於國立中興大學歷史系畢業後，曾於美國攻讀碩、博士學位，專長為美國族群史、美國華人社會史及美國社會文化史。1992 年學成返國後，服務於國立中興大學歷史系迄今，任教課程包含「美國族群史」、「美國史」、「美國近代史」及「美國社會文化史」等課程。美國史的研究，一直是筆者近二十年來執著鑽研的重要課題。筆者留學美國時，即特別注意美國政治制度、社會風俗、青年文化的改變、婦女的角色扮演，並觀察各族群結構變化與其對美國社會適應性等議題的探討。在教書及研究歷程中，筆者著重研究美國史，及美國華人移民社會的嬗變等議題。

　　環顧國內，由於全球化的影響，我國未來一定無可避免的面臨族群發展、國家認同及面對國際之間的互動等問題。因此，藉由著作《美國史》，將美國的族群、移民政策、建國歷程及面對反恐的危機處理等各

項議題，介紹給國內學者、讀者，或許可以獲致他山之石的成效。藉由有系統、有組織的探討當前美國之重要概念、理論、方法和議題，讓國內各界或能進一步了解美國各階段的成長架構，培育出理性批判及客觀分析的觀點。筆者認為《美國史》一書完成後，其內容、論點應有機會成為我國日益複雜的族群融合及認同、族群和諧、青年文化的巨變、面對戰爭的省思及國際事務的處理等問題的參考及借鏡。

臺灣學界中對美國史研究的專書已有許多論著，而筆者認為如欲認識美國的政治、經濟、社會與文化，倘從美國各個階段的成長歷程進行單元性的分析與研究，並從各屆總統的個性、家庭背景、內政及外交作為，逐一做探討，不失為是一種途徑。築基過往的專長與興趣，筆者乃著手專著《美國史》一書，希望能客觀不倚的評述美國的發展歷史，並期待能對我國學術界貢獻棉薄之力。

陳靜瑜

2007 年 9 月

書於國立中興大學歷史系研究室

美國史

目次

第三篇　多元文化的美國

第一篇
美利堅的崛起

第一章　導　論

　　美國的歷史，是一部舊文化作用在原始環境裡的歷史。我們可以說，美國跳躍過歷史最初的六千年，現身歷史場景中時已是壯年，滿懷勇氣，渾圓成熟。最早赴美墾荒的不是原始的民族，而是文明的人類，他們把既有悠久的歷史，移植過來。但新世界絕不只是舊文化的延長，而是移民依循先民的理想與締造者的計畫發展而成。呈現在墾荒人面前的，是草萊未闢的蠻荒，東起大西洋，西止太平洋。在這種環境中，固有的制度起了深刻的變化，各國各族的人民同居共處，傳統的文化也有了新的模式。美國在族群的融合、信仰的寬容、社會的平等、經濟的公勻及政治的民主上，作出了空前最大膽的實驗。

　　美國，原是十七世紀和十八世紀初期，英國在北美東海岸建立的殖民地。在 1492 年哥倫布 (Christopher Columbus, 1451–1506) 發現新大陸以前，人類主要的活動地區侷限於歐洲及亞洲，而歐洲及亞洲在東半球連成一個大陸，環觀世界地圖可以發覺，歐洲的面積遠較亞洲面積小。過去早期亞洲人占著地理上的優勢，在上古或中古時期居於世界的領導地位，但自哥倫布發現美洲新大陸後，再加上歐洲人懂得利用便捷的海洋，迅速向海外各地發展，相繼地占有美洲及亞洲各島嶼，歐洲人就此取得地理上的優勢，代替亞洲人執掌了世界。此後的近代世界，成為歐洲人或是移居於歐洲以外的白種人的時代，也就是一般人所謂的「歐洲化」的時代。

　　美國雖然是當今世界一個泱泱大國，但她的歷史並不久遠。五百多年前，美洲大陸還是一片未開發的荒野，樹茂林密，荒草萋萋，是古老的印第安人、愛斯基摩人和阿留申人 (Unangan) 世世代代生息繁衍的地

方。1492 年，代表西班牙的航海家哥倫布航行到美洲，從此之後，歐洲各國民族主義者蜂擁而來，瓜分豆剖、掠奪地盤。同此時期，歐洲大批下層人民，也為了逃避戰禍、貧窮和宗教迫害，冒著風險，遠渡重洋來到美洲新大陸。1607 年，英格蘭殖民者在北美建立了第一個永久殖民據點，定名為詹姆士城 (Jamestown) 開始，揭開美國史的序幕。隨即大批英國移民紛至沓來，到 1733 年，英國共在新大陸建立了十三個殖民地。1763 年以後，美洲殖民地人民與宗主國英國間的矛盾逐漸激化，1775 年 4 月 19 日爆發獨立戰爭，1776 年 7 月殖民地人民宣布脫離英國母國，另組一個新的國家——美利堅合眾國 (The United States of America) 因此誕生。從美洲殖民地地位至今日二十一世紀的世界強國，美國扮演著重要的角色，她的歷史演變發展，歷時數百年，因素也相當複雜。

一、1763 年以前的北美殖民地時期

在新大陸土地之上，除了北美印第安人是這塊土地的主人外，其餘皆是客族。他們分散在美洲新大陸上，依著大自然的賜予，過著原始的生活。然而隨著歐洲移民大批的到來，為爭取土地與掠奪毛皮貿易，不惜以欺騙方式換取利益，甚至與北美印第安人發生衝突及戰爭。歐洲移民反客為主，視北美印第安人是洪水猛獸，盡其所能予以驅逐。北美印第安人最後在歐洲人帶入黑死病源後，人數銳減，北美印第安人文化受到破壞。

自哥倫布航行到達美洲後，西班牙、法國、英國等歐洲國家陸續向美洲殖民。美洲新大陸維吉尼亞 (Virginia) 的詹姆士城在 1607 年由英國倫敦公司所建，隨後各殖民地紛紛產生，因此許多史書就以 1607 年作為介紹美國歷史的開端。1620 年冬天，英國移民乘「五月花號」(Mayflower) 到達樸資茅斯港 (Portsmouth)，這是屬於北美英屬新英格蘭

圖 1：美國行政區圖 州名下方為各州加入聯邦的時間

(New England) 殖民地的英國清教徒 (Puritans) 移民，曾經企圖在當地建立一個以基督教「清教」思想為標準的單一化社會，建立一塊理想中清教徒的淨土。他們排斥一切企圖傳播非清教思想的人士，發生過多次迫害不同信仰者的事件。❶ 同此，來自世界各國的移民不斷地移入，移民的民族與種族成分越來越多元化。其中，尤其是在其形成的初期，以盎格魯薩克遜文化構成美利堅社會文化的基礎。英屬北美殖民地以及美利堅合眾國建立以後，該社會的統治者，也曾經力圖保持這種一元化的盎格魯薩克遜文化的原則。他們都曾經竭力按照英國文化模式，發展美國文化。然而，客觀條件下是不允許他們如此做的，除非他們有可能禁止大量外來移民入境，或者僅僅只允許來自英倫三島的移民入境，但這是不可能的。美利堅社會之所以能夠迅速發展及保持旺盛的生命力，在很大程度上，得益於「不斷注入的新生力量」，即大批外國移民的到來。外國移民為美利堅民族注入了新的智慧及新的勞力，同時也帶來了新的文化元素。

　　到 1730 年代初，英國在新大陸東海岸相繼建立十三個殖民地：北部新英格蘭地區，包括麻薩諸塞 (Massachusetts)、羅德島 (Rhode Island)、康乃迪克 (Connecticut)、新罕布什爾 (New Hampshire)，以工商業較為發達；中部殖民地區，包括賓夕法尼亞 (Pennsylvania)、紐約 (New York)、紐澤西 (New Jersey)、德拉瓦 (Delaware)，以務農為主，被稱為「麵包殖民地」；南部殖民地區，包括維吉尼亞、馬里蘭 (Maryland)、北卡羅萊納 (North Carolina)、南卡羅萊納 (South Carolina)、喬治亞 (Georgia)，盛行種植園奴隸制。最早建立的是 1607 年的維吉尼亞詹姆士城，最晚

---

❶ 1647 年出版的《阿格旺地方純樸的鞋匠》(*The Sample Cobbier of Aggawam*, 1647) 一書的作者那薩尼爾・沃德 (Nathanuel Ward, 1578-1652)，就曾經嚴肅地聲稱：「我大膽自稱為新英格蘭的代言人，在此代表本殖民地向世界宣布，一切家庭主義祕密教派、唯信仰主義派、再浸禮派及其他信仰狂熱派等完全有自由離開我們，希望他們盡快離開，越快越好。」

建立的是 1733 年的喬治亞，前後持續約一百二十多年。在北美殖民地時期，法國人在魁北克和密西西比河流域擁有強大的勢力範圍，西班牙人則控制了佛羅里達和墨西哥地區。經過一百一十多年的殖民戰爭（1652–1674 年間三次英荷戰爭；1689–1697 年威廉王之戰；1701–1714年安娜王位戰爭〔又稱西班牙王位繼承戰爭〕；1740–1748 年喬治王之戰；1756–1763 年七年戰爭），英國牢固地控制了北美大西洋沿岸。特別是七年戰爭結束後，法國退出了對北美霸權的爭奪，英國控制了加拿大和阿帕拉契山脈以西、密西西比河以東的廣大地區，成為北美大陸的霸主。

　　由於移民的增加以及非洲奴隸的輸入，殖民地人口持續增長，經濟也迅速發展。從 1660 年起，英國為控制殖民地的經濟，多次頒布《航海法案》(*Navigation Acts*)，對殖民地的外貿活動加以限制。《航海法案》限定殖民地的某些產品只能直接運往英國、愛爾蘭或其他英國殖民地。這些產品包括糖、靛青和菸草；十八世紀曾又包括稻米和糖漿。不在規定範圍的產品可以由英國船隻從英國殖民地直接運往外國港口。1664 年起，英國殖民地所需要的歐洲貨物必須由英格蘭轉口。到十七世紀末，這些條例已成為殖民地在經濟上的沉重負擔。❷ 至於在政治方面，殖民地議會同皇家總督之間的權力衝突不斷發生。到十八世紀中期，殖民地的大部分政治權力，已掌握在地方領袖之手。1763 年英法七年戰爭結束，英國獲勝，但長期戰爭開支浩大，英國認為北美殖民地應協助償付。然而這時北美殖民地的獨立傾向已日益強烈，不肯再向英國母國屈從。

---

❷　Gerald R. Baydo, *A Topical History of the United States* (Englewood Cliffs, NJ. Prentice-Hall, 1978), p.271.

二、1776 至 1815 年國家的建立和兩次對英戰爭

1775 至 1783 年的北美獨立革命推翻了英國在北美殖民地的統治，建立一個新興的獨立國家。1760 年代中期，北美殖民地強烈反對英國議會通過的幾個法案。1765 年英國議會通過《印花稅法案》(*Stamp Act*)；同年 10 月，九個殖民地派代表赴紐約舉行抗議大會。英國議會在被迫撤銷《印花稅法案》後，1767 年 6 月又通過《湯森稅則》(*Townshend Acts*)，但仍遭到殖民地反對，被迫撤銷。1773 年發生波士頓茶黨 (Boston Tea Party) 事件，英國於 1774 年頒布了一系列限制性法令，被殖民地稱為「不可容忍法令」(The Intolerable Acts)；同年 10 月北美殖民地召開大陸會議，雙方關係陷於緊張狀況。1775 年 4 月，英軍與殖民地民兵在麻薩諸塞州的勒星頓 (Lexington) 和康科特 (Concord) 發生武裝衝突。到 1776 年初，殖民地的反抗已演變為戰爭，要求獨立的呼聲日益高漲；同年 7 月 2 日的大陸會議投票贊成獨立，7 月 4 日發表了湯姆斯·傑佛遜 (Thomas Jefferson, 1743–1826) 起草的《獨立宣言》(*The Declaration of Independence*)，宣布成立美利堅合眾國。《獨立宣言》的發表是美國歷史上的里程碑，標誌著美利堅合眾國的誕生。直至 1781 年 10 月，英將康華理 (Charles Cornwallis, 1738–1805) 在維吉尼亞州的約克鎮 (Yorktown) 向喬治·華盛頓 (George Washington, 1732–1799) 投降，戰爭遂告結束。和約簽訂後，英國承認了美國的獨立，並將其西部國界劃至密西西比河。

美國獨立後政局不穩，1786 年麻薩諸塞州曾發生謝斯叛亂（Shays' Rebellion，1786 年 8 月－1787 年 2 月）。❸ 為了改變邦聯制的無力狀

---

❸ 麻薩諸塞州西部反抗重稅和經濟壓迫的叛亂。武裝的叛亂者迫使法院休庭以阻止取消抵押品贖回權和債務訴訟。1786 年 8 月，參加過獨立戰爭的軍人謝斯率數百人強迫春田最高法院休庭。1787 年 1 月率約一千二百人攻擊春田聯邦軍火庫時被擊敗。2 月

態，1787 年 5 月在費城召開制憲會議，9 月制定了《憲法》。1788 年底舉行第一次選舉，華盛頓當選總統，1789 年成立了聯邦政府。1791 年又在《憲法》中增添十項關於人權的補充條款。由於政見分歧，1792 年形成了兩個政黨：聯邦黨和民主共和黨，美國兩黨政治形成。1803 年美國從法國手中購買了面積廣袤的路易斯安那 (Louisiana) 地區，它是美國歷史上最大的一次領土取得，對於經濟發展具有重要意義。它掃除了美國西進的一大障礙，使密西西比河這條眾河之父成為美國的內河。1812 年美國為維護航海自由向英國宣戰，戰爭持續了二年半，1814 年 2 月雙方簽訂了《根特和約》(Treaty of Ghent)。

綜言之，從 1783 至 1812 年的三十年間，美國鞏固地建立了民主共和國體制，其中包括確立共和制、聯邦制、總統制和穩定的《憲法》。1812 至 1815 年的第二次對英戰爭是美利堅合眾國反對欺壓她的世界工業大國的戰爭，其結果促進聯邦政府的鞏固，開啟工業革命和長期的和平建國時期。

三、1816 至 1850 年的美國

1816 至 1824 年在美國歷史上稱為「和睦時期」(Era of Good Feeling)。1819 年美國從西班牙手中購得佛羅里達 (Florida)。1823 年美國警告歐洲列強不得干涉新大陸的事務，此為「門羅主義」(Monroe Doctrine)，其自信口吻反應了全國的民族主義情緒。但在有關奴隸制問題上的爭論，則是全國分裂的最明顯表現。雖然 1820 年達成的「密蘇里妥協案」(Missouri Compromise) 暫時緩和進一步分裂的危險，但並沒有解決這個危機。在 1812 年戰爭以後的幾十年中，美國經濟迅速發展。工業革命在北部諸州蓬勃展開，工廠制度逐步確立。沸騰的美國社會吸

---

4 日在彼得斯哈姆 (Petersham) 敗後逃往佛蒙特州。叛亂結束後，麻薩諸塞州議會制訂法律，改善債務人的經濟處境。

引外國移民不斷湧入，為美國經濟發展提供了大批勞動力。城市勃興後，經濟、政治、文化、教育隨之興盛。在 1820 年代和 1830 年代，美國政治日趨民主。1830 年代至 1850 年代被稱作「改革時期」，美國北部各州興起各種改革運動，諸如婦女權利運動、禁酒運動等等，其中最重要的是廢奴運動。美國南方則以農業為主，農場主畜養大批黑奴為其耕種，南方因奴隸而成「棉花王國」。

　　在整個十九世紀上半，東部居民不斷向密西西比河流域和更遠的西部拓殖。「西進運動」在北美獨立革命和南北戰爭之間具有承先啟後的作用。它是北美獨立革命的結果，也是南北戰爭的前奏。這種大規模的經濟開發和社會遷移活動，對於美國近代工業化和社會經濟的發展、民族性格的形成及思想文化的發展，都具有重大的影響。領土擴張過程延續了半個多世紀，它既有殖民掠奪、爭鬥的一面，又有一定意義上由殖民地轉變為自由領土的一面。除了 1803 年購買路易斯安那地區外，1810 年和 1819 年東、西佛羅里達的取得，消除了東南部來自西班牙的威脅。美國乘機於 1840 年代向西部擴張，在吞併了新獨立的德克薩斯 (Texas) 之後，迫使英國把奧勒岡 (Oregon) 領地改屬美國，還利用邊境事件為藉口，對墨西哥進行戰爭，奪取了新墨西哥 (New Mexico) 和上加利福尼亞。但公眾對於要在墨西哥割讓的領土上擴張奴隸制的問題，展開了激烈爭論。1850 年達成了「加利福尼亞妥協案」(*California Compromise of 1850*)，但問題並未真正解決。在短短的幾十年內，黑奴問題並未解決，而美國的領土大為擴張，從二百三十萬平方公里迅速增加到九百三十多萬平方公里。美國經濟大國的形成、自然條件的優越，是和美國領土的擴大有著密不可分的關連。

四、南北戰爭、重建和新南部 (1850–1900)

　　在美國西進運動、領土擴大和早期工業化中，逐步形成了南北兩種

不同的社會經濟型態，即北方的資本主義工業和南方的種植園奴隸制農業。代表工業資產階級利益的北方要求擴大國內市場，限制奴隸制發展，補充資本主義生產所需要的自由勞動力，實行高關稅，保護美國工業的發展。而代表種植園奴隸主利益的南方，要求擴大種植園經濟，為世界市場生產更多的商品棉花，實行低關稅，從英國輸入廉價的工業品。南北兩種勢力在政治上的爭鬥集中反應在限制和擴大奴隸制的問題上。美國的地方主義 (provincialism) 以及南部和北部之間的分歧由來已久，也促使區域衝突，特別是南部擁護奴隸制和北部反對奴隸制之間的衝突，不斷加劇。1850 年的「加利福尼亞妥協案」、1854 年的《堪薩斯－內布拉斯加法案》(The Kansas-Nebraska Act)、共和黨的誕生、堪薩斯內戰 (Bleeding Kansas)、1856 年約翰‧布朗對波塔沃托米 (John Brown vs. Pottawatomie) 渡口的襲擊、1857 年德雷德‧史考特 (Dred Scott, 1799–1858) 裁決──這些事件表明，1850 年代是政治危機日益深重的十年。1860 年共和黨人林肯 (Abraham Lincoln, 1809–1865) 當選總統；南部蓄奴州相繼退出聯邦，並在 1861 年 2 月成立了以傑佛遜‧戴維斯 (Jefferson Davis, 1808–1889) 為首的獨立政府。4 月 12 日南方聯盟砲擊薩姆特要塞 (Fort Sumter)，南北戰爭爆發。在戰爭進程中，林肯斷定若要贏得軍事勝利，就必須解放黑奴，於是在 1862 年 9 月發表了《解放宣言》(Emancipation Proclamation)。為期四年的南北戰爭 (Civil War, 1861–1865)，最後以北部勝利而告結束。戰後 1865 年林肯遇刺，民主黨人安德魯‧詹森 (Andrew Johnson, 1808–1875) 繼任總統，美國南部進入「重建」時期 (Reconstruction Era, 1865–1877)。詹森的重建計畫，不給予南部各州的黑人有選舉權。重新組成的南部各州政府都推行《黑人法典》(Black Code)，把黑人當作劣等人對待，貶低到社會中的從屬地位。戰後的南部農民瀕於破產，重返家園自謀生計，用穀物交租的辦法，逐漸成為南部普遍實行的勞動制度。之後，1877 年海斯 (Rutherford

Birchard Hayes, 1822–1893) 就任總統，標誌著重建時期的結束。到 1890 年是「新南部」時期，由各州民主黨的保守派統治。但南部大多數新的政治領袖已不是代表種植園主，而是代表南部新興的實業界了。他們熱衷於鐵路、棉紡和城市地產投機。南部諸州以各種名目剝奪黑人的選舉權。直至 1890 年代，南部仍屬於貧窮落後的地區。

五、美國的社會變革 (1865–1900)

南北戰後，美國人口不斷地增長，大批歐洲移民蜂擁而來。城市人口的迅速增長，意味著鄉村勢力在美國開始衰弱，同時也表明建立在工業複合體基礎之上的社會已出現了。這一時期，美國進入以電力技術為標誌的科學技術革命階段，並完成了近代工業化，趕上德、英二國，成為世界首要的工業大國。與此同時，美國出現托辣斯 (Trust) 和聯合公司 (Cooperation) 等組織，進入壟斷資本主義的階段。

1869 年第一條橫貫東西的跨州鐵路築成，鐵路的鋪設完工促進了西部的發展。鐵路將東部的移民往西部移送，也將西部的物產向東岸輸出，使美國對內人口與物產的流通更加便捷。

在經歷 1870 年代中期的蕭條之後，1878 年美國進入繁榮時期。此後二十年工業產量、工人及工廠數字大增，美國已成為一個工業國，從企業競爭、兼併，進而形成了控制整個工業部門的巨大組合。壟斷的普遍形式最先是托辣斯，繼而是聯合公司。工人為了爭取改善工時、工資與工作環境，與雇主間的關係日趨緊張，全國性工會組織出現，勞動騎士團 (Knights of Labor) 於 1869 年建立。由於不同族群工人工作的相互競爭及爭取權利，導致 1870 至 1880 年代罷工頻仍。1886 年 5 月 1 日，美國各大城市約有三十五萬人參加大規模罷工和示威遊行，要求八小時工作制，史稱「五一」大罷工，以芝加哥聲勢最盛。5 月 4 日，芝加哥工人在秣市 (Haymarket Square) 集會，爆炸案發生，死傷慘重，此後勞

動騎士團逐漸衰弱。「美國勞工聯合會」（勞聯）(American Federation of Labor-Congress of Industrial Organizations) 取而代之，成為工會運動的領導者。

從南北戰爭到十九世紀末，共和黨在美國政治舞臺上占據要津；而且共和、民主兩黨在關稅、貨幣等問題上爭執不休。國會曾經通過《文官服務法》(*Civil Service Act*, 1883)、《州際貿易法案》(*Interstate Commerce Act*, 1887)、《謝爾曼反托辣斯法》(*Sherman Antitrust Act*, 1890) 等重要法案。1890 年代曾出現平民黨（即民粹黨，Populist），該黨綱領迎合西部農民的願望，提出無限制鑄造銀幣、鐵路國有、參議員直接選舉等項主張。在外交領域上，美國開始結束早期孤立主義 (Isolationism) 外交政策，奉行積極的對外擴張的政策轉變。這是一個歷史的大轉折時期：開始以自由競爭為主到以壟斷為主的轉變，由以農業國為主到工業國的轉變，由以農村為主到都市化興起的轉變，由早期技術革命到新技術革命的轉變，由自由放任到關心國家干預的轉變，以及由大陸擴張到開始海外擴張的轉變。

六、帝國主義、進步時期和躍居為世界強國 (1896–1920)

南北戰爭後的經濟高速發展，使美國成為強國。隨著國內邊疆的消失，向海外擴張的呼聲甚高，鼓吹「制海權」(Command of the sea)、社會達爾文主義 (Social Darwinism)、白種人負擔 (Whites' Burden) 的論調隨之風行。正是在這種背景下，1898 年的美西戰爭雖然為期短暫，但其政治和外交的結果卻不容忽視，因為它一舉將美國推上世界政治舞臺，美國從西班牙手中奪得關島、波多黎各和菲律賓之後，國務卿海·約翰 (John Hay, 1838–1905) 於 1899 年又針對列強在華利益提出「門戶開放」(Open Door) 的口號，後來成為美國遠東政策 (Far East Policy) 的基石。美西戰爭以後至今，是所謂的美國世紀，也是美國成為世界首要

強國的歷史。一方面，美國資本主義的生產關係和巨大的社會生產力，不時發生矛盾；另一方面，由於局部生產關係某些環節的不斷調整和科技技術的迅速發展，美國基本上呈現繼續向前發展的趨勢。美西戰爭標示著美國由自由資本主義轉變成壟斷資本主義，這是劃分美國近現代歷史的標界。美西戰爭的結果使美國名副其實地步上了世界經濟大國的行列，走上了對外經濟擴張的道路。美西戰爭後美國的經濟繼續迅速發展，經過第一次世界大戰，讓美國經濟發展突飛猛進，成了最大的資本輸出國。

二十世紀初美國開鑿巴拿馬運河，推行「金元外交」(Dollar Diplomacy)，在加勒比海地區占據著支配地位。美國國內興起的進步運動 (Progressive Movement)，是各種各樣的團體對迅速發展的工業化和都市化引起的種種問題進行改革，並致力於市政和州政的改革。共和黨西奧多‧羅斯福 (Theodore Roosevelt, 1858–1919) 總統採取了反托辣斯 (Anti-Trust) 的措施及「公平分配」政策。1912 年大選由於共和黨分裂，民主黨人威爾遜 (Woodrow Wilson, 1856–1924) 當選總統，提出「新自由主義」(New Liberalism) 的思想，針對轉型期的各種問題深入剖析，揭發內幕，逐漸匯成一股思潮，累積成為行動的哲學，並化為一股改革的力量，經由行政、立法、司法行為與政策，以和平的手段推動社會進步。1914 年大戰在歐洲爆發，威爾遜宣布美國中立，卻向協約國方面提供貸款和物資。在 1917 年德國宣布進行無限制潛艇戰 (German Unlimited-Submarine Warfare) 之後不久，美國即向德國宣戰。第一次世界大戰於 1914 年爆發，於 1918 年結束。1918 年 1 月，威爾遜提出建立國際新秩序的十四點和平原則 (Fourteen Points)，並在 1919 年巴黎和會上倡議成立國際聯盟 (League of Nations)。但由於國內孤立主義思潮抬頭，參議院拒絕批准《凡爾賽和約》(*Treaty of Versailles*)，反對美國加入國聯。第一次世界大戰後，美國在鞏固拉丁美洲地位的同時，也開

始爭奪全球的經濟霸權。

　　而 1900 年代可以說是美國進入現代化最為成功的一個時期，美國不僅由於各種科學上的發明，也深受英國工業革命的影響，早已由一個開發中的國家邁進領導世界的強國。特別是南方在社會和經濟上的重建，配合北方在商業、工業、交通上的進展，美國在 1900 年確實已進入到一個世界其他國家無可比擬的新紀元。美國不僅為她的人民建立了一個法治的、理性的、公平的社會，更為其他民主國家作了一個現代化國家的榜樣。但是很少有人了解，這一個年輕的國家，從殖民地時期，經過拓荒、砍伐、內戰、重建，所歷經的層層苦痛及所流的滴滴血汗，都是這個國家奠定良好物質文明最堅實的基礎。

七、1920 至 1945 年的美國

　　第一次世界大戰後共和黨政府採取扶植企業的政策，放鬆對企業的限制。1920 年代的國民經濟驟趨繁榮，但各部門發展不平衡，繁榮缺乏牢固基礎。1929 年 10 月，胡佛 (Herbert Hoover, 1874–1964) 就任總統後不久，爆發華爾街金融恐慌，證券市場股票猛跌，開始了大蕭條時期 (Great Depression, 1929–1933)，胡佛試圖通過市場的自由運作來應付隨之而來的經濟蕭條，但並未奏效。這次的經濟恐慌，是美國歷史上空前規模的嚴重經濟危機。

　　1932 年民主黨人富蘭克林・羅斯福 (Franklin Delano Roosevelt, 1882–1945) 當選總統，他上臺後實行一系列整頓金融、復興工農業的政策以及賑濟失業者的措施，即所謂「新政」(New Deal)，由聯邦政府對國民的福利和社會保障承擔責任。「新政」時期是工會運動的高潮階段，「產業工業聯合會」（簡稱產聯）成立。在第二次世界大戰前「新政」雖未能使美國獲得徹底的經濟復興，但仍使國家情況好轉。「新政」是順應歷史潮流，藉由國家干預的一系列改良措施，緩和經濟危機的嚴重

惡果，避免走上法西斯主義的道路。羅斯福新政的改良措施有著進步意義，他的國家干預措施，標誌著國家壟斷資本主義的發展和壟斷資本統治的成熟，對於現代美國歷史的發展具有多方面的影響。

第二次世界大戰爆發，美國保持中立，然在 1941 年通過《租借法案》(*Lend-Lease Bill*)，對英國提供軍援。同年 12 月，日本飛機襲擊珍珠港，美國遂對日宣戰，美國的參戰代表國內孤立主義運動的結束。戰爭期間，美、英、蘇三國領袖先後在 1943 年 11 月德黑蘭，1945 年 2 月雅爾達，及 1945 年 7 月波茨坦舉行會議。1945 年 5 月德國投降，同年夏天，美國向廣島和長崎投擲原子彈；9 月日本投降；第二次世界大戰至此結束。這次戰爭的結果，美國成為在戰爭中損失最小、得益最大的唯一大國。同時在戰爭中，美國懷有明顯的擴張主義目的，也奠定了美國在戰後稱霸世界的基礎。

八、1945 至 1969 年的美國

1945 年 4 月 12 日富蘭克林·羅斯福總統因腦溢血驟逝，時任副總統杜魯門 (Harry S. Truman, 1884–1972) 繼任美國總統。杜魯門於 1947 年針對希臘和土耳其形勢擬定的政策被稱為「杜魯門主義」(Truman Doctrine)；國務卿馬歇爾 (George Catlett Marshall, 1880–1959) 亦提出美國援助歐洲經濟復興的綱領，即「馬歇爾計畫」(Marshall Plan)。1948 年參議院通過「範登堡決議」(Vandenberg Resolution)，授權談判簽訂《北大西洋公約》，並建立「北大西洋公約組織」（North Atlantic Treaty Organization，簡稱 NATO），首任最高司令是艾森豪 (Dwight David Eisenhower, 1890–1969)。1950 年韓戰爆發，麥克阿瑟 (Douglas MacArthur, 1880–1964) 指揮聯合國軍參戰，1953 年實現停戰。1957 和 1958 年蘇聯和美國分別發射人造地球衛星，開始了宇宙太空科技的競爭。冷戰期間的 1962 年，美蘇兩國發生古巴飛彈危機；1963 年美、英、

蘇三國代表在莫斯科簽署《局部禁止核子試驗條約》(*Partial Nuclear Test Ban Treaty*)。整個 1960 年代，美國國內社會問題叢生，種族關係緊張，黑人聚居區騷亂迭起，城市問題有增無減，貧困現象比比皆是，空氣和水源的污染十分嚴重。1963 年 11 月甘迺迪 (John Fitzgerald Kennedy, 1917–1963) 總統遇刺身亡，副總統林登‧詹森 (Lyndon B. Johnson, 1908–1973) 繼任。在他的任內越戰 (Vietnam War) 升級，使得國內反戰運動不斷高漲。

從第二次世界大戰結束到 1991 年代，是所謂的「冷戰」(Cold War) 時期，遏止共產主義擴張成為美國外交政策的核心。美國這時登上了資本主義世界的高峰，由於以原子能技術、宇航技術、電腦科技發展為標誌的第三次科技革命，在美國的興起和國家壟斷資本主義的發展下，八大財團發展為十大財團，跨國公司迅速蓬勃，美國成為工業現代化的超級大國。與此相呼應，美國由海外擴張走向推行稱霸世界的全球擴張道路，奉行對蘇、對華冷戰政策，也與世界各國人民產生了尖銳的矛盾。在對內政策上，美國在戰後初期，一度強化了反共反民主的措施，麥卡錫主義是它的典型表現。但是就整體而言，美國依然實行資產階級的民主體制。戰後從杜魯門的「平政」(Fair Deal) 至甘迺迪的「新邊疆」(New Frontier) 和詹森的「大社會」(Great Society)，這些政策可謂是小羅斯福「新政」的流緒。1960 年代艾森豪總統標榜折衷的中間路線的現代共和黨主義，也沒有離開國家干預、福利國家政策的軌道。

九、1969 年以後的美國

1969 年共和黨人尼克森 (Richard Milhous Nixon, 1913–1994) 就任總統，同年 11 月在赫爾辛基開始美蘇「限制戰略武器談判」(Strategic Arms Limitation Treaties)，並於 24 日簽訂《非核擴散條約》(*NPT*)。為了結束越戰，尼克森實行「戰爭越南化」(Vietnamization) 政策；1972

年尼克森訪問中國和蘇聯後，1973 年 1 月在巴黎簽訂停火協議，規定美國從南越撤軍。然而，水門 (Watergate) 事件的醜聞導致尼克森於 1974 年辭職，由副總統福特 (Gerald Rudolph Ford, 1913–2006) 繼任總統。1977 年民主黨卡特 (Jimmy Carter, 1924–) 上任，開始推行以保障人權為號召的外交政策。1980 年大選，雷根 (Ronald Reagan, 1911–2004) 和老布希 (George Herbert Walker Bush, 1924–2018) 獲得四十四州的支持，分別當選為總統和副總統。雷根主張減稅和加強國防建設。1984 年雷根再度當選總統，獲得近六成的選票支持。在第二個任期內他重整軍備，與蘇聯展開限武談判。1985 年他推動立法以簡化稅則，在不改變總歲入的情況下轉移稅負。同年聯邦赤字增加了一倍，促使國會要立法來平衡預算。1988 年 11 月舉行總統大選，老布希成為美國第四十一任總統，任內最為人知的政績，莫過於 1991 年波斯灣戰爭。柯林頓 (William Clinton, 1946–) 及小布希 (George Walker Bush, 1946–) 為美國第四十二及四十三任總統。繼小布希總統後，民主黨重新於 2008 年取得執政權，由巴拉克·歐巴馬 (Barack Hussein Obama, 1961–) 當選總統，為美國第四十四任總統，他同時也是第一位非裔血統的美國總統。歐巴馬的當選，也代表了美國多元文化的新意涵。

從 1969 年以降至今，由於資本主義政治經濟發展不平衡的規律，日本和歐洲共同體實力的增強，以及美國對越戰的失敗，隨後又出現 1975 至 1980 年的通貨膨脹及 1973 至 1975 年、1980 至 1982 年嚴重新型結構性經濟危機，從尼克森上臺以後到雷根執政，美國作為資本主義經濟霸主的地位明顯削弱了。從尼克森的新聯邦主義和新經濟政策，到卡特的反滯脹危機措施，再到雷根新聯邦主義的振興經濟政策和減稅計畫，說明了美國統治階級面臨一系列的經濟難題。與此呼應下，1970 年代的美國政府開始調整對外關係，奉行對蘇聯緩和外交、改善對華關係、實行必要的收縮政策以保證其稱霸世界的戰略目標。到了 1980 年

代，美國不僅受到日本、歐洲共同體的挑戰，蘇聯的威脅，也面臨新興工業國家和地區的有力競爭。但是，自 1982 年底走出危機以來，美國經濟呈現了連續幾年成長的趨勢。

　　進入二十一世紀，美國的經濟亦隨全球化之進展而逐漸走向區域整合，並與世界景氣脈動產生更緊密的連結。然而，除上述跨區域整合的嚴峻挑戰，活絡的經濟與跨國貿易亦使美國無法脫離局部性的經濟衰頹，如二十世紀末之亞洲金融風暴，而其經濟的走向，也深深影響著世界，譬如次級房貸危機等，均一再顯示美國之經濟與金融早已與世界密不可分，可謂全球化下「牽一髮而動全身」的最佳寫照。另外，美國內部產業結構亦因種種外界因素而受到重大衝擊，諸如美國東北部傳統工業區因老化而衰退，乃至於部分勞力密集產業因缺乏「比較利益」而喪失競爭力，甚或因移民政策而使原有之白人勞工階層遭受失業之窘況，進而引發之抗議浪潮等，均是美國於經貿、內政與全球化等方面所需面對之課題。

十、多元文化的美國

　　如果人們要問美國政治、社會、文化的最主要特徵是什麼？「多元化」可能是最好的答案了。尤其是進入二十世紀以後的美國社會，其政治及社會文化，顯現出來的多元化特徵越趨顯著。這種「多元化」的特徵，是在美國社會所處的特定歷史環境中逐漸形成的。

　　二十世紀以前，美國社會文化的主要因素來自歐洲，尤其是西歐的文化成分。相當長的一段時期中，美國文化缺乏本鄉本土的氣息。美國文化的美國化，一直要到進入二十世紀以後，美國社會文化的多元化成分越益顯著，進而使得美國文化的鄉土特色逐漸浮現。

　　美國的族群聚合，在人類史上頗富戲劇性。多年來，四千五百萬名川流不息的人潮，遠涉重洋，從世界各國來到美國。他們赴美時，講著

不同的語言，代表不同的國籍、種族和宗教。今日居住在美國的愛爾蘭移民，多於居住在愛爾蘭母國的愛爾蘭人；居住在美國黑人的數目超過大多數非洲國家的人口；居住在底特律的波蘭移民，比居住在波蘭主要城市的波蘭人更多；居住在紐約的義大利移民，甚至是居住在威尼斯的義大利人的二倍以上。龐大的美國族群社群，以他們自己的生活，生產出一種自主性的文化——這種文化既不是某種主流文化的翻版，也不是某個國家的文化在海外的分支，而是真正屬於美國這個國家的文化。❹這些構成美國多元文化的族群社會，並不適合以「少數民族」稱之，因為沒有「多數民族」的存在。最明顯可以辨識的單一族群是英裔美國人（占 15%），但他們只比德裔美國人（占 13%）或是黑人（占 11%）稍多一些。數以百萬計的美國人更因長期的族群融合而無法辨識他們是屬於哪一支族群。❺

　　整體性和多樣性的混合，不僅貫串今日的美國社會，也貫串著美國的歷史。沒有哪一個族群是完全獨特的，也沒有哪兩個族群是完全相同的。每一個族群都有自己的地理分布格局，反應出他們到達美國本土時的狀況，及他們賴以維生的行業和地區的演變。甚至連美國各族群的年齡都彼此相差很大。❻此種年齡上的差距不但反應了美國的生育率模式，也反應了生育率模式的歷史性變遷。

　　人們通常喜歡把美國社會視為是一座民族「大熔爐」(melting pot)，來自全世界各地不同的民族、不同種族的移民，進入這座「熔爐」後，

---

❹　例如由移民傳入的炒麵 (Chow mein)、聖派翠克節 (St. Patrick's Day) 遊行及非洲式髮型 (Afro hairdo) 都是源自於美國本土。美國人非但不是從海外得到指導，美國移民甚至為移民的母國提供了領導者：愛爾蘭的首任總統瓦萊拉 (Eamon de Valera, 1882–1975) 誕生於紐約布魯克林，前以色列總理梅爾夫人 (Golda Meir, 1898–1978) 誕生於密爾瓦基，賴比瑞亞已經有超過一百年的時間是由解放的美國黑人所統治。

❺　Thomas Sowell, *Ethnic America: A History* (New York, NY: Basic Books, 1981), p. 3.

❻　例如美籍墨西哥人和波多黎各人的平均年齡不足二十歲，而美籍愛爾蘭人和義大利人的平均年齡則為三十多歲，猶太人的平均年齡超過四十歲。

都被「冶煉」為美利堅民族大家庭中的一員。然而他們各自所帶來不同的文化成分，或者叫做不同的「文化因素」，並沒有完全消失，而是使得美利堅社會更為豐富多彩，文化的內涵更加充實，素質更為提升。而一些古老悠久的文化，一旦融入美利堅文化中後，也煥發出更為璀璨的光芒，例如非洲的爵士樂、東方的食物、愛爾蘭人的踢踏舞等即是。

每一個時期，美國社會文化的演變進程，受到多種因素的制約，然而如果仔細觀察的話，不難看出美國社會經濟領域發生的變化，制約著其他各方面情況的變化。例如，十九世紀最後數十年間，美國現代工業發展的結果，使美國人的生活發生了巨大變化，於是人們的思想與文化心態也產生極大的改變，從而影響了各類文化的表現形式。例如二十世紀初，汽車的發明及普及，對美國廣大人民群眾的物質生活及文化素質，產生莫大的影響。

當然，經濟因素對社會文化演變進程起著主要的制約作用，並不意味著其他一些因素對文化的演變不發生影響。政治領域的重大變化，往往極大地影響著人們的思想，影響文化的發展演進。社會文化的演變也有它自身的規律，還有其自身內在因素所產生的作用。因此，要發掘社會文化演變的深層原因，這是一種極其複雜的課題，需要人們從多方面進行深入探討後，才能揭示清楚。二十世紀人類文化發展的歷史規律，也許只有二十一世紀的歷史學家們，才能探索清楚。

綜言之，美利堅合眾國自一個受歐洲殖民的國度，躍升為世界首屈一指的強大國家。在這二百多年的歲月中，她歷經獨立戰爭、內戰、拓墾、工業化與各種民權運動，逐步發展為現今的風貌；同時，她也接納來自世界各國的移民，攜手於這片北美大地上構築「美國夢」的綺麗憧憬。誠如矗立於紐約曼哈頓港的「自由女神像」，希望的火炬熠熠生輝，照耀著移民之途，至此築建一個多彩多元的美國世紀。

第二章　殖民地時期

美國維吉尼亞的詹姆士城是在 1607 年由倫敦公司所建，隨後各殖民地接著產生，因此本書以 1607 年作為介紹美國歷史的啟端。

第一節　北美印第安人與歐洲殖民者

遠在歐洲人尚未在北美這塊新大陸土地登岸前，已住有印第安土著民族了。北美土地上的印第安人源自何方？是土生土長，還是外來移民？說法不一，爭論很多，但印第安人是北美土地上最早的居民，是這塊土地的主人，不容置疑。

一般認為，印第安人是從西北方向移居美洲的「亞洲移民說」。在一萬五千至七萬年前，印第安人由亞洲渡過狹窄的水域，越過白令海峽 (Bering Strait) 露出海底的「陸橋」到達北美。印第安人在美洲土地上紮下了根，分成了許多族群，發展了自己的古代文明，成為美洲大陸最早的主人，因此世人對北美印第安人的稱呼，應以「北美洲原住民」稱之較為公允。

十五世紀初年，西班牙投入海上事業，努力成為向海外擴張殖民的國家，而哥倫布是一名睿智聰明，精力充沛的義大利水手，他深信地球是圓的說法，推測由西班牙向西航行，一定可以到達東方。他和水手們在 1492 年 10 月 12 日經歷 6 個星期的航程，發現了巴哈馬 (Bahama)，不過直至哥倫布去世之時，還堅稱他到達印度的邊緣，他給這個海島居民一個名稱即 "los Indios" (Island Indians)，這個誤稱一直在北美及中南美洲沿用。

　　為什麼這個錯誤名稱得不到糾正？因為它確有其歷史原因。首先，稱為「美洲印度人」的美洲主人不是同一種族，而是一千多個部族所組成，即使從外部特徵來看，也並不具有明顯的統一性，更不必說種類繁多的語言了。據統計，美洲印第安人可分為一百六十多種語系和一千二百多種方言，單是在北美土地上就有六百個印第安部族，使用屬於七十三種主要語系的五百多種方言，形成四百種以上互不關連的文化型態。但是，這些差別並沒有使古代印第安文明在人類歷史上所享有的重要地位減色。這就是美洲古代三大文化型態：馬雅 (Maya) 文化、托爾特克 (Toltec) 和阿茲特克 (Aztec) 文化、印加 (Inca) 文化。❶

　　早期北美印第安人創造了自己的文化，但整體而言，沒有達到中美洲和南美洲印第安人的水準，其發展較為原始。他們以玉米、核果、莓類等為主食，沒有土地所有權的概念，也不懂政治組織，至於他們最大的制度就是部落之間的聯盟。殖民前夕，在美洲新大陸土地上，北美印第安人並不是一個統一的共同體，除了部落、語言不同，有著九種不同的主要文化區域：即平原區印第安人、高原區印第安人、加利福尼亞區印第安人、西北海岸區印第安人、愛斯基摩區 (Eskimo Area) 印第安人、麥康時區 (Mackenzie Area) 印第安人、東北森林區印第安人、東南區印第安人及西南區印第安人。❷ 北美印第安人文明，原始而豐富多彩。北美印第安人生活型態，有的人種田，還有的人靠捕魚、打獵或採野果為生，有的以善戰為榮。部落有採單一共享制，也有部落有階級財產制。綜言之，北美印第安人的文明，發展程度是參差不齊的。

　　他們居住的區域零零落落散布在廣闊的美洲新大陸，從人數來看，

❶　Robert F. Berkhofer, Jr., *Reinterpretation of American History and Culture* (New York, NY: Vintage Books, 1978), pp. 37-39.

❷　美國人類學家威斯勒 (Clark Wissler) 教授依據北美各區的文化，因地域和發展的不同，將北美洲印第安文化區劃分成九區，此劃分法現已為人類歷史學者廣泛接受。

北美印第安人人口分布較為稀疏。在今天的美國，遺留著古代印第安人的一些遺跡。例如，在五千年至七千年前居住在大湖區（即今日威斯康辛州 Wisconsin）的印第安人使用的銅工具和矛尖，已經被發掘出來，成為世界上北美印第安人最早使用金屬工具的考古發現之一。在北美西南部，即今天的亞利桑那 (Arizona)、新墨西哥與墨西哥交界的一片地方，現在是一片沙漠，過去曾是一片大湖，大湖周圍在九千至一萬年前居住過科切斯印第安人，他們善用石器，採集野生穀類和種子供食用，在大約二千年前，他們的後裔已經發現種植玉米的方法，而且懂得引水灌溉。這支印第安人被認為是現代普韋布洛 (Pueblo) 印第安人的祖先。普韋布洛人用「乾打壘」❸ 的方法製造的內部布局相當複雜的房屋，在新墨西哥仍然可見。

約於二千年前，在俄亥俄 (Ohio) 和密西西比河流域，存在著霍普韋爾文化 (Hopewell Culture)，是一種農村公社形式。這種公社逐漸遍及從墨西哥灣到威斯康辛，及從紐約到堪薩斯 (Kansas) 的廣大地帶。霍普韋爾文化的主要特徵是高大的土丘，有橢圓形、蛇形、環形等，可能是用來埋葬死者以及從事宗教活動的人。在俄亥俄發現的巨大蛇形土丘，是現存最有代表性的霍普韋爾文化遺址。大約五百年前，有另一支土丘建築者，被稱為土廟文化，他們居住在密西西比河流域，村莊用高大的木頭柵欄圍起來，村中建有高達三十三公尺的土廟，形成類似金字塔，但頂端扁平。他們的習俗與墨西哥馬雅文化相近，可能是最早期與馬雅人交往而受到其影響。❹

居住在密西西比的納切茲人（Natchez，他們居住的集中地點就是今日的納切茲），也有較高的社會組織型態。他們崇拜太陽，首領和祭

---

❸　所謂「乾打壘」就是用土作原料建築的房子。

❹　Robert F. Berkhofer, Jr., *Reinterpretation of American History and Culture* (New York, NY: Vintage Books, 1978), pp. 37-39.

司都叫做「偉大的太陽」，首領的母親或姊妹叫做「女性太陽」。首領死去，由他的母親或兄弟來決定繼承人。

在十六世紀中葉以前，北美印第安人文化發展水準雖然較低，而且不同地區的文化發展也不平衡（沿海和主要流域發展水準較高，內陸較低），但是在與艱困的自然環境搏鬥中，培養鍛鍊出生存技巧和生活技能則是相似的。阿爾貢金人 (Algonquin) 製造的獨木舟、易洛魁人 (Iroquois) ❺ 和普韋布洛人的製陶技術、納瓦霍人 (Navajo) 的編製和手工紡織技術，都揭示著北美印第安人在走出原始生活狀態，創造自己的文化，通過與中美、南美印第安人交往，吸收了許多古老的印第安文明。但是，他們的發展受到來自歐洲殖民者的無情扼制，北美印第安人生存受到種族滅絕式的摧殘。從歐洲人成批登上北美大陸後，北美印第安人創造和發展本身文化的環境已不復存在了。❻

當早期殖民時期，歐洲各國為了政治上的權力，相互爭鬥，為了商業上的擴張，更瘋狂地在新大陸上相互競爭，特別是英國及法國。當歐

❺ 土著易洛魁族 (Iroquoian Tribe) 是重要的印第安族群，處於氏族公社制的母系氏族階段，其社會結構的基礎是母親及其子女組成的家庭，每個家庭是由母系家族組成的奧瓦契拉 (Ohwachiras) 的一部分。二個或二個以上的奧瓦契拉形成一個氏族，幾個氏族又結合成一個部落。奧瓦契拉的領袖是婦女，由她們行使最高權；她們任命出席氏族和部落議事會的代表，挑選組成五個部落聯盟，在重大議會上發言。聯盟議事會成員，每年夏季在首府城鎮開會，表決時不是按個人投票，而是按部落投票，一切重大決議需要一致同意的票數。聯盟無最高行政長官或正式首領。在如此複雜的組織機構中，作為獨立單位的部落，治理自己的內部，部落聯盟則維護聯盟之間的和平。易洛魁族是一個生氣蓬勃而聰明穎悟的民族，如果說他們的軍事成就由於野蠻戰爭的暴行而失去光彩，那麼，他們所組成的聯盟應被視為英明智慧的偉大結晶。組成聯盟的一個公開目的就是維持和平，先將他們的部落聯合於一個政府之下以消除戰爭，然後再結合其同名同系的部落以擴大聯盟組織。對於最高級的政治問題具有這樣的見識，其智慧殊堪欽佩。他們的人數並不多，但他們把大批有能力的人選上了顯要的地位。這一點也證明了他們是人類中的優秀分子。

❻ United States Commission on Civil Rights, *Indian Tribes: A Continuing Quest for Survival*, June 1981.

洲國家登陸新大陸後，第一個接觸到的是北美印第安人。在與印第安人接觸之後，發覺印第安人擁有大批的皮貨（海狸皮）、魚類及土地，而印第安人也好奇地喜歡白人身上所配戴的皮帶、鞋帶、水壺或箭頭等。

皮貨的生意對於法國人而言，是如此的賺錢和有價值，法國殖民於是在加拿大和聖勞倫斯河沿岸設置貿易站。由於法國的殖民人口在新大陸土地上較為稀少，因此對於印第安人的土地較不渴求。尤其在北美洲邊境靠近加拿大邊界的北美印第安人和法國人幾乎是和平相處，相互「以物易物」，交換有無。然而隨著法國殖民者的增加，卻也為東北部的北美印第安人獵人帶來極大的不幸。部落們為了要占有富足的狩獵地帶和扮演與法國人貿易的重要角色，衝突不斷，甚至不惜互相殘殺。經常有一些北美印第安人被迫離開他們居住多年的家園，向西邊遷移，或向東大西洋邊居住。

而英國殖民者時常為了爭奪土地，或是為爭取採礦權等，以武力對付北美印第安人，和北美印第安人部落發生戰爭。由於英國在殖民時期人口逐年增多，對於土地的需求甚高，因為北美印第安人所居住的區域土地較肥沃或地藏礦藏，英國殖民為了這些利益，常將北美印第安人逐出領土之外，在所不惜。英國殖民者雖然有時也經由訂約而取得土地，但大半時間未經北美印第安人同意，就將森林清除，直接進駐北美印第安人家園，開始居住耕種。當然印第安人面對這種威脅，群起為自己的憤怒吶喊，不惜一戰。

白人為了爭奪更多的土地，不惜與北美印第安人發生激烈、大型的戰爭，著名的戰爭如：1622 年，波瓦坦族 (Powhatan) 印第安人與維吉尼亞的白人發生衝突。印第安人殺死白人三百四十七人，破壞村莊數十處，三分之一以上的白人殖民者喪生。又如皮闊特戰爭 (Pequot War, 1636–1638) 以及腓利普王之戰 (King Philip's War, 1675–1678) 最為有名，是英國清教徒對抗印第安人的兩場大型戰爭。這兩場戰爭不是白人和印

第安人直接衝突，而是白人清教徒結合一支印第安部落對抗另一支印第安部落的戰爭。白人以其精銳的武器對抗武器落後、毫無戰爭紀律的印第安人。再如，1763 年在北美五大湖地方原住民發動龐蒂亞克叛亂 (Pontiac's Rebellion, 1763–1765)，奧塔瓦族印第安人在酋長龐蒂亞克 (Pontiac) 的領導下，聯合多支印第安部族，與編入英國第 80 輕步兵團 (British 80th Regiment of Light Armed Foot) 俄亥俄谷地的羅傑遊騎兵對抗並於魔鬼洞 (Devil's Hole) 伏擊屠殺羅傑遊騎兵，戰爭一直持續到 1765 年，雙方互有傷亡，北美印第安人曾使英國一度失去剛從對法戰爭中獲得的西部地區的控制權，造成羅傑遊騎兵解散。尤有甚者，白人時常結合較大支的印第安部落，打擊人數較為稀少印第安部族，以奪取土地。直至 1890 年，一名印第安領袖在達可達保留區 (Dakota Reservation) 遭白人警察殺害，消息一傳出，引發印第安人武裝反抗。在南達可達區憤怒的印第安蘇族 (Sioux) 勇士殺死一名白人軍官後，白人隨後追擊，殺死蘇族男女一百五十名。這場悲劇是美國北美印第安人的歷史轉折點。自此之後，美國領土上的北美印第安人在白人面前再也無力進行武裝反抗了。除了紅白衝突外，白人從歐洲帶來的黑死病、病毒、瘧疾、斑疹、黃熱病、傷寒、流行性感冒及梅毒，對於無任何免疫力的北美印第安人來說，都是致命的傳染病，尤其是黑死病最為可怕，使得弱小的北美印第安人死亡慘重。❼ 迄獨立戰爭前夕，北美印第安人在阿帕拉契山脈以東，幾乎所剩無幾了。美國著名的歷史學者比林頓 (Ray A. Billington, 1903–1981) 曾說：「疾病為歐洲征服美洲鋪平了道路。」❽ 據統計，殖民前夕約有一百萬名美國北美印第安人，1910 年左右只剩

---

❼ Paul M. McNeill, *The Ethics and Politics of Human Experimentation*, Cambridge: Cambridge University Press, 1993.

❽ 比林頓是美國著名的史學家，主要研究美國西部的歷史，繼承特納 (Frederick Jackson Turner, 1861–1932) 學說，為戰後新特納學派的代表人物，他的《向西擴張》(*Westward Expansion: A History of the American Frontier*, 1949) 是他的一部代表作。

二十二萬名左右。

　　北美印第安人對於早期美洲新大陸的開發及文化的貢獻，有其特殊的意義存在。或許，北美印第安人給予歐洲殖民者的最好禮物，就是北美這片已經留下了人類足跡的土地，和有關這片土地的各種重要訊息。歐洲探險家和後來的拓荒者所進入的這片土地，並不是被森林層層地覆蓋著，而是早已由北美印第安人通過打獵、墾荒、植樹、耕種等活動改變過的。大部分開闊的林地，甚至大部分公用草場都點綴著大面積已開墾的土地，或稱「舊印第安田地」。不僅如此，印第安人還向新來的歐洲移民傳授了相當多的實用地理知識，因此在現今的美國地圖上，仍然留有幾千個來源於印第安語的地名。❾ 北美印第安人對殖民者在地理方面的提示，還包括哪個地方有路可走，哪裡可以安營紮寨等訊息，這使殖民者省卻不少開路建城的勞苦。此外，許多有關北美洲動植物的知識，也是由北美印第安人傳給歐洲殖民者。白人移民的藥物知識是因為印第安人的指點才豐富起來的，如染料、纖維、毒藥等有用的原始工業原料，早就被印第安人發現了。❿ 北美印第安人在同大自然的長期鬥爭中，從一種近似玉米的野草植物中培育出了玉米。「玉米文明」也是對人類最偉大的貢獻之一。直至今日，印第安的藝術、建築及超自然的宗教 (Supernatural Religion) 等，仍是為人所稱道的。⓫

---

❾　美國五十個州中有二十六個州，一千多條河流，二百多個湖泊和數不清的城鎮、山丘、河谷、森林、公園，用的是印第安名稱。因為它們本來是印第安人的。例如，世人熟悉的密西西比、俄亥俄、密蘇里、伊利諾、康乃迪克、阿肯色等州，波多馬克河、密西根湖、育色米特國家公園、芝加哥、邁阿密市等地名都是印第安名稱，而且都有印第安含意。

❿　Douglas R. Hurt, *Indian Agriculture in America: Prehistory to the Present* (Lawrence, Kan.: University of Kansas, 1987), pp. 35-42.

⓫　美國一部稱作 *Grolier* 的百科全書記載著：大多數的美國印第安文化信仰是一種超自然的力量 (supernatural power)，人類學家稱它作 MANA。這種超自然的力量是藉著宗教儀式、幻象及歷經苦難等方法才能達成。所有美國印第安人相信他們的超自然文化技術能讓他們面對生活許多不可預知的未來。假如他們生病，一般被認為是失魂或是

從歐洲人成批登上美洲新大陸後，北美印第安人創造和發展本身文化的環境已不復存在。因此，今日美國文化不是北美印第安文化的繼承和發展，北美印第安人的原始社會不是美國的古代史。美國沒有古代史，美國是一個由近現代移民組成的國家。印第安人現在是美利堅民族的一個組成部分，但是他們的人口只占全美國人口的 0.6%，而且一百多萬印第安人也還不是同一民族。說他們是北美移民先驅也好，說他們是北美最早的居民也可以，說他們的祖先是北美土地的主人也可以，因為他們已有幾萬年的歷史，但是，他們不是今天美國人的祖先。

第二節　歐洲移民的到來及其擴張

西班牙是一個以航海為業的國家，是一個樂於冒險且具有雄心壯志的民族，特別熱衷於擴展西班牙的勢力和伸展基督教的影響。因此，伊莎貝拉皇后 (Queen Isabella II, 1451–1504) 在 1492 年支持哥倫布冒險的航海計畫，向外擴展殖民地。隨著向外擴展殖民地，西班牙在十六世紀中葉成為世界上在海外最有權勢的王國，令歐洲各國刮目相看，紛起仿效，計畫向外擴張及爭取霸權。西班牙對於殖民地的統治是掠奪式的。殖民前夕，西屬美洲新大陸的印第安人已有了發達的農業和高超的採礦及冶煉技術，西班牙政府從殖民掠奪中，攫取了巨額的財富。但是西班牙目光短淺，把這些巨大的收益花費在連年的戰爭之上。美洲新大陸的礦產財富，養成西班牙對殖民地採取純剝削的態度，西班牙並沒有通過發展多樣化的生產能力，進而促進殖民地經濟長期繁榮的計畫。因此，西班牙在北美殖民地，並未發揮作用或扮演重要的角色。

外物侵入，必須藉著酋長或巫師作法，透過按摩、跳舞、抽菸草等方法去除身上不潔之物，找出生病的原因。Douglas R. Hurt, *Indian Agriculture in America: Prehistory to the Present*, p. 47.

　　但是，也由於西班牙的向外擴張殖民地，在北美和南美洲龐大的財產，引起歐洲其他國家的好奇，特別是英法兩國也開始懷疑，新世界是否能為他們的人民帶來一些利益。

　　英法兩國起初並無任何長遠的殖民遠征計畫，他們的目的很簡單，僅僅是想尋找更多的金銀和發現一條通往亞洲的捷徑。

　　在美洲大陸，雄偉的河川，如哈德遜河 (Hudson River)、波多馬克河 (Potomac River)、德拉瓦河 (Delaware River) 及其他數不盡的河流，將海岸平原和各港口與歐洲連接起來。但是，只有一條加拿大法國人所控制的聖勞倫斯河 (St. Lawrence River) 是和大陸的內地連接的。法國的漁民每年均航向聖勞倫斯河海灣尋找鱈魚。漸漸地，漁民們發現，他們可以和當地的北美印第安人交換貿易，獲利甚豐，他們以斧頭、水壺、步槍以及其他的歐洲產品來換取毛皮。1590 年，法國政府為了鼓勵昂貴的毛皮貿易，將毛皮買賣權分配給一些商人，讓他們在國王所欽賜的土地上自由發揮，且設了許多貿易站。

　　至於英國人，本來的興趣僅在於從事海盜行為和奴隸買賣，一旦新世界對其產生吸引力時，便開始想到如何在美洲永久生根，及為英國爭取更多利益。英國人在美洲新大陸的第一個永久居留地，便是 1607 年在維吉尼亞州所建立起來的通商要塞詹姆士城。這個地方盛產菸葉，可以源源不斷地輸往英國本土市場。因此，不久之後，該地經濟就繁榮起來。英國人來到詹姆士城從事農業墾殖，然而城市的成長很緩慢，在經過 1619 年所發生的三件大事後，才有了改變：一是從英國進來一艘裝載九十名年輕婦女的船，任何人願意付出一百二十磅菸草作路費的話，他就可以娶到一名女子為妻。第一艘載有女子的船來到以後，對於性別的平衡，起著重要的意義。二是 1619 年 7 月 30 日，美洲大陸的第一個立法機構在詹姆士城的教會召開，這是美洲大陸開始有代表性的政府產生。三是 1619 年 8 月，一艘裝滿黑奴的荷蘭船來到美洲大陸，亦即黑

奴引進美洲大陸之始，亦即非裔美國人歷史的開始。❶

　　英國人並不像法國和西班牙，直接從事於海外殖民地的耕耘，然而，英國政府積極鼓勵人民向海外發展。英國之所以從事新世界的開發，是基於以下的理由：一是要削弱法國和西班牙的勢力；二是英國商人冒險家渴望經由國際貿易賺取更多的利益；三是英國認為國內人口過剩，有向外紓解勞工的必要；四是基督教新教徒向外爭取支持者；五是決定由自己控制的經濟自足，以提高國際地位。

　　因此，從1607年開始到1776年發表《獨立宣言》，只不過一百六十九年的時光，美利堅民族形成如此的迅速，一個很重要的原因就是外來移民起了很大的作用。不同國度的移民，給美利堅民族打下了鮮明的烙印，使得這個民族具有諸多特點，而這些特點對美國日後的發展，又起了十分重要的作用。

　　十七世紀初到1770年代，西歐的許多下層移民來到北美，與居住在北美大陸的印第安人一起構成了北美社會居民的基本成員。1607年5月，英國倫敦公司遣送第一批移民到北美，建立了詹姆士城。1620年英國移民一百零二人搭乘「五月花號」漂洋來到樸資茅斯港（1619年，樸資茅斯合併於麻薩諸塞）。早期移民中以英格蘭人為主，據統計，1620至1642年英格蘭移入北美殖民地的移民有六萬五千人。1680年以前，向英屬北美殖民地移民的歐洲人，除少數荷蘭人和瑞典人之外，十分之九是英格蘭人。1680年以後，又有許多德意志、法蘭西人移民到北美。愛爾蘭人和蘇格蘭高地人，也不斷湧入英屬北美殖民地。從非洲被劫奪的黑奴，亦不斷輸入北美。

　　早期移民大批來到北美洲，有其重要的原因：第一，這些來到北美的移民是為了逃避母國封建暴政和宗教迫害；第二，歐洲的商業戰爭造

---

❶　參見 Thomas Sowell, *Ethnic America: A History* (New York, NY: Basic Books, 1981), p. 185.

成了經濟上的破壞及政治上的混亂，人民走投無路下，移民到北美是擺脫貧困唯一的方法；第三，北美洲的開發需要大批勞動力，從事開發北美洲的資本家，便採用種種誘騙方法吸引移民；第四，有些國家政府獎勵向外移民，如瑞士。基於以上因素，美洲新大陸成為吸納大批移民的樂土。

　　歐洲移民不斷湧入北美洲，造就了英屬北美殖民地的繁榮和人口的迅速增加。1640 年，英屬北美殖民地的人口只有二萬五千人，1690 年時，便達到二十五萬人。由於移民的大量湧入，約每二十五年即增加一倍。到 1775 年，人口已增至二百五十萬人了。

　　移植到北美洲的移民多數是貧困勞動人民，除農民外，有工匠，也有契約僕人 (contract servants)。他們以各種勞動開發了北美洲，促進了殖民地農業、工商業的發展。在殖民時期的生活過程中，這些不同種族、不同語言、不同出身或不同宗教信仰的人們，相互支援，彼此幫助，共同生活，逐漸融合成為美利堅民族。

第三節　殖民計畫的實現

　　一百多年來，移民們皆在海岸一帶密集地建立他們的居留地。每個殖民地都形成自給自足的社會，直接溝通四海。移民最初散居在美洲大陸東海岸及東北海岸區，後來由於對土地的需要，才向內陸開拓。

　　十七世紀移民赴美，不但需要審慎的計畫和管理，而且還需花費不少的金錢和具備冒險的精神。此時英國移民與其他國家及其他時代的移民不同，並非由政府資助，而是私人組織發起的，他們的動機主要是從中牟利而已。英國移民到新世界的計畫開始是經由維吉尼亞州及麻薩諸塞州兩家大的殖民公司建立起來的。這兩家公司幫他們預付移民的費用，但是移民者必須同意簽約以勞工的身分替工，以工作當作報酬。之

後，英國建立了一致的移民標準，成立了一種新的殖民組織方式，就是由殖民公司地主和移民者家庭商訂一個合同，他們願意付出旅費和其他費用，移民替他們工作四至五年，服務期滿以後，他們可以領取自由金，甚至一塊屬於自己的土地。這種契約僕人移民方式非常流行，尤其是在新英格蘭以南各地的殖民，大多數是經由此種方式而來，最後成家立業，建立了自己的新天地。

　　另外一種主要的殖民方式是所有權的授與，或是地主制。亦即擁有土地所有權狀的多半是英國的貴族或紳士，他們本身甚有財富，皇室為了某種原因而將遠在新大陸的遼闊土地賞賜給他們。例如新罕布什爾、緬因 (Maine)、馬里蘭、南北卡羅萊納、紐澤西及賓夕法尼亞的土地，原屬於地主所有，這些地主是英國的紳士或貴族，他們同樣拿出一筆錢，把他們的佃戶和僕人安置在國王賜給他們的土地上。例如查理一世 (Charles I, 1600–1649) 賜予巴爾的摩勛爵 (Lord Baltimore) 卡爾弗特 (Cecil Calvert, 1605–1675) 將近二百八十萬公頃土地，亦即後來的馬里蘭州。南北卡羅萊納和賓夕法尼亞也是查理二世 (Charles II, 1630–1685) 所賜予。嚴格來說，這些地主和特許公司都是英王的佃戶，但是他們每年只繳納象徵性的租稅。巴爾的摩勛爵每年只獻給國王二個印第安箭頭，威廉・佩恩 (William Penn, 1644–1718) 每年只獻二張海狸皮。

　　北美十三個殖民地大致區分為三區，即北部新英格蘭地區、中部殖民區及南部殖民區。如此一來，美利堅民族就自然地打上移民的烙印。那麼，美利堅民族有哪些特點，而為什麼又有這些特點呢？

　　首先，殖民地以講英語為主，這是由於最早的移民以英國人為最多。1790 年美國第一次人口調查表明，當時美國領土上的居民有 77% 是來自英國。[13] 直到 1808 年，新英格蘭、維吉尼亞、馬里蘭、南北卡羅

---

[13]　Marcus Lee Hansen, *The Immigrant in American History* (Cambridge, London: Harvard University Press, 1940), p. 142.

萊納的東部和紐澤西大部分，都以英國人為主。因此北美殖民地建立開始，英語就成為北美殖民地的主要語言。

其次，來到北美殖民地的民族具有勤勞、求實和不保守的民族性格，這是他們在與自然界的長期抗爭中所培養出來的。移民來到新大陸之後，面對的實際上是茫茫無邊的荒原和古木參天的森林，最先要解決的問題是在新大陸上生存下去。西班牙人通過種種方法把菸草種子輾轉送到詹姆士城的移民手中。法國移民播種小麥、大麥、燕麥、大麻、亞麻、蕪菁、橄欖及其他種子。為了適用於生活、生產和物品的儲藏，移民們用原木搭蓋小屋。小屋一般只有一個房間，照明用的是松脂。他們穿著本地紡織的亞麻布衣服。移民者披荊斬棘向西開拓，在荒原上個人奮鬥、白手起家的業績等，都有助於培養美國人民勤勞和求實的性格。外來移民易於接受新事物、易於採用新技術、少有保守思想，因而無形中培育了美國移民不畏懼的西拓精神。

再者，美利堅民族具有熱愛自由、反抗壓迫、獨立自強的民族氣質和性格。這是由於北美殖民地移民大多是原所在國的被壓迫者，他們對貧富不均和階級壓迫，非常憤怒。有的移民如來自愛爾蘭南部的人民，對於英國本能地產生敵對情緒。愛爾蘭早在十二世紀就開始遭到英國的侵略，此後，英國便逐步在愛爾蘭的東部及東南部建立了殖民統治。1649 年 8 月到 1652 年間，英軍在愛爾蘭大肆屠殺和掠奪，並且沒收了愛爾蘭的大量土地。所以，從愛爾蘭到新大陸的移民一提到英國的名字就相當痛恨。另一方面，貧窮的歐洲移民，在出發前把美洲當作移民避難的「世外桃源」，但是他們到達美洲新大陸後，仍然受到英國殖民統治者、殖民地資產階級及種植園主的殘酷剝削和壓迫。以「契約僕人」而言，這些勞動者到了北美洲，替雇主工作四至五年來償還路費。契約僕人的工作時數和條件由主人決定，往往從日出工作到日落，不得隨意外出，如有違抗主人等情況，主人可以隨意予以懲罰，包括嚴刑拷打，

縱使打死了也不算犯法。在服役期間也可以由主人賣給別人。因此，移民在與自然界搏鬥的同時，必須要與英國殖民統治者和殖民地資產階級及種植園主作抗爭，這就形成了他們這種特有的性格。這種性格，在北美獨立革命戰爭中得到了充分的體現。❿

最後，美利堅民族具有共同的民主傳統。在十八世紀來到北美的移民，對於殖民地民主事業的發展，做出了貢獻。他們為爭取代議制政體，以及在法律之前人人平等的二個民主原則而努力。移民大部分都居住在邊疆地區，要求有代表參加各殖民地議會，主張一切代表應按人口比例產生。他們爭取在法律面前一律平等，認為任何人都不准依靠別人的勞動而生活，因此，他們反對收取代役租，和徵課教會捐稅。❺

綜言之，美利堅民族的迅速形成，美國民族的氣質和性格，都與外來移民有著不可分割的聯繫，它有利於美國多元文化的發展歷程。

第四節　殖民文化

當十七世紀殖民者在美洲新大陸立足時，他們就已發展出一種和歐洲以及其他地區殖民地不同型態的生活方式。殖民時期的宗教生活，就是一個顯著的例證。北美十三個英屬殖民地，英國人占大多數，文化背景多為新教文化，甚至人口居少數的非英國民族，例如蘇格蘭人、蘇愛人（Scots-Irish，具有蘇格蘭－愛爾蘭血統的移民）、日耳曼人、荷蘭人、法國人、瑞典人等，幾乎都信奉新教。只有馬里蘭一地擁有大批羅馬天主教徒，但他們在當地屬於少數派，猶太教的勢力也不大。北美新教徒

---

❿　Mary Roberts Coolidge, *Chinese Immigration* (New York, NY: Henry Holt & Co., 1909), p. 63.

❺　Henry Steele Commager, *Immigration and American History* (Minnesota, Minn: University of Minnesota, 1961), p. 102.

中，清教徒占最大優勢。❿ 如此一來，新教的清教徒傳統構成了美國宗教的主體。

一、北部殖民文化

　　北部殖民地區，或稱新英格蘭地區，族群組合成分比較單一，包括麻薩諸塞州、康乃迪克州、新罕布什爾、羅德島等地。1675 至 1676 年「腓利普王之戰」後，大多數北美印第安人被驅趕到加拿大和紐約西部地區，僅有四千人留在新英格蘭，七十萬人口中，黑人只有十六萬。97% 左右的新英格蘭人清一色屬於英國血統的清教徒，由於清教徒對異教徒的忌恨心態，其他移民族群集團立足者不多。總言之，從有殖民地開始，新英格蘭地區始終保有同一類型的人口，到獨立革命戰爭之前，這區的主要居民清一色是純英國血統，具有相同的語言、風俗及生活方式、思想型態。

　　由於東岸氣候嚴寒，冷風刺骨，長長的海岸線又都是鹽分很重的沼澤和不毛之地的沙土，貧瘠多石的土壤耕種不易，在這些地區，大都靠合作的努力來經營農場。每一個家庭的成員，包括孩童在內都必須參與工作，更要依賴其平常的工作成果而生存。男人培養麥苗和飼養牛羊；女人則居家縫衣，製作蠟燭和經營家務，自給自足。換言之，一個農人的家庭，可以不靠別人而生存。女人在早期新英格蘭區，扮演經濟生活的重要角色。她們充當店員、印刷工人、接生婆、酒吧和旅館店東等；也從男性親人處習得這些新的職業。多數殖民地的商業由家中開始，男性去世後，自然由女性取而代之。

　　由於東岸新英格蘭的森林茂盛，因移民甫至，生活困苦，以伐木為業，木材工業在當地發展成一項主要的財源。此外，由於近海，漁業在

---

❿　黃兆群，《雜然紛陳的美國社會：美國的民族與民族文化》（中國：內蒙古大學出版社，1994），頁 45。

當地是重要活動之一，建造船隻也是一項謀生方式。

　　教會對這地區的殖民者相當重要，教會時常向百姓索取土地。在十六世紀、十七世紀宗教改革之際，一群稱為清教徒的男女，企圖從英國內部改革國教。他們的計畫，基本上要使國家教會趨於新教化，並且鼓吹在信仰和崇拜儀式方面，力求簡化。他們的改革觀念，與傳統宗教不同，幾乎分裂人民，破壞國家教會的統一性，影響皇室尊嚴。查理一世在 1625 年登基不久，主張神權政治，英國的清教徒領袖受到與日俱增的迫害。幾個被迫停止傳教的牧師，因此率領他們的追隨者，繼早期移民之後到達美洲。他們與過去的移民不同，過去的移民大部分地位低下，而這些移民大都是富有且地位崇高的人。在 1630 年建立了麻薩諸塞灣殖民地 (Massachusetts Bay Colony)，此後十年間，六個英國殖民地全都蓋上了清教徒的烙印。這些清教徒當年移民到美洲的麻薩諸塞州，是想建立一個以基督教為國教的王國，清教徒並非宗教的激進派，他們乃是宗教之保守派。在英國時，他們雖相信英國正教，但是卻希望修正階級制度的專制主義，而且藉著取消天主教的形式來改變他的教條；更藉著在禮拜日做禮拜的崇高，對於道德的約束多加監視。在他們對這項希望失敗之後，他們來到美洲大陸，尋求在美洲荒野上建立這種特殊的教會，和殖民地的政府交混在一起，以收取人民的稅來支援教會，享受沒有敵手的宗教自由。

　　清教徒在麻薩諸塞州建立政教合一的要點有三：其一，基本的要求，除非在教會中有良好的聲譽，否則不能參加選舉或擔任公職；其二，規定教友必須按時上教會，而且打擊非教友；其三，不允許任何反對清教徒者在麻薩諸塞州設立任何據點。

　　新英格蘭區的移民，強調個人自由、道德革新、技術發明和商業智慧。英國族裔的殖民地人民認為自己的文化優於其他族群，一直努力推行同化事業。英國人在日耳曼移民社區開辦「慈善學校」，不僅教學生

英文讀寫知識，還傳授英國人的生活習慣。

　　教會和學校在新英格蘭曾受到特殊的尊崇，所有的清教徒社會對於他們的牧師都奉為智慧的象徵和宗教的精神領袖，他們用深奧的語言和古典的文字來傳教，例如，殖民時期哈佛大學第一任校長納撒尼爾‧伊頓 (Nathaniel Eaton, 1609–1674)，就習慣在早上聽希伯來文的《舊約》，在下午用希臘文，在晚上用拉丁文論道。

二、中部殖民文化

　　一直到 1700 年中部殖民人數才逐漸多起來，呈現多樣化的特點，其人口將近七十萬人，其中黑人人口約占六萬，來自多國移民組成中部殖民地區多樣的文化色彩。中部殖民地區包括賓夕法尼亞、紐約、紐澤西及德拉瓦等地。賓夕法尼亞州東部，有十萬名以農為生的日耳曼移民，紐約西部約有二萬五千名日耳曼農民。再往西部有十二萬蘇愛人拓荒農民。沿紐約境內的哈德遜河和紐澤西境內的德拉瓦河以及在紐約市內，住有數千名的荷蘭移民。而中部最大的族群集團，是人數大約四十萬名的英國移民。

　　此外，最大非英語系移民係來自愛爾蘭及德國，也大都住在賓夕法尼亞州，如日耳曼裔亞美虛人 (Amish) 即為一例。亞美虛人保存著他們二百五十多年前的生活方式，拒絕電器和汽車之類的現代科學文明，依馬車代步，頑固地駕馭著他們那封閉式的小農經濟之舟。在亞美虛人的住地周圍看不到電線桿、房頂上也沒有電視天線。高高的煙囪、巨大的穀倉、寬敞的馬廄、高聳的風車，組成一幅典型的十八世紀歐洲農村風俗畫。亞美虛人原散居在萊茵河 (Rhein) 一帶的德國、瑞士及荷蘭等國，十八世紀開始移入美洲。最初他們在賓夕法尼亞登陸和定居後，向西擴展到俄亥俄、印第安那 (Indiana)、伊利諾 (Illinois) 等地及加拿大東部。十二萬名亞美虛人分布在二十三個州的一百七十五個定居點，成為美國

最穩固、最傳統、最獨立的少數民族。他們以務農為主，以德語為第一語言，有自己的宗教服飾及傳統習俗等，承繼著勤勞、純樸和善良的民族性格。

中部殖民地區是以農業為經濟基礎，農民們將歐洲式的耕作型態或飼養家畜的方法，應用到美洲的環境中來。中部殖民地區雖然土地相當豐沃，也可得到富饒的收成，但農業還是一件相當勞累的事業，大多數的人民完全依靠土地生活，在殖民地的土地肥沃之處，地主也變得非常富有，農夫們和他們的僕人共同在大餐桌上進食，三餐皆有在歐洲罕見的肉類。農具進步成長，使得農業的發展在殖民地中一枝獨秀。

除了農地耕作之外，賓夕法尼亞人和紐約商人擅長經濟貿易發展，如木材的輸出、皮革和稻穀等物品的輸出，以及糖酒和家用物品的輸入。生意興隆，利潤也很多。此外，將穀物及乾魚運往西印度群島，回程則載回奴隸和糖蜜，是中部殖民商人另一種致富的方法。

居住在紐澤西和賓夕法尼亞的瑞典殖民者，習慣於燒樹墾荒，用草木灰覆蓋土地以肥沃土壤；並且像在母國般，喜歡建造原木房屋。他們也建立自己的路德教教堂和教區學校，用自己民族的文化教育下一代。

相較而言，紐約是一個繁雜高雅的社會，居民樂於住高大的樓房，享用好食物，生活享受重品質，大學和公共教育機構的設立，咖啡廳及露天花園設置等。

在紐約市和紐約的哈德遜河上游與紐澤西的德拉瓦河一線，荷蘭文化興盛。荷蘭移民的木製房屋，總是緊連著新教教堂和教區學校。教會是社區的中心和福利組織，而學校教授荷蘭喀爾文教義 (Calvinism) 和荷蘭語 (Dutch)。1776 年，荷蘭人建立「女王學院」，❼培養在美洲工作的荷蘭新教牧師。由於荷蘭人地域上集中，強調母語，荷蘭文化在中部

---

❼　1776 年的女王學院，後改名為拉特格斯大學。

殖民地具有很強的勢力。

日耳曼移民集團則是中部殖民地區另一獨特的文化單位。由於在舊世界求生艱難,日耳曼移民生活勤儉,善於組織,講求效率;也因母國的政治分裂和外敵入侵的痛苦經歷,日耳曼移民猜忌陌生人,對政治明顯冷淡。赴美的日耳曼移民主要是農民,他們的耕作方法及農耕技術,是其他北美農民所欠缺的,他們經營的農場也與其他人不同。一望無際的農地,特別大的穀倉,樸實而緊湊的房屋,高聳的圍牆,遼闊的果園,是日耳曼移民農業的特色。他們的田地肥沃,農場茂盛。日耳曼人家庭龐大,婦女經常勞作田間,子女在婚後,往往會住在老家附近。

蘇愛人血統的移民,不像荷蘭移民或日耳曼移民般,具有鮮明的個性,他們的生活區域比較零散,喜歡在河邊低谷旁居住。經濟狀況低下者,多聚居於地價便宜的偏遠地區。蘇愛人血親觀念淡薄,個性較喜歡遷移,在某地剛剛居住不久,便又攜帶家眷到新的地方嘗試新生活。蘇愛人的這個特點,或許是因為他們經濟基礎較為薄弱,只適宜從事粗放型產業,缺乏雄厚的資本和其他人作持久的競爭。

綜觀中部殖民地的歷史,大部分的黑人人口加入了生活中的色彩,比起北部新英格蘭地區來講,中部殖民地區的生活要來得富足,土地、氣候宜人,人口眾多,生活多樣且多彩。

三、南部殖民文化

由於南部殖民地是中部殖民地的延伸,就地形及地理環境來說,儘管土地肥沃,森林稀疏,然而必須靠著人力來開創必須要的農地。再加上環境的限制,農地狹小,農民收成除自給自足以外,也僅有少數餘糧可供市場交換及購買農具之用。

南部殖民地包括馬里蘭、維吉尼亞、北卡羅萊納、南卡羅萊納及喬治亞等地。人口約一百二十五萬人,大部分海岸地區的印第安人已遷向

西部，隨著種植場數目的增加，湖水區殖民地的人口混雜，許多地方黑人奴隸的數量超過白人。從這裡向西，特別是高山地區和沿海高原，約有十一萬務農的日耳曼移民。再往西邊，則是邊疆荒野，散居著將近二十萬蘇愛人拓荒農民。

隨著菸草市場的擴大，農莊也隨著增長。農莊的主人也種植一些可以賣錢的農產品，例如喬治亞和南卡羅萊納盛產稻米，也開始種植如菸草及棉花之類，以謀取暴利。由於大量的種植，農莊的盛衰仰賴足夠的人力。最初這些人工來自殖民地的契約僕人，契約僕人同意工作一定的時期來換取由母國渡海的船票，工作時間為四年到五年不等，期滿後有時可得到一些自由的贈與，如衣服、長槍、工具，有時甚至得到一塊土地。

當農莊的業務日益擴大時，農莊的主人發現契約僕人已不能滿足勞工的需求；同時，為了應付農莊的全盤業務，每隔數年必須訓練一批新人來執掌其事，對於奴隸工的需求也隨之增加。根據記載，第一批非洲黑奴並不是以奴隸的身分，而是以契約僕人的身分來到詹姆士城。他們如同白人一樣，合同期滿即可獲得自由。漸漸地，黑人的短期勞工開始變質，而成為永遠的奴隸。因為黑奴廉價，又可為買主所有，為主人作終身的效命。在 1672 年，非洲皇家公司專門作黑奴買賣的生意。很快地，黑奴的買賣在美洲大陸成為最有利可圖的事業。十七、十八世紀黑人不斷被以奴隸的名義，大量由非洲輸入到美洲。

據一名觀察家形容，黑奴從非洲運來的航程中，他們被要求併排重疊在一起，就像書架上的書本，擁擠得沒有空間再加一冊書本，塞在甲板底下不到五呎的船艙中。而黑奴皆被鍊條鎖在一起，絲毫不得動彈，在波濤洶湧的海上，這無非是一種苦刑。苦刑加上炎熱的船艙，導致黑奴死亡，若黑奴在航程半途中染病，則會被投入海中丟棄。

殖民地時期，非洲黑人的文化遺產消失得最為徹底，主要原因是奴隸制度的摧殘和黑、白種族的混雜居住，逼迫黑人拋棄原有的部落文

化。被奴役被歧視的地位，使黑人的早期文化呈現被動接受的景象。非
洲的黑人原本就無語言、文化和經濟生活等共同點，他們居住的地點，
也不是由自己隨心所欲的選擇，生活當中的種種方面都要聽命於主人的
安排。同一族群的人根本沒有機會聚居在同一地。南部的黑人數量雖然
十分可觀，但他們是奴隸主分期分批從非洲不同的地區和部落買進來
的，奴隸們除了膚色與命運相同外，很難找到相互溝通的語言或文化。
在要求接受白人行為準則的沉重壓力下，黑人缺少保持其文化傳統的自
主權。然而，殘存的非洲精神仍反應在黑人講話模式、美學、民俗和宗
教當中。⑱

　　隨著南方黑奴的增加，殖民地的議會經由立法通過了黑奴和主人的
關係。每一個殖民區都有不同的黑奴法，雖然地區不同，但目的和效果
卻相同，那就是控制黑奴和防止暴動，而黑奴問題及黑白混血，一直以
來伴隨美國這時期的發展，仍未解決。

　　當十五世紀末歐洲到美洲新大陸的航路開通以後，歐洲人紛至沓
來，湧進北美海岸，他們的到來無非是想在新大陸開始他們心中所想像
的新生活。他們兼併北美印第安人的家園，和北美印第安人爭奪生存空
間。長期以來，歐洲殖民者與北美印第安人之間的激烈廝殺和弱肉強食
的悲劇不斷上演。

---

⑱　非洲黑人有三個明顯的區別與其他族群的歷史不同：1. 黑人所來的地區，其生活準則
　　和價值觀念與白人毫無相似之處；2. 他們來自許多不同的部落，各部落有其自身的語
　　言、文化和傳統；3. 他們到達美洲後，處於受奴役狀態。這三個特徵，可用以解釋黑
　　人文化適應迅捷的原因。

第三章　獨立革命

　　美國獨立革命 (American Revolution, 1775–1783)，堪稱是歷史上第一次大規模的殖民地為爭取獨立建國的一場革命，也是第一個爭取成為新興國家而發起的革命運動。這場革命開始於 1775 年，歷經八年多的浴血奮戰，殖民地人民終於推翻英國在北美的殖民統治，建立了美利堅合眾國，為美國的發展開闢了道路。但是，美國人民爭取民主的努力，並未因獨立戰爭的勝利而停頓下來，而是持續到 1787 年《憲法》制訂，才告一段落。因此，亦有史學著作把獨立戰爭開始到 1787 年《憲法》制訂這一時期，列入美國革命的範疇之內。本章試圖從這場革命的起因、革命期間社會的紛爭以及 1787 年《憲法》與革命的關係作一探討。

第一節　獨立戰爭的背景

一、英國的重商主義

　　英國直到 1763 年還沒有一套完整治理殖民地的政策。他們所持的原則，是根深蒂固的重商主義者的作法，認為殖民地應該把原料供給英國母國，在工業上不要和母國競爭。但是英國並沒有好好執行這項政策，殖民地人民也從來沒有認為自己是卑屈的。英國的國會和國王都希望殖民地的政治和經濟活動，都要顧慮到英國的意旨和利益，然而大部分殖民地人民卻不予理會。英國與美洲大陸兩地既然大海遙阻，移民害怕英國採取報復的心理，自然消除了。

　　在重商主義驅策下的 1660 年及 1663 年，英國國會通過了一系列的貿易規定，命名為《航海法案》，目的就是要限定所有殖民地的貿易對象，除了英國，別無他國。例如，殖民地商人必須雇用英國或殖民地的商船來運送物質，而且商船上的四分之三海員，必須是殖民地的人或英國人。其次，國會製訂一份限制殖民地的「列舉貨物」項目，包括魚、羊毛、糖、棉花、蒜、菸草以及染料木等，限制僅能銷售到英國，不能銷售到別國。1663 年的法令規定，議會對所有進入殖民地的歐洲貨物課以重稅，除非這些貨物通過英國轉運，並由英國或殖民地建造、配備英國船員的船隻運輸。1696 年的法令也規定，殖民地總督頒布的法令，必須得到英王批准，並授權建立由英國掌管的海關和海事法庭。制訂《航海法案》的目的，在於增強英國商船的力量，保證英國商人獲得運輸利潤，壟斷對殖民地貨物進口的支配權，消除殖民地與英國製造業的競爭，防止英屬殖民地向英國以外的歐洲國家提供商品。

　　由於《航海法案》的過多限制，造成殖民地的不便，在十八世紀也帶來許多問題。新英格蘭地區漸漸地必須靠由蜜糖釀製的甜酒 (foreign rum) 來維持貿易，因此商人必須將穀類、木桶、馬和魚貨運送到英屬西印度群島，以換取蜜糖。如此一來，新英格蘭的商人可以用賣酒賺來的錢，購買英國所出產的物資。或者他們可以將甜酒運送到非洲去換購奴隸，再運送奴隸到西印度群島去交換更多的蜜糖，再回到殖民地製造更多的甜酒。這種方式形成了美國史上有名的「三角貿易」(triangular trade) 方式。

　　在重商主義的驅策下，殖民地人民應該享有從英屬西印度群島進口蜜糖的權利，但是由於這些群島只能生產有限的蜜糖，因此，新英格蘭殖民地的商人乃由法國、西班牙以及荷屬西印度群島大量的進口，以彌補其不足。

　　接著下來的數年，英國又透過各種的條約，限制殖民地的經濟往

來。例如，1699 年的《毛織品法》(*The Wool Act*)，該法禁止各殖民地向英國和其他國家出口羊毛和毛織品，禁止各殖民地之間進行羊毛和毛織品貿易，但不禁止各殖民地銷售本殖民地生產的毛織品，以維護英國毛織品製造商在殖民地市場的利益。第二年，英國議會通過一項修正案，免除英國向殖民地出口毛織品的關稅，以維護殖民地市場上英國毛織品的低價格，和殖民地的毛織品進行競爭。1732 年的《售帽法》(*The Hat Act*) 規定，殖民地製作的帽子不得販至另一殖民地或向歐洲出口。1750 年的《製鐵條例》(*Iron Act*)，該條例對殖民地建立軋鋼廠和煉鋼爐處以重罰，規定條鐵和生鐵進入英國，不必交納關稅，因此對英國有利。

　　但是，在 1760 年代以前，英國殖民當局因忙於與荷、法等國爭戰，一方面無暇顧及殖民地的事務，一方面也因某些殖民戰爭是直接在殖民地上進行的，需要有當地人民的配合和支持，所以對北美殖民地雖然制訂了一些歧視和壓迫性的法令，但是卻沒有予以嚴格執行。殖民地還是處於自行發展的狀態。因而，生活在殖民地上的英國移民，儘管對母國殖民當局存在種種不滿，但是在思想意識中，還是以英國作為自己民族命運的附著體。與母國一體的認同意識，大於他們謀求自身獨立的意識。

　　然而，到了 1760 年代，情況有了變化。英、法之間長期的殖民戰爭到 1763 年結束，英國取得勝利，開始對付殖民地。另一方面，英國本土這一時期已開始工業革命，向殖民地傾銷商品和掠奪原料的慾望越來越明顯。此後的一系列高壓殖民統治措施，紛紛出籠。

　　首先，《1763 年公告》（又名《1763 年皇家宣言》；*Royal Proclamation of 1763*）規定，由英王控制與印第安人的貿易，商人必須申請貿易許可證。殖民地總督不得頒發流入大西洋的諸河源頭以上土地的特許狀，私人不得向印第安人或向殖民地購買河流源頭以上的土地。

　　早在 1733 年通過《蜜糖法案》(*Molasses Act*)，為了保護英屬西印度群島的種植園主利益，對法屬西印度的糖類產品徵收高額關稅，遭到

殖民地的抵制。在 1764 年，國會通過《食糖法案》(*Sugar Act*)，規定所有殖民地的人民從國外的西印度群島進口蜜糖和甜酒時，都必須付出固定的稅金。該法的目的，是制止殖民地的走私活動，另一目的是增加歲入，以支付上一年結束的法國和印第安人戰爭的部分費用。❶ 如果稅金要強制執行的話，新英格蘭的經濟將面臨崩潰，於是新英格蘭的商人對該法不予理會。這就是重商主義制度下，英國控制殖民地的方法。

二、英法的衝突

英國在大西洋海岸地區建立田莊、農場和市鎮的同時，法國人也在加拿大東部的聖勞倫斯河流域建立另外一種殖民地。法國人派遣的移民為數不多，但是派來了大批的傳教士、探險家及皮貨商人，他們占有密西西比河，北起東北部的魁北克，南迄南方的紐奧爾良 (New Orleans)，這樣一來，他們就把英國人限制在阿帕拉契山脈以東的狹長地帶裡。

英國人對於這種他們認為是「法國人的侵占」加以抵抗，戰爭時常發生。自從 1680 年以來，英法兩國曾經有過三次的大戰，即 1688 至 1697 年的奧古斯堡聯盟之戰 (War of the Grand Alliance)；1701 至 1714 年的西班牙王位繼承之戰 (War of the Spanish Succession)；和 1740 至 1748 年的奧國王位繼承戰爭 (War of the Austrian Succession)。然而，第四場發生在北美洲的法國與印第安人之戰 (1754–1763)，就有所不同了。

在 1750 年代，英法戰爭進入最後階段。法國人在 1748 年簽訂了《愛斯拉沙伯和約》(*The Peace of Aix-la-Chapelle*)，加強了他們對密西西比河的控制。因為法國一旦控制了密西西比河流域，就可以阻止美洲殖民者繼續向西發展。當時加拿大和路易斯安那的法國政府力量不僅增加，在印第安人之間的聲望大見增長。易洛魁族的印第安人是英國人傳

---

❶　孫同勛，〈美國的獨立革命〉，《歷史月刊》，第 18 期（1989 年），頁 87。

圖 2：馬背上的喬治‧華盛頓於莫農加希拉戰役　十六歲時，華盛頓即幫忙裴爾費克斯勛爵 (Lord Fairfax, 1657-1710) 測量及劃分其所屬土地，裴爾費克斯勛爵的土地分布在維吉尼亞北部及謝南多厄河谷(Shenandoah Valley)，占地超過五百萬英畝。做了幾年的測量工作，他於 1754 年受任成為中校 (Lieutenant Colonel) 並參加法印戰爭。1755 年時，身任副官並聽命於英國將軍布雷多克 (Edward Braddock, 1695-1755) 的華盛頓，於 7 月 9 日參加了一場位於賓夕法尼亞州、英國想要攻下杜根 (Fort Duquesne) 的戰役，而這場戰役改變了他的一生。幾乎整個 6 月，喬治‧華盛頓都處於生病狀態，但他堅持參加此一戰役。當天，英國遭受了一場慘烈的敗仗；出戰的一千四百五十九位士兵中，有將近一千名士兵被殺或受傷。法軍及其印第安盟友利用游擊戰術將英軍打得潰不成軍，並殺害了布雷多克將軍，因而華盛頓必須帶領維吉尼亞州的人民及英軍安全撤退。（圖片出處：Getty Images）

統的盟友，也因與英關係決裂，轉而支持法國人。

　　這時英國貿易部 (the British Board of Trade) 得知英國殖民地與印第安人關係開始惡化，乃與易洛魁族酋長開會，制訂聯盟條約。1754 年 6 月，紐約、賓夕法尼亞、馬里蘭及新英格蘭諸殖民地代表，在奧爾巴尼 (Albany) 和易洛魁族酋長會晤，會中印第安人對英國殖民者表示不滿，英國殖民代表們因而建議採取適當行動作為補救。這個奧爾巴尼會議 (The Albany Congress) 原意是為了解決印第安人的問題，最後卻盤繞在

徵稅權及對西方開發的控制權的限制。其實這場戰爭只是英、法二國爭取帝國的戰爭，所以其他殖民地沒有權力支持這場戰爭。經過協議，英國殖民地再度獲得易洛魁部落支持下，與法國作戰。英國由於占有優勢戰勝地位，指揮得當，終於贏得勝利。經過八年戰爭，英國終於占領法國在加拿大和密西西比河上游兩岸之地，法國在北美建立帝國的美夢就此破滅。因此，從 1763 年後，英國開始建立一套約制殖民地的政策，該年是殖民地的一個重要的轉折點。

三、《印花稅法案》的風波

由於 1763 年英國打贏法國和印第安人的戰爭後，必須增支大筆的軍費來加強防守，加上龐蒂亞克戰爭❷後也需要重建殘破的邊境殖民地，因此當時的英國財政大臣格蘭維爾 (George Grenville, 1712–1770) 希望藉由向殖民地徵稅，增加國家收入，引起殖民地的反抗。

1765 年 4 月，英國國會通過《印花稅法案》。國會想藉由該法案，讓母國與殖民地區的貿易正常化，並增加英國國庫的收入。而殖民地認為這是一種變相的稅收，即使低於英國的稅收，也不適宜在殖民地實施。所以殖民地人民反對的不僅視納稅是一種負擔，而且認為英國以「徵稅而無代表權」來威脅殖民地是不當行為。

同年年底，為了防止殖民地發行的紙幣日後成為合法貨幣，議會通過了《貨幣法》(Currency Act)，禁止殖民地政府發行任何紙幣，同時更要求將所有已發行的紙幣收回。因為殖民地是一個逆差地區，經常缺乏現金，這一個法案給殖民地的經濟帶來嚴重的負擔。更者，1765 年通

---

❷ 強大的渥太華龐蒂亞克酋長為了不讓白人竊取更多部落的土地，領導俄亥俄河谷的眾多部落，對英國殖民地攻擊，最終英軍成功鎮壓龐蒂亞克的叛亂。英國為了與印第安和解，國會於 1763 年公布，禁止美國殖民者在印第安人的領土上定居，除非印第安人的土地權利先被通過購買或條約獲得。

過《駐軍條例》(*Billeting Act*)，要求殖民地提供皇家軍隊營房，並供應英軍糧食。

雖然殖民地堅決反對上述各項法案，但引起最激烈反抗的，是歷史上有名的《印花稅法案》，法案中規定舉凡報紙、海報、小冊子、執照、租約和其他法定文件，都需加印花稅票，所徵稅款，完全撥歸「保衛、保護與安定殖民地」之用。乍看之下，稅額不大，分配平均，所以國會未經詳細討論就通過了。❸

殖民地積極與母國英國協商，破滅後，殖民地人民願意不惜犧牲生命也要爭取自治權。1765 年夏天，殖民地和母國之間的貿易大為減退。知名人士，如帕特里克·亨利 (Patrick Henry, 1736–1799) 等，組織「自由之子」(Sons of Liberty)，政治上的對立很快爆發成為叛亂。民眾在波士頓街道上遊行示威，並將許多印花全部燒毀，表示對英國的不滿。

殖民地人民堅持他們和英國人一樣享有行之久遠的權利，那就是只有通過他們自己的代表議會同意，才能做出課稅的決定。1765 年 10 月，除殖民地的商人協議不再從英國進口貨物外，殖民地代表並在紐約召開《印花稅法案》大會，這會議算是殖民們主動召開的殖民地之間的會議，他們利用這個機會，動員輿論力量，反對議會干涉美洲政事。會中通過了一些議案，指斥抽稅而無代表權，對殖民地的自由是一種威脅，會議最後通過一組決議案，說明「除由各殖民地議會徵稅以外，其他機構依照憲法不得徵收稅款」；並宣稱《印花稅法案》蓄意破壞殖民地人民之利益與自由，請求英王及國會廢除此一引起反對的法案。面對激烈的反抗，終於在 1766 年國會讓步，廢止《印花稅法案》，貿易才恢復常態。殖民地對《印花稅法案》的抗爭，加強了殖民地人民在精神上及組織上的團結，為十年後的獨立戰爭拉開序幕。

---

❸ 艾倫·亞瑟羅德著，賈士蘅譯，《美國史》（臺北：臺灣商務書局，2005），頁 114。

四、抵制《湯森稅則》

　　《湯森稅則》是英國議會於 1767 年奉命當時財政大臣查理‧湯森 (Charles Townshend, 1725-1767) 擬訂一項新財政計畫，通過的四個旨在維護殖民統治權的條例之總稱：第一個條例宣布臨時解散紐約州議會（直至遵從 1765 年《駐軍條例》，承擔英國駐軍給養時為止），它使美洲自治制度面臨嚴重的挑戰。第二個條例規定在殖民地港口直接徵收鉛、玻璃、紙張、油漆和茶葉稅。第三個條例規定在美洲殖民地建立稅收機構，包括增派官吏、檢查員、密探、緝私船、搜查令狀、援助令狀，以及稅務專員署（設在波士頓），所需經費由關稅承擔。第四個條例豁免茶葉全部商稅，鼓勵向殖民地出口茶葉。此條例的目的，是為了加強徵收在美洲貿易上應徵的稅款，來減少英國人在稅務上的負擔。湯森不惜整頓稅務機關，同時提議在英國輸往殖民地的紙張、玻璃、鉛條和茶葉上收稅。這些稅收的目的在於增加財政收入，好把一部分稅款拿來資助殖民地的總督、法官、稅務人員和駐在美洲的英國軍隊。❹ 條例對殖民地的自治傳統，特別是通過地方議會徵稅的慣例構成直接的威脅，因此受到殖民地人民心生不滿，群起抵制。

　　《湯森稅則》制訂所引起的騷動實為激烈，殖民地以實際行動回應英國。殖民地商人最先簽訂抵制進口協議，男人們穿著用美洲土產衣料製成的衣服，婦女們以其他物品取代茶葉，學生們使用殖民地自己製造的紙張。缺乏進口油漆情況下，房屋也不粉刷了。

　　在波士頓，商業界一向最反對外來的干涉，當新條例開始執行，暴力衝突乃層出不窮的發生。只要海關人員一出現，就受到居民圍攻和毆打。只要英國軍隊一在波士頓出現，隨時都有可能會引起騷動。居民隱

---

❹　艾倫‧亞瑟羅德著，賈士蘅譯，《美國史》，頁 130。

忍十八個月後，最後軍民之間的衝突，在 1770 年 3 月 5 日正式爆發。
人民原先只用雪球投擲英國士兵，後來，變成亂民向英軍攻擊。在衝突
中，英國駐軍開槍向市民射擊，黑人水手阿塔克斯（Crispus Attucks，
1723-1770，原為奴隸）與另外四個人喪生，這個事件稱作「波城屠殺」
(Boston Massacre)，反應英國的無情與暴虐。這個事件給了殖民地的鼓
動者一個寶貴的口實，他們組織起來激起反英情緒。英國國會面對這個
反抗運動作了讓步，決議除茶稅外，所有《湯森稅則》完全廢止。這次
的衝突，使英國在美洲的統治更失人心。❺

五、波士頓茶黨事件

在這期間，有許多的熱血志士和激烈分子認為，只要茶稅存在一
天，國會管理、限制殖民地的權宜依然有效；只要茶稅存在一天，殖民
地的自由就要受害一天。

這群愛國運動的領導人中有一位來自麻薩諸塞州的賽謬爾·亞當斯
(Samuel Adams, 1722-1803)，致力於他唯一的目標——獨立。他的目的
除了爭取一般人對他的信任和支持外，鼓勵人民不再懼怕社會上和政治
上的權威，讓人民意識到自己的重要，並激發他們實際行動起來。為了
這個目的，他不斷在報紙上寫文章，在議會上發表演講。在 1772 年，
他鼓動波士頓的市議會成立「通訊委員會」(committee of
correspondence)，以與其他城市的通訊委員會保持聯繫並交換意見，寫
出殖民地人民的權利和不平，並且請求他們回音，在當時這辦法風行一
時。這些委員會在此後的反英抗爭中發揮巨大作用，很快演變成為革命
組織的基石。❻

---

❺　孫同勛，〈美國的獨立革命〉，《歷史月刊》，頁 65。
❻　大衛·佛羅姆金，《世界之道：從文明的曙光到二十一世紀》（臺北：究竟出版，
　　2000），頁 154。

　　出生於波士頓的亞當斯，是美國革命家，他喚起人民反抗英國在殖民地的統治，做出了相當的貢獻。1764 年英國議會為增加國庫收入而通過所謂《食糖法案》，這時的亞當斯在反抗英國北美殖民地當局的抗爭中，已是一位舉足輕重的人物，他憤怒地譴責這一法案，堅決反對只顧徵稅而不給予代表名額的作法。他極力鼓動波士頓的「印花稅法案騷動」(Stamp Act riots)，反對英國政府對一切法律文件、商業文件、報紙、大學文憑都要徵稅的新規定。此後的 1769 年，亞當斯當選為麻薩諸塞大議會下院議員，也開始成為麻薩諸塞激進派領袖。他是最早否定英國議會對殖民地的統治權力的美國領袖之一，也是最早將爭取獨立作為奮鬥目標的美國領袖之一。1768 年英軍進入波士頓時，亞當斯在麻薩諸塞的地方報刊上揭露英軍欺壓手無寸鐵的人民，侮辱波士頓的婦女。當英國士兵向群眾開槍，打死五名平民以後，亞當斯主持波士頓的群眾集會，要求英國軍隊從波士頓撤離，這次抗議終於取得了勝利。

　　1773 年「波士頓茶黨事件」爆發，龐大的英屬東印度公司，財政非常窘迫，請求英國政府援助，欲能壟斷殖民地全部茶葉的輸入。由於《湯森稅則》，殖民地一直在抵制東印度公司運來的茶葉，1770 年後，走私貿易風氣很盛，美洲消費的茶葉，十分之九是從外國進口，未經繳稅運進來的。東印度公司決定降低茶葉價格，將價格壓到市價以下，一手銷售，這樣使得走私的商人無利可圖。如此一來，殖民地商人不僅因茶葉生意的消失，也因為英國壟斷茶葉生意，商人終於和愛國志士聯合起來，採取行動，不讓東印度公司執行計畫。

　　在波士頓以外的城市裡，人民勸告東印度公司代理辭職，運來的茶葉不是退還英國，就是封存在棧房裡。東印度公司的代理們受英國皇家總督的支持，拒絕辭職，並且不顧人民的反對，堅持安排起卸和裝載船上的茶葉。賽謬爾‧亞當斯領導的愛國志士只得用暴力來回應這個行動。在 1773 年 12 月 16 日晚上，終於爆發「波士頓茶黨事件」。一群

殖民地人民化成墨霍克 (Mohawk) 的印第安人，上了三艘停泊在波士頓港口的船，把船上的茶葉全部丟到波士頓海港裡去。因為此舉，英國國會震怒，提出《波士頓海港法》(*Boston Port Bill*)，規定未賠償茶價之前，要封閉波士頓港，殖民地把這些法律稱做《強制法令》(*Coercive Acts*)。此港一封閉，勢必造成殖民地經濟上的損失。

　　在波士頓茶黨事件之後，英國決定懲罰不馴服的波士頓人民，國會通過《不可容忍法》，亦稱《強制法令》，是美國獨立前，英國國會為報復殖民地的反抗行動而通過的四個懲罰性法案的統稱。❼該法令規定：1. 英國政府在波士頓茶黨案發生後，下令封鎖波士頓港口，要求賠償損失；2. 廢除 1691 年麻薩諸塞殖民地的特許狀，改名直轄殖民地，由湯姆斯‧蓋奇將軍 (General Thomas Gage, 1718–1787) 進行軍管，不准市民自由集會；3. 英國官員如犯死罪，可回英國或另一殖民地受審；4. 英軍要在殖民地人民的私宅住宿。《不可容忍法》不但沒能使麻薩諸塞殖民地屈服，反而成為 1774 年召開第一屆大陸會議的起因。

　　1774 年 9 月 5 日，各殖民地代表應邀在費城開會，這就是第一次大陸會議。會議最重要的成果是組織「協會」(Association)，決定恢復貿易抵制，並決定建立檢查委員會的制度，調閱海關帳目，發表違犯協定的商人名字，沒收他們的進口貨物，並獎勵經濟，節約與勤儉。由於「協會委員會」的活動，日益擴大，許多反對英國侵害殖民地權利的人士，都贊同以協商和互助讓步的辦法來謀求解決。這時英王喬治三世 (George III, 1738–1820) 並不想讓步，拒絕教友們及人民的請願，戰爭就在這種種壓力及不平下，爆發出來。❽

---

❼　《強制法令》中還包括《魁北克法案》(*Quebec Act,* 1774)，根據《魁北克法案》，將俄亥俄河和密西西比河之間的土地和毛皮貿易，劃歸魁北克省。

❽　James A. Henretta, W. Elliot Brownlee, David Brody, and Susan Ware, *America's History* (New York, NY: Worth Publishers, 1993), pp. 302-310.

第二節 戰爭的爆發

一、戰爭的發生

美國獨立革命在英國波士頓駐屯軍司令湯姆斯·蓋奇將軍領導下展開序幕。1775 年英國派遣蓋奇將軍從波士頓派兵到康科特去摧毀殖民地反抗者的軍需庫，並沒收藏在那裡的彈藥。英軍趁夜自波士頓出發，此時是 4 月 18 日半夜到 19 日凌晨，行至半路的勒星頓時，適逢當地民兵集合晨操。蓋奇將軍下令民兵解散，起初民兵唯命是從，但在解散之中，槍聲響起，這一槍開啟了美國獨立革命的序幕。英軍立即開火，八個民兵當場死亡，十人受傷。英軍在回程的路上，不斷地遭遇附近民兵的襲擊。他們在傍晚時刻回到波士頓，但新英格蘭地區的民兵從四面八方向波士頓集中，入夜時分，波士頓的英軍已陷入一群沒有組織，沒有統一指揮，沒有後方支援的民兵包圍之中。一路從各村鎮也來了大批民兵，躲在民房或小山後，把英軍打得幾乎全軍覆沒，人員傷亡幾乎三倍於民兵的數量。

當康科特及勒星頓的消息傳來，引起十三州人民群情憤慨，起來反抗。因而在 1775 年 5 月 10 日，在費城又召開第二次大陸會議，會中約翰·迪金森 (John Dickinson, 1732–1808) 和湯姆斯·傑佛遜發表宣言，主張團結一致，寧願作自由人而捐生，不願作奴隸而苟活。大陸會議開始組織委員會修訂一項脫離英國殖民獨立的正式宣言。

喬治·華盛頓被大陸會議任命為美軍總司令，他在包圍波士頓的同時，軍力薄弱，還得徵募一支大陸軍。1776 年 3 月到 11 月間代替蓋奇為英軍總司令的何奧 (William Howe, 1729–1814) 帶領的戰鬥中，大陸軍一再敗北，最終華盛頓逃往德拉瓦河西岸。但華盛頓趁機在聖誕夜率大陸軍重渡冰封的德拉瓦河，於黎明時突擊駐紮在特稜頓 (Trenton) 的黑

圖3：英國將軍伯戈因在塞拉托格向美軍投降（圖片出處：Poodles Rock/CORBIS）

森 (Hessian) 雇傭軍的兵營，俘獲近一千人，並在 1777 年 1 月初再敗英軍於普林斯頓，這一戰役扭轉了獨立戰爭的局面。

　　1777 年英國的戰略目標是在新英格蘭與其他殖民地之間打進一個楔子。英國伯戈因將軍 (John Burgoyne, 1722–1792) 從加拿大率軍南進，以便在哈德遜河與何奧的軍隊會合。但何奧卻率軍離開紐約，由海路到達乞沙比克灣 (Chesapeake Bay)，於 9 月 25 日占領費城。大陸會議遷往約克。華盛頓退到福吉 (Forge) 谷。伯戈因雖於 7 月 5 日占領了泰孔德羅加 (Ticonderoga)，卻遇到重重障礙。8 月 16 日他的日耳曼雇傭軍在百寧頓 (Bennington) 幾乎被殲滅。10 月 7 日蓋茨將軍 (Horatio Gates, 1727–1806) 將軍指揮的美軍在比米斯 (Bemis) 高地使他遭到決定性失敗，十天以後，他由於不能從紐約得到援助，而在塞拉托格 (Saratoga) 投降。伯戈因投降的最重要後果是法國的參戰。1778 年 6 月 28 日英軍從費城向紐約撤退時，在蒙茅斯 (Monmouth) 遭到華盛頓軍隊的襲擊，這時德

斯坦伯爵 (Comte d'Estaing, 1729–1794) 率領的法國艦隊來到了，北方戰事此後處於相持狀態。

　　從 1778 年起英國的戰略是在南方發動攻勢，以便利用海軍的機動性和動員眾多的人數。1779 年 1 月底，英軍占領喬治亞。1780 年 5 月英軍攻占查爾斯敦 (Charlestown)，並俘獲班傑明‧林肯將軍 (General Benjamin Lincoln, 1733–1810) 的五千名美軍。1781 年 4 至 9 月格林 (Nathanael Greene, 1742–1786) 指揮的美軍在南卡羅萊納屢次失敗，但英軍被馬里恩 (Francis Marion, 1732–1795) 等游擊隊領袖逼退到海邊。與此同時，康華理率領的英軍已侵入維吉尼亞的約克鎮，而華盛頓和羅尚博 (Comte de Rochambeau, 1725–1807) 得知法國海、陸軍已抵達乞沙比克灣後，也南進維吉尼亞。到 9 月中旬，法、美軍隊已將約克鎮包圍起來，康華理被迫於 10 月 19 日率七千餘人投降。於是在美國的陸戰宣告結束。❾

　　戰爭後期的海戰主要是在英國與美國的歐洲盟軍之間進行的。1779 年法國和西班牙聯合艦隊控制了英吉利海峽，但在 1779 和 1780 年裡，英國仍控制著北美海岸。1781 年 9 月初在維吉尼亞角的英法海戰中，格雷夫斯 (Thomas Graves, 1725–1802) 指揮的英國艦隊敗北。此後英國海軍雖在西印度群島等地獲得一些勝利，卻難以扭轉約克鎮事件後的美國形勢。

　　綜合美國取得勝利的原因在於：美軍能利用敵軍的失誤，趁機追擊；民兵的奮力一搏，發揮了相當作用；華盛頓指揮若定的將才；以及法國的援助及其陸海軍的參戰。

　　總體言之，美國獨立革命是英國企圖加強控制其北美殖民地而引起的，結果是殖民地擺脫英國統治獲得了自由。在 1778 年初以前，這場

---

❾　James A. Henretta, W. Elliot Brownlee, David Brody, and Susan Ware, *America's History*, pp. 345-366.

衝突是大英帝國內部的一次內戰；後來隨著法國、西班牙、荷蘭的先後
參加對英作戰，而變成一次國際戰爭。海軍力量是決定這次戰爭進程的
關鍵；它使戰爭初期的英軍得以以寡敵眾，也使戰爭末期法軍得以迫使
約克鎮的英軍最後投降。

二、《獨立宣言》

　　《獨立宣言》是一份於 1776 年 7 月 4 日以湯姆斯・傑佛遜為主所
起草，並由其他十三個殖民地代表簽署，最初聲明美國從英國母國獨立
的文件，也是美國最重要的立國文書之一。為了表示紀念，規定這一天
為全國性的假日──美國獨立紀念日（Independence Day，亦稱 Fourth
of July），是美國最重要的非宗教節日。次年（1777 年）在費城舉行宣
言的第一週年紀念後，直至 1812 年戰爭以後，才每年舉行紀念活動。

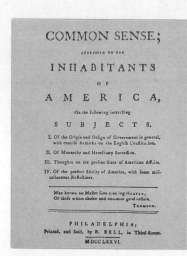 

圖 4：《獨立宣言》副本　人們以為喬治・華盛頓與其他的大陸議會
代表，如：湯姆斯・傑佛遜、班傑明・富蘭克林及約翰・亞當斯會一
起置身費城，共同編寫《獨立宣言》。但是您錯了。1776 年 7 月時，
華盛頓與他的軍隊都在紐約，到了 7 月 9 日，他才收到他的宣言副本，
其上貼了一張來自於約翰・漢卡克 (John Hancock, 1737–1793) 的留言，
留言內容要求華盛頓與軍隊成員分享此一消息。

人們有意識地把民主理想、公民的權利與義務同獨立紀念日的愛國熱忱結合起來。許多公益事業也在 7 月 4 日開始，例如，1817 年開鑿伊利運河；1828 年修建巴爾的摩俄亥俄鐵路（美國第一條鐵路）；1850 年奠基華盛頓紀念碑；1946 年正式承認菲律賓獨立。

《獨立宣言》的草擬者由班傑明‧富蘭克林 (Benjamin Franklin, 1706–1790)、約翰‧亞當斯 (John Adams, 1735–1826)、湯姆斯‧傑佛遜等共同擬定，其中以湯姆斯‧傑佛遜為主。此宣言依據十八世紀的先進政治理論，確認天賦人權和政府契約說為其基礎，會議相信英王喬治三世一再破壞了這些原則，聲明有起來反抗的權利和義務。在宣言上簽字者共五十六人，作為一個政治文件，此宣言對法國革命和拉丁美洲獨立運動的領導者產生重要的影響；而在美國，它受人尊重的程度僅次於《憲法》。《獨立宣言》不但向世界宣布一個新國家的誕生，替人類的自由真理作了一項最好的見證，並且闡發了一個人類自由的哲理，在此後的整個西方世界裡，發揮了強大無比的力量。這個宣言的基礎，是以個人自由為根基，在美洲各地可以取得普遍支持。

《獨立宣言》是人類爭取自由民主史上的一件重要文獻。全文大致分成四部分：**❿**

第一部分是前言，說明發布宣言的理由。內容重點強調「所有人生而平等，他們由其創造者賦予若干不可剝奪的權利，其中包括生命、自由及追求幸福」。

第二部分是說明宣布採取的理論基礎。宣言開宗明義的說「人生而具有一些不可被剝奪的權利，為了保障這些權利，人們組成政府，其統治權是來自被統治者的同意。故當政府不能達到其組成的目標時，人民就有權加以改組或推翻，建立一個更能保障其權利的新政府」。這雖然

---

❿ James A. Henretta, W. Elliot Brownlee, David Brody, and Susan Ware, *America's History*, p. 369.

是洛克 (John Locke, 1632–1704)「自然權利論」的翻版，但是卻沒有其他任何同類的文字將民主的真諦像《獨立宣言》這樣簡潔有力的陳述清楚。所以，這短短一百多個字，後來竟成為美國，甚至全人類嚮往民主自由的啟示源泉。

第三部分列舉英王的罪行，以證明英國政府不但未能善盡其保障人民權利之責，反加迫害，已不配為政府。

第四部分，則是向全世界正式宣布十三州殖民地斷絕與英國一切的關係，並組成美利堅合眾國。

《獨立宣言》既經正式宣布，戰爭的意義完全為之改變。在此之前，殖民地只是為了反抗英國的專制而戰；此後，則是為了建國而戰。這一轉變，大大振奮了美國的民心士氣，使他們更有決心堅持到底。

除了《獨立宣言》外，湯姆斯・潘恩 (Thomas Paine, 1737–1809) 的著作亦受到矚目。出生在英國的美國作家潘恩，其《常識》(Common Sense, 1776) 對美國革命產生巨大的影響。[11]潘恩在青少年時代未受過充分教育，十三歲開始自謀生計，做過多種工作，最後謀得一稅務員職位。他認為終止貪污的唯一辦法就是提高工資，此論點在 1772 年發表後，他就被開除，因而失業。班傑明・富蘭克林建議他到美國謀生，並為他寫介紹信。1774 年 11 月到費城，協助編輯《賓夕法尼亞雜誌》(Pennsylvania)。當時英國與殖民地人民的衝突進入高潮，他認為美洲人民的事業不僅是反對徵稅，更在於爭取獨立。他將這種意見寫在五十頁小冊子《常識》中，於 1776 年出版，數月內銷售量超過五十萬冊，為當年 7 月通過的《獨立宣言》鋪平道路。戰爭爆發後，他發表《美國危機》（The American Crisis，1776 年 12 月 9 日），當時華盛頓率領的軍隊瀕於崩潰邊緣，乃下令將這篇文章向部隊宣讀，大大鼓舞了士兵的鬥志。

[11]　Thomas Paine, *Common Sense*, Philadelphia, PA: W. T. Bradford, 1776.

圖 5：美國獨立自由鐘（圖片出處：iStockphoto）

　　獨立革命中除了有志之士，如傑佛遜及潘恩等的號召喚醒外，對於黑人族群，不論是自由人或是奴隸，都一致支持革命軍的理想，因為黑人他們希望藉此戰爭，得到自由。此外，女人也想加入戰場，許多女子假扮男人加入了大陸軍，而女人在軍中也擔任情報工作，又隨從丈夫到軍中燒飯、洗衣等，醫護受傷士兵。男人外出打仗，後方的女人擔負起男人的工作，如打鐵、生產槍砲等工作，即使遇到敵人，也必須拿起武器為大陸軍而戰。

　　雖然大陸軍在糧食及軍火彈藥的接應上不足，在以金錢支援軍隊上產生困難，然而，百姓們愛鄉愛土的感情，在保衛自己的農田和城市時，激發出一種英雄主義的特質，英勇善戰，可謂日後致勝的原因之一。

　　不管大陸軍在獨立戰爭中發生多少失敗及挫折，在 1777 年，美國在戰爭中取得一次最大勝利，成為了革命的轉捩點。在百寧頓之戰 (The Battle of Bennington) 中，華盛頓派兵，聯合新英格蘭民兵，打擊英國的伯戈因將軍，迫使他及軍隊投降，斷了英軍糧食補給線。這一決定性的一擊，也使法國倒向美國的一面。

　　至於法國，是英國傳統上的仇敵，當英美衝突開始，法國為了自己本身利益，欲支持美國，但一直採取觀望態度。在伯戈因將軍投降後，許多法國的志願兵早就到達美國，其中最傑出的是拉斐特男爵 (Marquis de Lafayette, 1757–1834)，他在 1779 年和 1780 年的冬天到凡爾賽宮，請法國政府結束戰爭。此外，路易十六 (Louis XVI, 1754–1793) 派遣一支六千人的遠征軍遠赴美國；法國又以軍艦活動，增加英國在運輸及補給線上產生的困難。法國聯合了突破封鎖的英國商人，使英國商業受到嚴重的損失。

　　1781 年，美國在約克鎮大捷的消息傳抵歐洲後，英國下議院決定停戰，1783 年 4 月 19 日，正式簽字，成為定案。和約承認十三州獨立，享有自由與主權，並把十三州所垂涎的密西西比河以西的土地割讓給美國，劃定了北部的邊界。從勒星頓的第一槍開始，七年後才獨立成功，這一場革命勝利，得來不易。

第三節　美國獲勝的原因及意義

　　從美國獨立革命的本質及意義觀之，有六個課題值得探討。第一，美國獨立革命獲勝的原因，除了民兵堅定的決心外，尚有許多因素存在。首先，在開戰之初，除了革命分子之外，大概很少有人預期美國會贏。因為英國太強大了。英國有訓練精良的軍隊，有經驗豐富的軍官，有舉世無匹的海軍，有雄厚的後勤支援。而在美洲的殖民地卻只有缺乏訓練的民兵，缺乏經驗的軍官，裝備補給不良，更沒有海軍。兩國作戰的能力，幾乎完全不成比例。實際上，在英軍方面也遇到一些困難，因而抵銷了它具有的優勢。首先，三千英里的海上長征，使補給、支援及指揮的效能都大打折扣。英軍在殖民地上人數最多時，也只不過是四萬二千人。這樣少的兵力，在一千英里長的疆域上作戰，兵力分散，使英

軍戰力由優轉劣。

　　此外，美洲的特殊環境與殖民地的作戰方式，對英軍相當不利。殖民地當時是全民作戰，除了華盛頓的「大陸陸軍」是正規軍外，其餘都是小部分民兵或較大的民兵集結。華盛頓用兵謹慎，沒有把握，絕不與英軍正面作戰，因此英軍無法將殖民地的民兵殲滅。其他殖民地民兵固然缺乏正規作戰的訓練與經驗，也不受命令與軍紀的束縛，但他們長期與印第安人爭鬥，從中訓練出來的伏擊、偷襲等非正規的戰鬥技術，卻非習慣於正規作戰的英軍所能應付。

　　再者，在總體戰力上，殖民地雖遠非英國可比，但殖民地的戰鬥力卻對美國越來越有利。最後，法國的援助，包括物質、金錢及軍隊，源源來到新大陸，更確保了殖民地最後的勝利。

　　綜言之，當屯駐在維吉尼亞的約克鎮英軍主力為新大陸及法國聯軍所破後，於 1781 年 10 月 19 日向華盛頓投降，英國政府尋求議和。在 1783 年簽訂的《巴黎和約》中，正式承認美國的獨立。經過七年的苦戰，美國的獨立終於成為事實。

　　第二，美國獨立革命的歷程，醞釀十二年，經過七年苦戰，美國人從英國的子民成為獨立國家的主人，是什麼原因促使他們由順民變成叛徒？他們究竟在尋求些什麼？

　　關於美國獨立革命的原因與意義，歷來美國史學家的意見極為分歧。早期史家大都認為，獨立戰爭是由美國人的愛國心或對自由平等的愛好，所引發的反抗英國專制之戰。喬治‧班克羅夫特 (George Bancroft, 1800–1891) 相信美國革命是上帝意志的實現。上帝以北美地區授與美國人，進行一場偉大的民主實驗，革命建國只是實現此一上帝的設計 (design) 的一個步驟。

　　盛行於二十世紀前半期的歷史學者貝克 (Carl L. Becker, 1873–1945) 及貝爾德 (Charles A. Beard, 1874–1948) 堅持「雙重革命論」(dual revolution) 的說法。他們確信革命是由各殖民地下等階級所發動，既向英國爭獨立，也向內部的統治階層爭平等的參政權。所以，具有政治革命與社會革命的雙重意義。此一「雙重革命論」在第二次世界大戰後，受到保守史學家的批評。他們指出，革命分子不限於任何一個階層，因此，革命的社會意義應不明顯，殖民地人民之所以走上革命的不歸路，純粹是因為他們發現，除了脫離英國獨立之外，沒有其他更好的方法可以保持他們久已享有的自治權利。

這些說法，孰是孰非，很難論斷。但從革命的動機而言，殖民地初期的反抗，可能有經濟利益的原因。但後來，確保自治權成為殖民地最重要的考量點。若只為了經濟利益，在英國財相湯森撤銷茶稅以外的其他稅收時，殖民地人民應可妥協。他們之所以繼續抗拒，正因為他們認清茶稅雖輕，卻象徵著英國國會在殖民地徵稅之權。由於涉及「原則」之爭，所以妥協讓步已不可能。總而言之，美國革命外爭獨立的政治意義，應大於內爭平等的社會意義。

第三，美國獨立革命與歐洲其他革命的最終目的，有所不同。在推翻舊統治，建立新政府方面，美國革命與其他革命是一致的。不同的是，美國革命還包含創建統一國家的工作。在英國統治時期，十三州殖民地各自與英國政府產生關係，合作與聯合行動是在反抗英國加強統治之後才有的。因為如此，《獨立宣言》雖以美利堅合眾國名義發表，但空名大於實際，因為起初獨立之時的十三州無異獨立國，大陸會議則是同盟國的代表會議。如此將十三個原來彼此不相統屬的個體，構成一個真正統一的國家，是伴隨獨立而生的工作。這個工作不是一蹴可幾的，事實上是經過八十多年的紛爭與此次更大規模的流血衝突之後，建立真正統一國家的工作，才算完成。美國獨立革命以為此項工作奠定基礎。由於他們的努力，美國不但成為世界上最富強的國家，她發展出來的民主制度，也成為日後世界各國的範本，美國所堅持的人權原則，更激勵

世人爭取平等自由而奮鬥。

　　第四，在美國獨立革命的歷程中，殖民地各個民族團結一致，共同抵抗英軍，爭取獨立的嶄新精神面貌，目的是期待爭取自治權，成立一個美利堅民族國家。不過，到美國獨立革命爆發之時，英屬北美殖民地人民已經形成了一種新的民族認同和歸屬意識。這種「一體意識」或是「我族」意識，是否也可以把黑人和北美印第安人包括在內？答案是否定的。獨立革命爆發前夕的民族認同意識，只侷限於歐裔白種人內部的認同。雖說這種認同已經跨越了單一民族的界線，但它卻在族群的分界線前裹足不前。造成這種局面的根本原因，是殖民地上族群之間的分野，因為紅白族群之間的廝殺，黑白族群之間的奴役與被奴役關係，已是難以化解的問題。欲填平這三種族群間的鴻溝，其實是美國獨立以後的長期工作，甚至到今日也未圓滿完成。

　　斷言當時白人與北美印第安人和黑人之間所具有的，不是一體的民族意識，而是一種敵對的種族意識，可從湯姆斯·潘恩於 1776 年初備受殖民地人民歡迎的革命著作《常識》中略窺一二。《常識》中的言論，是倡導白種人的一體意識，指認歐洲是北美的親國，排除與黑人相連的非洲或與北美印第安人相屬的美洲。在 1776 年 7 月 4 日大陸會議發表的《獨立宣言》亦闡述著，「（大不列顛國王）在我們中間煽動內亂，並且竭力挑唆那些殘酷無情、沒有開化的印第安人來殺掠我們邊疆的居民，而眾所周知，印第安人的作戰規律是不分男女老幼，一律格殺勿論的。……我們懇求他們念在同種同宗的分上，棄絕這些掠奪行為……。」 **⓬** 日裔美國學者羅納德·高木 (Ronald Takaki, 1939–2009) 在其著作《鐵籠：十九世紀美國的種族與文化》(*The Iron Cages: Race and Culture in 19th Century America*, 1979) 中，發表過一段吻合歷史真實的精闢論斷，

⓬　Thomas Paine, *Common Sense*, p. 32.

即「當愛國領袖和文化締造者敦促白種美國人自治時，他們把那些他們認為共和分子不應具備的品質，栽到黑人和北美印第安人頭上，而且他們否認這些人與自己同類」。❸綜言之，美國人的獨立為世界各地的改革者帶來鼓舞，其所捍衛的諸多權利，例如宗教信仰自由、集會自由、出版自由、不受任意扣押的自由，都成為後來歐洲革命立憲，打倒專制君王的重要依據。❹

　　第五，美國這個國家的創新之處，在於她背後有種自覺的精神，「天賦人權」的理想深植於人民心中，他們確信自己揚棄了人類史上存在過的種種政治形勢，人類史將自此展開新頁。自開天闢地以來，人們受制於國王和祭司的統治，文明社會的政治地位都是世襲而得，個人的存在乃是為了社群與國家統治者的利益。但是自切斷與英王喬治三世乃至大不列顛的臍帶之際，美國人不僅拒絕暴虐的君王統治，更是挑戰創世以來一切的政治體制，當然，他們也向史上熟知的少數共和體借鏡。儘管如此，他們的體制仍有獨特之處，完全奠基於「天賦人權」的理念之上。基於這種精神，美國人理直氣壯地宣揚「個人至上」的觀點，這種想法雖然有時略顯不成熟，但與法國大革命為廣大人民的共同願望而戰，或與俄國布爾什維克革命要讓勞動階級出頭，或和納粹德國為保護優等民族的理念相較，美國獨立革命的精神確實有其獨特的價值，象徵著對個人價值的肯定，也進一步形成了人道與人權等的普世價值。❺

---

❸　Ronald Takaki, *Iron Cages: Race and Culture in 19th Century America* (Berkeley, CA: University of Berkeley, 2000), p. 245.

❹　例如後來法國《人權宣言》的起草委員會便承認：「這一崇高的思想產生於美洲，在美洲確立起自由的那些事件中，我們攜手合作。北美洲啟示了我們究竟要基於什麼樣的原則來捍衛自己。」更重要的是美國已成為自由和機會的一個象徵，她作為一個沒有數千年包袱卻擁有廣大土地的國家而受人欽羨。德國音樂家舒伯特 (Franz Peter Schubert, 1797–1828) 便宣稱：「在美國，十三扇金色的大門向專制政治的受害者敞開著。」

❺　莫理森、康馬杰、洛伊希滕堡合著，《美利堅共和國的成長》，中譯本，上卷（天津：

最後，在讚揚美國獨立精神對世界歷史的貢獻的同時，美國獨立進步意義有其侷限性，卻常為世人所忽略。其一，是美國的獨立在一開始並沒有明確的民族認同，甚至可說沒有全民一心的氣氛。與其說美國人生來愛好自由民主，不甘心被壓迫因而獨立建國，倒不如說美國在建國之初，因為沒有堅強的民族意識，不得不訴之於高遠的民主、自由理想，以作為民族認同的號召。其二，是美國的獨立並不意味著美洲大陸成為多元民族的樂土。事實上，美國在建國之後，對於少數民族的迫害，不比英國人對美國人的壓迫少。尤其在西部開拓時，美國人冒險犯難的西部牛仔形象背後，往往是對北美原住民的殘酷屠殺，迫使印第安人拋家棄子遠離家園。因此，美國革命，自始至終都是一個有限度的革命，一個將權力限制在白人地主階級的革命。❻

第四節　1787 年制憲會議及《美國憲法》

新獨立的美利堅合眾國於 1787 年 5 月 25 日至 9 月 17 日在費城舉行制憲會議 (Constitutional Convention)。制憲會議係應 1786 年亞那波里會議 (Annapolis Convention) 的呼籲而召開，旨在修改《邦聯條例》以解決嚴重經濟糾紛和建立比較有利的中央政府。十三州除羅德島外，均予響應，但全部七十四名代表中僅五十五人參加會議活動，三十九人簽署了《憲法》。會議原本的目的是修改《邦聯條例》，從而解決十三州根據這一條例而組成的美利堅合眾國在運作上所遇到的重重困難。會中選舉華盛頓為會議主席，與會的重要代表：詹姆斯·麥迪遜 (James Madison, 1751–1836)、班傑明·富蘭克林、亞歷山大·漢彌爾頓

天津人民出版社，1980）頁 697。

❻ J. 艾捷爾編，J. 卡爾頓點評，《美國賴以立國的文本：照亮了美利堅民族歷史與性格的文獻彙編》（中國：海南出版社，2000），頁 74。

(Alexander Hamilton, 1755/1757–1804)、詹姆斯‧威爾遜 (James Wilson, 1742–1798)、約翰‧羅特利基 (John Rutledge, 1739–1800)、查爾斯‧平克尼 (Charles Pinckney, 1757–1824)、奧利佛‧愛爾斯渥茲 (Oliver Ellsworth, 1745–1807) 和古弗尼爾‧莫里斯 (Gouverneur Morris, 1752–1816) 等。會中部分代表主張建立一個新政府。

　　1787 年的制憲會議，討論的決議，成為美國日後政府與國家依循的準則。其中包括：參議員的選舉和分配、比例代表制的定義（是否包括奴隸或其他財產）、總統選舉方式及其任期、行政權的界定、奴隸貿易的禁止與否、以及三權分立等議題，意見紛歧。例如會議中討論放棄修改《邦聯條例》而著手制訂新方案時發生分裂，小州與大州在議員名額分配問題上相互對立。蘭道夫 (Edmund Randolph, 1753–1813) 提出維吉尼亞（或大州）方案，主張成立兩院制立法機關，各州代表人數取決於人口和財富。帕特生 (William Paterson, 1745–1806) 提出紐澤西（或小州）方案，主張議會中各州代表人數相同。雙方各執己見，相爭不下。愛爾斯渥茲和雪曼 (Roger Sherman, 1721–1793) 則提出康乃迪克 (Connecticut) 折衷方案，提議成立兩院，下院為比例代表制，上院為均等代表制，而關於國家收入的議案均需在下院提出。這一折衷方案於 7 月 16 日獲得通過。奴隸人數的五分之三可計入人口作為分配議員名額的依據，也應計入財產以確定應納的稅款，另達成在 1808 年前不禁止進口奴隸的協議。《憲法》列舉了聯邦行政和司法權力的條款，宣稱本法為「國家至高無上的法律」。第二年，會議的結果得到大多數州的批准。於此會議中制訂了人類歷史上第一部成文憲法——《美國憲法》(*Constitution of the United States of America*)，此次會議也因此成為美國歷史上劃時代的重要會議。

　　《美國憲法》（簡稱《憲法》）是美國聯邦政府體制的基本法，也是西方世界劃時代的重要文件，它也是最古老成文國家憲法。這本《憲

法》闡釋政府的主要機關、其管轄權以及人民的基本權利。新《憲法》於 1787 年 9 月 28 日提交給十三州批准，而於 1788 年 6 月第九個州批准之後，國會指定 1789 年 3 月 4 日為新政府開始攝政之日期。因為許多州的批准是以人權法案之加入為前提，國會乃於 1789 年 9 月提議十二項修正案，其中十項為這些州所批准，他們的批准於 1791 年 12 月 15 日確定。於建立一個中央政府以實行州所不能獨立處理的重要國家職責時，這份文件亦企圖盡可能地保留州的獨立和主權。《憲法》的設計者特別關注對於政府的權力限制及人民自由的保障，即立法、司法、行政部門的分離，一個部門對於其他部門的制衡，個人自由的明確保障，都是為了達成權威和自由之間的一個平衡，此為《憲法》的中心目的。

　　《美國憲法》對美國基本的政治機構規定極為精簡。主文包括七個條款，除第 1 條至第 4 條外，第 5 條論及修正程序，第 6 條論及公共負債以及《憲法》的至高無上的效力，第 7 條則給予批准條件。如下：

　　第 1 條賦予國會眾議院以及參議院完全的立法權力，包括徵稅、借款、管制州之間的貿易，提供國防武力、宣戰，以及決定議員席次及議事程序規則之各種權力。眾議院有彈劾權，參議院有被彈劾的裁判權。

　　第 2 條賦予總統行政權。總統正式的職權包括最高行政長官、三軍統帥、條約締結（唯需經多數贊同）。總統非正式之職責，至今包括了政治領導權和國會立法案提呈權。

　　第 3 條賦予法院司法權。《憲法》之解釋權屬於法院。而美國最高法院則是從州及較低聯邦法院上訴之終審法院。美國法院對於法律是否符合《憲法》之裁決權稱為司法審查。世界上很少法院有如此特別之權力，此權力在《憲法》中未必明文提及。馬歇爾 (John Marshall, 1755–1835) 是美國聯邦最高法院第四任首席大法官，也是《憲法》制度（包括司法審查原則）的主要創始人，於 1801 年擔任首席大法官。馬歇爾

在美國最高法院首席大法官三十五年的任期中，發展了一整套統一的憲政原則。他就任首席大法官之前，最高法院作裁斷時，是各大法官各自發表意見。這雖然不是把法律造成自相矛盾，但給人有一種嘗試性的印象。馬歇爾改變了這一作法，將最高法院做出的裁斷，改由法官們以整體的名義發表統一的意見，這使法院增加了力量。

司法審查之確定，是首席大法官馬歇爾在 1803 年「馬伯里訴麥迪遜案」(*Marbury v. Madison*) 中所建立的。此案緣由是約翰·亞當斯總統在任期屆滿前夕，曾任命一些人為哥倫比亞特區的治安法官。該委任狀已經簽署並由國務院加蓋印章，但有些人的委任狀始終沒有發出，其中包括馬伯里 (William Marbury, 1762-1835) 的委任狀在內。馬伯里向國務院交涉未獲結果，於是在最高法院發現，國會曾通過法令批准這種訴訟逕向最高法院而不是向下級法院提出。但馬歇爾認為這是《憲法》第 3 條所不允許的，法院不能執行一項與《憲法》相抵觸的法令。這樣法院就為它自己確定了一項極有爭議的權力，即司法審查和解釋《憲法》的權力。之後，馬歇爾又通過許多判決確定最高法院有權審查並推翻州法院關於聯邦問題的判決，確定《憲法》曾授與國會以「默許的權力」（如創設聯邦銀行）；他還確定聯邦政府有管制州際貿易的權力，而且可以推翻與此相抵觸的州法律。

《憲法》除了透過司法裁判予以解釋外，也藉使用者獲得更廣泛的意義。國會曾在無數場合透過法規之制訂，如創設行政部門、聯邦法院、領土、州或控制總統職位的承繼或建立行政預算系統，而給予這份文件新的範疇。總統亦曾促成《憲法》的闡釋，如以行政首長身分達成之協議作為外交政策之工具。至於基本風俗習慣所形成的慣例，也常被認為是具有《憲法》相關效力之要素。例如政黨制度，總統選舉提名程序以及選舉活動。總統內閣組織大部分是以習慣為基礎的《憲法》慣例，選舉的委員團制度之實際運作亦是一個這樣的慣例。

第 4 條部分論及各州及州與人民特權之間的關係。

第 5 條論及修正程序。

第 6 條論及公共負債以及《憲法》的至高無上的效力。

第 7 條則給予批准條件。

聯邦政府只有《憲法》所授予之權力；除非在其他方面受約束，州政府擁有所有其他的權力。因此，聯邦的權力是列舉的；而州的權力是概括的。州權力經常被稱為是剩餘權力。

雖然聯邦政府受到列舉權力之限制，第 6 條提示「本《憲法》是本國最高的法律；……縱然有某一與《憲法》或某州法律相反之情形。」《憲法》的「彈性」條例（第 1 條第 8 項）規定國會應有權為了使《憲法》所賦予聯邦政府的權力得以實施，得訂立適當之法律。因此，國會除了《憲法》明訂的權力，也擁有非明文訂定的權力。這個見解由首席大法官馬歇爾於 1819 年「麥克洛克訴馬里蘭案」(*McCulloch v. Maryland*) 中得以確立。美國早期歷史上，聯邦主義和維持州權利兩種主義的觀點被帶進商業法規問題上之尖銳焦點。這個商業條款（第 1 條第 8 項）簡單地受全國會去管制與外國，及許多州之間，以及與印第安部落的貿易。

自「吉本斯對歐格登案」(*Gibbons v. Ogden*) 起，當州之間運輸和交通之新方法被使用，最高法院廣泛地闡釋貿易條款下國會的管制權力。州不得管制國會以優先取得州之貿易管制的權力。在「吉本斯對歐格登案」中確立了這樣一個原則：各州不得制訂法令干預國會管理貿易的權力。紐約州以創造一種能以每小時六‧四公里（四哩）的速度，在哈德遜河上逆水行駛的輪船為條件，於 1798 年同意授與富爾敦 (Robert Fulton, 1765–1815) 及其支持者利文斯頓 (Robert R. Livingston, 1746–1813) 在該州水域上行使輪船的壟斷權。富爾敦和利文斯頓於 1807 年達到了這項授權所要求的條件。後來，歐格登 (Aaron Ogden, 1756–1839)

從富爾敦和利文斯頓手中購買了在紐約與紐澤西州之間行使輪船的權利。1819 年，歐格登對吉本斯提起訴訟，因為後者未經富爾敦和利文斯頓准許，而在同一水域上行駛輪船。歐格登於 1820 年在紐約衡平法法院勝訴。吉本斯上訴到美國最高法院，爭辯說他受到聯邦特許從事海岸貿易的條款的保護。當時最傑出的律師韋伯斯特 (Daniel Webster, 1782–1852) 在最高法院為此案辯護，最高法院根據首席大法官馬歇爾起草的意見做出了有利於吉本斯的裁決。這個裁決是在解釋《憲法》貿易條款上的一個重大發展，並使一切航行擺脫了壟斷的控制。特別是由於紐約州和路易斯安那州之間廢除了航行上的壟斷，更有利於向美國西部移民。

此外，聯邦政府依《憲法》有尊敬人民基本權利之義務。某些人民的權利於原始的《憲法》文件中已被指定，特別是，人身保護令以及禁止公權喪失和法律不溯及既往（第 1 條第 9 項）之保證。它也保證了刑事案件由陪審團審判（第 3 條第 2 項）。但對個人之政府權力的最大限制於 1791 年加入人權法案中。第 1 條修正案 (The 1st Amendment) 保證了良知的權利，例如信仰、言論、新聞以及和平集會與請願的自由。在人權法案中的其他保證，包括以公平的程序對待被控訴犯罪之人，例如對不合理搜索、收押之保護以及反對強制自認犯罪，過度保釋金以及在一名公正的法官面前由本地公正的陪審團，快速且公開的審訊之保護，並由律師辯護。私人的財產權也受到保證。

為對抗州行為之某些權利之侵犯，人民最初必須先看每一州的法律。聯邦對州的一個新的重要的限制，於 1868 年核准第 14 條修正案 (The 14th Amendment) 時加入《美國憲法》中。它禁止任何州在「未經適法程序否認任何人的生命、自由或財產」，或「否認任何人在其管轄內，受法律公平的保護。」最高法院的闡釋給予這二個條款更多的意義。依判例第 14 條修正案的適法程序條款包括第 1 條修正案保護使不

受聯邦政府侵害之信仰、言論、新聞之自由。

　　《美國憲法》是成文法，它在某些方面表現出制憲者對英國憲法的理解，又加上聯邦黨人的精心創造。儘管《美國憲法》有正式規定修改程序，但在憲政實踐中，仍有不少重大的變更並未經過正式修改。

第四章　聯邦時期——
全國政府的形成 (1789-1829)

　　美國獨立革命戰爭的結果，不僅影響了整個國家的政府機制，也改變了美國人的生活型態。他們所爭取得來的一切，在這個民主實驗場中，進行多層面的實驗。

第一節　試驗時期

　　從美國獨立建國後歷經一段試驗時期 (1789-1800)，此階段制定一套新《憲法》，從新《憲法》中可以看出，是受到民主思想的影響。但新《憲法》和過去並未完全隔絕，因為它們是美國從殖民地時期累積的經驗，以英國的實踐和法國的政治哲學等作為堅固的基礎。不過，重要的一點是，美國革命，事實上是在這些州《憲法》草定後，才算完成的。制憲者的第一個目標，自然是要獲得那些「不可剝奪的權利」。維吉尼亞的《憲法》，一直是其他各州的典範。《憲法》中有一個宣言，即在敘述人民有權、官職輪任制、選舉自由一類的原則，並且列舉各項基本自由，如出版自由、多數人有改革或變更政府的權利等等。有些州還將自由的範圍擴大，加入言論自由、集會自由、請願自由、人身保護狀及法律平等保障等。

　　築基在民主基礎上，各州《憲法》絕對遵守三權分立的政府，即行政、立法和司法，各部門可以互相檢查，互相制衡。提倡一個「政治平等」的理念，作為這個新共和國成立的主要目的，《憲法》完全致力於

湯姆斯‧傑佛遜在《獨立宣言》中所標榜的「人生而自由平等」的崇高
目標。

　　因此，以一個平等原則為基礎的新殖民政策，就這樣開始了。這一
個新政策，推翻長久以來的觀念認為：「殖民地是為其母國的利益而存
在的，它們在政治上是處於附屬的地位，在社會上也處於低一等的地
位。」❶ 取而代之的是認為殖民地是國家的擴展，並且有權享有一切平
等權益，這種資格並不是一種恩賜特權，而是一種應得的權利。法令中
的明文規定，替美國的共有土地政策奠定了基礎，也使美國輕易地向西
擴展至太平洋沿岸，從十三州發展成為五十大州。

一、新政府的出現——從邦聯到聯邦

1. 邦　聯

　　獨立革命以前，殖民地人民不願向任何組織或他們所選舉成立的組
織，交出絲毫原屬他們擁有的主權。但在革命期間，相互協助的成效很
明顯，而且原來對喪失獨立主權的恐懼心理，也大為削減。

　　《邦聯條例》(*Articles of Confederation*) 在 1781 年時生效，這條款
比大陸會議制度中的鬆散條文進步許多，但它所建立的政府組織結構，
仍有不少缺點，例如對疆界線的劃定頗多爭執，或是法院所做的判案也
時常相互矛盾。麻薩諸塞州、紐約州及賓夕法尼亞州各自制定關稅法，
對弱小鄰邦頗有損害。此外，各州之間的貿易限制，也造成彼此之間的
嫌隙與衝突。當時許多州也開始擅自單獨和外國進行談判，有九個州甚
至建立了自己的陸軍，還有些州擁有海軍。甚至，各州貨幣混雜不堪，
各州各行其事，無一致性。

---

❶　Murray Edelman, *The Symbolic Uses of Politics* (Urbana, IL: University of Illinois Press, 1964); Richard H. Leach, *American Federalism*, New York, NY: W. W. Norton & Company, Inc., 1970.

　　獨立戰爭結束後，也帶來種種經濟困難，引起人們的不滿，其中以農民為要。農產品呈現過剩現象，負債的農民為了避免作抵押的財產被查封，或避免因負債被捕入獄，要求政府能提供強有力的補救，因此時常發起暴動。

　　1787 年 5 月在費城舉行的聯邦會議，是一個顯赫人物的聚會。喬治‧華盛頓因在革命期間表現了正直的態度及軍事的領導才華，因而被選為會議中的主席。會中還有歷史上著名的風雲人物，如賓夕法尼亞州的代表古弗尼爾‧莫里斯，他深切了解建立全國性政府的重要。詹姆斯‧威爾遜致力於建立全國性的政府。維吉尼亞州的代表詹姆斯‧麥迪遜是一位實事求是的青年政治家。麻薩諸塞州的代表魯弗斯‧金 (Rufus King, 1755–1827) 和愛爾布里奇‧格里 (Elbridge Gerry, 1744–1814) 都是能力高、經驗夠的年輕人。紐約的代表是漢彌爾頓，那時他才三十歲，已聞名全國，這些代表，都是制憲時的重要人物。此次會議最迫切需要的，便是如何協調二種不同的權力，一種是已由十三個半獨立性的州當局所實施的地方控制權，一種便是中央政府的權力。他們採取了一項原則，全國性政府的任務和權力是新的、一般性的、範圍廣泛的。因此，必須加以審慎的規定和說明，而其他一切職責權力，應當屬於各州。中央政府必須有真正權力，政府也必須有權鑄造貨幣、調整商業、宣戰及締結和平等。

　　對於權力的問題，聯邦政府可有充分的權力去徵稅、借款、鑄造貨幣、規定度量衡、頒發專利及開闢郵路等等。全國性的政府，同時也有權建立和維持海陸軍，有權調整州與州之間的商務。

　　回溯 1781 年 3 月 1 日生效的《邦聯條例》以及根據《邦聯條例》而成立的十三州參加的邦聯，在美國歷史上是起過積極作用的。它是十三個英國殖民地經過艱苦戰鬥，贏得政治獨立前夕的第一個美國政府。雖然這個組成被美國第一任總統喬治‧華盛頓描述成為「一個半死

不活的，一瘸一拐的政府，拄著柺杖蹣跚而行。」縱使如此，但它仍是朝著獨立自主的目標邁進的重要一步。《邦聯條例》是美國第一部憲法(1781–1789)，其中規定大陸會議有權管理外交和郵政、決定戰爭、任命高級軍官、管理印第安人的事務、進行貸款、釐定幣值和發行紙幣。但實際上並未授權國會向各州徵集金錢和軍隊。至 1786 年底，邦聯政府的作用已經徹底瓦解。然而，通過條例的實施，新生的國家也取得了依據成文法進行管理的良好經驗。

　　參與《邦聯條例》的十三州前英屬殖民地，都保留自己獨立的政府，是十三個擁有主權的州。《邦聯條例》具有進行戰爭聯盟的性質，因此，《邦聯條例》並沒有從組織上，或從思想上，改變十三個主權州的格局，在美國人民心目中，還沒有具備美利堅合眾國國家的整體感。根據美國第二任總統約翰·亞當斯說：「邦聯國會……不是一個立法機構，也不是一個代議機構，而只是一個外交機構。」❷ 在邦聯成立後，邦聯有三個州在同一時期各自與法國政府談判，尋求戰爭援助。他們組織自己的軍隊，裝備自己的海軍，指揮自己的軍隊為本州利益服務。❸

　　邦聯統治下的七年，是混亂的七年。人民必須面對第一個混亂之害，即貨幣體制之混亂。當時，外國軍隊被趕走了，可是英國、法國、西班牙的硬幣繼續在流通。各州自行發行沒有保證的紙幣，用這一州的紙幣買不到另一州的東西。十三州的商業競爭十分激烈。例如，紐約商人抱怨該州消費者逕自向康乃迪克州買取暖的木材，於是紐約州立法議會即通過法律，對來自他州的木材課以重稅。康乃迪克州商人立即協議拒買紐約州貨物一年，以此報復。邦聯國會對這種局面，絲毫無能為力。總體觀之，邦聯國會是一個「一無錢二無權，聽從各州意旨的，有名無

---

❷　Richard H. Leach, *American Federalism*, p. 77.

❸　Arthur W. MacMahon, *Administering Federalism in a Democracy* (New York, NY: Oxford University Press, 1972), p. 11.

實的機構，他們競相與各州直接打交道。」❹ 美國第四任總統詹姆斯‧麥迪遜把邦聯的組織形式比作「一個頭腦聽從四肢指揮的怪物。」❺

2. 聯　邦

美國各階層深刻感受到邦聯組織的缺點，提出兩派不同的意見：其一認為可以適當加強中央政府的職能，但州的權力不能削弱，持這種意見的是人口較少的農業州。其二認為，應該加強中央政府權力，各州的權力要相對減少，持這種意見的是受工商業資產階級控制的工業州，他們要求建立統一的民族國家。美國雖然沒有封建制度的束縛，但是在一個國家中保存十三個主權獨立的州，儼然形成地區割據的局面，若從經濟角度觀之，是絕對不利於經濟發展的。由於兩派在立足點上是一致的，因此決定整合政府體制，將中央與地方權限劃分清楚。

經過 1787 年費城會議激烈的討論，終於完成了美國歷史上的一個極其重要的任務，制訂出一部《憲法》，並根據《憲法》，建立了聯邦。在這一個簡短的文件中，制訂了人類有史以來最複雜的政治組織——即在一定界線和明文規定的範疇中，具有最高權威的政府。正如 1791 年《憲法》第 10 條修正案 (The 10th Amendment) 中所述：凡《憲法》中未經規定賦予聯邦之權力，同時又未經賦予各州的權力，均由各該州，或由人民保留之；而聯邦法律的至高權力，也僅限於「為執行《憲法》而制訂」時，方才存在。

對於權力的問題，聯邦政府可有充分的權力去徵稅、借款、鑄造貨幣、規定度量衡、頒發專利及開關郵路等。全國性的政府，同時也有權建立和維持海陸軍，有權調整州與州之間的商務。聯邦政府並有全權處理與印第安人的關係，處理國際關係及戰爭問題。聯邦政府並且有權可

---

❹　Frank J. Sorauf, *Party Politics in America* (Boston, MA: Little, Brown, 1976), p. 193.

❺　Frank J. Sorauf, *Party Politics in America*, p. 38.

以通過「外人歸化法律」，可以控制公民，可以按絕對平等的原則准許新的州參加聯邦。聯邦政府為了實施這些規定的權力，有權通過必須而合適的法律。

　　此部《憲法》的基本指導思想，取法和師承於十七世紀英國哲學家洛克的「社會契約說」❻ 以及法國思想家孟德斯鳩 (Montesquien, 1689–1755) 的「三權分立說」。但是美國的制憲者，根據他們本國的特點和需要，賦予上述學說以美國色彩，建立起世界上第一個現代聯邦體制。不僅在構成政府的三個職能部門（行政、立法、司法）之間分權和限權，在中央（聯邦）政府與各州政府之間，也進行分權和限權。基本上，聯邦是人民的聯盟，中央政府（聯邦的行政、立法、司法部門）和州政府都是通過選舉，從人民取得權力，中央政府和州政府都可以對人民直接行使權力。人民既然與州發生關係，也與聯邦當局發生關係。《憲法》規定了聯邦與州的分權原則，但是留下的爭權餘地卻也相對的大。

3. 聯邦主義與分權制度

　　所謂聯邦主義 (Federalism)，概括來說，就是美國中央（聯邦）政府與各州政府，根據《憲法》劃分權力及治理國家的二元制。試舉二例證明：例一，1982 年美國愛荷華 (Iowa)、密蘇里和內布拉斯加三個州，向聯邦法院控告聯邦內政部侵犯州權，非法使用他們州境內河水道運輸煤炭到其他州去；例二，從美國立國至今，已歷二百多年的傳統，美國有州立大學、市立大學、私立大學，可是沒有國立大學。從這兩個例子，對美國人來說是很平常的事，這就是美國聯邦主義下的一個局部投影。

---

❻　哲學家洛克認為，政府是一種信託，其目的是保證公民人身和財產的安全；當統治者失去職守時，國民有權撤銷對他的信任。政府和政權是必要的，而公民的自由同樣是必要的；君主立憲制國家就是人民在其中仍享有自由的一種政府類型。透過這些社會和政治問題，洛克看到最重要的因素是人的本性。然而他認為對於人的了解，只觀察他的行為是不夠的，還必須研究他對於知識的接受能力。

過去許多在《憲法》通過以前，各州行使的主要權力，轉到聯邦政府的手中。在此同時，各州保持他們的特性和《憲法》生效前的某些權力。儘管《憲法》中列舉了聯邦政府的權力，也列舉了禁止各州行使的權力。但是，由於《憲法》條文中留有活扣，可依各當代的歷史進程，做有彈性的解釋，如此一來，《憲法》被視為是一部有很大彈性的法律文件。自 1789 年以來，依據《憲法》通過制訂修正後，最高法院的解釋以及種種慣例和先例，它的內容和含義已經有了很大變化。《憲法》經歷近二百年而仍具效力的原因之一，就在於它有彈性。

　　早在一百七十多年前，法國作家阿德‧托克維爾 (Alexis de Tocqueville, 1805-1859) 在他的著名作品中《美國的民主》(*Democracy in America*, 1835) 一書中寫道：「在美國人的真知灼見和實際判斷力方面，再也沒有比他們如何躲閃《憲法》造成無數的困難，更使我印象深刻了。」❼ 此一評語或許失之尖刻，但也很中肯。根據《憲法》而產生的聯邦主義的演變，正好說明美國人是怎樣根據需要來解釋和運用《憲法》。美國著名的政治家湯姆斯‧傑佛遜有一句名言：「《憲法》是屬於活著的人的，不是屬於死者。」湯姆斯‧傑佛遜甚至主張每一代人制訂一次新《憲法》。他對《憲法》的這一評論，被後世的美國政治家們按各自的需要靈活地加以運用。二戰總統富蘭克林‧羅斯福是運用《憲法》最到家的一人。

　　聯邦制可以說是這樣一種政治組織方式，它使分散的政治單位聯合在一起，同時又使每一單位都保持其基本的政治完整性。聯邦制原則的實質就在於既要實行聯合，又要實行分權。它由一個強有力的全國性政權，把已經因共同的國籍或共同的法律結合在一起的民眾，聯合成一個

❼　托克維爾是法國政治學家、歷史學家和政治人物。以《美國的民主》（四卷，1835-1840）一書聞名於世。Alexis de Tocqueville, *Democracy in America* (London: Oxford University Press, 1953), pp. 302-306.

整體，美國就是在這種形式下組成的。

二、喬治·華盛頓

　　喬治·華盛頓是美國獨立革命的將軍、政治家及首任總統，生於維吉尼亞州威斯特摩蘭 (Westmoreland)。華盛頓的少年時代在維吉尼亞州的農場裡度過。七至十五歲受過不正規教育，學習過數學和地理，大概懂得一點拉丁文。十一歲喪父，由異母兄勞倫斯 (Lawrence Washington, 1717–1752) 監護。十六歲時在威廉王子郡 (Prince William County, Virginia) 當一名測量員的助手，1749 年擔任庫佩帕縣 (Culpeper) 測量員。這一經歷使他歷練豐富，培養了沉著穩重的做事態度。1751 至 1752 年曾掌管佛南山 (Mount Vernon)，這是維吉尼亞最好的莊園之一，土地有三千多公頃（八千畝）。此後二十年，華盛頓主要在佛南山工作和開展社交活動。

　　1753 年法國和英國在北美殖民地處於對峙狀態之時，英國駐維吉尼亞總督丁威迪 (Robert Dinwiddie, 1692–1770) 為了制止法國人蠶食俄亥俄地區，而企圖用武力把法國人趕走，任命弗賴 (Joshua Fry, 1699–1754) 為維吉尼亞軍團上校，華盛頓為中校，叫他們二人去招兵買馬。

圖 6：喬治·華盛頓（美國之父）　人們常將美國的第一任總統喬治·華盛頓稱為美國之父。他為人所周知的是深愛著這片土地及農田，但卻厭惡戰爭。他是美國革命時，一名卓越的將軍及殖民地軍隊總司令。他與卡斯蒂斯的遺孀瑪莎·卡斯蒂斯 (Martha Dandridge Custis, 1731–1802) 結婚，住在華盛頓的農園佛南山內，這個農場位於維吉尼亞州的波多馬克河河畔。

由於華盛頓生性豪放勇敢，尤富冒險精神，1753 年風聞伊利湖 (Lake Erie) 附近的法軍將侵入俄亥俄河谷，有不利於維吉尼亞殖民地的企圖，當時的英籍總督欲派遣一送信使者深入伊利湖的法軍駐地，警告法軍不得輕舉妄動，華盛頓自動請求擔任此一任務。時值嚴冬酷寒，遍地冰雪，華盛頓帶領六名嚮導，策馬北行，沿途經過許多北美印第安人區域，不時遭遇襲擊，有一次為逃命，曾在冰河中浮游數小時，其艱苦可知，此行費時八十天，往返一千里，雖法軍並未接受其警告，但他的勇氣及毅力深為英籍總督所嘉許，也被傳為一樁美事。

1754 年 4 月丁威迪派遣華盛頓率約一百六十人從亞歷山大里亞 (Alexandria) 向坎伯蘭 (Cumberland) 進發。5 月 28 日突擊法國前哨部隊，擊斃法軍指揮官朱蒙維爾 (Coulon de Jumonville, 1718-1754) 等十人，其餘全部生俘。於此，華盛頓立即晉升上校，統轄維吉尼亞軍和北卡羅萊納軍三百五十人。6 月 3 日法軍將他的軍隊趕入大梅多斯 (Great Meadows) 堡壘，以多一倍的力量進行包圍。經過一整天的戰鬥，迫使華盛頓投降。法軍同意讓繳械的殖民地居民們光榮地返回維吉尼亞，並保證一年之內不在俄亥俄河畔再建城堡，華盛頓簽約後返回維吉尼亞。1755 年華盛頓年僅二十三歲，便被任命為維吉尼亞軍總司令。他的部下僅有七百人，但卻要保衛約六百四十公里（四百哩）長的邊界。1758 年華盛頓當選為州議員，以名譽准將銜辭去軍職。辭職後與寡婦瑪莎結婚。婚後除照管佛南山外，還管理約克河畔懷特豪斯的卡斯蒂斯 (Custis) 莊園。每天清晨即起，努力工作。儘管小麥和菸草是他的主要產品，但他也進行三至五年的穀物輪作。他擁有水磨坊、鐵匠爐、磚窯、炭窯、養魚池、木工石工、製桶工、織工和製鞋工，過著富裕的生活。

但是，國際局勢多變，1774 年華盛頓在維吉尼亞議會中發表了極為精闢的演說，他提出：「我要自己出錢招募一千名戰士，並親自帶領

他們去支援波士頓。」❽ 不久，維吉尼亞議會推選華盛頓等七名代表出席這一屆大陸會議。1774 年 9 月 5 日大陸會議在費城召開時，他戎裝就座。1775 年 5 月在費城召開第二次大陸會議，同年 6 月被選為大陸軍總司令。華盛頓立即組織新的志願兵，籌集糧草彈藥和團結美洲新大陸上的各殖民地。從 1775 年 7 月起，加緊訓練自己的軍隊，這支軍隊人數最多時超過二萬名，他親自計畫沿山普倫 (Champlain) 湖進入加拿大，同意阿諾德 (Benedict Arnold, 1741-1801) 將軍沿肯納貝克 (Kennebec) 河北進，前去攻占魁北克。同時，他積極鼓勵武裝民船進攻英國商船。

1776 年 4 月華盛頓到達紐約，命令普特南 (Israel Putnam, 1718-1790) 率領約九千人堅守長島布魯克林 (Brooklyn) 高地。5 月到費城參加大陸會議，主張徹底與英國分離。1776 年 8 月 22 日，英國司令威廉·何奧率領約二萬人占領長島格雷夫森德灣 (Gravesend)。四天後，何奧下令英國艦隊佯攻紐約城，而他本人則率兵猛攻華盛頓軍側翼，華盛頓軍損失五千人。他乘大霧瀰漫，率殘部渡過伊斯特河 (East River) 到達曼哈頓 (Manhattan)，在那裡奪下一個陣地。在一連串的戰鬥中，不止一次面臨被生擒的危險；他被迫退卻，進入紐澤西，兵員也漸漸散失。正在這一危急關頭，華盛頓在特稜頓和百寧頓發動成功的進攻。1776 年 12 月 25 日夜率領約二千四百人向特稜頓挺進，把毫無防備的英軍予以重擊，擊斃英軍司令拉爾 (Johann Rall, 1726-1776)，俘敵一千人，繳獲大量槍枝彈藥。隨後，華盛頓虛燃營火，溜出營寨，於破曉時分撲向百寧頓的英軍。英軍倉促逃竄，損失五百人。這些勝利大大鼓舞了全體美國人民，有許多人前來參軍。

1777 年英軍占領費城以後，有人陰謀解除華盛頓的指揮權。愛爾

❽ Alexis de Tocqueville, *Democracy in America*, p. 321.

蘭冒險家康韋 (Thomas Conway, 1735–1800) 以及米夫林 (Thomas Mifflin, 1744–1800)、查爾斯·李 (Charles Lee, 1732–1782)、拉什 (Benjamin Rush, 1746–1813) 等人，企圖利用華盛頓最困難的時機逼華盛頓退位，推蓋茨將軍為總司令。大陸會議為了削弱華盛頓的權力而重新組織作戰委員會，由蓋茨擔任主席，米夫林和皮克令 (Timothy Pickering, 1745–1829) 為委員。華盛頓充分了解大陸會議中的敵對情勢，1777 年 11 月他揭發康韋的背叛行為，粉碎了陰謀集團的活動。主要由於華盛頓的遠見卓識，在獨立戰爭中打勝決定性的一仗，在約克鎮俘獲了英軍司令康華理。1781 年 8 月 19 日，華盛頓率軍南進，橫渡德拉瓦灣，在維吉尼亞威廉斯堡 (Williamsburg) 登陸，9 月 14 日到達威廉斯堡。康華理在約克鎮率七千名英國正規軍構築攻勢，而華盛頓率五千五百名大陸軍和三千五百名維吉尼亞民兵進行包圍，10 月 19 日康華理終於投降。

1787 年 5 月華盛頓到費城出席制憲會議，當選為會議主席。1789 年 4 月 30 日華盛頓當選美國總統（任期 1789–1797 年），他保證要忠誠地來執行總統的職責，並且要盡他最大的能力來「維持、保護並捍衛合眾國的《憲法》」。從此，共和國成立，戰爭所引起的經濟問題逐漸解決了，歐洲來的移民大量登陸，各州需要勞工，各州發展適合於自己州適當的農產品及工業。1790 年之前，美國的船隻已經航行到中國去出售皮毛，並且把茶葉和絲綢運回美國。然而，美國精神主流是傾向西部開拓，新英格蘭區和賓夕法尼亞區的人們，紛紛到俄亥俄州去；維吉尼亞和南卡羅萊納二州的人，紛紛向肯塔基及田納西 (Tennessee) 去拓荒殖民，一年又一年，滿載穀物及肥料的船隻，沿著密西西比河下航到紐奧爾良。西部城鎮的地位，也日益重要了。隨後八年華盛頓小心謹慎地、有條不紊地從事行政工作，他曾視察北部和南部各州，力求不偏不倚，使兩黨保持平衡。挑選湯姆斯·傑佛遜、漢彌爾頓、諾克斯 (Henry Knox, 1750–1806) 和蘭道夫分別擔任國務卿、財政部長、陸軍部長和總

檢察長。1792 年華盛頓再度當選總統，約翰·亞當斯為副總統。1796年當華盛頓第二屆總統期限行將滿時，美國朝野都希望他繼續競選連任，但他無意於此，為表示決心，他於 1796 年 9 月 17 日向新聞界發表其著名的告別演說，開宗明義地拒絕為第三次連任的候選人，由是而建立總統不超過兩任的成例（至二戰總統富蘭克林·羅斯福始被打破）。其次是反覆指陳黨派的危險性，這固然是由於他當時尚未看到政黨政治的真正功能，也是有所感而發的，因為湯姆斯·傑佛遜與漢彌爾頓兩派的勾心鬥角，水火不容，是他任內深感擔憂的事。❾

　　1799 年 12 月 12 日華盛頓騎馬外出，經受幾小時風雪的吹打，歸來時已精疲力竭，14 日晚 10 時病逝。他逝世的消息使美國人民無比的悲痛。消息傳到歐洲時，英國海峽艦隊和拿破崙 (Napoléon Bonaparte, 1769–1821) 的陸軍向他致哀。12 月 26 日他的革命戰友理查·亨利·李 (Richard Henry Lee, 1732–1794) 將軍，即南北戰爭時南軍統帥羅柏·李 (Robert E. Lee, 1807–1870) 的父親，向國會發表讚詞，稱讚華盛頓為「戰爭中的第一人，和平中的第一人，國人心目中的第一人」。

第二節　民主思想的形成

一、亞當斯的民主思想

　　從美國獨立革命建國後，1801 至 1829 年間民主思想逐漸形成。出生於麻薩諸塞州的約翰·亞當斯，早年致力於美國獨立運動時，即以政治家和政治理論家著稱，影響後來美國《憲法》內容至鉅，是美國革命時期出色的外交家，擔任美國第二任總統（任期 1797–1801 年）。

---

❾　胡述兆，《美國總統的生平與時代》（臺北：臺灣商務印書館發行，1973），頁 9。

　　1774 年 8 月，亞當斯隨同麻薩諸塞州代表團前往費城，參加北美殖民地的第一屆大陸會議，該機構在當時已成為與英國進行和解的基本組織。他們認為與其將英國當作首要的責難對象，不如做成計畫與之談判和解。亞當斯在隨後的三年中，成為一名代言人。1775 年 6 月第二屆大陸會議中，亞當斯提名喬治‧華盛頓為軍隊總司令，並於 1776 年 6 月 11 日選派委員組成一個委員會負責起草《獨立宣言》。❿《獨立宣言》的主要起草人為湯姆斯‧傑佛遜，而在議會中最主要的辯護人則為約翰‧亞當斯。在此大紊亂期間，亞當斯的《政府思想》(*Thoughts on Government*, 1776) 被其他同僚在整個殖民地中傳播，成為將來制訂新《憲法》的主要骨幹。

　　亞當斯的新政府中，因對政策方面的意見不同，形成兩個政治團體：一為聯邦黨 (Federalist Party, 1789-1824)，是美國開國政黨，屬保守派。由時任總統的約翰‧亞當斯和美國第一任財政部長亞歷山大‧漢彌爾頓共同成立。聯邦黨執政時主張增強聯邦政府的權力，反對參與歐洲戰爭，其主要的支持者來自新英格蘭和一些南方較有錢的農民。該派鼓吹高度中央集權制，並贊成工業、地主和商人；另一派由范布倫 (Martin Van Buren, 1782-1862) 建立，湯姆斯‧傑佛遜領導，自稱民主共和黨 (Democratic-Republican Party, 1792-1825)，該派則強調個人自由和限制聯邦政府權限，其組成分子包羅萬象，強調關切地方事務、人道主義、州權、農民利益及民主程序。為符合時代的平等精神，民主共和黨在第七任美國總統安德魯‧傑克遜 (Andrew Jackson, 1767-1845) 當選的 1828 年，改稱為民主黨 (Democratic Party)。

　　在喬治‧華盛頓和約翰‧亞當斯擔任美國總統期間，建立了一個強大的中央政府，但有時候他們卻忽略了政府需和人民的意志相呼應的原

---

❿　Richard H. Leach, *American Federalism*, p. 71.

則，一直採行許多與人民脫離的政策。1800 年，美國人民不滿約翰‧亞當斯的對內政策，企望能有一個改變。

亞當斯於 1801 年提名馬歇爾為首席大法官，企圖藉此以保持聯邦主義者在國家最高司法部門的控制地位。根據亞當斯擔任八年副總統之經驗，他認為副總統一職，是「人們所發明或所能想像得出的最不重要的職務」。他與他的副總統湯姆斯‧傑佛遜因理念不合，彼此處得不和睦。卸任後，湯姆斯‧傑佛遜當選總統，他立即召回在普魯士擔任公使的兒子約翰‧昆西‧亞當斯 (John Quincy Adams, 1767–1848)，以免遭受湯姆斯‧傑佛遜的屈辱。他因不願見其政敵就職時的光輝，拒絕參加湯姆斯‧傑佛遜的就職典禮。當湯姆斯‧傑佛遜當選總統之後，約翰‧亞當斯曾恢復與他通信，但過去的不愉快仍使他無法忘懷。故約翰‧亞當斯臨終時，猶打聽湯姆斯‧傑佛遜的情況，最後一句話問到：「湯姆斯‧傑佛遜還活著嗎？」言下之意，早他而死，實有不甘。其實，湯姆斯‧傑佛遜已在同日上午 9 時 50 分早他數小時辭世了。**⓫**

約翰‧亞當斯和湯姆斯‧傑佛遜二人同為《獨立宣言》的起草委員，其後又先後榮任美國總統，又在同年同月同日過世，堪稱異數。

二、湯姆斯‧傑佛遜的民主思想

湯姆斯‧傑佛遜是美國第四任總統（任期 1801–1809 年），是《獨立宣言》的主要起草委員會主席，也是有影響力的政治哲學家。1757 年他的父親逝世後，為他留下相當多的財產。1760 年進入威廉瑪麗學院，學習二年後又在威思 (George Wythe, 1726–1806) 指導下學習五年的法律，1767 年取得律師資格。1769 年傑佛遜進入殖民地議會，成為反英領袖之一。1774 年發表《英屬美洲權利概述》(*A Summary View of the*

⓫　胡述兆，《美國總統的生平與時代》，頁 14。

Rights of British America, 1774)，指出英國國會無權為殖民地制訂法律。隔年隨維吉尼亞代表團出席在費城舉行的第二次大陸會議，1776 年受命起草《獨立宣言》，10 月重返維吉尼亞議會。他認為每個人生來就有權利得到維持生活的財產或職業；每個人都有受教育的權利；每個人都有不可侵犯的自由。他制訂宗教信仰自由法案，取消宗教上的特權和歧視。

1779 至 1781 年湯姆斯‧傑佛遜出任維吉尼亞州州長，其著的《維吉尼亞筆記》(*Notes of Virginia*, 1785) 一書討論種族的問題。他反對奴隸制度，但認為人種有優劣、黑人和白人難以和睦相處。1782 年他重新擔任大陸會議代表，主張美國在 1800 年以後完全消滅奴隸制度，但他的提案未獲通過。1784 年他與班傑明‧富蘭克林和約翰‧亞當斯同去歐洲，與列強舉行談判，數月後他出任駐法國大使。傑佛遜於 1789 年返國，華盛頓總統任命他為國務卿。

在內政方面，他指責財政部長漢彌爾頓的政策，已經超出《憲法》賦予政府的權力。在外交方面他靠攏法國，而漢彌爾頓則親英。兩個人都有大批的追隨者，因此形成湯姆斯‧傑佛遜的共和黨和漢彌爾頓的聯邦黨，為後世的兩黨政治奠定基礎。

在華盛頓擔任兩任總統期間，許多曾反對政府通過聯邦新憲的前反聯邦黨人 (Anti-Federalists)，因反對財政部長漢彌爾頓強行其財政計畫而開始聯合起來。1791 年，當主張強勢中央政府與從寬解釋《憲法》的人士組成聯邦黨後，支持州權和從嚴建構《憲法》的人，便以曾任華盛頓政府首任國務卿的湯姆斯‧傑佛遜為主，重新集結成黨。他們深受法國大革命的理想影響，採用「共和」一詞，以強調該黨反對君主政體的立場。共和黨人畏懼聯邦黨所持的貴族政府態度和權力太過集中，也擔憂漢彌爾頓的財政政策會犧牲平民百姓的利益以圖利富豪。1793 年英國組成第一次反法聯盟的戰爭爆發，共和黨聯盟在戰爭期間支持法

國，勢力得以大增。整個 1790 年代，共和黨持續以反對大英帝國軍權為團結該黨的一股動力，同時力抗聯邦黨發起的《傑伊條約》(*Jay Treaty*) 以及《鎮壓叛亂法》(*Alien and Sedition Acts*)。**⓬**

　　1801 年湯姆斯‧傑佛遜就任總統，主動實行和解政策。他上任後把許多高級職位給予共和黨人，因而開創政黨「分贓制」(Spoil System) 的先例。1801 年，湯姆斯‧傑佛遜以書面方式向國會致送國情咨文，打破華盛頓及亞當斯親自向國會宣讀的成例，此一破例維持了一百多年，直至一戰時總統威爾遜始告恢復。1803 年他決定以一千五百萬美元的代價向法國拿破崙購得路易斯安那，使美國領土幾乎擴大一倍。這一廣大的區域，包括今日的阿肯色、科羅拉多、愛荷華、堪薩斯、路易斯安那、明尼蘇達、密蘇里、蒙大拿、內布拉斯加、北達可達、南達可達、奧克拉荷馬及俄亥俄等十餘州。

　　湯姆斯‧傑佛遜在 1804 年因受舉國愛戴，再度連任總統，在他領導下，美國政務一片欣欣向榮。他在拿破崙戰爭中嚴守中立，並維護中立國在公海通商的權利。在 1805 年英法戰爭中，美國保持中立，由於英法兩國都採取封鎖政策，美國的商業受到重大的打擊，美國船隻因為怕被扣留，所以不敢和法國或英國通商。英國海軍擁有七百多艘軍艦，海軍人員將近十五萬人，但待遇差，採自由徵兵法，很多水手逃到美國船上避難，英國軍官認為他們有權搜索船隻，索回所有英國人員，但此舉對美國人而言是一大恥辱。此外，英國軍官常常拉走許多美國海軍，要他們加入英國海軍。國會於 1807 年 12 月 22 日通過《禁運法案》(*Embargo Act*)，禁止對外貿易，目的是在英法二國的貿易爭霸中，美國欲維持自身的中立和主權，所頒布的一項經濟法案。該法案關閉美國港

⓬　此法是聯邦黨利用法國和美國的緊張關係，以及人們普遍存在的對法國和愛爾蘭移民天生不適合成為美國人的憂慮，所通過的一套法案。此法案賦予亞當斯總統可以驅逐他認為可疑的外國人之權力。

口，禁止任何船隻從美國港口出發，駛往外國港口，並限制從英國進口商品，如此一來也等於禁止外國產品入口。《禁運法案》使美國農民和新英格蘭與紐約的商業、海運界受到損失。最後美國非但無法有效抵制封鎖政策，反而重擊美國自身的對外貿易，對農業也造成了相當程度的破壞。這一法案，後患無窮，航運事業幾乎被摧毀，因為南方及西方農民的剩餘農產品無法輸出，價格一落千丈，農業方面也因此受到嚴重打擊。《禁運法案》使美國出口量大跌，使英國陷於飢餓，國內不滿情緒大漲。在強大反對意見的壓力下，湯姆斯‧傑佛遜終於在 1809 年 3 月 1 日簽署《斷絕貿易條例》(*Non-Intercourse Act*)，這是一項不交往法，來取代《禁運法案》，規定除英法及其屬地外，皆可與之進行貿易。

在總統任期將屆，湯姆斯‧傑佛遜遵循華盛頓的原則，不競選第三任總統。他離任後回蒙蒂塞洛 (Monticello)，創建維吉尼亞大學。湯姆斯‧傑佛遜學識特別淵博，精通多種語言，喜好古典文學、數學、自然科學和建築藝術。他是熱心從事科學種田的老手，在蒙蒂塞洛做過許多實驗，始終注意某些有利於美國繁榮的新事務。他為人慷慨，平易近人，非常好客。他去世時正值《獨立宣言》發表五十週年紀念日。他的墓誌銘是其生前自撰，碑上刻著自己選定的銘文：「美國《獨立宣言》的起草人、《維吉尼亞宗教自由法令》(*The Virginia Statute of Religious Liberty*) 的作者和維吉尼亞大學之父湯姆斯‧傑佛遜安葬於此。」❸

湯姆斯‧傑佛遜發揚美國理想主義精神，獲得人們的推崇。他在就職演講詞中，宣稱要成立「一個賢明而節儉的政府」。這個政府要維持社會秩序，但並不「妨礙人民發展事業的自由」。當傑佛遜現身白宮時，大力促進民主作風的發展。他認為，一個平常的老百姓和官府中最高級的官員一樣，都應該受到尊重。他告誡部屬，要把自己當作受人民

❸　Frank J. Sourauf, *Party Politics in America*, p. 189.

之託的工作人員，提倡農業，鼓勵向西部開拓。他深信美國是受壓迫的
人們的避難所，因此，提出了一項開明的「歸化法律」，他也使國內財
政的國債降到六千萬元。❹

　　湯姆斯‧傑佛遜最大的貢獻就是使美國的土地面積增加了一倍。因
為西班牙一直占有密西西比河以西之區，以及離河不遠的紐奧爾良地
方。紐奧爾良這個港口是俄亥俄州和密西西比河流域各種產品輸出與輸
入的一個主要港口，也是後來世界上數一數二的穀倉。在湯姆斯‧傑佛
遜初任總統不久，拿破崙強迫西班牙政府把一大塊路易斯安那的土地還
給法國，此刻，傑佛遜聯合英軍組成英美聯軍入紐奧爾良。法國戰敗，
喪失了路易斯安那土地，在 1803 年美國以一千五百萬元的代價，獲得
了路易斯安那二百六十萬平方公里的土地和紐奧爾良城，使美國控制了
北美河流系統的中心地區。

　　1800 年湯姆斯‧傑佛遜擊敗聯邦黨贏得選舉時，雙方票數雖很接
近，但共和黨以忠實的反對黨獲勝一事，卻證明了在新大陸實驗政府領
導下政權可以和平轉移，而且通過擴大選舉權也可使占人口多數的鄉間
小地主分享到權力。共和黨執政後，立即設法刪削聯邦黨的施政計畫，
但事實上極少推翻其原先所批評的制度（如國家銀行制一直保留到 1811
年其特許權期滿為止）。儘管如此，湯姆斯‧傑佛遜確曾極力將民主精
神注入其政府：他不乘坐六馬大馬車，而改以步行前往國會參加就職典
禮；派人將其年度咨文送交國會，也不親自宣讀。另外，他廢除聯邦消
費稅，償清了國債，並大幅裁減武裝部隊的規模。凡此種種，在湯姆斯‧
傑佛遜擔任總統任內，受到絕對的肯定。

　　築基以上，湯姆斯‧傑佛遜的民主理念，主張政府應當盡量採取放
任的態度，管事越少的政府越好，因此，得到中產階級、勞工及小農的

❹　Gerald M. Pomper, *The Performance of American Government* (New York, NY: Free Press, 1972), pp. 148-151.

支持。改革派代表帕林頓 (Vernon L. Parrington, 1871–1929) 認為，十九世紀初期湯姆斯·傑佛遜的作為，才是真正讓美國民主思想更加往前邁進一大步，也是支持主張湯姆斯·傑佛遜的民主思想。湯姆斯·傑佛遜主張相當廣泛，而且認為自由的民主政治，並非加強中央政府的權力，這一點與漢彌爾頓不同。湯姆斯·傑佛遜是一位較為深思熟慮，並且具有哲學素養的人。他體會到在外交上，一個強大的中央政府，的確有很大的作用；但又恐怕過於強大的中央政府會把人民束縛，因此，在許多方面，他不希望中央政府太過強大，他的最高目的則是給人民更多的自由。此外，湯姆斯·傑佛遜害怕暴政，處處為自由著想。基本上，湯姆斯·傑佛遜認為政府應由群眾來統治，而群眾是可以教導的，也是理性的，集合群眾的智慧是相當珍貴的。湯姆斯·傑佛遜一向秉持著自由思想，當然也影響到他處理國內及國外事務的態度。

三、漢彌爾頓的民主思想

漢彌爾頓是美國的政治家，他是華盛頓時期的財政部長。漢彌爾頓生於英屬西印度群島的尼維斯島 (Nevis)，父親是行商，母親是法國醫生的女兒。漢彌爾頓十一歲外出謀生，在紐約商人的帳房裡當伙計，1772 年擢升為經理。不久，他在紐澤西的伊利莎白城預科學校進修一年後即進入哥倫比亞大學 (Columbia University in the City of New York) 就讀。1776 年 3 月漢彌爾頓任砲兵上尉，在特稜頓戰役中，他率部出擊康華理司令指揮的英軍，表現極為英勇頗負軍事天賦，受到肯定。1777 年華盛頓請他擔任中校副官，指揮一個軍營，並於 1781 年 10 月在進攻英軍要塞時再立戰功。

1781 年戰爭幾近結束，漢彌爾頓移居奧爾巴尼研習法律，1782 年7 月取得律師資格後，紐約州議會選舉他為大陸會議代表，期間他在《紐約郵船報》(*New York Packet*) 上發表多篇文章，主張建立強大的中央政

府。1783 年 11 月，漢彌爾頓開始在紐約市當律師，之後他用「弗松」
(Phocion) 的筆名出版兩本小冊子，極力主張寬大處理效忠派。1789 年 4
月華盛頓總統建立新的聯邦政府，任命漢彌爾頓為財政部長。

　　漢彌爾頓的聯邦黨，是美國最早期的全國性政黨，提倡建立強大的
中央政府，曾在 1789 至 1801 年間掌權。聯邦黨人一名始用於 1787 年，
係指新《憲法》的擁護者。華盛頓總統的新政府（始於 1789 年）初為
超黨派政府，後因財政部長漢彌爾頓的財政方案陷入深刻分歧，更由於
對法國大革命的態度不同而激化。至 1789 年底，政府支持者正式成立
聯邦黨，並於 1796 年擁護亞當斯競選總統獲勝。在 1790 年代，聯邦黨
人主張下列經濟政策：撥款償付革命戰爭債務；承擔州借債款；通過貨
物稅法；創立中央銀行；維持關稅制度和鼓勵美國海運。在外交方面主
張：在 1793 年爆發的英法戰爭中保持中立，批准與英國修好的《傑伊
條約》。在 1798 至 1799 年美國與法國交惡，至開戰的危機中，聯邦黨
人提出加強國防和內部安全法案，這些政策受到強烈的抵制，特別是在
南方，麥迪遜和湯姆斯‧傑佛遜於 1791 年開始組織共和黨，後改稱民
主共和黨，最後成為現代的民主黨。1801 年以後，由於共和黨人出色
的政治才幹，聯邦黨人本身的無能，政治鬆散，內部傾軋（特別是亞當
斯派和漢彌爾頓派之間的分裂），新英格蘭聯邦黨人更採取了地方主義
的分裂政策，頑固反對 1812 年戰爭，聯邦黨遂一蹶不振，至 1817 年已
名存實亡。即使如此，聯邦黨人仍有了巨大的成就，即建立持久的治理
國家的政治機構；確立自由公允地解釋《憲法》的慣例；建立聯邦財政
完整和信貸價值的傳統。綜言之，在外交事務中，漢彌爾頓和聯邦黨傾
向於與英國建立密切聯繫，與湯姆斯‧傑佛遜主張加強與法國的舊日盟
約不同。漢彌爾頓憎惡法國大革命，從而竭力反對湯姆斯‧傑佛遜所採
取的有利於法國的政策。1793 年英法兩國發生武裝衝突，漢彌爾頓希
望利用這個機會廢除 1778 年與法國的盟約。華盛頓基本上接受了漢彌

爾頓的意見，發表《中立宣言》(*Proclamation of Neutrality*)。漢彌爾頓
開創重要的中立主義，給年輕的國家提供了長達一個多世紀的和平發展
時期。1795 年初漢彌爾頓退出公職後，參加創辦聯邦黨報紙《紐約晚
郵報》(*New-York Evening Post*)，無料在 1804 年在一場決鬥中去世。

　　漢彌爾頓是一位雄心勃勃、目標明確、不避艱辛的實幹家，是美國
的一位行政天才，也是美國最初的偉大愛國者之一。他的經濟、政治、
軍事和外交綱領，都有一個明確目標，即是建立強大的美利堅合眾國。

　　在建立強大的合眾國原則下，漢彌爾頓害怕無政府狀態，處處講求
守秩序，要求加緊統一，加強中央政府的權力。在公共生活上，一向注
重效率、秩序和組織。擁護中央政府，主張政府應由少數菁英分子統
治。中央政府應當支持商業活動，而不該去干涉商業活動。當 1789 年
5 月 4 日正式宣布新政府成立後，漢彌爾頓對於財經改革貢獻最大。首
先他提出「使公債可以獲得充分的支持」的計畫，不但制訂了經濟的原
則，而且制訂了一個有效率的政府應具有的原則。對於過去的國債，漢
彌爾頓堅持主張要全部清償。此外，他籌劃設立了一間美國銀行，有權
在全國各地設立分行。漢彌爾頓認為這個銀行的股東是中央政府，它也
儲存了財政部的多餘款項，是聯邦政府的保險櫃，聯邦的資金也可用來
刺激商業的發展。漢彌爾頓提出了建立國家銀行和加強中央政府的一系
列綱領，通過對《憲法》的引申，政府有權特許一家國家銀行作為管理
通貨的適當工具。同時，聯邦政府要通過各種保護法令促進工業的發
展，它有指導經濟的義務。漢彌爾頓像華盛頓一樣，對黨派之爭深惡痛
絕；他曾經希望建立一個不受黨爭影響的哲人政府。華盛頓經常支持漢
彌爾頓的政策，實際上漢彌爾頓也成為聯邦黨的一名成員。然而，擁護
政權的人，例如湯姆斯・傑佛遜則認為，全國銀行只是有利於商界人
物，對於一般農民，毫無益處。湯姆斯・傑佛遜力言，《憲法》中並沒
有授權國會設立銀行，但漢彌爾頓則提出，《憲法》中含著設有銀行的

權力，當時華盛頓總統接受漢彌爾頓的說法，即簽署該項法律。

　　漢彌爾頓也主張強化中央的措施，希望建立一個聯邦政府，建立一個更有效率的機構，伴隨著美國經濟的復甦，以及與他國之間的和平往來，使得這個新國家欣欣向榮。漢彌爾頓主張成立造幣廠，並且力主制訂以保護 (Protection) 為原則的關稅，以便扶植國家的工業。這些措施使聯邦政府信用穩固，賦稅收入也源源不斷而來，也鼓勵工商業的發展，使企業家形成支持全國性政府的陣營，抵抗任何想削弱政府的企圖。

　　最早支持漢彌爾頓的是理查‧喜爾德雷斯 (Richard Hildreth, 1807–1865)，他的作品中對漢彌爾頓有很高的評價。他將漢彌爾頓描述為一位優秀的領導人物，擁有實際的天賦及重紀律的原則，因此，漢彌爾頓的論點在美國內戰時期被採用。漢彌爾頓奉獻他的理想，建立一個工業的美國，對於「高保護關稅」認為是對工業成長的一種貢獻，在南北戰爭期間，漢彌爾頓的計畫被視為模範。

　　從南北戰後到十九世紀結束，漢彌爾頓的許多論點，仍受到共和黨派及新興工業所歡迎。但是，在美國各地反對漢彌爾頓的作法的人，勢力也日漸擴大。在 1790 年逐漸造成了漢彌爾頓的聯邦主義派及湯姆斯‧傑佛遜的共和派的對立，這是美國歷史上首次出現的兩黨政治。

　　綜言之，美國在十九世紀初期，融合了漢彌爾頓及湯姆斯‧傑佛遜的哲學理念，並且相互融合，相互協調，對美國自己本身是一件幸運的事。二次大戰後，歷史學界出現了二分論 (Hamiltonian-Jeffersonian Dichotomy)，其代表者是理查‧霍福斯塔特 (Richard Hofstadter, 1916–1970)，認為美國對聯邦時期的評價是「一致勝過對抗」。因為傑佛遜民主 (Jeffersonian Democracy) 融入漢彌爾頓資本主義論 (Hamiltonian Capitalism)，成果在 1800 年之後出現。

四、麥迪遜與 1812 年戰爭

　　麥迪遜曾參加費城制憲會議，當時年僅三十六歲，但《憲法》上的許多基本制度，如國會採兩院制、總統的間接選舉，行政、立法、司法三權的互相制衡等，多出自於他的設計，故後世譽他為「《憲法》之父」(Father of the Constitution)。1809 年，詹姆斯‧麥迪遜繼任美國第四任總統（任期 1809–1817 年），美、英關係惡化，兩國迅速備戰。總統請國會提出詳細報告，列舉六千零五十七件英國強拉美國公民的事件。在他就任總統後，要求英國取消限制中立國與法國進行貿易的命令。但是，英國繼續進行破壞活動，劫捕與法國進行貿易的美國船隻。1810 年 11 月 2 日，麥迪遜正式宣布與英國斷交。他派兵攫取西屬佛羅里達，聲稱這是路易斯安那購地的一部分。1812 年他再次當選為總統。由於美國西北部移民常受到北美印第安人的攻擊，美國人相信是英國人的策動，於是在 1812 年美國向英國宣戰。這次戰爭，使美國人民恢復了革命時期的愛國思想，這種思想本來已經日漸衰落了，人們現在有了許多共同依戀的事務，他們的自尊和政治見解，都和這些事情息息相關。他們更像美國人；在情感上和行為上，他們都表現出同屬於一個國家的人民。在 1812 年戰爭 (1812–1815) 中，麥迪遜擔任總指揮。戰爭初期，美國陸軍連連失利；1814 年麥迪遜起用青年將領得以挽回敗局，使戰爭終於結束。這時他作為總統的聲望，達到了頂峰。

　　1812 年之戰後，美國才真正受到一個獨立國家所應受到的待遇。從政治觀點來看，正是當時人們所謂的「好感世代」，商業把全國上下緊緊地聯成一個團體。戰爭所帶來的破壞，使人們了解應該保護美國的製造業，使他們能和外國競爭。人們相信經濟獨立和政治獨立，是同樣重要的。經濟上不能自給，政治獨立便無從實現。為了實現獨立自主的願望，國會提出了「保護主義」(Protectionism) 的口號，呼籲當局用關

稅扶植美國工業。

　　1816 年規定的關稅率非常高，目的是要保護國內的製造業。此外，許多人主張興建全國公路和運河網，因為改良交通後，可以使東部和西部更加緊緊聯結起來。

　　此外，法院地位的抬頭，法院成為一個有力的組織，和國會與總統的地位鼎足三立。

　　麥迪遜總統任內，美國人民積極向西開拓，邊疆文學及生活多彩多樣。此時在文學上的成就，亦相當精彩。華盛頓・歐文 (Washington Irving, 1783-1859) 的作品，以紐約的哈德遜河谷作背景，刻畫美國這個富於傳奇故事和浪漫氣息的地方。詹姆斯・費尼莫爾・古柏 (James Fenimore Cooper, 1789-1851) 的才華，則表現在北美印第安人的資料中。他出版的《拓荒人》(The Pioneers, 1823)，用生動的散文，描寫美國拓荒人們儉樸的生活等。他所描寫的印第安地區及酋長人物，都成了世界文學作品中永垂不朽的人物。另外，在文學中最重要的是 1815 年創刊的《北美評論》(The North American Review)，由賈雷德・斯帕克斯 (Jared Sparks, 1789-1866) [15] 出任編輯，編得有聲有色。這一期刊，受到新英格蘭地區青年知識分子的一致愛護，投稿者很多，對於發展美國文化事業作了不朽的貢獻。

　　邊疆的生活是形成美國文學最有力的一個因素。新英格蘭區那些山麓地帶所生產的穀物，無法和低廉而肥沃的西部地區競爭，因而，男男女女放棄了他們在沿海地區中的田莊和村落，源源不絕地到內地肥沃之地去耕種，譬如北卡羅萊納州、南卡羅萊納州和維吉尼亞州較荒涼地區

---

[15]　美國《北美評論》發行人兼主編、傳記作家。1849 至 1853 年任哈佛學院教授和院長。著有富蘭克林、華盛頓和莫里斯等人的傳記，編輯過《美國革命外交通信集》(The Diplomatic Correspondence of the American Revolution, Vol. 12; 1829-1830) 和《美國傳記文庫》(1834-1848) 二十五卷。

的居民，因為沒有公路，運河交通又不便利，人民無法將產物運到沿海的市場中，因而紛紛西移，這種移動對美國的影響非常深遠——它培植了美國人的主動能力；培養出政治和經濟的民主精神；使人們舉止豪放，打破了保守思想；這種移動孕育了一種地方自決的精神，和人們對國家主權的尊重心理相契合。到了 1800 年，密西西比河和俄亥俄河一帶，漸漸變成了廣大的邊疆地區。

西拓的移民大都是務農或狩獵，自己建造大木屋，代替獨間的小木屋；井水代替溪水，移民們清除房舍四周，燒毀殘餘樹木作肥料，種植自己所需的穀物、蔬菜和水果。在林中捕麋鹿，在溪中捕魚，更有許多人賣掉田莊、耕地，再向遙遠的西部開拓。1830 年的芝加哥還只是一個小碉堡，今日成為美國最繁榮的大都市之一，即為一例。

來自不同族群的拓荒者，有蘇格蘭人、愛爾蘭人、賓夕法尼亞人、新英格蘭人等，他們往新西部開發拓荒。新英格蘭和南方的移民向西部推進時，也帶著他們原來地區中的許多觀念和制度，「到西部去和國家一起成長」。正如同卸任的總統麥迪遜在 1817 年離開華盛頓後，居住在維吉尼亞，經營二千公頃土地，從事改良農業和進行解放奴隸的工作。開發新西部，成為當年美國人的期待與夢想。

五、門羅的民主思想 (1817-1824)

自從英國各殖民地在美洲獲得自由之後，拉丁美洲的人民也希望獲得同樣的自由，紛紛仿效。在 1824 年之前，歐洲國家的殖民地，如阿根廷、智利等國皆已獨立。對其他殖民地想運用美國革命的經濟資源，以擺脫歐洲國家的統治行動，美國表以深切的關心。美國總統詹姆斯·門羅（James Monroe，1758-1831，任期 1817-1825 年）在人民有力的要求下，1822 年授權承認新國家的成立，包括哥倫比亞、智利、巴西及墨西哥。不久又和各該國交換公使，承認這些國家是自力更生，獨立

自主，而且完全和歐洲國家脫離關係。

　　門羅是美國第五任總統，出生於維吉尼亞州威斯特摩蘭縣 (Westmoreland County) 富裕的農場主之家。父親是蘇格蘭人，母親是威爾斯人的後裔，而門羅是美國獨立革命時期最後一任總統，也是出生於維吉尼亞州並連任成功的最後一位總統。他曾參加過美國獨立戰爭，戰後在維吉尼亞州按照傑佛遜的指導學習法律，當上律師及維吉尼亞州議會議員，1794 年華盛頓提名他擔任駐法國公使。

　　1797 年春天，門羅從法國卸任返國，同年 12 月出刊《我對美國外交政策的看法》(*A View of the Conduct of the Executive, in the Foreign Affairs of the United States*, 1797)，他的外交觀點受到關注。1799–1802 年擔任維吉尼亞州州長並獲連任。1803 年 1 月總統湯姆斯·傑佛遜任命他為特命全權大使，前往法國協助駐法公使利文斯頓解決購買密西西比河河口的問題。同時，他與駐馬德里公使平克尼 (William Pinkney, 1764–1822) 合作，處理西班牙轉讓東、西佛羅里達的問題；同年 4 月，門羅成為常駐英國公使。他在巴黎得知拿破崙有放棄路易斯安那地區的想法，因此決定把路易斯安那購買下來。1804 年秋，門羅抵達馬德里，協助平克尼就劃定路易斯安那邊界問題，以及西班牙讓出佛羅里達問題進行談判；次年就英國強徵美國海員和扣留美國商船問題舉行談判。由於英國內閣不願討論這些敏感問題，會談沒有任何進展。

　　自 1811 年 11 月至 1817 年 3 月止，總統麥迪遜任命門羅為國務卿。1814 年 9 月 27 日英軍占領首都華盛頓以後，門羅出任陸軍部長。1816 年他當選為美國總統，1820 年再度連任。他在競選連任時，

圖 7：門羅總統

獲得二百三十二張總統選舉人的票中的二百三十一票，只有新罕布什爾州的普拉麥 (William Plumer, Sr., 1759–1850) 一票投給約翰‧昆西‧亞當斯。據說普拉麥並非反對門羅，只是認為以全票當選總統的榮譽，應為華盛頓保留，否則門羅可能已以全票當選。從這則被傳為佳話的訊息可見，門羅在其前四年任內的政績之佳與聲譽之隆，已達於全國一致擁戴的程度。

正在這個時候，中歐和若干強國組成所謂的「神聖同盟」(Holy Alliance) 的組織，目的在保護他們自己以對抗革命。在歐洲人民革命運動威脅到王室存在時，神聖同盟採取了干涉手段，他們希望藉此阻遏革命潮流捲入他們自己統治的地區。這種政策和美國的自決原則完全背道而馳，因而，門羅總統決定發表一項對歐洲國家在新世界中的美國政策聲明。門羅總統於 1823 年 12 月 2 日向國會致送國情咨文，闡明所謂的「門羅主義」。他宣稱舊大陸和新大陸社會制度不同，必須各自保持明確的勢力範圍。他提出美國的外交政策方針，宣布絕不干涉歐洲國家的內政，或是歐洲國家在新世界殖民地的事務；同時也反對歐洲國家對美洲獨立國家內政的干擾。門羅特別強調，任何類似的干擾，均將視為對美國的不友好行為。同時，他又提出美洲大陸，將不再是歐洲強權的殖民地。其基本論點還包括：

1. 美國將不干涉歐洲列強的內部事務或他們之間的戰爭；
2. 美國承認並且不干涉西半球現存的殖民地和保護國；
3. 不得再在西半球開拓殖民地；
4. 歐洲列強壓迫或控制西半球任何國家的任何企圖，都將被視為是對美國的敵對行為。

因這些美國外交原則是由總統門羅所提出，故稱為「門羅主義」。門羅主義指出了美國長時期以來的一貫外交政策重點，亦即從喬治‧華盛頓開始，歷任的美國總統均秉持不干擾歐洲事務的政策。門羅主義在當時是具有強烈的民族主義意識，再次展示美國作為一個國家的驕傲。

因為門羅主義的意義，影響到美國未來的外交走向，更為新的後代領袖
建立了美國基本的外交政策。

　　門羅主義是英美兩國擔憂歐洲列強，試圖恢復西班牙殖民地的結
果。這些殖民地中，有許多已成為新的獨立國家。英國希望同他們進行
貿易，一旦西班牙重新使之淪為殖民地，這些市場就會關閉。結果，英
國外交大臣甘寧 (George Canning, 1770–1827) 建議英美兩國發表聯合宣
言，禁止再把拉丁美洲殖民化，得到門羅贊同。門羅主義在 1823 年還
是一項難以軍事實力支持的對外政策。門羅和約翰‧昆西‧亞當斯深
知，需要英國艦隊來遏制拉丁美洲的潛在侵略者。由於美國當時並非強
國，而且歐洲列強顯然未認真考慮使拉丁美洲重新殖民化，門羅的政策
聲明在國外並未引起重視。

　　在第二任總統任期屆滿以後，門羅回到維吉尼亞奧克希爾 (Oak
Hill) 的故鄉，兩袖清風，經濟狀況很差。1830 年他的愛妻逝世，精神
又失去寄託，最後迫使他遠離故鄉，到紐約依附他的女兒，晚景相當淒
涼，1831 年 7 月 4 日在紐約市辭世。在他八年任內，美國聯邦增加了
五個州，即密西西比（第二十州）、伊利諾（第二十一州）、阿拉巴馬
（Alabama，第二十二州）、緬因（第二十三州）及密蘇里（第二十四
州）。1822 年美國在西非的上幾內亞 (Upper Guinea) 購得一塊土地，將
一批已在美國獲得自由的黑人送往該地定居。1824 年 8 月 25 日，該地
改為賴比瑞亞 (Liberia)，因感於門羅總統對他們的贊助，乃將其首府稱
為「門羅維亞」(Monrovia)，藉作永久紀念。❶ 這是非洲第一個以美國總
統為名的城市。門羅是美國總統中，被人民讚賞肯定的總統。美國的現
行國旗在門羅總統任內的 1818 年 4 月 4 日制訂，此一國旗式樣是以紅、
白相間的十三條（七紅條、六白條）為底，左上角為藍底白星，每顆星

---

❶　胡述兆，《美國總統的生平與時代》，頁 38。

代表一州，白星的數目隨州的增加而增加。

　　當年美國制憲時期，門羅並未參加費城制憲會議，他是反對批准《憲法》的主將之一，因為該《憲法》沒有保障人民權利。

　　1870 年後，世人對門羅主義的解釋日益發展。該主義宣稱，新舊世界兩者的勢力範圍需要保持明確的區隔。此學說初由約翰・昆西・亞當斯等諸人構思而成，以宣布美利堅合眾國在道義上反對殖民主義，後經多方重新詮釋而為種種廣義之說法。諸如西奧多・羅斯福總統即為適例，其於 1904 年將「門羅主義」擴充解釋為美洲是美國的勢力範圍，聲稱一旦某個拉丁美洲國家公然、經常地為非作歹，美國可以干涉其內部事務。此以門羅主義之羅斯福推論而成名，故稱為「羅斯福推論」(Roosevelt Corollary)。從西奧多・羅斯福一直到富蘭克林・羅斯福總統的任內，美國經常對拉丁美洲、尤其是加勒比海地區進行干涉。1930 年代以來，美國曾試圖同西半球國家個別磋商，和通過美洲國家組織進行磋商，來制訂其對拉丁美洲的政策。即使在對其國家安全出現明顯威脅時，美國仍繼續擔任領導者的角色，西半球仍是一個由美國起支配作用的勢力範圍。

第五章 從改革、擴張到戰爭 (1829–1860)

第一節 約翰‧昆西‧亞當斯

約翰‧昆西‧亞當斯是美國第六任總統（任期 1825–1829 年，世稱小亞當斯），是美國第三任總統約翰‧亞當斯的長子。於 1824 年在總統大選中，他並無贏得普選票和選舉人票，但經國會眾議院投票後當選，成為美國唯一由國會眾議院選出的總統，也是美國歷史上第一位繼其父親之後成為總統的案例。

小亞當斯在其出任美國總統前，他是美國偉大的外交家之一。當選美國參議員後，於 1807 年 12 月支持傑佛遜總統的提案，封鎖禁止所有外國貨品的輸入，通過《禁運法案》的參與者。為此，他不但使聯邦黨分子恨之入骨，也在新英格蘭地區失去聲望，因為該法案抑制了該地區的經濟，同時使他喪失了在參議院的席位。1808 年約翰‧昆西‧亞當斯加盟共和黨，1817 年返國任門羅總統任內的國務卿。

在約翰‧昆西‧亞當斯擔任國務卿時，是門羅主義的促成者。於 1819 年經過漫長的繁冗談判後，約翰‧昆西‧亞當斯成功地獲得西班牙大使的同意，簽訂一項條約，條約中西班牙願意放棄密西西比河以東領土的一切主權，使美利堅合眾國的邊界線得以連接大西洋及太平洋。這個《泛大陸條約》(*Transcontinental Treaty*) 讓約翰‧昆西‧亞當斯獲得外交上極大的肯定。1823 年門羅總統頒布的「門羅主義」，也是約翰‧昆西‧亞當斯大力促成的。

在門羅總統第二屆任期即將屆滿時，約翰‧昆西‧亞當斯被提名為總統候選人，在眾多候選人中，約翰‧昆西‧亞當斯順利當選。1825 年提出美國要建設鐵路和運河串聯的運輸動線、由聯邦政府出資興建高等級公路和運河網絡、建立更多大學，並加強文理科高等教育；成立一座天文臺以研究外太空等，其政策頗具功績。然而在總統選舉中，對手傑克遜失利，此後亞當斯和傑克遜間的黨爭越演越烈，許多政治措施方面，由於傑克遜派的惡意反對，而遭受挫敗。1828 年傑克遜當選總統，在其主政期間，約翰‧昆西‧亞當斯的追隨者和傑克遜同黨間的關係，幾乎到了水火不容的地步，嚴重地影響了後來的美國歷史。

約翰‧昆西‧亞當斯在國會中的成就，和他早期在外交方面的成就一樣突出。他自始至終是一位奴隸制度的反對者，是一位為反對奴隸的擴展而努力的改革者。在反對奴隸制度運動中，約翰‧昆西‧亞當斯在奴隸船「愛米斯塔特」號叛亂 (Amistad Mutiny) 的訴訟案中，為叛亂的奴隸和在古巴海岸從西班牙人手中脫逃的奴隸出庭辯護，並為他們贏得了自由，此為他偉大的貢獻之一。

1828 年，約翰‧昆西‧亞當斯提出對進口製造品收取高額關稅，然而由於進口原料是否收稅的問題而造成人民反感，並導致其在總統選舉中競選連任時敗給對手傑克遜。約翰‧昆西‧亞當斯交卸總統後感到極為苦惱，一度想自殺，他的日記中這麼寫道：「當一切所預料的壞結果到來時，我已失去生存的意願」。1830 年當麻薩諸塞州的人民選他為聯邦眾議員時，他在日記中寫道：「沒有任何選舉或任命，比我這次當選更高興的了。」他於卸任總統後，

圖 8：約翰‧昆西‧亞當斯總統

又擔任眾議員十八年（連任五屆），直到 1848 年 2 月 23 日去世為止。❶ 儘管約翰‧昆西‧亞當斯擔任美國總統只有一屆任期，歷史學家對他不俗的表現，仍有頗高的評價。

第二節　安德魯‧傑克遜的民主

　　安德魯‧傑克遜，生於南卡羅萊納州西部邊界的沃克斯華 (Waxhaw) 移民區，是美國軍事英雄和第七任總統（任期 1829–1837 年）。父親在他尚未出生前就去世，傑克遜曾受過短期的教育，但因英軍入侵卡羅萊納西部而中斷。1781 年被英軍俘獲，囚禁一段時期。由於英軍入侵卡羅萊納，他的母親和兩個弟弟相繼死去，這一悲痛的經驗使他一生充滿反英思想。在舉目無親下，只得跟著哥哥到軍中依附他們的叔父。傑克遜自小缺少管束，養成他頑強無比的個性。當他在叔父軍中時，曾一度被英軍所俘虜，管理俘虜的英國軍官要這一頑童替他擦皮靴，但被他悍然拒絕，英軍以軍刀畫過他的臉頰，但他仍不屈服。這次的刀傷，在他內心刻印的痕跡，畢生未曾磨滅，每次一提起英國人，總使他咬牙切齒，恨之入骨。

　　美國獨立戰爭結束後，他在北卡羅萊納索爾斯堡 (Salisbury) 的一家法律事務所學習法律，1787 年取得該州的律師資格。1788 年擔任北卡羅萊納西部地區（後為田納西州）檢察官，主要辦理討債案件，十分成功。儘管如此，他由於生性好動，興趣甚多，參加商業活動和作土地投機生意，也飼養過馬匹和種植棉花。這一時期他有時腰纏萬貫，有時又負債累累，但是他始終熱心於公共事務和政治。

　　年輕時的傑克遜性子急躁，喜歡與人決鬥，一生中不知道與多少人

---

❶　胡述兆，《美國總統的生平與時代》（臺北：臺灣商務印書館發行，1973），頁 45。

決鬥過，也曾在決鬥中多次負傷。最常為人提起的一次是與當時田納西州的神槍手迪金森 (Charles Dickinson, 1780–1806) 事件。1806 年 7 月 5 日，因迪金森對傑克遜的太太出言不遜，傑克遜約他在肯塔基州的紅河邊決鬥，兩人相距不到二十四呎，信號一起，雙槍同發，互相擊中對方，傑克遜胸骨折斷，迪金森當場死亡。1813 年另一次決鬥中，也是因對方批評他的太太而起，一顆子彈打入他的左臂受傷。

　　1796 年傑克遜出席田納西州制憲會議，同年當選為聯邦眾議院議員，後又當選為美國參議院議員。1798 年辭去議員職務，但不久即被任為田納西州最高法院法官。1802 年被推選為田納西州民兵司令，之後一直擔任這一職務。1812 年 3 月，他見到與英國的戰爭已經迫在眉梢，於是發布一項動員令，從田納西州徵召五萬名志願軍防備英軍從加拿大入侵。1812 年 6 月正式宣戰以後，聯邦政府只命令他與威脅南部邊疆的克里克 (Creek) 印第安人作戰。1813 至 1814 年，在歷時五個月的戰鬥中，他終於把克里克印第安人打得落花流水，徹底解除了克里克部族對邊界的威脅，因而成為美國西部地區的英雄，並於 1814 年 10 月揮師南下，11 月占領西班牙人的據點彭薩科拉 (Pensacola)，12 月初進入紐奧爾良，並於次年 1 月重擊英軍，迫使英軍撤離路易斯安那。戰爭結束後，他擔任南方軍區司令，曾下令進攻佛羅里達，占領西班牙人的兩個要塞。此後傑克遜受到重視，政治生涯更為順利，於 1823 年進入美國參議院，1829 年當選為總統。

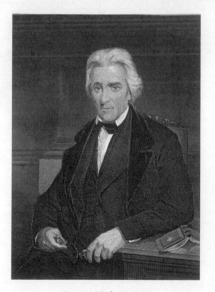

圖 9：傑克遜總統

　　傑克遜當選總統後，當時他被形

容是「老栂杖」(Old Hickory) 派，他因在西部和南部的農村得到最強的
支持，因而獲得眾多選票。傑克遜以軍人出身，雖然缺少正式的學校教
育，但也不像他的政敵所宣傳那般無知和粗魯。他甚至可以寫出有力而
流暢的簡單英語，也執行過律師業務，在政壇上有深厚的經驗，被比喻
作有如老栂杖般的堅硬。傑克遜滿頭白髮，英挺高大的身軀，每一位見
過他的人都為他那強而有力的決心所臣服。因作為一個職業軍人出身，
一向以絕對服從和貫徹命令為主，急促的個性和充分的自信，使他的事
業如日中天，往往將政治上的紛爭一肩擔起。傑克遜自稱自己是一個平
凡的老百姓，同時也以普通百姓的公僕自居，在他就職典禮時，全體民
眾湧進白宮舉杯恭賀，不分階級、貧富，使民主更進一步。❷

　　在傑克遜當政時，政治及社會有了不小的改變。政治改變人民對於
民主的嚮往，過去僅允許有產階級且是白人的男性才有選舉權，此時大
多數的美國白人享有選舉權。如此一來，白人男性除了有選舉權，而身
為選民更有甚大的機會來影響政府。但女性及黑人在此刻，仍無政治上
的權利可言。

　　美國社會從 1820 年代開始，由於工業和教育的發展，鼓勵女性在
政治上的要求，然而縱使國內廢奴主義的呼聲提升，但改變非常緩慢，
畢竟對於十九世紀上半葉的美國白人來說，對黑人政治活動的限制，似
乎是正常且適合的。

　　北美印第安人在傑克遜式的民主政治中並無重大改變，因為多數的
印第安種族在 1840 年已被迫遷移到密西西比河以西，在他們對抗移民
者的西遷過程中，印第安人早已遭到失敗的命運；尤其在 1812 年的戰
爭中，印第安人聯盟已一蹶不起。

　　安德魯‧傑克遜的個性與感情，常為世人所談論。其夫人瑞吉兒

---

❷　Everett C. Ladd, *American Political Parties* (New York, NY: Norton, 1970), p. 81.

(Rachel Donelson Robards, 1767–1828) 原是羅巴特斯 (Lewis Robards, 1758–1814) 上尉的太太，因與丈夫感情不洽，經常住在娘家。傑克遜在該處任法院檢察官時，寄住於她的家中，兩人一見鍾情。最後傑克遜得到瑞吉兒的同意，雙雙私奔。1794 年初羅巴特斯夫婦離婚正式生效，傑克遜與瑞吉兒正式結婚。瑞吉兒於傑克遜當選總統後不久去世，這是傑克遜畢生最感傷心的事。據說瑞吉兒乃憂鬱而死，因她自知過去的一段婚姻為人所非議，使她無法適應白宮女主人的職務，她曾私下對朋友說，寧願死去，也不願隨傑克遜去白宮。

安德魯・傑克遜許多重要政策都決定於白宮廚房之中，故在他任內有「廚房內閣」(Kitchen Cabinet) 之稱。此事與所謂「伊頓太太事件」(Affair of Mrs. Eaton) 有關。約翰・伊頓 (John Eaton, 1790–1856) 是傑克遜的密友，也是他競選總統時的經理。當伊頓擔任參議員時，曾與華府的一名有夫之婦發生曖昧關係。1828 年該婦的丈夫（為一海軍軍官）在海上遇難（一說因其妻與伊頓的曖昧關係，因而憤恨自殺），傑克遜私下勸伊頓與該女子結婚，伊頓接受其勸告，於傑克遜就任總統前二個月與該女子完成婚事。傑克遜就任後任命伊頓為軍政部長，但伊頓太太為華府的高級社交圈所不容，特別是副總統卡爾洪 (John Caldwell Calhoun, 1782–1850) 的太太對她心存輕視，拒絕與她交往。傑克遜對此事極為憤怒，特為此召集一次內閣會議，要求閣員們命令他們的太太善待伊頓太太，否則應即自動辭職。閣員們以「太太們的事他們無權過問」，拒絕接受傑克遜的建議，亦不自動辭職。傑克遜自知理虧，對他們也無可奈何。從此之後，一切大政方針都不與內閣閣員商議，而在白宮的廚房中與一批次要的僚屬共膳時決定一切，這就是「廚房內閣」一詞的由來。❸

---

❸　Anthony Downs, *An Economic Theory of Democracy* (New York, NY: Harper Row, 1975), p. 78.

　　傑克遜是美國「分贓制度」的確立者。所謂「分贓制度」，如同「一朝天子一朝臣」，即新總統上任時，可隨意任用其私人及黨人擔任政府公職，以酬庸他們的功勞，這個制度始於湯姆斯‧傑佛遜，到安德魯‧傑克遜乃告確立。

　　個性急躁的傑克遜在處理事務時，正如他處理生活中的其他問題般，遇事立即採取措施。在白宮中，也正如他在戰場上指揮軍隊一樣，顯示出他精力充沛以及當機立斷的性格。1829 年 3 月 4 日就職後不久，開始撤換官員，任用支持他的人取代反對他的前任官員。不過，傑克遜也不是像人們所指那樣大力推行這一制度的人，在他任總統的八年期間，更換的聯邦官員還不到總數的五分之一。此外，在第二任期間(1833–1837)，傑克遜主要處理財政問題，頗有成效。

　　至於傑克遜的民主政治，對美國有何影響？首先是有關保護關稅的問題。傑克遜為了保護關稅與南卡羅萊納州發生衝突。南卡羅萊納原希望借用總統職權，及總統家鄉的關係，以減低他們一向反對的稅額。在南卡羅萊納人看來，保護關稅的一切利益，全都是為了北部的製造業而設，當全國各地日益富裕時，南卡羅萊納州因以種植為生的人要負擔較高價格的重稅負擔，反而越來越窮，當國會為此制訂新稅法時，傑克遜還是毫不猶豫簽字了。因而南卡羅萊納人便組織了「州權黨」(State's Rights Party)，贊成「取消」(nullification) 的原則。這項取消的原則，主張一州之中舉行的代表大會，可以判定國會某一法案不合《憲法》規定，而宣布該法案不能在實行「取消」原則的該州中生效。南卡羅萊納人還威脅說，如果國會通過任何法令，要對該州用武力時，該州不惜退出聯邦。傑克遜於 1832 年 11 月，派遣七艘小型海軍船隻到達查爾斯敦，並準備隨時採取行動，他強硬聲明反對「取消」原則，並宣稱要南卡羅萊納維護他們祖先從戰爭犧牲中所締造的聯邦。為了這個稅則問題雙方僵持甚久，國會最後採取妥協辦法，降低入口關稅。之後，南卡羅

萊納人才取消這一行動。此一行動後，傑克遜使聯邦政府獲得了最高權威的肯定。

其次，有關美國第二家國家銀行的設置問題。美國第一家國家銀行設於 1791 年，是在漢彌爾頓指導下成立的，這是一個私人組織。雖有政府股份，並不屬政府銀行，所得利潤歸入股東手中。傑克遜認為銀行的創立僅使少數的富豪權力更大，當一段時間過後，政府必對它莫可奈何。1811 年，該銀行註冊期滿，就不能重新註冊了。對於銀行，傑克遜深感痛恨。他認為銀行乃是特權階級的利用品，它是一小群商業集團利用法律漏洞，用公共的錢發私人財的工具。同時，傑克遜也辯稱，銀行的財勢也在政治上造成腐敗。銀行問題的爭論一直受到注意與爭論，商人、製造業與金融界是持贊成，持反對者有勞工和農民們，結果反對銀行的傑克遜主義 (Jacksonism) 者大獲全勝。❹

傑克遜再次當選連任，他認為是人民委託他去徹底整頓美國銀行的表現。1832 年當選總統時，傑克遜即反對銀行重新擴張。次年，他頒發命令，停止把政府款項存入美國銀行，至於已存入的款項，應在政府開支時，逐漸提出。把公款轉存到比較有實力的州銀行去。

總而言之，許多歷史學者認為 1828 年傑克遜的當選總統，是美國歷史的一個重大的轉捩點，因為這位總統他不是來自地靈人傑的州，如維吉尼亞州或是麻薩諸塞州，而是來自於氣候炎熱，民風保守的南卡羅萊納州。傑克遜是代表一般平民化的象徵，勝過於貴族階級代表。民眾選舉傑克遜無非是民主的勝利代表，甚至於一般人認為「老枴杖」是美國人民的偶像象徵，代表美國的社會現象。但一般學者則又常以無知、沒受教育、情緒化，他的舉止完全被權力慾望所操縱等來形容傑克遜。

對於傑克遜的討論，早期邊疆理論的歷史學者特納讚賞傑克遜的民

---

❹ V. O. Key, *Parties and Pressure Groups* (New York, NY: Crowell, 1976), pp. 14-17.

主作風，他認為傑克遜是將鄉村文化根植到城市中的人。亞瑟・史列辛格 (Arthur M. Schlesinger, Jr., 1917–2007) 在其著作《傑克遜的時代》(*The Age of Jackson*, 1945) 中指出，美國在 1830 年代的政治，有關傑克遜的民主 (Jacksonian Democracy) 不是黨派或黨系之間的紛爭問題，而是階級 (class) 之間的爭論或紛爭。史列辛格強調，傑克遜的民主是圍繞在鄉村勞工階級及貴族之間，而他時常為工人作考量。此外，傑克遜時期給予成年男子普選成為全國性的選舉制度，這是美國歷史上民主政治的發展，開啟了一個新的紀元，使美國民主政治更趨完善。傑克遜主義主張標榜人民應盡可能多管事情，管事越少的政府越好。1829 年上任總統後，傑克遜以「平民化」形象及作風，在大選中獲勝。從他的就職方式，接受人民湧入白宮慶賀，至分贓制度及廚房內閣等，皆以「平民化」為號召，對「聯邦」尊重與完整更重視。例如「關稅法」及「銀行問題」等。他創立了強權的總統典範，自視為人民的代表和保護者，更重視聯邦勝過於一切。他著手行動，要求以稅收資助學校，並且認為一個民主時代，人民必須接受教育，才知道如何治理國家。他的主張深得勞工組織的回響，勞工們也希望他們的子女接受好的教育，進而改善生活的機會。傑克遜的民主作風，深受世人讚賞。❺

在美國歷史上，安德魯・傑克遜是由民主黨大會提名的第一位總統候選人。他也是美國強有力的總統之一，他曾不惜以使用武力為威脅，迫使他的家鄉南卡羅萊納州遵守國會制訂的關稅法。他任職的最後幾年，政績斐然，深得人民的擁護，原有三次連任的希望，但鑑於華盛頓拒絕三次連任，而在他以前也無總統連任三次的先例，故拒絕考慮再競選連任，而改為支持范布倫競選。他於 1837 年卸任總統時，已經七十高齡。1837 年 3 月 4 日傑克遜卸任後，退隱故鄉海爾米塔奇

---

❺　Everett C. Ladd, *American Political Parties*, p. 93.

(Hermitage)。餘生八年皆臥病榻,但繼續關心公共事務。傑克遜從來不認為自己是一位政治大師,但是實際證明,他和他的同僚仍是當時最有手腕的政治領袖。

第三節　艱困的時刻

在傑克遜第二任總統任期屆滿前,他極力支持提名當時的副總統馬丁·范布倫,卻遭反對派自稱是「獨立黨」的反對,但最後,范布倫仍在競選中獲勝,成為美國第八任總統(任期 1837–1841 年)。范布倫自命為湯姆斯·傑佛遜的信徒,支持州權主義,反對中央集權政府。在范布倫就職二個月之後,1837 年的經濟恐慌即已開始,再加上由於前任總統的領袖魅力,使他黯然失色,掩沒他不少的功績。

經濟恐慌是由投機土地者所引起,由於過去幾十年的繁榮,刺激了西部土地的買賣,政府將超過三千二百萬畝的公用土地賣給農民和投資者,這種售價使得投機者和農民均獲得厚利,甚至有非法的行為存在。許多西南部的土地擁有者種植棉花,有一段時期隨著棉花供應的成長,為東部的商人和工業界開創了新的市場,土地的價值也隨著暴漲。1837年初,棉花在國際市場的價格因生產過剩而降低,由於棉花農人已將產業抵押以購地生產棉花,故而棉價的降低即意味著不幸的來臨。如果不能從棉花買賣牟利還債,土地的市場也將隨著瓦解。這種不景氣的結果,給美國帶來了相當嚴重的後果,眾多的債主令銀行破產,即使州政府也由於過多的內政改良計畫而使財政陷於危境,工廠關門,失業率隨之高升。在沒有一家國家銀行有力控制紙幣的供應下,州銀行的紙幣泛濫全國,有些更無金銀幣的後援。此時州政府也開始大量的修運河、造鐵路等計畫,銀行、商人和農民大量借款,銀行也放寬貸款的條件。

1840 年范布倫建議把政府基金從各州銀行提出存入「獨立金庫」。

范布倫曾發布命令，規定參加興建聯邦公共工程者的工作時間，每天不得超過十小時。[6]然而，多數美國人將經濟的困境歸罪於民主黨的執政，連范布倫自己也不了解真正的經濟危機的原因何在，更無法遏阻不景氣的擴張。由於經濟恐慌，在 1840 年總統大選中自由黨的威廉‧哈里遜 (William Henry Harrison, 1773–1841) 當選，為美國第九任總統（任期 1841 年 3 月 4 日 –1841 年 4 月 4 日），是一名軍事家，曾在與印第安人的征戰中獲得勝利。六十八歲的哈里遜不幸在就任一個月後因肝炎去世，所以約翰‧泰勒 (John Tyler, 1790–1862) 成為美國史上第一位從副總統升為總統的人。

泰勒擔任美國第十任總統（任期 1841–1845 年）後，被視為是一個自行其是的民主黨人，拒絕執行傑克遜的綱領。[7]他繼任總統後，迅速鞏固了手中的一切權力。內閣曾因他否決新國家銀行法案而全體辭職，面對此危機，他立即任命維護州權觀點的新閣員。雖然沒有黨派的支持，泰勒政府仍然取得極大成績：改組美國海軍，建立美國氣象局，結束佛羅里達的第二次塞米諾爾戰爭 (Seminole War, 1835–1842)，1842 年平息羅德島的多爾 (Dorr) 叛亂，以及 1844 年通過兩院聯合決議合併德克薩斯。同年退出競選後，仍積極參加社會活動，繼續維護南方的權益。在南北戰爭前夕，他堅決反對分裂，維護聯邦統一。1861 年初泰勒主持華盛頓和平會議，以調解地方分歧，但終歸失敗。和平會議所提方案遭參議院否決後，他一反常態，主張與聯邦立即分裂。

---

[6]　Martin Van Buren, *The Memoirs of Martin Van Buren* (New York, NY: Augustus Kelley, 1833), p. 34.

[7]　在過去擔任參眾議員的時期，約翰‧泰勒一貫支持州權，嚴格解釋《憲法》，甚至在參議院時，他支持在哥倫比亞特區禁止奴隸貿易，但又反對該區廢奴。他投票反對保護關稅法，同時又譴責南卡羅萊納州企圖取消此法的立場。1836 年因拒絕服從該州議會命他改變反傑克遜總統的立場（他曾投票支持譴責傑克遜總統從合眾國銀行提走存款）而辭去參議員職務，但此舉深受反對黨輝格黨的讚賞，1840 年被民主黨提名為副總統候選人，與哈里遜聯合競選。

　　於此時期，勞工組織在自由政治運動中開始抬頭。首先 1835 年，費城勞工要求廢除從前「從黑做到黑」(dark to dark) 的工作制度，爭取到十小時工作制。在 1850 年加州加入聯邦，也採取同樣的革新。勞工熱烈追求人道主義的改革，是當時各種改進運動中的一種重要因素，尤其是在爭取教育民主方面。投票權的擴展，已經引導出新的教育觀念，讓有遠見的政治家也看到，在沒有受教育甚至是文盲的選民中，推行普通投票權的危機。這些人包括伊利諾州的林肯，及紐約州的克林頓 (DeWitt Clinton, 1769–1828)。這些勞工領袖們要求所有兒童都可以免費進入由稅收支持的學校受教育。然而學校並非慈善機構，此後，慢慢地各州的立法組織都先後規定成立免費的教育制度，這種公立學校在北部各地已變得非常普及了。

　　由於男人從古老傳統解放出來的各種新改革，使他們體會到婦女在社會的不平等地位。從殖民時期以來，未婚的婦女大致都可以享受與男性相同的合法權利，但是當時社會要求婦女早婚。婦女結婚後，在法律上便失去了她的獨立姓氏，婦女沒有投票權，她們所受的教育，也僅限於讀、寫、音樂、跳舞和針線而已。主張婦女權擴張運動，只在思想前衛的蘇格蘭少數婦女身上見著。

　　婦女權利的爭取真正遇見曙光是在 1848 年 7 月 19 至 20 日，世界歷史上首次的女權會議，在紐約州塞尼卡福爾斯所舉行爭取婦女選舉權大會，即「塞尼卡福爾斯會議」(Seneca Falls Convention)。塞尼卡福爾斯是斯坦頓 (Elizabeth Cady Stanton, 1815–1902) 的家鄉，她與馬特 (Lucretia Mott, 1793–1880) 一同籌劃並指導了這次會議。這兩位女權運動領導者曾在 1840 年代表美國到倫敦參加世界廢奴會議，卻被拒之於門外，從而引發她們爭取女權的決心。在 1848 年該會上，斯坦頓宣讀《感傷宣言》(*Declaration of Sentiments*)，以類似《獨立宣言》的口吻宣洩不平並提出要求，號召婦女們組織起來，爭取自己的權利。會中通過

十二項決議案，其中十一項獲得一致同意。決議案指出如何取得當代婦女本應享有而被剝奪的權利及特權。第九項有關選舉權決議案的通過，成為婦女選舉權運動的基石，但真正女性獲得平等權，必須等到 1920 年議會通過《憲法》第 19 條修正案後，婦女才享有投票權。

　　人民的日常生活也有顯著的改進，1825 年後打麥機取代舊式的滾磨；之後，割草機和收麥機也先後被發明，鐵路的不斷擴展，減輕了因疆土迅速擴大所造成的統一全國的困難。1812 年至 1852 年間，美國的成長及人口迅速增長，農業欣欣向榮，各項工業也迅速在東部沿海區以及西部城市中繁榮起來，但各區的歧見還沒有獲得合理解決，南北內戰就爆發了。

第六章　南北戰爭（1861-1865）

　　南北戰爭❶是美國歷史上唯一發生的一場內戰。這場戰爭「是兩種社會制度——即奴隸制度與自由勞動制度之間的紛爭」。這個紛爭之所以會爆發，是因為這兩種制度再也無法在北美大陸上一起和平相處。南北戰爭的結果，北方工業資產階級戰勝了南方種植園奴隸制。從此，美國經濟走上了迅速發展的嶄新階段。

　　南北戰爭結束後的半個世紀，美國歷史上出現經濟快速發展的局面，其基本原因是由於南北戰爭的結局解放了社會生產力。正如恩格斯 (Friedrich Engels, 1820-1895) 所預言的，戰爭的結局將決定整個美國此後數百年的命運，並在最短期間內就會在世界歷史上占據完全不同的地位。的確，南北戰爭之後，美國出現了經濟的快速成長。

　　南北戰前的 1800 至 1860 年間，美國的南方及北方，在經濟上有著截然不同的發展。北方受到工業革命的影響，發展迅速；南方大規模進行奴隸種植園種植，農莊主依賴棉花與奴隸為生。在這種情況下，南北雙方衝突發生，演變成國內的一場內戰，持續了四年，因為黑奴問題所引發，所以黑奴成為南北戰爭重要的導火線。

---

❶　對於「南北戰爭」用詞，南方人有意見，拒絕用 Civil War 或是 The War of the Great Rebellion，改用 War between the States，因為前二個名詞似乎在強調南方人極力強調「州權力」及「權威」而引起戰爭的，故反對以 Civil War，但仍未被採用。

第一節　社會背景

一、北方工業的成長

　　美國在十九世紀中葉，人們均認為南北兩方是生活在絕對不同的世界，北方是充滿著工廠、機器、工業工人的世界，而南方是到處都是大農莊，窮困的白人農夫及黑人奴隸的世界，但這只是反應表面南北生活的對照，而地區經濟的發展才具有特殊的重要性。

　　北方的新工業及工廠應運而生。鐵路業的發展和建設，加速了交通上的便捷，建構出完整的鐵路網，促進中西部繁榮。技術上的進步也改變了北方農業上的型態，使得商業農產更為普及。十九世紀上半期的早期工業，如紡織業等持續在成長，生產量也增加。由於紡織機均屬鐵製成的機器工業，因此，鋼鐵的需求量也隨之增加。鍊鋼鐵的技術也因無煙煤的引進，使得賓夕法尼亞州的匹茲堡的生產區更形重要。橡皮能適應冷熱溫度變化，橡膠業上的改進，使得重工業運用皮帶使其可以耐久。此外，1844 年，莫爾斯 (Samuel Finley Breese Morse, 1791–1872) 改進電報業，過去數日才能傳達的訊息，如今只需數秒鐘即可抵達。汽船的使用，令新建的運河暢通無阻。鐵路後來也取代了水路運輸的功能。鐵路成為主要的運輸工具後，助長了北部經濟的發展，不但使得工廠的成本降低，也令原料的供應工廠更形方便。

　　美國工業化的來臨和它持續的發展，不僅改變了國家的型態和經濟，也改變了人民的生活和工作環境，尤其在北方最為明顯，因為，在1860 年時，整個美國有 90% 的工業產品均由北方生產。工人正式組織工人聯盟 (1820)，提出十小時工作制，且工人試著經過政治行動來改善他們的工作環境，增進工人的福利。另一批工人算是自由黑人，北方各州在 1820 年已經全面廢除奴隸制度，但是黑人仍然受到歧視，工作很

難尋找。因此，這些自由黑人寧願降低工資，仍保有工作。

　　至於中西部因為有廣大無垠的大草原和迅速增加的人口，分享了美好的時光。移民都需要中西部的麥和肉類，他們為了節省勞力發明收割機或機械農具，使得農場生產獲得史無前例的增加。1848 年的收穫期，農民們使用收割機，麥類的生產量大為增加。

　　總而言之，北方由於鐵路交通的設立，航業的興盛，在十九世紀中葉間，助長了北部工商業的繁榮。再加上這期間，許多歐洲移民加入美國，城市迅速的發展，雖然免不了有一些社會問題會跟著產生，但是人民在經濟上可得到有較多的工作機會。北方工業欣欣向榮，人民生活獲得提升與改善。

二、奴隸制度及戰前南方的成長

　　就南方而言，南方的經濟型態是從事農業的生產，主要財產資源是依賴棉花，而此刻南方有廣大的農田，農莊主人就是依賴農田種植而致富，農田、棉花及奴隸，成為南方的投資及財產。這些農莊主人的財富自然與奴隸制度不可分開。

1. 美國的奴隸制度

　　美國黑人族群屬於最古老美國人之列，他們的文化傳統幾乎完全在美國土地上所形成。從另一種意義來說，黑人又屬於最年輕的美國人之列，到了廢除奴隸制的 1863 年，才開始進入美國的大社會，作為具有獨立存在的自由人。儘管非洲人在美國已混血，但非裔美國人中也有其差別性，此種差別不像其他族群般是按照固有祖先文化形成的，而是按照他們在美國歷史上的不同經歷所形成的，在這之中，獲得自由的時間則具關鍵性。雖然大多數美國黑人因 1863 年的《解放奴隸宣言》(*Emancipation Proclamation*) 而獲得了自由，但在此之前，就有五十多萬名黑人早已是自由人。這些自由的黑人有他們的歷史、文化和一套價值

標準，這使其子孫後代，直到二十世紀都有別於其他黑人。

　　幾千年來，世界各地實際上一直存在著奴隸制度。但在美國衍生出的奴隸制度卻有其獨特之處。在許多國家，多少世紀以來，奴隸制在政治上和道義上，是被社會所接受的，沒有人對此提出質疑，甚至歷史上也未持異議。❷ 而在美國，對於從非洲抓捕黑人為奴的作法，從一開始就存在著複雜且激烈的爭論。某些殖民地曾通過法律，以阻止奴隸制，但這些法律均為英國政府所廢棄。❸ 反對奴隸制的人，並非全然出於道義上的考量，或是對奴隸制的關懷；而是大批的奴隸會在經濟、社會和軍事方面造成諸多困境，所以不少美國人寧願避開這些潛在的麻煩。這種考慮，實際上一直是後來反對奴隸制運動的一個主要因素。故反對奴隸運動所設計出來的辦法之一，就是把黑人送返非洲。❹ 而一旦使蓄奴在美國制度化後，世世代代的美國人所面臨的選擇，也就因此發生了根本的變化。原來爭論的問題為奴隸制是否合乎正義，現在爭論的問題則集中在建國不久的美國，能否接納社會上這批約占總人口的 20% 卻缺乏自立能力的族群。❺

　　在美國自由社會裡，奴隸制度於其存在期間，所引起的激烈爭論，一直使政治不得安寧。它迫使一部分人在思想上為這種制度辯解，而在其他奴隸社會裡是沒有這種必要的。此種辯解的主要論點，是斷言這些被奴役的人們，與其他人存在著相當大的差別，以致美國的立國原則和理想，並不適合他們。換言之，這些人才智低劣、缺乏感情，體會不出

❷　Robert W. Fogel and Stanley L. Engerman, *Time on the Cross* (Boston, MA: Little, Brown and Co., 1974), pp. 29-30.

❸　Benjamin Brawley, *A Social History of the American Negro* (New York, NY: Collier Books, 1970), p. 15.

❹　John Hope Franklin, *From Slavery to Freedom* (New York, NY: Vintage Books, 1969), p. 207.

❺　Karl E. Taeuber and Alma F. Taeuber, "The Negro Population in the United States, " in *The American Negro Reference Book* (Englewood Cliffs, NJ: Prentice-Hall, 1966), p. 103.

圖 10：美國國會中的林肯紀念像　林肯 1809 年 2 月 12 日生於肯塔基州哈汀郡 (Hardin County)，死於 1865 年 4 月 15 日，在華盛頓特區內的福特劇院 (Ford's Theatre) 遭人暗殺。以反對奴隸制度聞名的亞伯拉罕・林肯是美國的第十六屆總統，他帶領美國渡過內戰時期，而他的精湛口才也充分展露在許多的致詞場合。其中包括他最著名的一場演說，就是蓋茨堡演說。在華盛頓特區的林肯紀念碑上刻了他第二任就職演講中的一段話：「不對他人心懷惡意，對任何人都心存寬容。」（圖片出處：Dreamstime）

墮落、做苦工或家庭關係遭到破壞的痛苦。在美國社會條件下形成的這樣一種為奴隸制開脫的強烈種族主義理論，曾使人感到，簡單地解放奴隸個人，甚或廢除奴隸制本身，並非問題的結束。這種強烈的種族主義觀，甚至使得像托克維爾和亞伯拉罕・林肯這樣一些力主廢除奴隸制的人士，也對解放奴隸的後果憂心忡忡。❻

早在羅馬帝國時期，曾為奴隸的人與其後代，並沒有印上像美國奴隸身上般，抹不掉的恥辱烙印。羅馬帝國皇帝迪奧克里辛 (Diocletian) 的生身父母，就是奴隸。❼ 美國奴隸制度的特殊之處有三：一是奴隸和奴隸的主人分屬膚色不同的族群；二是美國這個自由社會裡，必須有一套為奴隸制開脫的極端理論；三是作為一種社會制度，奴隸制使人們在道義上感到難堪，終於引起了衝突，並在英美兩國爭論不休，終於導致此二國家同意於 1808 年禁止販賣奴隸的國際貿易。

儘管在美國，非洲人已被混合，非裔美國人仍與其他族群有許多差

---

❻　Alexis de Tocqueville, *Democracy in America* (New York, NY: Alfred A. Knopf, 1966), Vol. I, pp. 357-360; John Hope Franklin, *From Slavery to Freedom*, pp. 279-280.

❼　Edward Gibbon, *The Decline and Fall of the Roman Empire* (New York, NY: Modern Library, 1964), p. 303.

異。而由於祖先的差異，使他們在美國有不同的歷史發展。雖然大部分的非裔美國人在 1863 年的《解放宣言》中獲得自由，但事實上在此之前，已經有一半的黑人是自由民。這些「自由的有色人種」有他們自己的歷史、文化和價值觀，這些經驗使他們與其後代，都與其他黑人有所區別，且直到二十世紀仍是如此。

美國歷史上的奴隸制度，是以奴役黑人為特徵。奴隸制是南部種植園經濟發展的前提條件。沒有黑人奴隸，就沒有美國歷史上的種植園經濟。美國是西半球擁有最多奴隸的國家，雖然其他國家進口更多的奴隸，然而不同的是，美國是唯一一個奴隸本身能依照自然規律保持人口增長的國家。[8] 最早運進黑人奴隸的時間，眾說紛紜。有的史學家認為是 1607 年，但至今仍無證據確切肯定。有的學者認為是 1619 年，一艘荷蘭船載運二十名黑人到北美，黑人以契約奴工進入美國，但仍無法證明是擄掠或買賣來的奴隸。在十七世紀後期，北美的黑人奴隸人數，還大大低於白人契約僕人。在被稱作是美國早期奴隸制搖籃的維吉尼亞，於 1681 年有一萬五千名白人契約僕人，而黑人奴隸只有三千名。[9] 1661 年，維吉尼亞州最早被明確通過，承認黑奴是永久，且延續到他們的後代身上的法令。這時候非洲人也開始被帶到其他的殖民地，因為維吉尼亞州的先例，非洲人開始了他們奴隸的命運。[10]

直至 1700 年，北美殖民地的黑人奴隸人數還低於契約僕人，這說明美國早期的種植園經濟還沒有發展起來。隨著種植園主急切要求擴大種植園經濟，黑人奴隸被迫登上歷史舞臺。主要因為白人契約僕人，忍受不了種植園的惡劣勞動和生活條件，大批地離開南部種植園流入城

---

[8] Herbert G. Gutman, "The World Two Cliometricians Made, " *Journal of Negro Education* (Jan. 1975), pp. 67-85.

[9] 有少數案例顯示，到了 1651 年仍有一些黑人與白人契約勞工一樣，因為契約到期而得到土地分配。John Hope Franklin, *From Slavery to Freedom*, pp. 71-72.

[10] Thomas Sowell, *Ethnic America: A History* (New York, NY: Basic Books, 1981), p. 192.

市，種植園主對黑人奴隸的需求越來越大，因此黑人奴隸人數在十八世紀時迅速增加。在十八世紀，大約有二十萬名黑人被運到英屬北美殖民地，其中 90% 被運到南部。當時，美國中部和新英格蘭的工業經濟，主要是依靠白人勞動力及白人契約僕人。

種植園經濟最早是種植菸草，後來種植稻子、染料植物，以及稍後的棉花種植。這些作物都需要在潮濕的沼澤地進行極為艱苦的勞動，並且需要有堅強的耐力和體力，因此充足的人力來源成為必要條件。非洲能提供源源不絕的勞動人力，補充因疾病和生活條件惡劣所導致遞減的人數。黑人體力健壯，能吃苦耐勞，世代生活在叢林中。如此一來，就為黑人奴隸貿易的發展，提供了溫床。白人奴隸販子為北美種植園提供了用之不盡的勞動力，奴隸販子和種植園主在黑人奴隸的屍骨上，建立起種植園經濟王國。北美新英格蘭的許多名門巨富是靠販運黑奴買賣，累積巨額財富而飛黃騰達。南部的大種植園主，也是靠購運黑奴，建立起「菸草王國」和「棉花王國」。[11]

2. 戰前南方奴隸制的成長

美國在 1776 年至 1801 年間，禁止奴隸貿易，但是隨著美國南部棉花種植業的迅速成長，奴隸貿易不是一紙禁令所能遏制的，而是從公開買賣變成大規模走私。這種買賣黑奴的走私活動，直至內戰前的 1860 年，才告停止。從 1619 年到 1860 年的二百四十多年間，黑人被販賣到北美為奴的人數，不得而知。據一般估計，大約在一千萬至二千四百萬之間，不包括在赴美航程中死去的黑人人數。[12]

美國國會於 1808 年禁止輸入黑奴，使奴隸的公開來源受到限制後，

---

[11]　Frederick Law Olmsted, *The Cotton Kingdom* (New York, NY: Modern Library, 1969), p. 215.

[12]　這些死在販奴船上的黑人，占奴隸總數的 20% 至 40%。內戰爆發時的 1861 年，據統計，美國有四百萬黑人奴隸。

從事種植園勞動的奴隸價格，從每名五百美元上漲至 1860 年的
一千五百美元。美國南部各大城市，都是活躍的奴隸市場，特別是維吉
尼亞成了最大的奴隸貿易州、奴隸集散地和供應地。奴隸的外部來源受
到阻礙後，奴隸主把注意力放在奴隸自身的增殖上，奴隸生育的後代永
遠是奴隸，女奴隸被迫與奴隸主生育的孩子，也是奴隸。因此，儘管有
禁止輸入黑奴的法律，種植園奴隸來源，並沒有受到匱乏的威脅。

　　美國的黑人奴隸是被暴力脅迫來到美國的。他們在非洲時是自由
人，被賣到北美後，喪失了作為人的地位和權利。他們的家庭破碎，骨
肉分離，無依無靠，得不到法律的保障，也沒有自衛的武器。但是，黑
奴在面對威脅時，時常進行種種的反抗，例如怠工、破壞工具，燒毀他
們經手收穫的穀物和棉花，並且焚燒森林，或是逃亡。此外，也有黑奴
選擇武力反抗。南北內戰前，在美國至少發生過二百五十起以上奴隸暴
動事件。然而，這些暴動，都遭到殘酷的鎮壓。

　　在奴隸主力量十分強大的南部，要想藉由密謀造反、武裝起義或集
體行動，是相當困難的。在美國歷史上，有好幾次黑奴武裝起義，都是
由於個別奴隸告密而遭到殘酷的鎮壓。因此，奴隸們普遍採用有效反抗
方式，就是逃亡到北部去。

　　在內戰前的南方，農場主為防止黑奴逃跑，不是透過防衛或監視，
而是讓奴隸保持無知、依賴和恐懼。幾乎所有的奴隸，沒有讀寫能力，
甚至大部分的南方各州，都視教導奴隸識字為非法，讓黑奴長期依附於
白人之下，[13]以防止奴隸學會照料自己。[14]由於奴隸本身因長期依附白人
生活衣食，獨自求生能力較弱，選擇逃跑的黑奴，不是餓死在森林中，
要不然就是在山谷裡奄奄一息，而被白人尋獲。如此一來，黑白主僕間
存在著一種相當微妙的父權主義（或父權制，Paternalism）意識。由於

---

[13]　John Hope Franklin, *From Slavery to Freedom*, p. 305.
[14]　Frederick Law Olmsted, *The Cotton Kingdom*, p. 215.

主人長期依賴黑奴的服侍，不能一日沒有黑奴，而黑奴也無法離開主人外出謀生，或成為自由人。此因服侍白人與長期工作，儼然成為一種「習慣」。在白人方面，奴隸主借助衣食配給與日常生活、起居條件的組織管理，使奴隸成為他們的附屬品。一個大奴隸主曾告誡說：「務必使奴隸養成全然依賴你的習慣。」**⑮** 南方人試圖將奴隸訓練為做事的機器人，但在奴隸方面，由於其主動精神世世代代受到壓抑，再加上他們缺乏激勵，只想把工作做到不受懲罰的程度，因而養成磨蹭和逃避工作的習慣。此種習慣於奴隸制消失之後，仍然在黑人身上殘存著。**⑯** 內戰前，欺詐和偷竊一直是南方奴隸中的惡習，在奴隸制結束後很久也依然存在著。**⑰** 總而言之，黑奴對奴隸制度，雖然持續進行反抗，然而與奴隸主之間，無形中也形成了一種特殊的文化相繫著。

　　在內戰期間，南方黑白之間明顯地呈現出愛憎兼具的關係。黑奴對白人懷有很深的怨恨，白人對黑奴濫施淫威，但雙方也曾逾越奴隸制度的鴻溝，結成感情上的紐帶。在黑奴方面，有些奴隸一直對其主人忠心耿耿，甚至在白人男主人赴前線戰爭時，對其家屬採取保護的態度。也有奴隸在北方軍隊逼近時，逃向了自由。更有某些奴隸會把自己受傷的主人從戰場上背回來，藏在安全的地方，然後自己卻向相反的方向拔腿逃跑去參加聯邦軍隊。**⑱** 在白人方面，同樣也是愛憎兼具的，對黑人有誇獎也有詛咒，時而嘲笑他們，時而與他們一起流淚，既給黑人以親切的關照和慷慨的救助，也忍心鞭打他們，或把他們像牲口一樣地

---

⑮　Herbert G. Gutman, *The Black Family in Slavery and Freedom, 1750-1925* (New York, NY: Vintage Books, 1976), p. 263.

⑯　Frederick Law Olmsted, *The Cotton Kingdom*, pp. 100, 140.

⑰　Eugene D. Genovese, *Roll, Jordan, Roll: The World the Slaves Made* (New York, NY : Pantheon Books, 1974), pp. 609-612.

⑱　Leon F. Litwack, *Been in the Storm So Long* (New York, NY: Alfred A. Knopf, 1979), pp. 162-163.

賣掉。[19]

　　黑奴表面上順從奴隸主，無非是為了集體生活，以待日後的逃亡。黑奴在工作之餘，藉著參與黑人教會的活動，讓自己族群心靈更加結合在一起。此外，黑奴對自己的家庭制度極端重視，他們認為唯有家庭存在，才是他們生存下去的力量。也因為如此，黑奴靠著講故事的方式，對白人行為進行褒貶，將自己的是非觀一代代的傳下來。

　　奴隸社群中，還逐漸形成了自己的文化，最值得一提的文化產物乃是黑人聖歌（靈魂樂）。這種聖歌後來衍生出 1920 年代的藍調樂和爵士樂曲 (Jazz)，從而為整個美國流行音樂的發展奠定了基本的框架。[20]黑奴的寓言和民間傳說，還為白人作家在寫作故事集時，提供了編寫的體裁。美國黑人講述的故事，一般都體現出弱者和謙卑者戰勝強者、傲慢者和蠻橫者等這類主題。[21]

　　在美國南北戰前的南方 (Antebellum South)，男黑奴擔任的工作類型可分為「家僕」、「黑奴雇工」或是「農場工」(field hands) 三大類。在奴隸所居住的農場與種植園內，奴隸的監工頭本身也是奴隸。至於女黑奴的地位及角色，均較男黑奴重要。一個好的黑奴婦女要不停的「工作，工作，再工作」。正如賈桂琳 (Jacqueline Jones, 1948–) 著名的作品《血淚文織》(*Labor of Love, Labor of Sorrow: Black Women, Work Family, from Slavery to the Present*, 1985) 所云，黑奴婦女不只是白人家庭裡的傭僕，還要像男性黑奴一樣，下棉花田工作，在大太陽底下挖掘水溝、砍伐林木、修築道路。尤有甚者，還得面對家庭及婚姻合法化等棘手的問題。[22]又由於當時的黑人奴隸未曾受過教育，有關他們的歷史紀錄，均

[19]　Leon F. Litwack, *Been in the Storm So Long*, p. 264.

[20]　Zelma George, "Negro Music in American Life, " cited from John P. Davis, ed., *The American Negro Reference Book* (New Jersey, NJ: Prentice-Hall, 1977), pp. 731-765.

[21]　Thomas Sowell, *Ethnic America: A History*, p. 188.

[22]　Jacqueline Jones, *Labor of Love, Labor of Sorrow: Black Women, Work Family, from*

為白人所纂述，時有不實的捏造，導致呈現的史料，充滿批評及歧視黑奴的「髒」及「懶」等類記載。忍受著做不完的家事及棉花田的繁重工作，她們所肩負的重擔，不只因為她們是「女性」，她們還是「黑人」，她們更是「奴隸」。㉓

奴隸制度並非每一地區、每一時候都相同，而是隨著時間有很大的變化，地區與地區之間也存在很大的差異。此外 75% 的南方白人家庭，沒有蓄養任何奴隸。㉔ 那些蓄養黑奴的人，大部分都是使用於規模較小的農場，而不是大規模的種植園中，只有少數的種植園奴隸的規模達到像小說《飄》(*Gone with the Wind*, 1936) 中所描述的情形，如此壯觀。㉕

此外，除了男女黑奴外，在 1860 年還有「自由的有色人種」，人數幾近五十萬名，他們早已遠離奴隸命運。另一方面，即使通過了永久奴隸法後，仍有許多黑人利用各種方法得到自由。1790 年，「自由的有色人種」約有六萬人，之後，許多北方的州解放黑奴，更有許多人士與所有的輝格派㉖信徒，在美國獨立革命之後，基於信念而釋放他們的奴隸。因此，到 1830 年時，「自由的有色人種」的總數已經超過三十萬人。㉗ 大部分「自由的有色人種」的生活，還是受到限制。他們一般都很貧窮，擔任非技術性工人，在大部分的南方及多數的北方各州，也都沒有基本的公民權。在他們遭受白人在法律上加諸的欺騙或暴力時，

Slavery to the Present, New York, NY: Vintage Books, 1985.

㉓　Chin-yu Chen, "The Status of Slave Women in the Antebellum South, "*Chung-Hsing Journal of History*, Vol. 1 (February 1991), pp. 341-352.

㉔　Clement Eaton, *The Freedom of Thought Struggle in the Old South* (New York, NY: Harper and Row, 1964), pp. 39-40.

㉕　Thomas Sowell, *Ethnic America: A History*, p. 190.

㉖　美國獨立戰爭前後，「輝格黨」是主張武裝反抗英國的統治者，和「托利黨」主張與英國和解的親英相對應。

㉗　Bureau of the Census, *Negro Population, 1790-1915* (New York, NY: City of New York, 1953), p. 53.

幾乎無法受到保護。然而，他們文明化的腳步卻比黑奴早了好幾代。大部分「自由的有色人種」在 1850 年的時候已經有讀寫的能力了。❷❽

　　美國文學的一種體裁，以一個昔日奴隸的回憶錄形式，記述種植園的日常生活，被稱為奴隸記事 (slave narrative)，描寫他作為奴隸所遭受的苦難，以及他怎樣逃脫，最終獲得自由等。自述中充滿了黑人的幽默感，和奴隸為了取悅主人而被迫採用欺騙與虛假手段的種種事例，其中還有描寫奴隸的宗教熱誠和迷信，尤其是對自由和自尊的普遍渴望。奴隸自述作品的首例是 1760 年在波士頓出版的《不可尋常的苦難和出人意料的解放黑人布里頓‧哈蒙記事》(*A Narrative of the Uncommon Sufferings and Surprising Deliverance of Briton Hammon*, 1760)。❷❾

　　十九世紀初、中期，根據奴隸口述的筆錄作品，因受到廢奴主義者

圖 11：道格拉斯

的鼓舞而開始大量出版。這些作品中雖不乏真實的傳記，如《塔卜曼記事》(*Scenes in the Life of Harriet Tubman*, 1869)，但更多的是作者為了激起人們對廢奴運動的同情，而加以渲染的煽情之作，在這類作品中，作者改寫的痕跡非常明顯。有些作品，如格里菲思 (Mattie Griffith, 1828–1906) 的《一個女奴的自傳》(*The Autobiography of a Female Slave*, 1856) 則全屬創作。奴隸記事這類作品，由於道格拉斯 (Frederick Douglass, 1817–1895) 所作經典自傳《道格

❷❽　黑人達到讀寫能力這個水準的比率也只有 1% 或 2%。Carter G. Woodson, *The Education of the Negro Prior to 1861* (New York, NY: Arno Press, 1968), pp. 227-228.

❷❾　Briton Hammon, *A Narrative of the Uncommon Sufferings and Surprising Deliverance of Briton Hammon, a Negro Man,* Boston, MA: Printed and sold by Green & Russell, 1760.

拉斯一生記事：一個美國奴隸》(*Narrative of the Life of Frederick Douglass, an American Slave*, 1845) 而達於頂點。較後期的奴隸記事作品有布克‧T‧華盛頓 (Booker T. Washington, 1856–1915) 的《我的一生和工作》(*The Story of My Life and Work*, 1901)。二十世紀上半葉，有些民俗學者和人類學家在訪問從前的黑奴後，將訪問文章編成紀錄文學，這類作品以波特金 (B. A. Botkin, 1901–1975) 的《解除我的負擔》(*Lay My Burden Down*, 1945) 最為著名。

二十世紀下半葉，黑人的文化覺悟不斷提高，從而重新激發了對奴隸記事的興趣。奴隸記事被認定為是收錄了奴隸對於一個被人們議論甚多的社會制度所持的觀點。斯蒂倫 (William Stryron, 1925–2006) 雖是白人，但他的小說《納特‧特納的自白》(*The Confessions of Nat Turner*, 1967) 卻是這類作品中以故事體裁寫成的絕佳之作。

三、黑奴的反抗行動

美國歷史上二百多年蓄奴制度期間，黑奴不時採取暴力反抗的行動，這種反抗行動表明黑人對奴隸制度一直深感不滿，而結果卻是蓄奴地區愈益嚴酷的壓迫和社會控制。

「滿足的奴隸」這種神話，對於美國南方「特殊制度」的維護，是不可或缺的。歷史上黑奴反抗的紀錄往往被誇大或被曲解，因而無法呈現事實。對於黑奴反抗總次數的估計，則隨「反抗」這一名詞定義之不同而有變化。在美國南北戰爭前的二百年中，有文獻可考的十名或十名以上，旨在爭取個人自由的奴隸暴動或嘗試性暴動，達二百五十餘次。然而這些暴動很少有具體計畫，大多數只是一小群奴隸的偶發行動，而且為時甚短。他們通常是由男黑奴策動，而往往被認同主人的居家奴隸所舉發。然而，有三次奴隸反抗或企圖反抗的行動，值得特別注意。第一次大規模謀反，是在 1800 年夏天，由加布里埃爾 (Gabriel) 所策劃的。

8 月 30 日，一千多名武裝奴隸在維吉尼亞州里奇蒙 (Richmond) 附近集合，但因遇到暴風雨而無法行動。奴隸們被迫解散，有三十五人被絞死，包括加布里埃爾在內。1822 年，一名自由人維齊 (Denmark Vesey, 1767–1822) 領導了一次反抗行動，他是南卡羅萊納州查爾斯頓 (Charleston) 市區的技工。根據記載，這次行動聚集了附近地區的奴隸達九千人，但於 6 月計畫付諸行動前遭人出賣，結果一百三十餘名黑人被捕，其中約三十五人被絞死（包括維齊在內），另外有三十餘人在夏季結束以前遭放逐。第三次著名的奴隸反抗發生於 1831 年夏季，地點在維吉尼亞州安普頓縣，領導人是特納 (Nat Turner, 1800–1831)。8 月 21 日晚間，六名奴隸組成的小組開始反奴役行動，在幾天之內，總共殺害了六十名白人，並吸收了六十至八十名奴隸參加。8 月 24 日，數百名民兵和志願軍在縣治所在地耶路撒冷 (Jerusalem) 附近敉平了叛亂，殺死了四十至一百名奴隸。特納在 11 月 11 日被絞死。和往常一樣，一波新的動盪不安，席捲南方，奴隸主人心懷恐懼，隨之而來的是通過針對奴隸和自由黑人的壓迫更嚴酷的法令。這些措施都集中在限制黑人的教育、行動和集會自由及煽動性印刷品傳布為目的。

在美國南北戰爭前的幾十年內，經由地下鐵道逃往北方或加拿大的不滿奴隸越來越多。北方報刊關於黑奴反抗的報導及逃亡奴隸的流入，引起人們對奴隸困境更廣泛的同情，及對廢奴運動更普遍的支持。

第二節　內戰迫在眉梢

隨著南北經濟的發展差距越大，北方和南方的利害衝突也逐漸顯著。南方人把南方的落後，歸咎於北方的擴張。而北方人稱南方之所以落後，應歸咎於被南方人視為重要的「特有的制度」的奴隸制度。由於南北之間的歧見，從蓄奴到道德問題，進而牽涉到地域、政治及經濟等

問題，內戰勢必爆發。

探究內戰爆發的原因，可歸納如下：

其一，經濟問題。從殖民時期開始，美洲新大陸就出現兩種不同的社會經濟制度。至十九世紀，時值美國西拓時期，領土的擴張引發南北雙方對土地的爭奪，並牽涉到土地成為「自由州」或「蓄奴州」的爭議。由於工業機器的引進，北方資本家亟欲將產品大量生產，並擴展國內市場，因此他們需要自由雇傭，主張保護關稅。相反地，南方農場主由於擁有大塊土地及需要大批黑奴進行種植，並將棉花、菸草等產品輸出歐洲國家，以賺取資金，因此他們需要奴隸，並主張降低關稅。南北雙方經濟發展及條件迥異。

其二，政治與地域的問題。《憲法》規定，一個州不論面積大小、人口多寡，皆可選出兩名參議員進入聯邦國會。如此一來，只要是蓄奴州或自由州占多數者，即可控制國會。1790 年美國有二十二個州，四十四名參議院議員，蓄奴州與自由州各占一半比例。但隨著土地的擴張，這種平衡勢必受影響。1819 年，密蘇里欲申請加入新州，然無論密蘇里以何種身分加入聯邦，都會改變參議院的平衡。在十九世紀的上半葉，國會的辯論都反應出南北之間的歧見已很分明，但是多半的爭辯僅止於西部領土是否願加入聯邦的問題。國務院應否禁止奴隸制度在新加入聯邦的州實行，受到許多爭議。這一問題一直拖到 1820 年從麻薩諸塞州分出一個新州——緬因，以自由州加入聯邦，而密蘇里為蓄奴州才達成妥協，史稱「密蘇里妥協案」，並以北緯 36 度 30 分為界，以北禁止施行奴隸制。南方人也接受了這項安排，因為他們認為向北發展農業的可能性不大，黑奴的需求量也會相對減少。然而這種妥協於 1854 年 5 月被國會通過的《堪薩斯－內布拉斯加法案》所打破，該法案規定新州是否實行奴隸制，由該州居民自行決定。1857 年最高法院在「斯科特判決案」(*Dred Scott v. Sandford*) 中判決一名逃亡北方二十年的奴隸

回到密蘇里時，法院判決他仍是奴隸。這一裁決及《堪薩斯－內布拉斯加法案》引起北部各州人民強烈的反對。

其三，廢奴主義的宣傳家出現。美國的廢奴運動在越趨極端化的階段中，不妥協派堅持立即廢奴，這批極端派的領袖，是麻薩諸塞州的威廉·加里森 (William Lloyd Garrison, 1805-1879)。加里森最初贊成美國殖民地開拓者協會所鼓吹的，把自由黑人送回非洲的主張，後來又改變立場，接受所謂「立即解放」的原則。他認為奴隸制是一種國家的罪惡，應該盡早實行奴隸解放，並把被解放的奴隸吸收到美國社會之中。在 1831 年 1 月 1 日，加里森在報紙《解放者》(*The Liberator*) 第一期發表宣告說：「我要堅強的為立即解放我們的奴隸人口而奮鬥⋯⋯在這個主題上，我不願冷靜溫和地思索、發言或寫作，⋯⋯我誠心誠意的我不會含糊其詞我絕不推諉我一步都不退讓，我的話一定有人聽到。」（「立即解放」論）在戰爭爆發前的十年裡，加里森對奴隸制度的抨擊和對聯邦政府的指責均達到登峰造極的地步。

加里森轟動一時的作法，喚醒了北方人去了解這一制度的罪惡性質，他們過去一直以為奴隸制度是不可改變的，加里森的策略是把黑奴事件揭穿出來，並且把畜養奴隸制度和袒護他們的人，形容為人類生命的施刑者和買賣者。他不承認奴隸主的權力，不作任何妥協的諾言，不容許任何的拖延。他的主張是激烈者的代表，在南北戰爭中他放棄了自己的和平主義信仰，而把奴隸解放置於第一位，忠實地支持林肯。1863 年他對《解放宣言》表示歡迎，認為這一宣言全部實現了他的夢想。❸ 但北方也有較溫和的代表者則認為，應該尋合法與和平的途徑去完成。

---

❸ 儘管如此，加里森的保守傾向仍然暴露出來，在他為被解放奴隸制定的綱領中，並不打算立即保障奴隸的政治權利。1865 年 12 月《解放者》停刊。在其後的十四年裡他雖然停止社會活動，但是明確表示擁護共和黨，並且支持禁酒運動、婦女平權和自由貿易。

另一位影響內戰的作家哈莉‧斯托 (Harriet Beecher Stowe, 1811–1896)，在 1852 年完成的小說《黑奴籲天錄》（或稱《湯姆叔叔的小屋》，*Uncle Tom's Cabin*，1852），指出殘暴和奴隸制度是不可分開，自由和奴隸社會在根本上是不調和的。該書在啟發民眾的反奴隸制情緒方面起了重大作用，被列為美國內戰的起因之一。在南方，她的名字成為一個受詛咒的對象，但在別的地方，這本書受到無與倫比的歡迎，被譯成二十三國文字流通。哈莉‧斯托用極精巧的手筆，加上自己的想像，寫出了逃亡黑奴爭取自由的苦狀，黑奴家庭和婚姻的破裂，黑奴所受到的精神和身體的虐待。北方的年輕選民受到感動，無論老少，都因為這本書而激起了廣大的反奴隸的熱情，使黑人與生俱來的情感憤慨、不平以及無助的問題受到重視。雖然南方的領袖在看見這本書後指出，黑奴所受到的待遇遠比《黑奴籲天錄》中所描寫的為好。但是成千上萬的北方人在讀完該書或看過改編的戲劇之後，更激起反奴隸制的運動。

其四，廢奴的黑人領袖出現。佛雷德里克‧道格拉斯是廢奴宣傳活動的領導人物，本身是一名逃奴，以傑出的口才與文采，躋身於廢奴運動的前列，後來成為廢奴運動中一名出色的宣傳家，是十九世紀最著名的人權領袖之一。1847 年他創辦了《北極星報》(*The North Star*)，積極宣傳廢奴主張。

其五，地下鐵道 (Underground Railroad) 逃亡運動。這是由廢奴主義者和過去的奴隸運用房屋、地道和道路築成的祕密通道，沿途接駁、提供食物，幫助南方奴隸安全逃亡到北方，或是越

圖 12：《北極星報》

境潛逃到加拿大的路線，這種方法以西北地區最為成功。黑人女英雄哈麗雅特‧塔卜曼 (Harriet Tubman, 1822–1913) 原是奴隸，1849 年逃到自由州，積極參加「地下鐵路」工作，她沿路引導著黑奴或是乘客沿著鄉村小徑前行，甚至也利用農莊小車，將黑奴沿途可尋找到食物的地方稱之為車站。塔卜曼曾協助三百名奴隸成功地逃往北部和加拿大。從 1800 年到 1850 年的五十年間，奴隸們藉由「地下鐵道」逃亡到北部的每年平均人數是二千人；亦即五十年內，有十萬名黑奴逃亡。**㉛**

其六，《黑奴逃亡法》(*Fugitive Slave Act*, 1850) 的協議。1850 年南北雙方協議的《黑奴逃亡法》，對南方人而言，認為是理所當然的事。他們指出《憲法》賦予將黑奴當作財產的權利，當然逃亡的黑奴或偷走的財產應該歸還主人。但許多北方人卻不滿《黑奴逃亡法》，如有逃亡的黑奴，負責審判的官員如果將抓到的黑奴送回主人處，可得十元報酬；若將黑奴釋放，則可能獲得五元。因此，憤怒的北方人指出，這是變相的賄賂。最後，法律只有要求所有的公民，共同協助來捕捉逃亡的黑奴。這項新法讓北方的自由黑人感到恐懼，因為它不但可以捕捉逃亡的黑奴，更可以捕捉任何以前逃亡的人，而自由黑人更有被誤捉的危險。

其七，道德問題。美國《憲法》強調「人生而自由平等」的立國精神，北方人認為南方人將黑人視為奴隸，作為自己的財產，任其無止盡的勞力剝削、奴役、凌虐、鞭打、賣掉，甚至吊死，是不道德且不符合人道。但南方的農場主認為，奴隸制度是必須的久遠制度，棉花仰賴黑奴來耕種，而黑奴仰賴農莊主而生存。南方人認為，黑奴愚笨、骯髒、懶惰、無生存能力，白人提供奴隸衣食所需，黑奴相對付出勞力，這個制度對黑奴有利，甚至肯定這種勞資關係，比北方的工資制度更為人

㉛　John Hope Franklin, *From Slavery to Freedom*, pp. 237-241.

道，南北雙方各執己見。在 1845 年時，因德克薩斯合併加入美國，以及不久後因墨西哥戰爭（1846 年）所獲得的西南方領土，使奴隸制度從道德問題轉變為火熱的政治問題。直到此時，問題似乎只限於幾個奴隸制度早已存在的地區裡。

其八，白人廢奴主義者的起義。著名的約翰·布朗是主張廢奴活動的領導人物。最早致力於消除奴隸制度的雜誌也在田納西東部發行。1820 年代，在北卡羅萊納就有「解放黑奴協會」(Manumission Society)存在，這在南方都是首創。[32] 區域衝突在 1859 年 10 月 16 日後更加尖銳化了。約翰·布朗帶領 21 名白人和黑人，攻占了哈波斯渡口 (Harper's Ferry) 的聯邦兵工廠，這個地方就是現在的西維吉尼亞。天亮之後，城鎮的武裝市民，得到民團的協助，開始反攻，布朗及其他殘部，都被俘虜。這個變亂，就南方人來說，布朗的攻擊行動只加深了他們的憂慮，另一方面，熱心反奴隸的人士，則讚揚布朗為這件大事中的烈士。但大多數的北方人，都否認了他的功績，認為這是對法律、秩序以及用民主方法來求取社會進步的一種攻擊。布朗以陰謀、叛國和謀殺罪，在 1859 年 12 月 2 日被判處絞刑。此事件鼓舞了全國反奴隸制的推動。基於以上的因素，分裂之家必然需做一番調整，內戰因此爆發。

第三節　戰爭及其結果

一、林肯與道格拉斯

亞伯拉罕·林肯（任期 1861–1865 年）一向認為奴隸制度是一種罪惡，從 1854 年開始公開表示反對奴隸制度存在與擴張，直至他當選總

---

[32] John Hope Franklin, *The Free Negro in North Carolina* (New York, NY: W.W. Norton and Co., 1971), p. 26.

統，態度都不變。林肯在 1854 年伊利諾州的一場演說中，主張國家一切立法，必須建立在奴隸制度應加以限制，而最後必須予以廢止的理論之上。林肯在 1858 年伊利諾州參議員競選中成為史蒂芬·道格拉斯 (Stephen A. Douglas, 1813–1861) 的競爭對手，林肯在演講中提出美國歷史未來七年的方針，他的「『分裂之家不能持久』，我相信我們的政府不能永遠忍受一半奴役，一半自由的狀況。」 **㉝** 成為世界著名的演說。

在議員競選期間，人稱「矮小的巨人」的道格拉斯議員，是位健壯的演說天才，畢生瘋狂鼓吹美國擴張政策，他一貫支持吞併德克薩斯、墨西哥戰爭和在奧勒岡邊界糾紛中對英國採取有力姿態。1846 年選入參議院後，主張黑奴制如無《黑人法典》來保護，就無法生存，領土上的人民，只要拒絕推行《黑人法典》，問題即可解決。這個觀點，立刻

㉝ 林肯在他就任總統前兩年多的 1858 年 6 月 17 日於伊利諾州春田市發表的「裂屋」演說（這篇演說同他就任總統兩年多以後即 1863 年在蓋茨堡發表的為時五分鐘的著名演說齊名）中，樸素而明確地說道：「我不期望聯邦解散，我不期望房子崩塌，但我的確期望它停止分裂。它或者將全部變成一種東西，或者將全部變成另一種東西」。在這裡林肯明確提出問題的實質是兩種不同的制度誰戰勝誰、誰來統治的問題。到 1862 年 8 月在他發表預告性奴隸解放宣言前夕，他又宣布：「我在這個鬥爭中的首要目的便是拯救聯邦，既非拯救奴隸制度，亦非摧毀奴隸制度。……假如我對於奴隸制度或有色人種做什麼事情的話，我之所以做，是因為我相信它將有助於拯救聯邦，而假如我忍耐著不做什麼事情的話，我之所以忍耐，是因為我不相信它將有助於拯救聯邦。」在這裡，林肯又把摧毀奴隸制度的任務從屬於拯救聯邦。如果考慮到南方諸州中有不少反對脫離聯邦的奴隸主，在北方陣營裡也有身為奴隸主的聯邦主義者，此外還有在北部和南部之間觀望風向的邊境州等等，那麼，把林肯的上述表態理解為出於策略上的原因，這並不是沒有根據的。最有力的根據就是在他作上述表態四個月之後，1862 年 12 月他在致國會咨文中明確指出：「假如沒有奴隸制度，叛亂就絕對不會發生，而且沒有奴隸制度，叛亂就不能繼續下去了。」接著，正式的《解放奴隸宣言》發表了，這是在埋葬奴隸制的棺木上釘下的一枚巨釘。兩年後，1865 年 1 月 31 日，在林肯被刺前的兩個多月，在他的領導和努力下制定的《憲法》第 13 條修正案 (The 13th Amendment) 在國會獲得通過，從而在法律上埋葬了奴隸制度。林肯在廢除奴隸制的鬥爭中，排除阻力，穩步前進，最終完成了他所代表的階級賦予他的使命。Carl Sandburg, *Abraham Lincoln: The War Years* (New York, NY: Eugenies Co., 1939), p. 77.

成為有名的「自由港主義」(The Free Port Doctrine)，也為他爭取得到許
多的選票，使道格拉斯連任參議員。道格拉斯支持美國擴張領土，而新
領土上是否適用奴隸制度，則都是由他主責談判和協商。當堪薩斯被納
入美國的一州時，道格拉斯透過普選，而不是讓國會來決定該州是否能
夠蓄奴。在 1858 年的參議員選舉中，民主黨的道格拉斯和共和黨的林
肯，進行了七次的辯論，道格拉斯最後贏得勝利。但在 1860 年的總統
選舉中，共和黨提名林肯為總統候選人，宣稱絕不讓奴隸制度再發展下
去，共和黨也許下徵收保護工業的關稅，和制定有關開拓西部移植者以
免費取得自耕農場法律的諾言。而對手民主黨的道格拉斯領導的反對
黨，則因陣容分裂遭敗選。

　　林肯一旦當選總統，南卡羅萊納州一定會鬧著和聯邦分家，因為南
方各州早就等待著時機，聯合組成同盟以打擊反奴隸制度的勢力了。脫
離聯邦的南方十一個州所組成的政府成立，被稱為美利堅諸州聯盟
(Confederate States of America)。在林肯當選總統後，大南方的七個州
（阿拉巴馬、佛羅里達、喬治亞、路易斯安那、密西西比、南卡羅萊納
和德克薩斯）由於以奴隸制為基礎的生活方式受到威脅，相繼脫離聯
邦。接著，南方的另外四個州（阿肯色、北卡羅萊納、田納西和維吉尼
亞）也脫離聯邦，幾個州共組南方聯盟政府。1861 年 2 月在阿拉巴馬
州蒙哥馬利市 (Montgomery) 成立臨時政府，翌年又在里奇蒙成立永久
政府。南方聯盟的總統為戴維斯，副總統為史蒂芬斯 (Alexander
Stephens, 1812–1883)，諸州聯盟的主要職責是招兵。南方聯盟軍總數約
七十五萬人，而聯邦軍則二倍於此。南方聯盟的人口為：白人五百五十
萬，黑奴三百五十萬；北方人口為二千二百萬。此時的鐵路交通網：南
方僅有一萬四千四百九十公里（九千哩），而北方則有三萬
五千四百二十公里（二萬二千哩）。

二、內戰的開始

美國南北戰爭是美國聯邦政府和美國南方聯盟政府之間，進行長達四年之久、自相殘殺的戰爭。這場戰爭開始於 1861 年 4 月 12 日，因南卡羅萊納砲轟薩姆特要塞 (Fort Sumter)，點燃了內戰序幕。戰爭爆發後，雙方均開始招募軍隊。聯邦政府總統林肯下令招募七十五萬名志願兵，南方聯盟政府總統戴維斯則事前已批准招募軍隊十萬名，旋即增至四十萬名。雙方實力懸殊，在物力財力上，北方優於南方。在軍事戰略方面，南方的戴維斯始終堅持守勢，不輕易出擊。林肯則主張以攻為主，制訂了所謂長蛇計畫 (Anaconda plan)。

在陸戰方面，1861 年初夏，在維吉尼亞西部的第一次戰鬥中聯邦軍獲勝。雙方的大部隊則分別向各自的首都華盛頓和里奇蒙集結。7 月16 日歐文·麥克道爾 (Irvin McDowell, 1818–1885) 的聯邦軍向南方進攻，受阻後被迫撤回華盛頓。1862 年東線的戰鬥主要在約克河與詹姆斯河之間的半島進行，麥克萊倫 (George B. McClellan, 1826–1885) 的聯邦軍於 5 月 4 日攻克約克鎮後，試圖占領里奇蒙未達目的。在馬納薩斯(Manassas) 和安地塔姆 (Antietam) 戰役中，李將軍的南方聯盟軍 8 月底在布爾溪 (Bull Run) 大勝波普 (John Pope, 1822–1892) 的聯邦軍。在弗雷德李克斯堡戰役 (Battle of Fredericksburg) 中伯恩賽得 (Ambrose Everett Burnside, 1824–1881) 的聯邦軍連續發動十六次正面進攻，均遭慘敗。1862 年西線的戰區是密西西比州和密蘇里州，錫布利 (Henry Sibley, 1811–1891) 的南方聯盟軍 3 月間占領了阿爾伯克基 (Albuquerque) 和桑特非 (Santa Fe)，而在關鍵性的拉格洛列塔山口 (La Glorieta Pass) 戰役中卻遭受嚴重損失，退至德克薩斯州。在肯塔基州和田納西州戰區，格蘭特 (Ulysses S. Grant, 1822–1885) 的聯邦軍在 2 月間大勝。格蘭特和謝爾曼 (William T. Sherman, 1820–1891) 4 月 6 至 7 日又在夏伊洛 (Shiloh) 擊

退了南方聯盟軍發動的突然攻擊。比爾 (Don Carlos Buell, 1818–1898) 又在 10 月 8 日的佩里維爾 (Perryville) 戰鬥中取得勝利。

　　這場內戰，是關係奴隸制存廢的大決戰，而在內戰開始後的一年中，黑奴竟然似乎是外人，南北雙方都出於各種顧慮，不敢把武器交給黑人。林肯總統直到 1863 年 1 月 1 日，才宣布解放奴隸的最後宣言，使叛國各州的奴隸獲得自由，並邀請他們參加北方的國軍，宣言並稱：「戰爭的目的是廢止奴隸制度，而最大的目標乃在拯救聯邦。」接著，於 1863 年春天，採取武裝黑人的政策，二十五萬名黑人參加聯邦軍隊，直接向奴隸主作戰，有三萬八千人犧牲生命。雖然黑人在奴隸制度之下，身心都飽受痛苦，但他們的精神意志，仍然展現不屈服的精神，許多黑人在內戰期間奮勇地作戰。❸❹

　　至 1863 年春，在東線胡克 (Joseph Hooker, 1814–1879) 已成功地重整和裝備了聯邦軍。4 月 27 日胡克率軍向南方聯盟軍的西面迂迴。6 月 1 日他受到南方聯盟軍的突然襲擊，立即後退。李將軍下令南軍將領傑克遜 (Thomas J. Jackson, 1824–1863) 追擊，傑克遜在跟蹤中受重傷，李親自率軍繼續追擊，將聯邦軍趕回原陣地。6 月 28 日雙方軍隊在蓋茲堡 (Gettysburg) 相遇，進行了最大的一次戰役，聯邦軍獲勝。這時在西線，格蘭特也攻克了維克斯堡。格蘭特的勝利給林肯留下了深刻的印象，所以 1864 年春，林肯便任命他指揮全軍。格蘭特接任後留下謝爾曼指揮西線，3 月 8 日赴華盛頓指揮東線。5 月 4 日格蘭特急渡拉皮丹河 (Rapidan River) 和拉帕漢諾克河 (Rappahannock River)，6 月中旬開始圍攻通往里奇蒙的要衝彼得斯堡 (Petersburg)。在西線，謝爾曼於 5 月 7 日向亞特蘭大 (Atlanta) 推進，至 8 月 31 日終於迫使南方聯盟軍撤出而占領了這座城市。謝爾曼向海邊進軍，於 12 月 21 日占領了薩凡納

❸❹　Merle E. Curti, *Peace or War: The American Struggle 1636-1936* (New York, NY: W. W. Noton & Co., Inc., 1936), pp. 104-125.

(Savannah)。聯邦軍囊括田納西州和喬治亞州後,謝爾曼於 1865 年 1 月 10 日開始向南、北卡羅萊納州乘勝前進,2 月 17 日占領哥倫比亞,迫使南方聯盟軍撤出查爾斯頓,並在本頓維爾 (Bentonville) 擊敗了約翰斯頓 (J. E. Johnston, 1807–1891) 的南方聯盟軍。 **❸❺**

　　約翰斯頓看到他已無力阻擋聯邦軍前進,便於 4 月 18 日在達姆勒 (Durham) 附近向謝爾曼投降。這時東線的格蘭特和米德 (George Gordon Meade, 1815–1872) 仍在圍攻彼得斯堡和里奇蒙。聯邦軍在圍攻長達九個月之後,終於在 4 月 2 日突破李將軍的防線,迫使李將軍撤出彼得斯堡和里奇蒙。當李將軍最後突圍的希望破滅後,於 4 月 9 日率其維吉尼亞兵團的殘部投降。路易斯安那州的南方聯盟軍於 5 月 26 日投降,德克薩斯州加爾維斯頓港 (Galveston) 的駐軍也於 6 月 2 日投降。至此美國南北戰爭才告結束。

　　在海戰方面,美國南北戰爭中的海戰也是不容忽視的。戰爭開始時聯邦軍擁有九十艘戰艦,到李將軍投降時戰艦數已達六百二十六艘。南方幾乎是從零開始創建起一支海軍。南方聯盟軍的巡洋艦中最著名的「阿拉巴馬」號 (CSS Alabama),它在兩年內捕獲了六十九艘聯邦的船隻,直至 1864 年 6 月 19 日「阿拉巴馬」號才被聯邦戰艦「克薩基」號 (Kearsarge) 阻截並擊沉。在整個戰爭中,聯邦政府對南方三千五百英里海岸線的封鎖,對最終擊敗戴維斯政府有著不可估量的作用。

---

❸❺　超過十八萬六千名黑人士兵參加聯邦軍隊,而聯邦的軍隊中,約有 10% 是黑人。南方白人不滿的不只是解放而已,他們對黑人使用任何人權、權利的行為、字眼或者在態度上也都感到極其不滿。南方白人對黑人的態度可從 1865 年一名聯邦軍隊上校的描述中看出來,他說:「他們不認為殺了一個黑人是謀殺;他們不認為強暴一個黑人婦女是姦淫;他們不認為取走黑人的財產是強盜。」這種態度出現在稍早由最高法院就德雷德.史考特一案所做出的判決書中,宣稱黑人「不能享有任何白人與生俱來的權利」。簡單地說,美國黑人的自由是在一種不論是經濟上、政治上及情感上都充斥不滿的情況下展開的。參看〈美洲史〉,《大英百科全書》;以及 Leon F. Litwack, *Been in the Storm So Long*, pp. 89, 99, 119, 239.

北方的勝利除了占優勢的海軍和豐富的資源以外，一部分應歸功於林肯的治國之才，以及士兵的英勇作戰和軍官的熟練指揮，一部分則由於南方聯盟政府在運輸、物資供應和政治領導方面的失敗。美國南北戰爭是一次規模巨大的戰爭，雙方的戰費超過一百五十億美元，聯邦軍傷亡六十三萬人，聯盟方面傷亡三十八萬人，其他方面的損失更無法估計。❸ 這是一場由老式戰爭向現代戰爭過渡的對抗。它在歷史上第一次使用戰甲艦、平射砲、地雷、水雷和潛水艇，也是第一次廣泛使用空中照相偵察（用氣球）、電報機和鐵路在通訊聯絡中起重要作用的戰爭，這場戰爭也為後人留下了豐富的遺產。

總體而言，自林肯宣示就任總統，在其就職宣言中，拒絕承認這一分割，他呼籲要大家努力恢復團結，南方人在南卡羅萊納州的查爾斯頓港口砲轟薩姆特要塞，戰爭開打，北方人此刻才開始採取實際行動。就雙方實力在參戰時的比較，就物資而言，北方在工業上占有優勢，人力充足，源源不斷製造出軍器、彈藥、服裝及其他各種供應品，更者，北方暢達的鐵路網也有助於聯邦軍隊的成功。

此外，南北戰爭為美國塑造了兩位出色將領，一位是南方的李將軍，另一位是北方的林肯。他們兩位遠比早期的聯邦指揮官有領導才幹。南方戴維斯總統善於制訂作戰計畫，而李將軍則是戰場叱吒風雲的英雄。在南北戰爭頭兩年，南方聯盟軍節節勝利。自從聯邦軍在蓋茨堡和維克斯堡 (Vicksburg) 兩地告捷（1863 年 7 月）以後，南方聯盟即失去勝利的希望。即使有李將軍那樣優秀的指揮官，也無法長期抵擋北軍的進攻。1865 年 4 月 9 日李將軍在維吉尼亞州投降。不久，南方聯盟瓦解。李將軍在整個戰爭中所展示的人性光輝，以及接受戰敗後要求南方要忠於他們的敵人的觀念，讓全民尊敬。而北方在戰後也肯定了林肯

---

❸ 美國四年內戰，雙方傷亡近百萬人，據統計，北軍死三十五萬九千五百二十八人，傷二十七萬五千一百七十五人；南軍死約二十五萬八千人，傷約十萬人。

的偉大。在戰爭的初期，人們對於這位長相粗獷的西部律師印象不深刻，敵視他的新聞界更以無能稱呼他，但是慢慢地，他們發現了林肯的冷靜，他不但了解美國人民的期待，更知道為國家謀求利益。在漫長的南北戰爭中，他從來不曾對南方的叛軍和人民說過任何刺激的話，他所關心的是如何把這個國家，用心而不是用武力來團結起來。在北軍獲勝後，林肯尚提議為南方的黑奴付出優厚的代價。他的外交政策堅定，有理想而帶尊嚴。他深信自治的民主政府，同時也知道如何提高人民的愛國心，特別是在處理國事時，他展現了無限的威望。

三、戰後的黑人與《黑人法典》

從 1861 至 1865 年的四年內戰中，整個國家被分解，家庭受淪亡和離散。但戰後的十一年中，即 1866 至 1877 年，卻是異常的平靜，這階段使領袖們更堅定了團結國家的決心。

戰爭結束時，大約有四百萬名黑奴獲得自由，對於他們的南方主人來說，解放等於是上億財產的損失。就社會的反應來說，南北雙方的美國白人都有接受黑人平等的心理困難。國會為了幫助黑人解決困難，在 1865 年 3 月通過設立「被解放黑奴事務管理局」（又稱「自由人局」，Freedmen's Bureau，1865–1872 年），國會為四百萬名獲得自由的黑人提供實際援助而設立的機構，由霍華德 (Oliver Otis Howard, 1830–1909) 少將主持。雖然經費不足、辦事人員缺乏經驗，但這一管理局還是作了大量工作。它曾設立醫院，向黑人提供醫藥；它曾創辦黑人學校一千多所，用四十多萬美元訓練師資。但在人權方面，這一管理局幾乎無所作為。黑奴雖然解放，而有關他們的法律程序卻過於簡單。由於美國總統和國會都反對重新分配土地，黑奴棄耕的土地全部歸還奴隸主，而原來的奴隸則淪為佃農，依然飽受壓迫。1872 年 7 月被解放黑奴事務管理

局終被撤銷。**㊲**

早在戰爭結束前，林肯總統就已開始籌劃將分離的州帶回聯邦來，林肯在 1863 年即已提出重建南方的法案，並明訂赦免法以開導南方各州。他認為重建的步驟應有耐心而且緩慢進行，林肯認為，南方各州的人民從未合法脫離過，而他們是受少數不忠於政府的人的錯誤領導，以致抗拒聯邦政府罷了！因為戰爭是少數人的行動，聯邦政府此刻所要做的事就是處理這些人，而不是這些州。依據這個原則，林肯在 1863 年宣稱，如果任何一州裡，有經 1860 年登記過的選民十分之一贊成組成一個政府，忠於《憲法》，服從國會法律和總統公告者，就承認這是一個合法的州政府。因此，到 1864 年春天，維吉尼亞、田納西、路易斯安那和堪薩斯等四州，即因為已遵從林肯的赦免法而受到承認。

1865 年 4 月 14 日，林肯在福特戲院看戲時，遭到槍擊，第二天就去世了，經過軍警的圍捕，這位前戲劇演員、精神異常的槍手在維吉尼亞被誘捕而死。

至於被解放的黑人，一方面獲得人身的自由，但另一方面，也造成黑人的離鄉背井。許多人帶著他們僅有的家當，飢餓、生病，而且衣不蔽體，到別處去追求新生活，或者去尋找很久以前被賣走的家人。**㊳** 一名記者報導描述，他在路上所碰到的黑人，已經穿越了整個州，甚至超過一個州，為的就是尋找他們的家人。許多父母盡了超人的努力，去尋找他們的小孩。幾個月過後，移動的人潮漸少，但是尋找失散家人的人們，繼續透過那些如雨後春筍般出現的黑人報紙廣告，來尋找他們的

㊲　Oscar T. Barck and Hugh T. Lefler, *History of the United States since 1865*, New York, NY: Books Demand UMI, 1978.

㊳　就如當時一名「自由人局」的官員所觀察：「每一個孩子都在尋找他的母親；而每一個母親都在尋找她的小孩。」Leon F. Litwack, *Been in the Storm So Long*, p. 230.

家人。[39]

　　在被解放之後，黑人首先面對經濟的問題。美國四百萬黑人奴隸，通過內戰砲火的洗禮，掙脫了奴隸地位。1865 年 1 月 31 日，國會通過廢除奴隸的《憲法》第 13 條修正案，從法律上保證，他們及其後代不再淪為奴隸。奴隸制種植園經濟的解體，從生產關係上，保證了黑人不再是任人奴役驅使的「會說話的牲口」了！但是，南部新解放的黑人，沒有如他們所夢想的能分得一塊土地，因此不得不以雇農和佃農的身分出現，投身於新的租佃制。廢除種植園經濟是歷史的進步，但是，黑人在經濟上仍沒有得到解放。

　　南方白人及聯邦職業軍人，最大的恐懼是解放後的黑人不定居、不工作，但卻繼續依賴政府的緊急配給及私人的救濟，甚至包括偷竊等行為。[40] 此外，還有許多其他立法或規範，限制剛解放的黑奴的工作地點，及服務對象的選擇權。[41] 而施行這些法律，也常帶來許多弊病，有時候甚至使黑人幾乎又處於一個新的奴役狀態。[42]

　　戰後最初幾年，黑人仍然一直處於貧窮狀態的原因，除了因他們不會經營自己的生活之外，也跟他們大多是文盲有關。因此，如果他們用信貸的方式購買食物、衣服或其他東西時，雇主或店家往往輕易就可以欺騙他們。戰爭剛結束時，初被解放的黑人，因為缺乏經驗、容易受傷害，甚至某些白人隱瞞了解放的訊息，而繼續以奴隸來對待他們。

　　戰後數十年，黑人與白人在經濟關係上的改變，是相當地大。當黑人是奴隸的時候，他們對個人責任的自覺性非常低。因為缺乏積極主

[39]　Thomas Sowell, *Ethnic America: A History*, p. 198.

[40]　這項配給制度包括飽受戰火蹂躪的南方的黑人及白人。

[41]　Leon F. Litwack, *Been in the Storm So Long*, p. 48.

[42]　W. E. B. DuBois, *The Philadelphia Negro* (New York, NY: Schocken Books, 1967), p. 178; Nathan Glazer and Daniel Patrick Moynihan, *Beyond the Melting Pot* (Cambridge, Mass: M.I.T. Press, 1963), p. 34.

動，因此，逃避工作、怠工、曠工與隨意使用工具、設備等情形非常普遍，且這些情形並未隨著解放而立刻消失。[43] 在戰後初期的工作模式，幾乎是上述這些工作習慣的翻版。某些白人地主甚至在戰後初期，仍然繼續堅持對黑人勞工或是佃農施以肉體處罰權。但是由於地主們處於爭取勞工和佃農競爭的壓力下，加上黑人本身的肢體反抗，這種情形也就逐漸消失。[44]

戰後，在經濟上，當黑人逐漸由經營農地而獲得更多經驗時，他們也逐漸培養出判斷力和獨立性。黑人佃農的土地隨著時間增加，到了 1880 年時，新的系統被施行，要求農夫必須付定量的現金或穀物，而不是和白人一起承擔經營或風險。因此，到了 1910 年，約有超過 25% 的黑人農夫是自耕農，他們購買土地，不再是土地承租戶。[45] 這些情形反應了黑人自主的程度與農業技術上的成長；同時他們對勞工的需求也相對增加了。隨著工資的成長及作物分享的提高，黑人的生活水準也隨著提高。戰後初期，大部分的黑人仍然和奴隸時代一樣，住在骯髒的圓木搭建的小木屋中，他們幾乎都沒有看過玻璃窗。但是漸漸地，房子取代圓木搭建的小木屋，骯髒的地板也由厚板所取代。到二十世紀初期時，玻璃也開始出現。這個時期的房子仍然沒有各種管件、小而擁擠，而且幾乎無可避免的骯髒。不過在即將進入二十世紀的時候，都市中每一戶黑人房子，平均大約有三個房間。縱然擁擠，比昔日的情況改善許多。[46] 戰後，白人雇主和地主曾經聯合想要限制黑人的工資，然而，儘

---

[43] Frederick Law Olmsted, *The Cotton Kingdom*, pp. 28-42, 100-103, 402-403, 564-565.

[44] 派監工頭監督勞工的方法也曾被採用，但是黑人們寧可要別的可行的模式。到了 1880 年，監督系統已經逐漸消失了。Robert Higgs, *Competition and Coercion* (Cambridge, Oxford: Cambridge University Press, 1977), p. 53.

[45] 即施行固定的租金系統 (fixed-rent)，取代原先的以收成比例支付租金的系統 (share-rent)。Thomas Sowell, *Ethnic America: A History*, p. 200.

[46] Robert Higgs, *Competition and Coercion*, pp. 109-111.

管白人擁有經濟上、政治上及組織上的優勢，不過在勞力需求的競爭下，這些聯合行動一再失敗。**❹**

在政治上，黑人的處境比經濟上更為艱難。在南部各州，奴隸主的政治力量還沒有失勢，處處與國會作對。繼林肯擔任總統的安德魯·詹森，至少在客觀上，縱容前奴隸主勢力，和有根深蒂固的種族偏見的社會集團，去歧視和打擊已不再是奴隸的黑人。南北戰爭後的黑人並沒有得到應有的自由權利。**❹**

南部前奴隸主，藉由操縱前蓄奴州的立法機構，制訂州法來對抗聯邦法律，這些州法被稱為《黑人法典》，是以另一種形式來控制黑人的工具。《黑人法典》指 1865 年和 1866 年，在以前的南部邦聯各州頒行的許多法律。這些法律旨在恢復《解放宣言》和《憲法》第 13 條修正案所廢除了的社會對奴隸的控制，並保證「白種優越」得以繼續下去。

《黑人法典》來源於早已實施的奴隸法令。在美國人中有一種維護動產奴隸制的哲學思想，這種普遍思想的根據是認為奴隸只是一種財產而不是人。因而法律不僅應該保護這種財產，還應保護財產所有人使其免於暴亂的危險。奴隸叛亂時有發生，這種暴動的可能性在移民地區，以至於擁有大量奴隸人口的各州，都經常是憂慮不安的根源。1780 至 1864 年間，維吉尼亞州計有一千四百一十八名奴隸被宣判有罪，其中九十一件暴亂罪，三百四十六件謀殺罪，還有奴隸逃亡的事件發生。所有關於奴隸的法令，都有一些共同的規定。在所有條款中都嚴格規定了種族劃分，只要是有黑人血統的人，不論是奴隸還是自由民，就被視為黑種人。子女的身分隨母親而定，因此自由民父親和奴隸母親所生的兒

---

❹　Robert Higgs, *Competition and Coercion*, pp. 47-49, 64-71, 117.

❹　私刑是南方長期以來的習慣，1866 年以後，被處以私刑的黑人更多了，1892 年甚至達到每年一百六十一件的嚴重程度。Constance Baker Motley, "The Legal Status of the Negro in the United States," in *The American Negro Reference Book*, p. 516.

童，仍然是奴隸。奴隸幾乎沒有法律上的權利：凡涉及白人的訴訟，法院不採納黑人的證言；奴隸不能訂立契約，也不能擁有財產；就是在遭到白人襲擊時，他們也不能還手。此外，有許多限制性的規定，使社會對奴隸得以實行控制：奴隸未經許可不得擅自離開其主人的場所；他們不得聚眾集會；他們不得自備槍械；他們不得學習文化，或傳送持有「煽動性的」印刷品；他們不得結婚。更者採用各種方法迫使奴隸遵守這些法規，如有違犯，依規定必受刑罰處分，諸如鞭打、打火印或監禁；除強姦或謀殺白人等罕有的案件外，死刑很少使用，因為這意味著財產的毀滅。平日有巡邏人員監視奴隸，晚間更是如此。奴隸法令並非經常嚴格執行，但一旦發覺有任何騷動跡象，州的有關機關就戒備異常森嚴，而執行也就更為嚴酷。

在南北戰後，立即制訂的這些《黑人法典》，雖然各州互不相同，其目的都在取得能長期供應的廉價勞動力，並且也都繼續把獲得了自由的奴隸當作劣等人。另者，各地政府（通常有聯邦統治者的支持）於是設置了適用於針對黑人成人的《流浪法》(*Vagrancy Act*, 1866)，與針對黑人小孩的《學徒法》(*National Apprenticeship Act*)。流浪罪的法律宣布，黑人如果失業又沒有固定的住址，就是流浪漢；被認定為流浪漢的黑人可予以逮捕，處以罰金；如果無力償付罰金，就必須在一定期限內服勞役。對於「受雇」的黑人孤兒和其他依賴白人（而且常常是其過去的主人）為生的黑人青年則有《學徒法》加以規定。有些州對黑人可以擁有的財產種類加以限制，而另一些州則不許可黑人從事某幾種業務或從事技術性的行業。原來是奴隸的人不准攜帶槍械；除了在涉及其他黑人的案件中，也不得在法庭作證。法律規定黑人之間可以通婚，但不同種族之間的通婚則受到禁止。

各州的《黑人法典》內容不盡相同，但主要精神是一致的，即在法律上承認黑人的自由民地位，但對黑人的政治權利和經濟地位，做出嚴

格的限制。此外，奴隸制不再是合法的社會制度，但又千方百計保持內
戰前南部各州的社會結構。黑人沒有選舉權和被選舉權，在法庭上不得
作證反對白人，不得充當牽涉白人案件的原告，黑人沒有自由發表言論
的權利。許多歧視性、侮辱性的規定，不勝枚舉。《黑人法典》理所當
然地受到南部黑人的抵制，也受到控制國會的、代表工商業資產階級利
益的共和黨議員的反對。但是作為南部民主黨人的安德魯‧詹森總統，
明顯地袒護南方前邦聯各州，以維護州權為藉口，頑強地與國會展開尖
銳的對立。

　　美國北部各州反對《黑人法典》，有助於促成激進的「重建」時期
和通過《憲法》修正案。「重建」時期廢除了黑人法令，但「重建」時
期過後，又有許多過去的規定重新制訂在種族隔離的法律中，直至 1964
年通過了《1964 年民權法案》(*Civil Rights Act of 1964*) 以後，這種種族
隔離法律才最後被廢止。

　　在黑人的教育方面，南北戰前，約有 90% 的黑人為奴隸，而奴隸
幾乎都是文盲。當時公立學校仍然是一個嶄新的「事物」及觀念，即使
是在南方以外的地方，也還在爭取的階段，更遑論南方地區。在奴隸制
度之下，南方大部分的州都明文禁止教黑奴讀書或寫字，甚至許多北方
地區也不准黑人進入公立學校。美國黑人的教育發展，歷經很長的一段
歷史。十九世紀晚期，一些慈善家或團體，在北方建立專為黑人設立的
學校，或是讓黑人在白人學校就讀。甚至，某些白人宗教組織，尤其是
貴格派和天主教，經常違抗法令，提供黑人孩子免費的教育。[49]1831
年，南方諸州對所有不管是黑奴或是自由黑人行動的種種限制更趨嚴
格。在這段時間中，大約在南北戰前三十年間，許多南方的州不准任何
人教育黑奴小孩。然而，這些法令卻導致了更多地下的教育活動。在

---

[49]　Carter G. Woodson, *The Education of the Negro Prior to 1861*, p. 11.

1850 年的人口調查中，約有 75% 的「自由的有色人種」識字。又城市中識字的比率更高，此種情況即使是法令禁止教育黑奴小孩的州也是如此。[50] 戰後南方新解放的黑人，追求教育的急切情形，不但令人關注而且令人同情。當代的觀察家表示，對於黑人的大人或小孩遇有機會接受教育，他們就非常踴躍登記的情形感到驚訝。[51]

至於戰後北方的白人，大部分來自美國傳教士協會 (the American Missionary Association) 人士，前往南方建立學校，以教育新解放的黑人孩童。近約十年光景，他們設立了超過一千所的學校，二千多名教師前往南方。[52] 在戰後的半個世紀中，包括黑人自己的投資，約二千四百萬美元，北方在黑人教育上投資的資金總數，大約有五千七百萬美元。[53] 戰後初期，「自由人局」對黑人貢獻最大，在戰後五年間，約投資三百五十萬美元。[54]「自由人局」在南部為黑人建立了四百多所小學和中學。私人慈善機構為黑人建立了霍華德大學、聖奧古斯汀學院、亞特蘭大大學等。有五千多名北部教師於內戰後，出現在南部城鄉。他們為黑人培養出一批有知識、有抱負的人才，這些人成為日後為黑人爭取利益的代言人。相較之下，南方的公立學校對黑人教育的進展就非常緩慢，尤其是初中和高中的部分。[55] 總體而言，南方各州，用在黑人教育

---

[50] *The Seventh Census of the United States: 1850*, pp. xliii, lxi; see also Franklin Frazier, *The Negro Family in the United States* (New York, NY: The Macmillan Company, 1949), p. 74.

[51] Leon F. Litwack, *Been in the Storm So Long*, pp. 68, 472-476; Booker T. Washington, W. E. B. Du Bois, and James Weldon Johnson, *Three Negro Classics* (New York, NY: Avon Books, 1965), pp. 44-45.

[52] James M. McPherson, *The Abolitionist Legacy* (Princeton, NJ: Princeton University Press, 1975), p. 143.

[53] Thomas Sowell, *Ethnic America: A History*, p. 202.

[54] W. E. B. DuBois, *Black Reconstruction* (West Orange, NJ: Albert Saifer, 1935), p. 648.

[55] Thomas Sowell, *Ethnic America: A History*, p. 204; Franklin Frazier, *The Negro Family in the United States*, p. 429; McPherson, *The Abolitionist Legacy*, p. 206; Gunnar Myrdal, *An American Dilemma* (New York, NY: McGraw-Hill, 1964), p. 1266.

上的經費，遠少於白人小孩所獲得之教育經費。**⑤** 二十世紀前期的兩次世界大戰，也增強了黑人的平等意識。一次大戰期間，有將近四十萬名黑人在軍隊中服役，二次大戰中則是一百萬餘名。他們在海外為美國的利益而戰，許多人甚至奉獻出寶貴的生命。當他們重返故里時，不再願意像過往接受二等公民的地位。也因為受戰爭的影響，美國國內黑人的地域流動和社會流動，有明顯增加的趨勢。**⑤**

四、戰期間的文藝復興

美國文藝復興 (American Renaissance) 亦稱新英格蘭文藝復興 (New England Renaissance)，係指 1830 年代到南北戰爭結束的一段時期，這一時期美國文學隨著浪漫主義運動的發展而日趨成熟，成為一種反應民族精神的文學。這時美國文壇由一批新英格蘭作家所統治，其中著名的有朗費羅 (Henry Wadsworth Longfellow, 1807–1882)、霍姆斯 (O. W. Holmes, 1841–1935) 以及洛威爾 (J. R. Lowell, 1819–1891)。

朗費羅採用歐洲講故事的方法和改寫敘述詩的手法來描述美國歷史。霍姆斯在他的應景詩及組詩《早餐桌上》(*Breakfast Table*, 1858–1867) 中，把文雅和幽默的情調帶入純文學。洛威爾則是通過韻文來歌頌他的家鄉，突出的作品是《比格羅詩稿》(*The Biglow Papers*, 1848)，但他謹守歐洲文學的批評標準。此外，這一時期最有影響的是超驗主義作家，包括愛默生 (Ralph Waldo Emerson, 1803–1882)、梭羅 (H. D. Thoreau, 1817–1862)、奧爾科特 (Amos Bronson Alcott, 1799–1888) 等。這些人積極提倡對宗教、國家和社會實行改革，並對自由宗教的興起、

---

⑤ 據估計，1910 年南方各州的公立學校，花在每一白人與每一黑人的經費之間的差異要大於 1900 年。

⑤ Charles S. Johnson, *The Negro College Graduate* (Chapel Hill, NC: University of North Carolina Press, 1938), p. 8.

廢奴運動和各種烏托邦團體的形成起了促進作用。

　　廢奴運動也得到了其他一些新英格蘭作家的支持，其中包括基督教公誼宗詩人惠蒂埃 (John Greenleaf Whittier, 1807–1892) 和小說家斯托。尤其斯托的《湯姆叔叔的小屋》生動地描繪了黑人奴隸的悲慘生活。除了這些超驗主義作家外，還出現了一些偉大的富有想像力的作家，例如霍桑 (Nathaniel Hawthorne, 1804–1864)、梅爾維爾 (H. Melville, 1819–1891) 和惠特曼 (Walt Whitman, 1819–1892)，他們的小說和詩作在美國文學史上占有永恆的地位。

　　以霍桑為例，他最早的作品中反應美國生活的特色，特別是描繪十七世紀新英格蘭的情景。出生在麻薩諸塞州的賽倫 (Salem) 鎮，曾在緬因州的博多因 (Bowdoin) 學院學習，在校期間以作文見長，因而立志成為作家，他首先發表《三個山丘的洞穴》(*The Hollow of the Three Hills*, 1830)。1832 年陸續發表了兩個最傑出的故事《我的親戚莫里訥少校》(*My Kinsman, Major Molineux*, 1832) 和《羅傑‧馬爾文的葬禮》(*Roger Malvin's Burial*, 1832)。1835 年出版反應巫術的作品《小伙子布朗》(*Young Goodman Brown*, 1835)。1837 年第一部署名小說《故事新編》(*Twice-Told Tales*, 1837) 發表後，深受歡迎。《七角屋》(*The House of the Seven Gables*, 1851) 亦是佳作。與這些人同時代的非新英格蘭派作家，還有南方巨將愛倫坡 (Edgar Allan Poe, 1809–1849)，他在十九世紀曾對歐洲文學產生強烈影響。

　　戰爭的結束對於雙方在社會、經濟上的打擊更是不計其數，但是北方在戰時曾享受無比的繁榮，戰後卻面臨無數的問題。例如，聯邦軍在戰後出現失業問題；人員在遣散後更造成了經濟蕭條的問題，例如製造彈藥工廠裡的人員，因工廠關閉而失業等。

　　北方在 1860 年代的末期，工廠就開始復甦，勞工需求增高，退伍的人員也有工作機會，北方的人口急遽增加。但是，南方就沒有這麼幸

運。戰爭深入南方，聯邦軍隊破壞了工廠和鐵路，逼使銀行和商業倒閉，各大都市都遭燒毀，而農業受損最嚴重，特別是小農家和窮白人面臨失業飢餓問題最多。

第七章　重建時期 (1865–1877)

　　美國聯邦政府在重建時期 (Reconstruction Era)，意欲透過各種重建與安置計畫，整合戰後南方，消弭南北歧異，但在種族主義 (racism) 的操弄與利益資源分配不均的情況下，反而造成戰後南方白人與南方黑人進一步的對立與暴力相向。各項歧視黑人法案，如《吉姆·克勞法》 (*Jim Crow Acts*) 讓黑人面對比以往更艱難的處境。1878 年最高法院判定路易斯安那州片面解除交通運輸隔離是違憲；1882 年最高法院宣布《3K 黨法案》(*Ku Klux Klan Act*, 1871) 無效，認為《憲法》第 14 條修正案只適用於州，而不能引伸用於個人；❶ 1883 年，宣布《1875 年民權法案》 (*Civil Rights Act of 1875*) 違憲。1890 年開始南方州政府陸續通過法案，公共場合裡種族隔離合法化。從鐵路到學校、到圖書館、到飯店餐廳、戲院、遊戲場、公共廁所、酒吧等均涵蓋其中。1896 年最高法院在「普萊西控訴佛格森案」(*Plessy v. Ferguson*) 中判決「隔離但平等」(separate but equal) 並不違反《憲法》第 14 條修正案的基本精神。❷ 這些法律判

---

❶ 在 1868 年 7 月 28 日，美國《憲法》第 14 條修正案通過。這項修正案賦予「所有出生或歸化美國的人」都享有公民資格，包括在內戰結束後獲得自由的奴隸在內。雖然許多南方州反對，但是仍有四分之三的州同意支持這項修正案，規定任何州在「沒有依照法定程序之下，不能剝奪任何人的生命、自由或財產」，或者「剝奪每個人有接受公平審判的機會」。

❷ 1892 年 6 月 7 日一個年約三十歲的黑白混血荷馬·普萊西 (Homer Plessy, 1862–1925) 因為坐到屬於白人的車廂，違反路易斯安那州法規定而遭判刑。他不滿而提出上訴，宣稱《公車隔離法》(*Separate Car Act*) 違反美國《憲法》第 13 條修正案與第 14 條修正案的精神。負責審理的法官約翰·佛格森 (John Howard Ferguson, 1838–1915) 判決州政府勝訴，最高法院亦做出同樣的判決。該案後來提起上訴，1896 年 5 月 18 日最高法院審理「普萊西控訴佛格森案」，判定「隔離但平等」的措施符合《憲法》第 14 條修正案，直到 1954 年 5 月 17 日最高法院在「布朗訴托皮卡教育委員會案」(*Brown*

決合法化南方各州種族歧視作為，也開啟近半世紀的種族隔離政策。換句話說，種族主義並沒有因為內戰結束與奴隸解放而終，反而造成黑人淪入制度性種族主義的荼毒，以更極端的方式呈現。從 1865 至 1877 年的重建南方失敗後，美國重新調整步伐，再度出發，至二十世紀以嶄新面貌出現在世界舞臺之上。

第一節　安德魯‧詹森和《重建法案》

　　南北戰爭時的總統林肯遇刺身亡後，副總統安德魯‧詹森繼任總統，是美國第十七屆總統（任期 1865–1869 年）。詹森出生於北卡羅萊納州，身為民主黨員，對於富人及貴族的莊主都無好感。年輕時，曾由北卡羅萊納州遷到田納西州居住，南北戰前，曾擔任田納西州州長及眾議員。詹森上任後推行對南方寬大「重建」政策，激怒激進派共和黨人，從而導致政治上的垮臺。詹森受正規教育少，為人儉樸率真，未滿二十一歲即組織工人黨，並因而當選為格林維爾 (Greeneville) 市參議員，後當選市長。1835 至 1843 年任市議員和 1843 至 1853 年任國會議員時，擁護提倡州權的傑克遜民主黨，並維護山民和小農的權益。1853 至 1857 年任田納西州州長，並於 1856 年當選為國會參議員，支持民主黨降低關稅、反對禁奴宣傳的主張。但於 1860 年林肯當選總統後，他卻戲劇性地與民主黨決裂，極力反對南方脫離聯邦。1861 年 6 月，田納西州脫離聯邦時，他是唯一留職並拒絕加入南方聯盟的南部參議員。選民的譴責從未動搖他對聯邦的忠誠，1862 年 5 月被林肯任命為田納西州（當時已處於聯邦控制下）軍事長官。

　　1865 年 4 月，詹森以副總統身分倉促接任總統後，面臨重建南方

---

　　v. Board of Education of Topeka, 347 U.S. 483) 判決，正式終止這項影響深遠且由政府發動的隔離政策。

聯盟諸州的棘手問題。國會共和黨人主張對戰敗的南方採取嚴厲措施，因此對詹森總統允許南方州可重新加入聯邦，而只附帶有限改革，或僅給予獲得自由的奴隸以極少的公民權利的方案感到不滿，對於權利復歸白人貴族及制訂限制性《黑人法典》感到憤怒。

所謂重建南方，亦即在重建時期面對解決南部十一州重新加入聯邦所引起的政治、社會、經濟等問題。早在 1862 年，林肯總統就對路易斯安那州、田納西州、北卡羅萊納州委派了臨時軍事長官。翌年，又在新占領的各州採取重建政府的初步措施。然在 1865 年林肯遇刺身亡後，詹森以副總統繼任總統，繼續奉行林肯的溫和政策。

1865 年詹森以總統的權力，運用特赦權給大量的南方人士自由恢復他們的政治權利。同年 5 月，詹森規定南方各州重新加入聯邦的條件，他要求所有南方各州放棄分離主義及戰債，並促使國會通過《憲法》第 13 條修正案的規定廢除奴隸制度。所有成立的各州至年底時，除了德州之外，均獲得了詹森的承認。

此刻，1866 年國會選舉中，激進派贏得了足以推翻總統否決的壓倒性多數。國會激進派，提出「黑人應給予公民身分及一切權益」的意見，逐漸受到大眾的支持。激進派早在南北戰爭前就已為爭取黑人自由而戰，他們深信，除非黑人在全國獲得平等的公民權，否則黑人在內戰所流的血等於白流。因而，國會在南北戰爭後，也為黑人的基本權利設立了《黑人法典》，其實在這之前，早已有為黑人權利作保障的相似立法了，它的內容只是換湯不換藥；內容即是黑人有控告和被告權；黑人有買賣財產權；過去曾結婚的黑奴，也可婚姻合法化；年輕黑人學徒有受白人雇主保障（護）的權利，雇主需為黑人雇工供給食物、衣服以及訓練的工具等。但《黑人法典》也有不公平的地方，如黑人不准擁有武器；日落後不准聚會；不准與白人通婚；若黑人有工作不力者，可隨意監禁或作苦工一年，來作處分。1865 至 1866 年，南方各州的立法機構，

紛紛通過了《黑人法典》。❸

　　1866 年 7 月，國會通過了《1866 年民權法案》(*Civil Rights Act of 1866*)，使黑人成為美國的公民。此外，又通過法案設立「自由人局」，幫助黑人能早日獨立生活，也藉以禁止南方虐待黑人。其實這二個法案，都是國會為了防止南方的立法機構所制訂的種族歧視條例。同年，國會又通過《憲法》第 14 條修正案，條文明訂指出：「凡生長或歸化於美國，並受其管轄治理者，均為美國及其定居地的該州公民」，第 14 條修正案保證了黑人的公民權。但國會給了黑人太多權利，引起南方白人恐慌。南方的州除了田納西州承認《憲法》第 14 條修正案外，其他皆否認。南方諸州紛紛抵制，並實行許多壓制和迫害黑人的反動措施。對此，北方則於 1866 年國會選舉中，以激進派共和黨人取得大勝與南方相對抗。

　　1867 年國會通過《重建法案》(*Reconstruction Acts*)，把南方尚未歸返聯邦的十個州（原本十一州，田納西州在 1866 年已歸返聯邦）分為五個軍區，實行軍管。《重建法案》主要原則為：一、國會對於南方各州業已建立的政府，一概不予理會及承認。二、將南方分為五個區，置於軍法管制之下。實行細節規定：1. 南方各州如能宣示效忠，批准第 14 條修正條文；2. 並且接受賦予黑人的選舉權者，國會得以免除其永久受軍法的管制，並且批准南方所設立的地方政府。1868 至 1870 年間，這些州陸續歸返聯邦。新成立的州政府一般均由共和黨控制，執政者多為北方流徙到南方的人，以及南方投機到共和黨內的人和黑人的聯盟。然在南方白人保守分子眼中，這些歸返到聯邦中的原南方聯盟各州的共和黨政府，是由外部強加給他們的人為的產物，南北雙方因此產生怨懟。❹

---

❸　C. V. Woodward, *Reunion and Reaction: The Compromise of 1877 and the End of Reconstruction* (New York, NY: Barrows Mussey, 1951), p. 199.

❹　C. V. Woodward, *Reunion and Reaction: The Compromise of 1877 and the End of*

　　至 1868 年夏天，國會根據《重建法案》，把阿肯色、喬治亞、阿拉巴馬、佛羅里達、北卡羅萊納、南卡羅萊納及路易斯安那等州重新納入合眾國，這七個實行《重建法案》的新州政府，大多數新選出來的州長、眾議員、參議員，都是戰後才到南方謀出路的北方人。至於路易斯安那、密西西比及南卡羅萊納三州的議會，則完全為黑人所控制。

　　對於《重建法案》的設立，詹森總統採否決的態度，但國會將總統否決國會的條文予以否決，詹森與國會因而發生衝突。由於總統多次否決及狹隘解釋的刁難，法案一再拖延，竟至事實上歸於無效。總統對同一天通過的《任職法案》（*Office Tenure Act*，規定總統未經參議院同意不得撤換某些聯邦官員）也採取漠視態度，貿然將陸軍部長斯坦東（Edwin M. Stanton，1814–1869，激進派盟友）撤職。眾議院則以通過彈劾總統條款（開彈劾總統先例）作為回應，但在決定性投票時，有七名共和黨人投票支持詹森，但是詹森也因此失去作為政治領袖的作用。

　　此外，詹森否認國會的政策，以強烈的態度批評國會，他的敵人所能加諸於他的最嚴重罪狀，就是他不顧《任職法案》的約定，竟然罷免了一位堅決支持國會的陸軍部長，但詹森罷黜內閣閣員，在技術上是合法的，國會無可奈何。國會提出彈劾總統，原因只是因為國會與總統的意見不合，因而沒有成功地通過罷免的行動。如果國會僅因為總統不同意國會多數意見而罷免總統，勢必將造成一個危險的先例。詹森一直留任到期滿，總統與國會之間的衝突才算結束，而被提出罷免總統的事，也是在美國歷史上首見。❺至詹森任期滿，回到田納西州後，重新當選

Reconstruction, pp. 148-156.

❺ 南北戰爭結束後，國會仍為北方的激進共和黨員所控制。詹森是南方人，一向以維持聯邦的統一為職志。對戰後南方的重建政策，力持寬大，所以他對國會所通過不利於南方的各種法案，一律加以否決，引起國會的憤怒，乃於 1868 年 2 月 24 日由眾議院對他提出彈劾。但本案於同年 5 月在參議院審判終結時，因未獲法定的多數通過，因此未能成立，宣告無罪。

圖 13：美國於 1867 年向俄國購買阿拉斯加（圖片出處：Dreamstime）

為參議員 (1875)，不久去世。

　　在重建時期的 1867 年 3 月 30 日，美國以七百二十萬美元向俄國購得阿拉斯加，至今被認為是詹森任內最大的政績。

　　1870 年，國會通過《憲法》第 15 條修正案 (The 15th Amendment)，「美國公民的選舉權不因種族、膚色、或以前的奴隸身分，而被合眾國及任何各州取消或限制」。❻ 由於立法的保護黑人，造成白人開始討厭黑人，在南北戰爭之後，基於對黑奴的解放，激起南方白人保守分子的妒恨，後來發展成各種祕密的恐怖組織，如三 K 黨（Ku Klux Klan，1866 年成立於田納西）、白山茶花騎士團（Knights of the White Camelia，1867 年成立於路易斯安那）等，同是倡導白人優越論。內戰後成立的三 K 黨影響社會秩序尤大，到 1870 年代才消失。❼ 這一組織迅速成為南方白人祕密抵抗激進重建的工具。三 K 黨人經由對被解放的

❻　然法規雖立，但黑人真正全部通過選舉權者，是到二十世紀的 1965 年，不論識不識字，都可以參加選舉，在這過去，必須通過類似歧視的識別法律的認字考試，通過才能有權參加選舉。

❼　三 K 黨原為南方聯盟退伍軍人於 1866 年在田納西州的普拉斯基 (Pulaski) 所成立的社交俱樂部。它的名字顯然源於希臘文 kyklos，從該詞衍生了英文的 "circle"（同夥）一詞，為了 K 的音韻起見，再加添了 "Klan" 而有了 Ku Klux Klan 的名稱。

自由黑人施以恐嚇和暴行，並對同情黑人的白人進行警告，來尋求恢復白人的優越。1867 年夏天，三 K 黨由前邦聯各邦代表參加，在田納西的納什維爾 (Nashville) 舉行的一次大會組建為「南方無形帝國」。這個團體由大頭目福雷斯特 (Nathan Bedford Forrest, 1821–1877) 領導，其下各級分設大龍、大頭子和獨眼龍。三 K 黨人在夜間襲擊中鞭笞和殺戮獲得自由的黑人及支持黑人的白人時，身穿長袍，頭戴面罩，以恐嚇愚昧的黑人，並避免被聯邦占領軍認出。十九世紀的三 K 黨在 1868 年和1870 年間最為鼎盛，其堅強的實力，負有恢復白人統治北卡羅萊納、田納西和喬治亞各州的重責大任。但 1869 年，福雷斯特下令將組織解散，多因其過分的暴虐，然而地方組織則繼續活動了一段時期，因而促使國會於 1870 年通過《動亂法案》(*Enforcement Act*)，以及 1871 年的《三K 黨法案》。這些法案授權總統暫時停止人身保護令，得運用軍隊鎮壓騷動，並對恐怖組織處以重刑。格蘭特（任期 1869–1877 年）總統並未嚴格行使這些授權，雖然他的確派軍隊到一些地區，在南卡羅萊納的九個縣暫時停止了人身保護令，並指派了多名委員以叛亂罪名拘捕了數百名南方人民。1883 年最高法院的「合眾國訴哈利斯」(*United States v. Harris*) 一案，宣布《三 K 黨法案》違憲，然而彼時三 K 黨實際上已銷聲匿跡。它之所以銷聲匿跡，是因其原始目標恢復白人在南方的優越在1870 年代已大致達成，反黑人祕密組織因而減少。❽

　　此時，南方保守派利用欺騙、暴力和恐嚇等手段，重新控制了他們的州政權。到 1877 年聯邦軍隊最後全部撤出時，民主黨又在各州普遍重新掌握政權。

　　南方的白人於驚惶失措之餘，感到他們的文化遭受威脅，又無法以合法途徑來阻止這件事，便轉而利用非法手段。不久，暴力的行動頻頻

❽　J. G. Randall, *Civil War and Reconstruction* (New York, NY: A. M. S. Press, 1969), p. 89.

發生，到了 1870 年，這些騷動事件日益增加，國會於是通過了《強制
執行條例》(*Enforcement Act*)，徹底地處分這些企圖剝奪黑人公民權的
人。南方各州逐步選出民主黨的議員，到了 1876 年，共和黨僅僅在南
方的三個州占有優勢，這一年的選舉，是美國歷史上最為旗鼓相當的一
次，表明除非北方的軍隊撤退，南方是沒有和平可言的。

　　1877 年總統海斯上任（任期 1877–1881 年），答應南方人民撤銷五
區的軍事區；而且宣布承認《重建法案》失敗，自己任用南方人來處理
南方人事務；支持南方政府的改革；答應以聯邦專款協助建設鐵路，以
控制密西西比河沿岸的洪水。1877 年，海斯總統下令撤除軍隊，並承
認激進的《重建法案》是失敗的。

　　海斯總統是美國第十九任總統，他結束了內戰後在南方的重建工
作，整頓政府的貪污腐化，樹立官員廉潔奉公的新標準。內戰前十年期
間，海斯在辛辛那提當律師，頗有成就，曾在幾次逃亡奴隸案件中代表
被告進行辯護，並加入新成立的共和黨。在參加聯邦軍作戰後，當選為
國會議員 (1865–1867)，其後當選為俄亥俄州州長 (1868–1876)。1875
年，在海斯第三次競選州長時，以堅決主張發行有黃金儲備可以兌現的
通貨而引起全國的注意。次年，在共和黨全國代表大會上，他被提名為
總統候選人。因與民主黨候選人狄爾登 (Samuel J. Tilden, 1814–1886) 競
選激烈，後由國會議員與最高法院法官組成的十五人特別委員會裁定，
海斯就任總統。上臺以後，信守在和解談判期間對南方溫和派所做的祕
密保證，把聯邦軍隊撤出仍被占領的南方地區，以結束重建時期。此
外，他保證不干涉前南部邦聯所屬各州的選舉，任命南方人充當國家高
官，撥付發展南方的專款。這些政策曾引起共和黨內「頑固派」的反
對。在 1877 年鐵路大罷工中，海斯應州長們的請求，派聯邦軍隊鎮壓
罷工者。

　　對於黑人長期受到限制的《黑人法典》成為惡名昭彰的歷史陳跡

後，代之而起的是《吉姆‧克勞法》，即所謂的「種族隔離法及歧視法」。1877 年，海斯總統從南部撤出最後一支聯邦軍隊以後，南部重建時期結束。南部各州相繼通過了所謂《吉姆‧克勞法》，恢復種族隔離，剝奪黑人在內戰後獲得的公民權利。黑白人通婚受到嚴格禁止，學校、住屋、戲院、餐館、旅館、交通工具、休息室、圖書館、浴場、公園、電話亭等場所，都實行種族隔離，供黑人專用的這些設施，都被冠以「吉姆‧克勞」字樣，如「吉姆‧克勞公共汽車」(Jim Crow Bus)、「吉姆‧克勞教堂」(Jim Crow Church) 等。更為嚴重的是，這種隔離現象，並不僅限於南部，許多北部州和大城市，北至紐澤西州、俄亥俄州，西至加利福尼亞州，都在不同程度上受到影響。以保守著稱的最高法院，以判決來支持《吉姆‧克勞法》：它在 1883 年的一次判決中，宣布《1875年民權法案》違憲——這個《民權法案》規定，一切公共設施應對所有人開放。1896 年的一次判決中，最高法院支持路易斯安那州的一條法律中規定：「一切鐵路對白人和有色人種提供隔離但平等的設施。」這是影響十分深遠的一條種族隔離法，直至 1954 年，「隔離但平等」的原則，才被最高法院的一次判決所推翻。《吉姆‧克勞法》一直持續到1960 年代才被廢除。

　　至此，北方統治南方的局面終止了，但在南方，不但因戰爭以致滿目瘡痍，而且政治不良，債務負擔沉重，加上十年的種族衝突，而成為道德敗壞的地區。經過了 1865 至 1877 年的「錯誤」(false) 復原，重建南方的努力，這時才真正開始！❾1880 年，海斯拒絕再次被提名為總統候選人，退休後熱心從事人道主義事業，包括改革監獄和給南方黑人青

---

❾ 這個期間，必須注意探討的方向有：國會與總統的互動；南方白人控制南方黑人；北方白人控制南方黑人。真正重建南方，是在 1877 年開始，海斯下令撤退駐路易斯安那州紐奧爾良市的聯邦部隊，結束聯邦政府對南方的軍事統治。Ken Booth and Mooyhead Wright, *American Thinking about Peace and War: New Essays on American Thought and Attitudes*, 1978, p. 210.

年受教育的機會。

在重建時期之後，美國重新自我調整步伐及在重建秩序中，建立起自己的一套新理念。此外，在海斯總統四年任內，美國在科學上有了卓越的成就，白宮的電話及電燈，都是在這一期間內裝設的。當愛迪生發明留聲機時，海斯曾請他親自到白宮表演。美國的逐漸茁壯，終於在1898 年美西戰爭後，以短短的三個月，不費一兵一卒，將西班牙軍艦打敗，並且取得許多的海外殖民地，如通往亞洲要地的夏威夷群島、菲律賓群島等，使這個年輕力壯的國家，輕易躍居於世界的舞臺之上。

第二節　內戰後對印第安人的政策

內戰後，美國政府對印第安人的政策發生巨大變化，基本上不再把印第安部族當作獨立的談判對手，也不再由聯邦出面與印第安部族訂立條約。其目的就是公開取消印第安部族的獨立地位，不承認印第安部族是主權實體。而印第安部族擁有主權的政治和法律地位，是在英國殖民統治時期就被承認了的；美國《憲法》也規定，承認美國與印第安人之間的特殊關係。1790 年國會制訂的《貿易和交流法》(*Indian Intercourse Acts*) 規定，只有聯邦政府才有權與印第安部族談判。❿南北戰後的 1871年 3 月 3 日，美國國會制訂的《印第安人撥款法》(*Indian Appropriations Act*) 的附加條款中規定，自此以後，在美國境內沒有享有獨立權力的印第安部族或民族，他們無權與美國訂立條約。

1885 年 3 月 3 日，美國國會又制定法令，印第安人在保留地內觸犯法律，受聯邦法庭處理。在這以前，對印第安人的司法權，是由各印第安部族來行使的。又於 1887 年 2 月 8 日，國會制訂《道斯法案》（又

❿　James A. Banks, *We Americans: Our History and People* (Boston, Mass: Allyn and Bacon, 1982) pp. 31-32.

稱作《道斯土地分配法案》，*Dawes General Allotment Act*），把印第安部族土地平均分配給部族成員，每個家庭成員分配一百六十英畝，未婚成年男性分配八十英畝，但在二十五年內由政府託管，直到分得土地者成為美國公民後才歸本人所有。各部族土地按此配額分配後如有剩餘，則分配給非印第安人。美國政府企圖通過這種分地法使印第安人從根本上改變傳統的生活方式，成為農夫或小農場主。

　　與此同時，印第安人面對存亡絕繼的形勢，也展開了對白人堡壘、居民點、農牧場的襲擊，與美國政府的討伐隊展開殊死搏鬥。1876 年 6 月 25 日，已晉升為准將的卡斯特 (George Armstrong Custer, 1839–1876) 率領二百一十名騎兵，對蒙大拿州比格霍恩河 (Big Horn River) 的印第安人展開討伐，陷入了印第安蘇族著名酋長「坐牛」(Sitting Bull) 領導的蘇夏延 (Sioux-Cheyenne) 部族聯軍的包圍中，全部被殲滅，卡斯特亦陣亡，美國史書稱這為「卡斯特的最後一戰」(Custer's Last Stand)，這也是印第安人有組織抵抗的最後一次大勝利。此後，美國聯邦政府派出陸軍對印第安人進行大規模征伐，在武器、人力相差懸殊的情況下，印第安部族經過苦戰，或被消滅，或被迫投降。1890 年 12 月 29 日，原由卡斯特率領的第七騎兵隊在南達可達的「傷膝鎮」殺死了二百多名蘇族 (Sioux) 男女老小，史稱傷膝河大屠殺 (Wounded Knee Massacre)。自此以後，印第安人有組織的抵抗終告結束。三十多個部族開始了漫長的圈禁在奧克拉荷馬保留地裡的悲慘生活。一般以 1890 年作為印第安部族以武力反抗白人殖民和侵略行動的終結時期，為時二百七十年的印第安人的武裝反抗以失敗而告終。[11]

　　從 1492 年印第安人有一百五十萬至三百萬人分布在北美大地上，1860 年只剩下三十四萬人，1890 年降到二十七萬左右，到二十世紀初

---

[11]　Ken Booth and Mooyhead Wright, *American Thinking about Peace and War: New Essays on American Thought and Attitudes* (New York, NY: Century Co., 1978), p. 91.

（1910 年）只剩下二十二萬人。**⑫**

在與歐洲移民相抗爭之下，手無寸鐵的北美印第安人不斷的被攻擊及掠奪土地，最終，美國政府遷徙北美印第安人到土地荒蕪的「印第安保留區」去。美國最高法院首席法官約翰・馬歇爾（任期 1801-1835 年）在保留區設置後的第一、二年 (1831-1832)，曾對此作過被視為是權威性的解釋。他說保留區是與合眾國保持著一種特殊關係的「國內的、從屬的部落領地」，而且是一個「特別的、獨立的政治社會」。**⑬** 這個解釋是從法律的意義來說的。其實，保留區的出現無非就是「文明」與「野蠻」之間的界線，也可說是一條區分文明的拓荒者和野蠻的北美印第安人間的界線。馬歇爾認為「聚居在這片土地上各部落的印第安人都是殘忍的野蠻人，他們以戰爭為業，以森林為家。放手讓他們掌管自己的土地就是意味著保持一片未被開發的荒野；把他們當作性質不同的民族來統治是不可能的，因為他們勇猛頑強，剛烈不屈，隨時準備用武器擊退任何威脅他們獨立地位的敵人。」**⑭** 因此，隨著邊疆的不斷推進，北美印第安人被迫跟著後退。美利堅合眾國和北美印第安人之間建立了「永久性」的邊界，北美印第安人的部落被趕出合眾國，不得不在疆界外側緣尋求立身之地。白人一而再，再而三地突破疆界，不斷向前推進，在北美印第安人部落的周圍劃上界線，所圍起來的土地便成為「印第安人保留區」。保留區猶如被白人的汪洋大海所環繞的孤島；在保留區上，土地歸部落所有，從理論上來講如同任何其他私人財產一樣

---

⑫   Francis Jennings, *The Invasion of America: Indians, Colonialism, and the Cant of Conquest* (New York, NY: W. W. Norton Company, 1975), p. 112.

⑬   Wilcomb E. Washburn, ed., *Red Man's Land/White Man's Law: A Study of the Past and Present Status of the American Indian* (New York, NY: Charles Scribner's Sons, 1971), pp. 47-50.

⑭   Wilcomb E. Washburn, ed., *Red Man's Land/White Man's Law: A Study of the Past and Present Status of the American Indian*, pp. 47-50.

不可侵犯。聯邦政府在保留區上扮演著監護人的角色，負責教化北美印第安人。

　　從 1901 年起，開始了印第安人被承認為美國公民的過程。如前所述，奧克拉荷馬保留地裡的克里克人等五個「文明部族」（占美國印第安人總數的三分之一），在 1901 年 3 月 3 日獲得美國公民身分；1907 年 11 月 16 日，奧克拉荷馬其餘部族歸化入籍；1919 年 11 月 6 日政府宣布，凡是在美國境內為歐戰出力過的印第安人，也獲得美國公民資格；1924 年 6 月 15 日，美國國會通過法律，凡在美國出生的印第安人，均視為是美國公民。

　　成為美國公民後，印第安人並沒有享受到《憲法》所規定的權利，儘管他們有繳納聯邦稅與州稅的義務，還要履行按照法律應徵當兵的義務，他們仍被圈居在密西西比河以西的二百多個保留地裡。東北部和佛羅里達保存了個別的印第安保留地，人數很少，實際上只為了起到「展覽櫥窗」的作用。1924 年以法律形式使全體印第安人歸化為美國公民後，政府加緊了對印第安人的同化。這種同化，並不是以全體印第安人為對象，而是以新的一代印第安人的同化為目標。1934 年的《惠勒霍華德法》(Wheeler-Howard Act)，又稱《印第安改組法》(Indian Reorganization Act)，顧名思義，就是改變原來的一些規定，以調整與印第安人關係的一個有重要意義的法律。它允許在保留地的印第安部族經過選舉實行自治，美國政府同部族政府之間是代管關係，包括三個方面：1. 對代管的印第安人的財產實行保護；2. 保障印第安人的自治權；3. 為印第安部族提供社會、醫藥和教育服務。美國官方把這一法律說成是「美國國會為各部落頒布了《憲法》」，❺ 國會還批准每年撥款二億五千萬美元興辦保留地教育。這一步驟認為是對印第安新一代實行

---

❺　引用美國新聞署發表的〈自決是美國對印第安人政策的關鍵〉一文。

「同化政策」的一個重要步驟，由聯邦撥款開辦印第安學童「寄宿學校」，招生名額分配給各部落，由部族管理當局從適齡兒童中選派。這種選派帶有強迫性質，不需要徵得家庭同意。學校裡只是講授英語，不講授本部族語言，甚至學童的服裝和宗教儀式也要放棄原本的部族文化。受過這種初級教育的學童，可以選送到保留地公立中學學習。公立中學原則上實行雙語教育，之所以如此，主要用意是為了培養保留地的行政管理官員。

第八章　擴張改革時期
(1877–1900)

　　美國十九世紀的政治活動及經濟擴張，一直是令人鼓舞興奮的。南北戰爭之後，由於農業及工業經濟型態的變革，帶來物質上的問題，工業家也企圖在生活上影響政治，例如安德魯‧卡內基 (Andrew Carnegie, 1835–1919) 試圖用他的財富來改進社會，即為一例。改革及擴張的呼聲繼重建時期後興起，針對政治、經濟、社會及種族階層等課題，進行深思改革。這段改革擴張時期持續至 1898 年美西戰爭後，美國歷史進入一段轉折時期，亦即從對內的擴張，進而擴展至對外的擴張，如此一躍而成世界強國，帶領世界進入另一新的二十世紀紀元。

第一節　擴張時期

一、西部邊境的開拓

　　在美國立國之後，從阿帕拉契山到西部的落磯山脈，住著印第安人。在 1850 年到 1860 年，金銀礦產已在落磯山發現，吸引了大批的美國人湧向西部，而在 1869 年完成跨州鐵路後，更縮短了東西部人民的距離。這條鐵路線的修築，歸功於早期西岸的華工及東岸的愛爾蘭工人，幫助美國開發，修築鐵路。在 1869 年東西跨州鐵路線交軌；至 1893 年，五條主要鐵路也已貫通東西，南太平洋的鐵路從奧爾良通往德克薩斯，沿墨西哥邊界直達加利福尼亞，此後，北太平洋、中太平洋

鐵路線也紛紛完成。

　　由於鐵路線的完成，無疑地影響了西部的發展。鐵路不但迅速的將新殖民送到了西部，也將西部的產品運送到東部，鐵路促進了大都市的繁榮。又如，洛杉磯，在山塔費和南太平洋鐵路交通後，人口急遽成長，隨著先前到來的礦工腳步，農民及牧羊者也加入了西行的行列。

　　早在 1830 年代，總統安德魯‧傑克遜實行將所有美國的印第安人西移到密西西比河西邊的計畫，他期望藉此結束兩種文化的衝突。但是在 1840 年之後，美國已將其界線擴展到西邊的太平洋區域，牛仔車通行大平原，抵達奧勒岡州及加利福尼亞州，而西邊的礦業拓荒者進入印第安人的土地，鐵路也在土生土長的印第安人的家園上馳騁。當東部美國人認清了西部的價值之後，這平原上的印第安人承受的壓力也隨著增加。

　　美國政府為了開拓土地，與平原上的北美印第安人部落酋長相會，企圖以和平的方式來解決印第安人與新殖民者的紛爭，但當千萬名礦工來到科羅拉多州淘金時，與土生土長印第安人間的衝突就越加明朗化了。印第安人是為了他們自己的生活和保鄉衛土而戰，而新移民礦工卻認為他們應有權在這片美國的土地上居住。多數的人民認為，他們較印第安人更能有效的運用這一片資源。雙方幾次衝突後，在 1867 年及 1868 年間，政府人員要求平地的印第安人放棄更多的土地，遷移到印第安保留區，而南部平原的印第安人卻被迫遷到土地貧瘠的奧克拉荷馬州，北部印第安人則限制住在南達可達州的黑丘區，此舉造成印第安人的不滿，引發了日後的平原戰爭。

　　然而，縱使印第安人同意搬遷到保留區去，也無法得到和平。在 1874 年時，礦工在黑丘發現金礦時，成千上萬的投機者湧向該區，並提出占有土地的要求，立即遭到印第安人的抵抗。之後，數名上校也率兵侵入印第安區，但時常遭印第安人圍殺，菲利普‧謝瑞丁將軍 (Philip

H. Sheridan, 1830-1888) 是一位內戰時的英雄，在領導對抗印第安人時就曾說：「（我們）占據了人家的土地，粉碎了人家的家園，這真是不公平！」❶

但國會對印第安保留區有更多不公平的法案存在：例如國會在 1887 年提出的《道斯法案》，目的在於將印第安人改造為白人式的農民，將印第安人納入美國的傳統生活方式中，並企圖打破印第安人的傳統組織，他們將印第安保留地分給印第安人的家庭，並協助他們取得美國公民權，國會並撥款建造學校來教育印第安的子女，學習白人的生活。但是《道斯法案》並未得到預期的效果，它只幫助白人得到更多的土地，而戰爭卻從未平息。❷

二、畜牧、農業和工業的拓展

1. 畜　牧

除了移民及印第安人在美國拓展的時期外，另有移民開始由德州奔向北部平原，畜牧業因此被帶動起來，移民利用大平原的青草和公地發展畜牧業。大約在 1860 年代，德州擁有五百萬匹德州特產名為「長喇叭」的牛種，當時由於美國南部道路不通，交通不便，所以外銷成績不佳。之後，當各支縱向鐵路完工後，促進了牛肉市場的發展，東部人口

❶ Thomas Sowell, *Race and Economics* (New York, NY: David McKay Co., 1975), p. 47.

❷ 經麻薩諸塞州參議員道斯 (Henry L. Dawes, 1816-1903) 數次提出，於 1887 年 2 月在國會通過。法案規定，由總統頒發授地證。每戶戶主受地六千四百七十五公畝（一百六十畝），未婚成年男性每人三千二百三十七公畝（八十畝）。受地人在二十五年內不得轉讓土地所有權。印第安人受地後即成為美國公民，受聯邦、州和地方法律的約束。這一法案實施之後，印第安人的生活日趨惡化。部族社會的結構解體了，不少游牧的印第安人不適應農業的生活。由於法案允許拍賣所謂「剩餘」的土地，1887 年印第安人擁有五十五億八千五百萬公畝（三十八億畝）土地，到 1932 年已經有三分之二落入白人手中。Alonso S. Parales, *Are We Good Neighbors?* (New York, NY: Arno Press, 1974), p. 76.

逐日增加，牛肉的需求量也跟著增加。當季節一到，德州的牛仔趕著牛群由南向東去，通常每一次長征約需三至五個月的時間，其中辛苦可想而知。通常在德州賣三至五元一頭的牛價，在東部可賣到三十至五十元，而長征的代價，往往可以令牧主取得上千萬的紅利。所以牧牛業的發展功不可沒，它帶動了美國的商業勃興，也促進了經濟的繁榮。

2. 農　業

農業的發展在此時期也有很大的改革。農業是國家的基本事業，1860至1910年間，農業革命使人力耕作轉變為機械耕作，從維持生計轉變為商業化的農業。美國的農莊戶數增加了三倍，耕地面積也因此擴大。

從1860年到1890年，各種基本貨物的生產，如小麥、玉米和棉花等，產量倍增。同一時期，全國人口，尤其是城市人口，也增加一倍以上。美國農人生產了足夠的糧食和棉花、豬肉和牛肉。剪收的羊毛，不但足供美國勞工及其家庭的需要，產量也日益增加而有剩餘。促使這一時期農業有所成就，主要的原因，第一是向西部的擴展，在向西部擴展中發現了許多可耕地。另一是機器在農業耕種上的應用，增加生產。例如1800年，農民使用鐮刀，在三十年後的1830年，發明刈禾機，增加收割速度，1840至1850年刈禾機工廠出現。其他農作機也迅速出現，例如自動綑紮機、打穀機、去穀機、切割機及播種機等。此外，陸續發明的孵卵機、撒肥機等，都是農業上的大變革。

在農業革命中，科學研究與發明，也造福農作生產。例如設立農業和工業學院，這些學校一方面是教育機關，另一方面也用作農業科學的研究中心。科學家卡爾登 (Mark Carleton, 1866-1925)，受農業部之聘到俄國去旅行。旅行中，他發現抗旱及耐寒的冬麥種，運回美國實驗成功，現在半數以上的冬麥，都是這類品種。黑人科學家卡佛 (George Washington Carver, 1864-1943) 是一名農業花生專家，從花生種植中發明出三百多種花生副產品（如花生牛乳、紙張、肥皂）不同的新用途。

另外，美國科學家也發明克服口蹄病的藥物；研究員從北非帶回高粱品種回美國試種成功；加州也發明適合當地生產的水果和蔬菜等新品種作物。

農民的田園擴展神速，尤其在南北戰後的 1870 年之後。國會為了擴展農業，在 1862 年通過了《自耕農場法》(*Homestead Bill*)，任何人都可付一筆註冊費而得到一百六十畝的農田耕種，以鼓勵人民到西部墾荒。到 1900 年止，已經有六十萬的農民獲得幫助，但《自耕農場法》並非適用於美國每一地區，如果在東部雨量充沛的地方，對農作物有利；但在西部就不一樣，西部受鐵路發展的影響，城市發展較快速，不利農田開發。

隨著土地日漸擴展廣大，人口日眾，西部領土一片片都得加入聯邦，如內布拉斯加州 (1867)、科羅拉多州 (1876)、南北達可達、蒙大拿及華盛頓 (1889) 同時改為州，奧克拉荷馬州 (1907)、新墨西哥州及亞利桑那州 (1912) 等，皆因農地開發，分別加入聯邦。得益於農業的發展，讓美國國土逐漸擴大，國力更加穩固。

3. 工　業

在工業發展方面，鋼鐵的生產由安德魯・卡內基成就這項事業，他抱著取之於社會，用之於社會，富人應為眾人謀福利的理念，成為美國著名的鋼鐵大王。卡內基在十二歲時，從蘇格蘭來到美國，由一家棉花廠接紗頭的學徒，轉業為電報局的職員，後來又在賓夕法尼亞州鐵路局工作；他在三十歲前，就已從事精明而富有遠見的投資；1865 年，他才專志於鋼鐵。數年間，他自組公司，投資於其他公司，製造鐵橋、鐵軌和機車。十年之後，他在賓夕法尼亞州蒙諾加西拉河 (Monongahela River) 所創建的鋼鐵廠，成為全國最大的工廠。

卡內基不但控制了新鋼鐵廠，並且控制了焦煤及煤炭產品，蘇必略湖的鐵苗、大湖上的汽船，伊利湖上的一個港口和一條鐵路聯絡線，皆

圖 14：安德魯‧卡內基　慈善家安德魯‧卡內基深信「財富的福音」，其意指富人在道德上有義務將他們的錢回饋到社會上。1901 年前，卡內基曾有過幾次慈善捐款，但自 1901 年後，把錢送出去成為他的新工作。1902 年時，他成立了卡內基協會，宗旨在於資助科學研究計畫，並以捐款一千萬創立一個專為老師而設的退休金基金。

是他的事業。此外，卡內基和其他十二個行業結成聯盟，從鐵道及航運上獲得優惠的條件。他有充裕的資金及人力，這樣的工業擴展，在美國國內是前所未見的。

　　雖然卡內基長時期統治工業，但他也未能達到對自然資源、運輸以及有關煉鋼工業的全面壟斷。1890 年代，有些新公司起而向他挑戰，後來因卡內基年老力衰，將他自己的鋼鐵事業和一個新組公司合併，而這個新組織擁有大部分的美國鋼鐵事業。1901 年合併後新組成的公司，便是美國鋼鐵公司，它說明了三十年來的演變，即把獨立的工業企業組合成一個聯合的，或是集中化的公司。這種趨勢到了 1870 年代後，日漸顯著。因為商人們都了解，如果把互相競爭的公司組成單一機構，它們就可以控制生產和市場。因此所謂「聯合公司」和「托辣斯」逐漸應時而生，以達到這一目的。❸

　　聯合公司可以收集大規模可用的儲蓄資金，使企業獲得生機並持續管理，如此以獲得預期的利潤，吸引投資者；即使事業失敗，損失也僅

---

❸　Melvyn Dubofsky, *We Shall be All: A History of the Industrial Workers of the World* (New York, NY: Vantage Press, 1969).

限於單一的投資額。而托辣斯實際上是聯合公司的結合體，而每家聯合公司的股票持有人，把他們的股票交給受託人，由受託人管理一切業務，可使聯合公司的組織規模化，管理和行政集中化，並可把專利品匯合在一起。由於他們資金的雄厚，在拓展事業方面，可和外國公司競爭，以及有更大勢力與勞工談判，勞工在這時已經有效組織起來。他們並可從鐵路方面得到優惠條件，也能運用力量以影響政治。例如美孚石油公司 (The Standard Oil Company) 是創造最早、實力最強的聯合公司之一，隨著該公司的創設，許多棉子油業、鉛業、糖業、菸草業及橡膠業的聯合公司，也迅速組織起來。又如四大罐頭肉商人中，組成牛肉托辣斯，在 1904 年的一次調查顯示，大約有五千家原有的獨立組織，已歸併為三百家左右的工業托辣斯了。

在其他的領域裡，運輸業和電訊業，是最特別突出的合併趨向。跨州的鐵路建築和電報的發明，為西部的殖民開了一條道路，而運輸及交通通訊的改良，更幫助刺激工業的成長。

1844 年，山姆‧毛爾斯 (Samuel Morse, 1791–1872) 成功利用電線傳遞信訊後，他將通訊系統帶進了一個新紀元，於 1860 年，美國東西兩岸已能藉電報聯絡。1866 年兩大公司合併，東部的美國電報公司和西部的西方電報公司，建立了全國性的電報系統。1866 年，通過大西洋的海底電纜試驗成功。1877 年，貝爾電話公司成立，接著美國的電話電報公司隨之建立。

范德比爾特 (Cornelius Vanderbilt, 1794–1877) 是一位依靠航運和鐵路致富的工業家、慈善家，認為要讓鐵路的經營有效率，必須先求路線的統一。在 1860 年代，他已把十三家獨立鐵路線，合併為一條單一路線，連接了紐約市和水牛城共三百八十公里。在此後十年，他又取得通往芝加哥與底特律間的路線，不久，美國各主要鐵路合併成「系統化」(system) 的幹線，而且鐵路在 1886 年之後，採取統一的鐵軌，使得長途

的貨物不需中途換車，運費也隨著減低，票價更為公道。

　　此外，在 1800 年末期，引進冷藏器的發明運用到肉品工廠，可以藉冷藏庫保存肉品的新鮮度。他們在芝加哥設廠，專營大平原和中途各州的營業，如此，減低了其他各地的肉價，也改變了人民的生活方式。

　　新的發明也在工業上有所改良，1875 年打火機的發明，1852 年第一架電梯的設計，裝置在摩天大樓上，讓美國人的生活更加增色。又如 1868 年小喬治‧威斯汀豪斯 (George Westinghouse, Jr., 1846–1914)，是美國西屋電器創始人，生產空氣煞車，使火車更加安全舒適。愛迪生 (Thomas Alva Edison, 1847–1931) 發明電燈泡，為工廠造福無窮。1882 年，愛迪生照明公司的發電機將紐約股市交易所和其他數座大樓照得通天大亮。愛迪生和西屋對於電力的改進造福了美國大眾。1900 年，電力在重工業上取代了水力。

　　工業的成長，使得經濟理論的主張受到關注，鋼鐵大王卡內基主張取之於社會，用之於社會，他認為富人應為眾人謀福利。而英國達爾文

圖 15：愛迪生與滾筒留聲機　湯瑪斯‧愛迪生創造了許許多多的發明物，但留聲機卻是他的最愛。當愛迪生正在努力設法改善電報機及電話機時，卻發現可以利用錫箔包裹的滾筒來記錄聲音。1877 年時，他創造了一個內附兩支唱針的機器：一支用來記錄，而另一支用來播放。當愛迪生對著送話口說話時，唱針會將他的聲音震動刻畫在滾筒上，使其形成波紋。（圖片出處：Getty Images）

(Charles Robert Darwin, 1809–1882) 將財富的解說用在適者生存的自然律上，他認為，商業世界為了生存而掙扎，應不受政府的管制，如此一來，弱者受到自然的淘汰；社會即會留下生存的強者、智者和能者。社會達爾文主義之父史賓塞 (Herbert Spencer, 1820–1903) 支持「平等自由定律」，這是自由意志論的基本原則，亦即在不侵犯別人的權利下，每個個體可以根據自己的選擇而做事。因此，在十九世紀末及二十世紀初的經濟觀念反應了時代的精神，各種的改變都使得美國邁向一個欣欣向榮的時代。

隨著經濟的逐漸成長，工廠工人的需求也因而增加，過去薪資低、工時長、工作環境危險、工作無保障等問題也接踵而生，為了改善這些問題，工人感覺有團結並組織工會的必要。所謂「工人」，包括多數來自農村的男性白人以及少數黑人。至於婦女在勞工人力中也占有重要的地位，她們在成衣工業、紡織工業及菸草工廠、鞋業、食品業及包裝業中占多數人口，然而工資卻較男性為低。1865 至 1900 年外來人工約占總人口的三分之一，但工資僅為美國人口的一半，而這些外來人工卻對美國經濟幫忙甚大，但是，他們的工作環境卻較一般人還差。

在南北戰後的 1870 至 1900 年間，勞工的一般待遇也隨著經濟情況的改變而有進步，工資提高，購買力因價格降低而增強，但 1873、1882、1893 年的不景氣，也為社會帶來失業的景象，工人們為了逃避低收入、失業率、患病及意外的事件，有些人在工作之間徘徊，而有些人則結合在一起。

1869 年一個名叫「勞工騎士團」的勞工會祕密組織成立，領導者是郁瑞‧史提芬斯 (Uriah Smith Stephens, 1821–1882)，勞工會所爭取的乃是一天八小時的定時工作和男女同工同酬。1879 年，勞工會選出特瑞斯‧邦德雷 (Terence Vincent Powderly, 1849–1924) 作主席，他更將這組織公開，接納男女、黑人、移民及普遍工人為會員，開創了團結所有

工人的先聲。他將政治排除在組織之外，也反對罷工減低工作時間，他
認為工盟應為社會和經濟改革而努力。但後來勞工會因時常發生罷工而
失敗，例如，1886 年鐵路罷工，或為了支持八小時工作的原則而罷
工。❹ 失敗後，1886 年美國勞工聯盟成立，主席是在倫敦出生的雪茄菸
商龔帕斯 (Samuel Gompers, 1850–1924)。龔帕斯認為勞工會失敗的最大原
因，是它包括了非技術性的工人會員，美國勞工聯盟的會員，從此就限定
為有特別訓練的技術工人，非技術工人、黑人、婦女以及新進的移民，尤
其是亞裔的移民，均不得加入美國勞工聯盟為會員。❺

　　美國勞工聯盟下面分有因職業而組成的工會，它們雖是獨立的，但
必須遵守全國聯盟的政策。美國勞工聯盟與勞工會不同的是，勞工聯盟
認為罷工只是一種手段，它們也不主張重新組織社會，因此，它溫和的
會章，吸引了許多的會員。但到了十九世紀末，罷工情形時常出現。縱
然說明了工會的作用，但集體領導制在美國仍處萌芽階段，傳統的個人
主義掌握了生活的方式，這種型態也阻礙了工會的成長。❻

第二節　改革時期

一、農民黨運動

　　雖然美國於農業革命中創造許多成就，但美國農民在十九世紀中，
也曾一度受到困阨。歸咎其基本原因有：地方的貧瘠、穀物生產的過

---

❹ Gerald Grob, *Workers and Utopia: A Study of Ideological Conflict in the American Labor Movement, 1865-1900* (New York, NY: David McKay Co., 1961), p. 74.

❺ Gerald Rosenblum, *Immigrant Workers: Their Impact on American Labor Radicalism* (New York, NY: Atheneum Co., 1973), pp. 101-121.

❻ Norman J. Ware, *The Labor Movement in the United States 1860–1895: A Study in Democracy* (Boston, Mass: Little, Brown and Co., 1935), p. 46.

剩、自給自足的衰退及欠缺適當的立法保護和援助。南方的土地，因為長期種植棉花和菸草而枯竭了；在西部，原野上的土地，也受到嚴重沖蝕，加上風災、蟲害的蹂躪，所以在土地大量使用的同時，如何保養土壤及防止土地枯竭等，是一重要的課題。此外，有關糧價的問題，也困擾著農民。農民所生產的穀物，要在競爭激烈的世界市場上出售；他們的供應品，設備和日用品，則要從競爭的保護市場上購入；農民出售的棉花、小麥或牛肉價格，需要由國外市場來決定；購入的肥料、機器等，卻要由保護關稅下的托辣斯訂定。所以從 1870 至 1899 年，大多數農產品的價格呈現不規則的下降，而製造品的價值卻增加許多的營業額。

這種經濟不平衡的現象，促使農民們成立組織，研討救濟的方法。大部分農民組織是按照 1867 年所創設的「農民協進會」(Grange) 的成規而設立，這些團體在開始時主要工作是減輕農民的隔閡，後來轉而討論商業和政治問題。之後，農民協進會又建立了他們自己的銷售系統和商店、農產加工廠等。但是，農民協進會所經營的許多企業，後來都失敗了，直至 1880 年代後期及 1890 年代初期，再度復活。

新的農民聯盟組織也在日後紛紛成立，這些聯盟除了進行廣泛的教育計畫外，也積極要求政治的改革，此後，聯盟搖身一變成為一個鼓吹改革的政黨民粹黨，與原有的民主黨和共和黨對立。

美國在十九世紀的政治活動，一直是令人鼓舞而色彩豐富的。1880 年民粹黨的興起，是呼應美國當時的政治情勢而興起，盛行於美國的西部和南部的農民階層之中。雖然它只短暫存在，但是卻為未來的革新者鋪設了一條大道。

美國自開國以來，一向採用複本位制 (Bimetallic Standard)，易言之，政府得隨時把送進造幣廠的金銀，立刻鑄成銀幣。1873 年，國會改變了貨幣制度，並把國內流通的錢幣裡，剔除了銀元。這一個法案在

當時沒有引起多大的注意，因為那時的銀元很稀少，事實上，銀幣已有四十年之久沒有流通了，但是，這一情勢因西部各州的山地發現了新銀礦，而發生劇變。

美國提倡自由鑄造銀幣運動是十九世紀後期，因 1873 年國會通過從專鑄硬幣中取消銀元法案（1873 年罪案），促使該運動加速開展。支持者包括西部銀礦主、農民和債務人，他們認為，白銀是美國廣大人民享有經濟公正地位的象徵。運動初始，因 1870 年代中期經濟急遽蕭條，而取得格外有力的政治聲勢。1878 年通過《布藍德－阿利森法案》(*Bland-Allison Act*)，恢復銀元的合法貨幣地位，並要求美國財政部每月購買價值二百萬至四百萬美元的白銀，並鑄成銀元。1880 年代初期，農作物價格升高，曾一度減輕要求制訂新貨幣法律的壓力，但自 1887 年起土地和農產品價格開始暴跌，農民再次提出自由鑄造銀幣要求。國會於 1890 年通過《謝爾曼白銀採購法案》(*Sherman Silver Purchase Act*)，將政府的月購銀量增加了 50%。在 1890 年的選舉中，民粹黨在南方和西部十多個州中獲得了權力，並且選出二十個參議員和眾議員參加國會。民粹黨贏得了這次勝利後，擬定了一項謀取改進的政綱，要求廣泛的改革，包括建立所得稅、農民貸款全國制度化、鐵路國有、一天八小時工作制，以及自由而無限制的鑄造銀幣，以增加通貨的供給。

1892 年，民粹黨取代農場主聯合會而成立，要求通過自由鑄造銀幣增加貨幣流通量、實行分級課稅制、鐵路國有化、僅徵收財政關稅、直接選舉聯邦參議員及採取其他加強政治民主，以及農民享有與工商界相同的經濟平等的措施等。同年，民粹黨總統候選人韋佛 (James B. Weaver, 1833–1912) 獲二十二張選舉人票和一百萬張以上選票，但還是由民主黨的候選人克里夫蘭 (Stephen Grover Cleveland, 1837–1908) 獲選。在中西部的北部一些州因與民主黨人聯合競選，民粹黨成員有數人得以進入國會，三人成為州長，數百人擔任次要公職和州議會議員。在

南部大多數農民則投票反對民主黨，以維護白人的統治地位。1894 年中期選舉中，民粹黨又取得一些勝利。但在 1896 年初為了促成自由鑄造銀幣運動 (Free Silver Movement)，民粹黨終於同民主黨合流，使得民主黨的領袖們受到影響，提出貨幣問題，作為主要的政治號召。

　　由於多方壓力，美國國庫黃金儲量銳減，激起了 1893 年春季的金融恐慌。在保守派的反對下，《謝爾曼白銀採購法案》於 1893 年夏天廢除。但南部和西部農民將經濟蕭條歸咎於東部銀行家的貪婪，重新提出自由鑄造銀幣的要求。其實，當國家的經濟減速，西部和南方主張土地均分的領袖們，要求恢復無限制的鑄造銀幣，他們相信要防止貨幣流通量的缺乏，應採用這些團體的主張，以擴大貨幣的使用量，相信貨幣的使用量增加之後，將間接的提高農產品的價格和工人的工資，以利債務的清償。但另一方面，保守主義者卻深信，這一政策將引起金融的危機，通貨膨脹一旦開始時，必將無法阻止，而政府本身也將被逼破產。他們認為，只有採用金本位 (Gold Standard) 才能維持穩定。❼

　　1896 年，民主黨人不顧克里夫蘭（任期 1885–1889 年）總統強烈反對，將自由鑄造銀幣列為政綱的主要條目，貨幣擁護者 (silverites) ──民主黨和民粹黨員找到了一位內布拉斯加州的布萊恩 (William Jennings Bryan, 1860–1925) 為總統候選人。不過布萊恩的黨很脆弱，而他的敵手共和黨威廉‧麥金利（William McKinley，任期 1897–1901 年）很強大，最後贏得選舉。在麥金利當政的前三年，經濟很快地恢復繁榮，阿拉斯加發現金礦，也幫助減少了財政的困難。在麥金利總統的建議下，國會在 1900 年通過了黃金本位制法規，以金為標準，規定黃金為美國貨幣的唯一本位，終於結束爭執已久的幣制問題。更重要的是，在這次選舉中，可說是自南北戰後美國達成團結的有力證

---

❼　Charles S. Olcott, *Life of William McKinley* (Boston, Mass: Houghton Mifflin, 1916), p. 77.

據。❽ 然而，布萊恩競選失敗，共和黨人贏得大選。此事標示著美國自南北戰爭以來，一次最富於挑戰性的抗議運動的崩潰。

二、城市、移民與社會問題

由於十九世紀末年，工業迅速成長，帶動了城市的發展。工廠增加，工人易尋，城市交通方便，供應材料迅速，工作的需求吸引了來自鄉鎮的人口，因而城市的人口急遽的增長，尤其在十九世紀末葉二十世紀初期，更是如此。城市的擴展以芝加哥及紐約市最為顯著。1884 年，法國為了表示對美國的崇敬，致送一座自由女神像。對於上千萬的移民來說，豎立在紐約港內高聳入雲的自由女神像，象徵著歡迎他們新生活的開始，而這些人多半都立足在城市中。在內戰結束後的五十年內，移民像潮水般湧向美國，一直到 1924 年，美國國會通過《1924 年移民法案》（*Immigration Act of 1924*，又稱《新移民配額法》），數量才受到限制。❾

歐洲人由於戰爭、饑荒及宗教的壓迫，只有向美國求取生存的途徑。那些來自新大陸親友的信函，深深的鼓舞了移民的信心，認為美國土地廣大，自由樂觀，更有工作在等待他們。但是不可否認的，到美國的途徑是相當艱辛的，通常要花費一生的積蓄、旅館費、鐵路費、船費等，有時更會受到船公司的欺騙。而行程上的困難，擁擠的船艙，惡劣的食物，還必須忍受病苦，以及面對抵達美國時遭到遣送的危險。

入境美國的歐洲移民，大都在紐約外港埃利斯島 (Ellis Island) 登陸。一般來自英國、加拿大、德國、斯堪地那維亞、義大利、波蘭、蘇聯、

---

❽　Zachary Kent, *William McKinley: Twenty Fifth President of the United States* (Westport, CT: Meckler, 1988), p. 211.

❾　Arthur Schlesinger, *The Rise of the City, 1878-1898* (New York, NY: Macmillan Press, 1933), p. 367.

匈牙利及波西米亞的新移民中，多數屬天主教或猶太教；他們的宗教、語言和習俗與美國人有著極大的不同，而他們離開自己國土的主因是政治和宗教壓迫。移民選擇工業城市落腳，散居在美國東、西岸居多。由於移民的增加，美國早期移民的後代產生了對新移民的憤怒和恐懼，他們不但聚在一起，同時也在工作上相互競爭，移民通常願意接受低薪或不好的工作環境。當經濟蕭條時，社會排外的現象更強，移民除了受到無故的攻擊外，更在日常生活中受到歧視。

新移民對於美國社會，貢獻相當勞力，尤其是在工業上的貢獻，他們幫忙鋪設鐵軌、建設公路、製衣物鞋襪。他們在美國的生活上，增加了不少地方性的族群色彩。在文化、文學及藝術上，他們的創作也曾大放異彩。移民更組成不同的文學團體、交響樂團，提升了美國的藝術和音樂水準。成功的富有移民也知道取之社會、用之社會的道理，為社會建設。例如，1900 年卡內基在全美國設有九千所公立圖書館，博物館也出現了。藉著印刷術的發達，人們透過報導籃球、棒球及足球等球類比賽，吸引大批讀者。人們熱愛運動的精神，幾乎已達狂熱的地步。[10]

雖然城市充滿了刺激與理想，但也同時相對的出現了許多問題，如下水道的阻塞、飲水系統不潔、道路的缺乏、疾病及犯罪等，幾乎都集中在城市之中。醫藥的問題也相當嚴重，嬰兒死亡率甚高，貧民窟的存在也成為嚴重的社會問題。在一些大城市，如紐約，也有些理想主義者，為求深入了解實際狀況搬進貧民窟，同時建立幫助窮人的中心。至於內戰以後的城市婦女，婦女工作機會增加，到 1900 年有五十萬婦女在百貨店及櫃臺工作。不過在 1919 年以前，美國白人婦女仍沒有選舉權。[11]

---

[10] Arthur Schlesinger, *The Rise of the City, 1878-1898*, p. 389.

[11] Gerald Rosenblum, *Immigrant Workers: The Impact on American Labor Radicalism* (New York, NY: Basic Books, 1974), pp. 246-250.

在十九世紀時，美國人認為政府不應干涉經濟、社會的發展，宗教領袖也持相同意見。宗教在社會中所扮演的角色不容忽視，因此，教會在社會改革中漸有影響力。活動頻繁的牧師，發展了社會福音，他們認為改善人們的生活環境應比拯救靈魂重要，基督教在這方面居領導地位。此時，新的大學也在內戰後紛紛成立。

第三節　美國躍居世界大國

一、美國邁向世界

在南北戰爭結束之後，大多數的美國人都集中力量向西開拓，並努力於經濟的成長及新生活的適應，很少有人會關注海外事務的發展，當人們對外交事務不重視時，自然就不覺得有加強海軍和陸軍的需要。因此，當歐洲大國在增強汽艇船艦時，美國只維持一小部分的船隻。到了1880年代，美國成為經濟大國，生產已超過消費量甚多，開始向其他各國輸出物資，實際上已掌握了以往由歐洲人操縱的國際市場。當時有學者專家建議向海外開拓市場，例如歷史學者佛來德瑞克·端納 (Frederick Donald, 1917–2000)，他鼓勵窮人向西開展並拓廣土地以生存，否則人民會鋌而走險，並且認為需向海外進軍才是正策。海軍軍官阿富瑞得·馬洪 (Alfred Thayer Mahan, 1840–1914) 認為，拓展工業發展必須借重海外市場，而推展國外貿易較之奪取領土更為重要；同時一個強大的海軍，乃是美國所急需的。因而，美國逐步地在十九世紀開始與中國簽訂了商務協定，開啟了日本的貿易之門，甚至美國開始與韓國通商 (1882)。1880年美國和德、英等國對太平洋上的沙莫島感到興趣，因為它可為商業基地，也可為海軍基地，協議之後美國與他國共同享有使用權。十九世紀時，夏威夷已開始與中國、法國、西班牙與美國展開貿

易，特別是在太平洋的中途，有相當的價值。1893 年夏威夷與美國合併，1898 年麥金利當政時，國會通過將夏威夷合併美國的聯合法案。

自從美國總統在 1820 年發表《門羅宣言》以後，美國對於拉丁美洲和加勒比海始終保持相當程度的興趣。《門羅宣言》指出，美國反對任何歐洲國家對美洲獨立國家事務的干預。而拉丁美洲在 1800 年後，地位變得相當重要，商人和工業界人士看中這一地區的原料價值，而軍事領袖則認為這一地區戰略地位相當重要，海軍則看中巴拿馬 (Panama) 運河，它是通過中南美的可能途徑，若控有這條運河，戰艦不需繞行經南美洲，就可以直接由太平洋通達大西洋，對於和亞洲的貿易更加便捷。雖然有一些歐洲國家，如法國企圖強行建運河通過巴拿馬國家，或英國想奪回屬於她的領土，受美國的干涉，並從中調停後，解決了邊界的糾紛。由這些事件顯示，美國仍然認為《門羅宣言》乃是美國在拉丁美洲的一項有利的政策。

十九世紀美國在國際外交事務上，雖增強了影響力，但並未成為世界強權。從美西戰爭之後，才使美國真正躍居世界的強國地位。

二、美西戰爭

1898 年美國與西班牙發生戰爭，史稱「美西戰爭」(Spanish-American War)。此戰使西班牙結束了在美洲的殖民統治，而使美國獲得西太平洋及拉丁美洲的領土。戰事肇始於 1895 年 2 月間，長期受西班牙掌控的古巴人開始爭取獨立。當時西班牙鎮壓古巴叛亂的殘酷手段，經過美國一些報紙繪聲繪影的描寫，使美國人民對於反叛者之同情日增。當反西班牙暴亂在哈瓦那發生後，美國曾派戰艦「緬因號」前往護僑，該艦無故於 1898 年 2 月 15 日在哈瓦那港被擊沉。美國民間要求政府干預之聲日益高漲。西班牙於 3 月 9 日宣布休戰，並加速執行讓古巴享受有限度自治權的新方案，但美國國會隨即通過決議，宣布古巴有權

獨立,要求西班牙自古巴撤軍,並授權總統以武力促使西班牙撤兵,同時表明美國無意兼併古巴。西班牙 4 月 24 日對美宣戰,美國隨即亦於 25 日宣戰,並追溯開戰日期為 4 月 21 日。然而戰事出乎意料,因為西班牙海陸軍均無計畫長期與強大美軍作戰的準備,美國海軍准將杜威 (George Dewey, 1837–1917) 於 1898 年 5 月 1 日率領海軍艦隊開入菲律賓馬尼拉灣,並於拂曉戰爭中,將西班牙停泊在馬尼拉灣的艦隊擊潰,美國海軍僅 7 人受傷。馬尼拉遂於 8 月被美軍占領。❿

西班牙在加勒比海的艦隊由海軍上將塞韋拉 (Pascual Cervera, 1839–1909) 率領避入古巴的聖地牙哥港,為美軍偵察部隊發現,美軍謝夫特 (William Shafter, 1835–1906) 將軍乃率領一支正規軍及志願軍(即老羅斯福的「強悍騎兵」,Rough Rider)登陸聖地牙哥之東岸,逐漸向市區

圖 16:美西戰爭聖璜高地 (San Juan Hill) 之役(圖片出處:Bettmann/CORBIS)

---

❿ Paul Kennedy, *The Rise and Fall of the Great Powers: Economic Change and Military Conflict from 1500 to 2000* (New York, NY: Random House, 1987), pp. 542-560.

推進，以迫使塞韋拉率領的艦隊退出該港。塞韋拉將軍於 6 月 3 日率領
艦隊退出聖地牙哥港，試圖沿海岸向西逃去。其後，這些船隻在美軍強
烈的砲火攻擊下，不是被焚毀就是被擊沉。⑬ 聖地牙哥於 7 月 17 日向謝
夫特將軍投降，戰爭於是結束。12 月 10 日，雙方在巴黎簽訂條約，西
班牙宣布放棄對古巴一切主權，將關島及波多黎各割讓給美國，並以
二千萬美元的代價將菲律賓的主權讓給美國。美西之戰是敵對雙方歷史
的重要關鍵，西班牙由於受到決定性的挫敗，遂將注意力由海外殖民事
業轉向國內的重建，向文化與文學的復興以及經濟的發展前進。另一方
面，獲勝的美國從戰爭中崛起，成為世界強國。此後美國擁有廣大的海
外屬地，在國際政治上占有重要地位，並迅速在歐洲事務上扮演決定
性的角色。⑭

美國在菲律賓立足之際，就渴望和中國從事貿易。自 1894 年中國
甲午戰爭敗給日本以後，許多歐洲國家都在中國取得海軍基地、租借和
劃定勢力範圍。這些國家不但取得壟斷貿易的權力，並且獲取投資鐵路
建築以及開發沿線礦產的特權。⑮

美西戰爭後，美國政府決定對中國採取門戶開放政策，這就是在其
控制區中的商業機會均等（包括關稅平等以及鐵路運費的均等）。這個
主張是 1899 年美國國務卿海‧約翰致函各國所強調的門戶開放政策。
他並且強調三點，即 1. 列強不得限制他國在中國之貿易；2. 中國得自
行徵收關稅，外人不得干涉；3. 列強不得制定港灣、鐵路等稅則。由於

---

⑬ Philip S. Foner, *The Spanish-Cuban-American War and the Birth of American Imperialism Vol.2: 1898-1902* (New York, NY:NYU Press, 1972), p. 191.

⑭ Paul Kennedy, *The Rise and Fall of the Great Powers: Economic Change and Military Conflict from 1500 to 2000*, p. 559.

⑮ Allan Keller, *The Spanish-American War: A Compact History* (New York, NY: Hawthorn Books, 1969), p. 45.

沒有國家提出異議，海‧約翰即認為門戶開放政策生效。**⑯**

　　擴張主義正如歷史學者佛來德瑞克‧端納所預料，吸引了國家的大量資源，也為美國工業提供了新的市場，開創了更多工人的就業機會，但最主要的是提升了美國的國際地位。短短一個世紀，美國由殖民地的地位，一躍而成世界的首要大國。

⑯　Philip S. Foner, *The Spanish-Cuban-American War and the Birth of American Imperialism Vol.2: 1898-1902*, pp. 76-80.

第二篇
美國的世紀

第九章 舊傳統的崩潰
(1900–1918)

　　1900 至 1920 年是美國展現無比信心的二十年。美利堅合眾國歷經數代人們辛勤艱苦建設後，到二十世紀初，這個曾經到處可見未開墾處女地與原始森林的蠻荒景象，如今以一個嶄新現代化工業國的面貌，出現在世界大舞臺之上。

　　十九世紀最後三十年，由於迅速發展現代化工業的結果，使美國國力大為增強。1920 年時美國的國民總收入已達到六百四十一億美元光景，當時美國全國人口約一億餘人，國民收入平均已達到五百七十餘美元。以此經濟實力為基礎，美國政府通過戰爭與和平的策略，把她的國界大大地向西、向南拓展，成為一個瀕臨大西洋、太平洋兩洋的泱泱大國。在國際上，她亦逐漸放棄孤立主義，將視野擴大到全球。由於政治、經濟的變化，美國社會生活起了大改變：城市的興旺、種族結構的變化、就業人數的增加、交通狀況的改善等，一個新型的群眾性社會正悄悄地形成。

第一節　新世紀的改革運動

一、改革的呼聲

　　改革運動的興起，導源於 1900 年之前的三、四十年間，由於政治腐敗、經濟自由受限，以及大企業的擴張，直接或間接的控制美國的經

濟發展所致。改革運動於是在 1900 至 1917 年間興起，針對社會、經濟及政治改革，掀起一場挑戰。

在 1900 年，美國的工業及經濟不是被聯合公司掌握，就是被托辣斯操縱。這種情況如同金字塔形狀，居高位者擁有無數的資金，但在低層的無數人民及居住在城市的移民，處在危險的環境中工作，賺取低廉的工資，他們的煩憂，逐漸被腐敗的政治組織所侵蝕，而這些政治組織的領導者，很少關心這些低收入的人民。直至 1890 至 1917 年間，大企業掌控經濟已根深蒂固，地方政府和市政府又時常為腐敗的政客所把持，所以幾乎整個社會正被物質主義所傳染，國內大眾此刻反對邪惡的呼聲高漲，反應在他們的吶喊聲中。

在這一改革時期中，不論是政治家、哲學家、學者或文學家，他們所獲得的名氣，大部分都與參加改革運動有關係。這些改革者，大家分享一分信念，即視「人」為一自由代理人，只有自由人，才擁有改革能力。

改革的階級純粹是以中產階級，受過大學教育的成員及城市的居民為主。所有的改革者，都有一個共同的信念，那就是他們深信美國需要改革，而且人人均懷抱信心，期望達到改革目的。一般史家均將改革時期定為從 1900 年至 1917 年，亦即從老羅斯福當政到美國參加第一次世界大戰為止。這段時期的美國，在經濟和政治方面，均有重大的改革表現。推動革新者往往是社會工作者，包括有革新理想的記者、教授、老師、醫師、護士和商界的生意人，這些中產階級的個體，組成了推動革新運動的中心。革新主義的範圍很廣，它包括共和黨、民主黨及其他小黨的黨員。至於改革的重點，皆將重心放在政府的腐化和要求政府官員對人民多加照顧的課題上，例如從居民的住處環境衛生的改革。此外，有些改革者則努力於通過法案，譴責工作環境的不安全、腐壞的食品和

貧民窟的存在；更有人在為商人的利益而提議立法案件。❶

　　在 1900 至 1917 年這一段重要的改革運動時期，討論議題包括批評托辣斯財政、攙雜食物和鐵路運費不公，藉由許多敘述尖銳的筆鋒，不斷地發表在日報和流行雜誌上面，如《人人雜誌》(Everybody's) 及《麥柯洛雜誌》(McClure's) 等等。辛克利 (Upton Sinclair, 1878–1968) 則以小說為武器，出版了一本《叢林》(The Jungle, 1905)，獲得普立茲獎的肯定，暴露了芝加哥大罐頭肉食公司的不衛生，並揭發牛肉托辣斯對於全國肉食供應的控制。斯蒂芬斯 (Lincoln Steffens, 1866–1936) 的《城市的恥辱》(The Shame of the Cities, 1904)，暴露政治的腐敗等，❷ 這些雜誌提供了大量版面，發表了許多揭露黑幕醜聞，對美國社會產生相當的震撼。這個時期美國新聞業中一個重要現象，由一批倡導社會正義的作家群體結合，從事揭露商業醜聞和腐敗政治。西奧多·羅斯福總統（任期 1901–1909 年）對作家們痛恨社會黑暗勇於揭露的正義感情表示讚賞，但對於一度流行的那種言過其實的文風則大加批評。

　　這些文學上的揭發，對於鼓勵人們從事反抗的行動，起著重大的影響。在社會改革裡，最重要的是著眼於暴露需要改革的面向，主要的策略在以報導寫出一般人忽略的地方，並以文章、雜誌等的攻擊方式，揭發醜聞。再加上進步的印刷術及大量生產的紙張，推廣了雜誌的銷路，

---

❶ Richard Hofstadter, *The Age of Reform: From Bryan to FDR* (New York: Knopf, 1950), p. 83.

❷ 通過某些政治領袖們的鼓動和「掏糞者」對黑幕的揭露，到 1910 年時許多美國人從令人陶醉的美妙前景中猛醒過來。他們驚訝地發現城市代議制度幾乎已不復存在，多數的城市並不是由公正選舉出來的代表治理著。「政黨核心小集團」不僅在混亂的都市中成為實際的獨裁者，而且通過層層「施恩」與「圖報」，從上到下控制了整座城市的社會生活各個方面。底層人民固然得到了他們所需要的社會服務，但是他們為此也放棄了對於誠實與效率的監督權，付出了巨大的代價。貪污、受賄、犯罪、特權在合法的外衣掩護下迅速蔓延開去，公眾利益受到了極大的損害。斯蒂芬斯所寫的《城市的恥辱》就是在他遍訪一些大都市，將其所見所聞的種種腐敗現象整理加工以後寫作出來的。發表以後全美國為之震驚。由是，在美國掀起了一場市政改革運動。

也透過這種作用行銷各國。例如辛克利的作品《叢林》，揭發了屠宰肉業商人用病豬肉代替好肉，並以色素注射的非法行為，震驚當時的老羅斯福總統及其他的社會人士，使人民更加唾棄屠宰事業工廠的醜聞。❸

　　此外，改革運動也帶動好幾個州制定法律，改善民眾的生活和工作的種種條件，例如童工法的加強，以提高年齡的限制、縮短工作時間、限制夜間工作，以及要求強迫入學等等。另者，對於工人忍受難耐的工作環境，對工人的安全保障、工時、工資及婦女工人的待遇等，皆列在考慮及革新的範疇之中。這些作法，逐漸喚醒了大眾，促使政治領袖們推行實際的措施。

　　改革期間，美國黑白問題一直存在於社會中，有很多革新者對於美國黑人所受的不平等待遇並不重視，甚至有許多改革派不認為有種族歧視的問題存在，但仍有部分改革派也為受壓迫的黑人抱不平，例如黑人民權運動者杜布伊斯 1909 年創立「全國有色人種協進會」(National Association for the Advancement of Colored People)，並志願在法庭上為黑人權利作有力的辯護。該組織成立的宗旨是廢除住屋、教育、就業、選舉和運輸等方面的隔離和歧視；反對種族主義；保障黑人的《憲法》權利。協會成立後，在呼籲修改法律方面最為成功。其他方面的活動，包括為頒布民權法令、推行教育計畫和爭取大眾支持的新聞發布等方面的政治行動，以及為達某些具體目標而採取的直接行動。❹

二、州與州政府的革新

　　市政改革運動和州政府改革運動中，造就一批領導人才，為今後的政治行政系統增添了新的活力，增強政府的創造力。這些改革維護了下層民眾的利益，也為新生的中產階級提供了機會。種種改革使地方行政

---

❸　Richard Hofstadter, *The Age of Reform: From Bryan to FDR*, pp. 145-162.

❹　黃兆群，《美國的民族與民族政策》（臺北：文津出版社，1994），頁 61-87。

事務中明目張膽的貪污受賄行為受到約束，人們所憎惡的「貪污受賄時代」成為過去，產生了一系列新的，且更為合理的行政制度。然而，政治中的腐敗行為不可能完全清除，因為美國社會中的這種官僚政治必然伴隨著不同程度的腐敗行徑，根深蒂固，難以瞬息間完全剷除。

革新者包括各黨派，乃針對現存政治架構所出現的問題，找出問題，進行解決。改革的行動最先從「城市」開始做起，一連串的改革，一項項被提出列案。在改革浪潮中先以威斯康辛州為模範，進行民主的實驗工作。威斯康辛州由州長羅伯特‧拉福萊特 (Robert Marion La Follette, 1855–1925) 帶領進行民主試驗工作。拉福萊特是一位頭腦細密的改革者，自 1885 年以來，多次被選為國會眾議員和參議員，他曾提出多項改革主張，包括仿效澳大利亞的投票方式實行由法律保護的直接選舉制；對法人團體的財產與其他財產同等收稅；控制鐵路收費；由專家委員會管理鐵路。由於他的傑出表現，於 1901、1903 和 1905 年三次當選威斯康辛州州長。在他任州長期間實行了相當成效的改革，使威斯康辛州成了全國最民主、最進步與最開明的一個州，推動了各州和城市的改革運動。在拉福萊特就任州長期間，他實行一系列進步主義改革措施：❺

第一，改革選舉制度。1903 年實行直接初選制，同時實行無記名投票、創制權、複決權和罷免權。有鑑於州政府和市政府的腐敗嚴重，多數的革新派認為必須採強硬手段以拯救地方政府，其中以「如何讓地方政府執行人民的意旨」為要項，也就是在民主改革程序中，如何讓人民與政府配合做好初選程序、創制權、公民投票及罷免等權利的應用。為了使這程序更為民主，革新派要求實行初選，在普選以前選出黨的候選人，而威斯康辛州是 1903 年率先實行初選制的州，一旦人民選出了

---

❺　Maldwyn A. Jones, *The Limits of Liberty: American History, 1607-1980* (Chicago: University of Chicago Press, 1983), pp. 521-532.

市議會的成員或州的立法機構成員，他們對政府的影響就降低，直到下一次選舉才有改變的機會。而且革新派也認為，選民應有直接參與問題的機會，因此有公民投票的設置。另一項改革就是罷免權的行使，可以允許選民在官員任期屆滿前，予以罷免其職，當足夠的選民簽署了請願書要求罷免時，特別選舉會立即召開以決定官員的去留。

第二，控制鐵路運輸托辣斯。1906 年 4 月，揭露鐵路公司的種種弊端。有鑑於鐵路公司的擁有者掌控所有相關利益，形成壟斷組織，侵犯公眾權利，主張監督鐵路公司，使其不得侵害公眾利益，遵紀守法，擔負起普通運輸者的職能，此為政府的職責。❻

第三，徵收累進所得稅和累進繼承稅。

第四，禁用童工，限用女工。

在拉福萊特的努力之下，對州政府的革新成就，成了歷史上有名的「威斯康辛模式」(Wisconsin Idea)。拉福萊特認為，好的政府最需要的是選民支持，複雜的問題需要由專家來解決，因此他借重威斯康辛州大學教授陣容組成智囊團，聘請社會工作專家、經濟學家及政治科學家等共同參與，以解決該州的困難。在他的領導下，鐵路業蓬勃發展，降低了運輸費用，增加各州運輸量，立法院也通過保護自然資源制度。「威斯康辛模式」的成功，成為美國全國各州的榜樣，該州被稱為民主的實驗室，推動了多種重要的革新事項。❼

由於拉福萊特推行的成效改革，使他享有的聲譽超出了其他州長。美國《簡明傳記辭典》評論：「他的政綱使威斯康辛州成為典範，在全國範圍內採納他的改革措施的數量是驚人的。他倡導的管理委員會和技

---

❻　載於第五十九屆國會，第一次會期國會紀錄。

❼　Robert A. Dahl, *Pluralist Democracy in the United States: Conflict and Consent* (Chicago, IL: Rand Mc-Nally, 1967), p. 234.

術專家制度在一定程度上改變了美國政府的面貌。」❽1913 年，拉福萊特在其自傳中也自信地宣稱：「如果能夠證明威斯康辛州是一個較幸福較美好的居留之邦，其制度較民主，其所有人民都享有較平等的機會，其社會主義思想較近於普遍，其人民生活較安全和愉快，那麼，我就會懷著進步運動取得勝利的心情而心滿意足。」拉福萊特為代表的州際範圍的改革，直接影響時任總統老羅斯福和之後的總統威爾遜的全國性改革。❾

第二節　總統的革新運動

二十世紀改革運動時期，美國有三位總統對國內社會、政治及經濟等議題進行整頓與革新。

一、老羅斯福

老羅斯福是美國歷任總統中，就任時最年輕的總統，年僅四十二歲。❿ 老羅斯福因為麥金利總統遇刺身亡，而由副總統升為總統。老羅斯福崇尚權力，好武好鬥，曾說：「和平的勝利，不如戰爭的勝利來得偉大。」當美西戰爭發生時，他就辭去助理海軍部長的職務，自組「強悍騎兵」(Rough Rider)，在古巴聖璜高地之役 (Battle of San Juan Hill) 中打敗西班牙軍隊，奠定美國勝利基礎，聲名大噪。

他就任總統後，更以武力為外交的後盾，以「巨棒外交」(big stick

---

❽　美國《簡明傳記辭典》，第 537 頁，1981 年，及 Oscar T. Barck, Jr. and Nelson M. Blake, *Since 1900: A History of the United States in Our Times* (Brooklyn, NY: University of Brooklyn, 1974), pp. 100-104.

❾　霍夫斯塔特，《改革時代》（北京：三聯書局，1955），頁 13。

❿　世人為了便於與二戰時美國總統富蘭克林・羅斯福 (Franklin D. Roosevelt)，故稱 Theodore Roosevelt 為老羅斯福，Franklin D. Roosevelt 為小羅斯福，以此分辨之。

diplomacy) 擴大「門羅主義」的實用，他認為美國有維護西半球安全及兼負警察的責任。熱衷政治，自視極高，精力充沛，喜好冒險的老羅斯福，還是第一位嘗試駕駛汽車及飛機的總統。1909 年卸任總統後，即赴非洲探險旅行，其後，又以退任總統之尊，擔任南美探險隊的隊長。他畢生著作甚多，出版的書籍多達三十餘種，生動活躍的人生，在他的自傳中靈活呈現。[11]

1. 老羅斯福的當政及改革行動

　　老羅斯福曾在哈佛大學學習，1880 年進哥倫比亞大學法學院修習。但他熱心歷史著作和政治活動，不願以法律工作為終身職業。二十三歲參加紐約州議會，成為共和黨領袖之一。後來在麥金利總統任內擔任海軍副部長，力主對西班牙作戰。1900 年任副總統，隔年由於麥金利總統遇刺身亡，老羅斯福繼任總統。他認為總統職位，不僅應當具有巨大權力制訂立法、行政政策，而且有權決定美國的生活性質。對美國早期

圖 17：老羅斯福

總統林肯和傑佛遜深為愛戴，但其政敵則將他比作克倫威爾 (Oliver Cromwell, 1599–1658) 和拿破崙 (Napoléon Bonaparte, 1769–1821)。[12]

　　老羅斯福擔任美國第二十六屆總統，在其任內是自由貿易制度堅強的支持者，他歡迎工業的成長，但是他也認為政府應有權立法規範大公司制度。他被稱為是托辣斯的反對者，但是他只反對不良的托辣斯，對付那些粗暴而不用正當方法牟利的商人。以老羅

---

[11] Harold Howland, *Theodore Roosevelt and His Times: A Chronicle of the Progressive Movement* (New Haven, Connecticut: Yale University Press, 1921), pp. 11-24.

[12] William Henry Harbaugh, *The Life and Times of Theodore Roosevelt* (New York, NY: Oxford University Press, 1975), p. 157.

斯福的立場而言，政府應該保護公眾不受不負責任商人的困擾。老羅斯福深受企業家的喜愛，他接受大企業在現代經濟制度中的重要性，同時也認為企業家刺激了國家的成長，並且在老羅斯福時代，專業主義盛行，並且在接下來兩任總統作得更為積極。**⓭**

在 1904 年的大選中，毫無疑問的奠定了老羅斯福在黨內無人能比的領袖地位，更重要的是，他的政策已獲得百姓的認同，因而在他當選後，全力以赴，將他的革新計畫付諸實行。

2. 內政措施

首先，在老羅斯福時期，內政上最有成就之一的是公平交易 (Square Deal) 的盛行。**⓮** 在 1904 年選戰中，老羅斯福曾向公眾許下諾言，每一個人都要遵守公平的交易，因此，他的革新計畫就以「公平交易」作為口號。由於他擅長政治運用，有技巧的公眾宣傳，順利的由國會通過立法，加重政府對工商業遵守法規管制的權力。例如，食品、藥品、鐵路運費及天然資源的保護等，無不經由立法而得到保障。辛克利在 1906 年出版的《叢林》報導，指出肉商以不潔的肉品供應大眾，甚至指出漢堡肉摻有老鼠肉來欺騙人民，令老羅斯福震怒。辛克利的揭發，使人民相信是制訂法律來檢查食品工廠的時候了。老羅斯福強制執行《肉類檢查法》(*Meat Inspection Act*)，也規定各州應強制執行衛生檢查制度和標準，肉品包裝工業應有法令自行檢查。1906 年，在老羅斯福的努力之下，國會通過了《淨化食品和藥品法案》(*Pure Food and Drug Act*)，禁止有害人體的食品買賣或刊登誇張的不實的廣告。**⓯**

⓭ George E. Mowry, *Theodore Roosevelt and the Progressive Movement* (New York, NY: Hill Wang Publish, 2000), p. 112.

⓮ Richard Hofstadter, ed., *Progressivism 1900-1915* (New York, NY: Basic Books, 1987), p. 31.

⓯ 喬治‧E‧莫利，《西奧多‧羅斯福時代，1900–1912》（天津：天津人民出版，1958），頁 132。

　　其次，在老羅斯福時期，重視保護自然資源，亦是其任內重要的改革政策之一。作為一個熱愛大自然及曾是家鄉南達可達州牧場的主人，老羅斯福對於野外，尤其是美國的荒野，有一分深厚的感情。在保護國家自然資源，制止原料的浪費使用，以及對被視為毫無價值土地之合理照顧與利用，都是老羅斯福當政時主要執行的政策。在保護自然資源執行上，麥金利總統任內，曾劃撥出一千八百八十萬公頃的林地，在 1901 年老羅斯福當政時，則增劃了五千九百二十萬公頃，並開始以有計畫的努力，防止森林火災和在伐木地區重新植林。[16] 1907 年，老羅斯福又指示內陸水道委員會研究河川、土壤和森林的關係，以及水利發展與水運等問題。在這個委員會建議之下，產生了一個全國資源保護委員會的計畫，這個計畫使全國注意力集中於森林水利的保護之上。委員會發布原則性的聲明，著重於森林、水源和礦藏的保護；土地腐蝕和灌溉等問題；私有土地的伐木規定；可供航行河道的改進及河川流域的防護等建議的事項。結果，許多州也隨即設置了保護委員會，政府並對水壩和水庫的建立有明確的規定。[17]

　　老羅斯福卸任後，有人問起「什麼是他的最大成就」時，他認為在內政方面，認真執行了資源保護政策，是他的偉大成就。鑑於聯邦土地迅速減少，國會授權總統用十五年時間將剩餘土地轉為國有森林。其前任三位總統在職期間轉為國有的土地約為一千六百萬公頃，老羅斯福用七年時間轉變了七億八千萬公頃土地。他為後代保存了公園、礦藏、石油、煤田和水利資源。若非老羅斯福之努力，現在生態問題必將更為嚴重。[18]

---

[16] Samuel P. Hays, *Conservation and the Gospel of Efficiency* (Cambridge, Mass: Harvard University Press, 1959), p. 161.

[17] 埃爾廷‧E‧莫里森編，《西奧多‧羅斯福書信集》（北京：商務書局，1964），第 5 卷，頁 183；海斯，《資源保護和效率的福音，進步主義資源保護運動，1890–1920》。

[18] Mark Sullivan, *Our Times: The United States, 1900-1925, III, Pre-War America* (New York,

3. 外交措施

在外交方面，老羅斯福信奉「弱肉強食」的理論，並認為以武力為主的時期將取代前一段和平時期。他每年要求國會為海軍多撥款項，離職時，已為美國建造完成一支強大的海軍。為防止德國擴張，他對加勒比海地區實行武裝干涉。美國禁止其他國家干涉拉丁美洲事務，並武裝該地區，以保證拉丁美洲國家履行其義務。1905 年迫使多明尼加接受美國派往之「經濟顧問」，實際成為該國財政部長。在處理外交事務上，老羅斯福主張「說話和氣，但手持巨棒」。1903 年美國從哥倫比亞攫得巴拿馬運河區，1906 年在古巴組織臨時政府，以及與加拿大爭邊界等，均係老羅斯福使用武力外交的結果。[19]

在老羅斯福任內，他極力推展美國的國際事務。在他革新時代，擬定了良好計畫，使老羅斯福二十世紀的外交政策，受到很大的迴響。再加上他積極拓展海外的商業版圖，推動「門羅主義」，而且為美國利益而戰，為 1900 年代的美國添增無比的自信心。[20]

為了保障美國在世界市場的利益，老羅斯福下令加強海軍船隻的建造，如此，美國的商船可以有堅強的海軍艦隊作為有力的保護。老羅斯福常說，優越的國家應有責任保護其他的小國，在必要時負起警戒之責。例如委內瑞拉 (Venezuela) 一例，即可見老羅斯福重申「門羅主義」的精神。委內瑞拉在驅除西班牙統治之後，無法建立一個堅固的政府，1902 年委內瑞拉政府出現財政問題，向英德等國借款，但借約期至，委國無力償還，歐洲國家遂出動海軍封鎖海港，委國危機爆發，因而向美方請求解決糾紛，老羅斯福願作仲裁人。後來因為德國戰艦對委國施

NY: David McKay, 1930), pp. 1-11.

[19] Stefan Lorant, *The Life and Times of Theodore Roosevelt* (New York, NY: Doubleday, 1959), p. 220.

[20] Lewis L. Gould, *The Presidency of Theodore Roosevelt* (Lawrence, KS: University Press of Kansas, 1991), p. 147.

以武力，老羅斯福將此事交給荷蘭海牙的國際法庭仲裁，他重申「門羅主義」的精神。由於英、德、義三國都尊重美國的意見，美國的立場明顯受到尊重。

　　對於巴拿馬運河的開鑿，是老羅斯福任內鞏固美國外交的一項作為。早在 1517 年，歐洲人及美國人就認清巴拿馬這塊分隔太平洋和大西洋位置的重要。美國商人和海上艦隊也一直夢想開闢一條運河通過巴拿馬，如此不必經由南美，船隻即可從東岸紐約經過巴拿馬，到達西岸的舊金山，只要七千五百哩的航程。運河不但可減低運貨的費用，而且可以節省在兩洋所維持的海軍費用。歐美國家相互簽訂合約，共同管理巴拿馬的利益。[21]

　　開鑿巴拿馬運河，不是一件容易的事。1902 年巴拿馬政府給予美國一大塊建造運河的土地，美國開始開鑿巴拿馬運河。美方試著除滅蚊蟲、老鼠以及黃膽病、霍亂等病源，上山下海，辛勤備至，終於在 1906 年完成這些清除的工作。七年之內，動用了四萬三千三百人，加上來自美、義、西班牙的勞工和職員，才挖掘了運河的基洞，建造了五對鎖閘。1914 年 8 月 15 日，客船安孔號 (Ancon) 首航運河，運河上有刻著「土雖隔開，而世界卻是相連」的牌子。1915 年 7 月 12 日，總統威爾遜正式宣布開放巴拿馬運河。運河的修築，美國花費四兆美元，犧牲上千條性命，終於在太平洋及大西洋之間打通了一條海軍可通行的路徑，對於美國今後拓展亞洲事業，有無比的意義存在。

　　老羅斯福時期，對開發亞洲市場有其進行策略。老羅斯福不僅對拉丁美洲和太平洋的島嶼感到興趣，更將眼光放遠在超過夏威夷和菲律賓以外的亞洲，致力於中國的門戶開放政策。老羅斯福認為，對於中國沒

[21]　Howard K. Beale, *Theodore Roosevelt and the Rise of America to World Power*, Baltimore, MD: Johns Hopkins Press, 1956; Gamaliel Bradford, "The Fury of Living: Theodore Roosevelt," in *The Quick and the Dead* (New York, NY: Houghton Mifflin, 1931), p. 74.

有投資興趣的國家應該退除，而美國本身，如標準石油公司就曾經在中國大量投資；又如美華發展公司也曾投資於中國的鐵路事業，積極打開對中國市場的開發。

另則，在 1904 年日俄戰爭前，日本因是人口密度很高的國家，亟需原料來發展工業的燃料，而鄰近的中國東北，有最好的資源可供採取，但蘇俄想獨吞東北，不願與日本共享。英國是在亞洲勢力最強大的歐洲國家，也想在亞洲分享最大的貿易。因此，在日俄戰爭前 (1902)，英日二國簽訂祕密條約，同意限制蘇俄在東北的勢力擴張。日俄戰爭期間，日本節節勝利，雙方因苦戰後，精疲力盡，尋求和平，因而老羅斯福擔任國際仲裁者角色，在美國見證下，1905 年 9 月日俄雙方訂立《樸資茅斯條約》(Portsmouth Treaty) 確認日本勝利，這是第一次亞洲國家戰勝歐洲大國的勝利。日本得以控制旅順港、庫頁島的南端，南滿鐵路以及韓國的控制權，放棄向蘇俄要求戰爭的賠償權，但是滿洲仍屬於中國。日本和蘇俄要求對中國的貿易採取門戶開放，美國仍維持對中國的門戶開放政策。在美國仲裁下，日蘇兩國和平的結束戰爭。㉒ 從來沒有一位美國總統在國際危機上占有如此重要地位，老羅斯福也因此獲得

㉒ 所謂日俄戰爭即是當八國聯軍占領北京後，俄以重兵獨占東北，日本目睹東北將為俄所鯨吞，其大陸政策遭受挫折，乃先發制人，積極備戰。1902 年 1 月，英日攻守同盟成立；3 月，俄法締結協約。1903 年 5 月，日本致函俄國，要求撤兵東北（1898年日本由於俄、法、德三國出面干涉，被迫退還遼東半島，而俄反由中國租得旅順與大連）。雙方談判八個月，日本見俄全無誠意，談判遂告決裂。1904 年 2 月 8 日，日本乘俄艦尚未集中，偷襲仁川與旅順兩港，揭開日俄戰爭之序幕。2 月 10 日雙方宣戰。自 5 月 1 日日軍陷九連城起，至 1905 年 3 月 10 日日軍占領遼陽為止，陸戰告一結束。日本海軍大將東鄉三度封鎖旅順，八次進襲，至同年 8 月 14 日擊敗俄艦於蔚山沖；1905 年 5 月 27 日再敗俄國波羅的海艦隊於對馬海峽；7 月 30 日日軍占領庫頁島，海戰至此告終。旅順俄軍投降噩耗傳至聖彼得堡，1 月 20 日，俄京發生革命，日本亦感財力軍力不足，遂接受美國羅斯福總統的調停，議和地點在美國樸資茅斯。日俄戰爭起因於中國問題，戰場亦在中國領土，而中國嚴守中立，結果中國之損失，卻多於交戰國之任何一方。

1906 年的諾貝爾和平獎。㉓

　　然而，在老羅斯福任內，為了緩和加利福尼亞州人民的反日情緒，1907 年與日訂立《君子協定》(*Gentleman's Agreement*)，限制日本人移民美國。同年，美國財政危機，加深了老羅斯福與國會間的矛盾，而共和黨內部保守派與進步派之糾紛又接連不斷。1909 年老羅斯福卸任後，曾赴中南非洲和歐洲遊歷。他在政治上屬中間派，常受左、右兩翼極端分子的夾攻。其「弱肉強食」外交——即對小國態度粗魯、對大國則謹慎從事——如為了巴拿馬運河區而對哥倫比亞實行高壓政策，占領菲律賓，以及引起對西班牙之戰爭等，均遭到非議。但是老羅斯福時期，為聯邦政府注入了新精神，為日後奠下堅實改革的基礎。㉔

　　為了追隨喬治·華盛頓所留下的傳統，老羅斯福選擇不再連任，但他計畫為他的後任鋪路，因此提拔塔虎脫 (William Howard Taft, 1857–1930) 為總統候選人。塔虎脫當選總統後，持續承襲老羅斯福改革方針。由於白宮候選人穩操勝算在自己所選擇的人手中，老羅斯福遠赴非洲狩獵一年之久，他留下了空前爆炸性的領導紀錄，也為未來的總統留下了最高的水準。老羅斯福為革新運動開創了先聲，他的政治思想更掌握了未來的美國政治。㉕

二、塔虎脫

　　威廉·塔虎脫在老羅斯福支持下，贏得共和黨總統候選人提名，並

㉓　Tyler Dennett, *Roosevelt and the Russo-Japanese War* (New York, NY: Doubleday, 1925), p. 79.

㉔　Stefan Lorant, *The Life and Times of Theodore Roosevelt*; Elting E. Morison, ed., *The Letters of Theodore Roosevelt*, Vol. 8, Cambridge, Mass: Harvard University Press, 1951–1954; James D. Richardson, ed., *Messages and Papers of the Presidents* (Washington, D.C.: Government Printing Office, 1897), Vol. X and XI, along with a supplement (1910), contain texts of all Roosevelt's state papers.

㉕　Elting E. Morison, *The Letters of Theodore Roosevelt*, p. 471.

當選為美國第二十七屆總統（任期 1909–1913 年）。繼任總統以後，塔虎脫面臨了許多的困難，他除了熱誠地承繼老羅斯福的計畫，如天然資源的保護外，並採取若干改革的措施，包括企業上處罰不良的托辣斯，大力推行反托辣斯法；加強州際商務委員會，建立郵政儲匯局和郵政包裹制度；擴大文官制度。塔虎脫任內協助制定兩項《憲法》修正案：批准《憲法》第 16 條修正案 (The 16th Amendment) 條文，開徵聯邦所得稅；批准《憲法》第 17 條修正案 (The 17th Amendment) 條文，由人民直接選舉參議員，代替過去需由州議員來選舉的辦法。塔虎脫的其他措施，例如令國會制定一日八小時的工作制，而且增加政府職員和文官的名額。但是塔虎脫卻缺乏將這些成就變成他的政治本錢的技術，因而令共和黨抵銷了塔虎脫在任內所有的成就。[26]

1910 年塔虎脫所屬的共和黨分裂，於是民主黨又復以壓倒性的優勢票數控制了國會，兩年以後 (1912) 的總統選舉中，紐澤西州長威爾遜（民主黨）和共和黨的塔虎脫，以及老羅斯福對抗，老羅斯福因共和黨拒絕推舉他為候選人，自組第三黨，名為進步黨，出來競選總統。

三、威爾遜

威爾遜是美國第一位拿到博士學位的總統（任期 1913–1921 年），1886 年由約翰霍布金斯大學 (Johns Hopkins University) 授予博

圖 18：塔虎脫

[26] David H. Burton, *William Howard Taft: In the Public Service*, Malabar, Fla.: Krieger Pub. Co., 1986; Archibald W. Butt, *Taft and Roosevelt*, New York, NY: Doubleday, Doran Company, Inc., 1971; Norman M. Wilensky, "Conservatives in the Progressive Era: The Taft Republicans of 1912," *The American Historical Review*, Vol. 71, No. 2 (Jan. 1966), pp. 723-724.

士學位，其論文題目《美國政府：美國政治之研究》(*Congressional Government: A Study in American Politics*, 1885) 深獲學界肯定。此後，威爾遜擔任普林斯頓大學校長八年，為美國學術地位最高的總統。

　　威爾遜在 1913 年當選總統後，也可說是時勢造英雄。這年的美國總統選舉中，是一個鼎足三立的局面，因為共和黨內部分裂，在任總統塔虎脫被共和黨提名為候選人，共和黨的反塔虎脫派乃另組進步黨，而以前任總統老羅斯福為總統候選人。選舉結果，塔虎脫與老羅斯福選票分散，最終兩敗俱傷，遂使代表民主黨的威爾遜脫穎而出。[27]

　　如眾所周知，威爾遜是「國際聯盟」（簡稱國聯）的主要催生者，也是今日聯合國 (United Nations) 的前身。但因為美國參議院否決了《凡爾賽和約》，竟使美國未能成為國聯的會員國，這不僅對美國是一大諷刺，亦為世界和平的不幸。然而，在 1920 年 12 月 10 日，諾貝爾獎委員會議中，以 1919 年的和平獎授予威爾遜，以獎勵他對世界和平及國聯的偉大貢獻。[28] 當 1946 年國聯正式宣布解散，而將它的希望、理想和遺緒移交給新成立的聯合國時，國聯成員向威爾遜致敬。足見美國雖未在威爾遜時加入國聯，但威爾遜為國聯的努力，是為世界所肯定的。

　　威爾遜以書生身分從政，正逢世界大變局，在政治上講求道德，在外交上堅持原則，只求真理，不問恩怨，其公正愛民的胸懷，在美國歷任總統中無出其右。他研究政治，著有許多不朽的著作，對於總統職位、國會權能、政黨政治以及美國對世界所負的責任，都有其獨特的見解，被公認為美國歷史上最有學問的總統。他秉政八年，在美國的內政和外交上，有許多建樹，是美國人民心目中的好總統。

---

[27]　Thomas A. Bailey, *Woodrow Wilson and the Peacemakers* (New York, NY: Macmillan, 1947), p. 49.

[28]　威爾遜是美國第二位獲得諾貝爾和平獎的總統。參見約瑟夫斯‧丹尼斯，《威爾遜時代和平時代：1913–1917》（上海：三聯書局，1946），頁 23。

當威爾遜當選總統後，不僅展現其自信心，而且具有權威。身為一位優秀的領導人，威爾遜知道如何鼓舞百姓，他相信身為總統應為國家崇高理想的代言人，一旦得到全國人民的信任和尊敬後，就應該不負眾望，為大眾謀取最大福利。

1. 內政措施

在威爾遜的領導之下，新國會最先立法執行的第一項工作是「改革關稅」。威爾遜說：「關稅必須改變，（我們）也必須廢止類似特權的一切事務。」[29] 1913 年 10 月 3 日簽署《恩特伍德稅則》(*The Underwood Tariff*)，切實削減了重要原料和糧食、鋼、鐵、棉花和羊毛製品，以及其他貨品的稅率，並且取消了其他一百多種的課稅項目。雖然這一稅則仍舊保有許多保護性的稅率形式，但卻是真正對降低生活費用的努力作了改進。[30]

此外，威爾遜的第二項工作是「整頓銀行」和「貨幣制度」。因為在 1907 年的財政恐慌，一小部分的銀行家似乎控制了國幣的供應，而他們又無法或不願意提供貨幣的信用，讓美國人民相信，政府應該以行動來保障金錢的供應。威爾遜政府因此立法管制貨幣的供應，並且宣布控制權應掌握在大眾手中，而不是在私人手中，銀行只是工具而不是主人。1913 年 12 月 23 日通過《聯邦儲備銀行條例》(*Federal Reserve Act*)，符合了威爾遜的要求。這個條例，把當時所有的銀行都納入一個新的組織之下，將全國分為十二區，在每一區裡設立一所聯邦儲備銀行，統合由聯邦儲備局監督這些聯邦銀行，作為參加這一體系的其他銀行的現金儲備銀行，使貨幣供應有更大的彈性，並發行聯邦儲蓄券，以應工商企業的需要。[31]

---

[29]　威爾遜於 1913 年 4 月 8 日致國會咨文。

[30]　Josephus Daniels, *The Wilson Era*, Vol. 2, pp. 152-156.

[31]　李本京審訂，《美國歷任總統就職演說集》（臺北：黎明文化，1984），頁 199-

　　威爾遜下一個重要的工作，是規定托辣斯的法規，並調查其違法濫權。他和老羅斯福不同的是，老羅斯福相信政府應督導專賣制度，而威爾遜相信專賣制度應該取消。1914 年國會通過《聯邦貿易法案》(*Federal Trade Law*)，附帶的也成立了「聯邦貿易委員會」(Federal Trade Committee，簡稱 FTC)，它存在的目的乃是防制企業界藉非法的手段摧毀其他小企業；它也調查檢舉不實的廣告，以保護消費者的權益；它有權發布命令，禁止州際貿易機構運用「不公平競爭方法」。另一法案是《克萊頓反托辣斯法》(*Clayton Antitrust Act*, 1914)，目的在加強反托辣斯法案的精神，新法禁止價格政策，以防止企業間以購買股票摧毀競爭的業者。[32] 此法也宣布連鎖經營的非法。[33]

　　威爾遜對於加強社會立法的推行，不遺餘力。他為商業水手的待遇確立最低的標準，為鐵路工人通過一天八小時的工作時間。同樣威爾遜並未忽視農民和勞工問題，如《聯邦農貸法》(*Federal Farm Loan Act*, 1916)，給予農民以信用低利貸款，並且在《克萊頓反托辣斯法》中特別規定，在勞工糾紛時，資方禁止使用強制的方式。1915 年的《海員法》(*Seamen's Act*) 中規定改進海船、內河和湖泊的職工的生活和工作環境。1916 年的《聯邦工作人員補償法》(*Federal Employees' Compensation Act*)，對因公受傷而不能工作的人員，給予津貼補助。[34]

　　雖然這些成功紀錄是出於威爾遜總統所領導，然而他在歷史上的地位，以一種神奇的命運，使他投入一戰陣營，成為戰時總統，並在戰後

　　　202。

[32]　《克萊頓反托辣斯法》旨在防止反競爭行為一開始就發生。該制度始於 1890 年的《謝爾曼反托辣斯法》，這是第一部被視為對消費者有害的聯邦法律。

[33]　所謂「連鎖經營」乃是允許個人在同一工業的許多公司服務，因而製造了專門和獨斷的商業經營。布魯斯·明頓，約翰·斯徒爾特，《繁榮與飢饉的年代》（上海：三聯書局，1940），頁 47；《美國歷史文獻》，第 23 號。

[34]　Woodrow Wilson, *Congressional Government* (New York, NY: Houghton Mifflin, 1885), p. 320.

動盪不安的世界中，扮演重要角色，而成為和平創造者。

2. 外交措施

繼老羅斯福及塔虎脫的政策後，威爾遜主張「精神外交」，以協調和仲裁的方式和其他國家往來。他特別強調，美國的力量乃是精神的力量。威爾遜用傳道者的精神，促進民主，維護和平，並保障美國在海外的經濟利益。

在亞洲，威爾遜用精神外交終止了美國在中國建造鐵路的參與。同時，尊重中國門戶開放，獲取中國對美國的好感，但他排斥「金元外交」。所謂「金元外交」是塔虎脫所主張，以商業上的投資來推動美國的外交政策，而這個「金元外交」在亞洲事務上並未生效，美國在亞洲的投資不足以在亞洲得到權力的平衡，但是「金元外交」在拉丁美洲卻發生了無比的作用。美國在威爾遜的命令下，銀行家自動退出。

在威爾遜時期，亦即在第一次世界大戰期間，禁酒運動 (Prohibitionism) 推行，認為禁止喝酒可以增加工業的實力。[35] 他們更聲稱，釀造酒類的穀麥可以用來製造士兵所需的食糧。自二十世紀初，婦女出外工作機會開始增加，隨著經濟獨立的成長，婦女自主意識抬頭，也跟著要求更多的政治權利。她們亦要求有選舉的權利，因為婦女改革者了解，沒有投票的權利就無法帶來政治的改變。經過婦女的爭取及反

---

[35] 基於清教徒的背景，美國亦是西方社會具有最強烈禁酒情緒的國家之一（另一些是北歐國家）。在美國，公開飲酒是犯法的。二十一歲以上的人才可以買酒（包括啤酒），因此買酒需要出示年齡證明（美國沒有統一的身分證制度），而且只能在限定地方買到（啤酒可以在某些地區的超級市場買到，其他酒類有專門的店鋪發售）。前任美國總統小布希的兩個女兒曾經因未成年飲酒引起舉國譁然。禁酒在美國甚至被提升至國家意志的高度：1917 至 1933 年間，由於美國《憲法》第 18 條修正案 (The 18ᵗʰ Amendment)，美國成為禁酒的國家。目前在美國很多地方，特別是南部和中西部，仍然有禁酒的縣或鎮（稱為 dry counties 或 dry towns），但研究顯示在禁酒區，酒醉駕駛而導致交通意外的機率比非禁酒地區高。Woodrow Wilson, *The New Freedom: A Call for the Emancipation of the Generous Energies of a People* (New York, NY: Doubleday and Company, 1913), p. 247.

抗，國會終於在 1919 年通過《憲法》第 19 條修正案，美國婦女有投票權。同時在 1920 年 8 月，經全國各州批准，婦女第一次有投票權的參與。

綜言之，全國性的革新運動在老羅斯福時代全面展開，由熱誠不大的塔虎脫繼承，到了威爾遜總統達到了高峰，為美國政治帶來了改革的新氣象。

3. 改革成果

改革運動在美國積極推展之際，歐戰發生，主張和平的威爾遜總統不主動參戰，他希望以精神外交來保障國家的安全。相較於熱衷戰爭的老羅斯福認為，威爾遜在歐戰爆發後，遲遲不參戰的原因是威爾遜畏縮的態度。但就威爾遜認為，戰爭會導致民主改革結束，戰爭會使美國子民精神及生命受到傷害，希望尋求和平公平的方式來考量戰爭。不料，當德國對美國人民的生命造成威脅時，迫使威爾遜放棄中立的外交政策，加入第一次世界大戰。

第三節　新世紀的思想、社會與文化

許多美國人在回顧過去時，總認為二十世紀 1900 至 1918 年人們點著煤油燈和馬拉車的生活方式，讓它獲得「純樸的時代」的美譽。然而再仔細觀察這個時代，大量生產的方式、各種改革運動以及藝術上的激烈變化，最後加上一場世界大戰後發現，這個時代遠非純樸，而是一個轉變迅速及新事物湧現的時期。

1900 年，美國的確仍與過去的舊時代緊密相繫著，每五個美國人中，就有三個居住在不足二千五百人的社區裡。❸⑥ 農村生活方式與過往

---

❸⑥　在這些社區裡，老一輩的人可以向年輕人講述前往西部的篷車一隊隊從門前經過、第一批電報線架起來，以及最早建築鐵路的那些往事。Mark Sullivan, *Our Times: The United States, 1900-1925, III, Pre-War America*, pp. 307, 344.

無多大分別。多數人們仍以耕種為生，靠馬匹代步，很少到離家超過一天路程的地方去旅行。他們的娛樂也很簡單，並且多數要靠自娛。在留聲機還是新奇玩意、收音機還沒有問世的時代，要想欣賞音樂，就要自己彈奏。當地的樂隊在鄉間的草地上表演，墜入愛河的青年為他們心愛的人彈五弦琴及吉他。家中客廳擺放一架鋼琴，供全家唱詩歌時使用，將宗教歌頌帶入家庭，這在當時是很平常的事。

隨著人口的增加，教會信徒的數目也隨著成長，教會舉辦的集會及作禮拜，仍繼續負起傳統的職責。新世紀的來臨，許多新教徒的聚會中，現代主義已取代了基督教基本主義，禮拜中的社會福音和四海之內皆兄弟的信念，也代替了早期重視教條及來生的觀念。

城市和農村之間的宗教家，雖有重大的分歧，但對於反對酗酒的問題上，大多數意見都一致。1893 年，全美國的新教教堂首次組織聯盟，成立美國「反酒吧同盟」(Anti-Saloon League)，勢力不斷擴大，並與其他禁酒團體聯合一致，在當地及全國推行禁酒運動。至 1917 年，全美國有三分之二的州實施禁酒。不到三年，禁酒成為美國聯邦的法案。

一、佛洛伊德揭開潛意識之謎

一本劃時代、驚世駭俗的書，在二十世紀初露曙光之際問世，它指出了一個新的學術研究領域，加速推翻了人類對於自身的過時觀點，並且以一種全新的、令人震撼且鞭辟入裡的人性理論取而代之。這一本書就是《夢的解析》(*The Interpretation of Dreams*, 1900)，作者是西格蒙德‧佛洛伊德博士 (Dr. Sigmund Freud, 1856–1939)。

《夢的解析》發表於 1899 年，[37] 它是佛洛伊德有關精神分析最重要的研究著作。[38] 他在書中詳盡闡述了關於夢的獨創性概念，認為夢是「認

---

[37]　但一位機靈的出版商察覺到這本書的重要意義，而將發行日期訂為 1900 年。

[38]　Sigmund Freud, *The Interpretation of Dreams*, New York, NY: Macmillan Publishing, 1899.

識潛意識的重要途徑」——潛意識的來源、發生的原因及其如何運作的方法。所謂潛意識 (the unconscious) 的說法，是佛洛伊德對當代思潮貢獻最著者。十九世紀西方主流思潮為實證論，相信人可取得關於自身及其所處環境之真確認知，並以明智判斷予以掌握。佛洛伊德則認為自由意志本為幻念，人無法全然意識到自我所思，且行為之因由，與意識層次所思，關係極微。潛意識之概念所以有破有立，在於佛洛伊德提出意識的層次之說，「在表層之下」另有思緒運作。佛洛伊德稱「夢」為「通往潛意識之王道」的最佳路徑，並為說明潛意識「邏輯」之佳例，此邏輯則與意識層次思緒之邏輯迥異。佛洛伊德在其《夢的解析》一書，發展最初的心理拓樸學，論證潛意識之存在。前意識 (the preconscious) 則視為存於意識與潛意識之間的思緒層，欲探求之並不難。佛洛伊德認為啟蒙理念、實證論、與理性論之完備，可藉由理解、轉化、與掌控潛意識而得，而非予以否認或壓抑。

佛洛伊德將夢中的情節區分為顯性及隱性兩種含意，並且認為在經過合理的解讀之後，夢將為人們開啟一扇通往潛意識之窗。佛洛伊德認為「夢是一種在現實中實現不了和受壓抑的願望的滿足」。他更大膽地認為這些實現不了和受壓抑的願望多半是和「性」有關。夢是一種潛意識的活動，由於人的自我防衛機制把人的本我願望壓抑下去，在潛意識的活動中的主要內容被壓抑的願望，並非是直接表達於夢中，而是通過扭曲變作象徵的形式出現，故夢都是象徵的。佛洛伊德認為夢是由「顯夢」(manifest dream-content) 及「隱夢」(latent dream-thought) 組成的。前者乃夢的表面形式，像經過扭曲與偽裝的「密碼」，以表現隱夢。佛洛伊德認為夢可以使睡者的內心渴望滿足；另一個是睡者的求生機制，藉著在夢中重新經歷生命的創痛來保護自己。他的觀點如：被壓抑的慾望、童年的性慾、閹割恐懼及戀母情結 (Oedipus complex) 等等，引發了一場軒然大波。

　　在甫出版的前六年，《夢的解析》僅售出幾百冊。讀者之所以有限，是因為幾乎人人都厭惡它的觀點。佛洛伊德本人也承認他的思想「可憎」並「肯定令人們厭惡」。**㊴** 儘管如此，他在漫長的研究生涯中，一直對該書進行修訂和澄清，為夢的研究辯解，認為這是「精神分析領域中最可信賴的基石，而身在其中的每個研究者都必須學會如何論證並尋求訓練方式。」佛洛伊德認為，所有的人都會作夢，正常心理和異常心理一樣都可以進行解析。因此，以前只限於研究精神疾病的精神科醫生，也可以著手探索一般心理分析。而其研究方法最可貴之處在於它的普遍適用性，而這也是招致大眾反對的根源。1900 年，絕大多數保守、樂觀且自滿的歐洲人和美國人，根本還無法接受人的自我竟存有這些激進的、性妄想的觀點。直到第一次世界大戰血腥洗禮，才平息了大眾對於此一觀點的疑慮，並且對人類天性不再抱有太樂觀的想法。**㊵**

二、尋求融合與認同的黑人

　　進入二十世紀，黑人作為創建美利堅合眾國的一支重要的族群，他們的處境依然十分惡劣，成為美國社會舞臺上最暗淡的畫面。在這個自詡「自由」與「平等」的國度裡，黑人依然在為尋求「融合」與「認同」而苦苦掙扎，但是進展甚微。

　　當然，從某一角度來看，黑人處境正在改變。樂觀主義者以 1865 年以降黑人文盲率的變化為依據，證明黑人處境有所改善。誠然由於黑人自身的努力和教育的提升，黑人文盲率已從 1865 年的 95%，下降到 1900 年的 44.5%，而且在 1900 年至 1920 年間，進展似乎還要更快些。

㊴　Sigmund Freud, *The Interpretation of Dreams*, p. 89.

㊵　佛洛伊德尚有其他重要的著作，如《自我與本我》(*The Ego and the Id/Das Ich und das Es*, London: Oxford University Press, 1923)、《精神分析概要》(*An Outline of Psycho-Analysis*, New York, NY: W. W. Norton Co., Inc., 1940) 等書。

1920 年十歲以上的黑人文盲率已降低到 22.9%。但是，只要稍加分析，人們仍然可以發現：隨著整個社會文明水準的提高，黑人的經濟生活狀況雖有些微的改善，然而其整體的社會與政治處境仍然是處於劣勢的。

在南方，內戰結束之初，許多黑人曾因為可能出現的光明未來而歡欣鼓舞。但是，實際情況的發展很快就令人感到沮喪。南北戰爭以北方的勝利而告終，但是沒有改變瀰漫於南方地區的原有的種族歧視現象，黑人在南方仍處於從屬地位。廢除奴隸制，實施穀物分成制，並未給黑人帶來任何經濟自由及生活改善。黑人仍然在種植園裡或者在小塊農田裡，辛勤勞作。通過南方重建，種族主義者又堂而皇之地採取種種種族隔離措施，這時，黑人已經認識到，內戰勝利的成果雖然並不能說黑人的處境一點也沒有改善，但到他們手中仍是一種酸澀的苦果。

宣布「黑奴解放」後的三十五年裡，南方各州仍然對黑人參與選舉製造種種阻撓，但到十九世紀末，還是有少許的黑人獲得選舉權。就是這麼一點點的進步，也引起種族主義者的恐慌，因為他們想要永遠消除黑人參加南部政治的權利。於是對於黑人選民的種種限制辦法紛紛出籠：文化測試、人頭稅、了解《憲法》、長期居住等的約束條件，一件一件地條列呈現，使得黑人無法順利獲得選舉權。從 1890 年至 1907 年，除馬里蘭州、田納西州和肯塔基州外，南部各州黑人的選舉權均得而復失。

無法享有權利的南方黑人生活並不平靜，因為種族主義者對黑人的敵視情緒並未緩解。在激烈分子的煽動下，出現了許多新的種族主義組織，製造種族暴力事件，迫害黑人。縱使進入二十世紀以後，私刑仍然是實施種族迫害的一種重要形式。從 1900 至 1914 年，有一千一百多名黑人成為種族主義的犧牲者，其中許多人是被活活燒死的。

1915 年秋天，威廉·J·西蒙斯 (William J. Simmons, 1880–1945) 在喬治亞州靠近亞特蘭大的石山上燃燒起一座十字架，在熊熊火光之下，

以西蒙斯為創始人，與他的三十四名徒眾宣示重建「三K黨騎士團」，並發誓要恢復昔日在南部盛行的蒙面者所從事的恐怖活動。由於當時正處於一次大戰期間，這一組織最初幾年發展很緩慢，參加的人很少。然而 1920 年以後，迅速在南部與西部地區的農村與小城鎮蔓延。在以後相當的一段時期中，三K黨成為種族主義者最為極端的一個組織。這時的三K黨組織與十九世紀下半葉南北戰後的三K黨有所不同。他們不僅迫害黑人，同時還仇視新移民，也敵視猶太人以及天主教徒。他們宣傳「白人至上」(White supremacy) 的觀念，只有在美國土生土長的白種「紳士」才被允許加入這個「無形帝國」三K黨騎士團。一時間白人種族主義的恐怖氣氛籠罩整個南部地區，他們甚至還試圖在北方民眾中傳播「白人至上」的觀念。處於如此險惡環境中的黑人不得不奮起戰鬥，組織起來，維護他們的生存權利。當時最有影響力的黑人領袖是布克·T·華盛頓，1881 年他在阿拉巴馬州為黑人創立一間叫做塔斯基吉的技術學校 (Tuskegee Normal and Industrial Institute)，並親任該校校長長達三十五年之久。他主張黑人不捲入有關政治的紛爭，而應當接受職業技術培訓，掌握一門技術知識，以爭得經濟上的平等。他認為一旦黑人具

圖 19：三K黨的集會（圖片出處：Getty Images）

有職業技術力量，必將在國家的經濟生活中起到積極的作用，那麼政治、社會地位的改善一定會隨之而來。布克‧T‧華盛頓的這種溫和的、漸進主義的主張與行動，遭到另一些黑人領袖們的激烈反對。亞特蘭大大學黑人教授、社會學家威廉‧杜布伊斯是一位學識淵博，具有激進思想的黑人解放人士。他認為按照布克‧T‧華盛頓的辦法教育出來的黑人，是沒有民權的，而是只會耕耘白人社會的土地、照管白人社會的機器的勞動者。杜布伊斯主張黑人要積極參與政治鬥爭，爭取自己的民主權利，是第一重要的任務。為此，於 1905 年，以他為首的一批黑人領袖，聚集於紐約州的尼加拉瀑布 (Niagara Falls) 附近，宣示共同組織「尼加拉運動」(Niagara Movement)，其成員宣布：為言論自由、完全的選舉權、廢除一切種族歧視而奮鬥。他們宣稱：「我們要求完全的成年人選舉權」，並且「現在就要」。1906 年，參加「尼加拉運動」的人們，再次集合於 1859 年 10 月約翰‧布朗曾在維吉尼亞州哈波斯渡口發起廢奴主義之紀念地，重申他們的決心。❹

在黑人爭取權利的抗爭過程中，各種進步政治力量也在努力尋求聯合。1910 年包括杜布伊斯在內的一批黑人和白人聯合組成了「全國有色人種協進會」，❷ 宣布向種族歧視開戰。協進會主張採取各種合法的抗爭手段，包括從事院外活動、制訂合理的教育計畫等措施，以爭取種族平等權利。鑑於當時日益增多針對黑人的私刑暴行，他們不得不將注意力集中於爭取制訂反對種族歧視、制止種族暴行的立法。杜布伊斯擔任刊物《危機》(Crisis) 的主編，該刊物不遺餘力地宣傳欲使所有黑人得到就業機會的宏大計畫，並強烈要求警方給予南部黑人更多的保護。

---

❹　Albert Bushnell Hart, *Twentieth Century United States, 1900-1929* (New York, NY: Macmillan, 1929), p. 87.
❷　該組織的目標是保證每個人的政治、社會、教育和經濟權利，並消除種族仇視和種族歧視。

杜布伊斯花了很大的精力，發動一場訴訟運動，以求廢除種族歧視性法規。**❹**

　　二十世紀初，美國各地出現大量的城市，原有的城市也迅速發展，城市人口急劇增加。隨之，種族主義的陰影也籠罩了城市，甚至出現在北方的城市之中。1910 年，「全國城市同盟」成立，這是一個由黑人與白人聯合組成的組織，該組織專門研究城市黑人的困難處境，幫助來自南方鄉村的新移民尋找住房，解決勞資糾紛，制定社會性的職業訓練計畫。這對於新遷入城市而陷入困境中的黑人來說，無疑是伸出了一雙援救之手。

　　在第一次世界大戰期間，為尋找就業機會和較為平等的生活環境，大批黑人從南方遷入北方城市。第一次世界大戰結束以後，這一流向依然沒有停止。1920 年代時，美國政府採取限制外來移民的政策，更助長了這一由南向北的遷移潮。

　　儘管黑人在北方可以享有包括選舉權在內的某些政治權利，但是這裡絕非他們所能安居的樂土，他們仍然面臨著種種經濟和社會的歧視。以就業情況而言，在經濟狀況好時，他們總是最後才被雇用，一旦經濟出現蕭條或危機時，他們首先遭到解雇。作同樣的工作，黑人的收入遠低於白人，黑人要比他們的白人同事在職務晉升機會上少得多。城市中黑人住宅區與白人住宅區是涇渭分明；黑人小孩不能與白人小孩在同一所學校、同一間教室學習。黑人學校的條件比白人學校的條件要差得多。在北方種族歧視與隔離行為，當然都不是法定的，但是卻是現實的，真實存在著。因此，居住在北方的每一個黑人，在他們的心靈深處，也都得承受這種深深的壓抑。**❹**

---

❹　Forrest McDonald, *We the People: The Economic Origins of the Constitution* (Chicago, IL: University of Chicago Press, 1958), pp. 200-213.

❹　Forrest McDonald, *We the People: The Economic Origins of the Constitution*, p. 266.

　　北方城市中黑人的處境尚且如此，繼續生活在南方黑人的處境，可以想見會更為惡劣。三 K 黨製造的恐怖，時時籠罩在南方黑人的生活之中。

三、改良與重建中的美國社會

　　十九世紀最後三十年，美國經濟迅速發展，使得這個新興國家在邁入二十世紀之時，已經成為世界經濟大國之一。經濟的繁榮、城市的興旺、向海外的擴張，使美國人表現得意氣風發，對前途滿懷信心。他們不僅深信美國歷史發展的黃金時代已經來到，並且自信現在他們已有能力糾正自鍍金時代❹❺ 以來，存在的一切社會和經濟的不公平現象，設法消除特權，消除貧困，實現社會的公正與民主。此時在各個領域中各項的改革力量，匯集成一股巨大的社會洪流，即所謂的「進步主義」運動。

　　當時，對每一個美國人民而言，在盡情地享受經濟發展的成果，設計未來繁榮的美好藍圖時，不可能不為現實中存在的另一種處境所憂心：各級政府的腐敗行為，貧困、犯罪的蔓延，勞動家庭的婦女與兒童所處的可悲境地，以及經濟壟斷體制的出現等。人們意識到，如果不能對此種種現象予以遏制的話，那麼一切美好的夢想將化為烏有，於是「改良」與「重建」成為兩大潮流。不少美國人認為：建立賢明政府，改良和重建出現病態的經濟，將會有助於問題的解決。他們所謀求的僅僅是在現存社會制度下，由集體社會共同建立一套與現存體制相較，更為人道、更為民主的資本主義制度。

　　「進步主義」思想的出現，是美國社會發展到一階段的必然產物。十九世紀下半葉起，美國經濟高速發展，教育水準日益提高，全國就業人數大幅增加，尤其是由於中產階級在全國總人口中的比例逐年增長，

---

❹❺　指南北戰爭結束以後的三十五年間。該詞用語原出於馬克·吐溫 (Mark Twain, 1835–1910) 所寫的小說《鍍金時代》(*The Gilded Age: A Tale of Today*, 1873)。

在不少地區已成為舉足輕重的政治力量，他們積極地要求參與國家管理，對於經濟、政治生活中的腐敗現象，難以容忍。「進步主義」的潮流正是代表了他們的要求。進步主義者所發起的運動，人們稱之為「社會進步運動」或「社會正義運動」。

十九世紀末，就有不少社會團體為消除城市大眾生活中的諸多醜惡現象，例如貧民窟的出現等，奔走吶喊，為民請命，但是力量頗為分散。1890 年從事社會正義運動的人們已不滿足於這種零散的改革行動，他們開始考慮如何借助行政立法的力量來保護弱者。他們的第一個目標便是針對「童工問題」提出改革。長期以來這是一個始終難以解決的問題，並且有越演越烈的趨勢。反對雇用童工的活動，首先在紐澤西等州獲得成功，通過立法作了限制。1904 年，全國童工委員會成立，經過不懈的努力，到 1914 年時全國幾乎所有的州都有立法規定，受雇工人必須達到的最低年齡。這可視為社會正義運動的一大勝利。1916 年，全國童工委員會又提出，禁止在州際貿易中出售全部或部分由十四歲以下兒童生產的商品，以及雇用十六歲以下童工生產的礦山採石場的產品。經過數年的努力，這終於成為一條聯邦立法，稱為《基廷－歐文法》(*Keating-Owen Act*)。

在解決童工問題的同時，社會又將注意力投注於美國社會底層的另一個受害群體婦女。婦女問題幾經努力，至 1917 年，先後有三十九個州制定了工作日，把婦女勞動的時間限制在每週六十小時之內。之後，制定出女工工資相關法律，為女工明文制訂最低工資數額。然而此舉除在少數州取得成功，基本上沒有多大的建樹。此外，建立工傷事故保險公共體制，獲得較大的成功，在經過廣泛的宣傳和鼓動，至 1916 年已有三十多個州建立了社會勞動保險制度。

四、爭取平等權利的女權運動

　　十九世紀末二十世紀初，由於美國社會經歷演變及發展，造就了一代傑出的婦女。廉價、方便的各種家庭設施的發明，大量移民與南方勞動力湧入城市，使中產階級家庭有能力雇用傭工，從而促使城市中產階級女性走出廚房，走向社會，從世世代代婦女必須擔負的家務勞役中解脫出來。她們之中有相當一部分人接受過大學或專科的教育，由於有良好的教育及服務社會的熱忱，婦女一改傳統的家庭婦女角色，積極參與社會工作。她們從事的職業主要是教師、職員，也有相當一部分人獻身於社會改革運動，成為社會正義運動、禁酒運動等改革活動中一股重要的推動力量。

　　長期以來婦女的角色都是肩負社會與經濟的重壓，處於被壓抑的狀態。因此在改革時期中，她們首先要求改善自身的地位。保護女工權利、推動女工最低工資的立法，不僅是社會正義運動者所關注的問題，也是廣大婦女自身所密切關注之所在。尤其是這一代傑出的婦女，她們更是不甘心處於二等公民的地位，不願意生活在男性的保護傘下。一直到二十世紀之初，婦女的選舉權還是被剝奪。正如許多美國婦女指出：在美國這樣一個民主國家，剝奪一半公民的選舉權就是對自身合理性的一種否定。1890 年至 1910 年的二十年間，美國的勞動婦女人數從四百萬增至七百五十萬，然而她們的處境並沒有多大改善。美國婦女中的一些傑出人物大聲疾呼：婦女需要選舉權以保護自身利益。

　　其實，婦女爭取選舉權的運動並不是從二十世紀才開始，早在 1848 年就已經有人主張應該賦予婦女以平等的選舉權，但是由於南北戰爭的爆發，黑人問題的被提出，使得婦女議題被公眾淡忘。十九世紀末期的女權運動，為二十世紀初的女權運動作了準備，使得二十世紀的女權主義者的組織更加堅定茁壯，取得的成效也因此更大。

　　進入二十世紀，婦女爭取選舉權的運動，日益受到整個社會的關注。因為傳統價值觀念深植於美國婦女心中，婦女受到來自自身阻力及社會壓力甚大。她們認為政治是男人的事，婦女的天地是在家庭裡，如果婦女進入辦公室，家庭就要破裂、男子將失去權威；甚至一些受過良好教育的婦女，也存在著種種模糊觀念。就整個社會來說，婦女運動遇到最大的阻力有三：其一是政治首領們害怕婦女獲得選舉權後會支持革新派人物；其二是天主教教會頑固地堅持婦女的活動應限於家庭；其三是釀酒業界擔心婦女在得到選舉權後會極力倡導禁酒。

　　雖然阻力重重，但形勢已不可逆轉。這時美國爭取婦女選舉權運動的力量已大為增強，其領導人深受英國激進參政主義者的影響，給美國的女權運動注入了新的思想和活力，使運動更具有戰鬥精神。與此同時，二十世紀美國進步主義運動的領導人也開始認識到，婦女參政是社會改革的一個重要組成部分，大力爭取女權運動匯入他們整個改革運動之中，於是，女權運動的聲勢更加壯大了。

　　這場抗爭在 1900 年進入關鍵時刻，凱莉·查普曼·凱特 (Carrie Chapman Catt, 1859–1947) 當選為美國婦女選舉權協會主席，積極參與《憲法》第 19 條修正案的抗爭活動，在 1920 年該修正案賦予美國婦女選舉權，貢獻非凡。她是一位具有非凡才能的組織家，她把分散的個人和團體力量聯合起來，組織婦女們走街串巷進行鼓動宣傳，四處發表演說，爭取社會的理解與支持。一批激進的女權運動人士，則採取組織抗議遊行，甚至運用絕食的方式展開爭取女權的抗爭。女權運動開始從一種散漫的運動，漸漸轉化為一場有聲有色、有組織的社會改革運動，在美國由東向西，由北向南擴展開去。

　　1918 年 1 月 9 日，威爾遜總統表示支持給予婦女選舉權的《憲法》第 19 條修正案。1919 年 5 月，參眾兩院也予以通過，並於 1920 年 8 月正式生效，成為《憲法》的一部分。它宣布：「合眾國公民的選舉權，

不得因性別緣故而被合眾國或任何一州加以否定或剝奪。」這一項成就，成為美國婦女在美國生活方式中，追求與男子成為真正夥伴關係的實證。

在婦女爭取選舉權的抗爭取得進展後，各州紛紛進行立法的修改，特別注意保護婦女的經濟權益。此對整體性的社會意識也大為前進了一步。婦女在社交活動中爭取到了更大的自由，一些陳舊的、不利於婦女的道德觀念也隨之改變。

瑪格麗特・山額 (Margaret Sanger, 1879–1966)，是一位長期生活在紐約市貧民區的護士，深感某些傳統觀念對婦女的危害。她親眼看到許多婦女由於生育過多，企圖自行流產而導致慘死。她否定傳統的婦女生育觀念，指出生育過多會造成貧困。因此山額夫人提出了「節育」這個大多數美國人過去聞所未聞的新概念。她不顧當時法律的禁令，1916 年在紐約開設了全國第一家節育門診診所，成百上千的婦女排隊候診，在當時被視為「大逆不道」，甚至被攻擊為是一種「誨淫」行為，她的診所遭到政府的取締。山額夫人本人也被逮捕坐牢三十天，成為社會譴責的對象。但是她在法庭上從容不迫地闡述了節育與避孕是婦女擁有的權利，從而獲得部分人士的理解、支持和同情，法庭不得不對某些法律從寬解釋，允許採用某些避孕措施。山額夫人一躍成為全國名人，成了抗議一系列反避孕法的全國性代表人物。然而，這一初步的成功，也為美國全社會對人工流產問題的爭議，埋下了伏筆。

二十世紀最初二十年間美國婦女運動取得的成就，使婦女有可能與男子一樣參與公共社會生活，並使婦女自身的某些特殊利益得到保護。但是她們的黃金時代並沒有真正到來，婦女在就業、工資等方面仍受到歧視，許多人仍然生活在父權社會的陰影之中。從更深的層次分析可以發現，二十世紀初的二十年間，美國婦女運動獲得初步成就的最根本原因，還在於美國現代大工業的迅速發展。這種經濟上的大變革，必然引

起社會大變革，社會需要大批婦女走向社會，要求婦女接受更高層次的教育，從而引發了女權運動，因此，美國婦女完全有理由對她們的未來表示樂觀。

五、廣播與藝術事業

十九世紀末，美國成功研發了無線電。**❹** 隨之無線電廣播發明後，很快就成為當時大眾娛樂事業中受歡迎的一項娛樂。1906 年聖誕前夕，無線電廣播初次播放一段簡短節目，聽到這首次廣播的只有新英格蘭海岸外船上的少數無線電報務員。那天晚上八點鐘左右，他們從耳機中突然聽到一個人讀著《聖經·路加福音》中的聖誕故事，伴著演奏小提琴和播放韓德爾的「舒緩曲」唱片，最後還祝大家聖誕快樂。那天晚上在廣播節目中創造歷史的廣播聲，是出生加拿大的移民費辛敦 (Reginald Aubreg Fessenden, 1866-1932) 的聲音，他以電臺廣播著名。他的播音實驗室設於麻薩諸塞州布蘭特岩城 (Brant Stock)，距樓資茅斯不遠。費辛敦曾在紐澤西州的愛迪生實驗室工作，也曾在幾間大學教過電機工程。1900 年他替美國氣象局作無線電實驗的時候，初次萌生使用無線電傳達人聲的念頭。兩年之後，獲得匹茲堡兩名金融家的資助，設立布蘭特岩實驗室，致力實現他的夢想，亦即不僅廣播摩斯電碼 (Morse code) 的長短音信號（亦即簡單地把無線電信號截成長、短、斷續的片段），還要廣播生活中的各種聲音。費辛敦在布蘭特岩的工作室研發出在電線真空管、電池和天線之間，尋求一種方法，把人的聲音加入無線電波裡放送出來。費辛敦用了四年的時間才完成這套裝置。在此期間，另一位李·德·福來斯特 (Lee De Forest, 1873-1961) 取得了更大的進展，他首次播出人的聲音。1907 年，他又發明可以用來放大電臺發射的電信信

---

❹ 義大利人馬可尼，1901 年在英格蘭建造了一座無線電發射臺，相應地在紐芬蘭建立了一座接收臺，是他首次接收到了越洋的無線電信號。

號的電子管「三極管」，這使長途無線電通訊成為可能，❹ 被譽為「電子管之父」及「無線電之父」。

這些無線電通訊器材的陸續發明，刺激了人們對於無線電廣播的興趣。美國人薩爾諾夫 (David Sarnoff, 1891–1971) 倡議把無線電作為廣播的一種器具。1910 年，他首先建議其雇主美國馬可尼公司 (Marconi Co.) 製造「無線電音箱」以接收中央臺的廣播，1910 年首次從紐約的大都會劇場作了一次音樂廣播。在第一次世界大戰結束時，威爾遜總統在一艘輪船上通過無線電，對從海外歸國的美軍官兵發表演講。薩爾諾夫的成就，被譽為是美國「廣播通訊業之父」。

第一次正式的商業性無線電廣播是在 1920 年，當時設立在賓夕法尼亞州匹茲堡的 KDKA 廣播電臺，廣播了共和黨華倫・哈定 (Warren G. Harding, 1865–1923) 和民主黨詹姆斯・科克 (James M. Cox, 1870–1957) 兩人競選總統的結果。這種嶄新形式的通訊工具，首先得到了報界人士的歡迎，提高了新聞的時效性。第一個正規的每日廣播節目也開始於 1920 年，是由底特律《新聞報》(News) 主辦的電臺播出的。

到 1920 年代末，無線電廣播已經具備了部分新聞媒介的功能，但是從無線電廣播的影響範圍來看，它仍然遠不及與報刊雜誌相匹敵，絕大多數的美國人仍然習慣以閱讀而非用聽廣播方式來獲得新聞。

十九世紀就已經奠定重要地位的報刊雜誌，在進入二十世紀最初的二十年間，也發生明顯的變化。不僅報刊數量、訊息量明顯增加，新聞內容也發生了顯著的變化。

1895 年，威廉・倫道夫・赫斯特 (William Randolph Hearst, 1863–1951) 買下《紐約日報》(New York Journal)，並努力爭取在發行量上擊敗其競爭對手約瑟夫・普立茲 (Joseph "Joe" Pulitzer, 1847–1911) 的紐約

---

❹ 幾十年後，三極管在電視通訊中也起到同樣的作用，福來斯特一生中共計擁有超過三百項專利。

《世界報》(*The World*)。在當時，《世界報》是以品質優秀而聞名。為了壓倒對方，吸引讀者，赫斯特大量刊登聳人聽聞的社會新聞，報導血腥的刑事案件。《世界報》為了保住其發行量，也運用同樣手法，結果「黃色新聞」(yellow journalism) 泛濫。[48]1898 年以後，普立茲放棄了與赫斯特的競爭，重新恢復《世界報》嚴肅、負責的辦報傳統。但是，黃色新聞仍然左右了美國新聞相當一段時間。

另一位著名報人阿道夫・西蒙・奧克斯 (Adolph Simon Ochs, 1858–1935) 所掌管的《紐約時報》(*The New York Times*)，一如既往保持嚴肅、負責的辦報方針。奧克斯在一批具有高度責任心和正義感的新聞人士支持下，提出詳盡、快捷及「刊登值得排印的新聞」的口號。他們刻意追求新聞的嚴肅性、客觀性、準確性、完整性，對專門喜歡刊載黃色新聞的報刊是一個無形有力的批判。正因為如此，《紐約時報》以其獨具慧眼的嚴肅風格，在美國新聞史上留下響亮的紀錄，成為世界上最具影響力的報紙之一。

此時，美國新聞媒介發展的另一個特點，是報紙連鎖組織的出現。這可以看作是商業的壟斷化在文化活動中的對應產物。愛德華・斯克里普斯 (Edward W. Scripps, 1854–1926) 創建了第一個這樣的組織——斯克里普斯－麥柯洛報業聯合會 (Scripps-McClure Newspaper Association)，這一個組織由分布於中部、西部十五個州的三十多家報社組成。此一時期最大的報紙連鎖組織，掌握在報業大王赫斯特手中，他控制了大約四十家發行量最大的報社。赫斯特在新聞史上是一位受爭議的人物，被稱為新聞界的「希特勒」、「黃色新聞大王」。他在二十世紀初掀起的黃色新聞浪潮，對後來新聞傳媒影響甚鉅。

---

[48] 「黃色新聞」這一名稱，是以《世界報》上一個連環畫的人物「黃孩子」(Yellow Kid) 而得名，它是指一種趣味低級、誇張失實以求聳人聽聞的新聞。這種黃色新聞往往因內容刺激，又輔以大標題和大幅照片而特別引人注目。

　　此外，在 1900 年新奇的娛樂電影事業當時才初具雛形，幾乎沒有一個人能預料到 1950 年代間，竟成為最具有感染力、最大眾化的藝術形式。

　　早在十九世紀末葉，各國就有致力於發明電影的工作，例如美國的湯瑪斯・愛迪生、英國的威廉・福雷斯・格林 (William F. Green, 1855–1921)，以及法國的路易兄弟 (Brother Louie) 等。1896 年，在紐約的劇院，愛迪生首次在屏幕上放映動態的畫面，內容就是一連串的舞蹈動作和一些拳擊比賽的鏡頭。1903 年，第一部有連貫情節的電影「火車大劫案」(*The Great Train Robbery*, 1903)，由美國愛迪生公司推出。這是一部以西部開發時期為背景，描寫一幫膽大妄為的強盜占了電報局，又搶劫火車，結果被一隊精於騎射的警察窮追猛打，逮捕歸案。儘管全片放映時間還不到十分鐘，但影片中槍戰和緊張的追逐場面，令觀眾喝采，因此轟動一時，成為美國西部片的開山之作。這部電影大部分都是在戶外「外景」場地上拍攝，雖然拍攝的地方是東部的紐澤西州，而非西部沙漠。儘管未經訓練的演員騎在馬背上，看得出來有點心驚膽戰，可是就 1903 年的觀眾看來，還是相當逼真。一場場的戲連在一起，中間省去過場戲，用情節的必然發展來交代，不再用字幕或畫面漸隱的手法，這樣就能製造懸疑，抓緊觀眾的情緒，剪輯方法就此成了電影製作上至關重要的技巧。電影滿足人們新奇心理的玩藝兒，其娛樂功能因此大為增強。

　　1905 年，賓夕法尼亞州匹茲堡出現了第一家「五分錢影院」(Nickelodeon)，其實這只是一家經過改建的百貨店。儘管環境不佳，但人們很難抵抗電影的誘惑，它便宜、生動、直觀，簡直令人不可思議。兩年內，「五分錢影院」已如雨後春筍般出現，開業的影院數量近五千家。為了迎合大眾的娛樂需要，電影公司紛紛組建。路易斯・梅耶 (Louis B. Mayer, 1884–1957)、塞繆爾・高德溫 (Samuel Goldwyn, 1882–

1974)、傑西‧拉斯金 (Jesse Ruskin, 1881–1963) 等，積極投身這一事業，堪稱是美國電影製作業的先行者。梅耶曾任米高梅影業公司 (Metro-Goldwyn-Mayer Studios Inc.) 副董事長，正是他創立了明星制度，發掘出許多優秀的影星。尤其是高德溫，他長期主持米高梅公司，製作了多部富於文學色彩的藝術片，如「孔雀夫人」(*Dodsworth*, 1936)、「咆哮山莊」(*Wuthering Heights*, 1939) 等，蜚聲好萊塢影業界長達三十餘年。由於加利福尼亞特有的好天氣，為影片的拍攝提供了良好條件，於是好萊塢 (Hollywood) 很快就成為美國電影業的中心。

　　一旦電影業成為一個重要行業，美國人便在這一領域裡大顯身手。由於當時導演在影片拍攝中往往身兼數職，因此，導演可以說是一部影片的靈魂。戴維‧格里菲斯 (David Griffith, 1875–1948) 稱得上是電影史上最具開拓精神的導演之一。他在電影的拍攝中最早使用閃回、疊印、蒙太奇等新技巧，大大改進了電影的攝影技術，使觀眾耳目一新。1915年，他別開生面地導演了「一個國家的誕生」(*The Birth of a Nation*, 1915)，是一部反應內戰與重建的影片，藝術性與拍攝技巧結合得宜，藝術效果極佳。[49] 此後，格里菲斯又以拍攝喜劇影片而大獲成功，在他的影片中常常以追捕逃犯的緊張場面，或美女翩翩起舞等畫面，來吸引觀眾的目光。

　　在電影界取得成功的人物中，除了導演與製片人之外，還有一大批被稱之為電影明星的演員。他們的音容相貌都為全美國甚至全世界的觀

---

[49]　但是由於片中為美國的「三 K 黨」胭脂抹粉而遭到社會輿論的譴責。格里菲斯對藝術技巧的追求，多與大眾的娛樂趣味背道而馳。1916 年，他攝製了一部叫做「忍無可忍」(*Intolerance: Love's Struggle Through the Ages*, 1916) 的影片，該片情節由四個完全不相干的內容組成。他在影片中交叉使用了蒙太奇等手法，設置種種懸念，企圖使故事引人入勝，形成了所謂的格里菲斯的結尾方式：「最後一分鐘營救」。但是影片上映後，票房不佳。不過它所具有的獨特的時空表現力的確是一次極大的突破，就這一點而言，稱「忍無可忍」是世界電影史上一部里程碑式的影片並不為過。

圖 20：查理・卓別林

眾所熟悉。著名導演馬克・塞內特 (Mack Sennett, 1880–1960) 導演過大量喜劇片，正是他發現與培養了最負盛名的喜劇天才卓別林 (Charles Chaplin, 1889–1977)。電影中的卓別林，他所扮演的蓄一撮小鬍子，頭戴小禮帽，足蹬大皮鞋，寬褲短衫，手執細長手杖的流浪漢形象，已成為獨具特色的形象，觀眾對此百看不厭，而且讚嘆不已。他的成功與影片的選材成功有關。他的影片多以工業社會、城市發展為背景，反應存在於這個時代的成功與失敗、幸福與悲哀，這正是當時美國社會的真實寫照，也是人們普遍感受與關注的事物，它自然在觀眾心中產生共鳴。另外，這時候的少男少女，往往希冀在銀幕上尋找各自的崇拜偶像。瑪麗・璧克馥 (Mary Pickford, 1892–1979) 因長於扮演可愛、純情的女孩，而被稱為「美國大眾情人」。她所主演的「風騷女人」(Coquette, 1929) 聞名遐邇，為此獲奧斯卡 (Oscar) 最佳女主角獎。而在姑娘們的眼中，英俊、瀟灑而又偉岸強健的法蘭西斯・波斯曼 (Francis Bushman, 1883–1996) 則是最受歡迎的夢幻「心上人」的化身。

電影的出現和發展，意味著美國社會大眾文化的興起，在充滿競爭的緊張生活中，增強了人們對娛樂的要求。這時人們對於傳統的娛樂形式表現出某種厭倦情緒，這不僅是因為其形式的陳舊，還因為傳統娛樂的過分「美國化」，使在人口中占相當比例的新移民難以理解及接受。在這種形勢下，電影正好以其新奇的形式，多變的情節，易於接受的直觀性，贏得廣大觀眾的喜愛。

電影的普及，大大開闊了一般民眾的眼界，藝術的因素已不僅存在

於繪畫、舞蹈、文學、戲劇之中。電影為一般公眾提供了各種藝術的養分，這對美國民眾生活方式、價值觀念的改變有著潛移默化的影響。同時，當影片「一個國家的誕生」放映之後，它所引起的社會震盪，充分顯示了電影這一大眾文化形式所具有的巨大力量，致使人們賦予電影以新的功能——宣傳，這在以後的歷史中真正獲得有力的證明。

第十章　第一次世界大戰
(1914-1918)

　　二十世紀發生過兩次世界大戰，把整個歐洲和大部分文明世界弄得天翻地覆。1914 年 8 月 1 日第一次世界大戰爆發，宣告歐洲的承平時代結束。這場世界大戰打了四年，約有八百萬軍人戰死沙場，一千二百萬平民死於接踵而至的革命、饑饉和瘟疫，此後疆界重新調整，新國家相繼興起，世界發生巨大的改變。

第一節　戰爭的起源

一、結盟的出現與大公遇刺

　　第一次世界大戰導因於奧國斐迪南大公 (Archduke Franz Ferdinand, 1863-1914) 被塞爾維亞人刺殺，掀開大戰的序幕。但釀成這場國際性災難的根本原因是德國、奧匈帝國、義大利、俄國、法國、英國等幾個大國在前幾年間所形成的敵對狀態。德國在普法戰爭 (1870-1871) 中獲勝並併吞法國的邊界地區後，便擔心法國進行報復，為孤立法國，在 1873 年與奧匈帝國和俄國結成三帝同盟 (League of the Three Emperors)，1882 年又與奧匈帝國和義大利結成「三國同盟」(Triple Alliance)。奧匈帝國最關心的是保持巴爾幹半島的現狀，而俄國則積極干預巴爾幹半島的事務，又由於尋求黑海的出海口而想把土耳其趕出歐洲。

　　俄國和奧匈帝國之間對於巴爾幹的態度是難以調和的。英俄、英法

之間由於土耳其、中近東、非洲殖民地等問題雖也互相敵對，但自從
1888 年德皇威廉二世 (William II, 1859-1941) 即位以後，在外交上採取
了「新方針」，即與奧匈帝國祕密聯繫。俄國感到孤立，就向法國尋求
同盟，於 1892 年訂立了《法俄軍事協定》。英國由於擁有最強大的海
軍和廣大的海外領土，最初實行「光榮孤立」(splendid isolation) 的政策，
不參與歐陸事務，後來面臨德國在中近東的威脅和海上的挑戰，終於在
1904 年簽訂了《英法協約》(Entente Cordiale)，❶並於 1907 年簽訂了《英
俄協約》(Anglo-Russian Convention)。❷

　　戰爭導因於 1914 年 6 月 28 日，一名塞爾維亞 (Serbia) 青年普林西
普 (Gavrilo Princip, 1894-1918) 在波西尼亞 (Bosnia) 首府塞拉耶佛
(Sarajevo) 刺殺了奧國王儲斐迪南大公，引發了一場世界戰爭。普林西
普在事件的審判中，他大膽地陳述了他的信念和動機，他說：「我毫不
後悔，因為我堅信我消滅了一個給我們帶來災難的人，做了一件好事……
我看到了我們人民每況愈下。我是一個農民的兒子，看到鄉村中所發生
的一切……這一切都對我產生影響，而且，我還知道他（斐迪南大公）
是德國人，是斯拉夫民族的敵人……作為未來的君主，他會阻止我們聯
合，實行某些顯然違背我們利益的改革。……」❸ 普林西普的行刺，背

---

❶ 《英法協約》是指 1904 年 4 月 8 日英國和法國簽訂的一系列協定，它標誌著兩國停
止關於爭奪海外殖民地的衝突，開始合作對抗新崛起的德國的威脅。在協約中，雙方
就一系列國家和地區的控制權達成了共識，包括埃及、摩洛哥、馬達加斯加、中西非
洲、暹羅（泰國）等地。該協約同時也對兩國在第一次世界大戰中的政治和軍事合作
奠定了基礎。

❷ 《英俄協約》由英國與俄羅斯在 1907 年 8 月 31 日在聖彼得堡簽訂，它界定兩國在波
斯、阿富汗與西藏的勢力範圍。俄羅斯得到波斯北部，英國則獲得南部近波斯灣的地
區。條約之目的主要是防止德國擴張至該地。《英俄協約》加上《英法協約》與法俄
同盟，在 1907 年組成英國、法國與俄羅斯的三國協約。三國協約與三國同盟鼎足而
立，互相敵對，是第一次世界大戰爆發的近因之一。

❸ Edward M. Coffman, *The War to End War: The American Military Experience in World War
I* (New Haven, Connecticut: Yale University Press, 1986), p. 47.

後操縱者是塞爾維亞祕密組織「黑手社」(Black Hand)。黑手社成立於 1911 年的貝爾格萊德 (Belle Glade)，公開宣稱的目的是實現「民族理想團結所有的塞爾維亞人」，其社章規定：「該組織寧願採取恐怖行動，也不願進行理性宣傳，因此必須對非組織成員絕對保密。」❹ 如此一來，該組織吸收新成員，是在一個隱蔽陰暗的房間裡，會員圍著一張小桌子進行的。房間裡點一根蠟燭，桌上鋪著一塊黑布，上面放著一個十字架、一把匕首和一支左輪手槍、黑手社的社章、刻有一幅骷髏圖、一把匕首、一顆炸彈和一瓶毒藥，並題有「不統一，毋寧死」的口號。這些放縱的言論，反應出黑手社成員的狂熱與忠心，而黑手社成員在波西尼亞 (Bosnia) 尤為活躍。塞爾維亞政府並不支持這一組織，它認為該組織是一個危險的、激進的、好戰的組織。但這並不妨礙黑手社組織成為一個進行有效的鼓動和恐怖活動的地下革命組織。❺

　　1914 年 6 月 28 日斐迪南大公同意正式訪問波西尼亞首府塞拉耶佛，而讓這些塞爾維亞革命者予以可乘之機。這一天正是所謂「聖維多夫丹節」，是「科索沃戰役」(Battle of Kosovo) 的紀念日。於 1389 年 6 月 28 日這一天，土耳其人征服了中世紀的塞爾維亞帝國。如此一來，因為這一天，塞爾維亞人的民族感情必然受到刺激，尤其受到黑手社當時的鼓動。當大公及其夫人在當日早晨進行訪問時，六名刺客身上帶有炸彈和左輪手槍，等候在指定的路線上預備行刺。當車隊行至街頭拐角處，普林西普掏出左輪手槍，連開二槍，一槍射中斐迪南，另一槍欲射向波西尼亞總督，可是第二槍射偏了，擊中大公夫人，射死二人。如此一來，激起聯盟體系開始致命的行動。首先，德國保證，不論奧匈帝國

---

❹　程亞文，〈常規秩序與異態衝突對亨廷頓「文明衝突論」的另一種詮釋〉，《歐洲》，第 6 期（1998 年）。

❺　季辛吉 (Henry Kissinger, 1923–) 著，顧淑馨、林添貴譯，《大外交》（中國：海南出版社，1997），頁 217, 751-752。

決定採取什麼行動都予支持，並且他們認為俄國未必敢支持塞爾維亞，以反對德國、奧匈帝國，但事實並未如此。1914 年，俄國這時的勢力比 1908 年時更強大，他已從 1904 至 1905 年日俄戰爭失敗中恢復過來。一場世界大戰的結盟，就此展開。❻

　　1914 年 7 月 23 日，奧匈帝國向塞爾維亞提出最後通牒，並於 28 日向塞國宣戰。俄國為了對抗奧匈帝國，也宣布總動員。德國隨即向俄國提出最後通牒，要求俄國停止動員；又向法國提出最後通牒，要求法國答應在俄德戰爭中保持中立。俄國和法國對最後通牒都置之不理，德國遂於 8 月 1 日對俄宣戰，8 月 3 日對法宣戰。德軍於 2 日即已進入盧森堡，要求假道比利時，3 日夜間侵入比利時。英國由於有義務維持比利時的中立，就在當日對德宣戰。5 日，奧匈帝國對俄宣戰；隨後，法、英先後對奧匈帝國宣戰。塞爾維亞和蒙特內哥羅 (Montenegro) 對德、對奧匈帝國宣戰，日本也對德宣戰。義大利則暫時保持中立。9 月 5 日俄、法、英簽訂了《倫敦條約》(*Treaty of London*)，後稱「協約國」(Entente)。第一次世界大戰因此爆發了。❼

二、蘇維埃共產政府形成

　　1917 年世界上發生另一件大事，即列寧 (Vladimir Lenin, 1870–1924) 領導的俄國革命 (Russian Revolution of 1917) 的發生，俄國因此退出戰場。俄國布爾什維克黨 (Bolshevik) 在彼得格勒取得權力，建立起第一個馬克斯主義的國家。

　　1917 年俄國發生兩次大革命，第一次發生在 3 月，推翻了沙皇的

---

❻　季辛吉著，顧淑馨、林添貴譯，《大外交》，頁 150；Arthur S. Link, *The Struggle for Neutrality, 1914-1915* (Princeton, NJ: Princeton University Press, 1960), pp. 418-425.

❼　斯塔夫里阿諾斯 (Leften Stavros Stavrianos) 著，吳象嬰、梁赤民譯，《全球通史 1500 年以後的世界》（上海：上海社會科學院出版社，1992），頁 579。

統治；第二次發生在 11 月，布爾什維克奪取了政權。到 1917 年，沙皇
與俄國人民之間的關係已經破裂，每個人都能夠看清政府的腐敗和無
能；即便是極端溫和的人，也對政府的反動政策，如解散杜馬 (Duma) ❽
不滿。俄羅斯帝國內的許多少數民族日益反對被俄羅斯人統治的生活。
在第一次世界大戰中，因為裝備不良和指揮無力，使俄國人遭受慘重的
損失，俄國的經濟完全破產，因此，革命已經不可避免。1917 年 3 月
12 日，首都彼得格勒（Petergrad，今聖彼得堡）由於缺少糧食而發生騷
亂，迫使沙皇尼古拉二世 (Nicholas II, 1868-1918) 於 3 月 15 日退位，當
他的兄弟米哈伊爾 (Michael) 大公拒絕登基時，三百多年古老的羅曼諾
夫 (Romanov) 王朝遂告終了。3 月 15 日，俄國宣布成立一個共和國。
杜馬任命一個臨時政府，但是這個政府面臨由工兵代表組成的彼得格勒
蘇維埃這樣一個對手。這個蘇維埃的二千五百名代表，是由彼得格勒及
其周圍地區的工廠和軍隊中選出的，只有社會主義者才能充當代表。3
月 14 日蘇維埃發布著名的第一號命令，指示軍隊只能聽從蘇維埃的命
令，而不得聽從臨時政府的命令。此後有一段時期，蘇維埃與臨時政府
在某種程度上進行合作，但到最後完全分裂。

　　在 3 至 10 月期間，臨時政府改組了四次。第一個政府完全由自由
主義派的部長們組成，只有溫和的社會黨人克倫斯基 (Aleksandr F.
Kerensky, 1881-1970) 是個例外。此後的三個政府都是聯合政府。但是，
這些政府均未能適當地解決當時俄國所面臨的重大問題，如分配土地給
農民、非俄羅斯人地區的民族獨立運動以及前線軍隊的士氣渙散等。同
時，在全國的城市、大鎮以及前線部隊中，都成立了以彼得格勒蘇維埃
為榜樣的蘇維埃。在這些蘇維埃中，主張俄軍無條件退出戰爭的「失敗
主義」情緒日益增長。在 6 月 16 日召開的全俄蘇維埃代表大會中，社

❽　杜馬 (Duma) 即所謂下議院。

會黨人形成最大的集團，其次是孟什維克 (Menshevik) 和布爾什維克。[9]

克倫斯基成為政府的首腦，但是他越來越無力阻止俄國陷入政治、經濟和軍事混亂的漩渦。蘇維埃的權力日益增長，布爾什維克在各蘇維埃內的影響也越來越大。到 9 月，由列寧領導的布爾什維克已經壓倒社會黨人和孟什維克，在彼得格勒蘇維埃和莫斯科蘇維埃中成為多數派。同年秋，布爾什維克的「和平、土地和麵包」綱領，贏得了飢餓的城市工人和成群開小差的士兵們的擁護。11 月 7 日，布爾什維克發動一場幾乎不流血的政變，占領了政府大廈、電報局和其他戰略據點。克倫斯基雖然在較早時已平息了沙皇將軍科爾尼洛夫 (Lavr Georgiyevich Kornilov, 1870–1918) 的反政府叛亂，但未能成功地組織與布爾什維克的對抗，於是逃出了俄國。在彼得格勒召開的第二次全俄蘇維埃代表大會，同意這次政變，並批准建立一個主要由布爾什維克代表組成的新政府。因此，俄國退出第一次世界大戰，新的布爾什維克統治者著手創立蘇維埃社會主義共和國聯盟，其影響至今仍波及世界各地。世界上第一個自稱為共產主義的政府就這樣誕生了。[10]

第二節　美國的參戰

在美國方面，歐戰發生時，時任美國總統威爾遜態度傾向於協約國家，因為威爾遜認為，德國是一個毫無法律觀念的國家；同時，德國威脅了美國在拉丁美洲的利益。然而，威爾遜認為，歐洲事務沒有美國的協助，協約國仍會獲勝的，因此，美國決定採取中立主義政策。

---

[9] Joan M. Nelson, *Aid, Influence and Foreign Policy* (New York, NY: Macmillan, 1968), p. 357; John Brooman, *The World Remade: The Results of the First World War* (New York, NY: Addison Wesley Longman Limited, 1985), p. 451.

[10] Preston W. Slosson, *The Great Crusade and After, 1914-1928* (New York, NY: Free Press, 1930), p. 124.

一、參戰的原因

　　1914 年當歐戰爆發，對美國人來說引起了震驚。起初，戰鼓之聲似乎距離美國甚遠，但不久後就都感受到戰事對美國的經濟和政治生活，產生相當大的影響。1915 年，本來已略漸蕭條的美國工業，隨西方盟國的軍火訂單的到來，再度欣欣向榮。美國對協約國賣出將近一億美元的武器和彈藥，並且美國的鋼、錫、油、稻米和食物定貨單急遽增加，貿易量由 1914 年的五億，增加到 1917 年的三兆五千億美元。**⓫**

　　回顧在 1914 年和 1915 年，當德國海軍在北海受到英國封鎖的干擾時，德國開始用潛艇攻擊協約國的船隻，在戰時的潛艇攻擊使得中立政策更為複雜。國際法規定船隻在受到攻擊前，必須受到警告，以便讓船員逃跑，但是潛水艇的行動也受到限制，而難以發出警告。早在 1915年，德國人已發出警告，任何接近英國的戰區，將會遭受無警告的攻擊，但是威爾遜總統拒絕承認這項警告，更無意限制船隻的貿易，當美國的船隻受到攻擊，美國人民的生命遭受威脅時，美國群眾才群起憤怒，向德國提出警告。

　　1915 年 3 月 28 日，一艘德國的魚雷艇在愛琴海上擊沉英艦「法拉巴號」(Falaba)，一名美國人死亡；六週之後，德國潛艇擊沉了另一艘英國客輪「路西塔尼亞號」(Lusitania)，一千二百名乘客中有一百二十八名美國人死亡。威爾遜要德國立即停止對非武裝船隻的潛艇攻擊。**⓬**1916

⓫　Henry F. May, *The End of American Innocence: A Study of the First Years of Our Own Time, 1912-1917* (Cambridge, Mass: MIT, 1959), pp. 119-124.

⓬　1915 年 5 月 7 日（星期五），由紐約駛往利物浦 (Liverpool)，冠達海運公司 (Cunard)引以為豪的路西塔尼亞號（被暱稱為海上灰狗）於愛爾蘭南部的老金塞爾角 (Old Head of Kinsale) 附近被一枚德國魚雷擊沉。當天下午兩點十分過後，負重三萬零三百九十六噸的路西塔尼亞號毫無預警地被一枚魚雷擊中。它只花了二十分鐘左右就沉沒了，一千二百零一個男人、婦女和小孩失去了生命。在死亡的人數中，有一百二十八人是美國公民。發射魚雷的德國潛艇 U20 繞著下沉的船隻轉了幾圈，然

年 3 月，法國汽船又再度被擊沉，威爾遜總統因此再度提出警告，而此刻美國仍是站在中立的立場。德國人不願逼使美國站在協約國一邊作戰，因此，同意停止潛艇政策。

　　潛水艇政策以及美國和歐洲列強的關係，在美國本土內成為一項主要的政治問題。前任總統老羅斯福攻擊威爾遜在德國事務上的忍讓消極態度，並認為美國應該在陸軍和海軍方面備戰。但是威爾遜不願在和平時期維持大批的陸軍，因此，他尊重老羅斯福在公共意見上所做的多方面的努力以及備戰的建議；但是他也不能忽略美國可能捲入歐戰的可能性。因此，在 1916 年威爾遜將陸軍兵員加倍，並建設強有力的海軍。❸

　　在 1916 年大選中，美國人民仍支持總統威爾遜連任，此刻可證明美國人渴望和平，使威爾遜打敗了主張參戰的共和黨總統候選人查爾斯·休斯 (Charles Hughes, 1862–1948)，獲得勝利。1917 年 1 月，德國

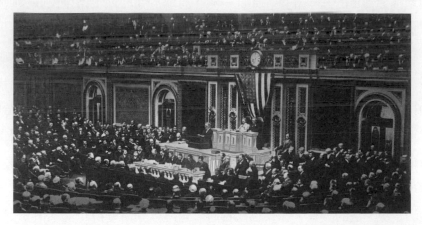

圖 21：1917 年 2 月 3 日威爾遜總統在美國國會正式對德國宣戰

後就逃離了現場。沉船遺址首次被發現是在 1935 年。1982 年路西塔尼亞號的一個四葉螺旋槳被打撈了上來，現在正在利物浦阿爾伯特港 (Albert Dock) 的默西賽德海洋博物館 (Merseyside Maritime Museum) 碼頭區展出。

❸ Kenneth W. Thompson, *Political Realism and the Crisis of World Politics: An American Approach to Foreign Policy*, p. 421.

運用無限制的潛水艇政策，**⓮** 將所有船隻擊沉，而且不論其立場為敵人或中立，德國希望速戰速決，而威爾遜認為德國這種作為不對，遂終止與德國的外交關係。此後，歐洲局勢演變得相當緊張，美國國會投票通過，正式對外宣戰。

美國堅守的中立立場，直至 1917 年由威爾遜帶領美國加入戰爭而終止。美國參戰的主要原因有三：第一是擴軍運動。成立於 1914 年 12 月 1 日的「國家安全聯盟」得到了軍人、軍火製造者和政治家的有力支持，他們宣傳同德國作戰的可能性，要求進行義務軍事訓練，要求大量增加常備軍和海軍。威爾遜最初反對，但也因局勢的改變，最後，他親自領導了紐約和華盛頓的擴軍運動遊行，並在 1916 年 6 月 3 日，主持通過了《國防法》(*National Defense Act*)，將常備軍增加一倍，改組國民警衛隊，並規定在各學院和夏令營中訓練軍官。8 月，又批准一個大規模地擴建海軍的三年計畫。如此一來，有助於在心理上為全民族參戰作準備。

第二是美國金融和工業上受到協約國事業的約束。美國官員極力主張，要在道義上禁止貸款給交戰國，但這一主張被威爾遜所拒絕。結果 1914 年底戰爭一發生，各協約國為了支付在美國購買軍用物資，先是付現金，後來賣掉他們在美國所擁有的公債券和股票，最後不得不大筆地借款，這種情況必然產生了使美國參戰的壓力。蓬勃發展的美國工業，主要是靠協約國接連不斷的訂貨單，而美國銀行家的保險箱裡，也裝滿了英、法的鈔票，如果德國獲勝，這些鈔票將變得一文不值。更重要的是，交戰國雙方的宣傳運動，深深影響美國人的思想。如此一來，更加證明協約國不僅技術和通訊設備優良，而且還證明協約國參戰是正

⓮ 第一次世界大戰期間德國進行的無限制潛艇政策，企圖以通商破壞的手段壓制英國的海運路線而達到逼迫英國和談的目的。但是這項政策也因此導致美國加入大戰對付德國的行列。

當的，是出於防衛的。[15]

　　第三是德國潛水艇戰的發生。潛水艇戰是促使美國參戰最主要的因素之一。1917 年以前，德國不採取無限制的潛水艇戰，是由於得不到足夠的潛水艇，以保證在美國軍事力量施加壓力之前，打敗英國。但是後來德國潛水艇逐年增加，德國軍方於 1917 年評估，如果讓他們自由行動的話，他們能在六個月內使英國屈服。[16] 如此一來，促使德國政府在 1917 年 2 月 1 日，下令開始採取無限制潛水艇戰。這命令一發出，德國政府也認識到它勢必導致美國的參戰。[17]

　　當美國宣戰後，來自歐洲的特使請求美國，在人力和物力上的緊急支援。為了援救這些國家，美國全體動員，不但要獲得勝利，而且也要向世界展示她的實力。

二、戰期間的美國國內

　　在美國國內方面，美國此刻採用志願軍的方式，由於愛國心和榮譽感促使美國人達到空前未有的團結，不分白人、黑人，熱誠愛國。宣戰後，美國面臨物資缺乏的問題，例如當時美國只有六十萬支步槍，二千支機關槍及不到一千門砲，因此，如何增加生產以援助軍隊，成為當務之急。1917 年夏天，威爾遜認為有必要成立「戰時」工業會來推動工業生產。工業會立即對少數產品，如鋼鐵等戰時用品定價、制訂生產標準；制訂單一軌道制度，使全國路軌得以統一。此外，政府也用增稅或

---

[15] 若以英國人在海上的專橫，與德國人對比利時的入侵與占領，這兩者相比，前者相形見絀。若以英國的封鎖海域使德國人飢餓，與德國的潛水艇侵擾使美國人遭受傷亡相比，前者亦不為是。

[16] 德國潛水艇逐年增加，從 1915 年 2 月的二十七艘，1916 年 8 月七十四艘，至 1917 年 2 月一百零三艘。

[17] Kenneth W. Thompson, *Political Realism and the Crisis of World Politics: An American Approach to Foreign Policy* (Princeton, NJ: Princeton University Press, 1960), p. 473.

發行債券來應付財務上的急難。❸

　　威爾遜將整個聯邦政府的力量都用在為工人爭取權利，因此，在戰時獲得工人極佳的印象。政府主動協助工人爭取權益和資方有力協調，使得工會的會員激增。聯邦政府也在工人工作環境方面多方努力，例如，堅持一天工作八小時，為婦女和兒童爭取良好的工作環境和合理合法的工資。

　　由於戰時物資生產的工人需求量大，也為婦女打開了新的工作機會，許多婦女在鋼鐵廠工作，也有十萬名婦女在彈藥廠工作。此外，首次將醫生和律師的行業開放給婦女，戰爭為婦女增加許多工作機會，使職業婦女比例增加，一直要等到戰後外出工作比例才逐漸降低。

　　美國黑人在戰時的工作機會也較多，尤其在 1914 年到 1918 年戰爭期間，戰時的工業吸引了五十萬名黑人來到北部大城。黑人由南向北找尋工作，因南方農田工作機會少，北部工業正吸引大批黑人北遷。但戰時的黑人工作機會並不長久，戰爭一結束，許多黑人立即面臨失業的困境，或是必須接受低工資的工作。

　　當美國加入戰爭之後，英、法、義以及其他的軍隊都面臨糧食不足的困境。因此，如何增加食品的產量，變成了優先要解決的問題。美國優先需要的食物是稻米、豬肉和糖。稻米在歐洲需求量不高，但也需控制稻米需求，以供補給歐洲聯盟國之用。同時，美國人也必須忍受無肉、無麵包的日子。為了救歐洲國家，美國將三倍的食糧運往歐洲，目的是為了縮短戰爭時間及爭取正義。

---

❸　Preston W. Slosson, *The Great Crusade and After, 1914-1928*, p. 147; Charles Seymour, *American Diplomacy During the World War* (New York, NY: Free Press, 1934), pp. 115-117.

三、美國的戰爭前線

在戰爭前線方面，當戰爭剛開始時，動員工作較慢，美國軍隊未能及時送往前線以援助英軍和法軍。在 1918 年春天，美國已參戰，但是只有不到三十萬士兵在歐洲作戰。不久後，美軍加快後援戰力，尤其美國海軍在海上發揮了無比的效力，令德軍倍感壓力。英國海軍在第一次世界大戰中，雖然掌握海上軍權，但仍無法全面打擊德國的潛艇政策。

第一次世界大戰期間，英國運用「護航」的方法來減低潛水艇被攻擊的危險，他們用驅逐艦及其他戰艦護送商船通過大西洋，並且攻擊德國艦隊的裝置。由於美國在驅逐艦數量上的大量供給，護航的方法相當成功，而護航也成功載運美國兵士到歐洲戰場上去，未曾失去任何生命。他們在運送美國物資去援助聯軍時，速度相當的快，也證明戰略上的成功。美國將工業製造全利用在生產戰艦上，尤其是驅逐艦和掃雷艇，發揮最大功效。

第一年的戰爭衝突，雙方均致力於戰壕的攻勢，往往在不到百碼的距離之內，保持砲位的警覺，而且有少許刀槍的接觸，生命損傷較大，但領土的失落不大。然而在 1918 年，情況有了改變。

在 1917 年，蘇俄一年內發生二次革命，使得蘇俄退出戰爭，因此，東線的攻擊很快的解除，使得德軍集中火力在西線上作戰。1918 年春天，德軍推動軍隊到巴黎五十哩之內的距離，受到美國及法國聯軍的抵制，最後德軍推動失敗；美軍並協助法軍在萊茵附近對德軍的攻擊。當秋天來臨，美國軍隊抵達歐洲，潘興將軍 (John Joseph Pershing, 1860–1948) 獨力指揮美軍，在南部立下抵抗的戰線，美國軍隊在該地的成功，使得英法兩軍能有餘力在其他戰場獲得勝利。[19]

---

[19]　R. W. Seton Watson, *War and Democracy* (New York, NY: Assoc. Faculty Press, 1970), pp. 159-163.

圖 22：一次大戰的戰略壕溝戰（圖片出處：Captain Frank Hurley）

1918 年德軍按照魯登道夫 (Erich Ludendorff, 1865–1937) 的計畫，想趁大批美軍到達歐洲之前，從東線抽調力量擊敗英法聯軍。從 3 月到 7 月德軍發動了五次攻勢，雖然突破了聯軍的防線，但未能實現預定目標。聯軍在得到大量美軍的支援後，於 7 月 18 日向德軍發動反攻，迫使德軍退至興登堡防線 (Hindenburg Line)；9 月 26 日協約國軍向德軍發動進攻，興登堡防線隨即全線崩潰。與此同時，德國各地爆發革命。

11 月 9 日德皇威廉二世退位，社會民主黨組成臨時政府，宣布成立共和國。11 月 11 日德國代表團在貢比涅 (Compiegne) 森林的雷通德 (Rethondes) 車站同協約國軍總司令福煦 (Ferdinand Foch, 1851–1929) 簽訂了停戰協定。在此之前，保加利亞、土耳其、奧匈帝國也已先後戰敗求和，於是，第一次世界大戰宣告結束。在這次大戰中，協約國方面動員了四千二百萬人，損失了五百萬人。同盟國方面動員了二千三百萬人，損失了三百四十萬人。有關戰爭費用上，協約國方面為一千四百五十三億八千八百萬美元，同盟國方面為六百三十億一千八百萬美元。此外，雙方受傷人數約二千一百萬人。[20]

　　1918 年 11 月 11 日，德國戰敗，簽訂停戰協定，戰爭全面結束。毫

---

[20]　David F. Trask, *The United States in the Supreme War Council: 1917-1918* (Westport, CT: Greenwood, 1978), p. 279.

無疑問地，美國軍隊和補給的來到歐洲，幫助了戰爭的動向。美軍的參戰，不但為聯盟軍增加了火力，而且在精神上為頹敗的英法軍隊作了最大的鼓舞。美軍在戰場上發揮無比的貢獻，也犧牲了十萬名美軍生命來換取和平。

第三節　協約國的勝利

遠在 1914 年，威爾遜總統就已建議所謂的自由主義的和平，他認為「裁軍」可以減少工業國家的競爭，「公共外交」可以結束祕密同盟的制度，而且可以阻止戰爭。威爾遜要求停止領土的擴張，也反對要戰敗者償還大筆的賠償，如此，將可以導致永久的和平。

在 1916 年，威爾遜認為，美國需要的和平條件，必須保證各國領土的完整，換言之，即邊界必須得到保障。和平更必須保障獨立自主、民族自決的權利；海域自由權及不受人侵略權。在美國參戰之前，這些高尚的觀念已被提出，但均未受到尊重。直到美國實際在軍隊和補給上的支援，加速了戰爭的勝利，也因此加強了威爾遜在外交上的分量和受到盟國的尊重。

1918 年 1 月 8 日，威爾遜向國會兩院聯席會議發表演講，提出其對戰後世界和平的「十四點和平原則」，作為一個公正和平基本基礎。這些原則不但是當時打擊敵人最有效的武器，也是其後巴黎和會的談判基礎，其要點如下：[21]

1. 以公開的方式締結和平條約；

---

[21] Rober Lansing, *Peace Negotiations* (Boston, Mass: Houghton Mifflin Company, 1921), p. 301; Thomas A. Bailey, *Wilson and the Peacemakers* (New York, NY: The Macmillan Company, 1947), p. 204.

2. 維護海洋上的航行自由；

3. 自由國際貿易；

4. 裁減軍備；

5. 公平調整各國對殖民地的權力主張；

6. 協助俄國人民依其自由意志建立其自己的政府；

7. 恢復比利時的領土，並撤退占領軍；

8. 洛林地區應歸還法國；

9. 重新調整義大利疆界；

10. 奧地利與匈牙利自治；

11. 重新調整巴爾幹各國的界限；

12. 對土耳其帝國統治下的各民族賦予自決的機會；

13. 恢復波蘭的獨立；

14. 設立國際聯盟組織。

　　威爾遜要求放棄國際上的祕密協議；保證海上航行自由；消除國與國間的經濟障礙；縮減國家軍備；調整各國對殖民地的要求，但須顧及殖民地上受影響的居民的利益（這是第 1 至 5 點，內容偏重於海上自由、貿易自由、裁軍和殖民地的重劃）。至於後面數條則規定得更為具體，其目的在民族自決 (Self-Determination of Nations) [22] 和國界的尊重。最後

---

[22] 民族自決指同一民族有權利決定自己的發展前途，屬於集體性的人權。歷史上，十九世紀的歐洲就盛行這個觀念並且都是要求從各帝國之中脫離而獨立組織政府、成立民族國家。第一次世界大戰期間，民族自決的原則成為同盟國的一項主要號召。二次大戰之後民族自決的呼聲最強，亞洲、非洲、拉丁美洲各殖民地紛紛獨立，掀起民族自決的浪潮。不過聯合國的憲章則用 people 字眼代替 nation，因此不限於某一民族，某一地區的人民全體也可以擁有這項權利。不過實際應用上，民族自決也有困難，殖民地固然多已獨立，但是許多國家將民族自決視為分離運動 (secession)，甚至是叛亂活動 (betray)。

一點是威爾遜強調的世界和平。❷❸

　　威爾遜在「十四點和平原則」中，為他理想中的世界和平體制，勾勒出一份藍圖，建立一個各國的聯合組織，以「共同保證不分大小國家，其政治獨立與領土完整」。他的主張包括三個相互制約的概念：一是解放人民；二是對友對敵同樣公正；三是建立國際聯盟保障和平。事實上，巴黎和會雖然接受建立國際聯盟的原則，但在領土上，完全與上述原則背道而馳。戰敗國割地賠款，尤其是日本對中國山東的要求，都背棄了威爾遜宣揚的原則，而單方面解決德國武裝，也是對「十四點和平原則」的嘲諷。

　　1918 年夏天，德軍節節敗退，德國政府請求威爾遜在「十四點和平原則」的基礎上舉行談判，威爾遜總統確定這個請求是出自人民代表，而不是軍人集團的代表後，同意與德國會商，同年 11 月 11 日，休戰協定遂在這基礎之上締造。此時，亦有人批評威爾遜不應允許停戰協定，應該把德軍完全擊敗，強迫其無條件投降。而威爾遜的目的在豎立一個和平的世界，而不在得到武力的解決。

　　避免捲入歐洲事務一直是美國的外交傳統，而一般人認為，德國的威脅隨戰爭的終止而消逝，因此，美國應該回到傳統的政策上去。「十四點和平原則」在歐洲國家中得到了熱情的回應，聯盟國的領袖們均同意威爾遜的全盤綱要，並認為不需詳細討論，他們都想處罰德國，以防止德國再成為強國。然而，「十四點和平原則」在美國卻遭受到反對。在美國，威爾遜是民主黨，而共和黨人不願見到民主黨以和平的成果在未來的選戰中獲勝。同時，有些美國人懷疑美國是否應在此時加入世界組織。

　　《凡爾賽和約》於 1919 年 6 月 28 日強迫德國簽訂，充分反應了協約國的目的：法國從德國取得了薩爾區的礦權，占有萊茵十五年，而英

---

❷❸　R. W. Seton Watson, *War and Democracy*, pp. 189-200.

國及義大利使節則說服威爾遜，同意要求德國對英、法、義三國付出大筆賠償費，並在條約中說明德國是戰爭的始作俑者。雖然條約的大部分都違背了威爾遜當初的目標，但他仍然同意。因此國際聯盟成立，日後可藉此國際組織協調防止戰爭的發生。

　　但是到終局時，威爾遜除了「國際聯盟」順利成立外，他有關寬大和平的種種建議，幾乎蕩然無存。而他自己，最後還得忍受一些殘酷的事實，親眼看見他自己的國家，因在野的共和黨多數反對而無法加入國際聯盟。探究美國不願加入國際聯盟的主要原因如下：1. 戰爭剛結束，總統威爾遜為宣傳其理念，決定親自率團到巴黎開國際和平會議，這是美國史上以總統身分為外交使命而出國的首例。一般美國公民認為，總統應留守國內，為追求和平而努力；2. 威爾遜公布到巴黎去參加會議的名單裡，沒有讓任何一位共和黨員參與，受到全體議員的不滿；3. 當威爾遜到了巴黎開會，面對堅強的談判對手，如英、法、義的外交使節，他們的目的一方面在維護自己國家的權利，另一方面要懲罰德國在戰爭時對協約國所加諸的損害，不在意威爾遜的十四點和平理念；❷❹4. 在緊要關頭上，威爾遜自己的政治判斷有所失誤。他沒有從在野的共和黨中選出一名領袖參加和約委員會，一起去巴黎，這已經是犯了一個重大的政治錯誤。他回國後要求美國參加國聯時，更拒絕作任何必要的小讓步，以爭取由共和黨所控制的參議院批准。

　　威爾遜的努力失敗之後，開始旅行全國演講，把這事件直接訴諸人民。1919 年 9 月 25 日，由於戰時總統職務的繁增，為和平而奔走呼號，使他積勞成疾，突然患腦血栓半身不遂，終至一病不起。11 月參院決定修改和約，病中的威爾遜堅持要求訴諸民意，由公民投票決定和約的命運。投票結果，人民對和約第 10 款（即集體安全條款）有強烈保留意

---

❷❹　Thomas A. Bailey, *Wilson and the Peacemakers*, p. 471.

見。結果，提出國際聯盟原則的美國，戰後卻沒有參加這個組織。1920年總統選舉，民主黨失敗，他的理想主義破滅。不過於 1920 年 12 月威爾遜獲得諾貝爾和平獎，他的和平努力受到國際的肯定。美國從這時起，就一天天陷入於孤立主義之中，理想主義的氣氛 (idealistic) 從此也隨威爾遜而去，繼之而來的是一個孤絕冷漠的時代。

1920 年總統大選，民主黨提名一位從未在威爾遜內閣任職的俄亥俄州州長科克為總統候選人。共和黨提名的候選人哈定在這次大選中獲得壓倒性的勝選，證明了一般人對威爾遜主義 (Wilsonism) 的棄絕。哈定在競選中，雖然拒絕對國際聯盟問題作任何的承諾，然而他的外交政策，一直都朝孤立主義的路線前進。

第四節　戰爭的歷史意義

第一次世界大戰結束後，對戰爭所體現的各層面問題，學者從不同視角提出來檢討。

1. 有關協約國的勝利，英美著名的海軍專家一致認為，從數據推論，德國只要再多增加幾艘潛艇，便能贏得這場戰爭，這一判斷的準確性是有跡可尋的。之後，協約國不僅通過加快船隻的建造，而且通過減少船隻的沉沒，獲得成功。這個成功是藉由種種方法所取得的，其中包括發展有效的護航體系、偽裝商船、使用含有大量高爆炸藥的深水炸彈，發明能探測附近潛水艇的水聽器。如此一來，協約國才於 1918 年初度過了危險的關頭，1918 年建造的新船總噸數，首次超過了被擊毀船隻的總噸數。一旦德國潛水艇的威脅被制伏，美國便能有效地利用其巨大的經濟潛力協助協約國。而美國的參戰亦使協約國在軍需品及人力方面，獲得決定性的優勢。

1918 年 7 月 18 日，當協約國軍隊在坦克車隊的援助下發動反攻時，

出現了轉折點，這一進攻不僅證明了坦克作為陣地戰武器的價值，更首次暴露了德軍中普遍存在的失敗主義的情緒。德軍整營整營的投降，有時甚至是向孤立無援的步兵投降。其時，德國的盟國處境也很困難，而奧匈帝國的境況亦十分嚴重，許多少數民族紛紛成立國民議會，宣布自己獨立。甚至以往一向統治這個帝國的日耳曼奧地利人和匈牙利人，這時也在商議各自國家的獨立問題。此時，德國人在西線上的處境也日趨惡化，德軍傷亡人數超過了補充人員，逃兵湧進了汽車站和火車站。1918 年 11 月 11 日德國簽訂停戰協定，結束了西線的戰爭，第一次世界大戰便告結束。這場戰爭歷時四年三個月，涉及到三十個主權國家，推翻了四個帝國，產生了七個新的國家。

2. 美國實力的擴充。1914 至 1917 年，美國利用大戰擴充實力、爭奪霸權。美國保持中立立場，是有利可圖的，因為企業界深怕有可能失去海外市場。因為戰場未發生在美國，因此大戰也助長美國經濟復甦，美國從債務國變成債權國。德國對大戰的作法，從潛水艇政策到無限制的潛水艇政策，威脅到美國的領土和經濟安全；同時，德國為了擴大進行其擴張主義，向海外爭取更多的市場。戰爭末期，歐洲國家兩集團交戰許久，精疲力竭之時，威爾遜打出「保衛民主」、「為民主而戰」的口號，來爭取世界霸權，加入世界大戰。1918 年，威爾遜提出「十四點和平原則」，理想太崇高。十四點是華麗的詞藻，其實在其本質裡，是美國爭奪世界霸權的綱領，也是美國外交上第一次表明美國將干預世界事務。國際聯盟的建立，是威爾遜想透過國際聯盟，操縱國際事務，建立美國領導的世界新秩序。在巴黎和會中，「十四點和平原則」主張「公開外交」，但威爾遜在巴黎和會中，卻私下進行其祕密外交。十四點主張「民族自決」，但巴黎和會中，威爾遜卻多次違背諾言，曾經允許菲律賓獨立的諾言即是一例。在一定程度上，威爾遜的「精神外交」實質上是爭奪世界霸權，維護美國國家利益。

美國參加第一次世界大戰的結果是，開始成為世界上最大的財政資本輸出國，而英、法、德、日等國都讓美國占了上風。戰前美國欠歐洲債務六十多億美元，戰後世界上二十多個國家欠美國的債，其中歐洲各國欠美國債務達九十四億美元，英國也欠美國債務四十四億美元，而且這些錢實際上全部都是用於向美國購買軍事物資。至 1919 年，美國已擁有全世界黃金儲備的 40%。㉕

美國這個國家在各方面，無論在生產、貿易或資本累積方面都在發展。美國的石油產量占全世界石油總產量的 70%。全世界價值九十億的黃金儲備中，大約有五十億在美國。美利堅合眾國的通貨，是世界上最穩定的通貨。至於資本輸出，美國幾乎是資本輸出率不斷增長的唯一國家。所以美國在 1920 年代一度出現的經濟繁榮，主要是第一次世界大戰為美國創造有利的國內外條件。㉖

3. 戰後的和平解決。戰爭結束後，和同盟國各國簽訂的和約有：1919 年 3 月 22 日，對匈牙利的《特里亞農條約》(*Treaty of Trianon*)；㉗

㉕ 列寧 1920 年在共產國際第二次代表大會的報告中說：「只有美國一國在戰爭中完全是獲利的，她從負債累累一躍而為各國的債主」，「……只有美國一國在財政上是絕對獨立的。美國戰前是債務國，現在卻完全是債權國了。世界上其他的強國沒有不負債的。」史達林在 1925 年蘇共第十四次代表大會政治報告中也說：「過去通常總是把法、德、英三國說成是世界財政資本剝削的中心。現在已經不能如此說了。現在世界財政資本剝削的中心主要是北美合眾國。」

㉖ 法國史學家安德列‧莫魯瓦 (André Maurois, 1885–1967) 在《美國史》(*Histoire Des Etats Unis: 1829–1940*, 1943) 中談到第一次世界大戰對美國的影響時說：「戰爭完全改變了美國在世界的地位。除了日本，所有其他一些強國都在經歷這場激變之後，不是削弱了，就是一蹶不振了。美國非但未損及毫毛，而且強大了不知多少。如今，美國工業的許多部門都在世界上居於領先地位。」

㉗ 是 1920 年一項制定匈牙利邊界的條約。第一次世界大戰結束前，奧匈帝國滅亡，奧地利帝國的伙伴匈牙利王國宣布獨立。由於奧匈帝國包含數個不同種族，因此需要重新劃定匈牙利、奧地利及其他剛剛獨立之新國家的邊界。條約在 6 月 4 日於法國凡爾賽的大特里亞農宮由數個國家簽署，分別是戰勝國美國、英國、法國與義大利，以及剛獨立的羅馬尼亞、南斯拉夫王國（塞爾維亞人、克羅埃西亞人與斯洛維尼亞人王國，1929 年後的南斯拉夫）與捷克斯洛伐克；戰敗國就是代表奧匈帝國的匈牙利。

6 月 28 日，對德國的《凡爾賽和約》；❷⁸9 月 10 日，對奧地利的《聖日耳曼條約》(Treaty of Saint-German)；❷⁹11 月 27 日，對保加利亞的《納伊條約》(Treaty of Neuilly) 和 1920 年 8 月 10 日，對土耳其的《賽夫爾條約》(Treaty of Sevres)。❸⁰ 對世界歷史而言，和平解決有三個特點，即

---

❷⁸ 第一次世界大戰結束後，由戰勝的協約國（美、英、法、義、日等）和戰敗的同盟國（德、奧等），於 1919 年 6 月 28 日，在法國巴黎近郊的凡爾賽宮簽訂的條約，和約共四百三十二條。法國戰後因見其人口不足德國人口的三分之一，工業發展尤其無法相比擬，因此決定要徹底削弱德國國力，以防止其再度恢復成為強國。法國不僅要收回亞爾薩斯與洛林，還要剝奪德國萊茵河流域西岸及薩爾區，使其成為法國勢力扶植下的緩衝國。但因為英國認為法國的要求將破壞歐洲的均勢，極力反對。最後《凡爾賽和約》乃規定：德國把亞爾薩斯和洛林歸還法國；萊茵河地區由戰勝國占領十五年，並永久解除其武裝的防禦。薩爾區由國聯管理十五年，期滿後舉行公民投票決定它的歸屬；協約國一方面要在德國東部建立一個緩衝的國家，另一方面則對波蘭充滿了同情心，因此決定恢復波蘭並擴大其領土範圍。除此之外，為了要使得波蘭有出海口，特地將占有 90% 以上德國居民居住的但澤港 (Danzig)，交給波蘭。這是以後波蘭危機產生的主要原因。德國的其他許多邊界地區分別割給丹、比、捷、波等國；德國的殖民地由英、法、日三國瓜分；此外，德國還要向戰勝國支付大量賠款。和約還規定德國可以保留十萬名官兵，這樣就保留了德國軍國主義的骨幹和鎮壓革命的力量。當時，中國也屬戰勝國，而和約卻規定把德國於戰前攫取的中國山東省特權轉交給日本帝國主義。由於中國人民的強烈反對，當時北洋軍閥政府的代表未敢在和約上簽字。

❷⁹ 《聖日耳曼條約》（德語 Vertrag von Saint-Germain）是第一次世界大戰後，協約國與奧地利共和國於 1919 年 9 月 10 日簽署的條約。條約的生效，宣布奧匈帝國正式解散。包含大部分德語地區的奧地利承認匈牙利、捷克斯洛伐克、波蘭和南斯拉夫王國的獨立。這個條約割去奧國四分之一的領土和人口。

❸⁰ 《賽夫爾條約》是一戰後奧斯曼土耳其帝國被迫和協約國簽署的不平等條約，它是由當時在位的蘇丹穆罕默德六世 (VI. Mehmed, 1861-1926) 於 1920 年 8 月 10 日簽署的。通過條約雖然勉強維持了蘇丹政府的統治，但奧斯曼帝國卻幾乎喪失了在亞洲和北非的所有權益。根據條約規定，帝國失去了大部分的領土：漢志（今沙烏地阿拉伯的漢志省）、亞美尼亞和庫爾德斯坦脫離帝國獨立；根據戰時英法俄簽訂的重新瓜分中東的《賽克斯皮考特和約》(Sykes-Picot Agreement)，英國託管伊拉克（美索不達米亞地區）、約旦和巴勒斯坦地區，法國託管敘利亞和黎巴嫩地區，義大利獲得多德卡尼斯群島和儸德島，而色雷斯和士麥那地區屬於希臘；條約同時規定，馬爾馬拉海為非軍事區並置於國際管理之下。土耳其國內由穆斯塔法·凱末爾（Kemal Atatürk, 1881-1938，1934 年獲得「阿塔圖克」的稱號，意為「土耳其國父」，因此也稱凱末爾·阿塔圖克）領導的反對伊斯坦布爾政府的力量很快就推翻了末代蘇丹穆罕默德六世，並在安卡拉建立起新的政府，而安卡拉政府拒絕接受《賽夫爾條約》，隨後凱末

是：建立了國際聯盟；將民族自決的原則應用於歐洲；未能將民族自決的原則應用到歐洲以外的地區。

首先，國際聯盟作為第一個立誓共同防禦侵略，以非暴力方式解決爭端的世界範圍的國際合作組織，在世界歷史上居重要地位。《國際聯盟盟約》(Covenant of the League of Nations) 是《凡爾賽和約》的一個主要部分，它於 1920 年開始生效。當然，《盟約》中規定應提供議會、內閣和行政機關，屬於標準的民主格局，大會就是國際聯盟的議會，原本有四十二個成員國，每一國在大會中都有一票表決權。理事會 (board of directors) 是國聯的內閣，原常任成員國是英、美、法、日和義大利，但美國沒參加國際聯盟。之後，德、俄獲得了常任國席位，而非常任成員國數目增加到十個。最後是祕書處，它的作用相當於國際聯盟的行政機構，由一名祕書長和全體成員組成。國際聯盟的首要目的有二：第一是維護和平。它的成員國應互相承擔起共同防禦侵略、仲裁或調查爭端，和在裁定後的三個月以前避免戰爭的義務。國際聯盟的第二個目的是關心國際範圍的衛生、社會、經濟和人道等問題。基於這個目的，國際聯盟建立了專門的機構，如衛生組織、智力合作委員會、國際勞工組織以及許多臨時的諮詢委員會。總體而言，國聯在履行其第二個職責方面，取得了輝煌的成就。尤其他在改善國際勞動條件、促進世界衛生、對抗毒品交易及奴隸貿易、克服經濟危機等方面，證明其地位與價值。

其次，第一次世界大戰後的和解，築基於民族自決原則的基礎上，重新劃分歐洲邊界。重新劃分邊界這一點，在「十四點和平原則」中已明確被提出。之後，通過各種和平條約，正式得到落實。最終的結果是，歐洲地圖被大幅度修改。但是不能因此就說，民族自決的原則在劃分新邊

爾領導的土耳其軍隊在蘇俄幫助下打敗了由英國支持的希臘軍隊，取得了希土戰爭 (1919–1922) 的勝利，《賽夫爾條約》也被 1923 年 7 月 14 日所簽訂的《洛桑條約》(Treaty of Lausanne) 所取代。同年 10 月 29 日土耳其共和國成立。

界時一定受到尊重。的確,關於波蘭和捷克的許多日耳曼少數民族,南斯拉夫、羅馬尼亞和捷克的匈牙利少數民族,波蘭、捷克和羅馬尼亞的俄羅斯少數民族,還存在著相當大的異議。然而,儘管有這些偏差,新邊界還遠比舊邊界更符合民族主義的願望。少數民族的數目在第一次世界大戰後比大戰前要少得多了,這一點可解釋當代殖民地的覺醒。

最後,初看第一次大戰前後的全球態勢,它顯露出的變化相當地少。就歐洲邊界觀之,雖然帝國的消長有所不同,但整體而言,歐洲的統治,似乎沒有減弱。就海外殖民地來說,英、法和其他帝國仍然統治著與 1914 年以前一樣多的海外殖民地,甚至可說領土比以往更大,因為他們還統治了中東領土。因此,歐洲的全球霸權在第一次世界大戰後比大戰前更完整。實際上是不相同的,表現在三方面:

1. 經濟衰弱:1914 年以前,歐洲的經濟在很大程度上是依賴大規模的海外投資,這些投資每年產生大量的利潤。然而一次大戰期間,英國失去了四分之一的對外投資機會,法國失去三分之一,德國則失去了全部對外的投資。這一趨勢的完全改變,可從美國新的金融實力中看出。戰前,美國靠歐洲提供所需的資本,債務約為六十億美元。戰後,美國成為歐洲國家的債權國,因為協約國政府為了支付戰爭物資款,先被迫出售了他們在美國的股份,然後又向美國政府以及私人機構借款。因而,到 1919 年時,美國借出的款項達三十七億美元之多,到 1930 年時,這個數字達八十八億美元。至於在工業上,也有相同的格局,因為歐洲許多工業區已遭破壞,而美國的工廠卻在戰時的需求下推動起來。因此,歐洲與美國的經濟關係,因第一次世界大戰而完全改變,美國取代了歐洲,成為世界的銀行家和世界的工廠。

2. 政治危機:除了經濟外,在政治上也使歐洲內部遭到摧殘。1914 年以前,歐洲已是近代基本的政治思想和政治制度的發源地。這些政治思想和制度,如盧梭和洛克的思想,已影響全球每一個角落。然而,戰

爭的浩劫使歐洲人士氣沮喪，失去信心。在歐洲大陸的各個地方，古老的秩序正受到懷疑和挑戰。在革命緊要關頭，出現二名非歐洲人，一為美國威爾遜總統，一為俄國的列寧。威爾遜的「十四點和平原則」，提出民族自決，引起了一場民主願望和期望的騷動。由於戰爭的摧殘，許多東歐的民眾易於接受進行革命和實現社會新秩序的號召，為了模仿布爾什維克革命，柏林 (Berlin)、漢堡 (Hamburg) 和布達佩斯 (Budapest) 都建立了蘇維埃。倫敦、巴黎和羅馬街頭也舉行了示威遊行。布爾什維克主義正越來越為各地的人們所接受。

　　3. 對殖民地的控制日益削弱：歐洲的霸權被第一次世界大戰削弱，影響了海外殖民地。歐洲列強的一個團體同另一個團體血戰慘狀，間接地損壞了白人「主子」（master 或 boss）的威信。白人不再被認為是「天命注定」(divine providence destined) 統治有色人種的種族了。他們歷經戰後返回家園，殖民地居民對歐洲領主不可能再像過去那樣的恭順了。正如法國駐印度支那總督 1926 年寫道：「這場用鮮血覆蓋整個歐洲的戰爭……在距我們遙遠的國度裡喚起了一種獨立的意識……人們、觀念、亞洲本身都在改變。」而且，民族自決，不僅在歐洲，在殖民地世界也留下了烙印。與此同時，社會主義和共產主義的思想體系，已慢慢地在國際間拓展開來。㉛

㉛　一次大戰前，亞洲的知識分子已為西方的自由主義和民族主義所激勵，他們常引用伏爾泰、馬志尼等人的話。但現在他們的後繼者常引用馬克斯 (Karl Heinrich Marx, 1818–1883)、列寧等人的話了。

第十一章　喧譁吵鬧的 1920 年代

　　自第一次世界大戰結束到第二次世界大戰前，美國國內經濟繁榮，邁向一個現代化的社會。在這二十年間，戰後社會不穩定、布爾什維克共產勢力的滲透、三 K 黨的復甦、婦女權利的高漲等。亦因戰後，科技進步，讓人民開始導向重視生活品質，而不只是辛苦的工作，人們開始享受運動生活，在福特汽車的生產、有聲電影的出現、爵士樂的興起等富庶繁榮下，美國人開始了解生活另一美好的一面。這過度富足的年代，被稱為「繁榮的二〇年代」、「喧鬧的二〇年代」，或是文學家口中的「失落的一代」。

第一節　不穩定的戰後社會

　　當第一次大戰在 1918 年 11 月 11 日結束之後，美國人民急切的夢想可以追求安定的生活，然而，戰後欲立即達到一個和平與繁榮的階段，並不是一件容易的事。介於兩次世界大戰中間的 1920 年代，正是進入一個驚人改變的階段。1920 年代開啟了勞工的不穩定及社會的動亂；更令人感到恐慌的是，人民時常對現況不知如何應對。在這樣不安的時代裡，人民已經厭煩再去注意海外的事務或戰爭，他們只求內政的安定，生活的改善似乎已成為第一要務。值得一提的是，1920 年代商業的發展，成了一種維持新秩序的表徵。

　　在美國人民享受勝利的成果之前，經由戰爭所產生的問題必須先予以解決，也正是 1920 年代必須面對的問題。例如，戰爭時所招募的士兵，戰後遭到政府的除役，失業的人數大增；工廠恢復承平時期的生產

量，工作機會大減。士兵在失業之後，開始埋怨政府。他們要求政府補償在服役時所失去的工資，但國會拒絕發給任何紅利或獎金。戰後物價上漲，通貨膨脹，過去一輛福特汽車的價錢，由 1918 年的三百六十元，上漲到 1920 年的四百八十元。❶ 1920 年代初期，整個國家進入不景氣時代，農民所受的影響最大，例如稻米價錢大減，造成農民破產。戰爭的結束也意味著工廠老闆和工人的和平相處時刻面臨考驗，政府在戰時曾鼓勵高工資及集體合約制，在愛國主義的號召下，勞資雙方均在不罷工的原則下將問題解決。但戰後失業率的增加，鼓勵工人向資方提高工資的要求，當資方拒絕時，工人即開始罷工。因而，整個國家進入了勞資衝突的階段，第一次世界大戰後最嚴重的勞資衝突發生在鋼鐵工廠。在 1919 年 9 月，新的鋼鐵工人聯盟提出高薪以及每週工作六天，一天休息，每天工作十二小時的要求後，工會隨即開始罷工，在一週之內，有三十六萬五千名鋼鐵工人響應此舉，最後一連串的工廠罷工，政府在最後才下令薪資增加 14%，罷工行動才因此結束。❷

　　在 1917 年 11 月的蘇俄十月革命後，布爾什維克共產紅軍建立，致力於世界性的革命，滲入美國境內，特別在西雅圖和波士頓地區，鼓勵工人罷工，並郵寄炸彈到市政府公家機構，造成恐懼及威脅。從這種共產紅軍的恐怖行動，加上勞工的不安定，形成了對共產主義的一種懼怕，這是有名的「懼共時代」的開始，一直延續到 1920 年代的末期，懼共的時代才算過去。❸

---

❶ Frank Freidel and Alan Brinkley, *America in the Twentieth Century* (New York, NY: Alfred A. Knopf, 1980), p. 42.

❷ Robert K. Murray, *The Harding Era: Warren G. Harding and His Administration* (Berkeley, CA.: University of California, 1969), p. 242.

❸ 莊錫昌，《二十世紀的美國文化》（臺北：淑馨出版社，1996），頁 40。

一、限制移民

美國是一個接納移民的國家，在這座民族大熔爐裡，各地移民帶來不同背景的文化之間相互碰撞，發出巨大的創造力，推動著整個國家的進步，由此也鍛冶出富有創造力的美國人，正因為如此，移民也創造了具有無窮魅力的美國文化。

南北戰爭以後的一段時期中，美國以一種健康開放的態度來對待來自美國以外地區的人群，敞開雙臂，歡迎如浪潮蜂擁而至的大批移民，有時，一年進入美國的移民人數，竟高達一百二十餘萬人，美國人也以美國被稱為「民族大熔爐」而自豪。

一直到 1914 年以前，美國一直是歐洲人自由移居的樂土。美國為此成為舊世界被壓迫者的避難所，為此，能身為美國人終感驕傲。實際上，大批廉價的外來勞動力湧入，正符合美國當時需要大批勞工來開發礦產資源、修造鐵路等事業的發展，移民在此追求其美國夢的實踐。

隨著一次次移民浪潮之後，在城市與北方工業中心聚集了大批新移民，他們與當地的美國公民競爭就業機會，導致有些地區一度引發工資下降的現象。一些社會科學家和社會工作者認為，移民中尤其是來自東、南歐的新移民，給美國社會帶來嚴重的社會問題。引起美國各階層紛紛提出限制移民入美的呼聲。

為了限制大批移民入境，國會提出要對移民進行文化考試，即實行《文化測驗法案》(*Immigration Act*)。但在 1896 年、1913 年、1915 年，這項法案先後被克里夫蘭、塔虎脫和威爾遜三位總統否決。直至 1917年，這種呼聲已是勢不可擋，國會最終推翻了威爾遜總統的再次否決，還是通過了《文化測驗法案》。該法案要求新移民必須具有掌握英語或其他一種語言的讀寫能力，否則不允許入境。但是，識字測試並未能發

揮限制大批移民湧入的作用，因為任何一個決心克服困難以尋求新出路
的移民，都會想盡辦法去學習，以求能夠通過一種簡單的讀寫測試。移
民移入美國的浪潮依然沒有減弱。

　　第一次世界大戰的戰火硝煙散盡後，歐洲國家呈現一片滿目瘡痍的
景象。人們再次把希望寄託到大西洋彼岸這個遠離戰火的美國。而眾多
的美國人面對滾滾而來的移民人潮不禁驚呼道：「整個世界都要湧入美
國了。」美國的勞工領袖和社會工作者也要求限制移民。最後，原先十
分歡迎移民成為他們的廉價勞動力的企業雇主們，也加入了反移民運
動。此時，美國人決定結束這種放任的移民政策，他們感到此時若再談
「民族大熔爐」，無異自掘墳墓，引狼入室。

　　國會終於在輿論的壓力下，於 1921 年提出了暫停移民一年的法案。
這個法案經參議院修正，規定了歐洲各國移民的數額，即按 1910 年時
居住美國的各歐洲民族人數的 3% 為基準，確定為每年允許移居美國的
人數。允許移居美國的總人數是每年三十五萬七千人，並於 1921 年 5
月 19 日，正式實施美國的第一個《移民緊急名額法》(*Emergency Quota
Act*)。不久之後，又於 1924 年制定《新移民配額法》。歐洲各國移民的
數量，規定按 1890 年時居住美國的各歐洲民族人數的 2% 為基準，每
年允許移民總人數又下降到每年十六萬四千人。由於 1921 年的法案以
1910 年的人口統計為基準，而 1924 年的法案以 1890 年的人口統計為
基準，這不僅使移民總數量減少，而且移民的民族構成比例也有很大的
變動。因為在 1890 年的統計數字中，來自西歐、北歐的移民所占比例
甚高，而 1910 年的統計數字中，來自東歐、南歐移民的比例較高。作
這樣改變的實際意圖，顯然是想大幅度減少來自東歐與南歐的移民，而
希望來自西歐與北歐的移民所占的比例高一些，這是在美國流行一時的
「盎格魯薩克遜主義」(Anglo-Saxonism) 在政治生活中的體現。美國的

統治者希望將來的美國公民，應該在各方面都更類似盎格魯薩克遜新教徒的祖先。❹

　　這一系列政策的實施，導致移民人數急劇減少。然而，具有「狹隘民族主義」情緒者並不罷休，要求更進一步限制移民。就在《新移民配額法》實施的同一年，即 1924 年國會又制定一個內容廣泛，滿足排外主義者的新移民法，即《民族出生法》(*National Origins Act*)，嚴格限制東方的移民進入美國，並規定 1927 年 7 月 1 日以後，移民總數應限制在十五萬人以內，並根據 1920 年時美國全國人民中不同民族成分的比例分配名額。但是這種新的定額分配辦法難以實施，因為很難確認某一族群出身情況，因此這種制度一直到 1929 年 7 月 1 日才正式生效。單純從條款上看，該法案未對加拿大和拉丁美洲獨立國家的移民數量進行限制，但是在實際操作過程中，行政部門往往通過其他一些非限額手段來限制他們的入境，例如附加某種財產擁有數作為允許入境的條件等。❺

　　綜觀美國歷史，在 1920 年代這十年中，美國人的心理上對外國移民產生畏懼和憎恨的情緒。第一次世界大戰的結局，使許多美國人有一種受騙上當的感覺；國會擔心美國繼續為外國移民開大門會為此付出代價，會影響自身的繁榮；同時，美國的一些保守派分子害怕不同信仰的民族湧入，會使人們的道德觀念改變、削減宗教影響力；還有一些反動分子害怕移民會帶來共產主義，引起革命。懼共的心態影響了對移民問題的看法，因為來自歐、亞各洲移民的人數大量增加，讓工人們懼怕新移民會和他們競爭工作機會，更使工資降低。戰爭開始後，戰時工業的需要和工作機會的增加，鼓勵美國黑人加入生產，大批黑人在 1920 年代初，大量移往北方的工業城市。為戰爭貢獻一分心力的黑人，在為國服務之後，他們要求有較好的工作機會和較人道的待遇。但對於黑人而

---

❹　Frank Freidel and Alan Brinkley, *America in the Twentieth Century*, p. 77.

❺　莊錫昌，《二十世紀的美國文化》，頁 54。

言，戰後的這一段時期是非常迷惘的，他們在北方的城市中，遭受到失業的痛苦和歧視的眼光。白人因同黑人競爭工作而感到憤怒，黑白問題仍然持續緊張，黑人與白人間的衝突更時常發生。

　　按其 1802 年美國制定的入籍程序規定，無論出身何種複雜的背景，外來的人都可以加入美國公民的行列，成為共和制度下的公民。這的確體現了美國人的自信及所蘊涵的民主精神。不過，這裡也自有其精明和講求實際的潛在背景。在美國的版圖內，當時還有許多人跡罕至的地方，移民的到來，當然有助於充實和開發這些蠻荒之地；美國豐富的自然資源也有待於眾多的勞動者去開發利用。而移民帶來的人力、技術和資金，正好可以為開發這些資源作出貢獻。源源不斷的移民使年輕的共和國人數興旺，財力更為雄厚，社會更加富有活力。接受移民是基於美國國內實際利益的考慮，並非單純是某種觀念的表現，更非簡單的自由民主觀念的體現。因此，綜觀美國的歷史，可以發現一個情況，即美國接受移民是有選擇的，什麼時候需要大批移民，什麼時候不需要，什麼時候需要這一類移民，什麼時候需要那一類移民，這一切都按照美國的需要而定。美國是按照其自身利益的需要制定或調整其移民政策的。1920 年代美國移民政策的變動，自然也是美國出於追求自身利益考慮的產物。

　　除了東歐及南歐移民是被排擠之外，亞洲的中國人及日本人亦是被排斥的，反亞情緒高漲。中國人雖然移民人數多，胼手胝足刻苦的工作，為美國的開發立下汗馬功勞，但動輒遭人排擠，隱忍苟活，可謂歷經百年血淚。美國人對待中國移民的態度是苛刻的，有時甚至是粗暴的。中國人既不是白種人，又不是基督徒。在當時，這兩項條件缺一不可，無論哪一項都足以構成致命的弱點。中國人的長相、衣著、飲食都不同於當地美國人，且中國人遵循著對美國人來說是完全陌生的習俗過活，無論是從文化或生理的角度，他們都被視為是一個不能夠被同化的

族群。美國工人視其為競爭對手，因為他們能吃苦耐勞，但工資卻很低廉，將會降低美國勞工的生活水準。美國工會長期不遺餘力地站在最前線排斥華人移民，想把華人趕出美國。❻ 早在 1840 年代無知民眾黨 (Know Nothing Party) 挾其在東岸鼓吹反天主教的餘威，大肆在西岸煽動反亞情緒，迫害凌辱華人。1854 年加州最高法院首席法官莫瑞 (Hugh Campbell Murray, 1825–1857) 公然判決中國人不得出席作證，理由是「如果法院允許亞洲人出庭作證，則無異於認定他們享有公平的公民權。」❼ 1862 年加州政府通過法案，對中國人課徵人頭稅，每月二‧五美元。同時，舊金山地區成立「反苦力聯盟」(Anti-Coolie Club)，對廉價的勞工大加打壓。1870 年舊金山又發生大規模的反東方人運動，反中國人情結就在民主、共和兩黨政客，及傳播媒體的火上加油之下，達到高潮。十年之後的 1880 年，加州更制訂《異族通婚法案》(*Miscegenation Law*)，明白禁止白人與黑人及黃種人通婚，其他各州也紛起效尤。美國國會終於在 1882 年通過《排華法案》(*Chinese Exclusion Act*)，中國工人從此不能進入美國，而已在美國的中國工人則不允許他們的妻子到美國來和他們團聚。如此一來，留在美國的中國人乃被法律逼迫過著一種破碎的家庭生活——丈夫在美國謀生，妻子留在中國家鄉，兩人隔著廣漠的太平洋，長期相思，要不然便是獨身以終。❽

---

❻　Charles O. Hucker, *China's Imperial Past* (Stanford, CA.: Stanford University Press, 1975), p. 352.

❼　San Francisco Chinese Community Citizens, *Survey and Fact Finding Committee Report* (San Francisco, CA.: University of California Press, 1969), pp. 58-60.

❽　《排華法案》直至 1943 年才廢除，時間長達六十一年。1885 年，在懷俄明的一個煤礦區，中國工人被雇用充當罷工破壞者，因而遭到屠殺。只有最重、最髒和最低下的工作才分配給他們作。鋪設通過加利福尼亞州、穿越謝拉山脈 (Sierra)、進入猶他州 (Utah) 的一段中央太平洋鐵路路軌的勞工，多數是華工。那些試圖獨立淘金的中國人，個個都被美國西部淘金營地的白人給趕跑。1885 年，加利福尼亞州的一個中國人社區由於受到一夥暴徒的武力威脅，全部都被迫離開。幾乎在此同時，華盛頓州 (Washington) 的西雅圖和塔科馬 (Tacoma) 兩市，也趕走了當地的中國人，類似的事件

在美國的日本族裔亦受到排斥與歧視。1905年，舊金山地區的六十七個工會，對於日籍的勞工之競爭大感不滿，憤而籌組排亞聯盟 (Asiatic Exclusion League)。翌年，市府更規定日、韓人士之後代僅能到中國城受教育，不准在一般公立學校就讀，引起日本政府反彈，老羅斯福總統被迫要求主持公道。❾1913年，加州擬訂《外國人土地法》(*Alien Land Law*)，至今無權歸化公民者不得購置土地，租地亦不得超過三年。二次世界大戰前夕，反亞情緒仍如火如荼地延續著。1928年及1930年，各地紛紛發生反亞洲人的暴動，加州與華盛頓州尤為嚴重。1934年國會通過《泰邁法案》(*Tydings-McDuffie Act*)，嚴定菲國每年只能移入五十名至美國。1942年2月19日，小羅斯福總統簽署《9066號執行令》(*Executive Order 9066*)，允許美軍以國防安全為由，逮捕、遣送任何可疑之人士。同年的3月2日，德威特將軍 (General John DeWitt, 1880–1962) 下令清除西岸各地的日裔社區，並將大批日裔人士囚禁在居留營中，直到1945年1月才釋放。

二十世紀最初二十年，在美國限制移民的階段，亞洲移民早已被視為是「黃禍」，是被限制禁止進入美國的族群。

二、三 K 黨的再度復出

極端白人種族主義的三 K 黨組織，最初出現於南北戰後，三 K 黨活動一度在南方各州十分猖獗，到十九世紀末葉開始銷聲匿跡。然而到了二十世紀一次世界大戰後，三 K 黨又死灰復燃，再度出現。

在 1920 年代，許多美國人認為，他們被歐洲人捲入一場原本與他

在溫哥華 (Vancouver) 和阿拉斯加也曾發生過。Betty Lee Sung, *The Story of the Chinese in America* (New York, NY: Collier Books, 1967), pp. 8, 124-125；及陳靜瑜，《從落葉歸根到落地生根──美國華人社會史論文集》（臺北：稻鄉出版社，2003）。

❾ Betty Lee Sung, *A Survey of Chinese American Manpower and Employment* (New York, NY: Praeger Publishers, 1976), p. 123.

們無關的戰爭，最後美國人得到的只是美好幻想的破滅，以及歐洲人對於美國人生活方式的強烈否定。這在美國民眾中，自然引起一種近乎喪失理性的極端民族主義情緒。「美國至上」的理念，一度成為美國人的口頭禪。人們以懷疑、仇視的眼光看待一切與美國方式不一致的事物與思想。在《芝加哥每日論壇報》(*Chicago Daily News*) 等新聞媒介的鼓勵下，紐約和芝加哥的政府官員對學校使用的教科書進行了一次大檢查，凡被他們認為沒有頌揚美國歷史相關的著作，都被列為禁書。之後，奧勒岡和威斯康辛二州也緊隨其後，宣布各學校立即停止使用含有中傷美國革命和 1812 年美國英雄主義內容的歷史書。❿ 如此一來，幾乎每一個人都可以意識到，美國人的民族主義情緒，正在一步步走向種族主義 (Racism) 和極端主義 (Radicalism) 的泥沼。

　　在這種情況下，三 K 黨如同一隻正在冬眠的野獸，在二十世紀初又再度復甦，但是在當時並沒有產生多大影響。二十世紀的三 K 黨則更直接地以美國本土傳統為根基，它由兄弟會的牧師和三 K 黨創始者西蒙斯上校於 1915 年在鄰近亞特蘭大地區所創立，⓫ 而他則是受到迪克森 (Thomas Dixon, 1864–1946) 的《同族人》(*The Clansman*, 1905) 一書和格里菲斯的電影「一個國家的誕生」的啟發。這個新組織規模很小，直到亞特蘭大的公關專業人士瑪利‧伊利莎白‧泰勒 (Mary Elizabeth Taylor,

---

❿　具有極端民族主義色彩的美國軍團、美國革命女兒會則四處活動，大肆鼓譟宣揚所謂「百分之百的美國主義」。一些知識分子，如麥迪遜‧格蘭特 (Madison Grant, 1865–1937) 和洛斯羅普‧斯托達德 (Theodore Lothrop Stoddard, 1882–1950) 等人，相繼出版《偉大種族的消亡》(*The Passing of the Great Race*, 1916)、《有色人種上升的趨勢》(*The Rising Tide of Color Against White World-Supremacy*, 1920) 等，宣揚美國人的祖先歐洲人在種族上無比優越的理論，並且公開表示對於其他民族移民大量進入美國社會表示擔憂。

⓫　1915 年的「感恩節」之夜，以威廉‧西蒙斯為首的三十五個極端主義分子，在喬治亞州的山上重新燃起十字架，宣布成立三 K 黨這一無形的帝國。西蒙斯這個昔日的傳教士自認為是帝國的頭目，自稱為「無形帝國的巫師 (Wizard)」，參見 Robert A. Divine, *American, Past and Present* (New York, NY: Longman, Inc., 1986), pp. 734-735.

1881-1924) 夫人與克拉克 (Edward Y. Clarke, 1877-?) 貢獻所長，一起創
立了「南部宣傳協會」(Southern Publicity Association) 組織，幫助將最
初貧乏的第二個三K黨變成擁有更廣泛社會議程的群眾成員組織。重振
後的三K黨，一方面由愛國主義，另一方面是由對老南方產生浪漫懷舊
之情而得到動力，但更重要的是它顯示美國小鎮新教徒白人因受到俄國
共產黨革命，以及數十年間的大規模移民，威脅了美國社會的種族性
質，而產生了防衛性反應。第二次的三K黨在1920年代達到極盛，那
時全國會員超過四百萬人，這個龐大的組織在不同時期和不同程度上曾
染指美國西南部、中西部和遠西部地區，如德克薩斯、奧克拉荷馬、阿
肯色、加利福尼亞、奧勒岡、印第安那等州政府。所到之處，掀起極端
主義狂熱，種族迫害不斷，偏執、暴力和腐化隨時可見。其收益得自會
籍、徽章、服裝、出版品的出售和禮拜儀式的捐獻。燃燒的十字架成為
這個新組織的標誌，身穿白長袍的三K黨參加示威遊行，全國各地在夜
間都燃燒十字架。除延續老三K黨旨在敵視黑人（以中西部和南部較為
強烈）外，還加上對天主教、猶太人、外國人和有組織勞工的偏見。⑫
1928年，天主教徒史密斯 (Alfred E. Smith, 1873-1944) 接受了民主黨的
總統候選人提名時，三K黨進行了此年度最後一次衝刺性的成長。

　　從三K黨的成員及其特色來看，絕大多數來自中產階級中的老移民
後代，住在工業化程度不高、受美國現代思想影響不大的鄉村和城鎮地
區。他們在觀念上完全接受美國傳統的一切，強烈懷疑任何外國的或者

⑫ 他們認為美國是一個白人新教徒創立的國家，因此他們把具有其他不同信念、不同膚
色的人都視為敵人。不久三K黨的勢力又進入中西部地區，在那兒他們也獲得大批
擁護者。更有甚者，在印第安那州，喧囂一時的三K黨人戴維·C·斯蒂芬斯 (David
C. Stephenson, 1891-1966) 竟然控制了該州的共和黨人。在他操縱之下，其密友埃
德·杰克遜 (Edward L. Jackson, 1873-1954) 當選為州長。後來，斯蒂芬斯犯二級謀殺
罪被判處無期徒刑，從而聲名狼藉，1927年9月杰克遜也被控受賄，三K黨作為一
種政治勢力終於在印第安那州一蹶不振。Robert A. Divine, *American, Past and Present*,
p. 734.

與他們信念不一樣的事物，而且他們往往還自認為是真正的愛國主義者。三 K 黨人認為只有土生土長的白人新教徒，才真正具有全面領會美國主義的能力。所以他們敵視天主教徒、猶太人、黑人和大部分外國人。三 K 黨並非單一的種族主義團體，它甚至反對一切進步色彩的力量。它曾經積極參與壓制講授進化論學說的活動，其落後程度可見一斑。它的存在及其活動，對真正美國優良傳統的文化也是一種破壞。

　　作為一個白人種族主義極端組織，首先，三 K 黨巧妙地利用了當時美國大眾的心理狀態，在南部以外地區也頗具吸引力，最主要的原因就是他們打著反對天主教的旗號。它在中西部和遠西部最大的行動，是專門破壞教區學校。❸ 這類活動也往往得到新教信仰者的默許，甚至支持。三 K 黨強烈的反天主教情緒，對它獲取成功和力量有很大的功效。其次，在當時的社會中，白人希望能保住他們固有的社會及經濟地位，而三 K 黨公開宣揚白人至上，要求黑人安於現狀，這正好吻合了白人心中存在的一種恐懼心理。他們害怕第一次世界大戰結束後，大批歸來的黑人退伍軍人，回到本土本鄉後，會威脅到他們白人的利益。南部三 K 黨於 1920 年代初期得以復甦，就是從這裡得到最重要的動力。最後，三 K 黨排斥新移民的主張，也減輕了相當一部分勞動者的擔憂心理，害怕第一次世界大戰後大批新移民的到來，會奪走他們的工作機會。除了上述種種因素之外，三 K 黨的強烈吸引力，部分源於它的神祕性、組織性。個性強烈的美國人，一般喜愛參加那種情緒激昂的儀式，喜歡投身於某種組織活動，更何況三 K 黨的活動，還帶有一種神祕的色彩。❹

　　由於三 K 黨綱領的極端性以及其成員的複雜性，其活動方式與策略

---

❸　當時他們所使用的蠱惑人心的口號就是「挫敗天主教統治集團奪取美國的陰謀」。

❹　一個普通的白人，只要繳納十美元入會費，即可頭戴三角形面罩，身被白色長袍，在燃燒十字架的熊熊火光照耀下靜聽布道；在夜幕籠罩下，置身於一個大集體之中，手擎火把，行走在遊行隊伍裡。這在一些美國人看來，是一樁值得終身回憶的神聖事業。

往往千變萬化，時有不同。但是有一個共同點，即三 K 黨勢力滲透到哪裡，暴力活動也就蔓延到哪裡。例如，1920 至 1921 年，三 K 黨勢力發展到西南部，那裡也就隨之出現了屠殺、鞭笞、綁架等暴力行為。儘管三 K 黨首領們總是利用一切場合為自己辯解，宣稱暴力是個別的罪犯所為，但是無數事實都證明，三 K 黨本質上就是一個恐怖組織，它的存在本身就是對社會秩序與安寧、對社會民主與法制造成最大的威嚇。1920年代末，極端的法西斯主義 (Fascism) 在義大利奪得政權，反動勢力在德國也日漸抬頭。在美國也促使人們對極端主義日漸厭惡，三 K 黨的種種罪惡行徑也不斷為人們揭露，從而失去信譽，一些三 K 黨的追隨者開始重新考慮自己的選擇。此後，三 K 黨的人數日益下降，勢力逐漸減弱。

　　1930 年代大蕭條時期，三 K 黨人數急遽下降，該組織的殘餘分子在 1944 年暫時解散。三 K 黨人在 1960 年代《民權法案》通過後，內部逐漸分裂，勢力漸減。雖然該組織在二十世紀末期仍繼續進行一些祕密活動，然而其暴力案件已更為孤立化，其黨人也減少至幾千人。

三、禁酒運動時期

　　二十世紀的最初二十年，進步主義者把禁酒作為他們奮鬥的目標之一。他們將禁酒與愛國主義聯繫起來的宣傳收效甚大，加之整個進步主義運動浪潮的推動，政府和人民在禁酒的道路上步步向前。

　　由於第一次世界大戰期間，美國通過一項臨時性的暫時禁酒法案，以節約穀物作為食糧。到 1920 年 1 月，已有占全國總人口 63% 的三十三個州實行禁酒。1919 年 1 月 29 日，美國國會批准禁酒修正案，1920 年 1 月 29 日開始生效。禁酒運動成績卓著，雖然它在許多州先後都取得了勝利，但其最輝煌的成就，應該算是 1919 年 10 月 28 日頒布

全國禁酒法令，通稱《沃爾斯特德法案》(*Volstead Act*)。**⑮** 根據這一法案，美國建立全國性的禁酒機構，同時授權聯邦官員可以進入非法開設的酒店，砸碎屬於非法釀酒的酒桶，搜捕進行非法交易的酒販子。進步主義者希望將引發犯罪源頭的酒類，徹底根除。

　　禁酒運動在二十世紀的前二十年中取得了成功。1920 年，禁酒運動的主要領導人之一，美國參議員布萊恩 (John J. Blaine, 1875–1934)，在紐約舉行慶祝勝利的大會上，布萊恩向人們宣告，可悲的酒像奴隸制一樣，已經徹底被瓦解了。不久，美國首任禁酒局局長向公眾保證，再也不會有人釀造私酒，「也不會賣酒、送酒或用任何工具在地面、地下和空中運酒」。**⑯**

　　1920 年代之初，進步主義者宣稱《沃爾斯特德法案》的生效，為美國的禁酒運動劃上句號。然而，他們似乎並沒有意識到，與此同時，這個法案的生效，正好也標示著美國以酒為中心的一場混亂將開始。

　　1920 年代初期的一段時間，確實在禁酒運動勢力強大的地區，飲酒和販酒的活動的確減少了，全國範圍內由於醉酒而被捕，和酒精中毒死亡的人數確實也明顯下降，但是，實施禁酒法實在不是一件簡單易行的事情。

　　首先，就行政立法部門而言，由於國會基本上贊成禁酒，故在撥款和加強執法上，一直給予大力支持。但是地方官員以及社會輿論，未必熱心支持禁酒運動。許多禁酒政策在執行過程中被大打折扣，甚至有的地區根本就不予理睬。1920 年，禁酒局有一千五百多名執法人員，十年以後也僅僅增加到二千八百餘人。靠少數人執行禁酒法，顯然是不可能的，更何況某些執法人員的品質惡劣或能力低下。因此要他們在自己

---

⑮　此法因倡議者眾議員沃爾斯特德 (Andrew J. Volstead, 1860–1947) 得名，於 1933 年廢除。

⑯　莊錫昌，《二十世紀的美國文化》，頁 62-66。

的轄區內嚴格依法實施禁酒，是相當困難的事。

再者，美國有相當一部分人是抵制禁酒運動的。從全國實際情況分析，麻薩諸塞、紐約、紐澤西、伊利諾等這些擁有大量外國出生人口的州，多數人是反對禁酒的。至於大城市中的多數人，則認為飲酒是個人不可剝奪的一種權利，禁止飲酒是對人身權利的粗暴侵犯。這兩類地區的美國人，不僅不支持禁酒，反而結合起來，組織各種反禁酒團體，維護自己的權利和《憲法》的尊嚴，致力於廢除《憲法》第18條修正案。❶

禁酒主義分子是一批理想主義者，他們過於熱誠，甚至有些偏執，當威斯康辛、麻薩諸塞等州通過禁止出售烈酒的法律，但允許出售淡啤酒時，他們依然強烈反對而通過《沃爾斯特德法案》，進而將飲用啤酒等行為，也置於違憲的地位。結果使得這些州的政府與人民別無選擇，只能從根本上反對這場禁酒運動，並展開激烈的對抗。

禁酒運動的結果是飯店掩門不收酒客，然而偷偷摸摸經營的地下酒店高朋滿座，生意興隆。私自釀酒成了一本萬利的好買賣。為使人便於藏納私酒，一種扁平的酒瓶應運而生。此時一反常態，酒的主要消費者，不再僅僅是那些嗜酒如命的酒徒，就連以前那些滴酒不沾的人，也開始學起喝酒來了。青年人出於某種叛逆造反心理，也把私設在地下室或商店後門的祕密酒館，視為神祕的地方，又常以能在臀部褲兜裡塞上一個酒瓶，作為反抗社會的標誌，於是酒徒中又多了一批有知識的年輕人。喝酒的人，城市多於鄉村，東部多於西部，富裕階層多於下層人民。酒店關門了，但是酒的市場變得更廣闊了，服務也變得多樣化了。

---

❶　《憲法》第18條修正案，即有關禁酒的法案。馬里蘭州和紐約州的州長艾伯特・里奇 (Albert Ritchie, 1876-1936) 和艾爾弗雷德・史密斯 (Alfred Emanuel "Al" Smith, 1873-1944) 等領導人也成為反禁酒運動的帶頭人。莊錫昌，《二十世紀的美國文化》，頁656。

窮人可以走進商店的後店堂，享用杯中之物，富裕者則有專人將酒送上門來。「書房」的功能也增加了一項，成為掩人耳目的酒吧，從來沒有出現過的雞尾酒會也流行起來。另外由於大批私酒的釀造，造成大量飲酒中毒死亡或失明的案件，這在美國各地屢有發生。

無論禁酒主義者是否願意承認，禁酒使私酒供應有利可圖。與禁酒主義者的願望相反，私酒的大量供應成為 1920 年代的十年中，大量罪惡事件發生的重要根源之一，因為私人釀酒是歹徒們的重要謀生手段和收入來源。

1920 年代，芝加哥最重要的地下組織卡彭幫 (The Capone Gang) 的興起，就是一個最好的例證。1920 年代初，出生於紐約下層社會的年輕人阿爾・卡彭 (Al Capone, 1899–1947) 遷居芝加哥。不久以後他就自成一幫，並自任首領。他通過各種不法手段，成為芝加哥地區最大的私酒販和黑社會頭目。到 1927 年，他的總收入已達六千萬美元。諷刺的是，卡彭最主要的財源是販賣啤酒。他不僅買通警察和禁酒執法人，甚至結為一伙共同犯法。他自己還擁有一支七百至一千人的私人武裝部隊，從事暴力、謀殺，無情地摧毀任何可能對他構成威脅的力量，甚至殺害與他們作對的政府官員和軍警。靠販賣私酒的巨額收入，卡彭幫一直緊緊地控制著芝加哥地區，儼然成為「國中之國」。一直到 1931 年，卡彭幫遭到毀滅性的打擊才終止。

由此可見，在 1920 年代初，真正勇敢地站出來反對《憲法》第 18 條修正案和禁酒運動的人並不多。但隨著私酒的泛濫，有毒私酒受害者的增多，以及芝加哥等地區黑社會暴力活動的越演越烈，美國社會上反禁酒的呼聲也越來越強烈了。

圖 23：阿爾・卡彭

1929 年，總統胡佛 (Herbert Clark Hoover, 1874–1964) 指派司法部長喬治‧威克沙姆 (George Wickersham, 1858–1936) 為首的一個委員會，對禁酒法的執行情況進行全面調查。當時著名的社會問題專欄作家富蘭克林‧亞當斯 (Franklin Adams, 1881–1960) 寫了一首打油詩，俏皮地概括了該委員會的調查報告，最後禁酒運動終於以失敗告結：

> ……禁酒大垮臺。我們喜歡它。
>
> 禁酒是白搭。我們喜歡它。禁下的酒不值一毛錢。
>
> 留下了貪污和馬屁。犯罪和罪惡充塞大地。沒關係，我的心歡喜。

到了 1930 年代，飽受大蕭條折磨痛苦的美國人，再也不需要這一條根本行不通的法律，曾經贊成禁酒的人，也開始面對現實。人們正式提出要求取消《憲法》第 18 條修正案的動議，把對酒類貿易的管制權還給各州。1933 年 2 月，國會通過《憲法》第 21 條修正案 (The 21st Amendment)，宣布廢除第 18 條修正案。但是仍然宣布禁止運酒到任何禁酒的州和地區出售。3 月，國會宣布出售淡啤酒為合法行為，這些法案受到各州政府和人民的擁護，酒精性飲料重新合法地回到美國公民生活之中。「禁酒」這一理想主義的實驗，至此正式告結。

整個禁酒運動，從根本上來講，並沒有什麼實際意義，但是美國社會為此付出了巨大的代價──黨派為此分裂；各州控制社會習俗的權力從此瓦解；人們產生了對法律的懷疑和蔑視心理；腐化貪污行為滋長；有組織的犯罪益發猖獗。當然，美國人也並非至此一無所獲，特別是一些理想主義者終於意識到，在遭到大眾反對的情況下，試圖用法律來控制人們的道德行為，不僅是困難，而且是徒勞無益的。

四、婦女地位的抬頭

　　十九世紀中葉，首次由斯坦頓發起的婦女運動，在 1918 年的英國與 1919 年的美國婦女分別獲得選舉權後告一段落。年輕時，斯坦頓了解到女孩無法享有跟男孩一樣的權利或機會，她就讀於一所男女同校的約翰斯頓學院 (Johnston Academy)，是數學及語言高級班中唯一的女生。她無法進入大學繼續進修，因為她是個女孩，所以她只好就讀於愛瑪威拉德特洛伊女子學院 (Emma Willard's Troy Female Seminary)；斯坦頓的父親是名法官，她跟著父親一起研讀法律，但卻無法開業，因為她是個女人。斯坦頓堅信個人應該擁有如投票權或工作等基本權利。

　　但西方婦女初次嚐到性的自由選擇，卻不完全是婦女運動本身的功勞，而是由於第一次世界大戰期間，婦女大量湧入勞動市場，求得經濟自立，以及當時一些進步女子提倡節育運動的緣故。1914 至 1918 年的歐戰期間，英美男性被迫上前線衝鋒陷陣，生死未卜，他們在大後方的母親、妻子及女兒，不得不投入男性所騰出來亟待填補的空缺，例如工

圖 24：伊麗莎白・凱蒂・斯坦頓和她的女兒哈里奧特　伊麗莎白・凱蒂・斯坦頓是美國女權運動的先驅領袖之一。她也是一個極為優秀的作家及演說家；她跟蘇珊・布朗威爾・安東尼 (Susan B. Anthony, 1820–1906) 於 1869 年成立了全國婦女選舉權協會 (National Woman Suffrage Association)，並肩合作，一起為鞏固婦女投票權而努力。終其一生，伊麗莎白・凱蒂・斯坦頓一直身為女權的發言人，而她的女兒哈里奧特・斯坦頓・布萊奇 (Harriot Stanton Blatch, 1856–1940) 則繼承她母親的衣缽。（圖片出處：CORBIS）

作在農場、兵工廠、礦場和鐵路等各行各業的職位。婦女第一次發覺自己擁有前所未有的力量，不但可以離家從事有酬勞的工作，而且工作帶給她們一種滿足感。所以，第一次世界大戰期間，除了勞動婦女之外，許多中、上層婦女也因感覺自己「有用」，而意氣飛揚。而這又使婦女們有可能從耗時而又煩人的家務操勞中解脫出來，更多人投入社會活動或從事職業工作。

　　第一次世界大戰對社會正常秩序的破壞，也助長了婦女的解放。美國婦女在第一次世界大戰期間，首先出現所謂「戰時女郎」(War Girls)，她們可以獨自且自由自在的在街上閒逛，沒有人陪同保護也可以上戲院看戲、赴舞會跳舞；而且，單身旅行也不會被懷疑是「墮落的女人」(Fallen Woman)。她們由於工作上的需要，尤其必須在工廠或戰區工作，多數婦女樂於脫下寬大笨重的長裙，改穿短裙或簡便的工裝或軍服，自然比「維多利亞時代」(Victorian Era) 模樣的裝束，輕上十幾倍，這是婦女解放的表徵。其次，由於女性外出工作，經濟地位的改變，使她們的舉止態度也發生明顯的變化，因為她們已經認識到在許多事情上婦女與男子擁有同等的權利。她們吸菸、飲酒，更有些激進者甚至將自己打扮成男士一般。舊時那種婦女必須掩蓋頸項、隱藏腳踝的觀念，已為人們拋棄。1919 年時，婦女的裙子普遍地有一尺長，但是以後婦女的裙子就不斷縮短，到 1927 年時，裙子的下襬已與膝相齊，有的甚至縮短到膝蓋以上。

　　但是對婦女生活有長遠影響的，則是 1914 至 1920 年的「節育運動」。推倡節育運動的兩位女性代表者，第一位即提倡言論自由的無政府主義者艾瑪·歌嫚 (Emma Goldman, 1869–1940)。1900 年初，她赴法國調查避孕方法，甚至走私了一些避孕用品到美國。1910 年，她警告她的聽眾說，女人不應該被迫生殖一些病邊邊弱兮兮、未老先衰的人種。她們要的是少生幾個，用愛撫育成長中的優良子女，生育是出於自

由選擇，而非被婚姻制度所逼迫的。1916 年，她在紐約演說避孕常識時被捕。她的理念在經濟大恐慌時才受到重視。

美國另第一位提倡節育的代表者是山額夫人，她在 1914 年創辦了《女子造反者》(*Woman Rebel*) 的書報，勸導勞動婦女節育。她也認為避孕不只是婦女的權利，同時也是反資本主義的手段。山額夫人認為，兒童充斥勞動市場，把薪水壓低，對工人階級的福利是一項威脅。

除了節育運動之外，歌嫚和山額夫人也提倡「泛愛」(Free Love) 的理論與實踐。她們認為「性愛」，即使不在婚姻的規格裡，不為生兒育女，本身也是一樁高尚、美麗而愉快的事。可見性解放的思想，在當時知識分子之間風行一時。美國如此，英國男性哲學家羅素 (Bertrand Russell, 1872–1970) 也如此倡導。因此在 1920 年代中，對昔日社會的規範——如尊重父母的權威、順從父權社會的規範、保持婚前貞潔和婚後忠誠等課題——在當代社會道德標準下進行挑戰。

如此一來，1920 年代美國社會生活進入一個大轉折期，它標示著傳統美國生活方式的結束，新生活方式的開始。這十年意味著一種新道德觀在確立，舊有的宗教影響力在削弱，家長權威也日益削弱以至喪失。昔日的傳統道德架構終於坍塌，代之而起的是一種更自由、更具有個性的新道德體系。人們的信條不再只是工作，他們力圖拋棄舊日的束縛，尋求新的樂趣。在這個喧囂的 1920 年代裡，讓美國社會多采多姿。

對社會衝擊最大的變化莫過於年輕人對「性」問題的態度。在這方面，美國傳統的道德標準幾乎崩潰。當時許多小說對大學生性生活的描述，也許是故意聳人聽聞，但是，大學生中性混亂的狀況，在一定程度上的確是普遍的。即使中學生也出現大量問題，令父母震驚。其實在美國過去的傳統中，一直存在性約束和維持兩性正常關係的準則。但是第一次世界大戰的衝擊，沖破了這些固有的觀念。1920 年代出現的其他一些新因素，也使這些昔日的觀念、準則不再起作用。這些因素中首推

汽車的出現。它行駛快速便捷，使男女離開居室，去室外調情成為極為
方便的事。另外，由於禁酒運動引起的反作用，促使中產階級的婦女和
青年女子也成了貪杯之徒，這也容易觸發男女之間的「越軌」行動。但
在所有這些因素中，最具影響力的，也許是來自維也納的精神分析學家
西格蒙德‧佛洛伊德理論的流傳。在青年人的眼中，佛洛伊德的理論為
衝破禁忌提供了有力的根據：人格失調的原因是性慾受到壓抑，而性慾
或性活力的自由表現，有益於健康。

　　於是，從1920年代開始，美國社會中最顯著的社會風氣變化是人們
對於性慾的迷戀。人們開始在大庭廣眾之下討論性問題，具有一定文化層
次的人也開始閱讀詹姆斯‧布蘭奇‧卡貝爾 (James Branch Cabell, 1879–
1958) 的色情小說，讚賞尤金‧歐尼爾 (Eugene O'Neill, 1888–1953) 以精神
分析為主題的動人戲劇。普通平民百姓從《坦白雜誌》(*Frank*) 中尋求刺
激，這類雜誌因為專門刊載有關性問題的故事而在下層人民中受到歡迎。

　　風靡1920年代的道德習俗變革，以一種巨大且狂熱的力量摧毀了
舊有的道德架構。在一陣狂亂以後，社會再次理性地認識自身，從舊有
道德構架的廢墟中尋找那些持久的永恆，並且在此基礎上重新建立道德
生活的新構架，以新的觀念與準則賦予美國人新的生活規範。

第二節　哈定和柯立芝的政策

一、哈定與回到常態

　　繼威爾遜之後，共和黨總統候選人哈定（任期1921–1923年）順利當
選，而其對手是民主黨科克，兩人同是報社編輯，被傳為是一個巧
合。這次哈定的勝出，可說是共和黨的一大勝利，正如一名民主黨員
所描述，這不僅是壓倒性的勝利，對於民主黨而言，簡直是一場「地

震」。⑱

　　在經過戰後及不穩定的時期之後，美國人似乎疲乏不堪，因此，他們希望過安定的生活，哈定在 1921 年就任總統，他喊出了一個深獲群眾心理的新字，叫做「常態」(normalcy)，「回到常態」(return to normalcy) 是當時響亮的口號。以常態政治作為就職的政策，也許無人聽過，但是每一個人都了解他所指的是回到大戰前的安定繁榮。哈定的總統形象甚佳，一表人才、非常傑出、灰色頭髮、穿著講究，他也是第一位在南北戰後出生的總統。哈定任內正是 1920 年代經濟成長的時代，於 1920 年大選日，賓夕法尼亞州的匹茲堡 KDKA 電臺首度以電臺轉播選情的結果。而 1921 年 3 月 4 日哈定就職時，其典禮實況經由電臺轉播，在美國亦屬首創。⑲

　　由於四年的世界大戰 (1914–1918)，使歐洲各資本主義國家民窮財盡，大戰結束後，各國軍事訂單停頓，歐洲市場已不再繼續大量吸收美國的商品，使美國商品輸出總值大幅度下降，失業率提高，造成 1920 至 1921 年的經濟危機。美國農產品銷售停滯，價格慘跌，出現嚴重的生產過剩。哈定是在面臨這些經濟危機的情況下就職，他提出了「回到常態」這一口號來吸引人民，以拯救美國在戰後出現的經濟危機。所謂「回到常態」，就是力圖消除因戰爭引起的經濟混亂局面，這對於一般群眾有極大的吸引力，因為他們指望在戰後能提高工資，改善生活，限制壟斷資本的進一步擴張。但哈定政府的實際措施與此相反。在「恢復常態」的歲月裡，壟斷資本得到進一步擴張，勞工遭到更嚴重的剝削和掠奪。壟斷資產階級和國家政權比以往任何時候更密切結合，甚至直接

---

⑱　Robert K. Murray, *The Harding Era: Warren G. Harding and His Administration* (Minneapolis, MN: University of Minnesota Press, 1969), p. 214.

⑲　Robert K. Murray, *The Politics of Normalcy: Governmental Theory and Practice in the Harding Coolidge Era* (New York, NY: Basic Books, 1973), pp. 46-58.

干涉國家政治。

哈定在美國歷任總統中是屬於軟弱者之一，他優柔寡斷，缺乏開創的精神，處處順從國會，偶有創意，一經國會阻擾，就立即作罷。例如「華盛頓九國會議」(Washington Naval Conference)[20] 的召開，這一會議是由美國所提議，但該提議並非由哈定主動召集，而是國務卿休士 (Charles Evans Hughes, 1862–1948) 的敦促。

哈定執政時期，最先面對戰後產業經濟的混亂局面，宣布政府不干涉私營企業，即官方不過問企業的合併，組合和發行股票等事項，也不再採取規定物價或制訂條例來干涉經濟活動。這實際是放任少數資本家利用他們在戰爭中掠奪到手的巨額利潤，對國內各種企業進行有利於壟斷資本的兼併和組合。

其次，於 1921 年，蘇聯要求與美國恢復正常貿易關係，美國拒予理會，但美國私人工商界與蘇聯貿易者，則不在禁止之列。哈定任內亦簽訂數項重要的對外法令：1921 年 4 月，內布拉斯加州通過法律，禁止外國居民在該州購買土地；1921 年 5 月，國會通過《移民緊急名額法》，限定各國對美國之移民額，不得超過各該國於 1910 年時在美居民的 3%；1921 年 7 月，哈定簽署國會兩院聯合決議，終止美國與德國間的戰爭狀態；1921 年 8 月 11 日，美國正式邀請中、英、日、法、義、比、荷、葡八國集會華府，討論太平洋區限制軍備及其他有關的問題，

---

[20] 1921 年 11 月 11 日至 1922 年 2 月 6 日，美國、英國、日本、法國、義大利、荷蘭、比利時、葡萄牙、中國九國在美國首都華盛頓舉行的國際會議。華盛頓會議的議程主要有兩項：一是限制海軍軍備問題；二是太平洋和遠東問題。為此組成兩個委員會：「限制軍備委員會」由英、美、日、法、義五個海軍大國參加；「太平洋及遠東問題委員會」則有九國代表參加，兩個委員會分別進行討論。該會議的主要成果包括三個重要條約：《四強太平洋條約》(*Four-Power Pacific Treaty*)、《限制海軍軍備條約》(*Five-Power Naval Limitation Treaty*)、《九國公約》(*Nine-Power Treaty*)。這三個公約統稱《華盛頓條約》。Robert K. Murray, *The Politics of Normalcy: Governmental Theory and Practice in the Harding Coolidge Era*, p. 159.

史稱「華盛頓九國會議」；1921 年 9 月 26 日，哈定在華府召開「失業救濟會議」(Unemployment Conference)，由商務部長胡佛擔任主席，這年全美失業現象嚴重，失業人數達三百五十萬人；12 月 13 日，美、英、法、日四國，在華盛頓會議中簽訂《四強太平洋條約》；1921 年 12 月 22 日，美國國會通過《俄國饑荒救濟法》(Russian Famine Relief Act)，撥款二千萬元購買糧食，救濟俄國飢民；1922 年 2 月 6 日，《九國公約》在華盛頓簽字，內含尊重「中國的主權、獨立、領土及行政完整」的條款，所謂「門戶開放政策」和「機會均等」的原則，至此獲得列強的正式承認；同日，英、美、法、義、日五國簽訂《限制海軍軍備條約》。

　　哈定在他任內，最大的問題在於他所任命的閣員並不稱職，有些還是過去他玩橋牌的朋友。但他任命的財政部長安德諾・美倫 (Andrew W. Mellon, 1855–1937)，極力推動哈定政府的重商政策 (mercantile policy)，他主張傾向於提高關稅，以保護美國商業免受外國商人競爭之害。他也認為高收入者的稅率應該降低，理由是如果稅率降低了，富有的人才有錢去投資。更多的投資可以造成更多的工作機會，也可以為中下等階級帶來更多的收入。美倫相信財富的增加，才可改善人民生活的水準。於此大多數的國會議員同意美倫的觀點，在 1921 年又陸續通過了稅收及相關的法案。1922 年 9 月 19 日，美國國會通過《福德尼－麥坎伯保護關稅法案》(Fordney-McCumber Tariff Act)，將美國進口關稅，提高到空前未有的程度。此外，根據哈定的提議，美國國會通過了《聯邦政府預算制度法》(Budget and Accounting Act)，將預算的編製權移至行政部門。

　　哈定的白宮閣員充斥著貪瀆之徒，如最高檢察長甚至出賣政府情報，接受金錢以換取罪犯的特赦出名。同時，退伍軍人局局長的腐敗，公開販售大批藥品、紗布及醫療物資牟利，卻讓榮民病患在醫院坐以待斃，更是一件賄賂之醜事等。因此，在美國歷史上，「貪污腐化」幾乎成為哈定任內的代名詞，他的內閣閣員雖仍有守分而且有為的人士，如

國務卿休士、商務部長胡佛，但大多數官員仍屬貪污之徒，甚至連哈定最好的朋友史密斯 (Jesse Smith, 1871–1923) 也因貪污被告，而畏罪自殺。這些貪污分子都是哈定昔日最親密的朋友，他們經常在白宮玩牌作樂，豪飲達旦。但這時正處於美國的禁酒時期，一般人民飲酒屬於犯罪行為，而白宮每日竟是杯杯交錯，痛飲無忌，無怪乎引起人民的怨恨。哈定總統的致命弱點是：他不慎重挑選、也不監督內閣成員和次一級的官員，其中有許多德薄才鮮，不稱職者。1923 年參議員沃爾什 (Thomas J. Walsh, 1859–1933) 揭露了內政部長福爾 (Albert B. Fall, 1861–1944) 的「茶壺山醜聞」(Teapot Dome Scandal)。㉑ 哈定本人的正直品格雖然未可厚非，但是他寵信心腹的嚴重瀆職行為，說明他在政治上的無知和政權機構的鬆弛。對於這些貪污案件是否與哈定本人無關，外界不得而知，但值得令人玩味的一件事是，在哈定死後，他的所有私人的機密文件，包括與朋友的來往函件，都遭到他太太焚燬。不僅如此，1923 年 8 月 2 日哈定在舊金山突因心臟病過世，他的太太拒絕解剖檢驗，於是外界猜測紛紛，謠言四起。與哈定交往最深，後來擔任美國第三十一任總統，是哈定任內時的商務部長胡佛曾言：「哈定是一位被朋友出賣的悲劇人物。」㉒

二、柯立芝與美國商業

柯立芝 (John Calvin Coolidge Jr, 1872–1933) 之所以被提名為哈定任內的副總統人選，乃一重大契機所致。在柯立芝擔任麻州州長時，有一

㉑ 1922 至 1923 年茶壺山醜聞被視為是美國政治史上最轟動的賄賂醜聞。內政部長福爾未用公開招標方式處理茶壺山以及另外兩處的美國海軍油礦，以低價方式讓石油公司承租。這項承租案由參議員沃爾什負責調查。福爾最後承認接受來自石油公司的賄款。

㉒ Arthur M. Schlesinger, *The Crisis of the Old Order, 1919-1937* (New York, NY: Skidmore College, Saratoga Springs, 1957), p. 207.

次波士頓警察大罷工，全市秩序大亂，該市市長安德魯‧彼得斯 (Andrew Peters, 1872–1938) 無法控制此局面，柯立芝一面召集該州民團到市區內維持秩序，一方面命令警察復工，否則一律解職，並發表強硬聲明：「在任何時候，任何地方，任何人無權對公共安全罷工。」❷❸ 當時罷工風潮正瀰漫美國各地，一般人民對於罷工深感痛恨，柯立芝之言，無異暮鼓晨鐘，使人耳目一新，全國聞名。柯立芝被共和黨提名為副總統候選人，並非所願，基本上他對政治並不熱衷，年輕時靦靦害羞，木訥寡言，不喜應酬。他生平最大願望只想當一名律師，據他自己在自傳中所提，他參加政治，志不在做官，只想藉此廣結人緣，作為將來開展律師業務的基礎。想不到官運亨通，最後榮登總統寶座。

1923 年 8 月 2 日，哈定總統在舊金山去世之後，柯立芝正在佛蒙特州 (Vermont) 他父親的農莊度假，翌日清晨，由他父親（時任當地治安法官兼公證人）監誓，宣誓繼任總統（任期 1923–1929 年）。宣誓典禮是在他父親農莊的客廳舉行。在場觀禮者，只有參議員亨門 (Dale Porter Hinman, 1867–1933)、柯立芝的太太及司機。

柯立芝總統在政治上主張小政府，以古典自由派保守主義聞名。他言詞甚少，但在 1920 年代，沒有人比他更接近商業社會，當經濟開始在 1920 年代復甦時，柯立芝對於美國頗具信心，他認為美國應制訂一套商業原則來領導，他認為，美國的商業是屬於美國的，除了商業還是商業。

1926 年，柯立芝簽署了一項稅收法案，這項法案將高收入者的稅降低，對中等家庭的稅只作小幅度的調整。柯立芝偏向於商業的政策，給美國帶來相當程度的成功，人們享受了一段繁榮的時期。在 1921 至 1929 年之間，工業成長率幾乎加倍。薪資和利益增加，失業率降低，

---

❷❸　William A. White, *A Puritan in Babylon, The Story of Calvin Coolidge* (New York, NY: Holt, Rinehart and Winston, 1938), p. 49.

雖然不是每個人都富有，但多半人民均有能力購買想要購買的東西，這在以前是辦不到的。

縱使如此，1920年代的經濟繁榮，並未對農業或農民帶來任何的福利。農民面臨高水準的經濟，卻必須面對低價出售的農作物。在戰時，美國農民必須增加耕種的田地範圍，以便生產更多的食糧，供應歐洲戰場上的需要，農產品價格也隨之增高。但是當歐戰結束後，歐洲農民重回自己的田裡耕作，對於美國產品的需求不大，農作價格也因此被壓低。在1920年人們生活水準提升，鐵路運價、稅率、種子價格、銀行利率等，幾乎無時不在升高。為了增加生產，農民們不得不增購好的機具和化學肥料。不幸的是，農民的農產品生產過剩，而價格又保持過低。向美國增購糧食的國家，例如加拿大和澳洲，都處在糧食過剩的時期，對於美國農業有不良的影響。❷④

為了解決糧食過剩，或農作物價格繼續下降的情況，農民在走投無路時，只好訴諸及求助於聯邦政府，從農村來的議員們一致通過成立「農民集團」，共為幫助農民而努力。其中的一項建議，就是《麥克納利－豪根農田救濟法案》(*McNary-Haugen Farm Relief Bill*)。立法的主要目的，是為特定農產品建立一套政府支持的雙價制度，例如稻米和玉米。不論市場的價格如何，農民可以獲得固定的價格，即使市場的價格滑落，農民也不受損失。但柯立芝總統認為，如此政府損失太大，不願見到政府在農業經濟上扮演太大的角色，因而否決這個法案。在1920年代的繁榮，並未為農業帶來任何的助益。

柯立芝在任時，是美國奧克拉荷馬州三K黨猖獗時期。他為了維持治安，宣布全州進入戒嚴狀態。1924年國會通過《新移民配額法》，限定各國每年對美國的移民數額，並將日本、中國移民則完全在排斥之

---

❷④　John Braeman, *Change and Continuity in Twentieth-Century America: The 1920's* (Boston, Mass: University of Boston Press, 1973), p. 77.

外；同年，國會通過法律，凡在美國出生的印第安人，均屬美國公民。**㉕**
1926 年汽車大王福特 (Henry Ford, 1863-1947)，開始在該公司實施每週
五天及每天八小時的工作制。至此，八小時工作制終於成立。此外，
1927 年美國電視首次在紐約試驗成功，此項成就是二十世紀重要的歷
史紀錄。

柯立芝的政治哲學是「少管閒事的政治就是最好的政府」。所以在
他五年半的任期之中，可以說平淡無事。1928 年共和黨員想提名他繼
續連任，為他所拒絕。一則他覺得再作四年，時間太長；再則，他已看
出美國接近另一次經濟不景氣。他生性怕事，恐怕不能應付那種危機，
所以決定急流勇退，見好就收。

第三節　1920 年代的美國生活

在 1920 年代這一個十年裡，美國社會開始有「現代化」的型態出
來，是一個重要的社會轉變期。它如同三明治一樣，處於兩次世界大戰
的中間，是一段繁榮的時期。

一、福特汽車的出現

1920 年代是美國享樂的年代，人們的消遣及娛樂範圍逐漸擴大，
如 1927 年有聲電影的出現即是一例。在 1927 年之前乃以默片為主，觀
眾隨著字幕去了解劇情，劇院在幕後配以音樂，默劇中勞萊與哈臺的逗
趣最為著名。此外，收聽無線電的廣播消息，如哈定在競選總統時，

㉕　1924 年 6 月 2 日，國會同意賦予所有在美國出生的原住民美國公民的資格。這個名
　　為《印第安人公民法案》(*Indian Citizen Act*) 通過之後，有一些美國原住民還是不能
　　參與投票，因為是否享有投票權，乃是由各州決定，並不是由中央所訂定的。一直到
　　1948 年，有一些州還是不允許美國原住民享有投票的權利。

KDKA 電臺首次播放總統選情。也有人收聽無線電廣播音樂、新聞和運動節目，而且有更多美國人對運動產生興趣，觀看足球、壘球比賽，都成了他們的娛樂，人們也對運動健將產生崇拜。總體而言，1920 年代美國人的生活水準逐漸在提升。

在第一次世界大戰之前，美國人驅趕著馬車，來到雜貨店前購物；穿著殖民時期的婦女衣著；在煤油燈下讀書。第一次世界大戰之後，汽油進入文明生活，洗衣機代替洗衣板，電燈也取代了煤油燈；婦女也可以剪短頭髮，放棄傳統的長裙及保守的衣服；農民也以機器取代人力的耕作方式。1920 年代被冠上許多時髦的名詞，例如「爵士時代」、「滾動的二〇」、「繁榮的世紀」或是「金色的二〇」等。這個時候，一切隨著物質生活迅速的改變，讓人們興奮不已，目不暇接。物質文明的發展及發明，將美國人的日常生活提升到另一個新的境界。

對於大多數美國人而言，1920 年代就是美好生活的開始，工廠生產不斷的推陳出新，人們也都有經濟能力去享受，工業成長的速度和改良後的技術，增加了生產力，為國家增加了財富。此外， 1920 年代末期電力的生產增加，大約有 70% 的美國家庭有電器的設置，如電冰箱、吸塵器等，充分的電器設備，使美國人能享受電器用品。電器不但使家庭生活更為舒適，也使工業生產更為有效。也因工廠採行機械化作業，對工人的需求因而減少。

二十世紀裡最具歷史意義的，當屬汽車工業，亨利‧福特劃時代的努力，大量生產低價的汽車，使每一個美國人都有能力購買汽車。大量的人們因為擁有汽車，而改變了美國的社會。第一輛汽車是由美國人亨利‧福特所發明，出現在 1896 年。經過不斷改進，這種作為一種交通工具的新奇發明，逐漸為人們所接受。但是真正的汽車工業在第一次世界大戰期間仍處於襁褓期，1918 年以後才迅速壯大成熟，汽車產量直線上升。同時在銷售過程中，採用了「分期付款」方式，使依靠工薪為

圖 25：亨利·福特（圖片出處：Ford Motor Company）

生的普遍家庭也有能力購置，並從而使汽車逐漸成為他們的生活必需品。

亨利·福特開創了人類文明史上的汽車時代，他致力於汽車製造的完善。福特在 1903 年組織了福特汽車公司，1908 年四缸二十匹馬力的福特 T 型車問世，售價每輛僅八百五十美元。從 1909 年至 1913 年，福特的 T 型車在多次比賽中獲勝。1913 年福特退出了比賽，因為他對比賽的規則不滿。這時候他也沒有必要參加比賽了，因為 T 型車已經相當出名。同年福特將流水生產線引入他的工廠，從而大幅地提高了生產量。

精明的福特通過有效的生產管理手段，不斷降低其生產成本。1913 年福特在其工廠裡使用了流水生產線，產量大增，使成本大大降低，售價逐年下降，1914 年引進了一種電動力量的生產線。在這條生產線上，工人僅站立原地，以便汽車經由生產線，移動經過工人面前來裝置單一的零件。在福特發明這種生產線的一貫作業之前，每一輛車需要十四小時來完成，但福特引進這個技術之後，福特 T 型車僅需一·五小時即可組裝完成。汽車工業達到了空前未有的繁榮階段。福特懂得如何運用汽車的推銷術，他認為只要汽車價錢降低，買主一定會多，他主張「降低成本來增加生產」。1914 年，一輛新的福特汽車售價四百元，十年後的 1924 年，價錢降到二百六十元一輛，雖然當時福特汽車只有一種顏色黑色，但仍很吸引美國人購買。❷❻1918 年半數在美國運行的汽車是 T 型車，福特非常注意倡揚和保護 T 型車的設計，這個設計一直維持到

---

❷❻　Robert A. Divine, *The American People*, pp. 762-763.

1927年，到1927年福特一共生
產了一千五百萬輛T型車。福
特非常注意他與他的雇員的關
係。他的雇員每天工作八小時，
1913年時每天的薪金是五美元
（對當時來說相當可觀），1918
年T型車的頂峰時期，工人薪
金被提高到每天六美元，對當時
的情況來說這是前所未有的。此
外，福特還獎勵雇員的發明創

圖26：福特流水生產線（圖片出處：Ford
Motor Company）

造，讓工人分享他們的發明所帶來的盈利；另一方面福特反對工會的存
在，為了制止工會在他的工廠中活動，他特別雇人研究防止工會的方
法，一直到1941年在福特的工廠中才發生了第一次罷工。直到1945年
福特離開他的公司時，工會才真正能夠在他的工廠中立足。從1920年
至1929年的十年間，美國汽車的銷售量由二百萬輛上升到四百五十萬
輛。儘管汽車產量直線上升，但汽車製造廠商的數量卻由1920年代初
的一百多家減少到1920年代末的近五十家。在1920年代初，銷售的小汽
車中，有近一半是由福特汽車公司製造的。㉗

　　福特汽車的大量生產，帶動了就業機會的增加。過去的道路是泥濘

㉗　1927年，世人稱為「嬰兒林肯」的A型車問世，轟動全美國。它的引擎並沒有多大
　　改革，可是車身外觀典雅，質地牢固，很快成為幾百萬人的寵兒。五年中的產量超過
　　四百五十萬輛，最高售價也不超過六百美元，中等收入家庭完全有能力購買。1929
　　年時美國三大汽車公司，即通用汽車公司、福特汽車公司及克萊斯勒汽車公司，在美
　　國汽車工業中占有舉足輕重的地位，其產量占總產量的80%。1930年，美國遼闊的
　　大地上已奔馳著二千六百七十四萬餘輛各種汽車。當時全美的總人口是一億二千二百
　　多萬，昔日富人的奢侈品已經普及於世。此時人們考慮的已不再是有無汽車，而是開
　　始考慮擁有什麼樣的汽車，美國汽車工業面臨新的挑戰。參見 Robert A. Divine, *The
　　American People*, pp. 762-763；莊錫昌，《二十世紀的美國文化》，頁42-45。

難行的馬車之路，要有人時常走動的地方，才會出現一道行徑出來。
1920 年代末期，公路已大幅度修建，且路程也已加倍，公園大道仍是
美國公路建築的一項特色，如冰河國家公園 (Glacier National Park)，道
路蜿蜒在美國的公園周圍，有多處出口便利駕駛人選擇。

　　汽車的生產也帶動了其他經濟的成長，如汽車零件工廠為工人增設
了工作的機會。路邊的餐館、麥當勞、溫蒂漢堡店、汽車旅館等，都是
為開車外出旅客而設的。

　　除了汽車工業在 1920 年代進步突出外，此刻的城市人口急遽增加，
農民也大都移徙到城市，在工廠裡工作。工業上的突破也影響到其他產
業，許多新的發明，更改變了美國人的生活。醫學方面也有長足的發
展，麻醉藥的改良，使得手術更為安全而減少病患痛苦。盤尼西林
(penicillin) 的發明，也在此刻由英國引進美國，也使人類的壽命，由
1910 年的四十九歲增加到 1930 年的五十九歲。科學和醫藥的進步，加
上主要技術上的突破，改進了許多美國人的生活品質，更為全人類帶來
無比的幸福遠景。

　　當然，不僅是消費者要求多樣性，連工人在享受增加工資之餘，也
開始厭倦生產裝配線上的重複性勞動。1949 年，在福特辭世二年後，
耶魯大學 (Yale University) 曾做過汽車工業研究報告顯示，在接受調查
的工人中，有 90% 聲稱他們樂意在生產裝配線工作的主要原因是高工
資；絕大多數工人都討厭機械式的工作節奏及重複性的勞動，許多人對
不需要更多技能的簡單勞動感到乏味。

　　汽車改變了城市規劃，加速市區的擴張，改變了人們購物的習慣；
它使區域性購物中心和商場得以形成，也使傳統的市中心商業區慢慢消
失。人們在追求休閒娛樂的同時，進一步深化為汽車與週末的結合，使
得週末別墅、週末營地和與公路相關的活動大為增加。汽車也改變了家
庭生活，將更多的娛樂活動帶到戶外，並提供婦女和青少年前所未有的

機動性，這堪稱是美國社會生活的一次新的「解放」。汽車，賦予人們前所未有的流動性，使人群和家庭的遷移變得方便可行；汽車打破了往日社會因空間距離而導致的隔閡，縮短了城市和鄉村的距離。在此基礎上，美國旅遊業出現了。福特及其所開創的時代為人類留下的遺產，不僅僅是在生產裝配線上「流動」的物質產品，還有這些產品為人類生活帶來的轉變，增添1920年代的色彩。

綜言之，美國的商業繁榮主要奠基於兩大工業，一為汽車業，另一為建造業。在1929年，單是福特的底特律車廠，每隔十七秒便有一輛全新汽車從裝配間裡推出來。當時美國公路上共有二千六百萬輛汽車和貨車，亦即平均每五個美國人便擁有一輛汽車，美國人幾乎已離不開汽車輪子了，有人戲稱，1920年代，福特把美國人放到了輪子上。汽車工業又連帶使許多有關工業發展，如汽油、鋼鐵和橡膠的需求量增加。此外，汽車普及化更引致全國人民提出改善道路的要求。有了汽車，人們的活動範圍擴大了，郊區因而發展，於是使那早已蓬勃的建造業更加蓬勃。美國的城市不但有高聳的摩天樓，城市四周也蓋滿了城市工作人員的住宅。美國的發明天才、美國人對於閒暇消遣的新需求和廣泛使用電力，三者與美國廣告業的新技巧結合得天衣無縫。廣告把奢侈品宣揚得幾乎成為日常必需品。消費品及家庭用具需求甚殷，工廠產量供不應求；旅遊業和娛樂事業成為億萬美元的大生意；體育也成了大企業；廣播、電影和唱片令那些最小的市鎮也能追上潮流。美國人都有了擁有慾，也熱烈追求擁有財產所代表的社會地位。在美國歷史上，首次出現人們對金錢揮霍的態度，擺闊炫耀的現象。

二、萊特兄弟與林白的飛航創舉

人類的創新力並不僅侷限於他們所生活的大地，而是很早就將注意力轉向天空。幾個世紀以來人們夢想有一天能遨遊於藍天，直至二十世

圖 27：萊特兄弟試飛飛機

紀的現代人，終於完成這一次的飛躍。

　　十九世紀，歐美的一些發明家就試圖發明一種能載人進入天空飛航的機器。美國人威伯・萊特 (Wilbur Wright, 1867–1912) 和奧維爾・萊特 (Orville Wright, 1871–1948) 二兄弟，終於在 1903 年 12 月 17 日實現了人類的這一宿願。萊特兄弟這一天在北卡羅萊納州進行了人類歷史上第一次成功的飛行。奧維爾駕駛自製的飛機在空中飛翔了幾秒鐘，飛行了一百二十英尺。這次所取得的成功對所有致力於飛行器試驗的人而言，是一次極大的鼓舞，鼓勵了更多人投入飛機的研製，使之更為實用，更為合理。但是，航空活動直到被用於軍事目的之前，發展相當緩慢。第一次世界大戰期間，剛剛起步的美國飛機製造工業，生產了將近一千架軍用飛機。當時的軍用飛機是用帆布做機身，航速也很緩慢，一架只可搭乘一至二名飛行員，主要用途是實施空中偵察和投擲小型炸彈。交戰各國的空軍人員，都強調他們自己在戰爭中起了重要作用。但第一次世界大戰結束後，已經很少有人再注意到飛機在軍事上的作用了。政府軍用飛機訂單的停止，對正處於初期階段的飛機製造業是一個重大的打

擊。1918 年美國政府決定在紐約和華盛頓特區之間開設一條空中航線，這才給萎靡不振的航空工業帶來一線生機，但是也僅僅是一線生機而已，作用有限。

沉寂一段時間之後的 1919 年，紐約一個旅遊業主決定出資二萬五千美元，獎勵完成由紐約至巴黎進行不間歇飛行的飛行員。好幾年中，一直沒有人敢問津這筆高額獎金。最後，查利斯・林白 (Charles August Lindbergh, 1902–1974) 完成這項壯舉，這也是航空史上最著名的人物之一，因單獨完成橫越大西洋的不著陸飛行而聞名世界。林白出生於底特律的眾議員家庭，他在德州陸軍飛行學校學習後，1926 年擔任聖路易芝加哥航線的航郵飛行員。1927 年 5 月 20 至 21 日，他駕駛「聖路易精神號」(Spirit of Saint Louis) 單翼機，以三十三・五小時第一次完成紐約至巴黎不著陸飛行，立即在大西洋兩岸成為英雄人物，並得到二萬五千美元獎金。林白接著駕駛飛機，對歐美和世界許多國家進行友好訪問。

林白的飛行向美國人揭示了航空業所具有的巨大潛力，這也加速了正處於起始階段的航空事業的發展步伐。就在林白創造其光輝功績的幾個月，美國商業部根據 1926 年的《商業航空法案》(*Air Commerce Act*)，著手建立全國性的航空運輸網絡，開設定期的商業性客貨班機以運送郵件的航班，一些城市也正在加緊建築機場和建立航空轉運站。快速、便捷的航空運輸，既為顧客提供了高效率的交通服務，也為航空公司掙得了高額的利潤。直至 1929 年全美國已經開通四十八條航線，總航程達三萬二千一百八十六公里，三十五座城市建立了機場，美國正在進入一個新的時代航空時代。林白曾擔任洲際航空運輸公司 (Transcontinental Air Transport, Inc.) 和汎美航空公司 (Pan American World Airways, Inc.) 的技術顧問，許多班機航線都是他首先試航的。1927 年他曾獲國家授予的美國榮譽勳章，更於 1954 年由時任總統艾森豪

(Dwight David Eisenhower, 1890–1969) 授予空軍後備隊准將軍銜。[28]飛機與汽車相比，最大的優點就是速度快，但載運量小，成本高。儘管如此，依靠飛機越過波濤洶湧的大西洋，已不再是一種漫長而艱辛，遙不可及的旅程了。

三、爵士時代

爵士樂 (Jazz) 是西非黑人被販賣到美國，遠離家鄉，為抒發其情緒所產生和發展起來的一種表達形式的音樂。黑人通過自己的音樂互相慰藉，共同回憶他們遙遠的故土和歷史。而他們的壓迫者則也因勞動歌曲可以提高勞動效率，而讓它在農場、鐵路和美國南部的江河、堤壩上流傳。1790 年教會開始向黑人傳教之後，西非的音樂語言也就同時進入了聖詠歌集，形成「黑人靈歌」。西非的黑人帶來了許多歐美音樂中不存在的非洲聲樂和節奏樂的獨特手法，例如音階中第三音、第七音（如 C 大調中的 E 和 B）都降低半音（有時被稱作「藍調音」或「憂鬱音」），這些都是形成爵士音樂語言的基礎。[29]

黑人靈歌和另一種下層社會——妓院、舞場、酒吧——的音樂，成了最初形成爵士樂的兩大源流。追溯到最早，爵士樂是由博爾登 (Charles "Buddy" Bolden, 1877–1931)、鼓手杜德茲 (Warren "Baby" Dodds, 1898–1959) 和作曲家沃勒 (Thomas "Fats" Waller, 1904–1943) 等人創建的。至於十九世紀最後的三十餘年中，爵士樂發展較慢，這一時期

---

[28]　林白寫過關於自己飛行經歷的專書數本，其中以 1953 年出版的《聖路易精神號》(*Spirit of Saint Louis*, 1953)，曾獲得普立茲獎。

[29]　雖然還沒有人成功地用專業術語為爵士樂做出定義，但爵士樂與以前所有的音樂迥然不同，極易辨別。粗略地說，它是演奏者根據某種規定的和聲骨架與節奏律動，對某個旋律進行變奏。但到 1960 年代以後，連這個定義也被它自己的發展所突破，但有一點可以肯定，在爵士樂中，演奏者往往就是作曲者，因此演奏者往往不是表達主題，而是利用主題來表達自己的意圖，而在傳統音樂中，演奏者總是力求表達原作與原作曲者的思想。

的爵士樂與教堂音樂、白人世界的舞蹈、社交晚會音樂、歌劇等都相互影響、互起作用。

二十世紀初，爵士樂就像美國的社會一樣，是從許多民族與文化中演化出來的。最早的作品，在南方各州的城市、河沼交錯的鄉間，以及那些伐木工人的營地裡都可聽到。不過，最好的爵士音樂都在紐奧爾良一地。紐奧爾良位於密西西比河三角洲上，這個熱鬧繁忙、五方雜處的貿易中心，是個文化的十字路口。到 1900 年時，眾多個別不同的音樂都在這裡流行，有黑奴留下的非洲歌曲及勞作時的哼唷歌、西印度群島音樂、新教徒的聖詩、混血美洲人感性濃烈的歌謠、銅管樂進行曲、福音音樂、民歌、鄉村音樂，以及波爾卡舞曲 (Polka) 和瓜德利爾舞曲 (Quadrille) 等歐洲舞曲，所有這些音樂混合起來成為所謂的爵士樂。❸⓪

1922 年 7 月一個炎熱的下午，紐奧爾良市郊一隊送殯行列由小型銅樂隊作先導，走向第一個小墳場去。樂隊奏的送殯聖歌音樂緩慢低沉，氣氛相當悲傷。不久，儀式完畢，在離開墓地一兩條街的地方，鼓手把小鼓上的響弦緊一緊，急速地打了一陣鼓，穿禮服的銅管樂隊隊員就狂奏起「巴拿馬」、「他未去漫遊嗎？」及其他節奏音很重的曲子來。沒多久，送殯回來的那隊人變成了遊行隊伍，幾十人加入其間，隨著音樂起舞。許多人都被那位年輕的短喇叭手活力充沛的號聲振奮起來，這種載歌載舞的情形，並不算特別，因為那時是 1922 年，送殯行列變成遊行在紐奧爾良早已司空見慣。一般而言，樂隊會走到一家酒館或娛樂場所去繼續演奏，可是那天辦不到了。這一位樂手，就是那位藝驚群眾

---

❸⓪　二十世紀初，一種最主要的爵士樂藍調 (Blue) 形成。該名稱被視為憂鬱情調的同義語，但嚴格地說，它是一種測定演奏者即興彈奏才能的試金石。即興演奏者根據藍調所規定的固定和聲結構來決定如何變奏，並轉入不同的情調。藍調有著長久的生命力，經歷了爵士樂各個時期，經各家各派之手，仍保有原來的特質，並一直為獨奏者所喜愛。早期即興合奏的傳統是在紐奧爾良確立起來的，曾產生了許多傑出的演奏者，主要是小號手和單簧管手。1920 年代初爵士樂逐漸傳播到美國北方和歐洲。

的短喇叭手，要趕火車到芝加哥去，他親熱道別後，上車走了。

　　他名叫路易‧阿姆斯壯 (Louis Armstrong, 1901-1971)，那時他才二十二歲，但在這個爵士樂都中，大家都知道他能用超乎常人的氣力與獨創的奇妙技能，把鎮上所有管樂器的好手都比下去。他在芝加哥開始將原來以合奏為主的風格，發展為以獨奏為主的風格。阿姆斯壯出身紐奧爾良貧民區，小時候父親就拋棄家庭，但困窘的生活並不影響少年阿姆斯壯對音樂的追求，他在十八歲成為當時紐奧爾良最知名的娃娃臉歐瑞 (Edward "Kid" Ory, 1886-1973) 樂團的短喇叭手，1922 年加入奧立弗國王 (King Oliver) 樂團，開始嶄露頭角，逐漸建立起他作為一位偉大獨奏者的地位。聲名大噪之後，他在鋼琴家妻子莉蓮‧哈定‧阿姆斯壯 (Lil Hardin Armstrong, 1898-1971) 的鼓勵下，自己組織了一個名為「阿姆斯壯勁熱五人組」(Louis Armstrong and His Hot Fives) 的樂團，後來擴充到七人，集合了當時的一流樂手，留下了眾多精彩的錄音作品。在 1920 年代末期，他轉而吹奏小喇叭，在後來 1970、1980 年代裡，小喇叭成為爵士樂最重要的樂器之一，可以說就是由阿姆斯壯在這一段時間

圖 28：路易‧阿姆斯壯（圖片出處：Getty Images）

為爵士樂小喇叭演奏建立了典範。他所演奏的風格，是當時所謂的「熱爵士樂」(Hot Jazz)，也就是後來通稱的「搖擺樂」(Swing)。1930 年代以後，阿姆斯壯轉以演唱為主，「俏紅娘」(*Hello, Dolly*, 1964)、「多美好的世界」(*What a Wonderful World*, 1967) 等經典名曲膾炙人口，讓他成為世界知名的藝人，影響力超越了爵士樂範疇。笑口常開的形象，為他贏得一個「書包嘴」(Satchmo) 的外號。阿姆斯壯也是爵士樂能夠推廣

到世界各地的最大功臣，他應美國政府的邀約巡迴世界演奏，所到之處深受歡迎，對美國 1920 年代的文化和爵士樂的形象提升貢獻極大，二次大戰剛結束那段時間，世界各地許多人士就是在聽到他的演奏之後，接受了爵士樂，也才開始接受美式文化。

在爵士樂上，阿姆斯壯的榮耀最後征服了全世界。經年累月下，原本認為是美國獨有的爵士樂，也在歐洲受到熱烈歡迎。這種熱潮因經常有新唱片問世而歷久不衰。阿姆斯壯的唱片風行，成了舉世聞名的人物。早在 1932 年後阿姆斯壯就經常出國表演，他的唱片集極為暢銷，使他在 1955 年得以「薩奇大使」(Ambassador Satch) 的身分在歐洲旅行演奏，大獲成功，繼而把他的音樂再帶到南美、非洲和全球各地。甚至到了 1960 年代，他本來非常有力的嘴唇已衰弱的時候，他的盛名仍能使他的歌唱唱片「俏紅娘」與「小刀麥克」(*Mack The Knife*, 1955) 從美國銷到非洲。阿姆斯壯於 1971 年 7 月 6 日在紐約家中與世長眠，而其所留下的影響鮮少有人能與之相比。

四、融合的大眾文化

1920 年代的十年裡，大眾文化百花開放，百家爭鳴。無論在電影、繪畫、建築及戲劇方面，都有顯著的突破及創新，更為 1920 年代增添美麗的色彩。

隨著一次大戰的結束，黑人除了對戰爭的貢獻外，也掀起 1920 年代燦爛的「黑人文藝復興」(Black Renaissance) 時期。1920 年代美國黑人作品在文化領域中的文學、音樂、戲劇、美術、史學各方面大放異彩，絢爛奪目。他們的作品綻放出花朵，世人稱之為「哈林文藝復興」，特別是在爵士樂以及文學方面。爵士樂抒發了黑人的才能及胸襟；而文學反應了美國黑人對種族歧視和階級壓迫的憤怒反抗，顯示了黑人卓越的聰明才智。

　　第一位偉大的爵士樂者乃是黑人，而爵士音樂從南方的紐奧爾良傳布到芝加哥，再傳到紐約的哈林 (Harlem) 區。哈林區是美國黑人的聚集地，對美國人來說，哈林是許多黑人音樂家、詩人、小說家的孕育地。多數的哈林文藝復興不管在詩或在音樂上，都反應了那一時代的歧視和不平。芝斯・侯斯頓 (Zhi Halston) 是那一時代最能代表文藝復興的人物，他驕傲的提醒他的讀者美國黑人在非洲傳統文化上的地位。此外，有的詩人還在他們的詩句中，帶著一種光輝，反應出美國人種族歧視的問題；在黑人的「讚美之歌」中，也展現出黑色的驕傲，表現他們對身為黑人感到驕傲。這些黑人的作品，引起廣泛的注意，也顯示出黑人的才華及心聲。

　　1920 年，豐頓・約翰遜 (Fenton Johnson, 1888–1958) 出版了短篇小說集《最黑暗的美國故事》(*Tales of Darkest America*, 1920)。1922 年，克勞德・麥開 (Claude McKay, 1889–1948) 出版了著名的詩集《哈林的暗影》(*Harlem Shadows*, 1922)，1928 年發表了散文《回到哈林》(*Home to Harlem*, 1928) 等。這些作品展現了美國社會最黑暗、最醜陋的一面——美國黑人遭受奴役、壓榨和殘酷迫害的悲慘情景。他們常以高昂、悲憤的激情，用詩歌、散文、小說等形式，對南部黑人的悽慘生活進行了血淚的控訴。1929 年瓦爾特・懷特 (Walter White, 1893–1955) 也出版了《絞索與鐵條：私刑法官傳》(*Rope and Faggot: A Biography of Judge Lynch*, 1929)，揭露 1919 至 1928 年間美國黑人遭受私刑毒打的慘景。美國黑人的成就，就是美國文化的一分寶貴財富。奧索夫斯基 (Gilbert Osofsky, 1935–1974) 的《哈林：一個貧民窟的形成，紐約黑人，1890–1930》(*Harlem: The Making of a Ghetto, Negro New York, 1890–1930*, 1963) 和斯皮爾 (Allan Spear, 1937–2008) 的《黑人芝加哥：一個黑人貧民窟的形成，1890–1920》(*Black Chicago: The Making of a Negro Ghetto, 1890–1920*, 1967)，都是追蹤黑人城市化過程的名著。《哈林》一書描寫了黑人北

上到紐約市以後，如何在黑人中產階級的引導下，逐漸把哈林區從一個白人鄰里改變為一個黑人的貧民社區。奧索夫斯基雖然承認種族歧視在黑人哈林形成過程中所起的作用，但他主要還是強調黑人自己的主動性。紐約的黑人不僅把哈林看作是一個貧民窟，而且還把它看作是自己的社區。❸

最後，在美國1920年代的大眾文化中，文學的蓬勃發展，令人讚嘆。二十世紀的文學家不像過去那樣被人供養嬌縱，由於工業革命改變了西方社會，過去那種權貴富豪資助藝文活動的制度，早在二十世紀開始前便已消失。文學家的競爭對象越來越多，因為政客、體壇明星、各種藝人也都想贏取大眾注意。費茲傑羅 (F. Scott Fitzgerald, 1896–1940) 和海明威 (Ernest Hemingway, 1899–1961) 即是1920年代的文學代表者。

費茲傑羅的第一部小說《塵世樂園》(*This Side of Paradise*, 1920)，寫的是一名普林斯頓大學畢業生的故事，英俊的富家子弟布蘭恩 (Amory Blaine) 了解到自己這一代是戰後的一代，長大後更體會，一切神祇已被唾棄，一切戰事也已結束，一切對人類前途的信心也動搖了。這部書讚美1920年代美國青年間發生的道德變化，舊日的宗教文化、愛國主義、儀態禮節、道德標準，通通是布蘭恩那一輩的青年不肯接受的東西，並且還大加污衊譏嘲。他們認為爵士樂、男女接吻擁抱的愛撫舞會、亂搞男女關係和縱酒狂歡更有意義。這部小說在1920年3月出版，不到該年底已賣了大約五萬部。這部書抓住了「爵士樂時代」的精神，費茲傑羅也是第一個使用「爵士樂時代」這個新名詞的人。一名評論家稱費茲傑羅是「美國青年之王」，可見其作品受到年輕讀者的歡迎。後來，費茲傑羅因沉迷於繁華、酗酒，於1940年黯然辭世。

海明威像費茲傑羅一樣，是一位國際知名的大文豪。海明威氣勢洶

---

❸　王心揚，〈美國新社會史的興起及其走向〉，《新史學》，第6卷，第3期（1995年），頁75-76。

湧的寫作生涯最後也以悲劇收場。海明威最優秀作品包括《太陽照樣升起》(*The Sun Also Rises*, 1926)、《戰地春夢》(*A Farewell to Arms*, 1929)、《戰地鐘聲》(*For Whom the Bell Tolls*, 1940)、《老人與海》(*The Old Man and the Sea*, 1952)。這些作品中不少的主人翁是置身於戰火紛飛的歐洲環境中,仍保持清白的美國人,他們無一不表現出悲觀失望的情緒。《戰地鐘聲》、《老人與海》可稱是海明威的代表作,其中充滿著一種由於事業失敗和徒勞追求某種可望而不可及的事物而感到惆悵。這種情緒自然在第一次世界大戰後,對於迷惘的美國社會乃至整個歐洲,引起相當的共鳴。身為一名作家,海明威的目標是要引起讀者記憶中的感情,但他不直接寫感情,只寫實際發生的一連串動作和事實,烘托出心情,讓讀者與他故事裡的人物一同體驗這種感情。為了這個目標,每句話都簡潔得不能再簡潔。海明威那種精鍊有力而又謹言的散文風格,整整一個世代的作家都予以仿效。所有這些特色給海明威披上一圈頗富魅力的光環,使他成為人們注目的焦點。海明威永遠不會犧牲他的作品特色來換取別人的讚許,除了致力於否定現實中存在眾多的謬誤以外,他還要告訴他的同胞「任何人不是一座孤島」,美國不可能孤立自己,不管它多麼想這樣做。英國作家斯諾 (C. P. Snow, 1905−1980) 說過,世界上沒有任何一位作家曾經對別的作家有過這麼大的影響。1954年,海明威的光輝定位得到最後的肯定:他獲得了諾貝爾文學獎。此後,因他無法忍受在光輝才華消逝後再苟且活下去,於 1961 年 7 月 2 日黎明時分,海明威在愛達荷州 (Idaho) 開查鎮 (Ketchum) 的家中,用一支獵槍結束了自己的生命。

　　除了黑白文學興起外,1920 年代電影真正成為「電影藝術」的紀元。第一次世界大戰結束以後,對於美國電影而言,是一個征服全世界、並確立世界電影霸主地位的時期。在世界各國,美國電影占著上映節目的 60% 至 90% 的優勢,從而使電影事業成為美國最大規模的工業

之一。

　　1920 年代早期，美國好萊塢已經發展成為世界電影業的中心，製作出一部接著一部轟動世界的影片。1920 年代的好萊塢已不再是洛杉磯郊外的一個沒沒無聞的小村莊，它儼然已成為「美國電影」的同義詞，成為世界電影帝國的首都。當好萊塢成為國際上的強大勢力後，它攝製的題材也逐漸國際化。在它最賣座的無聲電影中，以美國為背景的片數甚少，美國電影這種失去本國特性的傾向成了一種普遍趨勢。由於明星制度、專門追求上座率等原因，美國電影的藝術水準受到一定影響。但在整個無聲藝術的時期，美國的喜劇影片卻仍能持續處於世界領先水準，這一輝煌業績應首先歸功於卓別林。卓別林作為一名深受人們喜愛的喜劇大師，盛名歷久不衰，佳作不斷，「摩登時代」(*Modern Times*, 1936)、「淘金記」(*Gold Rush*, 1925) 等都是經典巨作。他與巴斯特‧基頓 (Buster Keaton, 1895–1966) 和哈羅德‧勞埃德 (Harold Lloyd, 1893–1971) 組成的三人喜劇組合，為 1920 年代的喜劇界更添聲色。基頓常常是不動聲色地扮演一些極普通的角色，成功地揭示了人類與無生命物質，尤其是與現代機器之間的衝突。這種表演手法在 1924 年上映的「大航海家」(*The Navigator*, 1924) 以及「將軍號」(*The General*, 1926) 兩部電影中得到最完整的體現。哈羅德‧勞埃德在「安全至下」(*Safety Last!*, 1923)、「一年級新生」(*The Freshman*, 1925) 等影片中，總是以戴著眼鏡的靦腆、幼稚的年輕人形象出現，這類人物常常陷入某種困境，但最終總可解脫出來。整部電影總是險象環生，妙趣不絕。

　　至於女影星，除了風靡美國的「美國情人」瑪麗‧璧克馥外，還有嘉寶 (Greta Garbo, 1905–1990)。[32]1905 年嘉寶出生於瑞典首都斯德哥爾

---

❸❷　還有克拉拉‧鮑 (Clara Bow, 1905–1965) 和格洛麗亞‧斯旺森 (Gloria Swanson, 1899–1983)。克拉拉‧鮑幾乎可以被稱作是「喧囂二〇年代」的化身。1927 年上映了由她主演的「它」(*It*, 1927)。她在影片中扮演一個性感十足大跳卻爾斯登舞的風流女郎。

摩一家姓古斯達夫森 (Gustafsson) 的農家。在十四歲時這位美麗的姑娘，在父親死後，輟學打零工貼補家用。嘉寶一向熱衷於表演，擔任帽子廣告的模特兒。後來申請到一筆獎學金後，進入瑞典皇家戲劇學院攻讀，此時被大導演斯蒂勒 (Mauritz Stiller, 1883–1928) 發掘，從此踏入演藝生涯，在紐約一舉成名。**㉝**

　　在無聲電影發展進入完善階段的同時，人們難以忘懷愛迪生提出的「會說話的電影」的美好夢想。發明家一直在試驗創造，希望將聲音與圖像完美地結合成一體。但是在實踐中往往只能做到放映電影時，用鋼琴、風琴，至多使用樂隊作為伴奏。直至 1923 年後，才有人試著利用鍵盤在電影膠卷上錄製音樂，但仍有許多問題尚待解決。1927 年 10 月 23 日，華納兄弟 (Warner Brothers) 影業公司才第一次拍攝成功有聲響、對白、音樂和歌唱的有聲電影「爵士歌手」(*The Jazz Singer*, 1927)。影片內容是輕歌舞劇老演員愛爾・喬生 (Al Jolson, 1886–1950) 催人淚下的身世，表現在他如何從一個正統猶太教堂歌詠班領唱的兒子，成長為成功的舞臺明星。喬生的第一句臺詞是「好聽的還在後頭呢！」這是電影第一次開口向觀眾講話，它宣布了默片時代的結束，為電影有聲時代揭開了序幕，而 1928 年卓別林的「城市之光」(*City Lights*, 1928)，則被世人堪稱是「百分之百的有聲片」。從此，有聲電影全面展開，使電影這一藝術形式更近完美。**㉞**

這已經不僅是單純意義上的娛樂電影了，它對社會所起的導向作用已不容忽視。影片上映不久，大街小巷就出現了許多效仿她的髮式和服裝的年輕人，"It" 女孩，成為青春與性感的代名詞。斯旺森的戲路與鮑略有不同，她以扮演老練而不失魅力的女性形象見長。她的成名作是早期的有聲電影「軍中紅粉」(*Sadie Thompson*, 1928)，這是一部小說改編的影片，描寫一個妓女與一個傳教士之間的故事。斯旺森在影片中的出色表演博得廣大觀眾的好評。

㉝ 嘉寶的劇作有：「大飯店」(*Grand Hotel*, 1932)、「克莉絲蒂那皇后」(*Queen Christina*, 1933)、「安娜哀史」(*Anna Karenina*, 1935)、「茶花女」(*Camille*, 1936) 和「妮諾契卡」(*Ninotchka*, 1939)。

就在藝術家和製片人關注於電影的拍攝和電影技術的提高時，由米高梅影業公司創始人路易斯‧梅耶建立的電影藝術專科學院，將注意力集中到對美國電影成就的表彰上。為此，米高梅藝術總監賽得里克‧吉本斯 (Cedric Gibbons, 1890–1960) 創作出一個體形剽悍，雙手緊握長劍，屹立於電影膠片上的青年畫像，以此為基礎，青年雕塑家喬治‧史丹利 (George Stanley, 1903–1970) 塑出了高十‧二五英寸的青銅像，以此作為電影評獎活動的獎品。1929 年 5 月 16 日，在美國好萊塢舉行了「學院獎」 (Academy Award) 第一屆授獎儀式。㉟ 至於奧斯卡 (Oscar) 金像獎名稱的最後確立，是在 1931 年。奧斯卡金像獎當屬最早的電影藝評獎活動，成為全世界藝術家全力追求的電影最高榮譽。「奧斯卡」，這尊十三‧五英寸（高度已比原作增高），重八‧五磅，實際價值僅一百美元的銅像，已成為電影藝術最高成就的象徵。㊱

除了輝煌的電影事業外，由於人們閒暇時間增多，1920 年代的文化中，體育活動項目也增多。無論男女老少，都如此熱衷於體育運動，這是美國人生活安定的緣故。富裕產生了閒暇，有了閒暇的生活，就有更多參與體育活動的機會。1920 年代的體育運動，已經不再侷限於業餘比賽，職業體育運動已成為一樁大買賣，體育贊助人從棒球、拳擊、

㉞ 早期的有聲片，美國出現了一些較為有名的導演並拍攝出一批富有創造性的影片，其中有馬莫里安的「喝采」和「化身博士」；邁爾斯東的「西線無戰事」和「頭版新聞」；劉別謙的「愛情的檢閱」和「微笑的中尉」；維多的「哈利路亞」。

㉟ 奧斯卡金像獎最初稱做「學院獎」。根據評獎規則，由美國電影藝術專科學院的三百多名成員，觀看各公司推薦的影片，再經提名、討論，最後以無記名投票的方式選舉產生獲獎影片和藝術家，並規定評獎每年舉行一次。第一屆的十五項大獎，除珍妮‧蓋諾 (Janet Gaynor, 1906–1984) 因主演「七重天」(Seventh Heaven, 1927) 等影片而獲最佳女演員外，其餘十四項大獎均為男性壟斷，卓別林因主演「馬戲團」(The Circus, 1928) 一劇而獲得特別榮譽獎。

㊱ 第一屆授獎活動，並沒有什麼激動人心的場面，甚至當時的報紙都沒有報導這次活動。但隨著時間的流逝，美國的國際影響日漸擴大，奧斯卡金像獎乃以「促進電影藝術與科學以及發展人類文化」為宗旨。

橄欖球、網球和高爾夫球的比賽中獲得巨額利潤。因為職業運動員所具有的超乎尋常的技能，使比賽緊張刺激，受到觀眾的歡迎。人們成群結隊，扶老攜幼地湧向體育場，觀看職業運動員的精彩比賽。青年人往往以模仿職業明星的裝束及動作，成為 1920 年代的時尚表徵。

此外，1920 年代也讓新聞界活躍於大眾文化之中。中產階級家庭生活比較穩定和舒適，這使得他們對新聞業產生了新的要求，純新聞的東西對他們吸引力越來越小。於是，一種小型的插圖甚多的通俗性報刊應運而生。這方面最早的嘗試應推約瑟夫・帕特森 (Joseph Paterson, 1879–1946)，他於 1919 年創辦了《紐約每日新聞》(*New York Daily News*)，連續幾年其發行量一直在美國報界名列前茅。[37]1920 年代，美國還出現了不少大眾化的普及性雜誌。這些新刊物發行人特別注重利用插圖和照片的效果，這使雜誌的內容與形式更富有新意。短短幾年中，這類雜誌風靡全美，其中最著名的是《讀者文摘》(*Reader's Digest*)，是由萊拉・艾奇遜 (Lila Acheson, 1889–1984)、華萊士 (DeWitt Wallace, 1889–1981) 等於 1922 年開始編輯出版。它編錄的方法獨具特色，專門摘錄見於其他雜誌上已發表過的佳作，編成一種生動活潑，融合知識性、趣味性為一體的選輯本。這種形式新穎，訊息量豐富的雜誌立即受到民眾的青睞。1920 年代後期達到一千七百五十萬份，其中七百五十萬份用十三種外文印刷出版在世界各地發行。《讀者文摘》創刊一年後，兩名才華橫溢的耶魯大學畢業生亨利・盧斯 (Henry Luce, 1898–1967) 和

---

[37] 又如 1924 年威廉・倫道夫・赫斯特 (William Randolph Hearst, 1863–1951) 的《紐約每日鏡報》(*The New York Daily Mirror*)，這類報紙所刊登的文章短小精悍，文字生動淺顯，同時又配有許多精美的照片、插圖，可讀性很強。因此擁有大批讀者，往往被搶購一空。為了迎合讀者興趣，擴大發行量，各家報紙使盡渾身解數，用許多篇幅刊登犯罪新聞，尤其是關於謀殺、性問題等的訊息。但是就在這同一時期，《紐約時報》這樣的報紙，仍然堅持其一貫嚴肅、正統的新聞傳統，以其客觀深刻的分析報導吸引讀者，這在當時的美國新聞界可算是鳳毛麟角了。

布里頓・哈登 (Briton Hadden, 1898-1929) 於 1923 年 3 月，創辦了《時代週刊》(*Times*)。他們宣稱要簡明扼要地、使人感興趣地，並且以幽默的方式提供一週的新聞。獨特的報導風格，讓編者獲得廣大讀者的肯定，發行量不斷上升，《時代週刊》占有成功的地位。《新聞週刊》(*Newsweek*) 之後也孕育而生，這本雜誌在外表上與《時代週刊》相雷同，所不同的是它立意提供不受社會輿論約束的新聞，這對公眾也是頗有誘惑力的。《新聞週刊》於 1933 年開始發行以後，發行量不斷擴大。到 1970 年代中期，它已擁有二百七十萬份的發行量，但《時代週刊》還是保持其領先地位，發行量為四百三十萬份。

第四節　繁榮背後潛藏的危機

所謂的 1920 年代，乃由哈定當選總統開始，美國人的生活一路欣欣向榮，直到 1929 年股市暴跌為止。「繁榮的 1920 年代」、「喧鬧的 1920 年代」、或是「失落的一代」(Lost Generation) 都是對 1920 年代的寫照。1920 年代的改變，讓美國人的生活層面充滿了改變和刺激，增廣了人生的境界。然而，並不是每一個人都對這種改變感到興趣，許多人甚至於排斥這些改變的價值，為傳統生活方式作某一程度的保護。大多數的美國人在這十年中度過了物質繁榮生活的享受，但是另有一群美國作家卻透視了隱藏在物質進步背後的腐化。為了反擊他們心目中認為的不道德力量，他們只有自己努力來維護自己的價值。

首先，戰後的美國人有一種感覺，覺得自己很重要的心理，自以為在不安定的世界中，他們的國家是民主制度的堡壘。因此，1917 年俄羅斯發生布爾什維克革命，由於共產主義侵入德國、匈牙利以及歐洲各國，又由於 1919 年共產主義團體在各地出現，美國那些聳人聽聞的「黃色報刊」，紛紛把國外的形勢與國內的問題相連結起來。結論是布爾什

維克黨人就要來了！或是說布爾什維克黨人已經來到美國，已經滲入了
工會，正在煽動各地工人罷工，敗壞美國的生活方式。

　　輕信人言的讀者大眾不免吃驚害怕，不久就弄得人們精神緊張起
來。各種愛國組織紛紛起來對付他們認為反美的團體與思想，三K黨也
趁此時再次抬頭。此時的美國文化充滿了拜金的氣息，酒類的禁釀和禁
售，最足以象徵這時期清教徒的特質。禁酒的政策經過了將近一世紀的
爭論，終於在1919年通過修正，予以執行。提倡禁酒的人，想藉由禁
令掃除國內的酒店和酗酒的現象，但結果卻製造了數以千計販售私酒的
地方，替祕密販運私酒的人，在犯罪的勾當中，開闢了有利可圖的行
業。這種廣泛的違法行為，使禁酒法令的存在，成為道德上的一種偽
善。而在美國人的心目中，這種禁令的重大影響，可與哈定時代的政治
普遍貪污現象相比擬。

　　1920年代，恐懼與猜疑的氣氛使大眾更加拼命享樂。新生活的代
表人物中，最引人矚目的就是被世人稱為新潮女郎的那些時髦女子。她
們剪短髮、平胸而又大膽敢言，處處與第一次大戰前舊社會的家庭主婦
之作風相違背。在外貌和作風上，他們都代表解放的「新婦女」(new
women)，經過長期奮鬥，終於贏得與男性一同投票，也一同喝酒、抽
菸的權利。新潮女郎的出現，是1920年代禁酒時期普遍反抗現象的一
部分而已。新潮女子與男朋友到地下酒館，一邊喝私酒，一邊隨著當時
的熱爵士樂大跳卻爾斯登舞，這種現象也因此間接供養了日漸強大的黑
社會組織。這些職業罪犯把經營私酒的生意包攬過來，繼而兼營賭場、
高利貸以及其他相關的活動。芝加哥阿爾‧卡彭的匪黨進行黑社會的恐
怖統治即為一實證。在黑吃黑的爭鬥中槍殺敵對分子的兇殘，使人提到
芝加哥便想到暴行。因此，「酒」注定是無法禁止的。執法的人固然不
足，守法的人也不多。禁酒的法案在1933年廢止，但是為時已晚，一
個完整的新犯罪階級已經形成，既有錢財，勢力也已根深蒂固。有組織

的犯罪團體的龐大勢力，足以完全控制某些城市的市政府，而且他們也確實這樣做過。

而這種道德低迷現象，成為美國文學抨擊的主調。作家對人類極為關懷，每個作家都以一己的方式，探索了人類在壓力下的行為。新聞從業者如孟肯 (Henry Mencken, 1880–1956)，對美國人的生活和德行毫不留情地批評，攻擊鄉土觀念，深得民心。在諷刺小說中，首推辛克利‧路易斯 (Sinclair Lewis, 1885–1951) 嘲諷人性的虛偽，作品《大街》(*Main Street*, 1920) 和《巴畢特》(*Babbitt*, 1922) 二書，成為人民自覺的明顯指標。海明威關心人性尊嚴，探索了人類在壓力下的行為。這些作家對美國的批評，出現在美國高度安寧的時代，足夠諷刺和幽默。文學作家稱這個時代為「失落的一代」，因為這個社會一方面自滿於物質文明的成長，但又失落在毫無理想和建設的深淵中。

由於參戰及自我意識的覺醒，1920 年代的美國婦女對傳統的束縛與枷鎖尋求解放。有些年輕的婦女，僅以剪短頭髮，穿著輕快而大方的衣服，表示對社會自由的新啟示。有人說，1920 年代乃是最好的機會時代，對於美國婦女而言也許較為真實。1920 年代所附加的《憲法》條款中，賦予婦女選舉的權利，許多的革新者歌頌這是走向全面平等的時代，但事實並未如此。婦女並未集中全力爭取婦女政治權利，也沒有真正去爭取政治提名。婦女選舉聯盟支持了一連串的革新運動，然而卻未曾為婦女爭取任何權利。1920 年代，婦女獲得了經濟的獨立，雖然更多的婦女出外工作，但是在薪資上和待遇上，與男人仍有一大段距離。

雖然繁榮和進步是 1920 年代的象徵，但不是每一個美國人均享受到經濟的舒適。農民在戰後就發現生活非常的困難，南方農業受到的影響最大，棉花橡皮蟲損毀了上百萬畝的棉花，新的人造纖維減低了棉花的需求，因而降低了棉花的價錢。

黑白問題一直存在於美國這個社會，縱然一次世界大戰的發生，美

國黑人走上戰場，但戰後卻面臨失業及歧視。由於經濟的低迷和南方種族的隔離，上百萬的黑人在 1920 年代逃到北方去，但極少數的人在北方找到好工作。黑人工人除了被排除在聯盟之外，通常必須接受最低的工資和較差的工作環境。

對於移民問題，1920 年代的限制移民是美國政策的重要變更。二十世紀的最初十五年，移入美國的人口超過一千三百萬人，因此國內反對無限制移民的聲浪逐漸增高。美國既不再認為他有可供無限移民的廣大內陸領土，因而也就不太願意接納大批新移民。

印第安人和墨西哥的新移民，在 1920 年代也被剝奪了繁榮的權利。印第安保留土地應該由印第安人均分來鼓勵他們從事農業。然而事實上，印第安美國人在 1887 年之前，已失去了他們原有土地的 60%，留下的土地已不適於農業的耕種。在 1887 年通過的《道斯法案》中，曾希望印第安人應與白人同化，也削弱了印第安的文化和傳統。其實，大多數印第安人的生活環境，都是極端的窮困，他們飽受不健康和貧乏教育的困窘。

此外，第一次世界大戰結束後的十年間，美國往往被人們說成是處於一個「喧鬧的年代」，這是一個迅速變動的年代。這一個時期中，一般的美國人所關注的並不是那些戰後所面臨的國際政治問題，或那些重大的國內社會問題，他們關心的只是如何滿足個人的種種生活慾望。

使歐洲變得殘敗不堪的第一次世界大戰，卻為美國帶來了機會，美國遠離第一次世界大戰的主戰場，避開了死亡與破壞的慘禍，而贏得了大好的發展機會，一舉而從歐洲的債務國變成了歐洲的債權國。戰後的十年間 (1919–1929)，美國經濟繼續迅速發展，從而使美國人民的生活標準達到前所未有的水準，美國人享受到以往所從未期望過的舒適與富裕。收入的增加，允許他們去從事許多新穎的閒暇消遣活動。然而，也就是在這樣的時刻，有遠見的經濟學家提醒人們，1920 年代的經濟增

長缺少如戰前經濟發展所具有的那種穩定性和全面性。1920 年代的繁榮與其說是持久的，不如說是短暫的；與其說是全面的，不如說是局部的。因為就時間而言，它僅存在於第一次世界大戰結束後的短暫時期；就範圍而言，它僅限於工業部門，甚至也僅是某些工業部門。在繁榮的背後潛藏著一種危機，即商業銀行的大量資金投入了不動產和證券市場，進行肆無忌憚的投機活動。

就國內政治而言，1921 年以哈定總統為代表的共和黨人再度執政，這意味著在 1880 至 1900 年間存在的轟轟烈烈的進步主義運動正式結束了，一個反動的時代開始到來。哈定和柯立芝總統以及他們在國會的代言人，正是美國富有企業家和金融家的保護者。他們公然宣稱美國社會的繁榮與發展取決於上層階級的健全，因此他們強調聯邦政府與企業界的充分合作是相當重要的。整個 1920 年代，上位者在國會裡還是有相當的力量，他們控制了立法部門，以此對抗保守的行政領導。❸❽

就美國的國際環境而言，第一次世界大戰雖然使交戰國各方都付出相當的代價，但是戰爭的結束，並沒有從根本上解決各民族國家之間的紛爭。1920 年代的世界依然充滿矛盾，仍然不斷醞釀和產生新的衝突。此時，美國的外交政策處於一種進退兩難的境地，一方面，美國參加第一次世界大戰是一次慘痛的教訓。他們希望今後能憑藉遼闊的大西洋維護自身的安全，而不再捲入國際紛爭，更不要為他國承擔義務去作戰。但是另一方面，作為一個世界大國，無論是出於政治和經濟的考慮，還是從最根本的長遠民族利益考慮，美國不可能完全孤立於外界，她必須

❸❽　關於 1920 年代美國社會中的進步主義思潮和進步主義活動的狀況，克拉克・A・錢伯斯有一段恰如其分的描述：「1920 年代不利於公眾參加社會改革，但許多社會工作者準備保持他們與社會改革家的聯盟。認為改革家們已經被逐出現場的看法沒有根據。他們堅持不下火線，必要時作策略上的退卻，實行側翼進攻，伺機突擊，從未片刻放棄主動精神。儘管遭受挫折，常受嘲弄，有時被人瞧不起，但他們仍然使社會改革運動保持生氣和活力，從而成為戰前進步主義和『新政』之間的一個有用的紐帶。」

與其他國家合作。因此在 1920 年代，無論在亞洲事務中，對日本的政策；還是在歐洲事務中，對德國的政策，美國的外交政策往往表現出兩面性：一方面不得不參與國際事務的活動，一方面又往往不願承擔責任，積極地參與行動。

　　處於如此紛繁複雜多變的世界之中的美國，1920 年代的文化仍然具有明顯的時代特色。此時期的美國人在文化和藝術領域取得的成就十分顯著：美國各級政府不斷增加財政撥款以改善和增設公立學校；建立了世界上最廣泛的高等教育體系；教會更切實地面向社會，更廣泛地服務於社會；美國文學更具有自己的民族特色，水準也益形提高，開始有了自己的文學評論；美國人自己的學術研究工作也日見成就。

第十二章 艱苦的 1930 年代

　　1920 年代美國出現一段經濟繁榮時期，這種繁榮到 1929 年 10 月以證券市場的崩潰而告終，接著大蕭條時代來臨，即刻影響到歐洲經濟，使德國、英國和其他工業化國家數以百萬計的工人陷於失業。1930 年代世界多數國家都出現了大規模的失業，經濟蕭條現象一直持續到 1939 年第二次世界大戰爆發才趨緩。大戰爆發後，由於戰爭對人力和軍火的需求以及對工業技術的刺激，美國出現扭轉局勢的契機。

第一節　胡佛與世界經濟危機

　　對許多美國人而言，1920 年代的日子實在太美好了。就業機會既好，工資薪酬也高；每年的生產量、利潤和道瓊指數 (DJI) 都不斷上升，可以說一切都朝著理想社會前進。

　　1920 年代，美國每年得到的投資空前踴躍，使經濟繼續上揚。像一般家庭把金錢拿來分期購買收音機、電唱機及用來享受生活。「按金購股」讓投資人可以在經濟處賒購股票，只需暫付價值一成的現金。買來的股票本身就是借貸雙方的擔保；股價一升值，買股票的人就會得利。只要股票市道好，買股票的人與經紀人都會發財；不過，股價一跌，買股票的人放進去的現金投資可能旦夕之間化為烏有，經紀人亦會被迫追還預先借貸的費用。因此，假若股價下跌，就產生被迫出售股票的連鎖反應。

　　1920 年代這十年繁榮的背後卻潛藏著許多陰暗面，大家未注意的經濟崩潰早期徵兆已逐漸浮現。在哈定和柯立芝兩位總統任內，美國政

府想把商人福利視為全民福利。政府一向採取放任的經濟政策,這種政策的基本理論認為,設若政府對經濟發展不加「干擾」,營業利潤便會以工資的形式分配給工人。工人可以用金錢買公司股票,從而分享公司的財富,大部分美國人都贊同這個見解。柯立芝更進一步聲言:「這是一個商業國家,也需要一個商業政府。」他的財政部長百萬富翁安德魯‧梅隆 (Andrew William Mellon, 1855–1937) 依照這個原則行事。聯邦政府減少開支,富裕的國民也少納稅款,使他們的收入可以再度投資,讓財富不斷增加。政府放鬆《反托辣斯法》,藉以鼓勵企業擴張,促進效率;股市可以自由暴升,沒有法律管制;當時的美國工業,也受到關稅壁壘的保護。

1920 年代,政府這些措施令商人雀躍不已。公司營利在 1923 至 1929 年間狂升 62%,可是工人的實際收入平均不過上升 11%。由於工資並不按工業生產及利潤比例提升,工人的消費力不足,不斷增產的貨品便無法銷出。廠房的增建超出有利生產的實際所需,而工業產量也逐漸出現供過於求的現象。這樣一來,由於工商界不肯讓工人分享利潤,遂釀成商業大衰退。

早先,政府對於股票市場的進出買賣袖手旁觀。各管制機關都受到非明文的指示,不宜干涉商務,於是各公司可肆意操縱買賣。外國政府不知這些證券與債券實質上並無金錢支撐,也把巨額資金投資在美國股市上。

到了 1929 年,最富有的人僅占國家人口的 5%,但他們的收入竟然占了全國個人收入總額的三分之一。這對貪圖獲利者有極大的引誘力,他們使用訛騙的手段,獲得暴利。1929 年 10 月 24 日這天,被稱為華爾街 (Wall Street) 的黑色星期四。股市不穩情況已有數週,道瓊指數劇升劇降,財經消息頭條標題時而表示樂觀,時而表示驚懼,引起投資者不安,開始拋售股票。經紀人收到出售通知忙不過來,股市自動電報機

也不及報導市況下跌的行情。投資人得不到自己股價的消息，極度恐慌，因此拋售股票更屬。24 日當天賣出一千三百萬股，因對銀行不信任，人民湧向銀行提取現金存款。隨後數日，許多銀行因抵受不住提存的壓力而倒閉，千萬老百姓的終生積蓄也一夕盡失。結果，工廠被迫減產，工人被辭退或減薪。這個惡性循環繼續下去，艱苦的日子跟著到來，股票市場漲跌不穩，直到年底，損失幾乎達到四百億美元。這時，喧譁的 1920 年代已成過去，1929 至 1932 年間，大約有六千家銀行宣布破產，經濟危機時期到來。❶

此外，國家經濟體系的另一個陰暗面，就是有部分經濟單位並沒有分享到國家的繁榮。幾項主要工業，例如煤礦業及紡織業，再也沒有恢復到戰前水準，失業人數大增，工資也低得令人驚異。農業方面，由於提高了效率，耕種方法得到改良，又有了新肥料和新機械，農夫可以大大提高農產品的產量。不過，這樣卻形成長期生產過剩的弊病，農產品價格因而逐步下跌。1919 至 1929 年，農業收入下跌 22%。因此，儘管政府出面安撫保證，災難的種子早已在 1920 年代繁榮興盛的局面中播下，並扎根成行了。

1929 年 3 月，共和黨人赫伯特·胡佛，出任美國第三十一任總統（任期 1929–1933 年），是美國最受人愛戴的人物之一。他是能幹的工程師，也是白手起家的百萬富翁。第一次世界大戰時，他拋下私人事業，投身社會服務。由於他早有「偉大工程師」的美譽，因此，他似乎是領導國家度過危機的適當人物。可是他就任總統短短七個月，便爆發了震撼國家的經濟危機，令國民對工商業及胡佛都失去信心，轉瞬之間，成千上萬的「控股公司」和投資信託公司紛紛倒閉，很多人因而破產。

---

❶ Peter Duignan, *The Hoover Institution on War: Revolution and Peace: Seventy-Five Years of Its History* (Stanford, CA: Hoover Institution Press, 1989), p. 279.

1929 年 10 月 24 日，紐約股票市場拋售股票一千二百八十萬股，然平日的拋售量只有二百至三百萬股。花旗、大通等銀行的老闆曾企圖組織一個二億四千萬美元的購進集團，以控制拋售股票的浪潮，但沒能奏效。10 月 29 日後的一個月內，股票價格下跌 40%，直至年底，紐約股票交易所上市的各種股票價值總共下跌了四百五十億美元左右。1929 年至 1932 年，紐約股票交易所的五十五種工業股票的平均價格從二百五十二美元下跌到六十一美元。股票市場崩潰、金融貨幣和信用危機，終於引發銀行倒閉。美國證券市場崩潰的影響，很快遍及全世界。自 1931 年 5 月起，澳大利亞、加拿大、德國、匈牙利、捷克斯洛伐克、羅馬尼亞、波蘭等國都出現了向銀行擠兌存款的風潮。危機很快波及到英國和南美洲及大洋洲各國，法國是較晚捲入危機的國家。

這場 1929 年 10 月經濟大風暴，以美國紐約股票市場大跌價為標誌，開始了一場世界的經濟危機。這是歷史上持續時間最長，波及範圍最廣，影響程度最深，經濟損失最重的一次經濟危機。總計這場危機使資本主義世界損失達二千五百億美元，整個工業生產縮減 36%，世界貿易額縮減將近三分之二，有三千多萬工人失業，幾百萬小農破產，它是造成第二次世界大戰爆發的重要因素之一。❷

溯其根源，乃因第一次世界大戰後，資本主義國家經歷了 1919 年至 1920 年的經濟危機，自 1924 年起進入了經濟發展的相對穩定時期。但是，這種穩定是建立在不穩定的基礎之上，造成危機的各種因素以不同的形式潛伏著，並沒有消失。因為第一次世界大戰使舊的經濟體系被完全打亂，同時科學技術的迅猛發展和資本壟斷程度的提高，使資本主義生產和消費過程的矛盾及不平衡狀態加深。這次世界性的經濟危機首先從財政信貸開始，然後擴展到工農業生產各部門；也最早從世界金融

❷ 于沛著，史仲文、胡曉林主編，《世界現代後期政治史》（北京：中國國際廣播出版社，1996），頁 141-145。

中心的美國開始，然後擴及到世界各地。

　　大蕭條的早期，最令人不解的，就是胡佛總統不願意承認現實的惡劣情況。1930 年 10 月，已有將近三百萬人失業。胡佛總統還信誓旦旦地預測二個月內，社會將再度繁榮。❸ 可是，事實並非如此。

　　1930 年 12 月 11 日，紐約市資本雄厚的合眾銀行宣布破產，五十萬存戶的積蓄蕩然無存。單是 1931 年就有二千三百家銀行倒閉。囤積大量貨物的廠家，為了減少損失，只得關閉工廠。1930 至 1933 年間，每星期平均有六千四百名工人失業。到了 1933 年，大約有一千三百萬名美國人失業，工業生產倒退至 1916 年的水準。很多工人都沒有把握養活妻兒，數以千計的美國人面對饑饉的威脅，千萬失業的男人及孩童徘徊郊野，甚至偷乘貨運列車遠走他方，或在流浪漢的露宿營區出入。

　　胡佛是個做事積極的人，儘管那些主張放任政策的保守派勸他不可介入干預，然而胡佛認為政府應該拯救失業群眾，提供他們某種程度的援助。首先，他希望喚起公眾的信心，於是再三保證繁榮就在「咫尺之遙」。此外，胡佛更勇於行動，創立「復興財務公司」(Recovery Finance Companies)，協助瀕於破產的銀行、州政府和鐵路公司脫離危機；通過「聯邦儲備局」(Federal Reserve Board) 鼓勵貿易貸款及工業發展；開展政府工程，使更多人就業；減輕稅收以鼓勵消費者購物；又買入過剩的農產品推銷國外，企圖維持農產品價格。胡佛在挽救失業者的措施中，也鼓勵州政府及地方政府直接救濟失業工人，以代替私人慈善團體的接濟，但不能直接令聯邦政府撥款。然而當時的情況，卻是急需聯邦政府的大規模援助。

　　經濟危機迅速導致工農業生產大幅度下降和失業人數劇增。以 1932 年工業產值與 1929 年相比，美國下降 46.2%，德國下降 40.2%，日本下

---

❸　Richard N. Smith, *An Uncommon Man: The Triumph of Herbert Hoover* (New York, NY: Simon and Schuster, 1988), pp. 321-332.

降 37.4%，義大利下降 33.2%，法國下降 31.9%，英國下降 20%。由於
生產大幅下降，使大批企業倒閉。危機期間，美國倒閉的企業有十三萬
家以上，1933 年有失業工人一千七百萬，失業率達 24.9%。為了應付嚴
重的危機，資本主義國家紛紛採取損人利己的手段轉嫁危機，引發關稅
戰、市場戰和貨幣戰激化。❹

　　這場空前的經濟危機，嚴重地破壞了社會生產力，加劇了資本主義
世界的政治危機。歐美許多資本主義國家展開了反飢餓運動，工農運動
也開始高漲。1930 年 3 月 6 日，一百二十五萬美國失業工人在全美各
大城市舉行示威遊行。經濟危機還促使宗主國與殖民地、半殖民地的矛
盾更加尖銳，印度、中國、朝鮮、埃及、越南等國出現了新的反帝國主
義高潮。危機促進了國家壟斷資本主義的發展，一些國家出現了法西斯
主義思潮泛濫的情況，在美國、英國、法國、西班牙、波蘭、匈牙利、
希臘、羅馬尼亞等國法西斯組織紛紛成立。

　　美國自 1920 年代以降關稅壁壘高築，嚴格限制外國貿易。因此，
歐洲國家極難賺取美元，友國難以償付戰時公債，敵國也無力償還賠
款。胡佛目睹這情景，知道必須實行一套嶄新的政策，因為假若歐洲財
政體系崩潰，歐洲國家便會從那些快要支撐不住的美國銀行把黃金提
回，於是他號召債權國把賠款期限延緩一年。可惜胡佛遲了一步，維也
納信託銀行及其他維也納銀行倒閉後數星期，大部分歐洲國家已泥足深
陷。❺ 美國方面悉如胡佛所懼，更多銀行倒閉、經濟繼續衰退。這期間，

---

❹　美國國會首先在 1930 年 5 月，通過對八百九十種商品提高徵稅的法案，立即招致
　　三十三個國家的抗議，七個國家隨即採取了報復性的措施。法國、英國等國紛紛採取
　　了對進口美國小汽車增稅，以及英國聯邦會議決定在英國內部建立關稅優惠制，進
　　一步促成關稅戰、市場戰和貨幣戰激化。為了解決這些日趨尖銳的矛盾，1933 年 6
　　月 12 日至 7 月 27 日在倫敦召開了有六十六個國家參加的國際經濟會議，卻沒在降低
　　關稅和穩定貨幣等重要議題上達成協議。Edward Robb Ellis, *A Nation in Torment: The
　　Great American Depression, 1929-1939* (New York, NY: NYU, 1970), p. 477.
❺　例如，1932 年德國有六百萬人失業，英國有三百萬人沒有工作，引致民怨沸騰，推

美國的煤產量下降 41%，鋼減產 76%，汽車減產 80%。1933 年工業總產值比 1929 年減少了 55.3%，生產數額減少了 72%。農業也沒能逃脫危機，農產品過剩而堆積如山，價格猛跌，使農業收入大幅下降，一百萬農戶破產。

胡佛的各項政策失敗後，便不願作更大膽的行動，但仍堅守他的原則。他曾預言的「繁榮在即」，之後成了被嘲笑的話題。他一方面援助商業，另一方面卻不肯直接救濟失業工人，致使胡佛成了一無是處的頑固象徵。由於受到批評衝擊以及持續的危機挫敗，他只得強忍羞辱，不再作聲。在 1931 至 1932 年間，很少人能預測到大蕭條時期竟然會接連多年，失業人數已經越過一千萬大關。胡佛總統的連任，注定無望。大眾的情緒，可用當時一件流行的軼事，充分表達出來。當時有一個搭順風車旅行的人，以最短的時間能夠橫越全國，全憑手上拿著的一個警告牌：「如果不讓我搭順風車，我便投胡佛一票」。胡佛被稱為「飢餓總統」，人民對他已失去信心。1932 年秋，美國選民捨棄胡佛，選出富蘭克林·羅斯福（Franklin Delano Roosevelt，簡稱 FDR，小羅斯福，任期 1933–1945 年），帶領他們恢復繁榮。❻

第二節　羅斯福與新政

民主黨人富蘭克林·羅斯福是美國第三十二屆總統，曾連任三次，任職十三年，打破美國從華盛頓以來從不三次連任的傳統政策。羅斯福出任時，國家正處於經濟危機之時，他以四百七十二票對五十九票擊敗

翻執政的工黨。1931 年英國取消金本位制，那是一項徹底的改革行動，四十個國家隨即效法。

❻ Richard N. Smith, *An Uncommon Man: The Triumph of Herbert Hoover* (New York, NY: Simon and Schuster, 1988), p. 348.

胡佛大獲勝利，出任要職。就其背景，羅斯福於 1900 至 1904 年就學於哈佛大學，1905 年轉入哥倫比亞大學法學院就讀。1910 年任紐約州參議員，1912 年連任。1913 年任海軍副部長。1921 年 8 月休假期間，患得脊髓灰質炎症，他仍積極參與民主黨運作，期間由其妻代為參加會議。羅斯福努力促進民主黨內城、鄉兩派的團結。1928 年擔任紐約州長，由於對農民實行減稅，大得人心。

1932 年競選總統，提出「新政」(New Deal) 計畫，以壓倒多數選票獲勝。1933 年就職時，美國五分之四銀行倒閉，工業生產水準下降到 1929 年的 56%，失業人數達一千三百三十萬人，農民極為貧困。總統就職次日，特下令全國各銀行一律休假四天。同時召開國會特別會議來批准新的銀行法案。情況良好的銀行獲發執照重行開業；約二百家情況不佳的則敕令清盤。存款人的存款獲得新成立的聯邦存款保險公司保障。民間對銀行制度恢復了信心，提領出的現款因而回到銀行，重新流通，總數達十億元有餘。

羅斯福發表就職演說，答應「為美國人民實施新政」，徹底「重估各方面的情勢」。他清楚看出全國人民的渴望，他認為面臨如此巨大的危機需要度過時，理應「試行一種新方法：一法不成，就坦白認錯，另試他法。但無論如何一定要試」。他就是以這種實用主義精神，由 1933 年起擔任總統。他表達其對復興國家經濟的決心，因而懷抱各種不同意見的人都成為他的同盟者，其「新政」才得以順利實施。羅斯福使其政府成員在地理上、政治上均保持平衡，其中有自由派民主黨員、保守派民主黨員、三位共和黨員及一位女部長。他的立法計畫針對廣大選民而制訂，設法幫助美國經濟中主要的利益集團，並爭取在野黨（共和黨員）的支持。其具體措施有：建立農業調整總署，提高農產品價格，恢復農業繁榮；提供大小企業貸款，刺激商業；建立專門機構，對失業工人提供救濟和就業機會。1936 年競選總統時，羅斯福得到農民、工人和一

般下層社會人民支持。第二屆執政期間，其新政中許多改革受到大多數人歡迎。❼

在羅斯福執政的頭一百天內，即1933年3月9日至6月16日，美國國會以史無前例的速度通過了十多項重要法令，史稱「百日新政時期」。新政的內容十分龐雜，但其實質是通過一系列應急的措施達到救濟、復興、改革的目的，在實行新政的過程中，十分重視應用英國資產階級經濟學家凱因斯 (John Maynard Keynes, 1883-1946) 的經濟理論，系統地提出了失業和經濟危機的原因，是有效需求不足的理論，主張國家要全面干預經濟生活。羅斯福總統為挽救美國經濟危機做出了努力，「新政」的目標，是對最有需要的人給予直接援助。國會成立了聯邦緊急救濟總署，把總數約五億美元的款項撥給各州級機構，直接援助失業的人。這是人民受盡四年苦痛之後，窮人領到的第一項實惠。這項行動表示華盛頓的聯邦政府關懷那些羅斯福稱為「壓在經濟金字塔底層被遺忘了的人」。

一、第一次新政

羅斯福第一階段新政實施的主要內容有四：

第一，整頓財政金融。1933年3月5日，即羅斯福就職後的第一天，下令禁止囤積黃金，並於次日下令停止全國銀行的金融活動，進行整頓。3月9日，國會緊急會議通過決議，由羅斯福簽署了《銀行緊急法令》(*Emergency Banking Act*)，授權總統改組破產的銀行，由政府提供三十五億美元貸款，幫助大銀行復業，同日又公布了《存款保險法》(*Deposit Insurance Act*)，由政府保證存款的安全，防制新的擠兌風潮出現。根據羅斯福的指示，自3月13日起，聯邦儲備銀行等大銀行開始

---

❼ Edward Mortimer, *The World that FDR Built*, New York, NY: Scribners, 1988; Michael Simpson, *Franklin D. Roosevelt* (New York, NY: NYU, 1989), p. 461.

恢復營業，4 月初，已有近一萬三千家銀行獲准開業。1933 年 6 月 16 日，國會通過的《格拉斯——斯特格爾法》(*Glass-Steagall Act*)，規定建立聯邦儲蓄保險公司對小額儲戶實行保險，同時還使投資銀行和商業銀行分開。1934 年通過了《黃金儲備法》(*Gold Reserve Act*) 和《證券交易法》(*Securities Exchange Act*)，強化建立穩定的金融秩序。

　　第二，調整工業生產。1933 年 6 月 16 日國會通過了《全國工業復興法》(*National Industrial Recovery Amendment*，簡稱 *NIRA*)，其目的是「鼓勵全國產業復興，促進公平競爭，規定某些有意義的公共工程的興建」。為此成立了全國工業復興委員會，對如何減少失業人數，失業救濟和勞資關係做了規定。為減少勞資爭議，1935 年 7 月 5 日羅斯福又簽署了國會通過的《全國勞工關係法》(*National Labor Relations Act*，簡稱 *NLRA*)，並成立「全國勞工關係局」(U. S. National Labor Relations Board，簡稱 NLRB)。依據這一法案，在五年內處理二萬五千多宗申訴案。《全國工業復興法》授權各行業草擬全行遵守的公平經營法規，免於控制生產與價格的《反托辣斯法》管轄，並保障工人「組織起來並通過自選代表作集體勞資談判」的權利，把全國的最高工作時數與最低工資限額都加以釐定，取締舊式工作一整天的工廠。《全國工業復興法》又成立「公共建設管理局」，進行三萬四千頃公共建設工程，包括築路及造屋，提供人民就業機會，從而提高消費力，刺激工業活動，也為日益擴大的工會組織鋪路。

　　1937 年工人選出工業組織會議的主席約翰·路易斯 (John Louis, 1880−1969)，[8] 他親自勸服二個工業巨擘，通用汽車（General Motors，簡稱 GM）和美國鋼鐵公司 (American Steel Company) 簽署工會合約，同時還有力地運用輿論，使政府和資方以後不敢輕視工會的意見，建立

---

[8]　約翰·路易斯十五歲便開始在煤礦坑裡工作。他是演說天才，擔任聯合礦工工會領袖。

了勞工權益的里程碑。縱使工會還有許多艱鉅甚至流血的抗爭事件發生，但是到了 1940 年路易斯在工業組織會議下臺的時候，工人權益獲得保障已成定局。

第三，復興農業。1933 年 5 月 12 日，國會通過了《農業調整法》（*Agricultural Adjustment Administration*，簡稱 *AAA*），試圖採取給予農業主現金補償的辦法來限制作物產量，以提高農產品的價格，並通過提高農村購買力，以解救當前全美的經濟危機。政府為求立見成效，在 1933 年由政府付款補償，請農民宰殺約六百萬隻豬，把一億磅肉分配給仰賴救濟的家庭，並犁平一千萬英畝棉花。此外，政府採取對農民有利的重要措施：一是限制農業生產，減少耕種面積。政府對大量縮減耕地面積和降低牲畜繁殖率者，給予補助式獎勵。二是平價，由政府補貼維持生產品的價格。這一法令使農場主減輕了危機的壓力，農產品價格明顯上升。1935 年和 1932 年相比，農業淨收入從十九億三千八百萬美元增為四十六億五百萬美元。這個由聯邦政府補助的方法，促請農民減少生產、制訂上市限額，穩定農產品價格，並給予貸款，使生產過剩、飽嚐穀賤傷農之苦的農民得到援助。

第四，實行社會救濟，舉辦公共工程和福利事業。1935 年 8 月 14 日國會通過《社會保險法》(*Social Security Act*)，目的是建立一個社會性保險制度使一些州得以為老人、盲人、未成年人和瘸腿的兒童提供更為可靠的生活保障，為婦幼保健、公共衛生及失業補助作出更為妥善的安排。為減少失業的壓力，1933 年至 1937 年，政府撥款一百二十億美元興修水利工程、造林修路等，以增加就業機會，提高社會購買力。著名的田納西水電站工程即是這時修建的，於 1933 年設立「田納西河流域管理局」（Tennessee Valley Authority，簡稱 TVA），使政府干預範圍擴及電力系統，其管轄範圍涉及七個州，目標是提供廉價電力、防止洪水、促進水利灌溉和生產硝酸鹽。

二、第二次新政

　　羅斯福新政的實施，使美國的經濟指標自 1935 年起開始穩步上升，失業人數從一千二百萬降至八百萬人，人數大量減少。在 1936 年的總統選舉中，羅斯福以其「新政」的顯著成績在競選中再度獲勝。「新政」實施的過程，反應了由私人壟斷資本主義向國家壟斷資本主義過渡的總體趨勢。羅斯福「新政」不可能消除產生經濟危機的根本原因，但「新政」的實施卻在法西斯主義泛濫時，保持了美國資產階級民主制度，避免踏上如德國、日本、義大利等國般被推上法西斯的道路。

　　1935 年，「新政」的重點轉移到幫助工人及其他城市居民的措施上。1935 年的《華格納法案》(Wagner Act) 增加聯邦政府處理勞工關係的權限，並加強了工會的組織力量。設立「全國勞工關係局」來執行這一計畫。同時，在整個新政中，影響最為深遠的綱領應是 1935 年和 1939 年所採取的社會保險措施，包括為老年人和寡婦提供的福利金、失業津貼和傷殘保險。1938 年部分工業部門還規定了最高工時和最低工資額。

　　羅斯福有了良好的施政紀錄，在 1936 年再獲提名參加競選，到北美大陸四處旅行，攻擊與他作對的「經濟保皇黨」。他的共和黨對手蘭登 (Alf Landon, 1887–1987)，是一位能幹而激進的州長。不過，由於羅斯福本人的辯才絕佳，又因為蘭登支持者不分事理的反新政論調，民眾大都覺得蘭登是個反動分子，他若當選，經濟復興就無望了。這年的選舉羅斯福大獲全勝，他本人的政治生涯達到最高峰。

　　1936 年的選舉結果，顯示壓倒性的多數公民都支持「新政」，羅斯福於是繼續控制民主黨占大多數的國會。可是，最高法院推翻「新政」中十多個重要法案，宣布「新政」的一些法律違憲，理由是《憲法》並未授權聯邦政府進行社會和經濟改革。儘管有人認為「新政」具有「社會主義」的傾向而予以抵制，但此後兩黨政府都承認「新政」的某些改

革已成為美國人民生活的一部分。據統計，1936 年美國最高法院九名法官的平均年歲是七十二歲，有幾位解釋《憲法》時所持的狹窄觀點，似乎對羅斯福已取得的一切成就都有威脅。羅斯福決心反擊，主張「擴大法庭」，要求國會授權給他，凡遇有最高法院法官年屆七十仍未退休者，得任命一位新法官。羅斯福的理由認為，最高法院裡多些較年輕的法官，可增加工作效率。但大多數議員包括很多擁護新政的議員，都不肯擾亂政府中行政權與司法權的均衡。為此羅斯福要求改組最高法院一案，並未成功。但法院也認可了「新政」的其他法律。例如，最高法院本身改變了原來所持的態度，於 1937 年 4 月 12 日追認了《華格納法案》。

　　1939 年 9 月，第二次世界大戰爆發，羅斯福請國會召開特別會議，修改中立法，允許交戰國在「現購自運」的條件下從美國購買武器。1940 年法國戰敗，羅斯福積極作防禦準備，決定用參戰以外的一切方式援助英國，為英國提供五十艘超齡驅逐艦以換取西半球八個基地。1940 年總統大選時，雙方候選人均表示：美國不介入國外戰爭，其中主張對希特勒採取強硬手段者均支持羅斯福，結果羅斯福選舉獲勝，連任第三任總統。羅斯福提出的《租借法案》(Lend-Lease Program) 在國會通過，這一法案使美國可在財政上對英國及其盟國給予援助。1941 年 8 月，他和英首相邱吉爾 (Winston Churchill, 1874–1965) 在軍艦上會晤，並發表聯合新聞公報，宣布《大西洋憲章》(Atlantic Charter) 包括民族自決、擴大經濟機會、消除恐懼與匱乏、海上自由、裁軍等內容。

　　綜言之，新政改革是美國歷史和世界現代史上一重大事件。長期以來，國內外史學界對「新政」的評價不相同，爭論的焦點在於如何看待新政給美國帶來的變化。面對 1929 至 1933 年的嚴重經濟危機，胡佛政府推行自由放任的經濟政策宣告失敗後，資產階級民主制度遭到建國以來的最大挑戰。為了維護民主制度長久安定，必須進行積極的改革，在

這種形勢下，試圖解決危機的羅斯福「新政」，遂順應歷史潮流應運而生。在第一次新政中，羅斯福大受美國人民歡迎，在 1934 年中期，更多的民主黨人當選國會議員，但不久經濟復興的速度慢了下來，極左和極右兩方面都對羅斯福加以抨擊。左派責難羅斯福太怯懦，辦事過於小心；右派則責難他本人和他的「新政」不停擴大聯邦政府管制商業的權力。羅斯福的「新政」沒有遏止經濟大蕭條，1938 年仍有約一千萬美國人失業，直至 1939 年開始花費大量國防支出，才使人民重獲工作。總體言之，「新政」的成就很大，而且效果長遠。從歷史上看，「新政」似乎把資本主義從若干流弊之中拯救出來，保存了美國的自由社會，使之不致像某些給經濟大蕭條拖垮的國家因絕望而走向極權政制，並在幾種改革社會的力量中，確立一種比較公平的均勢。

羅斯福的二次「新政」改革方案重點不同，總體言之，對美國社會影響甚深。1933 年至 1935 年的第一次「新政」，是羅斯福政府掌權以後實施了一種過渡性的改革方案，亦是從威爾遜與胡佛的謹慎進步主義措施，轉換到更為廣泛深入的社會改革計畫的過渡過程。而從 1935 年開始的第二次「新政」，則是在特定的國內及國際的背景下，羅斯福政府對於第一次「新政」不可避免的延伸。迫於當時國內外的緊張情勢，羅斯福不得不照顧到勞工、失業者，尤其是赤貧者等下層美國人的利益，因為美國的當政者不願重蹈覆轍。當時美國國內那種階級關係緊張的情勢，一旦被極權勢力利用，將會成為對美國憲政權的嚴重威脅。於是，羅斯福總統拋棄了保守的思路，採納能夠盡快改善廣大群眾艱難處境的行動綱領。其具體辦法是：實行赤字行政開支，重新調整財富的分配，一連串穩定社會經濟的立法等。綜言之，迄今為止，「新政」時期的美國政府，實施了美國歷史上影響最為深遠的一系列社會經濟立法措施。這些立法措施一直影響到今日美國，甚至可以說還影響到今日的整

個世界。[9]

三、新政中知識分子的貢獻

　　小羅斯福當選總統，給處於危機之中的美國社會帶來一線生機，他具有的政治家的氣魄和新的治國方略，令知識分子騷動起來。主要原因是因為美國國內的大蕭條和國外極權主義，對美國民主政治的嚴重威嚇，迫使知識分子這一敏感集團不得不做出相應的反應；另一個因素，即精於政治的羅斯福，接納了大批知識分子參加他的政府團隊，組成「智囊團」(Brains Trust) [10] 參與決策、制訂改革和復興計畫，而他的這些作法，燃起知識分子積極參與國事的熱情和信心。

　　1932 年羅斯福第一次接受提名參選總統時，他就已經擁有來自各方面專家組成的專門小組向他提供建議和諮詢。借助於他的專門小組，羅斯福提出「新政」政策的藍圖。《紐約時報》(*New York Times*) 把這些教授稱做「智囊團」。到了第二次「新政」時期，又有一批知識界人士離開大學或研究機構，參與創辦或管理社會保障、農業保障等此一類的「新政」機構。「新政」機構增設完備後，知識分子參與社會管理的熱情更加高漲。「新政」所取得的成果，如自然資源委員會、南部貧困問題委員會等，與「智囊團」密不可分。富有思想活力的知識分子離開

---

[9]　Rexford O. Tugwell, *The Democratic Roosevelt: A Biography of Franklin D. Roosevelt* (Garden City, NY: Doubleday Company, 1950), p. 124; Joseph P. Lash, *Eleanor and Franklin: The Story of Their Relationship* (New York, NY: Basic Books, 1971), p. 33.

[10]　如按字面含義直譯叫做「頭腦托辣斯」。後來人們都愛使用這個名詞，包括羅斯福自己，只是去掉 s 這個字母，於是智囊團 "Brain Trust" 這一名詞不脛而走，風行世界。在「新政」最初兩年中，相當數量的知識分子參與了「新政」的實施。由來自各種領域專家組成的智囊團起草了許多緊急法案，對整個「新政」的格局影響甚大。耶魯大學法學院的威廉‧道格拉斯 (William Orville Douglas, 1898-1980) 和哈佛大學法學院院長詹姆斯‧蘭迪斯 (James M. Landis, 1899-1964)，都先後出任重要的證券交易委員會主席。

書齋和辦公室，深入實際生活，發揮他們巨大的能量。他們參與人口調查、重新分配財富等工作、揭露大企業壟斷某些行業的問題，向行政部門提交各類可行性報告，幫助這些部門決策。他們從實踐和理論兩個方面，指導「新政」改革的前進航程。

1930 年代羅斯福的「新政」，的確促使了一批技術型的知識分子投身政界，轉化為技術型的官僚。此時，從事社會科學研究的知識分子在危機的衝擊下，也拋棄了舊觀念，醞釀出成熟的新觀念。社會經濟學家也放棄了他們昔日教條式的經濟理論研究方法，開始注意研究如何解決現實的經濟困境問題。一群長年從事政治行政理論研究的專家，也放棄了理論性的研究，把注意力集中於現實中的美國政治制度。他們力圖拉寬視野來看待政治問題或政治行政問題，以政治行政行家的眼光，分析美國現行政治制度在執行過程中存在的種種問題。由於他們是行家，又密切結合美國的實際狀況，因此，他們發表的意見所產生的影響力相當大。他們促使美國公眾乃至當時的當權者，不得不認真地面對所有存在於美國政治生活中的各種弊端。大蕭條時期，參與「新政」活動的知識分子在恢復民眾信心，幫助他們戰勝恐懼心理，貢獻頗大。

「新政」時期美國知識分子的另一項巨大貢獻，則是他們對日益增長的獨裁主義思潮，進行了有力的抨擊。德、義法西斯勢力正是利用下層社會民眾的不滿，摧毀了國內的民主政體，建立法西斯獨裁政權。而此時，美國國內的法西斯主義逆流也在蠢蠢欲動。「新政」時期的知識分子正是在這種危難時刻，起了關鍵性的抵制作用。他們堅持在作出有關工農大眾福利的基本決策時，必須讓農民、工人以及其他下層民眾有表示他們的態度與意志的機會——他們提出的辦法就是祕密公民投票。這一方法的推行，使美國政府的上層人士能夠有機會聽取下層民眾的真實呼聲。此舉大大穩固了實施「新政」的群眾基礎，使下層民眾的力量不致為極端主義者所利用而成為一種破壞性的力量，或成為被法西斯主

義勢力利用的犧牲品。1930年代羅斯福的「新政」，有一點是不可否認的，即美國知識分子在大蕭條年代中對於美國社會所作的巨大貢獻。沒有美國知識分子的參與，從羅斯福當選總統到實行「新政」，乃至到美國參加第二次世界大戰，這一系列美國歷史上的重大轉折及其歷史性的結局，也許都要重新改寫了。從此以後，美國歷任總統和政府都十分關注「智囊團」的作用。

綜言之，1920年代的美國已經不可能遠離他們國界以外的世界，無論國內的情況如何令人擔憂，無論美國人自己身負的重壓如何沉重，他們還是得面對一個紛亂且充滿險惡的外部世界。1930年代的世界就是這樣一幅圖像——即全球經濟凋敝；蕭條、恐懼、互相猜疑；英、美、法的所謂「民主陣營」面臨瓦解的境地；歐洲和遠東的侵略者都在嘲弄凡爾賽會議所建立的世界秩序；極權主義者在經歷艱難的萌芽過程之後，已經開始向追求民主與和平的人民發動進攻，試圖將其魔爪伸向全世界。如此一來，美國國內一些具有遠見的人士也意識到美國將面臨的危險。而美國這樣一個擁有豐富資源、先進技術，又有巨大的陸海空軍潛力的國家，愛好世界和平的人民與進步人士都對其抱有期望，如果他再任由法西斯侵略者橫行，繼續讓世界陷入災難之中而置之不顧，顯然已不可能了。

第三節　美國的社會

1930年代面臨大蕭條時期，美國人的生活條件、生活方式及人類思維都受到改變。正因為社會文化領域的改變，延續著1920年代的科技與文化創作步調，讓美國在經濟蕭條時期，藉此抒發生活壓力，暫時逃避生活的窘境。

一、電影事業

1930 年代電影在工業界中一枝獨秀，發展之速，前所未見。每個星期估計約有八千五百萬名觀眾，花二角五分的入場費，來逃避幾小時現實生活。由於長時期的經濟不景氣，電影製片廠被迫壓縮預算，這在很大程度上影響到導演和製片人創作能力的發揮。使用有限的經費製作出來的影片雖然內容不一，但風格甚至背景都屢屢出現雷同。儘管如此，實力雄厚的好萊塢，還是推出了一批引起轟動的電影。為了拍片便利，全國不少地方建造了「電影宮」，其中許多是仿效國外的摩爾式宮殿建築 (Moorish palace architecture)，圓頂拱形結構，氣勢不凡。為了適應汽車普及的情況，1933 年在紐澤西州的坎頓城 (Camden) 出現了最早的一家汽車電影院，人們可以直接把汽車開進電影院，無需下車，坐在自己的汽車內觀看電影。所謂的汽車電影院實際上是一個大停車場，前面豎立一塊大銀幕，這種汽車電影院很快被廣大公眾接受。為了吸引觀眾，汽車電影院常常提供雙片服務優惠，有時還贈送觀眾諸如杯、盤、刀、叉之類的小禮物，這些措施的確使票房收入大增。據統計，在 1936 年有 6.5% 的美國人去汽車電影院打發過時間。

1930 年代，美國電影事業迎來了它的「黃金時代」。這種興旺景象一直延續到整個 1940 年代與 1950 年代早期。即使在前景黯淡的 1930 年代，每晚仍有數百萬美國人湧進各地的電影院，消磨上一、二個小時，以緩解大蕭條給人們帶來心靈的鬱悶。這種逃避現實趨勢的縮影，可在當代二部最受歡迎的電影看出來：根據瑪格麗特・密契爾 (Margaret Mitchell, 1900–1949) 暢銷一時的名著改編拍攝成的電影「飄」（又稱「亂世佳人」）以及華德・迪士尼 (Walt Disney, 1901–1966) 的炭畫片「白雪公主與七個小矮人」(*Snow White and the Seven Dwarfs*, 1937)。「飄」是 1930 年代美國電影的高峰，它那壯觀的場面，傳奇性的故事，優美的

音樂，悲劇的結局和繽紛的色彩，吸引了廣大觀眾，創造了空前的盈利，由此產生了四位大明星克拉克‧蓋博 (Clark Gable, 1901–1960)、費雯麗 (Vivien Leigh, 1913–1967)、李斯廉‧霍華德 (Leslie Howard, 1893–1943) 和奧麗薇‧哈薇爾蘭 (Olivia de Havilland, 1916–2020)。另外，華德‧迪士尼的炭畫片「白雪公主與七個小矮人」出現豐富了人們的娛樂生活，也開闊了人們的眼界。對於兒童來說，卡通影片的出現

圖 29：電影「亂世佳人」劇照（圖片出處：Getty Images）

則是一大福音，華德‧迪士尼是他們的歡樂使者，因為沒有一個人能夠像他那樣給兒童帶來歡樂。

迪士尼的成功，也為 1930 年代飽受艱辛的中老年人帶來另一種歡樂。華德‧迪士尼出生在芝加哥，1919 年開始作動畫片。他以系列動畫片「笑料成堆」而名聲大噪，1928 年他最著名的作品米老鼠 (Mickey Mouse) 在第一部有聲動畫片「威利號汽船」(*Steamboat Willie*, 1928) 中與公眾見面。⑪ 大圓耳朵、大眼睛、戴著手套、蹬著大皮靴、神氣十足的米老鼠，很快成為兒童甚至大人們青睞的藝術形象。從此以後，米老

---

⑪ 「威利號汽船」是華德‧迪士尼全球第一部有聲的動畫片，主角是著名的米老鼠。此影片於 1928 年 11 月 18 日在殖民大戲院 (Colony Theater) 上映，結果，米老鼠可愛的形象博得觀眾喜歡，並轟動了全紐約。米老鼠成為了舉世聞名的「明星」。1932 年，這部影片更獲得了奧斯卡的特別獎。

鼠、唐老鴨、布魯托等等越來越多誇張的卡通人物,向好萊塢進軍。
1937 年,由迪士尼根據格林童話小說改編的卡通「白雪公主與七個小矮
人」在美國誕生,立即贏得了觀眾的心。1939 年被授予美國電影藝術科
學院特別獎,並被譯為多種語言,四次重新發行,成為電影史上影響最
大的一部動畫片。

　　一般而言,保證票房一定賣座的電影,是歌舞片和喜劇片。好萊塢
為了給觀眾提供輕鬆的娛樂,推出了音樂片,反響甚佳。這種影片中構
思精巧的美妙歌舞,往往使觀眾陶醉。1933 年風行美國的「第 42 號街」
(*42nd Street*, 1933),英俊的迪克‧鮑威爾 (Dick Powell, 1904–1963) 朝氣
蓬勃的歌唱,伴以魯比‧基勒 (Ruby Keeler, 1910–1993) 嫻熟的踢踏舞表
演,曾使無數觀眾為之著迷。此外,影片亦深受大眾歡迎,精彩的舞蹈
與美妙的歌唱相互輝映,服裝華麗的女歌唱演員隊形優美而富於變
化,這一切在安排得當的燈光下,顯得有聲有色。著名演員佛雷‧亞斯
坦 (Fred Astair, 1899–1987) 的表演,賦予歌唱與舞蹈這兩種古老的藝術
形式醉人的新魅力。演員們精湛的演出及歌聲,讓觀眾印象深刻。

　　1927 年,有聲電影的出現立即改變了喜劇發展的方向。風趣的言
談與富有喜劇性的舉止,變得同等重要。新的一代喜劇演員應運而生,
並迅速地代替了先前的滑稽藝人。在喜劇演員扮相中,常喜歡自吹自
播,一開口便沒完沒了,對女性則竭盡謙卑討好之能事,這個喜劇形象
給人留下了難忘的印象:身著燕尾服,鼻梁上架著一副金邊眼鏡,嘴裡
銜著一支大雪茄,東遊西蕩,無所事事,無論何時何地,總是能製造出
許多俏皮話和一連串愚不可及的錯誤,使觀眾笑不攏嘴;或是身套骯髒
不堪的雨衣,腦袋上頂著圓頂帽子,幹起事呆頭呆腦,但一見女人便是
一副媚態,這也逗得觀眾捧腹不止。

　　在無聲電影時代,西部片的地位已得到確立。進入有聲電影時代以
後,一度沉寂的西部片又重新得到復興。隨著有聲的西部片重新贏得觀

眾青睞，也產生了一批西部片影星。與此同時，驚險影片也取得了成就。
它的成功不僅是因為其題材具有逃避現實的傾向，還因為向觀眾提供了
一個機會去領略不同時代、不同地區的不同文化。「泰山」(*Tarzan*,
1932) 系列影片也風靡一時，它以充滿各種兇險環境的非洲為背景，在
每一部影片中，體格強健的約翰‧韋斯道格 (Johnny Weissmuller, 1904–
1984) 幾乎總是披著一條裹腰布出現在觀眾面前，無論情節如何變化，
都是要向觀眾證明一點：他是森林之王。

　　1930 年代的電影中，相當一部分是反應美國民眾面對嚴重的社會
問題所表現出的可貴的理性、高度的同情心和勇往直前的勇氣。此外，
1939 年的「華府風雲」(*Mr. Smith Goes to Washington*, 1939)，揭露了美
國政治中的腐敗。大蕭條時期出產的電影不少都有著商業化烙印，但其
中也不乏藝術水準較高之作，也出現了一些高水準製作的不朽巨片，更
塑造一群演技精湛使人留下深刻印象的好演員。一些傳記片和根據古典
文學名著改編的影片即屬於此列，例如查理‧勞頓 (Charles Laughton,
1899–1962)、沃爾特‧休斯頓 (Walter Huston, 1883–1950) 和佛雷德里克‧
馬奇 (Fredric March, 1897–1975) 等皆是在影片中表現優秀的演員。在這
些不朽巨片之中，有發人深省的政治戲，如保羅‧穆尼 (Paul Muni,
1895–1967) 的「左拉的一生」(*The Life of Emile Zola*, 1937)。**⓬**此後，由
政府贊助拍攝的紀錄片，如佩爾‧洛倫茨 (P. Lorenz, 1905–1992) 的「大
河」(*River*, 1938) 等，受到觀眾極大的迴響。另則，「西線無戰事」(*All
Quiet on the Western Front*, 1930) 是一部根據同名小說改編的影片，其中
盧‧艾爾斯 (Lew Ayres, 1908–1996) 的表演令觀眾傾倒。

　　彩色電影問世之初，導演們往往只是追求絢麗色彩，而那些已頗有
成就的攝影師則對此不屑一顧。加之，彩色影片成本昂貴，因此幾乎在

⓬　故事描述法國文壇巨匠左拉的一生經歷，以及他為了正義而不屈不撓的精神，和他不
　　畏強權勢力的正義感。

二、三十年的時間裡，黑白影片仍然占有相當大的市場。但是一些有識之士已經感受到一個電影的新時代必將到來，彩色影片將會風靡世界。彩色電影的問世，是電影技術發展過程中的一大里程碑。

二、無線電廣播

與電影事業一樣，1930 年代也是廣播事業的黃金時代。自從 1920 年出現第一次商業性的廣播以後，聽廣播已經成為美國人日常生活中的一部分。1930 年時，全國擁有一千二百五十萬臺收音機，到 1940 年已增至四千四百萬臺，大約 90% 的家庭擁有一臺或一臺以上的收音機。每天人們在收音機旁邊消磨的時間平均長達四小時，這種狀況在整個 1930 年代一直保持著。廣播業原先曾經先後依附於報界、廣告界，這時已逐漸成為一支獨立的力量。哥倫比亞廣播公司（Columbia Broadcasting System，簡稱 CBS）等全國性廣播網的建立，更加強了廣播業在美國社會中的重要地位。廣播業的繁榮局面一直延續到 1940 年代。即使在最艱苦的大蕭條年代，許多家庭也沒有放棄收音機這種當時屬於「奢侈品」的物品。在收聽廣播的時候，飽嚐艱辛的人們可以從生活的沉重壓力中得到些許解脫，人們也天天期望著能夠從廣播中聽到一點好消息。

在早上和午後的時間裡，電臺多數播放被稱為「肥皂劇」(soap opera) 的連續劇節目。[13]電臺在下午 1 至 6 點間，都安排年輕人喜愛的節目。收聽率較高的連續劇一般都取材於當時相當有名的連續漫畫，情節比較曲折，因而符合年輕人的口味。男女學童下課後，趕著回家聽他們喜愛的廣播節目，例如「迪克‧崔西」(Dick Tracy)、美洲英雄「傑克‧阿姆斯壯」(Jack Armstrong)，以及從漫畫改編的「小孤女安妮」(Annie)

---

[13]　「肥皂劇」這名稱的起源，是由於這一類節目最初大多是由肥皂商出資贊助的。

等。無數的小孩都加入他們的偶像同樂會，這些同樂會常推銷贊助公司的商品，而孩子們都很自豪地把徽章、會員證和翻譯廣播密碼用的指環拿出來炫耀。

　　入夜，因應勞碌了一天的人們的需要，這時的廣播節目往往是一些輕鬆詼諧的「時事喜劇」。劇中的人物貫穿全劇的每一集，但是每一集在情節上又自成體系，內容多數取材於現實生活。最成功的「時事喜劇」是「阿莫斯和安迪」(*Amos'n'Andy*)，其影響堪稱是一次巨大衝擊。故事的主人翁是一對經營出租車業務，情同手足的黑人。由於該劇描述的是很多白人心目中所理解的黑人生活，充滿諷刺和逗樂，因而擁有相當多的聽眾群。當電臺播放該劇時，有些電影院索性關門，無法與之競爭。晚間節目又如「陰影」(*Shadows*) 和「吹哨人」(*Whistle-Blower*) 等，都受到老少聽眾的歡迎。音響效果如吱吱嘎嘎的開門聲、狂躁者恐怖的笑聲、由遠而近的腳步聲，都大大的增加了懸疑的氣氛，聽來使人為之毛骨悚然。在當時，幾乎每名喜劇播音員都擁有大批的聽眾。

　　每星期的節目都包羅萬象，從現代劇的「阿莫斯和安迪」到古典歌劇「阿依達」(*Aida*)，都受到歡迎。就在發揮娛樂功能的同時，1930 年代美國廣播業已經開始意識到它能夠在新聞傳播媒體領域，起到相當的作用。一些新聞節目如「時間的前進」被編為一週新聞劇播送，受到聽眾普遍歡迎。重要的新聞都即時報導，傳播之快，史無前例。數以百萬計的人民，從廣播裡聽到如英國國王愛德華八世 (Edward VIII, 1864–1972) 寧可要美人不要江山而宣布退位的演說，或是英國首相張伯倫 (Arthur Neville Chamberlain, 1869–1940) 赴德國與希特勒 (Adolf Hitler, 1889–1945) 就捷克斯洛伐克的命運進行談判，宣布他求得了「我們時代的和平」等訊息。無線電廣播，成了美國人民認識時事或重大歷史事件的嚮導。在大蕭條的日子裡，羅斯福總統深知宣傳媒介的作用，他利用無線電廣播發表了所謂的「爐邊談話」(Fireside Chats)。他用這種使人

感到很親切的方式向民眾傳達了自己的思想，幫助全國人民恢復對未來的信心，反擊來自保守派的誹謗與攻擊。

　　就在廣播業不斷發展的同時，由於 1933 年埃德溫・霍華德 (Edwin Howard, 1890–1954) 的新發明，使傳播聲波的效率提高了。他發明調頻傳波送信號的方式，可以減少干擾，使音色清晰優美。調頻廣播與當時廣泛採用的調幅廣播在方法上大相逕庭，調頻廣播對音響效果要求很高的古典音樂迷們，提供了無與倫比的美妙享受，也為廣播業的發展開闢了新天地，使無線電廣播更上一層樓。

三、電視與科技

　　電視是 1930 年代的新發明。1939 年 4 月 30 日下午，千萬名來賓擁塞在紐約市法拉盛 (Flushing) 草原，觀賞世界博覽會揭幕儀式。這次博覽會以「明日的世界」為主題，在當時經濟不景氣的氛圍下，這當然是有特殊含意的。正當人類受難於嚴酷的現實遭遇之時，他們仍然沒有忘記賦予明天美好的希望。博覽會的確站在時代的尖端，在講臺上常見的一排無線電廣播麥克風中，插有一醒目的「電視攝影機」。美國國家廣播公司 (NBC) 在其母公司美國無線電公司 (RCA) 的贊助下，以電視來廣播各項儀式，作為該公司的部分展覽，美國頭一家電視廣播從此開始。觀眾在美國國家廣播公司展覽場中電視機的 9×12 吋螢光幕上，首次看到新奇的電視轉播。此外，該項節目並用電纜從會場傳送到美國國家廣播公司在帝國大廈 (Empire State Building) 樓頂的發射機，以供無線電城音樂廳的觀眾觀看。數天之內，數以千計的人在曼哈頓區的百貨公司大排長龍，爭看這種新機器的示範展覽者，為數更是可觀。

　　博覽會中最成功的部分是由通用汽車公司設計的「未來全景」。這是由一名想像力極其豐富的美國工業設計師諾曼・貝爾・格迪斯 (Norman Bel Geddes, 1893–1958) 設計的。展覽期間，每天有將近三萬人

至此觀賞。他們坐在舒適、有高背扶手的椅子上，由輸送帶傳送，緩緩前行十五分鐘，一邊聽錄音解說詞，一邊看格迪斯設想的 1960 年的美國風光。格迪斯向正在被現實所苦的人們，展示了未來的光明，他預計到 1960 年時，美國人個個高大魁偉、膚色黝黑、精力充沛，閒暇時間又比工作時間還長得多。到那時候，美國鄉村，陽光明媚、空氣清新；公路寬廣、縱橫交錯，路上奔馳著各式各樣的新穎汽車，一律配有空調，而售價一輛卻只要二百美元。環境的優美自不待言，所有房屋窗明几淨，每一條街道井然有序，處處綠意盎然，季季花卉盛開著。居住鄉村的人們更是悠閒自得，家家戶戶自給自足，互不干擾，和樂融融。在格迪斯展現的畫面中，到了 1960 年代，主要的動力來源是液態空氣，原子能也被利用了，健康水準大大提高，癌症已經不再是不治之症，人們平均壽命延長到七十五歲；教育已經十分普及，大多數人都至少高中畢業，文盲已經消失；飛機進入了百姓家，每個鄉村都有配備地下機庫的機場；1930 年代尚不多見的摩天大樓，到了 1960 年代時也隨處可見，每座大樓高達一千五百英尺，四周有高速公路，寬廣的路面可容十四輛汽車並行。

　　雖然這個藍圖中，格迪斯並未提到城市問題及黑人的種族問題，但對於 1930 年代長久圍困在黑暗中的美國人民而言，先是驚詫，之後是欣喜狂呼，因為這「未來全景」雖然出自格迪斯之手，但也正代表著廣大美國民眾的希望。仍在受大蕭條困擾的美國人，期待著一個富裕、和平的未來，「未來全景」中所有的一切已足夠令他們陶醉了。由於紐約博覽會設計獨特，內容豐富多彩，這次博覽會在技術上的成功，對於戰後美國社會的發展影響很大。

　　除了電視之外，科學技術的發明在大蕭條時期亦嶄露頭角，受人注意。新材料、新藥物、新發明的應用，在一定程度上改善了人們的生活條件。空調的使用即是一例。早在二十世紀初，工程師威廉斯‧卡里爾

(Willis H. Carrier, 1876–1950) 設計出了空調裝置。但是，實用性的空調裝置，直到 1930 年代才隨著一大批新式設備一起應用在電影院裡，從而得以被廣泛應用到其他地方。此後，一些條件比較好的公寓和辦公大樓，或是火車等交通工具內部，也安裝中央空調系統。

　　人類在沿用傳統的材料的同時，仍在不斷探索發現新的材料，於 1938 年有了重大的突破。E. I. 杜邦・德・內姆斯公司 (E. I. Dupont D. Nymus Co.) 生產出了一種叫做「尼龍」(Nylon) 的新材料，這是該公司以沃萊斯・卡羅瑟斯 (Wallace Hume Carothers, 1896–1937) 為首的一批科學家，經過十年辛苦研究所獲得的成果。「尼龍」是第一種完全由人工合成的纖維，由於它耐潮濕、耐腐蝕，堅固而又有彈性，很快就被應用於許多領域中，用途越來越廣泛。

　　大蕭條期間經濟窘迫，許多家庭無力購買分量足夠且營養的食物，甚至難以負擔必要的醫療費用，這對於美國人的健康無疑造成嚴重的損害。從二十世紀初期起，美國人的平均壽命逐年延長：1930 年是五十九・七歲，到 1949 年已上升到六十二・九歲，這應該歸功於醫療水準的提高和城市排污系統的完善。即使在大蕭條時期，這兩方面的工作也是不斷進步。磺胺類抗菌藥物的使用，提高了整體的醫療水準。這種藥物是在 1930 年代初由歐洲的一批藥物學家發明的，它能夠有效地抑制人體內有害細菌的生長，對於治療當時肆虐的肺炎、腦膜炎和痢疾等惡性疾病尤有特效。到 1930 年代末，由於在實施外科手術時，使用了磺胺類抗菌藥物，有效地防止了因細菌引起的傷口感染，手術過程中的死亡率大為下降。

　　此外，在 1930 年代間製造儀器的科技也發展出來。望遠鏡在 1930 年代有長足的進步和改良，科學家計畫製造一具鏡頭直徑二百吋的反射望遠鏡，其大小相當於當時最大望遠鏡的二倍。經過多次阻延與技術問題的克服，這一項龐大計畫，終於在 1948 年完成。這架名叫海爾望遠

鏡 (Hale Telescope) 的龐然巨物，就裝設在加州帕洛馬山天文臺 (Mount Palomar Observatory) 上。1930 年代間也出現了一種令人意想不到的新天文學工具──無線電望遠鏡。該項新發明由一位年輕美國工程師楊斯基 (Karl Jansky, 1905–1950)，在 1931 年發展成功。這種新型裝置可用來偵察及追蹤來自外太空的無線電放射電波，因而能夠提供使用光學望遠鏡無法獲得的大量資料。

另一方面，居禮夫婦 (Marie and Pierre Curie, 1867–1934, 1859–1906) 發現了鐳 (Ra)，為科學家帶來一種革命性的嶄新方法，可以用來研究原子構造。然而研究後的成果於 1939 年大戰爆發中，美國科學界利用原子核分裂時發出的巨大能量，製成毀滅性的新武器原子彈。

四、第一臺現代電腦問世

1930 年，在電機工程師萬尼瓦爾‧布希 (Vannevar Bush, 1890–1974) 的領導下，麻省理工學院的一群科學家開始研發一種「微分解析器」(Differential Analyzer)。一年後，布希設計的這種機器比機械加法機更進一步，也是電腦的前身，成為第一臺現代類比電腦。

電腦與汽車和飛機一樣，也曾經讓科學家和數學家苦思多年，才成功地研發出的技術。就其歷史背景，十七世紀時，法國哲學家兼科學家布萊茲‧巴斯卡 (Blaise Pascal, 1623–1662) 構想出一種精巧的機械加法機。十八世紀的德國哲學家兼數學家哥特佛里德‧威廉‧萊布尼茨 (Gottfried Wilhelm von Leibniz, 1646–1716) 設計出解析代數方程的儀器。十九世紀中葉，英國數學家兼發明家，被視為是現代電腦之父的查爾斯‧巴貝治 (Charles Babbage, 1791–1871) 則設計出數種可進行複雜數學運算的裝置。到十九世紀末，巴貝治的貴族朋友凱爾文 (Lord Kalvin, 1824–1907) 已著手製造以蒸汽為動力的類比計算機。他的類比計算機預示了未來的潮流，但是由於維多利亞時代硬體條件的限制，使他的「微

分解析器」的夢想未能實現。而五十年之後，布希用同樣的基本設計，首先解決轉矩問題，做出了一臺可運作的電腦。

布希的機器與當今速度快、噪音低、體積小的電腦完全不可同日而語。它占用了麻省理工學院裡數十平方公尺的室內空間，由幾百根旋轉的鋼條組成，模擬數值來加以運算。當時還沒有現代化的鍵盤，每次開機時，程式設計者都必須使用螺絲起子和鎚子來啟動。儘管這種設計還很原始，卻很快就證明了它的實用性。它能解析冗長的微分方程式，一次最多能處理十八個獨立變數。

第二次世界大戰期間研發出來的下一代電腦，所採用的並不是布希的電機學方法，而是改以電子科技。例如，在 1940 年代搭建於英國布萊特利公園 (Bletchley Park) 中的巨象電腦 (Colossus)，就是使用一千多個真空管來破解德軍密碼。由於電晶體、固態電路和微晶片陸續被開發，最後終於改良出體積更小、速度更快、功能更強的電腦。因此，從巴斯卡的加法機到 1930 年代布希的穿孔卡片計算器，一路走來漫長而艱辛。

五、現實主義的文學

在 1920 年代，面對美國社會的一片繁榮景象，文學界的態度往往是不以為然或者持冷嘲熱諷的態度，但是當 1930 年代伴隨著大蕭條一起來臨時，無論是小說家、詩人，還是劇作家，幾乎所有的人都開始關注自己所生存的這個似乎行將崩潰的世界了。

以 1930 年代的美國文學界出現相當多寫實的具作，膾炙人口。以約翰·史坦貝克 (John Steinbeck, 1902–1968) 的《憤怒的葡萄》(*The Grapes of Wrath*, 1939) 為例，對大蕭條時代的美國人所歷經的苦難，投注下最多的筆墨和心血。史坦貝克在加利福尼亞的薩利那斯 (Salinas) 河畔出生長大，在果園和農場中度過了童年。1939 年出版的《憤怒的葡

萄》，是他最有代表性的作品，也是這一時期美國文學界的一部具有劃時代意義的作品。❹述說貧窮無依的農夫喬德 (Joad) 一家被迫離開大旱區，流浪到夢幻中的希望之鄉加利福尼亞州所遭遇的苦難，透過作品描繪著人們貧困生活的冷酷面，情節令人動容，從而奠定了他在該時代小說家中列居首位的基礎。由於 1930 年代中、後期，數以萬計的貧困農民成群結隊地拖家帶口，離開自己久居在西部平原乾旱成災的家園。史坦貝克不辭辛苦一路跟隨著他們，觀察真實的情況，為他的著作搜集第一手資料。《憤怒的葡萄》這本小說後來被人稱為是反應 1930 年代美國下層階級悲劇的動人史詩。其他反應大蕭條時代的作品都比不上它那麼生動有力；同時這部小說又充分顯示了這些遭受災難打擊下的人民，他們堅強的毅力和勇氣。

　　另一位致力於呼喚社會良知的小說家是約翰・多斯・帕索斯 (John D. Passos, 1896–1970)。他是葡萄牙後裔，1896 年出生在芝加哥，第一次世界大戰時，曾是野戰救護隊志願隊員在歐洲服役，其後從事寫作。他在 1937 年出版的《美國》(*America*, 1930, 1932, 1936) 三部曲中，對美國在二十世紀發生的社會變化進行了透視，讚揚美國的勞動階層和激進運動領袖，譴責商人和保守主義政客，使讀者真正感受到美國生活的變化與動盪。帕索斯以其作品多產而聞名世界。他在 1930 年代大蕭條時於美國文壇崛起，帶有明顯政治色彩的社會現實主義作家的先驅之一，善於捕捉社會公眾的感受，並生動地表達出來。❺

　　此外，自然主義作家詹姆斯・法瑞爾 (James T. Farrell, 1904–1979) 的《斯塔茲・朗尼根三部曲》(*Studs Lonigan Trilogy*, 1932, 1934, 1935)

---

❹　作品敘述美國經濟大蕭條時期，奧克拉荷馬州的大片農田久旱無雨，廣大農民陷入絕境。窮困潦倒的喬德一家，被迫背井離鄉。

❺　1970 年帕索斯去世，他在《美國》三部曲中所描寫的許多社會動亂情況似乎又在美國重現。

博得公眾的讚賞。小說中故事發生的地區是芝加哥南部愛爾蘭天主教徒的聚居區，他描寫生活在這一地區的那些下層中產階級和青年道德和精神的崩潰，他在小說中力求真實地反應美國的社會面貌。黑人小說家理查德·賴特 (Richard Wright, 1908-1960) 的《土生子》(Native Son, 1940)，敘述的是一個黑人貧民區的青年如何墮落成為罪犯的故事，向人們展示了處於社會階級另一端的窮苦黑人所遭受的種族歧視和非人折磨。美國的黑人曾經有著長期受奴役的經歷，被剝奪了受教育的權利。他們在人們眼裡一直是那個國家裡顯得神祕而模糊的一個群體，他們一方面在籃球、拳擊、田徑等各項體育運動中睥睨群雄，甚至在流行樂壇上也有不容忽視的地位；另一方面又經常與吸毒、搶劫、強姦、兇殺等可怕的字眼聯繫在一起，令人望而生畏，敬而遠之。而作為一個弱勢的群體，他們經常遭到忽視而居於社會邊緣的位置。那究竟是一個什麼樣的民族？真實的生存狀況又是怎樣？沒有什麼人能夠清楚地知道。儘管如此，仍有不少人試著用各種方式傳達出那「沉默的大多數」的聲音，理查德·賴特就是這樣的一個人。《土生子》分為《恐懼》、《逃跑》和《命運》三個部分，敘述了一個黑人青年的一段經歷。他被白人家庭雇傭後不久失手殺死了這家的女兒，充滿恐懼的主角百般設法逃避罪責，甚至不惜嫁禍給別人，在被人揭穿後不得不逃跑，最終被八千名白人警察和志願者抓住並送上法庭，接受了死刑的判決。白人的輿論一向誣衊黑人天性野蠻，動輒殺人強姦，以往的黑人作家或是否認或是分辯，呈現出一種強烈的「反」的意味。而賴特則採取了「非」的作法，深入到事物的內部進行剖析，發掘犯罪活動和社會制度、社會環境之間的內在聯繫，對白人的說法進行駁斥，指出黑人的野蠻既非天性也非民族特性，而是美國的社會制度造成的。《土生子》的書名就隱含著這樣的意思。《土生子》以後被改編為劇本並拍成電影。

　　另有兩位小說家的作品並不屬於呼籲社會正義的範疇，但其影響也

十分深遠。一位是湯姆斯·沃爾夫
(Thomas Wolfe, 1900–1938)，另一位是威
廉·福克納 (William Faulkner, 1897–1962)。
他們兩人也都是各有特色的優秀作家。

圖30：威廉·福克納

　　湯姆斯·沃爾夫在 1929 年發表了他
的成名作《望鄉啊！天使》(*Look
Homeward, Angel*, 1929)。寫這部小說時，
他還是紐約市的一個沒沒無聞的窮教師。
這是一部篇幅頗長，結構鬆散的自傳性
作品。小說描寫了作者在北卡羅萊納州
的家園所度過難忘的少年時代。沃爾夫
文筆細膩，詩意纏綿，正好滿足了美國社會中那批生於鄉村、小鎮，為
謀生而進入城市的一代人的思鄉情緒，暫解了他們的百結愁腸。因此作
品發表後立刻引起一種共鳴：不應該為了追求有限的物質財富而拋棄哺
育他們成長的家園。之後，已成為文學名人的沃爾夫又推出了三部小
說，其中最後一部《你不能再回家了》(*You Can't Go Home Again*, 1940)
是在他去世後兩年才被出版。沃爾夫曾說，我們每個人都是孤單單地來
到這個塵世，又孤單單地離去，相互間幾乎很難真正地了解，這就是生
命中悲劇的一面。沃爾夫鬆散的文字具有濃重的地方色彩，但他那種入
木三分的心理觀察，細緻入微的感情描寫，深深吸引著美國這個流動的
國度中為生活而背井離鄉的芸芸眾生。

　　作為 1949 年諾貝爾文學獎的獲得者，威廉·福克納是一個自然主
義作家，也是一個地方文學作家，他深深扎根於養育過他的密西西比的
土地，從中吸取養分，使其作品中虛構的約克納帕塔縣具有真實性和傳
奇色彩。雖然立足於密西西比的土地之上，但他那深邃的目光注視著全
人類的問題和理想。在接受 1949 年諾貝爾文學獎的演說中，福克納為

後人留下了一段發自肺腑的話：

> 「我無法接受人類有末日的看法……人類是不朽的，這並非由於
> 萬物中唯有人類能發出永不消逝的宏亮之聲，而是因為人類具有
> 一種富於同情，敢於犧牲和不畏艱苦的精神。」

　　這是福克納積極的人生哲學的一種闡釋，由他筆下流淌出的文字則
是這種哲學的藝術體現。在福克納描述的小說人物中，無一不是生活在
難以擺脫的暴力思想和世代沿襲的種族仇恨所支配下的南方人，他們只
有通過艱苦的抗爭才能保有健全的理智以及自己的生命。這些作品，幾
乎都瀰漫著一種威嚇人類生存的氣氛，而正義成為人類最渴望得到的東
西。福克納的《聲音與忿怒》(The Sound and the Fury, 1929) 即採用意識
流的方式敘述美國南方一戶落魄人家的家庭故事，他從自己的生活背景
得到靈感，呈現在他的寫作生涯之中。

　　在 1930 年代中期，歷史小說逐漸成為一種成熟、獨立的文學形式。
這種作品有著一種將歷史浪漫化的傾向。瑪格麗特・密契爾的《飄》這
一類的作品，依然釋放出獨特的光芒，在文學園地中占有重要地位。這
是一部敘述遭到毀滅性的打擊以後，如何力圖再生的一種文明的史詩，
闡明人類經濟的永恆性。

　　到 1930 年代末期，美國小說的黃金時代告終了。這個黃金時代開
始於 1917 年以前，最初是自然主義小說家反叛舊傳統的呼喚，繼之而
起的是 1920 年代「迷惘的一代」創造的繁榮景象，到 1930 年代達到頂
峰。在這條美國文學發展的道路上，許多的美國優秀文學家，都留下了
他們深深的足跡。

六、繁榮的詩歌與戲劇

1930 年代美國詩歌的主流，繼承和發展了 1910 年到 1927 年間美國文藝復興時期的詩歌傳統。

以優秀詩作享譽詩壇的老一代名作家，依然辛勤創作，通過詩句表達對世事與人生的看法，追求理性的新天地。美國詩壇的一代宗師埃德溫‧阿林頓‧魯賓遜 (Edwin Arlington Robinson, 1869–1935)、[16]聲譽卓著的羅伯特‧佛洛斯特 (Robert Frost, 1874–1963)、[17]卡爾‧桑德堡 (Carl August Sandburg, 1878–1967) 等早期文藝復興中湧現出來的新詩人，依然在詩歌創作的道路上探索。此後崛起的詩壇作家，遵循前人的傳統進行創作，但更注意作品的內容，而不是拘泥形式。他們追憶國家昔日的榮耀，對現實中的艱難困苦抱有更現實的態度。

除了對舊有傳統的繼承之外，1930 年代美國詩歌的理論與創作中有一個重要的事實，就是第一次世界大戰前由埃茲拉‧龐德 (Ezra Pound, 1885–1972)[18]確立的意象派影響日益增長。他的《燈火熄滅之時》 (*A Lume Spento*, 1908) 及兩本詩集《人物》(*Personae*, 1909) 和《狂喜》 (*Exultations*, 1909) 問世。另一本講演集《羅曼精神》(*The Spirit of Romance*, 1910) 相繼發表。龐德從 1915 年開始創作一部宏偉的長詩，

---

[16] 從 1927 年完成巨作《崔斯坦》(*Tristan*) 到 1935 年出版《賈斯珀王》(*Jasper*) 的八年間，魯賓遜依然雄踞詩壇最高權威的地位。

[17] 佛洛斯特以創作關於人類和自然界鬥爭的作品聞名。

[18] 埃茲拉‧龐德，美國著名詩人，生於愛達荷州海利市，在賓夕法尼亞州長大。第二次世界大戰期間後被捕，以叛國罪被押回美國受審判，不料經過醫院檢查，被宣布為精神失常，在華盛頓的聖伊莉莎白精神病院長住十二年之久。後來，經過諸如佛羅斯特、艾略特 (Thomas Stearns Eliot, 1888–1965) 及海明威等著名文豪的多方努力，龐德終於在 1958 年獲釋回義大利。《比薩詩章》經過他長達半世紀的慘淡經營，數目已達一百多篇。龐德回首幾十年的榮枯得喪，承認自己一生的失敗，行將就木之前很有一種「風高花閑滿地黃」的淒涼之感。1972 年，他在威尼斯病逝，享年八十七歲。

以「詩章」的形式分批發表。第二次世界大戰爆發時，他在羅馬電臺發表了數百次廣播演講，抨擊美國的戰爭行動，1945 年被指控犯有叛國罪被美軍逮捕，並押在比薩附近的獄中，獄中被宣布是精神失常，但他在關押期間繼續翻譯孔子的著作，並寫出他那部長詩中最好、最動人的篇章《比薩詩章》(*Pisan Cantos*, 1925)。這部作品在 1948 年獲「柏林根詩歌獎」(Bollingen Prize)，此事曾在社會上引起很大爭議。

　　由於大蕭條時代社會狀況的日漸惡化，美國劇作家的創作傾向，更多地表達對社會現狀的批判。有些劇作家事實上就是利用舞臺，以宣傳他們各自的思想或社會政治主張。克里福德‧奧迪斯 (Clifford Odet, 1906–1963) 的劇作，是 1930 年代戲劇界發出的無聲抗議的最強音。在他反應紐約出租汽車司機大罷工事件的《等待左翼分子》(*Waiting for Lefty*, 1935) 一劇中，明顯地表達了他對於社會勞動階層深深的同情。

　　作家們從個體的角度對社會問題進行思考，賦予他們的作品較鮮明的個性，在這方面，羅伯特‧雪伍德 (Robert Sherwood, 1896–1955) 可稱是相當成功的。雪伍德是美國劇作家，作品反應了對社會和政治問題的關切。他所寫的第一本劇本《通往羅馬之路》(*The Road to Rome*, 1927) 批評戰爭的無聊，這一主題後來貫串在他的許多劇本中。《石化的森林》(*The Petrified Forest*, 1935) 描寫一個逍遙法外的亡命之徒，占據了亞利桑那州的一個咖啡館和汽車加油站，並劫持人質。這種緊張的氛圍蘊含在每一個人內心世界，而且自然而然地流露出來，該劇的高潮就是一名人質為了使一個女孩子免遭屈辱，挺身而出並犧牲了寶貴的生命。這巧妙地反應了當時流行的一種悲觀主義觀點，即認為理智與殘暴相比是軟弱無力的。《白癡的樂園》(*Idiot's Delight*, 1936) 中描寫的主人翁都是自命清高的青年，最後認識到他們自己是失敗者，終為同胞做出自我犧牲。《亞伯‧林肯在伊利諾》(*Abe Lincoln in Illinois*, 1938)、《不會有夜晚》(*There Shall Be No Night*, 1941) 中的主人翁都是決定起來進行戰鬥的

和平主義者，作者的論點是一個人只有為他人犧牲自己，才能使自己的生命有意義。他寫的《亞伯‧林肯在伊利諾》一劇使他得以擔任小羅斯福總統的講稿起草人和顧問。莉蓮‧赫爾曼 (Lillian Hellman, 1905–1984) [19] 和桑頓‧懷爾德 (Thornton Wilder, 1987–1975) [19] 也都是 1930 年代才華洋溢的劇作家，對社會產生相當大的影響。

第四節　經濟蕭條下的社會困境

一、孤立主義思想的盛行

如果對美國人的心理進行深層次的分析不難發現，儘管大多數美國人與歐洲人有著血緣的牽繫，但是多數美國人的內心深處對歐洲有一種鄙視心理。他們從心底裡認為歐洲在墮落沉淪，而對美國自己的制度和價值觀卻感到自豪，因此他們在感情上不願與歐洲為伍。這種潛在的情緒表現，最早可以追溯到北美十三個殖民地對其母國的反叛行為，這種情緒之後被稱為「孤立主義」的基本內涵。

美國在二十世紀初，尤其是在一戰時期，曾積極投身於國際事務，

---

[19] 莉蓮‧赫爾曼也是一個才華橫溢的社會劇作家。1934 年，她以《孩子們的時代》（又稱《雙姝怨》，*The Children's Hour*，1934）一劇進入戲劇界。這齣戲劇以一個特定的環境女生寄宿學校展開情節。這是一個非常特殊的故事：由於一個病童的無端控告，學校的兩名女教師因被懷疑是同性戀而失去清白，人格遭到極大污辱。這齣劇一經上演立刻引起了轟動。從此赫爾曼一舉成名，創作熱情更為高漲。1939 年她的《小狐狸們》(*The Little Foxes*, 1939) 則描述了內戰以後南部的一個富裕家庭，他們為了滿足個人的貪慾而撒謊、盜竊甚至草菅人命。

[20] 桑頓‧懷爾德的傳世之作是《我們的城鎮》(*Our Town*, 1943)。如果從內容看，這部作品並沒有驚人之處，它寫的是二十世紀新英格蘭地區一個小鎮上的人們的日常生活。但懷爾德從一個新的視角來觀察它、認識它，他認為人們日常生活中的一言一行都隱含著一些特殊的東西，即每一個人都具有獨自的種種經歷和體驗，也都會有某些非現實主義的人生觀的表現。

但是這一時期並不長久。一戰結束後，召開的凡爾賽會議以及隨後發生的諸多事變，促使美國參與國際事務的理想主義變得黯淡無光。

早在 1920 年代，富有批判精神的美國知識分子向世人宣布，1917 年威爾遜總統的決定不足取信，美國的參戰以及參加和平會議是一種不明智的行為。在這一方面「修正主義」(Revisionism) 歷史學家利用公開的歐洲檔案，對戰爭發生的原因、戰爭的責任等問題重新作了探討。他們認為，德國是對第一次世界大戰這個人類大悲劇應負責任最少的國家之一，因此，美國參加之前的第一次世界大戰完全是歐洲大國之間的爭鬥，無所謂正義與非正義，德國不必對這次戰爭的爆發負責任。如此一來，戰後制訂的《凡爾賽和約》，實質上是不公正的。當然美國人介入第一次世界大戰也完全是一種無價值的行為，是在為一種無價值的事業流血犧牲；而將美國人捲入戰爭的漩渦中，其主因是經濟原因。委員會指責威爾遜總統的所作所為，於是，1920 年代末期孤立主義的主張與信念，在美國廣大知識分子之中流行，在成千上萬美國人之中激起巨大的共鳴。如此一來，無論是當時的權貴，還是普通的平民百姓大多認為，這種悲劇性錯誤不應重犯，美國人不願再作無意義的犧牲，更不願再度受人欺騙，去代人火中取栗。

在如此一種特定的歷史條件下，1930 年代的美國人已被孤立主義情緒所緊緊纏繞住。此時，舞文弄墨、能言善辯的學者們、記者們到處演講，著書立論，利用一切機會宣傳他們的孤立主義觀點與理論，其核心內容便是「反戰」。他們認為美國對和平與民主的最大貢獻，莫過於對歐洲與亞洲各國之間的權力鬥爭絕不過問。深受此類宣傳影響的大學生、中學生組織「未來戰爭退伍軍人會」、「和好聯誼會」等，熱衷於參加和平主義者的運動。與此同時，一股和平主義浪潮也風靡於聖職人員之中，他們積極組織各種和平禱告，為世界尤其是為美國祈求和平。1937 年 4 月的蓋洛普民意測驗 (Gallup Poll) 表明，大約三分之二的被調

查者認為，美國參加第一次世界大戰是一個錯誤。

　　小羅斯福總統作為一個精幹的政治家，1935 年 1 月，他向參議院提出美國加入國際法庭 (International Court of Justice) 的建議，就孤立主義的觀點提出了他的異議：「在國際關係的這一階段，每個行動對世界和平的前途都是至關重要的，美國還有一次機會把他的重量放在天平上有利於和平的一邊。」這與孤立主義者的觀點大相逕庭。孤立主義集團立即向小羅斯福發出了強烈的抗議。在一片指責聲中，美國參加國際法庭一事被否決了。孤立主義者不能允許美國政府實施任何參與世界事務的行動。孤立主義無疑成為 1930 年代中期美國對待國際事務的基本態度的主流，幾乎很少有人願意為任何原因參加任何戰爭，他們關心的只是美國本身。[21]

　　1930 年代中期，美國孤立主義者的活動以《中立法案》(*Neutrality Acts*) 為標誌而達到高潮。孤立主義者以法律條文束縛住了美國自身的手腳。以後相當長的一段時期中，世界反法西斯的民主力量失去了美國這個舉足輕重的砝碼，極權主義者則肆無忌憚四處橫行與擴張，此時的大西洋已不再是保護美國的有效屏障，反而成了極權主義擴張的防護壕。1935 年義大利入侵衣索比亞 (Ethiopia)，1936 年西班牙內戰，都證明了這一點。

　　從美國歷史上看，早年的喬治·華盛頓也曾經實行過一種所謂的「中立政策」；湯姆斯·傑佛遜也奉行過他的「禁運政策」；以後美國的一些外交活動中，也時時出現它的影子。就思想淵源來說，都是有其內在聯繫的。不過這些主張和對策，與 1930 年代的孤立主義還是有所區別，它並不是絕對禁止美國涉足世界各地的貿易、政治或軍事活動，

---

[21]　小羅斯福曾經在致亨利·史汀生 (Henry Lewis Stimson, 1867–1950) 的信中，描述過當時美國人的普遍情緒：「如今真不是正常的時代，……人民猶如驚弓之鳥，……在我國以及其他任何國家莫不如此。」

其主要的宗旨無非是要求美國根據當時當地自己的利益需要，做出自己的決定，避免對任何國家承擔長期的義務。這實質上也是至今貫穿於美國的對外政策之中的一種實用主義，民族主義思想的變形。

孤立主義者在訂立《中立法案》後依然喧囂不斷。但是不久以後，法西斯主義開始向全球擴張，甚至試圖越過大西洋屏障而涉足美國，此時絕大多數美國人才終於如夢初醒。

二、美國法西斯主義和納粹主義的命運

1930 年代的世界，法西斯主義、納粹主義日益猖獗。在美國自由思想意識龐雜的社會中，法西斯主義、納粹主義利用了這種局面大肆宣傳極端民族的意識型態，煽動蠱惑民眾，成為當時嚴重威嚇美國社會安定及政權的思想暗流。一些人以激進的手段崛起，尤以左派領袖休伊‧朗格 (Huey Long, 1893–1935) 為首的一群人的批評最為激烈。朗格是路易斯安那州的州長，後來擔任美國參議員，他演說生動精彩、雄辯滔滔、詼諧不落俗套，很快就聞名全國，而綽號「老大」(Kingfish) 更是眾人皆知。路易斯安那州州政府久為富賈名流所控制，嚴重疏忽了道路系統和社會服務，朗格真正的貢獻在於提出宏偉的公共工程計畫和社會福利法案。他支持貧困白人不遺餘力，實施一項教科書免費法令，發起龐大實用的道路橋梁興建計畫、擴充州立大學設施，並興建一座州立醫院，目的在使全民享受免費醫療。他反對富人擁有過多的特權，藉著提高遺產稅、所得稅以及石油開採稅來支持改革措施，因而與富人和石油業者結下了深怨。朗格作風平易近民，同情貧困，轉移了人們對他無情獨裁手段的注意。1934 年，為了防備地方反對他的控制，他把路易斯安那州州政府大幅作了改變，廢除地方政府，將全州教育、警政、消防的任命全集於一身。他完全掌握了民團、司法選務和稅務評估機關，而剝奪了人民用以匡正時弊用的法律和選舉訴求。1932 至 1935 年任職參議院

期間，他提出一項「均富」計畫，「使人人過著帝王般的生活」，用來
爭取全國性的政治權力，的確令飽受不景氣衝擊的大眾心動。他為永
保對路易斯安那州的控制，而實行史無前例的行政獨裁，終至掩蔽了
他所提出的社會改革和根本的社會福利法案。其實朗格也只是希望藉
此煽動當時群眾中存在的不滿情緒，以達到他最後能奪取總統職位，入
主白宮的目的。㉒

　　然而，當時對於美國社會或民主政體更大的威嚇，不僅僅來自於這
一股勢力。在 1930 年代，在美國也出現一小群得到納粹德國資助的法
西斯主義煽動家，他們結成了反動的組織。他們的蠱惑性宣傳涉及的問
題十分廣泛，有時欺騙性地叫囂要實現他們所謂的社會正義，有時又露
骨地鼓吹用暴力反對猶太人。此時，美國中產階級的下層人士由於備受
挫折，前途茫茫，苦苦尋求社會的關心與保護，因此一度頗受這種宣傳
蠱惑，成了這批法西斯煽動家的信徒。原本就已經混亂不堪的美國社會
變得更加混亂，更加複雜了。

　　天主教神父查爾斯‧庫格林（Charles Edward Coughlin，別名 Father
Coughlin，1891-1979），於 1935 年以後，成了美國法西斯勢力的頭
子，一度對於美國社會影響甚大。這位具有愛爾蘭血統的神父，原是加
拿大人，1920 年代移居美國，成為美國天主教「電臺司鐸」。他成長
於港口城市漢米敦，在多倫多的聖邁克爾大學 (St. Michael's College) 受
教育。曾認真考慮進入政界，但最後選擇了司鐸的職業，1923 年在底
特律受神職。1926 年在密西根州的小花教堂擔任司鐸。1930 年試用新
的通訊工具無線電向兒童廣播講話和布道。

　　由於他在布道中觸怒了三 K 黨，於是三 K 黨肆無忌憚地放火燒掉

㉒　如果朗格能結合全國各種激進運動，據 1935 年春一項的私人民意測驗估計，他在翌
　　年總統選舉可獲達四百萬票，與共和、民主兩大黨鼎足而立。朗格在權勢最盛時，被
　　魏斯（Carl Austin Weiss，1906-1935，一個曾遭朗格貶損者之子）暗殺。

他供職的那座教堂，使得原本沒沒無聞的庫格林立即聲名大噪，三 K 黨的行動無意中為他作了宣傳。得知三 K 黨的這一暴行後，當地的電臺邀請他在電臺上作連續布道，使庫格林增加了知名度。布道時庫格林聲音宏亮，極富感染力，給當時一片蕭條的美國社會展示了些許生機。庫格林在廣播史上最早擁有一批通過電臺作彌撒的虔誠聽眾。

之後，庫格林開始對政治和經濟產生興趣，隨著節目影響的擴大，庫格林布道的政治傾向越來越明顯，不久對胡佛總統進行攻擊，抨擊胡佛政府辦事無能，以及他對窮人困苦的冷漠態度。這種蠱惑性的言論深獲大多數民眾的歡迎，他的聽眾迅速增加，據估計人數最多的時候，有三千萬人收聽他的布道廣播。不久，他發表反動觀點，反對新政，講話中充滿排猶論調，並攻擊小羅斯福，但是很快就證明他的抨擊並不能贏得群眾的支持，這使庫格林受到沉重的政治打擊。

庫格林的廣播宣傳所以取得成功，應該歸因於他激進的經濟政策主張。他譴責資本家和公司未履行他們的社會義務，之後，他又進而要求政府為保護工人權利進行干預。庫格林的言論中也帶有某些平民黨的觀點，他將經濟蕭條的產生完全歸咎為華爾街金融家的罪過。他的理論雜亂無章，缺乏系統性，空泛且不著邊際，但是對於那些深受經濟大蕭條之苦的普通人而言，確實具有蠱惑的力量。

由於庫格林掌握了當時最為便捷的傳播媒介電臺廣播，其法西斯論調很快傳遍全美國。美國各地法西斯團體受其鼓動，蠢蠢欲動，各種不法活動屢屢發生。庫格林的法西斯主義言論立即引起美國社會中進步勢力的警覺，紛紛對他提出猛烈批評。美國天主教上層集團也介入關注，從原先所持的消極態度轉向公開譴責，使得庫格林四面楚歌，陷入孤立。擔任報刊專欄評論員的前美國全國復興總署 (NRA) 署長休·詹森 (Huge Johnson, 1882–1942)，利用無線電廣播對庫格林的長篇煽動性演說進行反擊。詹森的滔滔雄辯與猛烈抨擊，通過無線電波傳向千家萬

戶，打破了庫格林這一類法西斯主義者完全壟斷傳播媒介的局面，使得處於狂熱狀態的人們，開始冷靜地重新思考他們所面臨的許多問題。

此後，庫格林的廣播聲音逐漸減弱了，但是，他本人還是沿著反民主與反猶太的路線走去。他所創辦的雜誌《社會正義》(Social Justice)中激烈攻擊共產主義、華爾街和猶太人。這個雜誌因違反《懲治間諜法》(Espiomage Act of 1917) 而被禁止郵寄，於 1942 年停刊，並於同年，天主教當局命令他停止廣播。1938 年，庫格林拋開社會正義的偽裝面目，赤裸裸地宣傳其親納粹希特勒的主張。追隨其後的走卒們則爭相對猶太人施行殘忍的人身迫害。1939 年庫格林企圖重整旗鼓，他把分散於全國各處的反民主組織聯合起來，成立了「基督教陣線」(Christian Front)，還在全國一些城市組織了「暴力隊」，對猶太人的態度已從反對和抨擊，發展到成為明火執杖的「暴力迫害」。最後由於政府出面干涉，方才把事情平息下來。

1940 年，就在美國正式參與第二次世界大戰的前夕，庫格林與他那批人數日益減少的孤立主義者的同道們，再一次對美國參加世界反法西斯戰爭的問題提出反對意見，因而在全國引起激烈爭論，陷入混亂。但是，法西斯主義在歐洲的倒行逆施已使得主張參加戰爭的意見占了上風，可以說已支配了美國大眾的情緒。孤立主義者最後以失敗而告終，美國正式參加戰爭導致庫格林的主張徹底破滅。

1930 年代的庫格林現象及其法西斯主義論調，在美國歷史上可算是曇花一現，但是也確實曾經將美國社會弄得烏煙瘴氣：納粹主義的宣傳充斥各地，反猶太人的情緒十分猖獗，全國籠罩在法西斯主義的陰影之下，這無疑為 1930 年代的美國文化增加了一些令人壓抑窒息的氣氛。與法西斯極權國家相比較，此時的美國，確實還具有一個相對民主的政體，但是畢竟也還是潛藏著走向法西斯主義的危險。此外，庫格林現象也說明了另一個問題：傳播媒介對於現代社會是何等的重要。如果沒有

廣播網，庫格林不可能迅速地發跡起家。正是因為他擁有了這麼一部便捷的宣傳機器，便成了喧囂一時的傳道者。當然，也是通過廣播這一便捷的傳播手段，休‧詹森這樣的有識之士，才有可能迅速地得以公開地揭露庫格林的真面目。

三、婦女運動的低潮

1920 年代末期，世界經濟大恐慌，迫使美國勞動婦女退職。1920 年美國婦女第一次有投票權，但新獲得的投票權因婦女並不踴躍行使權利，或者投票時受父兄丈夫的意見左右，而失去意義。婦女運動原先以為爭取到參政權便可改造社會，增進婦女福祉的理想，最終落空了。

1930 年代，美國女子遇到經濟大恐慌及第二次世界大戰雙重的壓力。一方面因工商業紛紛倒閉後，政府認為職業婦女的收入只是「零用錢」、「私房錢」，婦女應該把工作讓出來給必須養家的失業男人。當時美國聯邦政府和教育當局聯合了其他私人機構，排擠已婚婦女。1932 至 1937 年，聯邦立法規定，每戶公務員不得超過一名，已婚女公務員被迫辭職，教育界也拒絕聘請已婚女教師。

但是另一方面，由於家計日益艱難，許多婦女還是不得不外出謀職。在 1930 年以後，婦女就業人數實際上是增加的。然而，她們大都從事店員、事務員等不需特技的行業，不但收入微薄，而且時常被調職、欠薪或解雇，造成日後婦女從事低職低薪被認為當然的後果。

由於 1930 年代經濟大恐慌，美國家庭生活拮据，需要限制人口，「節育」活動才逐漸脫離了激進的婦女運動，轉而由政府出面籌辦，公開推行。1930 年代限制節育的立法取消後，開放了避孕用品的發售與避孕觀念的傳布，更加速大眾對節育的接受。日後節育活動漸由關心立法方針、醫學問題和公共衛生的專業者所控制。直至 1940 年代，美國各城市才先後成立了「計畫生育」(Planned Parenthood) 的機構。

四、經濟蕭條下的教育制度

在一戰及戰後一段時期，美國通過出售軍火和販賣糧食發了大財。因此，戰爭不僅沒有傷害美國的元氣，反而使她更加強大。從一戰結束至 1930 年代早期，美國的教育沿著前一階段發展的方向繼續前進：幼兒教育發展成功；職業教育有所強化；實用主義教育思想進一步發展，並且創造了一些新的教育方法。這一時期，聯邦政府對地方教育經費的補助也有大幅度的增加。

在初等教育方面，幼兒教育的發展與變化最為顯著，出現了設有音樂、圖畫、舞蹈、遊戲、手工等的新式幼兒學校。這表明美國人已經意識到，在人的一生中兒童早期教育的重要性，正式將四到六歲兒童的教育納入初等教育範疇之中。此時，指導教育的思想已經不是福祿貝爾 (Friedrich Froebel, 1782–1852) [23] 或蒙特梭利 (Maria Montessori, 1870–1952) [24] 的理論，而是採納當時美國兒童心理學家和教育心理學家們的研究成果。這說明美國的教育理論研究已趨成熟。

小學教育方面，學制多傾向於實行六年制。小學學校的數量也有所增加，各州學校的課程設置雖然有所不同，但一般都設有英語、算術、歷史、地理等傳統課程，這方面的變化不大。教學方法上大多數學校繼續推行實用主義 (Pragmatism) 教育理論指導之下的教學方法。亦有採用「設計教學法」、「道爾頓制」(Dalton Plan) [25] 以及「分組教學派」等新

---

[23] 弗里德里克・福祿貝爾，德國教育家，幼兒園教育事業的先驅。主張對兒童要多鼓勵，少約束，讓兒童多做創造性的遊戲活動。

[24] 瑪麗亞・蒙特梭利，義大利女教育家、醫生。1907 年創辦「兒童之家」，為幼兒教育先驅，強調兒童的潛能自由發展。

[25] 1920 年在麻薩諸塞州的道爾頓中學開始實行的一種道爾頓學習計畫。規定學生每天得花一定的時間單獨或以小組為單位學習或與教師討論，鼓勵學生善用圖書館資源。這種方法一度為美英各地中學普遍仿效。

方法，但普遍採用的仍是傳統的教科書問答法。

　　普通中學教育方面，從初中三年級開始實行了選科制度，學生可以自我發現什麼科目是最適合自己學習的學科，而學校方面也可以藉以發掘每個學生的特殊才能和獨特的興趣，從而因材施教。

　　初級中學學業結束後，可以進入三年制的高級中學。當時有單獨設立的高級中學，也有六年一貫制的初、高中合一的中學，稱之為完全中學。社會經濟的發展，需要大量具有中等文化程度的人才；大學發展也要求社會提供足夠數量的生源，這樣就刺激了高中教育的迅速發展。1920年開始出現三年制高級中學，到1930年時，這一類不含初中部的高級中學已增加到六百四十三所，六年制的完全中學則從八百二十八所，增加到三千二百八十七所。高中階段普遍沿用了初三的選修課程制，課程豐富的程度遠超過初中。美國學校開設課程的靈活性，可以因地、因時、因行業需要而開設，反應出十足的實用主義觀念。

　　大學方面，二十世紀初出現的初級學院（又稱「社區學院」）發展迅速。由於它學制短，專業性強，收費低，成績優秀者還有可能轉入相應科系的四年制大學就讀，因此這類學校受到社會歡迎，學生報考踴躍。

　　教育是一項需要不斷投資，耗資較多的事業。然而，1930年代美國經濟狀況不佳，必然影響到美國的教育事業。美國的教育事業在1920年代經歷了一個迅速發展的階段，到了1930年代很快就陷入了困境。

　　整個1930年代期間，由於經濟蕭條，公共事業費用的短缺，失業率很高，這對美國的教育事業產生嚴重的影響。聯邦與各州主管教育當局，不得不削減預算。為了減少學校開支，對於課程內容作了調整、壓縮或刪除，對於困難的教育事業可稱得上是雪上加霜。一些家庭，由於丈夫失業，為了緊縮家庭開支，婦女減少生育，於是，接受基礎教育的在校學生人數減少，1930年為二千三百六十萬，1940年減少為二千一百萬。但是，與此同時，高中的在校學生人數反而有增長的現象，

從四百七十萬上升到七百萬人。其主要原因是由於就業機會減少，一些十幾歲的年輕人不得不延長在校受教育的時間，以等待就業機會。至於高等學校的在校人數，在 1932 年時是一百一十萬人，之後逐年下降，到 1940 年時才又上升到一百五十萬人。

　　為了穩定學校的生源，小羅斯福政府採取了一系列措施。1935 年通過行政命令，根據《緊急救濟法案》，成立「新政青年管理署」，向在高中和大學中年齡在十六到二十五歲的青年學生提供更多的打工機會，以便他們能夠繼續在學校裡接受教育。到 1943 年「新政青年管理署」被撤銷為止，它已共為四百萬在校學生提供了可靠的財政幫助。

　　全國處於經濟蕭條的情況下，大量削減教育經費，高等學校面臨了一個相當嚴峻的局面，即是大學畢業生為獲得一個可靠的就業機會，競爭激烈。在這樣的情況下，美國各地出現大量各式各樣的職業培訓班。找不到職業的人，只好進入培訓班，以求學得某種職業技術與一紙證書，以便於尋找職業。

　　為適應經濟的高度發展，美國國會於 1920 年已通過《喬治‧瑞德法案》(*George Rad Act*)，表示美國政府重視中等職業教育。在大蕭條年代的 1936 年，國會又通過類似的《喬治‧丁法案》(*George-Deen Act*)。但是這一次完全是為了解決當時所面臨的青年失業問題，以及由此而帶來的種種社會問題。例如，教育品質不高，義務教育實施得不夠徹底。造成這種情況的原因很多：一是由於各州對普及義務教育法重視不夠；二是大量湧入的新移民文化水準普遍比較低。經濟蕭條下的 1930 年至 1934 年間，大量幼兒園停辦了；初中學生減少二十萬；學生學時也減少了，各州學生每學期學習時間平均減少了二十天；教員的薪金減少 25 至 40%，還有不少的教員被解雇，全國合格的教員被裁減了二十萬人。1930 年代的教育學制因為經濟蕭條的影響，受到相當大的挑戰。

第十三章　第二次世界大戰 (1939–1945)

　　當美國在 1930 年代處於經濟蕭條的時刻，羅斯福的「新政」即刻為美國的經濟危機打下了一支強心劑。但是真正打破大蕭條束縛的，除了國內的一些改革措施外，國際間的形勢變化、二次世界大戰的爆發，也是挽救美國經濟危機的重要因素。

　　回顧過去，1930 年代歷史的特徵，充滿了古典希臘悲劇的反常、意外、錯誤估計及誤會矛盾。德國有納粹的興起 (1933)，二十世紀內的第二次人類大浩劫開始在歐洲及亞洲地區展開：日本侵略中國、希特勒獨攬德國的大權、墨索里尼征服衣索比亞，甚至西班牙也爆發了內戰。

　　到了 1938 年，全世界法西斯主義者和反法西斯主義者對抗的形勢，已經越來越明顯，越來越接近了。但是反法西斯的陣營還是躊躇不定，意見紛歧，大家緊抱幻想，逃避現實。最後，希特勒的崛起，並於 1939 年 8 月完成他的侵略行動。他運用驚人的外交手腕，突然和蘇聯締結《德蘇互不侵犯條約》(*German-Soviet Nonaggression Pact*)。如此一來，他最後的障礙也已清除。1939 年 9 月 1 日，德國進攻波蘭邊境，運用閃電戰戰略，揭開第二次世界大戰的序幕。

第一節　集權主義時代

　　所謂「集權主義」(totalitarianism) 一詞的定義認為，集權主義是一種對代議制政體的反動，贊成建立集權主義或中央集權國家，不論其是

法西斯或共產黨政權。❶在此時，墨索里尼 (Benito Amilcare Andrea Mussolini, 1883–1945) 已統治義大利四年，但法西斯主義才正在證明本身是獨裁統治的新形式。墨索里尼率領軍團首次進軍羅馬時，這位領袖看上去也只是像文藝復興時期 (Renaissance) 捲入權力鬥爭的那類唯利是圖的雇傭兵首領罷了！ 1926 年，發生一連串針對他的暗殺事件，促使他強制推行全面鎮壓計畫，這個右派集權主義國家的真面目至此才暴露出來。到了 1930 年代，墨索里尼、希特勒和史達林 (Joseph Stalin, 1878–1953) 都掌握了統治權，而且法西斯主義和共產主義比歷史上任何時候都要強大，變成政治潮流的兩極，這時可說世界已進入了集權主義時代。

　　如果說集權主義意識型態來自十九世紀達爾文、馬克斯和尼采 (Friedrich Wilhelm Nietzsche, 1844–1900) 等人的著作，那麼只有到了二十世紀這種思想才有可能付諸實踐。這時，大眾傳播媒體和量產方式的出現，使得社會和經濟能為單一目標動員起來。不論左派集權或右派集權主義，其核心思想都在於集權化的野心，亦即將生活的各個領域都置於中央集權的監督下。在義大利，法西斯分子控制羅馬四年後，開始認真推行集權化。在蘇聯共產黨贏得 1917 年革命的勝利後，就開始了這一進程（但在最初幾年遇到挫折）。在德國，納粹於 1933 年奪取政權前就顯露了集權化的企圖。早在 1928 年，納粹宣傳部部長約瑟夫・戈培爾 (Joseph Goebbels, 1897–1945) ❷ 就利用納粹的出版機構和刊物來

❶　「集權主義」，或譯全能主義，簡稱極權，是一個政治學用語，通常用於比較政治學 (comparative politics)，指的是一些現代政權主張國家應該掌控公眾與私人的每一方面，通常用來描述第二次世界大戰期間的法西斯主義、納粹主義、史達林主義，或是其他類似的政治思想。

❷　約瑟夫・戈培爾，納粹德國時期的宣傳部長。戈培爾出生於德國西北部小城萊特，一個勞工階級的虔誠天主教家庭，由於自幼患有小兒麻痺，導致腳部的殘疾，也因此於第一次世界大戰期間免服兵役。戈培爾自幼成績突出，在寫作與演說方面表現優異，海德堡大學畢業後於 1921 年在波昂大學取得文學博士學位，並且擔任記者。在

塑造德國人的觀念，不僅在政治問題上，也在非政治的領域，例如兒童教育、音樂、體育和文學等方面。當納粹黨成為德國的執政黨後，政府就成了各方面的獨裁者。

法西斯主義和納粹主義都保證要維護不朽的或近乎不朽的民族榮譽：恢復羅馬帝國和有千年歷史的德意志帝國。不論是義大利人還是德意志「亞利安人」(Alles) 都是超人，命裡注定有權統治其他民族。同時，對於出類拔萃的人（領袖）而言，他們又只不過是附屬品。在義大利和德國，所有政策都是由一個被當成上帝般的人來制訂，並由明確負責轉達其意志且階級森嚴的人員和機構來貫徹執行。

蘇聯的獨裁者也像希特勒一樣殘酷無情，成了被大肆吹捧的對象。不過，右派和左派政權仍存在差異。史達林並沒有被當成是不朽政策的化身（如同希特勒被稱為「天才的元首」），而只是世界共產主義發展中過渡階段的無產階級專政的化身。共產黨認為，這種專政是資本主義敵人迫使蘇聯採取的防衛措施。按照馬克斯主義理論，只有當所有國家都牢牢地控制在工人階級手中，進而國家（國家的邊界）消失後，這種專政才會終結。

共產主義公開宣稱的平等主義和國際主義，與納粹法西斯主義篤信的權威和民族主義（最終引發了第二次世界大戰）以及納粹強調的種族偏見（導致六百萬猶太人被屠殺）相去甚遠。這種區別有助於解釋為什

威瑪時期戈培爾開始與納粹黨有所接觸，於 1924 年擔任報紙《自由民族》(Völkische Freiheit) 的主筆，不斷攻擊猶太人出版者；曾接掌國社黨柏林黨部；創辦《攻擊日報》(Der Angriff) 並自兼發行人；也曾當選國會議員。1933 年 1 月 30 日希特勒掌權，3 月 13 日戈培爾由國社黨宣傳部負責人身分出任「國民啟蒙宣傳部」部長與「全國作家協會」主席。他攻擊「頹廢藝術」、杯葛猶太藝術家，有系統剷除猶太人對德國文化生活的影響力，並將所有媒體納入國家控制之下；第二次世界大戰中，戈培爾也成為重要的戰爭宣傳角色之一。在 1945 年 4 月蘇聯軍隊進逼柏林時，戈培爾也號召柏林市民捍衛首都。1945 年 5 月 1 日，戈培爾與妻子瑪格達 (Magda Goebbels, 1901–1945) 在毒死自己的六個孩子後亦自殺身亡。

麼在 1930 年代，如此多的知識分子會群起參加本國的共產黨組織。這種區別也有助於解釋為什麼一些公開反對平等主義的知識分子，如埃茲拉·龐德，會贊成法西斯主義。的確，就是左派激進分子也能感受到法西斯主義的黑色魔力——享有殺人的特權——的誘惑。

　　自 1933 年希特勒掌權之後開始籌劃進行猶太人大屠殺，「反猶太主義」便正式成為德國的官方政策。除了挑撥種族之間既有的偏見與心結以外，希特勒還利用宣傳手法，以說服「亞利安人」（具有日耳曼血統的德國人）相信猶太人是德國一切問題的罪魁禍首。納粹政府先是強迫德裔猶太人集中居住，接著又一步步加深對猶太人的迫害，最終目的是要將猶太人從歐洲大陸上徹底剷除。1939 年起，猶太人被迫遷入特定區域居住，稱為「猶太人街」(Ghetto)。有六十萬人於猶太人街中死於飢餓和疾病。接著，納粹政府又將猶太人送往集中營。同被送入集中營的還有其他的「劣等人種」，包括波蘭人、斯拉夫人和吉普賽人。在集中營裡，由於納粹政府將猶太人描繪為次等人種，因此負責管理集中營的軍方人員對猶太人不抱持憐憫的態度，其他人也只按照上級的命令行事。1941 年，納粹政府下達「最終決策」，集中營儼然成為種族滅絕中心，開始上演大規模的屠殺行動。總計在納粹執政時期，共有六百萬名猶太人喪生。

　　納粹政府在將猶太人從德國社會中隔離出來之後，進一步醜化歪曲猶太人的形象，讓德國人漠視進行中的屠殺行動。由於希特勒讓德國重拾了過往的繁榮與榮光，德國人民都相信希特勒所言，認為唯有將猶太人趕盡殺絕，才能讓德國成為一個「純粹」而強大的國家。

　　1945 年，同盟國 (Triple Alliance) 將倖存者救出之後，當地的德國民眾才被帶往集中營，親眼目睹「種族淨化」行動，慘絕人寰的結果。

　　此外，經濟大蕭條給人一種資本主義制度就要滅亡的感覺。英國，像其他西方國家一樣，不斷擴大的貧窮和失業，促使人們開始議論革

命，出現遊行示威和騷亂。但在德國，在希特勒崛起時的混亂局面，確實極為嚴峻。經濟大蕭條來臨時，那裡的經濟還未從一次大戰的失敗和其後的戰爭賠款中恢復。不得人心、陷於絕境的威瑪政府在一次又一次的危機中苦苦掙扎，而二十九個黨派的議員則在國會上互相攻訐。在民主的名義下，布呂寧 (Heinrich Brüning, 1885-1970) 總理以行政命令維持著不民主的統治，但也沒能下令制止兩個發展最快的政黨（納粹和共產黨）進行決鬥。事實上，每個人都把自己看成是某個政治利益團體的一員。這種政治利益團體間的敵意不斷加劇。對許多西方知識分子來說，德國就是個預兆，人類似乎面臨兩種抉擇，其一是法西斯主義的地獄，其二是共產主義可能到達的天堂。

二次大戰前的集權主義分成資產階級和無產階級兩大敵對陣營。儘管法西斯主義自稱是國家社會主義 (National Socialism)，但它主張將生產工具集中在資產階級手中，剝奪無產階級作為一個階級應享有的權利。納粹顯然希望在資本主義的英國和美國的支持下進攻蘇聯。

西班牙是法西斯主義首次遭到協同一致的武裝抵抗的國家。1936 年7 月，當佛朗哥 (Francisco Franco, 1892-1975) ❸ 的國民軍從摩洛哥發動進攻時，人們普遍認為西班牙共和國會向極右的反叛分子投降，就像義大利出現的局面一樣。當西班牙海軍、部分陸軍和成千上萬的公民起而

---

❸ 佛朗哥，西班牙政治家，軍事家，法西斯主義獨裁者，西班牙長槍黨黨魁。他從1912 年參加在摩洛哥的殖民戰爭起，一直在軍隊中任職，民主政府成立後他曾被撤職，但很快又復任軍隊職務。1936 年，他發動反共和政府的武裝叛亂，得到希特勒、墨索里尼的支持。1939 年，他的民族主義軍隊在國內內戰中勝利，任國家元首。他在國內實行軍國主義的統治，鎮壓反法西斯革命運動、長槍黨外的其他政黨和共產主義運動，對外實行侵略擴張和親納粹德國、法西斯義大利的政策。第二次世界大戰期間，他名義上保持中立，但幫助希特勒侵略蘇聯。第二次世界大戰後，他被各國孤立，但和美國保持親密的盟友關係，因為美國的援助，西班牙成為工業化的已開發國家。1947 年，他自任攝政王。1975 年他逝世後，胡安·卡洛斯一世 (Juan Carlos I, 1938-) 登上王位，實行民主改革，西班牙獨裁統治結束。

捍衛這個民主國家時，世界各地的人民受到震驚和鼓舞。義大利和德國
向民族主義分子提供資金和武器，並派去了部隊。蘇聯為共和派提供武
器和資金，並通過共產國際建立起一支主要由來自各地的非共產黨志願
者組成的部隊國際旅。

　　蘇聯所扮演的角色引起了「西班牙內戰是否最終會成為兩種集權主
義之間的衝突」的問題。對於共和派的大多數支持者而言，這場戰爭所
象徵的莫過於他們為之英勇奮戰的民主。而對於馬克斯主義者而言，西
班牙代表的是對一種比較民主且不太集權化的共產主義的期望。

　　共和派包括了無政府主義者、種族分離主義者、自由主義者，以及
像安德烈‧馬勒侯 (André Malraux, 1901–1976) 和喬治‧歐威爾 (George
Orwell, 1903–1950) 那樣的個別知識分子。共產黨陣營則顯得較單純。
然而，他們這種一致性常常是藉由血腥強制手段來實現。

　　1939 年後，使知識分子支持蘇維埃模式社會主義的理想主義變得
更加難以為繼了。當時，西班牙共和國滅亡了（至少部分原因在於共產
主義策略的失敗），而莫斯科和柏林簽訂了惡名昭彰的《德蘇互不侵犯
條約》。五個月後，當希特勒入侵波蘭時，只有資本主義的英國和法國
出面干預。此後，反法西斯的抗爭成了軍隊而不是個人的事情。

　　到了 1945 年，儘管還有不太好戰的各種法西斯主義在西班牙和葡
萄牙維持了幾十年的統治，然而歐洲的擴張主義法西斯國家在恐怖的世
界大戰中被擊敗。左派集權主義在東歐和蘇聯的統治，幾乎到二十世紀
末才終結。這種集權主義並不是被武力所戰勝，而是因人民對制度的普
遍不滿而崩潰。這個制度從未丟棄建立之初「不得不有」的殘忍和欺
騙。早在其未滅亡的時候，專制國家就已演變成一個實行高壓統治的怪
物。戈巴契夫 (Mikhail Sergeyevich Gorbachev, 1931–) 當政後壓制有所鬆
動，蘇聯社會被抑制的種種弊端便迅即暴露無遺。

第二節　獨裁者發動第二次世界大戰

　　1919 年在第一次世界大戰結束後的《凡爾賽和約》當中，英法對戰敗國德國要求賠款處置，而德國認為戰後理應恢復他在國際間應有的地位。英法等國得到希特勒的保證，因而相信只要答應了希特勒那些看來合理的要求，德國便會感到滿足，英法姑息主義形成。❹

　　姑息主義的形成還有很多其他原因。英法領袖都誤信了國際聯盟和日內瓦裁軍會議限制軍備和防止軍事衝突的力量。同時，英法兩國的民眾對一次大戰的殘酷記憶猶新，所以政府在 1926 年至 1933 年間，對於戰爭有極大的恐懼，逐步削減軍備。直至 1938 年，英國重整軍備的計畫還沒有全面進行。另一方面，許多法國人相信，在中歐做出讓步，並不會危害自己的安全。這些都是姑息主義的根源。

　　另者，姑息主義者直接幫助希特勒完成重整德國的計畫。希特勒憎恨《凡爾賽和約》，念念不忘實行報復。1933 年希特勒退出國際聯盟

---

❹ 姑息主義，又稱之姑息政策 (Appeasement Policy)。一般指對於他國企圖改變現狀的侵略性外交政策，放棄對抗而採取妥協 (Compromise) 的政策者，謂之姑息主義。但是妥協的結果可能產生兩種情況，一是妥協了，也收到了效果，令對方放棄侵略；但另一種情況是，妥協了，反而引起對方侵略的動機。前一種情況為妥協性政策，後者為姑息主義。姑息主義是一國對於他國企圖打破現狀，發動侵略性的外交政策，事先無法明確的掌握其情勢，而出於妥協，卒招致失敗之謂。一國之妥協政策往往是促成對方走向打破現狀，發動侵略的原因。在歷史上姑息主義的例子，以第二次世界大戰爆發前夕，英國首相張伯倫對納粹德國的侵略採取的姑息主義最為有名。事實上，英國姑息主義種因於第一次世界大戰後，英國對德國一貫的外交政策。當時英國為了緩和救濟〈凡爾賽和約〉中法國對德國的壓迫，以舒解德國人的不滿，希望維持歐洲的安定與和平。嗣後，對於納粹法西斯主義者的擴張，英相張伯倫一味的採取低姿勢，想以談判解決問題（例如德黑蘭會議），殊不知德國已整軍待發，決心一戰。待德國挑起戰爭，英國在措手不及之下，更增長德國侵略的氣燄，一夜之間席捲歐洲，這是姑息造成戰爭、侵略的最佳例子。對於這段歷史，美國已故總統甘迺迪在其所著《英國為何尚未覺醒？》(John F. Kennedy, *Why England Asleep?*, New York, NY: Wilfred Funk, 1940) 一書，有清楚的敘述。

和日內瓦裁軍會議。德國希特勒和他的納粹黨是在 1933 年正式掌握德國的政權。希特勒表達了許多德國人的心聲，認為德國受到條約的懲罰（指《凡爾賽和約》）是不公平的。德國人支持希特勒的主要原因，就是因為他堅決反對共產黨的立場。德國在希特勒的權力掌握之下，共產黨無法立足。此外，在希特勒掌握政權成立獨裁政府後，希特勒早期的行動之一，就是祕密地實行建設德國軍隊的計畫，並且準備侵略的擴張。

　　1934 年希特勒違反和約嚴格的規定，祕密全面擴展軍隊。1935 年 3 月，他公開透露建立空軍和徵兵建立陸軍的計畫。一年後，德軍重占和約規定為非武裝地區的萊茵區 (Rheinland)，西方列強沒有反應。1937 年 11 月，希特勒與其德國官員會晤，提出向中歐擴張生存空間和奪取資源的計畫。計畫的第一步，是把奧地利和捷克斯洛伐克併入德意志帝國的版圖，然後向東侵占波蘭和烏克蘭。

　　1938 年的 2 月，希特勒所關懷的第一個目標，就是 96% 國民操德語的奧地利。《凡爾賽和約》中規定，禁止奧地利與德國合併，雖然奧地利和德國曾在 1936 年簽訂了互相尊重的協定，但是奧地利在總理舒西尼格 (Kurt Schuschnigg, 1897–1977) 執政下，力量相當薄弱。當希特勒軍隊強行把奧國軍隊與德軍合併時，舒西尼格反抗不成而辭職引退。1938 年，德國希特勒把奧地利併入德意志帝國之內。而此刻，《凡爾賽和約》的簽訂國沒有一個打算阻止納粹德國接管奧地利。英法並把保證奧國獨立的盟約置於腦後，並視此事件是「內部糾紛」。

　　接著希特勒更毫無顧忌地要求歸併捷克的蘇臺德區。捷克斯洛伐克這個國家是第一次世界大戰後，在中歐建立的最成功的民主國家。但捷克斯洛伐克並沒有解決國內少數民族的問題。內部散居許多種族群，例如有匈牙利人、捷克人、斯洛伐克人、波蘭人及三百萬以上的德國人。德國人聚居在蘇臺德區，是少數民族中人數最多的，又最勇於發言的一族。因而希特勒巧妙地利用他們作為干預捷克斯洛伐克內政的藉口，希

望把三百萬德國人居住的捷克邊防重鎮蘇臺德區，併入德國的版圖。在 1938 年 9 月中旬，由當時的情勢看來，戰爭似乎難以避免。納粹的軍隊集結在德國東南邊境，而捷克斯洛伐克總統貝奈西 (Edvard Beneš, 1884–1948) 下令全國總動員。這時候，希特勒通知英法兩國，欲進占蘇臺德區，若不立即答應他的要求，德國便不惜一戰。

　　西方各國的領袖權衡輕重：如不答應希特勒的要求，他們怕希特勒真的以行動實現他的恐嚇，不惜發動戰爭；若是答應希特勒的要求，讓希特勒的部隊不費一槍一彈，進占蘇臺德區，也許還有可能可以避免戰爭。

　　英國首相張伯倫表明英國政府的立場，他認為：「不管我們對抵抗強大鄰邦的小國寄予多大的同情，我們不能因而把整個不列顛帝國捲入戰爭的漩渦中。」❺ 但是海軍大臣邱吉爾曾提出建言，認為對希特勒姑息並沒有好處。然而他的意見並未被採納，於 1938 年 9 月 29 日，英國首相張伯倫、法國總理達拉第 (Édouard Daladier, 1884–1970) 搭機飛往慕尼黑，和希特勒與義大利領袖墨索里尼會面，希望能避免發生戰爭。最後回國聯合發表一項協定，答應希特勒的全部要求，讓德軍進入蘇臺德區，但是此舉並未徵詢捷克斯洛伐克的意見。不到一年，德國就侵吞了捷克斯洛伐克，還把部分土地讓給匈牙利和波蘭，之後，更直接侵略波蘭。

　　此刻的美國，自第一次世界大戰後，對保衛民主未成失望之餘，宣布任何交戰國絕不能希望得到美國的援助，甚至在 1935 年至 1937 年間零星制訂了許多的《中立法案》，禁止美國和任何交戰國貿易或貸款，她的目的是不惜任何代價，阻止美國捲入一場非美洲的戰爭。所以在 1930 年代，美國對歐洲仍保持中立的態度，他們堅守美國孤立主義的決心和立場。

---

❺　John F. C. Fuller, *The Second World War, 1939-1945* (New Haven, CT: Yale University Press, 1948), p. 143.

這時小羅斯福設法加強美國的海軍實力，並不承認滿洲傀儡國（即偽滿洲國），且和國務卿赫爾 (Cordell Hull, 1871–1955) 倡導睦鄰政策 (The Good Neighbor Policy)，在建立西半球國家間的合作上，有很大的進步。1935 年，赫爾的《貿易互惠協定》（*Reciprocal Tariff Agreements Act*，簡稱 *RTAA*）獲得批准，美國又與六個拉丁美洲國家締結條約，並向各簽字國保證不承認用武力所做的領土變更。

1939 年 9 月 1 日，當第二次世界大戰初期幾個月內，德國運用嶄新的戰術——即閃電戰[6]（亦稱閃擊戰，即 Blitzkrieg）進軍波蘭，二天之後，英法兩國對德宣戰。這是歐洲國家在四分之一個世紀內，雙方再次對壘，兵戎相見，但這次不像 1914 年 8 月第一次世界大戰開始般，在軍隊開拔的時候有群眾喝采歡送那樣熱鬧。在柏林，希特勒宣布對波蘭宣戰時，民眾報以沉鬱的靜默。在倫敦，一直以姑息希特勒來維持和平為外交政策的首相張伯倫對下議院說：「對我們大家來說，這是悲慘的一天……我努力求取的每件事，我相信的每件事……現在都已完全粉碎了。」[7]

希特勒一直相信英法兩國不會為波蘭而戰，所以五年來，他一貫利用英法兩國的軍事弱點和彼此利益分歧的矛盾，巧妙地玩弄手法，盡量利用兩國缺乏安全感，相互猜忌及恐懼戰爭的心理，以求不用作戰就達到其所追求的目的。希特勒單方面逐步廢除一戰後所簽訂《凡爾賽和約》中對德國所加諸的限制和束縛的苛刻條款，並且逐步破壞了西方戰

---

[6]　「閃電戰」，是一種快速行動的軍事理念，採用移動力量迅速地出其不意地進攻，以避免敵人組織一致的防禦。它脫胎於十九世紀普魯士參謀部的戰術 Fire and Infiltration（開火滲透）。1917 年 4 月加拿大在維米嶺戰役中的出色勝利是閃電戰的第一次使用。納粹德國國防軍在二戰中大規模運用此戰術，對波蘭、法國和蘇聯的入侵非常有效。但在此之後，閃電戰運用得很糟糕。閃電行動的方法主要用在機動戰中，而不是消耗戰，因此需要開發特別的支持車輛、通信的新方法和分散化的指揮方式。

[7]　John F. C. Fuller, *The Second World War, 1939-1945*, p. 166.

勝國設計的集體安全體系。

　　這一次希特勒雖然保證他只是想恢復德國自第一次大戰後理應享有的權益，但是英法兩國不再受騙。1938 年 9 月的慕尼黑會議 (Munich Conference) ❽ 後，希特勒侵略捷克斯洛伐克，已經使他無法再重施騙術，德國侵占捷克斯洛伐克的波西米亞及摩拉維亞兩省後，英法決定加強反抗進一步侵略的立場，開始重整軍備。到希特勒把注意力轉到波蘭，要求歸還但澤自由市、經波蘭走廊前往東普魯士之通行、全權改善對波蘭境內日耳曼少數民族之待遇時，英法宣布，如果德國企圖使用強硬手段，兩國將起而支持波蘭。

　　希特勒認為這種保證只是虛張聲勢威嚇，仍然想對波蘭進行迅速的局部戰爭。二次大戰隨即開戰。1939 年 4 月 3 日，希特勒命令陸軍最高指揮部於 9 月 1 日完成入侵波蘭的「白色計畫」準備。同時，他著手進行與其他國家結盟，企圖在政治上孤立波蘭。同年春夏兩季，他和斯

圖 31：德國入侵波蘭（圖片出處：Getty Images）

---

❽　慕尼黑會議是（1938 年 9 月 29 至 30 日）英、法、德、義大利等四國首腦在德國的慕尼黑召開的會議。英法為避免戰爭爆發，簽署《慕尼黑協定》而犧牲捷克斯洛伐克的蘇臺德地區，是一項綏靖政策。

洛伐克、立陶宛、拉脫維亞、愛沙尼亞簽訂《互不侵犯條約》
(*Nonaggression Pact*)。並獲得羅馬尼亞、匈牙利、保加利亞及南斯拉夫
的友好保證；又和義大利墨索里尼談判《鋼約》(*Pact of Steel*)，雙方互
相保證在戰爭發生時彼此支援。最後，德國與他的大敵蘇聯在 1939 年
8 月 23 日締結《德蘇互不侵犯條約》，將東歐劃分為德國和蘇聯的勢
力範圍。此外另有一項祕密議定書，即把波蘭及東歐分別劃入德國及蘇
聯的勢力範圍，直到戰爭結束後才公布。

　　德國占有波蘭後，下一個目標即對挪威採取軍事行動。德國希望在
英國可能占有挪威或封鎖挪威海岸之前，先征服挪威。因而在 1940 年
4 月 9 日，以快速的突擊方式攻擊挪威。6 月 12 日挪威投降，英國國會
對姑息戰略不滿，張伯倫被迫辭職，以海軍大臣邱吉爾繼任首相。

　　德國又向西戰場閃電突擊。1940 年 5 月 10 日至 6 月 5 日，德軍橫
掃荷蘭、比利時、盧森堡及法國北部，直抵海峽沿岸。然後向南蹂躪法
國大部分領土，戰事直到 6 月 25 日才結束。義大利亦於 6 月 21 日進攻
法國，但少有進展。被譽為固若金湯的馬奇諾防線 (Maginot Line)，使
法國人有種錯誤的安全感，而對德國的進攻未做戒備。德軍分中部主
力、北面及南面攻擊法國，馬奇諾防線是在南面。❾

　　法國在 1940 年 6 月陷落後，希特勒對英國有防備心，下令採「海
獅計畫」(Unternehmen Seelöwe)。海獅計畫是：「摧毀英國本土，使其
不能成為進行對德反攻的作戰基地，必要的時候可予以完全占領。」英
國人知道他們即將是希特勒侵略的下一目標，開始鞏固英國沿岸地區的

---

❾　馬奇諾防線從 1929 年起開始建造，1940 年才基本建成。防線主體有數百公里，主要
　　部分在法國東部的蒂永維爾 (Thionvile)。第二次世界大戰之前位於法國東方所設的防
　　禦工事，由鋼筋混凝土建造而成。工事內擁有各式大砲、壕溝、堡壘、廚房、發電站、
　　醫院、工廠等等，內部通道四通八達，較大的工事中有電車通道。它亦擁有石頭建造
　　的牆壁，十分堅固，作用為防禦和德國接壤的邊境。正因為防線之強，1940 年 5 月
　　德軍特意攻打中立的比利時以繞過此防線，再攻陷法國，此防線失去其建造意義。

防務和空防，並且加強航空生產部，加速增加戰鬥機和各種防空設備。在 1940 年 7 月 10 日發生歷史上稱為「不列顛之役」(Battle of Britain) 的大空戰。德軍猛烈攻擊英國空軍基地，使英國人信心開始動搖。在 8 月的一次轟炸行動，德機無意中誤炸倫敦，因此邱吉爾立即下令要開始進行夜襲柏林作為報復。希特勒也下令停止轟炸英國機場，轉而大規模轟炸倫敦及其他工業中心。**⑩** 但一次意外事件使德國改變戰術，使英國空軍有時間修理損壞的機場及戰鬥機。那就是德國在 1940 年 9 月決定無限期擱置「海獅計畫」，並且下令預備入侵英國本土的艦隊撤退至安全水域，實際上希特勒是放棄這項計畫，希特勒在夜襲英國城市時，首次受到重大的失敗。**⑪**

　　此刻，希特勒已把注意力轉移到東面的蘇聯。到那時為止，他一直巧妙地避免在兩個戰場上作戰，但現在他決定要冒險一試。希特勒認為英國本身有弱點，一時不能出兵干涉，事實證明這是一次致命的賭注。德國的決定東進，使英國獲得寶貴時間，重整日後反攻歐洲大陸所需的人力及武裝。另一方面，希特勒向東攻擊蘇聯，竟然成了他走向窮途末路的開端。希特勒與德軍高級將領認為，只要幾個星期就能擊敗蘇聯紅軍，到 1941 年 10 月底就能占領蘇聯的歐洲占領區以及烏克蘭西部。1941 年 6 月 22 日，德軍對蘇聯展開攻擊行動。左路集團軍群從東普魯士出發，進入波羅的海諸國，指向列寧格勒，於 9 月初包圍了該城；右路集團軍群從波蘭南部進入烏克蘭，占領基輔 (Kyiv) 後，於 11 月下旬抵達羅斯托夫 (Rostov)；中路集團軍群向東北方直趨斯摩棱斯克 (Smolenskaya) 和莫斯科，於 7 月 16 日攻陷斯摩棱斯克，先遣部隊於 12

---

⑩　邱吉爾於 1940 年 4 月於英國下議院談論敦克爾克戰役 (Battle of Dunkirk) 中發表，「我們要在灘頭作戰，我們要在登陸地區作戰，我們要在戰場和街巷作戰，我們要在丘陵地帶作戰；我們永不投降。」

⑪　Richard R. Lingeman, *Don't You Know There's a War On: The American Home Front, 1941-1945* (London: Macmillan, 1970), p. 249.

月初抵達莫斯科郊區。12 月 6 日蘇軍在朱克夫 (Georgy Konstantinovich Zhukov, 1896–1974) 指揮下發動了第一次大反攻，先予德軍的中路和右路以重創，然後打擊左路，形成三面夾攻斯摩棱斯克，到 1942 年 3 月，迫使德軍後退二百四十公里（一百五十哩）。

在歐洲戰場方面，德國於 1942 年 8 月對史達林格勒 (Staringrad) 展開攻勢。蘇軍不惜巨大犧牲堅決抗戰，並於 11 月 19 日發動反攻，終於在 1943 年 2 月 2 日殲滅了史達林格勒的德軍二十五萬人。7 至 8 月，蘇軍又在庫爾斯克 (Kursk) 獲勝。然後進軍聶伯河 (Dnieper River)，11 月 6 日攻克基輔，於年末重新奪回日托米爾 (Zhitomir)、柯羅斯堅 (Korosten)。1944 年初蘇軍進抵波蘭的盧茨克 (Lutsk)，在柯爾松 (Korsun) 附近圍殲了德軍十個師，然後於 3 月間分三路挺進：南路、北路分別進入羅馬尼亞和波羅的海諸國，中路深入波蘭，逼近德國。

除希特勒外，另一集權主義的領袖是義大利的墨索里尼，1922 年在義大利成立了獨裁政權，稱之為法西斯黨 (Fascist Party)。墨索里尼在推翻所有的反對力量後，運用其職權，將經濟置於政府的管制之下，而且開始動員軍事力量。墨索里尼向義大利人保證，義大利將會在地中海和非洲地區成為一個強國，而且在大戰中，墨索里尼也為了利益與希特勒相互配合。

第三節　美國加入世界大戰

美國的中立外交政策，終於在歐洲列強瘋狂瓜分之下，在 1939 年 9 月 1 日改變了。9 月 1 日《德蘇簽訂友好條約》，德國派兵進攻波蘭；9 月 3 日英法對德宣戰，美國開始對盟國作後方的支援工作。

當美國人焦慮地關注歐洲戰局進展的同時，亞洲方面的局勢也日益緊張。日本積極地想利用歐戰混亂期，企圖乘機改變他的戰略地位，竟

宣布建立所謂的「新秩序」(New Order)，希望掌握遠東和太平洋的霸權。美國對日本的擴張侵略，一直不表贊同，美日之間的關係，也處於緊張的狀態中。

　　1940 年 6 月下旬，德國在歐洲運用閃戰戰略成功進攻法國，使日本獲得空前的機會，得以侵占法國、荷蘭和英國在東南亞的殖民地。這些地方盛產錫、石油、橡膠和其他對日本日後擴展勢力極為重要的天然資源。在 1940 年 7 月，東京一個以軍人為主的新內閣執政，日本決定要把這些南洋富庶的地區，包括菲律賓和新幾內亞北部，併入日本的大東亞共榮圈 (Greater East Asia Co-prosperity Sphere) 中。**⓬** 於是，日本在 1940 年 9 月迫使維琪政府 (Vichy Government) 的法國傀儡政府同意由日軍占領中南半島北部，在那裡修建空軍基地，用來轟炸中國唯一與外界相通的滇緬公路。

　　後來，日本以空襲來威脅同盟國家，同時英國又極力避免兩國作戰，不得不暫時把這條滇緬公路封閉。美國本來是沿著滇緬公路輸送援

⓬　大東亞共榮圈為日本在第二次世界大戰中提出的戰略構想與政治號召。大東亞共榮圈，以日本與東亞及東南亞以「共存共榮的新秩序」作為建設目標為意義，1938 年 11 月日本政府發表建立「大東亞新秩序」的宣言，欲樹立「中日滿三國相互提攜，建立政治、經濟、文化等方面互助連環的關係」，提出此基本政策構想的為日本首相近衛文麿 (Fumumaro Konoe, 1891–1945) 發表的「近衛聲明」。1940 年 8 月，近衛文麿首相首度明白指出「大東亞共榮圈」的名稱即指中國、朝鮮、日本、滿洲國（中國稱為「偽滿洲國」）、法屬中南半島、荷屬印尼、新幾內亞等大洋洲，及澳洲、紐西蘭、印度及西伯利亞東部等地為大東亞之範圍。於此大東亞共榮圈中，日本本國與滿洲國、中國為一個經濟共同體，東南亞作為資源供給地區，南太平洋為國防圈。為實現大東亞共榮圈，日本在內閣設立大東亞省，並且與滿洲國、南京國民政府（中國稱為「汪偽政府」）、泰國、菲律賓、緬甸、自由印度臨時政府等共同召開大東亞會議，發表《大東亞宣言》揭櫫其目標。大東亞共榮圈以「解放殖民地、相互尊重彼此獨立」為號召，但是大東亞共榮圈中的獨立國家卻是由日本軍隊掌控或部分掌控，而且大東亞共榮圈內的英屬馬來亞與荷屬東印度群島日方也沒有使其獨立。大東亞共榮圈隨著日本的投降而結束，雖然日本被認為是「一時的侵略者」，但是日本軍隊排除東南亞殖民地宗主國的勢力，並且企圖建立現代化體制，同時也讓菲律賓、緬甸等國獨立，許多如蘇卡諾、勞威爾等獨立運動領袖也多與日本方面聯合。

華物資，並在 9 月 26 日對日本實行全面禁運，不再出售航空燃料、鋼和廢鐵給日本。次日（9 月 27 日），日本立即加入軸心國 (Axisstate)，與德義兩國簽訂《三國公約》(*Tripartite Pact*)。

圖 32：羅斯福總統於 1941 年 12 月簽署對日宣戰書（圖片出處：Getty Images）

日本占據中南半島南部，美國的反應是凍結日人在美國的所有財產，英國和荷屬東印度群島也響應美國對日本實行貿易禁運，倚賴進口物資生存的日本，開始擬定武力攫奪的計畫。

1941 年 12 月 5 日，日本派特使到美國，宣布此行使命是在求和好的諒解及協議，但談判毫無進展。12 月 6 日，羅斯福總統親自發電報給日本天皇呼籲和平，日本竟在 12 月 7 日發動太平洋戰爭。

1941 年 12 月 7 日，美國太平洋時間星期日上午 8 時前不久，美國夏威夷歐胡島 (Oʻahu) 上空忽然出現大批日本軍用機，幾分鐘後，一支龐大的航空機隊，約有二百架戰鬥機、俯衝轟炸機和魚雷轟炸機，向島上的機場和駐珍珠港的美國太平洋艦隊猛烈轟擊，不到二小時，日本已摧毀了美國太平洋艦隊的主力。重擊許多主力艦，還摧毀了島上的空防，大多數飛機來不及起飛便已遭毀壞。據統計，美國海軍、空軍、海軍陸戰隊士兵及平民共二千四百零三人喪生，一千一百七十八人受傷；擊毀美國軍艦十九艘，飛機二百二十多架。

次日，美國羅斯福總統憤怒地宣稱 12 月 7 日為國恥日，美國國會對日宣戰。12 月 11 日，日本的締結國德國和義大利對美國宣戰，美國國會也立即回敬。歐洲的戰場打了二年多，保持中立的美國就這樣迅速

地捲入了第二次世界大戰。[13]

　　美國在 1939 年之前，一直堅持不願捲入任何歐洲國家事務之中，堅持孤立主義的外交政策。但自德國攻打波蘭，英法對德宣戰後，美國便把《中立法案》中的軍火禁運條款宣布撤銷，使英國能在美國購買軍火，羅斯福答應盟國，美國將成為「民主國家的兵工廠」。[14]

　　二次大戰的經歷及最後的結果，是協約國獲勝。在戰爭末期，美國不論在國內或是在國外，幾乎是全國一致，上下團結，為戰爭的結束盡一分心力。

一、國　內

　　美國國內蕭條的經濟，在大戰中逐漸茁壯。到了 1943 年，由於美國工業力量強大，美軍成為世界上配備最好的軍隊，加上政府和工業界通力合作，訂定優先次序分配重要物資，實施配給與管制。他們創造了生產上的奇蹟，剛毅勇敢的商船人員把生產的戰略物資，不僅供應美國士兵，還支援中、英、法、蘇的部隊。從 1943 年 9 月起，盟軍開始擊沉德國潛艇。最後，美歐之間的供應線得以暢通無阻。

　　戰爭解決不少經濟蕭條帶來的問題，使七百萬失業者獲得工作。另外，八百萬婦女、兒童和年事較高的人們也加入生產行列，其中有許多是生平首次做工的。婦女擔起吃力、骯髒及煩人的職務，在飛機、坦克和船艦上打鉚釘、剷煤、製造子彈等，投身於戰時工作之中。在那個時候，傳統上對於婦女的歧視，也完全不存在了。

　　美國迅速動員人力和整個工業生產力，以應付這一場大戰。1942 年 1 月 6 日，羅斯福總統宣布生產目標，他要求 1942 年生產飛機六萬架，

---

[13]　John F. C. Fuller, *The Second World War, 1939-1945*, p. 258.

[14]　Selig Adler, *The Isolationist Impulse: Its Twentieth Century Reaction* (New York, NY: Free Press, 1967), p. 335.

坦克車四萬五千輛，高射砲二萬臺，商船一千八百萬噸。全國所有一切
活動，如農作、製造、採礦、貿易、勞工、投資、交通，甚至教育和文
化事業，都或多或少置於新的和擴大管制之下。政府也大量的籌款，創
設龐大的新工業；驚人的新技術也發展了，船隻與飛機的大量生產便是
一例。戰爭期間，人口發生重大的遷移；在一次又一次的兵役法徵召之
下，美國武裝部隊的人力，已增加到一千五百十一萬人。到 1943 年底，
全國男女穿著軍服參加與戰爭有關的工作者，幾乎達六千五百萬人。

　　在 1930 年代，女性的角色多半還是以持家為主，但這一切在德國
入侵波蘭後，有了巨大的轉變。1939 年二次世界大戰開戰後，英國政
府就開始招募婦女，負責在戰爭時期協助相關的社會工作。兩年之後，
為了應付戰爭所帶來越來越沉重的負擔，英國甚至開始強制徵召所有
十八歲以上的婦女外出工作。❶❺ 英國政府並不是要婦女拿起槍桿作戰，
而是要她們生產作戰所需的彈藥軍備、耕作田地，或執行空襲警戒或消
防等一般民防任務；這是英國一次大規模的動員。事實上，在 1940 年
代初期，婦女的生產力已占全英國生產製造的三分之一，更有八萬名婦
女從事農業生產。除此之外，尚有五十萬名英國本土或大英國協的婦女
自願加入女志願軍的隊伍，從事後勤支援工作，例如「皇家海軍女子勤
務團」(Women's Royal Naval Service)、「陸軍非作戰勤務團」(Auxiliary
Territorial Service)、「空軍非作戰女子勤務軍團」(Women's Auxiliary
Air Force) 等。除了醫療看護的工作外，這些婦女還會擔任一些重要的
軍事任務，例如防空雷達裝置的監看，和協助軍事作戰計畫等相關工
作。事實上，有些巾幗不讓鬚眉的英國婦女更是直接加入「特勤部隊」
(Special Operations Forces)，空降至敵方戰區從事破壞、傳信和無線電操
作員等高危險的工作。

---

❶❺　John F. C. Fuller, *The Second World War, 1939-1945*, p. 89.

在美國正式向軸心國宣戰後不到幾個星期，徵兵站在全國各地開始工作，戰爭開始時，航空隊不足三十萬人。1945 年，已增加到二百三十萬人，志願參加陸軍婦女隊、海軍婦女輔助隊、海岸警備女子後備隊和海軍陸戰隊的婦女，也都投入戰爭中。**⓰**

因為戰時對婦女的肯定，美國婦女在 1940 年代有她們自己的俚語和服裝。特別是少女們穿同樣的衣服：上學時穿百褶裙，寬大毛衣；週末穿藍色布褲和男裝襯衣；或穿短褲和平底鞋配襯上述的服裝。她們除了在外表，如穿著、髮型上作改變外，最重要的還是婦女的感覺和思想，反應了與傳統的不同。婦女除了可以像傳統般扮演好優良的家庭主婦的角色外，她們更認識到，在這個社會中有許多工作是她們所適合的。

至於二戰時期，國內工業方面轉為戰時生產。製造汽車和汽車零件的工廠，改製飛機、坦克；電子與器械工廠，改製雷達設備與砲彈引線。戰略物資生產總值，1941 年僅八十四億美元，1942 年超過三百億美元。經濟蕭條時吃虧最大的農民，這時的收入是以前的三倍。勝利的手勢 "V" 字型，成為每一個人熟悉的標誌，它們出現在牆上、店裡，甚至於廣播電臺的各種節目之中。

在戰爭的重大壓力之下，建立了許多工廠，人造橡膠及塑膠工業也應運而生，工業生產能力蒸蒸日上。結婚率躍增，這是戰時常見的情形。1942 年和 1943 年出現戰時嬰兒潮，每年有三百萬個嬰兒出生，在平時每年也只有二百萬個嬰兒出生。

至於戰後也引起社會變化的苦果。不少婚姻因而破裂，不過要等到征人返鄉後，才能補辦離婚手續。母親出去做工，在街上遊蕩的兒童年齡層越來越小，「少年犯罪」(juvenile delinquency) 這一個新名詞，也就隨之流行起來了。

⓰ Selig Adler, *The Isolationist Impulse: Its Twentieth Century Reaction*, pp. 331-334.

長久以來失業的黑人族群，在大戰期間的 1944 年大約有二百萬人受雇國防工業。不過，於戰爭時期 1942 年初，美國西岸諸州，特別是加州，對美籍日人的偏見，已引起過多次暴行。2 月 19 日，羅斯福總統授權陸軍接管太平洋沿岸各州民事，司令官德威特 (John L. DeWitt, 1880-1962) 下令拘捕所有美籍日人。不久，十一萬名日裔男女和兒童集中在內陸政府土地上草草建成的安置營裡。營地四周有鐵絲網圍繞，並有警衛巡邏。一直到 1944 年 12 月才准許他們回去重建家園。拘禁在集中營的日本人，包括忠誠效忠的日裔美國人在內。

二、國　外

盟國此刻擊敗軸心國在望，此時，軍用品開始從美國源源不絕地運往歐洲戰區。在 1942 年春夏兩季，英軍得到美國物資的援助，阻止了德軍企圖奪取埃及的攻勢，並將德將隆梅爾 (Erwin Rommel, 1891-1944) 逼退到的黎波里 (Tripoli) 的一隅，解除了對蘇伊士 (Suez) 運河的威脅。

1942 年 11 月 8 日，美軍在法屬北非登陸，歷經苦戰後，德、義二國軍隊連遭痛擊，被俘人數達三十四萬九千人之多。到了 1943 年夏天，地中海南岸的法西斯軍隊完全肅清。1943 年 9 月，由巴多格里歐元帥 (Pietro Badoglio, 1871-1956) 領導的義大利新政府和盟軍簽訂停戰協定。1943 年 10 月，義大利對德宣戰，德國在義大利進行苦戰的同時，盟軍對德國鐵路、工廠及武器儲存處所，展開毀滅性的空襲，並深入大陸轟炸德國在羅馬尼亞的石油供應站。

1943 年底，盟國於長期商討戰略後，決定開闢西歐戰場，藉以逼使德國從蘇聯的戰場上抽回軍隊，此時艾森豪將軍 (Dwight David Eisenhower, 1890-1969) 已受命為盟軍最高統帥。各項部署準備妥當，蘇聯展開反攻之際，英美的第一批進攻部隊於 6 月 6 日，在優勢空軍掩護之下，登陸諾曼第海灘 (Normandy Invasion)。在占領灘頭陣地後，更多

的登陸部隊蜂擁而至，德國守軍在盟軍的鉗形攻勢下，紛紛陷入包圍圈，最後，盟軍開始橫跨法境，進入德國，在德國頑強抵抗之下，奮力前進。

　　1944 年 8 月 25 日，盟軍光復巴黎，盟軍在德國大門口，雖然遭到德軍猛烈反攻而稍受阻礙，但到了 1945 年 3 月，盟國大軍從西方潮湧似的進逼德境，德軍終於不支，於俄軍自東西進前潰退。至 5 月 8 日，第三帝國陸、海、空殘餘部隊全部投降。同時，美軍在太平洋也大獲進展，當澳美二軍經由索羅門群島 (Solomon Islands)、大不列顛島 (Great Britain)、新幾內亞 (New Guinea) 及保干維爾 (Bouvet) 等地向北逐島推進時，日趨強大的美國海軍，就把日軍的供應線截斷了。❶⑦

　　與此同時，二戰盟國軍隊行動進行之際，舉行過一連串重要國防會議，商討戰事的政治目標問題。最初的一次於 1941 年 8 月舉行，參加的是美國總統羅斯福和英國首相邱吉爾，此時期美國還沒有積極參戰，而英、蘇的軍事形勢，似乎都很險惡。羅斯福與邱吉爾二人在紐芬蘭 (Newfoundland) 附近的巡洋艦上會晤，會後發表一個申述目標的聲明《大西洋憲章》，在聲明中他們同意了下述目標：不得擴張領土；不得有不符合人民願望的領土變更；各國人民有選擇自己政府形式的權利；恢復被剝奪自治人民的權利；各國間經濟合作；一切人民有不虞戰爭及免於恐懼，和不虞匱乏的自由；海上航行的自由；及放棄以武力為外交的工具。❶⑧

　　1943 年 1 月，在卡薩布蘭加 (Casablanca) 舉行英、美兩國第二次會議，會中決定：軸心三國（德、義、日）及巴爾幹的附庸國，若不「無

---

❶⑦　Foster R. Dulles, *America's Rise to World Power* (New York, NY: Doubleday and Company, 1971), pp. 332-351.

❶⑧　Herbert Feis, *Churchill, Roosevelt, Stalin* (New York, NY: Columbia University Press, 1957), p. 452.

條件投降」，絕不與之媾和。這一要求是羅斯福提出的，其目的在向作戰各國的人民保證，絕不會跟法西斯及納粹代表進行和談；絕不和上述代表作任何磋商，以保存他們力量的任何殘餘部分；在與德、義、日的人民締結最後和平條款前，他們的軍事統治者，必須向全世界承認他們已徹底地失敗了。

1943 年 8 月的魁北克 (Quebec) 會議，英美兩國討論了對日作戰計畫，和軍事外交戰略及其他方面問題。兩個月以後，英、美、蘇三國外長在莫斯科集會。他們重申了無條件投降的政策，要求廢除義大利的法西斯主義，恢復奧地利的獨立；贊同各國為戰後的和平利益而共同合作。

1943 年 11 月 22 日，羅斯福、邱吉爾和蔣介石 (1887–1975) 在開羅會晤，三國同意了日本的投降條件，包括日本放棄其過去侵略所得。11 月 28 日，羅斯福、邱吉爾和史達林在德黑蘭重申了莫斯科會議的條款，要求通過「聯合國」(United Nations) 這個機構以獲致永久的和平。約在二年後，也就是 1945 年 2 月，他們在雅爾達 (Yalta) 聚晤，當時勝利在望，因而獲得了更多的協議。俄國祕密同意將於德國投降後不久參加對日作戰。波蘭東方疆界大致按照 1919 年的寇松線 (Curzon Line)。對於史達林要求在德國徵收食物賠償，因價額甚巨，羅斯福和邱吉爾都反對，經過了若干次的討論仍尚未決定，但是商訂了有關盟國占領德國及審判與懲罰戰犯辦法，重申《大西洋憲章》中有關解放區人民的原則。

在雅爾達會議中，同意了五大國在聯合國安全理事會中，對影響他們安全的事宜應有否決權力。經過多次交換意見的結果，關於各大國是否支持蘇聯在聯合國大會中增多投票權的要求，意見大有出入。羅斯福反對史達林、邱吉爾的意見，不過最後大家同意給蘇聯在聯合國大會增加二票，以人口眾多為理由，准許烏克蘭和白俄羅斯參加聯合國。❶⓳

---

❶⓳　Russell Buchanan, *The United States and World War II* (New York, NY: UN Press, 1964), pp. 249-258.

　　1945 年 5 月德國投降，1945 年 7 月，英、美、蘇三國在波茨坦 (Potsdam) 開會，擬定占領政策以及有關德國前途的方案。三國同意，應將足夠的工業生產力留給德國，使他能有一寬裕的平時經濟，但不許生產過剩，以免德國重整軍備。著名的納粹人物需受審判，若審訊確定其曾參與納粹計畫而作無情屠殺者，必須處以死刑。會議又同意有必要協助在納粹主義下生長的一代進行教育，以及規劃恢復德國民主政治生活的廣泛原則，而且會議以大部分時間商討對德賠償損失的要求。會中規定：蘇聯可以在其占領區內把工廠和財產搬走，並可從西方國家占領區內取去若干財產。但是蘇聯早在雅爾達會議中提出過賠償一百億元的要求，仍懸而未決。

　　1945 年 11 月，波茨坦會議所規定的戰犯審判，在紐倫堡 (Nuremberg) 舉行。德國的領袖們在一群英、法、蘇、美各國著名法學家面前接受審判，他們不僅被指控策動與從事侵略戰爭，還被控以違犯戰爭法與人道。其實早在大戰結束前，盟國已開始蒐集納粹高級官員種種罪行的證據，情報單位更隨同前進部隊，盡量搜捕嫌犯，交由國際軍事法庭加以審訊。十三次戰犯審訊之中，最早也最有名的一次在 1945 年 11 月 20 日於紐倫堡開庭。在審訊中提出的證據，包括解放德國集中營的紀錄影片、納粹法律權威法蘭克 (Hans Michael Frank, 1900–1946) 的日記、1939 年《德蘇互不侵犯條約》的祕密議定書、官方文件和目擊證人的證詞等，揭露出納粹獸性兇殘的真相。1946 年 10 月 1 日宣判，三人無罪釋放，三人終身監禁，四人刑期較短。餘下的十二人，都被判處絞刑。[20]十人於兩星期後在監獄中被吊死，戈林 (Hermann Göring,

---

[20]　紐倫堡城正是當年納粹黨人開大會的地方。二十二名被告之中有德國全國第二號人物：希特勒選定的繼承人及德國前空軍總司令戈林元帥；三軍總參謀長威廉・凱德爾將軍 (Wilhelm Keitel, 1882–1946)；軍令部長約德勒將軍 (Alfred Jodl, 1890–1946)；外交部長李賓特洛普 (Ulrich Ribbentrop, 1893–1946)；希特勒總工程師及軍械製造專家斯比爾 (Albert Speer, 1905–1980)；納粹黨「哲學家」羅森堡 (Alfred Rosenberg,

圖 33：德國納粹領袖在紐倫堡接受審判　被告席中前排
左起為戈林、魯道爾夫‧赫斯、李賓特洛普及威廉‧凱
德爾。（圖片出處：Getty Images）

1893–1946) 吞藥自殺身亡，波曼 (Martin Bormann, 1900–1945) 很可能逃
往南美洲，始終未就捕。[21]

　　1945 年初春，盟軍開始了逼使德國投降的龐大攻勢。杜魯門繼任
總統，決定以原子彈結束戰爭，逼使日本早日投降。美國在 1945 年 8
月 6 日和 9 日，在長崎和廣島投下兩顆原子彈，日本於 8 月 15 日宣布
無條件投降，於 9 月 2 日簽字投降，於是第二次世界大戰宣告結束。日
皇裕仁 (Hirohito, 1901–1989) 以「最殘酷的新炸彈」七個字描寫那摧毀
廣島和長崎、結束大戰、更可能毀滅全球的武器──原子彈，結束了第
二次世界大戰。

　　美國在戰爭中的死傷人數比其他國家低得多，據粗略估計，第二次

1893–1946)；曾在 1938 年協助希特勒占領奧地利的奧地利納粹領袖賽斯英夸特 (Arthur
Seyß-Inquart, 1892–1946)，還有希特勒以前的副手魯道爾夫‧赫斯 (Rudolf Heß, 1894–
1987)。納粹黨副主席波曼失蹤了，未受審訊。

[21]　Russell Buchanan, *The United States and World War II*, p. 490.

世界大戰共三千五百萬至六千萬人喪生，其中蘇聯損失戰鬥人員
一千一百萬人，平民七百萬人；波蘭共損失五百八十萬人，其中約
三百二十萬人為戰爭期間遭納粹迫害而死的猶太人；德國損失戰鬥人員
三百五十萬人，平民七十八萬人；中國戰場損失戰鬥人員一百三十一萬
零二百二十四人，平民約二千二百萬人；日本損失戰鬥人員一百三十萬
人，平民六十七萬二千人；南斯拉夫損失戰鬥人員三十萬五千人，平民
一百二十萬人；英國損失戰鬥人員二十六萬四千四百四十三人，平民九
萬二千六百七十三人；美國損失戰鬥人員二十九萬二千一百三十一人，
平民六千人。在戰爭中美國國內未為戰場，所以在二次世界大戰後，美
國擔起援助並領導其他國家的擔子。

第四節　戰爭的結果與歷史意義

第二次世界大戰無疑是歷史上最可怕的災禍，如同第一次世界大戰
一樣，平民死亡人數超過士兵，前者為五千萬人，而後者則為一千五百
萬人。然而兩次大戰相比，第二次大戰是一場總體戰爭，不僅全民都被
動員起來投入戰鬥和軍需生產行列之中。1914 年，第一次世界大戰爆
發時，英國外交大臣愛德華‧格雷勛爵 (Edward Grey, 1862–1933) 曾想
像戰爭將使「整個歐洲陷入黑暗」。第二次世界大戰幾乎波及全球的屠
殺，其慘烈程度要遠遠超出格雷的想像之外。

探究真正使美國捲入戰爭者，不是希特勒，而是日本軍國主義者。
日本飛機偷襲珍珠港，炸死了二千四百多名美國人，把美國的太平洋艦
隊摧毀了一半，將美國孤立主義者的幻想一掃而空，全國團結一致，比
美國以往任何戰爭時期國內的團結更加堅定。美國參戰後，羅斯福動員
全國工業積極從事軍事生產。此時美國的軍工生產約為德、日之總和，
1944 年則達到軸心國生產之兩倍。戰爭期間，羅斯福將精力專注於戰

略問題，與盟國磋商未來之和平規劃。1943 年 1 月，宣布軸心國必須無條件投降這一原則，他認為戰爭及和平之維護有賴於與蘇聯保持友好關係。1943 年羅斯福、邱吉爾與史達林在德黑蘭 (Tehran) 會晤。1945 年 2 月，三巨頭再度在克里米亞的雅爾達會晤，彼時歐戰已近尾聲。羅斯福及其軍事顧問亟欲爭取蘇聯在亞洲出一臂之力，史達林許諾了對日作戰。羅斯福、邱吉爾也在遠東向蘇聯做出讓步。羅斯福希望建立一個有效的國際組織即聯合國，以維護戰後和平。他原擬參加預定於 1945 年 4 月 25 日在舊金山開幕的聯合國成立大會，但自 1944 年以來健康情況每況愈下，未能在他任內實現。1944 年在總統競選中，羅斯福第四次連任總統，是美國史上前所未有，在雅爾達會議後返回美國，在美國喬治亞溫泉鎮修養，終以腦溢血逝世。作為政治家，羅斯福在美國歷史上被視為是全世界民主政治的保衛者，作為政治領袖，他獲得廣大人民的支持與尊敬。[22]

　　二戰結束後，對於戰爭發生時各參戰國的分析、戰爭帶給世界何種改變及賦予歷史的意義，皆是被探討的課題。首先，總體戰爭之所以得以實施，主要得力於現代技術武器、通訊和工業生產的進步。然而，戰爭的勝負則依賴其他諸多因素，包括有形的和無形的。被視為是頭號元兇的德國，之所以在戰爭初期占優勢，是由於他具有一套完全為應付戰爭的生產體系，一批能製造先進飛機和武器的兵工廠，以及一批戰術思想（藉由「一戰」失敗的經驗教訓）遠高於對手的將領。而這樣一部銳不可擋的戰爭機器（包括德國人民），又控制在一味盲目自信，且具有超凡政治敏銳力和魅力的狂人手中。

　　雖然二次大戰不是希特勒一手挑起的，但大戰的戰略情勢和道德尺度卻依其思想而形成。對於德意志這樣一個戰後遭受軍事羞辱和經濟

---

[22]　Selig Adler, *The Isolationist Impulse: Its Twentieth Century Reaction*, p. 336.

蕭條的國家，希特勒提出低廉的菁英主義，主要是奠基於古怪的種族觀念㉓和生命本身即為戰爭的想法。㉔希特勒援引傳說裡德國人為北歐狂暴戰士的神話，將本來遵紀守法、理智健全的同胞轉變成種族滅絕的劊子手。起初，希特勒的魯莽之舉頗有收穫，其閃電攻勢使得其他國家措手不及且士氣低落，極其不願冒著觸發另一場世界大戰的危險來對抗德國。

此外，希特勒沒有忘記在第一次世界大戰末期，因物質極度短缺而出現顛覆德皇的反叛行動。因此，他在征服歐洲的同時，也設法將國內混亂的可能性降到最低。德國很晚才實施食物定量配給，富裕的德國家庭還能保有他們的佣人。不像其他歐洲交戰國，第三帝國在戰爭中很少使用女性勞工。德國統帥部依靠掠奪、壓榨被占領國家來解決其問題。然而，儘管納粹政權崇尚效率，它在組織死亡集中營方面的才能，要遠優於對軍隊的補給。儘管如此，德軍仍有不足之處，例如德國空軍缺乏遠程的重轟炸機，陸軍則在俄羅斯的嚴冬裡不能及時得到冬裝。更有甚者，納粹領導們無知且傲慢，例如當一名助手向德國空軍司令戈林報告美國一年可製造四萬架飛機時，戈林諷刺他應該去看精神科醫生，他說：「他們也許可以造出這麼多汽車和冰箱，但絕不會是飛機」。

希特勒錯誤地判斷了自己和敵人之間的實力對比，將德軍優勢誇大到歷史學家所稱的「荒謬的自滿」程度。納粹意識型態和心中不合理性的思想，無不顯現其個性狂熱的樂觀主義和虛弱偏執的混合物。他那些堅持自己直接指揮作戰的行為，使那最初的優勢，在付出人力及物力的可怕代價中被濫用殆盡。

如果德國陷入因元首自鳴得意所造成的痛苦的話，那麼軸心國的其

㉓　此為早已在學者間被廣泛提到之學說的誇大說法。

㉔　主張優秀的「亞利安人」應以達爾文「優勝劣敗」的方式消滅劣等民族，尤其是猶太人和斯拉夫人。

他成員也因其領袖的慾望、野心和虛弱而倍感艱辛。緊步希特勒後塵的墨索里尼，在 1940 年將他的人民拖入對波蘭及法國的戰爭中，這兩國都不是義大利的傳統敵人。儘管他的臣民非常崇拜領袖，但對前景抱樂觀態度的義大利人人數不多。當蘇聯和美國相繼加入他們敵對的一方後，義大利人的熱情更是委靡不振。他們的國家曾一度喪失對自己命運的控制，並在戰爭後期成為德軍和盟軍搏殺的戰場。

　　至於日本領袖和多數國民對其國家命運，都懷著像德國人般強烈且不可思議的情節，甚至還帶有深層的宿命論。在 1930 年代，軍方迫使國家更進一步陷入冒險和帝國主義期間，他們以暗殺和恐怖手段壓制持異議的民眾。但當日本帝國軍隊成功地征服亞洲和太平洋的大部分地區時，許多日本領袖私下卻開始對自己的軍力能否對抗美國表示悲觀。這個島國僅僅依靠海上運輸是很危險的，而且日本的生產力僅及美國的十分之一。一些高級軍官，尤其在海軍中，對戰爭前景持保留態度。然而，卻無一人堅決地反對戰爭。正是這種虔誠的習俗和義務所形成的僵化思想，**❷⁵** 推動太陽帝國一如既往地走向災難。假如不是這種可怕的民族特性，戰爭本可以另一種方式結束。即使到戰爭末期，當失敗成為注定事實之際，仍沒有人能仰賴權威說服狂熱的日軍停止戰鬥。

　　1945 年 3 月，當美軍向日本本土以南四百八十三公里的沖繩島 (Okinawa) 接近時，日本戰時內閣正在皇宮集會。會上，海軍參謀長及川 (Koshirō Oikawa, 1883–1958) 向天皇裕仁作了戰情報告：「日本的防禦主要依靠三千五百架飛機的神風特攻隊，以自殺方式攻擊美國船艦。」**❷⁶** 裕仁問：「我們的海軍在哪裡？還有多少船隻？」雖然帝國海軍的殘餘力量已無力阻擋美國的入侵，但艦隊司令決定派出六艘戰艦，

---

❷⁵　即日本人傳統的奉獻精神和對武士道的崇敬。
❷⁶　此時，神風特攻隊已被普遍應用在整個太平洋島嶼戰爭中，日本士兵和平民經常實施自殺性攻擊。

包括世界上最大的戰艦「大和號」(Yamato)，向美軍實施一次自殺攻擊。結果，所有日艦均被擊沉，四千名海軍喪生。

蘇聯，是希特勒最蔑視的敵手，也是二戰中遭受損失最大的國家。在克服早期的挫折之後，史達林利用獨裁政權使國家重新振作。在 1943 年 2 月於史達林格勒阻止了德軍的推進之後，蘇聯紅軍開始了一場漫長的大反攻，雖然反攻時有中斷，但注定這次反攻要在柏林的廢墟上完成。正如十九世紀拿破崙所言：「俄羅斯帝國可以被侵擾，但他廣闊的領土、眾多的人口以及殘酷的嚴冬，使得那怕占領其中任一部分領土都變得極為困難。」然而，這些自然條件並不是蘇聯取勝的唯一因素，史達林長期優先發展重工業而使其生產力超過德國，這也是致勝的關鍵。❷❼俄國人民對母國所懷有的一種類似宗教的摯愛，也激勵他們英勇地抵抗敵人的入侵。此外，蘇聯共產主義這個長期被認為是最不堪一擊的集權主義體制，卻擁有無可比擬的號召力：史達林的大部分臣民都願以死來捍衛革命成果。

蘇聯的戰爭方式主要為正面推進，由一波接一波的步兵實施連續攻擊，這些攻擊以高昂的代價迫使德軍節節敗退。雖然所有的人都認為，俄國人在對待生命價值上過於輕率，但無疑這是一個絕對有效的作戰方式。據歷史學家約翰‧埃利斯 (Joseph John Ellis, 1943–) 統計，1941 年 6 月到 1945 年 3 月，紅軍殲敵數量占德軍全球傷亡總數的 80 至 90%。

在第二次世界大戰期間，雖然英國人無法維持其帝國，但仍贏得尊敬和榮耀。數個世紀裡，英國人證明了其征服異族方面的特殊能力。如今，這次大戰證明他們的防衛能力一樣好。在孤軍奮戰的幾個月裡，英國人經歷了希特勒持久的空襲、飛彈以及因封鎖而造成物資缺乏，儘管有犧牲和不幸，但都是大無畏的英雄主義。當時的燈火管制、配給紀錄

---

❷❼　蘇聯許多工廠被分解成許多部分，然後運到東部，在德軍推進的範圍之外得以繼續生產。

簿、勝利廣場和地下防空洞等，在今天仍然是民族的象徵。戰時王室傳
統階級界線的消除和工人階級在大戰中力挽狂瀾、匡扶社稷的表現，使
社會黨得以在 1945 年大選中獲勝，令世人驚訝地把溫斯頓‧邱吉爾這
位大戰的統帥和頑固不化的貴族政治論者趕下臺。

希特勒對美國的態度就像當時及現在的許多歐洲人一樣，把美國看
成一個粗俗的、充滿男性崇拜的庸俗國度，沒有權利、思想或偉大人
物。他對美國應戰能力的低估，是最終導致其毀滅的致命原因。美國受
兩大洋保護免遭戰火劫掠，且有世界上獨一無二的龐大人力、工業、農
業和技術資源（尤其是一批科學家從軸心國避難而來），給了盟國確保
戰勝其敵人所需要的優越條件。

但是，當戰爭雙方將憤怒對準非戰鬥人員時，美國的聲譽因向平民
實施了一次最引人注目的暴力行動——向「廣島」和「長崎」投擲原子
彈，而陷入理不清的褒貶之中。這次結束戰爭的致命一擊，確立了美國
身為地球上最強大國家的地位。

大戰的勝利使美國充滿生機。到 1940 年代末期，由於戰爭的刺激，
其生產已占全球工業產量的一半，她援助的美元使西歐和日本得以重
建。二次大戰前美國已經開始疏遠國際事務，但戰後一躍成為「自由世
界」的領頭羊。的確，美國在戰爭中的崛起，使大多數美國人都感到應
將她們的價值觀❷❽推銷至整個世界。但是，蘇聯也相信他們的意識型態
戰無不勝，這就導致兩強為保護其利益和擴張其實力而對壘。就某種意
義上說，「冷戰」(Cold War) 代表了總體戰的制度化，亦即整個國家在
全球爭霸中以軍事、經濟和心理總動員來對抗另一個不相容的敵人。

但是美國原子彈的試驗成功，已經徹底改變戰爭的性質。隨著華盛
頓和莫斯科展開核子武器競爭，已清楚地表示可能發生的第三次世界大

---

❷❽ 這種價值觀是一種由傳統的自由主義、新教徒的耿直、專家政治的理性主義和自私自
利的個人主義所組成的獨一無二的混合體。

戰將意味全人類的毀滅。在隨後的幾十年中，雖然二個超級強權有時幾近劍拔弩張，但總能及時地懸崖勒馬。伴隨著殖民體系在亞洲和非洲的崩潰，美蘇雙方為爭奪未來利益而發動了一系列代理人的戰爭。大體而言，「親西方」的一方並沒有比「親蘇聯」的一方來得民主。最終，這種競賽拖垮了蘇聯，使第二次世界大戰形成的基本國際格局，在 1990年代根據地緣政治而再重新組合。

另者，二次大戰的責任非常清楚，是由法西斯主義和國家社會主義者所挑起的戰爭。因此，學者討論第二次世界大戰爆發的原因，其爭議性較少，重要性在政治組織和領袖人物，其餘則為次要。至 1960 及1970 年代，對二次世界大戰研究的角度顯然有所改變，大都將重點放在希特勒發動二次大戰的行為背後的哲學和觀念。此外，對希特勒憑藉何種條件來破壞二十年來的和平，及英法對戰爭的爆發應負多少責任等也成為研究重點。另外，一些西方學者批評德國及西方的政治人物，認為德國希特勒是邪惡的，不過西方其他政治家的政策，也是基於暴力的，如英國的政策是基於海軍；法國的政策是基於陸軍，兩者之間的差異是英法在維持和平，而德國則在破壞和平。當然，這種論點被提出來後，受到英國學者的爭論。

再者，第二次世界大戰將世界分成二個陣營，英、法和他們並肩作戰的四十七個國家，稱為「同盟國」。德國、義大利、日本及與他們結盟的國家稱為「軸心國」。此刻，歷史學者尚有一種看法，認為第一次世界大戰和第二次世界大戰是同一衝突的兩部分，中間的若干年，只是武裝停戰時期罷了。就第二次世界大戰來看，美國儘管保持原有的孤立主義政策，至少在 1939 年之前，美國仍秉持著這種孤立主義的精神及態度，希望歐亞戰場不要波及到美國本土。

二次世界大戰結束至今，仍然很難估計大戰死傷及所付出的總代價。男女及兒童死亡人數大約五千五百萬人，以東亞及東歐死亡人數最

多。在大部分交戰國家內，除英國、美國和加拿大外，平民死亡人數超過軍人。空中轟炸夷平了大小城市，毀壞了許多中古的教堂和價值無法估計的博物館及無數的工廠和住宅。許多世紀以來，人們在藝術和學術上的成就，都毀於這次的戰火。由此可見二次大戰破壞力大，在人力及財力上損失很大，動員人數甚多，傷亡人數更無可計數。

不過，第一次世界大戰中所用剛發明的新武器，在第二次世界大戰中已大有改善，戰爭技術也更為精巧。德國使用空軍、坦克車及步兵密切配合的「閃電戰」，是一種新發展的戰術。此種戰術於攻擊波蘭、法國及荷蘭、比利時、盧森堡等國，證明特別有效。

美國參戰雖然晚，但是大部分歷史學家都認為，美國參戰具有決定性的貢獻。如果沒有美國的戰鬥人員和大量生產的炸彈、船隻和飛機，盟國很可能會被擊敗。雖然希特勒的戰略錯誤等，是使盟國勝利的因素之一，但美國參戰以及參戰前向英國供應的武器及其他的補給，亦極重要。

到了 1942 年，戰爭形勢開始對盟國有利。先是太平洋的中途島獲勝，其後在其他戰場上也有進展。1944 年，盟國以空前未有的大規模兩棲作戰在諾曼第登陸。經過多次的苦戰，西歐終於勝利。[29] 歐洲戰場上最重要的戰役之一是比利時及盧森堡突出陣地之戰，德軍大部分後備部隊在該處被消滅。

當然，大戰也帶來許多的變化。預防叢林疾病的科學研究，發展出 DDT，在世界和平期間頗能造福人群。噴射引擎和雷達，使旅行運輸有了大改進。以毀滅性威力結束大戰的原子彈，則帶來許多新的恐懼。

相關政治變化的影響，可謂最大。戰爭結束後，舊日盟友間出現新

---

[29] 諾曼第登陸的勝利成功地開闢了歐洲第二戰場，改變了歐洲戰場的態勢，為收復西歐大陸奠定了堅實的基礎，給予德意志法西斯侵略者以毀滅性的打擊，使德國法西斯陷入腹背受敵的困境。

圖 34：1944 年 6 月 6 日諾曼第登陸

的爭執。在歐洲，若干國家的領土遭到分割，邊界變更，歐洲大陸分裂為共產東歐和民主西歐兩個陣營。在非洲及亞洲，民族主義力量增長，以前的殖民地相繼發生革命。六年的血戰終於結束，但和平也帶來新問題的出現。

　　最後，1970 年代後有關二次大戰研究所關注的焦點，主要著重於國際之間的體系。其研究的方向有三：1. 二次大戰的原因，是因為十七至十八世紀歐洲民族主義發展到高峰，國家統一獨立後，並沒有繼續推展民族國家的基石——民權，反而轉向新帝國主義、軍國主義的競爭，並以國際衝突來轉移國內社會經濟上的危機和矛盾；2.《凡爾賽和約》並未能為歐洲提供一個健全的，且可以休養生息的國際合作的環境，而只能看出列強所關心的是戰爭責任、賠償、懲罰、圍堵及報復等問題；3. 由於在十九世紀達到西方政治現代化統一，但卻忽略政治現代化過程中的難題。再加上國際體系的不穩定，因而造成了歐洲大規模的暴力和破壞。

　　築基以上，二次世界大戰所賦予歷史的意義有四。其一，使歐洲發

展速度緩慢，世界的重心，轉移到美、蘇、中國及日本等國。而人類的歷史也因此進入了全球性的階段，使得科技、社會、經濟、文化等，都得以全面發展其潛力。其二，二次大戰建立了一個「新秩序」。大戰末，美國總統及英國首相提供的集體安全體系，促使 1945 年聯合國的成立。同時，美蘇取代了歐洲的領導地位成為世界大國，但由於蘇聯在戰爭結束以前便已控制了東歐，致使美蘇兩國很快的形成了兩個對抗的軍事政治集團，此亦即冷戰的形成。其三，二次大戰促成了殖民地的民族獨立運動，而這些新興的國家，有的互相競爭，有的互相聯合，以期在美蘇兩大勢力中尋求生存發展的機會。其四，西歐、南歐的國家也不斷的發展整合運動。因此，二次大戰促使世界政治，由兩極化趨向多極化的發展，世界的兩次大戰亦改造世界歷史，塑造了全新的世界秩序，並使人類文明進入了新的階段。

二次大戰後出現了所謂「後現代主義」(Postmodernism) 的觀念，湯恩比 (Arnold Toynbee, 1889–1975) 提出，世界現在已經進入西方歷史的後現代階段。而所謂後現代與現代 (Modern)，是相對立的。

所謂的「現代」、「現代化」，其名詞是出現在啟蒙運動時代，它是一種文化價值觀。由於此時排他性強，強調自我的肯定，因此西方世界出現一種單一的標準，單一的真理、型態、價值、權威，而為了達到這種劃一且單一的價值觀念，因此往往以暴力、武力、戰爭來達到目的，這就是尼采所謂的「精神之戰」(War of Spirits)，意即「意識之爭」。

所謂「後現代」，則反對劃一的真理及價值。例如，在建築方面，不再區分西方、非西方，而是尊重各種民族的傳統，並認為各個歷史皆有其價值。在政治、社會方面，二次大戰後，出現反工業化、反現代化的潮流，因此，1970 年代以後，這種觀念在西方，表現於重視環境保護和和平人權。此外，後現代文化的出現與兩次大戰有密切的關係。一次大戰時，參戰國（歐洲人）由於民族主義高漲的緣故，因此，可以為

一個使命、理想、目標而以興奮的心情來參戰。但 1939 年二次大戰時，歐洲人已經失去了任何參戰的期待及興奮，不再由戰爭中去尋找生命的意義，而人類所面臨的是使人類面對自我的野蠻、獸性，使西方倫理道德發生重大的考驗。

　　人類在經歷全面殺戮的二次大戰後，否定戰爭和自己，並且面對深刻的文化反應。此時麥克盧漢 (Marshall MacLuhan, 1911–1980) 提出了「地球村」(Global Village) 的觀念。所謂「地球村」，就是人類在戰後將會打破狹隘的國家利益，進而關注國際責任；亦即人類的政治責任會趨向多元化。而產生這種現象的原因，是由於現在的科技（即大眾傳播）扮演了重要角色。例如，越戰時美國人民可以透過大眾傳播得知戰況，從而對美國政府、軍隊失去信心，產生不信任感。在戰爭和科技的結合下，後現代文化使世界更具有強調個人化和相對化的思想。如此一來，使得二次大戰具有更重要的歷史性意義。

第十四章　核子武器的年代
(1945–1960)

　　1945 年 8 月 6 日與 8 月 9 日，美國在日本廣島與長崎投下二顆原子彈，整個世界發生了重大的變化。原子彈結束了第二次世界大戰，也為日後的世界和平蒙上一層陰影。

　　從諸多方面來看，戰後的日子談不上是一個和平時期。歐洲停戰之前，美國與蘇聯一直謹慎地維持盟國的友善關係。然而，德國一旦潰敗，蘇聯就立即蠻橫地攫取東歐及德國部分領土，國際間出現猜忌和緊張的氣氛，冷戰時期由此開始。

　　第二次世界大戰結束後，美國外交政策的基本原則，就是阻擋共產主義的滲透。在歐洲方面，這項目標在 1950 年已經宣告完成。但是在歐洲以外的其他地區，1940 年代末期及 1950 年代初期是動亂不斷，每個地區都感覺到與日俱增的冷戰緊張和潛伏著的危機，第三世界落後國家也常利用兩大強國相抗衡而坐收漁利。戰爭結束後的十餘年，世界的緊張情勢，在許多方面看來都和 1914 年或 1939 年劍拔弩張的情勢完全相同，美國和蘇聯握有足以毀滅整個世界的武器。歐洲殖民主義瓦解，新的國家陸續誕生，戰後的世界正重新調整。

　　戰後成立的和平組織——聯合國，不像國際聯盟般無能，特別是韓戰 (Korean War) 及 1956 年的蘇伊士運河危機 (Suez Crisis) ❶ 中，發揮其

---

❶ 蘇伊士運河危機也被稱為蘇伊士運河戰爭，是於 1956 年發生在埃及的國際武裝衝突，當時埃及與英國、法國和以色列的軍隊爆發戰爭。英、法、以三國的結盟是一種利益的結合：英法兩國對蘇伊士運河有著貿易利益，而以色列則需要打開運河，使以色列船隻得以通航。到戰爭結束後，只有以色列獲得了巨大的獲利。

特有的效力和行動。在第一次世界大戰後，美國參議院曾拒絕美國加入國際聯盟；然在第二次世界大戰之後，美國參議院竟以八十九票對二票的絕大多數，迅速批准了《聯合國憲章》(*Charter of the United Nations*)，使得美國放棄孤立主義的外交政策，這也表示美國在國際事務中將負起責任。1945 年 4 月 25 日，五十個國家的代表都集結在舊金山，草擬聯合國的組織體制，他們希望組織一個世界性的和平組織機構共同來努力，以消除飢餓和疾病。

綜言之，儘管美、蘇兩國彼此競建核子軍備，時常相互威脅，然而，核子武器的存在，已經構成對大規模戰爭的阻嚇力，同歸於盡的後果終將迫使雙方比以前沒有核子武器時更為謹慎。二次世界大戰後的 1950 年代歷經二位總統，一為杜魯門，一為艾森豪，帶領美國走入冷戰及美蘇對立的時期。❷

第一節　杜魯門政府

杜魯門繼羅斯福後上任美國總統（任期 1945–1953 年）。由於他的外表看來相當平凡，許多人否定他的能力，但實際上，杜魯門總統是一位有主張，富有自信，而且具有決心的人。

他不擅言詞，也不善修辭，為文亦不華麗，但卻很實在，長於政治集會性的講話，而且說話中肯，做事果斷，生平喜歡博覽群書，精研美國歷史，受到很好的教育。他酷愛民主，深信美國必須要成為國際間民主的有力保護者，其信念之強，一如威爾遜總統及小羅斯福總統。這位外表容貌文靜的總統，帶領美國在二次世界大戰後，登上世界的舞臺。

固執的個性，是杜魯門給人的深刻印象。在 1944 年的美國大選中，

---

❷ Hugh Thomas, *Armed Truce: The Beginning of the Cold War, 1945-1946* (Nottingham, Notts: United Kingdom, 1987), p. 235.

民主黨仍將提羅斯福競選連任之事已成定論。但當時副總統華萊士
(Henry Agard Wallace, 1888–1965) 在民主黨中不受歡迎，因而有人建議
羅斯福就參議員杜魯門及最高法院的法官道格拉斯之間擇一為其競選伙
伴，然而杜魯門並未答應。這天晚上，民主黨全國委員會的主席韓納根
(Robert E. Hannegan, 1903–1949) 邀杜魯門到他旅館的套房中議事，突然
電話鈴聲響起，電話一端的羅斯福問韓納根：「你把那個傢伙說服了沒
有？」韓納根答：「沒有，他是我所遇到最頑固的密蘇里驢子。」❸ 說
罷，砰然一聲，對方電話立即掛斷。在這種情況下，杜魯門已無選擇餘
地，只得勉強答應。想不到羅斯福第四任期作不到三個月即去世，杜魯
門以副總統身分繼任總統。

　　就美國學者的評述，杜魯門的內政及外交政策頗有功績，作為也為
人稱道。在杜魯門離開白宮後，曾對朋友說：「我不是一個偉大的總統，
但我已盡力而為！」1952 年，邱吉爾訪美，曾與杜魯門在白宮話舊，
邱吉爾當時對杜魯門說：「當 1945 年我們在波茨坦第一次見面時，我
對你的評價實在很低，我厭惡你取代羅斯福的地位，現在看來，我當時
對你的評價實在是非常錯誤的，因為從那時以後，對挽救西方文明而
言，你比任何人作得還多。」❹

　　在一般人心目中，杜魯門不算是一位能幹的總統，他的對內措施
「平政」(Fair Deal) 與羅斯福的「新政」名異而實同，只是魄力不如羅
斯福，而其績效遠較「新政」還遜色。至於杜魯門的外交政策，可以說
毀譽參半，例如，對今日亞洲的禍亂，杜魯門當時採取放手政策
(Hands-off Policy)，這一政策的結果，前有兩個中國政策 (Two China
Policy) 的出現，後有韓戰的發生，從此亞洲禍亂相乘。推究其根源，乃

---

❸ 杜魯門出生於密蘇里州。

❹ Harry S. Truman, *Memoirs by Harry S. Truman: Year of Decisions* (New York, NY:
Doubleday and Company, 1955-1956), pp. 481-494.

因杜魯門強調「重歐輕亞」政策，事後雖然美軍援助韓國，只是杜魯門的補過行為，但不夠徹底，麥克阿瑟的免職，即是一實例。❺

　　除了亞洲問題為人非議外，杜魯門促使歐洲經濟復甦的「馬歇爾計畫」，軍經援助希臘、土耳其的「杜魯門主義」，圍堵蘇聯的「北大西洋公約組織」，經濟援助落後地區外交政策目標之一的「第四點計畫」(Point Four Program) 等，至今仍為人所稱道。

一、戰後的時代背景

1. 民主國家的兵工廠

　　美國在戰後的杜魯門時期肩負起世界和平的重責大任。在 1941 年底，日本偷襲美國的珍珠港，終於喚醒了沉醉於孤立主義和平美夢的人們，美國正式投入反法西斯主義的第二次世界大戰。

　　在德、義、日法西斯主義的瘋狂進攻下，世界各民族的國家利益，以及各民主國家的生存權利都受到了極大的威脅。美、英等資本主義國家在嚴峻的形勢下，從各自的國家利益出發，與當時唯一的社會主義 (Socialism) 國家——蘇聯 (Soviet Union) 一起結成了廣泛的世界反法西斯統一戰線，與法西斯主義展開殊死戰鬥。擁有強大經濟實力和國防實力的美國，傾其全力投入這場戰鬥。幾乎美國所有的工業經濟力量都投入了軍事生產，產品源源不斷地投向世界各戰場，美國成為「民主國家的兵工廠」。美國軍隊也奔赴世界各地的戰場與法西斯軍隊進行英勇戰鬥。

　　在世界正義力量的共同努力下，法西斯主義的侵略勢力遭到遏制，盟軍在蘇德戰場、太平洋戰場、北非地中海戰場中逐步取得戰爭主動

---

❺　Alongo L. Hamby, *Beyond the New Deal: Harry S. Truman and American Liberalism* (New York, NY: Columbia University Press, 1973), pp. 337-359.

權。之後，在經歷諾曼第登陸和一系列太平洋海戰之後，終於在 1945 年 5 月 7 日和 1945 年 8 月 15 日分別迫使德、日兩大法西斯國家宣布無條件投降。

第二次世界大戰使美國接受了又一次洗禮。美國憑藉其工農業的優勢，為反法西斯國家提供了大量生活物資與軍火。一千六百萬美國人直接投入戰場，傷亡達一百二十多萬人，其中三十二萬人死於戰場。然而也正是這場戰爭，使美國的實力急劇增強。戰爭結束時，美國擁有資本主義世界工業總產值的 60%，外貿額也占全世界外貿總額的三分之一，黃金儲備是世界各國黃金總儲備量的 75%，成為世界最大的資本輸出國和債權國。軍事上，美國擁有強大的陸海空三軍，壟斷著原子彈，是世界第一個軍事強國。❻

實力的變化使「孤立主義」終於退出了歷史舞臺，美國開始構想建立一個由美國為霸主的戰後新世界秩序。1946 年 4 月 6 日，美國總統杜魯門在芝加哥發表的一次演講中公然宣稱：「美國今天是一個強大的國家，沒有一個國家比她更強大了。……這意味著，我們擁有這樣的力量，就得挑起領導的擔子並承擔責任。」❼當時美國的統治者想依靠在戰爭期間形成的英美聯盟，在戰後建立一個以英美為核心的國際新聯盟。戰後建立的「聯合國」，便是在這種構想下的自然產物。

然而，聯合國並不能消除國際間在國際利益和意識型態上的巨大分歧。隨著戰爭的結束，美蘇的政治裂痕日益擴大。杜魯門繼任總統後，開始對蘇聯採取強硬政策，蘇聯在美國統治者的心目中，已從昔日的盟友變為敵手了。

---

❻　Hugh Thomas, *Armed Truce: The Beginning of the Cold War, 1945-1946*, p. 116.

❼　Alongo L. Hamby, *Beyond the New Deal: Harry S. Truman and American Liberalism*, p. 450.

2.「冷戰」時期的到來

1946 年，英國首相邱吉爾在密蘇里州 (Missouri) 的富爾頓 (Fullerton) 發表了一場名為「鐵幕」(The State of Siege) 的演說，鼓動英美聯合對抗蘇聯，從而揭開「冷戰」的序幕。1947 年，圍繞援助希臘、土耳其，使其免受「蘇聯滲透」問題的討論，杜魯門向國會宣讀了一份咨文，將矛頭直指蘇聯，稱之為「極權國家」，聲稱要在世界一切地方與蘇聯對抗。這項被稱為「杜魯門主義」的政策聲明，標誌著美國外交政策基本格局的重大轉變：美蘇同盟破裂，「冷戰」全面開始。為了遏制蘇聯，美國提出了經濟上復興歐洲的「馬歇爾計畫」，向西歐提供一百三十一億五千萬美元，以恢復西歐國家的經濟，同時也是為了防止西歐各國在美蘇對抗中發生不利於美國的變化，以求美國在「冷戰」中能在西歐有一個更為鞏固的立足之地，掌握住一批共同對抗蘇聯的盟友。不久，美國又與英、法、加等十二國在華盛頓成立了「北大西洋公約組織」，建立美國與西歐國家的軍事聯盟，以圖遏制蘇聯。

1950 年發生的韓戰，是「冷戰」政策的白熱化，也是美國對外關係上的又一次重大行動。美國動用其三分之一的陸軍，五分之一的空軍和二分之一的海軍，直接投入了這場戰爭，但遭受慘重損失，最後以失敗告終。

1953 年，艾森豪上臺後（任期 1953–1961 年），美國對外政策再次發生變化。按照國務卿杜勒斯 (John Foster Dulles, 1953–1959) 的意見推行所謂的「戰爭邊緣」(Brink of War) 政策，即不直接捲入戰爭，而依靠美國核武力量實行軍事威嚇，繼續維持美蘇之間的「冷戰」格局，如此一來才出現了一個相對緩和的局面。然而，美蘇並未停止角逐，雙方展開核武器競爭。美國四處成立軍事聯盟，例如「東南亞條約組織」(South-East Asia Treaty Organization)、「巴格達條約組織」(Baghdad Pact Organization)、「北大西洋公約組織」等，以構築一張美國能控制與掌

握的全球範圍遏制網。

二、國內政策

　　戰後美國國內形勢的發展及其國際地位的變化，與其執行的對外政策的變化，有著緊密的聯繫。從第二次世界大戰到 1950 年代末，美國國內經濟空前繁榮，國民生產總值從 1945 年的三千五百五十二億美元上升到 1960 年的四千八百七十七億美元，而 1950 年代工業年增長率高達 4%。美國政府對經濟領域的干預也越來越大，它掌握了貨幣供應和利率調控權，政府還使用大量增加國防開支的辦法刺激經濟發展，使普通民眾的就業機會增多，軍事工業巨頭也因此賺大錢。

　　經濟的高速增長，對普通美國人來說，意味著收入的增加。1945 至 1960 年，美國人全年均可支配收入，按 1958 年的美元價值計算，從一千六百四十二美元上升到一千八百八十三美元，增加近 15%。物價指數在 1945 年為六十二‧七，1953 年上漲至九十三‧二，以後幾年一直保持相對地平穩。1950 年代，美國已進入高消費的時代，越來越多的人開始使用信用卡，他們的每月開支常常超過他們的收入，到 1950 年代末期，美國家庭平均消費支出比戰爭結束時增加了一‧七倍，超過了同期美國國民生產總值的增長。❽

　　經濟的發展，使人口流動增加，也改變了人們的居住觀念。整個 1950 年代，約有四千至五千萬美國人因不堪忍受中心城區的過分擁擠和惡劣的環境，而遷往郊區和衛星城鎮居住。因此，在這一時期中，郊區人口不斷膨脹，其人口的增加速度為中心城區的四倍。❾

---

❽　Hugh Thomas, *Armed Truce: The Beginning of the Cold War, 1945-1946*, p. 113.

❾　Richard M. Freeland, *The Truman Doctrine and the Origins of McCarthyism: Foreign Policy, Domestic Politics, and Internal Security, 1946-1948* (New York, NY: W. W. Norton Company, 1972), p. 349.

　　財富的豐裕，使 1950 年代杜魯門時期的美國人比以往有更多的閒暇時間。平均每週工作時間從 1940 年的四十四小時減為四十一小時。一年一度的休假從前很少有人享有，到 1950 年代已相當普遍，休假期也比較長。大批美國人把他們的閒暇時間用於旅遊、體育運動等，更多人們關注個人小家庭的生活享受。

　　由於正處戰後，對於退伍軍人就業輔導條例，規定由政府貸款，使退伍軍人得以購買住屋、經商或者務農，而這個條例，也資助了成千上萬的退伍軍人求學。

　　美國的經濟，由戰時經濟過渡到平時經濟，並未發生失業的現象。由於戰時對物資的缺乏，戰後生活穩定，工資提高，造成一種對於消費品的急迫需要。此外，人口不斷的增加，也刺激了工業的發展。

　　1948 年，杜魯門擊敗呼聲極高的總統候選人杜威 (Thomas Edmund Dewey, 1902–1971)，當上總統後，在他的內政以「平政」作為改革計畫，擴大社會保險的範圍，受益人數也增到一千萬人左右。此時期從事工業的工人，最低工資由每小時四十分錢增到七十五分錢；政府於 1949 年通過掃除貧民窟及興建低租金房屋的聯邦計畫；農民在抵制水旱、天災，或者農產品價格低落之類的威脅裡，也可得到聯邦政府的幫助。

三、國際外交事務

　　在二次世界大戰結束後，多數美國人希望蘇聯與西方民主國家能繼續合作，以建立一個安全和平的世界。美國積極支持在聯合國中成立若干機構，並且在經費方面支持這些機構，致力於歐、亞、非各洲受災害地區的經濟復興及救濟等工作。美國也撥出大量的款項，援助非共國家或共產國家。但共黨在東歐取得政權後，到處進行滋擾，使國際間緊張氣氛不斷增加。

1. 杜魯門主義

　　為對應國內外的戰後局勢，杜魯門與蘇聯進行冷戰的對立。「美」、「蘇」號稱是世界上兩個最強大的國家，就這樣展開了一場長期劇烈的爭鬥，支配了整個世代的國際動向。這場「冷戰」主要是在經濟和政治的戰線上針鋒相對，尚未到彼此兵戎相向的地步，但是沒有人能夠保證不會突然間演變成武力衝突，甚至爆發一場可怕的核子戰爭。

　　蘇聯在聯合國安理會 (United Nations Security Council) 中，一次又一次利用否決權 (line item veto)，使得每次發生的國際糾紛中，不管和美蘇這兩個超級大國的直接利益相去有多遠，都會變成大國之間冷戰的危機。例如 1946 至 1949 年間，希臘境內有戰事發生，美國指稱蘇聯及他的衛星國家，援助暴亂分子去反叛希臘的合法政府；蘇聯則指稱西方強國，支持一個腐敗而不得人心的希臘政權。爭論的焦點，完全在於叛亂究竟是否真正出於希臘國內人民的自發行動。若是，聯合國就無權干預；若叛亂是受到國外的煽動，則聯合國理應依照憲章規定，介入干涉。這個爭論一直停留在理論的階段，原因是蘇聯握有否決權，聯合國根本沒有辦法採取軍事行動，而此次正巧希臘政府得到美國的援助，依杜魯門主義的支援，才把叛亂平息。❿

　　所謂「杜魯門主義」，就是在 1947 年 3 月 12 日，杜魯門總統對國會兩院聯席會議發表演說，要求撥款四億美元在軍事及經濟上援助希臘及土耳其國家，以阻止共產主義的侵略。「杜魯門主義」認為，在世界上任何地區發生社會主義革命，都會威脅到美國的安全。美國要擔當「世界警察」的責任，防止共產主義在世界任何地方出現。為此美國實行「馬歇爾計畫」，援助西歐國家，解救他們戰後的貧困，以防止發生革命。美國大力發展軍備，僅在 1948 年一年內就將核武器的儲備從

---

❿　Hugh Thomas, *Armed Truce: The Beginning of the Cold War, 1945-1946*, pp. 246-261.

十三枚擴展到五十多枚。因此杜魯門主義也是冷戰的開始，徹底改變了羅斯福時代的美國對外政策，奠定了戰後世界的基本格局。

依循「杜魯門主義」的精神，美國也同樣支援土耳其國家。由於土耳其因政治的不穩定，急需外來的援助，蘇聯更要對土耳其索求土地，在美國的支援下，杜絕蘇聯的共產滲透，土耳其因此恢復正常的局勢。**⓫**

2. 馬歇爾計畫

第二次世界大戰後，歐洲國家需要財力上的協助，以快速重建受創傷的經濟。1947 年 6 月 5 日，美國總統杜魯門宣布一項新的外交政策，支持歐洲及世界各地反共勢力，以遏阻共產主義為目標，「馬歇爾計畫」因此開始實施。國務卿馬歇爾在哈佛大學發表演說時，提出一項幫助歐洲「復原」(Recovery) 的大規模計畫，也就是提供數十億美元，在金錢、物資及機器上協助重建西歐，這就是著名的「馬歇爾計畫」。**⓬**

「馬歇爾計畫」有二大意義：其一，除了美國支援西歐國家在經濟上復原外，其實也是在抵抗共產勢力的滲透。經濟復原後的西歐，將來與美國間的貿易數額也會增加，如此也能改進美國的經濟環境。其二，歐洲重建的馬歇爾計畫也是在幫助德國恢復經濟。兩次大戰都因德國挑起戰事，才讓美國直接及間接加入了世界大戰，但德國是一個不平凡的國家，沒有德國生產的復甦，就沒有歐洲經濟的復甦。雖然美國害怕德國復興後會帶來另一場動亂，但也能體會到德國復興後的好處。這又是另一個圍堵共產勢力成功的例子！

⓫　Richard M. Freeland, *The Truman Doctrine and the Origins of McCarthyism: Foreign Policy, Domestic Politics, and Internal Security, 1946-1948*, p. 456.

⓬　Richard M. Freeland, *The Truman Doctrine and the Origins of McCarthyism: Foreign Policy, Domestic Politics, and Internal Security, 1946-1948*, pp. 345-356.

圖 35：馬歇爾　喬治·馬歇爾是一名士兵，出生於賓夕法尼亞州，馬歇爾於維吉尼亞州萊星頓市的維吉尼亞軍校 (Virginia Military Institute) 受訓並在此培養他的領導技巧。當他還是個年輕軍官時，馬歇爾即以耿直、坦率及傑出的問題解決能力聞名。第一次世界大戰時，他身居要職，到了第二次世界大戰時，則身任陸軍參謀長。戰後，馬歇爾將他的問題解決能力應用在更重要的領域上。身為國務卿時，他說服國會撥出一百三十億美金幫助歐洲重建。這個有名的「馬歇爾計畫」為許多國家帶來希望與和平。1953 年時，馬歇爾也因他的偉大成就獲頒諾貝爾和平獎。

3. 北大西洋公約組織

　　正在大力推行馬歇爾計畫之際，柏林發生嚴重的情勢。1948 年 2 月，英、法和美國把他們在德國和深入德國蘇臺德區的柏林區合而為一，並宣布貨幣的改革，將這些地區的經濟合為一體，使聯合經濟和西歐關係更加密切。

　　此刻，蘇聯把東歐的邊界全部關閉，企圖截斷外界對西柏林的供應，進而迫使盟軍放棄對西柏林的援助。西方國家為了避免直接與蘇聯發生對抗，用龐大的空運行動接濟西柏林。大約一年後才解除封閉，對盟國而言，在心理上贏得了一次重大的勝利。

　　依過去美國孤立主義的作風，是不與任何西方國家締結軍事聯盟，但在 1949 年 4 月 4 日，美國與加拿大、比利時、法國、盧森堡、荷蘭、英國、丹麥、挪威、冰島、葡萄牙和義大利等國，在華盛頓簽署了《北大西洋公約》，決定成立北大西洋公約組織。同年 8 月 24 日各國完成批准手續，該組織正式成立，即如果任何一國受到軍事攻擊，其他國家

立即支援。

4. 中國問題

　　然而國際事件中，中國問題讓美國了解冷戰的嚴重性。杜魯門著重「重歐輕亞」的政策，對亞洲則採取「放手政策」，致使 1949 年 10 月 1 日由毛澤東 (1893–1976) 領導的中共部隊控制整個中國，而蔣介石領導的國民政府只得遷到臺灣。親西方的中華民國本來是聯合國安全理事會五個常任理事國之一，此時印度對中華民國的代表資格表示異議，提議由新成立的中共政權代替國民政府，出席聯合國會議。但此案在 1950 年 1 月付之表決時被推翻，杜魯門總統拒絕承認在中國的共產政權，他承認臺灣為中華民國政府唯一且合法的政府。因此，在 1950 年，美國以軍事保護臺灣。此舉動，引起蘇聯的狂怒，開始準備抵制聯合國的一切活動。由於二個中國政策 (Two China Policy)，使得杜魯門受到極大的批評。批評者認為中國大陸的失去，是因為杜魯門將經濟和軍事的援助重心偏重於歐洲的結果。如果當時給予國民黨政府更多的軍事及經濟上的援助，勢必可阻止共黨的擴張。

5. 韓　戰

　　在中國大陸為共黨占有後，亦即在杜魯門政府的末期，美國在國際方面最關心的，應是亞洲問題了。

　　在第二次大戰後協議的結果，美國和蘇聯受託管理韓國領土，以北緯 38 度分開成北部的蘇管區及南部的美管區。然在 1950 年 6 月 25 日，北韓共軍越過北緯 38 度線攻擊南韓。

　　聯合國安理會立即召開緊急會議，譴責北韓的攻擊行動是破壞和平，要求侵犯者立即撤退，並指稱北韓為「侵略者」。同時，又號召聯合國的會員國，給予南韓以一切可能的協助。美國對於被圍攻的南韓自認有一種特殊的責任，立即派遣陸空軍到韓國。接著，又有十五國出兵及四十九國提供物資上的協助。聯合國軍統帥部繼而成立，這是有史以

來第一次一個有組織的國際部隊出而對抗侵略。聯合國此次能採取這種行動，是因為蘇聯有一段時期抵制安理會，沒有參加會議來使用他的否決權。

韓戰的進展，慘烈且多波折，正當戰事結束在望時，中共突然投入超過二十萬的軍隊，與聯合國軍隊作戰。中共的這種干預，一度使戰事擴大到韓國邊境以外的趨勢，但聯軍統帥部不願戰事擴大，決定進行「有限度」的戰爭，追求「有限度」的目標，終將北韓軍驅出北緯 38 度線以北。

在韓戰當中，美國韓戰的主要將領是麥克阿瑟 (Douglas MacArthur, 1880–1964) 將軍。麥帥及杜魯門總統在對韓戰的看法及處理中，產生分歧。依杜魯門總統認為，所謂「戰爭」，在美國人眼中「有限度」的戰爭，是達到一項特有的目的。韓戰的目的就是恢復南北韓原有的界線，杜魯門只想維持有限度的戰爭，而不是尋求全面的勝利。但是麥克阿瑟認為，戰爭的目的就是要求勝利，他主張將戰爭帶過中國的國境上，主張轟炸東北。

1951 年 3 月，在聯合國軍隊收復了南韓大部分領土之後，杜魯門準備尋求和平的談判，但麥克阿瑟不願意，也不顧杜魯門的意旨，公開宣布要求北韓全部投降。由於麥克阿瑟的強硬態度激怒了總統杜魯門，下令將麥克阿瑟撤職並命令返國。當麥帥返國，仍受到美國國內人民的敬仰及歡迎。

在經過長時間的談判後，在 1953 年夏天，南北韓安排停戰，承認戰場上的事實。在韓戰中，美國總共派遣二十五萬名將士，繞過半個地球去作戰，陣亡人數達三萬名，證明美國具有保護獨立國家，抵制侵略的決心。**⓭**

⓭　David Caute, *The Great Fear: The Anti-Communist Purge Under Truman and Eisenhower* (New York, NY: Doubleday and Company, 1978), p. 340.

6. 赤色恐怖

1947 年 3 月，總統杜魯門頒布一項聯邦政府忠誠甄別計畫，對政府雇員進行全面調查。根據這個法令，文官委員會甄別了三百多萬政府雇員，聯邦調查局調查一千四百宗「嫌疑案」。但是沒有發現真正的間諜案，最後宣布二百一十二人因「忠誠值得懷疑」而解雇了他們。

從 1948 年起，眾議院「非美活動委員會」(Un-American Activities Committee) 也開始了一系列對所謂「共產黨間諜案」的調查，似乎有證據證實共產黨滲入美國政府的高層了。其中最著名的是「希斯案」。美國眾議院「非美活動委員會」於 1948 年開始調查。一名曾經充當蘇聯間諜錢伯斯 (Whittaker Chambers, 1901-1961) 指控，前國務官員希斯 (Alger Hiss, 1904-1996) 曾將祕密文件交給他。希斯當時是卡內基國際和平基金會（Carnegie Endowment for International Peace，簡稱 CEIP）主席，曾在國務院任職，並參加過雅爾達會議、舊金山會議和聯合國大會第一屆會議。據錢伯斯揭發，認為他是一名共產黨間諜，並出示了六十五卷國務院文件的縮微膠片作為其間諜活動的證據。希斯這麼一個各方面都是無可指摘的體面人物，竟然是共產黨間諜，這在美國國內自然引起一場軒然大波。儘管希斯對他的指控堅決予以否認，但是仍然在 1950 年 1 月以「偽證罪」被判處五年徒刑。❶❹數月之後，英國政府宣布拘捕曾參加美國原子彈計畫工作的富克斯博士 (Klaus Emil Julius Fuchs, 1911-1988)，他承認曾向蘇聯洩漏製造原子彈祕密。這件事被揭發後，鬧得滿城風雨。1951 年又有朱利葉‧羅森堡 (Julius Rosenberg, 1918-1953) 和艾瑟爾‧羅森堡 (Ethel Rosenberg, 1915-1953) 夫婦被指控為原子彈間諜而被判罪。凡此類案件層出不窮出現，社會氛圍令人恐慌，此

---

❶❹　Herbert S. Parmet, *Richard Nixon and His America* (Boston, Mass: Little Brown and Company, 1990), pp. 212, 214, 309.

時期被稱為是「赤色恐怖」(Red Scare) 時期。

　　經過希斯一案及日後接二連三的案件揭發後，美國眾議院「非美活動委員會」便開始搜索隱藏在美國社會的共產黨人及其伙伴。公開審訊的時候，告發的人得到國會的豁免控罪保障，就可指控大批男女從事共黨顛覆行動。在大量指控名單中，包括知名的好萊塢劇作家、大學教授、知識分子及其他人士，最令人驚奇的，連當時美國原子彈發展計畫的領導人羅伯特‧奧本海默 (Julius Robert Oppenheimer, 1904-1967) 也被指控在內。[15]

　　在這種緊張氣氛下，威斯康辛州參議員約瑟夫‧麥卡錫 (Joseph Raymond McCarthy, 1908-1957) 為了建功，推動一項歷時四年的整肅運動。1950 年 2 月，麥卡錫宣布握有證據，證明國務院內共黨分子充斥。麥卡錫得到國會的豁免保障，揭發潛伏的共黨分子。他又指控約翰霍布金斯大學的教授、馬歇爾將軍、艾森豪將軍及杜魯門總統等人是共產黨員。雖然許多人批評這名參議員對付共黨分子所用的手段，但仍有一大群人支持他，包括共和黨的黨員。由於民主黨對共產主義姑息，此時，仍有許多人也希望藉著麥卡錫的力量，能在政治上得到利益。

　　在接下來四年中，麥卡錫繼續用這種方式來指責他的異己，是真是假難斷，造成後來人們開始懷疑。麥卡錫一名助理 大 衛 (G. David Schine, 1927-1996) 在 1954 年被徵召入伍服役，麥卡錫向軍隊施加

圖 36：麥卡錫

[15]　Richard M. Freeland, *The Truman Doctrine and the Origins of McCarthyism: Foreign Policy, Domestic Politics, and Internal Security, 1946-1948*, pp. 345-356.

壓力想讓大衛成為軍官，卻遭到軍方的拒絕，因而引起一連串的爭執。麥卡錫在攻擊美國軍部，指其包庇軍中的顛覆活動時，對軍部提出指控，其一連串審訊過程都透過電視轉播，把麥卡錫的偏激手段全播放出來，民眾開始對他產生反感。1954 年 12 月，參議院通過決議，譴責麥卡錫，自此麥卡錫銷聲匿跡。許多人的聲譽和事業都曾因麥卡錫進行調查整肅而遭受損害，美國民眾也對一切與常規不同的行動及各種極端主義深感恐懼與痛恨。

　　1950 年代初期，麥卡錫主義 (McCarthyism) 是戰後美國的一種歷史現象，橫行於美國近五年之久，對美國的內政、外交產生深遠的影響。麥卡錫活動得到右翼社會勢力、反共組織和很多共和黨人的支持。他的欺騙性宣傳一度對社會輿論產生極大的影響，蒙蔽了許多不明真相的人。在他活動的猖狂時期，民意測驗表明有一半的人擁護他，麥卡錫追隨者和支持者與麥卡錫相呼應，進行各種形式的反共反民主活動。而這批人士是一股鬆散的，成分複雜的社會勢力。他們沒有統一的組織，沒有共同的政治綱領，也沒有把麥卡錫選作他們的總統候選人。因此，他們所進行的活動，沒有形成一個政治運動，卻成為一種統治當時美國社會生活的極端反動的政治潮流。這種政治潮流，是由麥卡錫的言論和活動所集中體現的，因而被稱為「麥卡錫主義」。「麥卡錫主義」的興衰是二戰結束以後，國際形勢和美國資本階級政爭劇烈演變的結果；更具體而言，它起著幾個重要作用：首先，是美國政治的冷戰政策和反共宣傳，為麥卡錫的興起開創了政治氣候。美蘇對抗的國際情勢，對美國國內政治生活產生了深刻的影響。反蘇、反共成為麥卡錫主義的一面大旗，麥卡錫就是在這面旗幟下發起了對「政府中的共產黨人」的指控和調查。**⓰**

⓰　David Caute, *The Great Fear: The Anti-Communist Purge Under Truman and Eisenhower*, p. 340.

其次，戰後美國反共、反民主政治迫害，為麥卡錫主義的興起，準
備了政治的土壤。共和黨和民主黨的反共競賽，使麥卡錫主義應運而
興。再者，共和黨對麥卡錫的支持等客觀條件，在麥卡錫主義的興起
中，起了直接的促進作用。1950 年共和黨在國會中獲勝並在 1952 年上
臺，無疑受此主義影響，而共和黨把麥卡錫作為攻擊民主黨政府的政治
工具，竭力給予支持。最後，麥卡錫主義在統治集團內部的尖銳衝突和
人民的激烈反抗中衰弱。

麥卡錫主義以及 1950 年代初的「赤色恐怖」，從實質上講，是戰
後美國「冷戰」政策在國內政治舞臺上的表現，也是朝鮮戰爭的副產品，
戰後的血腥和硝煙，加劇了國內反共的狂熱情緒。麥卡錫主義失敗了，
但是它的影響是深遠的，它一度嚴重踐踏了廣大美國人民一貫所珍視的
人權，更嚴重的是破壞了美國一代人的文化教育事業，扼殺了青年學生
的創造開拓精神，同時卻造就了一代沉默的美國青年。

第二節　艾森豪政府

總統艾森豪畢業於西點軍校主科步兵，是第二位以軍人身分任職的
美國總統，[17] 且是第一位領有飛機駕駛執照的美國總統。艾森豪是集軍、
政、教育界榮銜於一身的美國總統。在軍官拜五星元帥，在政位上作到
美國總統，在教育界曾任哥倫比亞大學校長。美國政界中，一般都是文
人高於武人，艾森豪以軍人出身，當上總統，他任內的作為，受到世人
的尊重與肯定。[18]

---

[17]　第一位是格蘭特（Hiram Ulysses Grant，任期 1869–1877 年）。

[18]　在艾森豪一生中，自認為得意的幾件大事有：一是指揮盟軍在諾曼第登陸（1944 年
　　6 月 6 日）；二是接受德國投降（1945 年 5 月 7 日）；三是出任哥倫比亞大學校長
　　（1948 年 6 月 7 日至 1950 年 12 月 16 日）；四是當選美國總統（1952 年 11 月 4 日）；
　　五是結束韓戰（1953 年 7 月 27 日）；六是美國人造衛星升空（1958 年 1 月 31 日）；

圖 37：艾森豪　杜懷特‧大衛‧艾森豪是一位能夠激勵人心的軍事領袖、暢銷書作者、哥倫比亞大學校長及美國總統。身為美國最高將領，更成為歐洲戰區的盟軍最高司令官 (Allied Supreme Commander)，在第二次世界大戰中，帶領盟軍於北非及義大利取得勝利，並負責協調大規模且成功的法國軍事攻擊開始日 (D-Day)。因受其領導士兵及美國民眾喜愛，艾森豪曾任兩屆美國總統，並以果斷及決心帶領美國渡過艱苦的冷戰早期。1961 年，自公眾生活退休後，艾森豪仍繼續為國服務，身任甘迺迪及詹森總統的顧問。

　　艾森豪任內結束了韓戰，建立「東南亞條約組織」，簽署國會通過的宣布共產黨為非法的法案。1956 年連任總統後，於 1957 年 1 月向國會提出「艾森豪主義」(Eisenhower Doctrine) 的法案。**⑲**根據這個法案，中東國家的政府受共產黨顛覆威脅時，美國可以派軍隊支持該國政府。在他的第二次總統任內，親自出訪歐洲、非洲和拉丁美洲，邀請赫魯雪夫 (Nikita Khrushchev, 1894–1971) 到美國訪問，當他正準備回蘇聯時，1960 年發生了 U-2 飛機在蘇聯被擊落的事件。1962 年艾森豪退休後，投注回憶錄的撰寫。1963 年出版《授權變革》(*Mandate for Change*)，1965 年出版《爭取和平》(*Waging Peace*)，1967 年出版《在悠閒時刻講

　　七是阿拉斯加及夏威夷分別成為美國第四十九州（1959 年 1 月 18 日）及第五十州（1959 年 3 月 18 日）。

⑲　美國總統艾森豪在冷戰時期提出的一種對外政策。他答應向為抵禦共產主義侵略而需要幫助的任何中東國家提供軍事或經濟援助，以遏阻蘇聯在這一地區由於向埃及和其他阿拉伯國家提供武器而不斷擴大的影響。並宣布說，任何中東國家，如果尋求美國的幫助，他必定用武力去保護他的獨立。這實際上是十年前杜魯門在希臘和土耳其所執行的類似政策的繼續。根據艾森豪主義，美國應黎巴嫩政府的請求，曾於 1958 年 7 月派海軍陸戰隊登陸，協助黎巴嫩政府鎮壓共產黨的叛亂。Lydia J. Gole and Louise A. Arnold, *Dwight D. Eisenhower: A Selected Bibliography of Sources at the U.S. Army War College Library and U.S. Army Military History Institute*, Carlisle Barracks, PA: Arnold, Louise A. Report, 1990.

給朋友們聽的故事》(*At Ease: Stories I Tell to Friends*) 等書。艾森豪於
1969 年 3 月 28 日在華府逝世後，受到美國朝野一致哀悼，連向來對他
的政見嚴加批評的《紐約時報》也在社論中稱他為「一代完人」。日後
美國總統尼克森 (Richard Milhous Nixon, 1913-1994) 稱讚艾森豪是戰爭
中的第一人，和平中的第一人，美國人民心目中的第一人。❷⓪

　　在艾森豪時期的 1950 年代末期，四件大事震撼了美國：卡斯楚
(Fidel Castro, 1926-2016) 發動革命，在古巴 (Cuba) 建立共黨政府；蘇聯
成功地發射了第一枚人造衛星；青年文化的巨變；以及黑人的民權運動。

一、卡斯楚接管古巴

　　在 1959 年初，卡斯楚經過多年的苦戰，終於推翻了古巴的獨裁者
巴蒂斯達 (Fulgencio Batista, 1901-1973) 的政府。美國政府和人民，深知
巴蒂斯達高壓統治的殘暴手段，人民一定會歡迎卡斯楚的接替。

　　可是，當卡斯楚總理的言論漸漸變成共黨獨裁者時，美國人對古巴
的同情逐漸消失。卡斯楚並沒有依照他對古巴人民的諾言舉行選舉，他
嚴厲檢查出版物，而且將他過去的百餘位政敵被關進古巴監獄，草草審
判處決，這批人都是在政治上批評卡斯楚的人，包括他舊日的同志，反
共的勞工領袖等。

　　隨著他對獨裁政權的鞏固，卡斯楚漸漸地詆毀美國，並謀求共產黨
集團國家的支持。在艾森豪政府之下，最初對卡斯楚政權採取忍耐等待
的政策。但是到了 1960 年夏天，美國政府的態度轉趨強硬，先採取暫
時停止購買古巴的糖，促請美洲國家組織的二十一國譴責古巴的行動，

---

❷⓪　Robert F. Burk, *Dwight D. Eisenhower: Hero and Politician* (Boston, Mass: Twayne
　　Publishers, 1986), p. 173; Jean Darby, *Dwight D. Eisenhower* (New York, NY: NYU, 1989),
　　p. 58; Margaret L. Stapleton, *The Truman and Eisenhower Years: 1945-1960, A Selective
　　Bibliography* (Metuchen, NJ: Scarecrow Press, 1973), p. 202.

並譴責蘇聯滲透西半球，因為蘇聯支持卡斯楚共產政權。[21]

二、征服太空

　　在此刻，全世界對於日趨熾烈的軍備競賽，因著人類的征服太空而更加激烈。若在承平時期，人類征服太空，會使人感到欽佩和驕傲。然在冷戰時期，「太空時代」成為一種競賽，給予人類新希望、恐懼及幻想，太空時代的來臨正式於 1957 年 10 月 4 日，蘇聯發射出第一枚人造衛星開始。這一天，全世界的廣播與電視收聽機發出神祕的電子嗶嗶聲，有人聽後困惑不解，有人驚恐，此時蘇聯宣布發射了第一顆繞行地球軌道的人造衛星，衛星名稱「伴侶一號」(Sputnik I)，嗶嗶聲是衛星在軌道運行時所發出的密碼觀察信號。蘇聯當時創下了科技的奇蹟。美國火箭專家一直嘗試發射衛星，可是沒有成功。蘇聯——是一個嗜戰逞強的國家，竟能動員其財力及專門技術，完成美國自豪的科技知識所未能達到的工作，讓美國深感威脅。二十世紀的美國，此時正面臨冷戰時期太空科技競賽壓力的來臨。

　　一個半月後，蘇聯「伴侶二號」(Sputnik II) 又發射成功。這顆衛星重達半噸，還把一隻名叫萊卡 (Laika) 的狗，第一次帶進軌道，表示蘇聯可能不久後就會把人送入太空。「伴侶二號」人造衛星發射後不久，美國人曾試著把一顆「先鋒號」(Vanguard) 衛星射入軌道。在佛州卡那維拉岬 (Cape Canaveral) 的發射中，火箭緩緩翻倒折斷，發出巨大的怒吼聲，美國此次人造衛星試射失敗。

　　美國於 1958 年 1 月 31 日，也就是「伴侶一號」發射後的四個月，擎天神 (Atlas) C 型火箭發射出「探險者一號」(Explorer I) 衛星。這顆衛星重十八磅，每一百一十五分鐘繞地球一周，軌道最低點距地球

---

[21]　Walter La Faber, *America, Russia, and the Cold War* (London: Faber & Faber, 1968), p. 56.

二百一十九哩，最高點距地球一千五百八十七哩。它的電碼衛星拍回的消息中，有一項是發現地球周圍有個由地球磁場吸住的輻射層，一直伸入四萬哩外的太空中。這個輻射層以查出其存在的詹姆斯·范艾倫 (James Van Allen, 1914–2006) 命名，稱為范艾倫帶 (Van Allen belt)，是太空競賽中第一項重要的科學發現。此後續有幾百項其他發現，太空科學因而成為世界一些最優秀科學家的研究領域。美蘇太空科技的競賽，表明這兩個國家已有強烈的火箭，足以將原子彈和氫彈投送到數千公里之外的敵國腹地了。如此一來，使得冷戰時期美蘇之間武器競賽更趨熱烈。

三、青年文化的巨變

美國國內麥卡錫時代結束時，恰巧國際緊張局勢暫時緩和下來。1953 年 3 月 5 日，蘇聯獨裁統治者史達林逝世；同年後期，在韓國也簽訂了休戰協定。

在 1953 年 1 月，艾森豪總統上任，在他的領導之下，美國在國內、外都採取穩健的中間路線的政策。退了役的艾森豪將軍，是美國歷史上最受歡迎的總統之一，他以壓倒性的大多數票獲選連任。

艾森豪時代，美國國內安穩平靜，與杜魯門執政的騷亂不安成一對照。不過，在 1950 年代的中期，有一些美國人開始反叛他們的社會約束。這類團體中，有一個稱為「垮了的一代」(the Beaten Generation) 派系，他們反對美國千篇一律及商業化的生活，這些人是一般的詩人、藝人及畫家，在 1950 年代中期，集居在美國東西兩岸，他們的生活習慣和外表豪放不羈，大家對當代塵世都抱著超脫的態度，彼此志同道合。

一次世界大戰後的 1920 年代，盛行的爵士樂背後，新潮女郎的出現、酗酒，許多劇作如海明威作品改編的《戰地春夢》，費茲傑羅的《大亨小傳》(*The Great Gatsby*, 1925)，都是表達遠在 1920 年代年輕人對世

俗的鄙視，不滿的觀念。同樣地，二戰後的 1950 年代，美國部分地方，
受到騎機車和街上成群結隊的青少年鬧事。這些年輕流氓聯群結黨，在
市中街道和越州高速公路上闖蕩、酗酒、偷竊及施用暴力，令社會不
安。如馬龍‧白蘭度 (Marlon Brando, 1924–2004) 主演的《飛車黨》(*The
Wild One*, 1954) 及詹姆斯迪恩 (James Dean, 1931–1955) 主演的《養子不
教誰之過》(*Rebel Without a Cause*, 1955) 等影片，描寫了他們這種四海
為家的生活方式。許多青少年都爭相模仿他們傲慢、冷酷的態度及外
表，把頭髮向後梳成鴨尾裝扮，穿上騎機車時所穿的黑皮短夾克、貼身
牛仔褲，並仿效他們的口頭禪。1950 年代對美國人來說算很滿意的年
代，但仍出現反社會行為，如紐約有批頭街，批頭者表明作自己愛作的
方式，只要高興即可，強調思想及行為上的放任，他們歧視美國的物質
文明的成功，也鄙視現代生活的享受。

　　此時青少年最讓人注目的新生活文化，應屬音樂了——搖滾樂在
1950 年代創下了高峰。一名叫艾維斯‧普萊斯里 (Elvis Presley, 1935–
1977) 的抒情歌手在樂壇出現，穿著貼身褲子，依著新拍子扭腰作態，
唱出至今仍讓人回味無窮的歌曲，受到眾多妙齡少女的青睞，他被稱為
「扭腰貓王」，風靡不少年輕人為他瘋狂。1950 年代盛行的搖滾舞樂，
與艾森豪總統的平靜時代，顯然形成強烈對比。

　　同時代的諾瑪‧珍‧貝克 (Norma Jeane Baker, 1926–1962)，是半裸
美女雜誌封面模特兒，1945 至 1955 年間搖身一變成為金髮明星瑪麗蓮‧
夢露 (Marilyn Monroe)，她是美國男人心中的夢中情人，於 1962 年因服
用過量安眠藥辭世。在她成為性感象徵的十年間，美國社會也由表面正
常的狀態，轉變成暴力的時代。

四、黑人民權運動

　　在艾森豪當政時期，不斷地改進讓美國黑人充分享受政治、法律以

及社會福利各方面的施政。二戰前，美國政府曾給黑人允諾，要爭取與白人平等的權利。然而由於大戰發生，黑人平權幾乎被遺忘了。雖然對於美國最大少數族群的命運時有改進，但北方的黑人在教育、房屋和就業上仍受到歧視。在南方，他們在經濟上沒有流動性，所租用的和擁有的土地，受到各種限制，這種種族隔離的生活，不論是在鐵路、公園、旅館、學校、醫院，甚至墳場皆可見到。

回顧 1930 年代及 1940 年代，已有一些黑人加入政府的工作行列。聯邦政府撥出款項為黑人建造娛樂的場所、學校和醫院。第二次世界大戰期間，羅斯福也受到黑人勞工領袖的支持，和政府訂有軍事合同的工廠，不得歧視黑人。二戰後，杜魯門總統設立民權委員會，下令三軍消除種族隔離，任命更多黑人擔任公職，職業棒球競賽聯合會和職業籃球競賽聯合會，也開始雇用黑人。㉒

在艾森豪任內，更多的黑人上大學讀書。在 1957 年 9 月 9 日，國會通過《1957 年民權法》(Civil Rights Act of 1957)，保障黑人的投票權，這是二十世紀中，國會所通過的第一件民權法律；1960 年 5 月 6 日，國會又通過《1960 年民權法》(Civil Rights Act of 1960)，加強對黑人投票權的保障。

至於種族隔離現象，最明顯情況應在學校分校上。在哥倫比亞區及若干接界的州，黑白合校的政策快速在推行，但遭到南方各州的反抗。不過在 1954 年，最高法院裁定公立學校的種族隔離政策是不合法的。1957 年之後，阿肯色州小岩城 (Little Rock) 執行取消種族隔離政策。1957 年的秋季，阿肯色州小岩城發生種族衝突事件，當時的州長法柏斯 (Orval Faubus, 1910–1994) 下令阿肯色州國民警衛隊 (Arkansas National Guard) 阻止九名非裔美國人進入中央中學 (Little Rock Central

㉒ Robert F. Bunk, *Eisenhower Administration and Black Civil Rights* (New York, NY: Basic Books, 1984), p. 57.

High School) 就讀。法柏斯州長公然反抗 1954 年時最高法院針對「布朗訴托皮卡教育委員會案」[23]一案所做出之判決，該判決命令美國公立學校廢除種族隔離制度；身為美國最高法律執行官員的艾森豪總統面臨了一個困難的問題，他想要維護《憲法》及法律，但也想要避免情緒高漲的阿肯色州內可能發生的流血衝突。艾森豪最後以國民軍進入學校鎮壓這場種族衝突的危機，展現艾森豪對種族平等的努力，並表示政府決心執行黑白合校的決心，這起「小岩城危機」(Little Rock Crisis) [24]事件，對於種族隔離教育的影響甚為深遠。

　　1950 年代，美國南方的另一種反叛勢力也正在蘊育，成為未來十年間的社會大問題。美國黑人歷來被視為二等公民，雖然有些州通過了

---

[23]　「布朗訴托皮卡教育委員會案」的緣起是發生在 1954 年，年僅八歲的黑人兒童琳達・布朗 (Linda Brown) 正上小學三年級，她每天要步行一・五公里繞過火車調車場去堪薩斯州托皮卡市 (Topeka, Kansas) 的黑人小學去上學，而她周圍的白人朋友們的公立學校卻只離家有七條街遠。琳達的父母向聯邦地方法院起訴，認為提供給黑人隔離的學校設施本身就是不平等的。這一請求，最終演變成另外一個更大的要求，即要解除黑人和白人兒童在教育領域的隔離狀態。處理這個案件的首席大法官是厄爾・沃倫 (Earl Warren, 1891–1974)，他在 1954 年就該案所作的裁決突破了過去黑人與白人在教育、生活等方面的「隔離但平等」原則，為後來幾十年在種族平等問題上取得實質性的進展奠定了基礎。黑人種族的少年們，通過他們的法律代表尋求法院的幫助，爭取在非隔離的基礎上與白人兒童一樣進入他們社區的公立學校上學。但是由於法律規定或容許種族隔離的作法，他們要求進白人兒童就讀的學校，每次都遭到拒絕。這種種族隔離政策被認為是剝奪了原告根據第 14 條修正案享有的受法律平等保護的權利。在審理這些案件時，除了「德拉瓦案」(Gebhart v. Belton) 外，都是由三位法官組成的聯邦地方法院在審理。地方法院皆依照「普萊論辛訴佛格森案」時宣布的「隔離但平等」原則，拒絕對原告解除種族隔離規定。按照這個原則，只要各種族得到基本上平等的教育設施，即使這些設施是分開的，也應視作得到平等的待遇。在處理「德拉瓦」一案時，德拉瓦最高法院堅持這個原則，但它卻命令白人學校接納原告入學，原因是這些學校較黑人學校優越。由於「布朗訴托皮卡教育委員會案」這個小的訴訟，也最終成為聯邦最高法院的一個重要訴訟。

[24]　Robert F. Bunk, *Eisenhower Administration and Black Civil Rights*, p. 84; Jack Harrison Pollack, *Earl Warren: The Judge Who Changed America* (Mishawaka, IN: Prentice-Hall, 1979), p. 113.

圖 38：1956 年，羅莎‧帕克斯遭到逮捕，抵制公車事件成為重大的新聞。（圖片出處：AP）

《民權法案》，但在公共汽車上，黑白分座等非法種族隔離習俗，在南方卻很普遍。在 1955 年，年輕浸信會牧師馬丁‧路德‧金恩 (Martin Luther King, Jr., 1929-1968)，在阿拉巴馬州的蒙哥馬利市 (Montgomery) 組織和平運動，抵制城內的公共汽車隔離分座的規定。因 1955 年 12 月，一位黑人婦女名叫羅莎‧帕克斯 (Rosa Parks, 1913-2005) 在蒙哥馬利市下班後，坐上一輛黑白同座的隔離公車，因她拒絕讓位給同搭公共汽車的白人旅客，而遭逮捕。金恩牧師開始組織黑人杯葛運動，以「靜坐」(sit-in) 表示反抗黑白種族隔離政策。最後高等法院裁定公共汽車公司的分隔座位是違法，允許黑白同坐一車廂，也開始雇用黑人司機。在 1956 年 12 月 21 日，金恩博士率先坐上蒙哥馬利市的一輛黑白同車的車廂。

　　至 1959 年，阿拉斯加和夏威夷先後設州，這兩州的居民種族最多，更進一步證明，美國不但向政治民主邁進，也向種族平等、社會民主邁進一大步。

第三節　社會的反應

　　第二次世界大戰後十餘年間，美國人以為此後可以過著更安全、更美滿的日子。有史以來最大的戰爭浩劫已經結束了，數以百萬計的退役軍人欣然卸去戎裝，拿著退役薪金添置常服，把光榮退役的飛鷹標誌鈕釦釘在翻領上，開始享受戰後昇平的幸福。雖然世界許多地區滿目瘡痍，美國國勢卻是空前強大。

一、1950 年代的生活

　　經過十五年的經濟困難及遠征別離，青年男女最渴望的，就是建立幸福安定的未來生活。他們決心讓子女享受到他們自己得不到的舒適和福祉。1944 年通過的《士兵福利法案》(*GI Bill of Rights*) 中，有慷慨的貸款及援助辦法條款，數以百萬計的退役軍人，可以有機會獲得免費大學教育及舒適的居所。1946 年，美國二百萬大學生中，半數是退役軍人。數百萬人只要付出少許頭期款項，或甚至不用付頭期款項，便可以買到自用的房產，餘款分期三十年付清。

　　為了應付這種突如其來的房屋需求，建築商在市中心外圍購下大幅空地，趕工建造外觀一模一樣的房子。不久，一種新式的社區形成了，郊區成了美國中產階級的生活中心。大多數郊區屋宇都是根據大眾喜愛的式樣建造，如平房建築、複式建築、殖民時代建築及鱈角海濱別墅等款式，最後兩種設計是模仿比較舊的喬治亞及新英格蘭建築式樣。許多房子都附有最新設備，包括用來儲藏急凍食品的新式冰箱、省時的洗衣機和烘衣機。大型窗、停車場、後院建有與房子相連的室外起居室，這些都是標準特色，還有未加裝修的閣樓或地下室，可以改裝為起居室。

　　幾乎每個人都有計畫生育一大群子女。1945 年的民意調查顯示，一般美國婦女都希望至少有四個小孩。不久，美國出現戰後嬰兒潮。到

了 1950 年代，全國各學校擠滿了五百多萬學童。斯波克醫生 (Benjamin Spock, 1903–1998) 於 1946 年出版了一本《育兒常識》(*Common Sense Book of Baby and Child Care*, 1946) 手冊，根據此手冊的指導，戰後的家長從書中學會，對子女多點了解與諒解，代替老一輩的嚴厲家教。

郊區的生活方式反應出這種對兒童的新態度，而且大多數房子在設計上也使家人有共敘天倫之樂的機會。每天晚上或每個週末，父母及子女都聚集在起居室內，一同玩新推出的遊戲，如拼字比賽或紙牌遊戲，一齊動手作些自行裝配的物品，或者一起欣賞喜愛的電視節目。到 1950 年代中期，差不多家家戶戶都有電視機，屋頂上林立著接收電視的天線。

汽車是郊區生活中不可缺少的交通工具，大多數家庭最少擁有一輛汽車。母親兼任家庭司機，開車送父親到車站，讓他轉車到市區去上班，載子女去學鋼琴或跳舞、參加童軍集會及少年棒球聯盟的練習等。她可以利用餘閒到郊區新興的購物中心，買些物品及辦些雜事。汽車工業城底特律 (Detroit)，為了應付這類需要，特別設計一些旅行車，可以方便運載寵物及兒童，裝卸貨物亦很方便。

市郊地區的社交聚會，不拘形式。招待客人不外家庭式的後院燒烤野餐，或開雞尾酒會。流行的週末運動，包括高爾夫球、網球、划船，以及到球場玩保齡球，許多保齡球場如雨後春筍般在各地興建起來。

大多數郊區家庭積極參加當地的基督教堂或猶太教堂。大戰後十餘年間，美國教會的教友人數大增，對宗教文學的興趣也恢復了。從 1952 至 1954 年，新修訂的標準版《聖經》(*Bible*)，高居非小說書籍暢銷的第一位。其他書籍如道格拉斯 (Lloyd C. Douglas, 1877–1951) 的《大漁民》(*The Big Fisherman*, 1948)，奧斯勒 (Fulton Oursler, 1893–1952) 的《萬世流芳》(*The Greatest Story Ever Told*, 1949)，以及皮爾 (Norman Vincent Peale, 1898–1993) 的《積極思想的力量》(*The Power of Positive Thinking*,

1952) 等，都擁有大量讀者。流行曲包括：「樓上的人」(*The Man Upstairs*) 及「我相信」(*I Believe*) 等。傳教士如葛培理 (Billy Graham, 1918–2018) 等所舉行的布道會，聽道的人數常打破歷來紀錄。

此外，在 1950 年代的美國社會中，宗教影響的擴張有顯著的改變。參加美國各地各派教會組織活動的人數大為增加，前往教堂祈禱的人也逐年增長，種種跡象表明，似乎一場宗教復興浪潮正在興起。這期間，新教徒的人數從 1940 年的四千萬人上升到 1960 年的六千三百五十萬人。從發展速度來看，羅馬天主教的發展甚至超過了新教，其信徒從 1940 年的二千一百四十萬人上升到 1960 年的四千二百一十萬人，二十年間幾乎增加了一倍。與此同時，猶太教各派別的總人數也增加很快，其信徒從 1940 年的三百萬人上升到 1960 年的五百四十萬人。經過 1950 年代的宗教發展，宗教團體的規模和物質基礎明顯擴大和增強。全美國正式信仰某一種宗教的總人數，已從 1940 年的六千四百五十萬人（約占總人口的 50%），增加到 1960 年的一億一千四百五十萬人（約占總人口的 63%），每一種宗教團體的成員人數都大幅度增長，其中尤以羅馬天主教教徒的人數增加最為顯著。不過，整體而言，美國仍然是一個新教徒占優勢的國家。㉕

在美國人的社會生活裡，宗教活動已經不再侷限於教堂中進行，它開始滲進人們的日常生活中，新聞媒介首先充當宗教宣傳最有力的工具。當一場「美國生活的宗教信仰」運動掀起時，有一系列價值數百萬美元的免費廣告為其大造聲勢。宗教組織同時還利用各種宣傳作廣告，電視、廣播節目中的播送，規勸每一個美國人「到自己選擇的各基督教派的教堂或猶太教堂裡去做禮拜」。發行了大量傳道或具有神靈啟示性作用的書籍，幫助人們積極思維，幫助人們求得內心的寧靜和新的自信

㉕　1960 年時，美國三大宗教教徒人數占全美宗教徒總人數的比例分別為，新教 55.5%，羅馬天主教 36.8%，猶太教 4.7%。

心。政治家競選活動時發表的演說，也充滿對教會和宗教的讚美之辭。

　　至於 1950 年代，促使美國宗教復興的原因相當複雜。戰爭和衝突意味著流血和犧牲，因此這種害怕失去親人的恐懼心理，把幾百萬個美國家庭拉進基督教堂或猶太教堂，使他們有一個場所可以為海外作戰的親人的安全作祈禱。另外，隨著時間的推移，人類社會結構在發生變化，公眾對待人類、社會，以及對待上帝的態度，也在發生變化。人類在戰爭中的自相殘殺，納粹的野蠻和滅絕人性的行為，使人們認為人類在逐漸進步的信念產生動搖。成千上萬迷惘失落的人們試圖躲避這個紛亂的世界，從宗教的崇拜中尋找同情和安寧。同時，由於社會生活中需要發揮人際關係的作用，人們希望利用教友間的親密關係或者用加入「有地位的」教派的方式，以求鞏固或提高自己的社會地位。

　　1950 年代初期，信教人數的增加，根本原因是因為許多美國人，尤其是第三代移民，尋求與整個美國社會的融合與同化。移民的後代為了能夠在新的環境中謀求發展和成功，他們比其父母一輩更渴望自己被同化，或者說「美國化」。因而他們往往斷然放棄傳統的家庭宗教信仰，而皈依大多數美國人信仰的宗教。但是第二次世界大戰所造成的世界巨變逐漸發酵，使他們的宗教信仰再次回歸，此時，新的一代正處在一個變化多端、各種差異日漸模糊化的社會裡。他們從心靈深處感受到其祖先的宗教，是通向社會最方便的道路。無論具體的分析有何差異，事實上，美國的宗教已具世俗化傾向，它已經喪失了許多真正的基督教（或猶太教）的內容。甚至當許多美國人按照宗教的要求思考、感覺或行動的時候，實際上同他們所宣誓信仰的宗教已無明顯的關係。宗教信仰方面的差異已日益趨於模糊和淡化，結果只是名稱的不同而已。

二、憂慮的年代

　　二戰後的年代，雖然給美國人帶來前所未有的繁榮及物質享受，天

下太平的許諾卻未能實現。歐洲和太平洋的戰事結束後，另一種新衝突接踵而至，令人擔憂。從 1940 年代末期及 1950 年代初期，美國的生活方式，甚至全人類將來的生存，似乎都因蘇聯共產的敵對勢力，以及美、蘇之間可能發生核子戰爭的恐懼而受到威脅。

如前節所述，第二次世界大戰末期，蘇聯軍隊把東歐從納粹占領下解放出來，並且從那裡建立了一批衛星國。在一個國家接著一個國家陷入蘇聯勢力範圍時，1947 年美國總統杜魯門宣布一項新外交政策，支持歐洲及世界各地反共勢力，以遏制共產主義為目標。一年後，馬歇爾計畫開始實施，提供數十億美元，協助重建西歐經濟。蘇聯以暫時封鎖柏林作為反應時，美國、加拿大及其他十個國家，組成軍事聯盟，成立了北大西洋公約組織。1949 年 9 月，美國民眾聽說蘇聯已自行製造原子彈，打破美國獨有核子武器的形勢，大感驚訝。10 月，毛澤東宣布成立「中華人民共和國」，世界人口最多的國家也變成了共產國家。1950 年 6 月，北韓軍隊入侵美國支持的南韓，美國派兵支援南韓，而中共派兵支援北韓時，美國國會在 1950 年通過一項民防法案，批准在全國各地建造輻射塵庇護所，並且提供指示，萬一遭受核子武器攻擊時的必要應變措施。許多家庭開始在後院建造庇護所，在裡面儲存水及不易腐壞的罐頭食品。在學校防空演習中，兒童學習蹲在書桌下，把雙手放在頸後。1950 年 1 月 31 日，杜魯門總統宣布，美國科學家已開始研究製造氫彈，威力等於數百顆原子彈，希望恢復美國的阻嚇力量及世界軍事的領導地位。

三、搖滾的時代

美國黑人在兩次世界大戰中的參與程度之深，可能超過了他們所經歷的以往任何一場戰爭。他們在這兩次戰爭中的表現是為世人所稱道的，可是在每次戰爭結束後，黑人的處境都沒有多大的改善。他們居住

在單獨分隔出來的黑人聚居區，過著屬於自己的生活方式，有自己的文化，特別是在音樂和舞蹈上別具一格。他們有自己的電臺，播放屬於自己的「種族唱片」。當時黑人青年中流行一種叫做「節奏藍調」(Rhythm and Blues, R&B) 的黑人音樂。它的節奏強烈，比美國南部流行的鄉村藍調 (Blues) 節奏還要快。

隨著 1950 年代白人向郊區的遷移，黑人逐步填補了城市中原先歸白人居住的空間，於是這種「黑人音樂」迅速在城市中心地區傳播開去。藍調又以強烈的電聲音響，表現了城市生活的快節奏，人聲的喧鬧和機器的轟鳴融合在音樂之中。

這時候這種藍調音樂只屬於黑人，白人很少有機會聽到，當然更少有白人演奏。因為在 1950 年代中期，白人不允許黑人音樂進入主要的電臺廣播網，因而無法廣泛傳播。

然而生活在戰後富裕社會中的白人青少年，這時漸漸對全美流行音樂排行榜上的那些音樂歌曲開始產生厭倦。青少年認為這已不能適應他們的生活體會，他們需要一種全新的音樂，用音樂與歌唱詮釋人類和世界，用一種新穎的音樂來抒發他們的感情和感受，音樂的一個新紀元搖滾 (Rock and Roll) 時代來到了。

搖滾時代始於 1952 年，它的先驅是一位電臺「平安夜」(Silent Night) 音樂節目主持人艾倫・弗雷德 (Alan Freed, 1921–1965)。一個很偶然的機會，弗雷德在一家唱片行中發現，有一些白人少年竟在購買他們的父輩所不屑一顧的黑人「種族唱片」，這些少年並且隨著「節奏藍調」刺耳的次中音薩克管和鋼琴節奏，情不自禁地跳起快步舞。弗雷德靈機一動，立即產生了一個新念頭，他說服他所在的 WJW 克利夫蘭 (WJW Cleveland) 電臺的經理，每週安排一次廣播節目播放「節奏藍調」這類黑人音樂，並把它命名為「月亮犬搖滾舞」。

「搖滾」一詞源於黑人的隱語，在「節奏藍調」中被隱喻為「性感」

的代名詞。弗雷德這一套別出心裁的節目一經播出，深受不同膚色的少
年男女們的喜愛，這使弗雷德大受鼓舞。1953 年他又組織了幾次「月
亮犬大聚會」，參加人數竟達八萬人之多，場面之大，歷年少見。這使
原來不以為然的政府當局和家長們開始感到不安，他們擔心安全問題，
但最使他們擔憂的，莫過於三分之一的黑人孩子與三分之二的白人孩子
聚集在一起，無拘無束地聆聽「骯髒」、「猥褻」的黑人歌曲，這簡直
是一種離經叛道的「行徑」。

弗雷德與他的「月亮犬搖滾舞」並不是標新立異、曇花一現，他掀
起的這股搖滾樂浪潮以它巨大的能量，向傳統觀念發起衝擊，其影響力
已不限於克利夫蘭本地，這股衝擊的影響力在美國各地都可以感受得
到。1954 年，弗雷德與 WINS 電臺 (1010 WINS) 簽約，主持該臺的搖
滾專題，從而使他的節目傳到了世界性的大城市——紐約。不久，他的
節目名列電臺收聽率之榜首，他的聲名大噪。一時間，他的名字出現在
各種唱片、電影廣告、電臺廣播和商業推銷的宣傳品上。無論是商人還
是消費者，他們幾乎都一致地確信，只要標有「弗雷德」的大名，就標
示著是最正宗的搖滾樂。事實上，在美國社會中弗雷德儼然成為搖滾樂
的代名詞。**㉖**

如前所述，艾維斯·普萊斯里是搖滾史上第一位真正的超級歌星，
他出生於大蕭條的 1935 年。為擺脫生活困境，他隨家人一起從密西西
比州遷居田納西州的孟斐斯 (Memphis)。孟斐斯並沒有為普萊斯里一家
帶來經濟上的好運，但是卻為普萊斯里日後在孟斐斯歌壇上的功成名
就，提供了特殊的條件。當時的孟斐斯特殊的地理環境和歷史條件，使

㉖ 艾倫·弗雷德擁有眾多的聽眾。在寒冬，一位排長隊等候購買弗雷德主持的晚會入場
券的女孩子說過：「我真正喜歡他，因為他不像我父親那樣，每天下班回家後，只知
道捧起一張報紙往沙發上一躺，或者手端一杯啤酒，兩眼緊盯著電視螢幕。弗雷德則
不然，他能給予我所需要的父親。」這正好表達了眾多的弗雷德迷或搖滾迷的心態。

搖滾樂的兩大要素——白人歌手和黑人「節奏藍調」在此得以交匯，普萊斯里從小就耳濡目染最「粗俗」的藍調和最「低賤」的鄉村民謠。十八歲那年普萊斯里去錄音公司自錄了兩首歌，準備作為生日禮物獻給母親。他似乎先天就具有搖滾樂的才能，被錄音公司老闆一眼看中。就這樣改變了普萊斯里這個年輕卡車司機的生活道路，開創了美國搖滾樂的一個新時期。

圖 39：貓王普萊斯里（圖片出處：EPE）

普萊斯里的出現標示著搖滾時代的真正到來。他那種由節奏感極強的藍調音樂、鄉村民謠和基本教義信仰復活音樂配成的混合物，被伴以隨意性極強的表演，迥然不同於早先那種斯文的風格。普萊斯里以其個人魅力吸引了無數的男女崇拜者，每當他穿著外面打褶的夾克和喇叭褲出現在舞臺上，臺下就會出現一陣騷動。他那一對富有傳奇色彩的鬢角，一雙頗具風采的大眼睛，以及伴著節奏的扭胯搖擺，像是在劇場中扔下一顆巨型炸彈，引起歌迷們聲嘶力竭的狂叫。1954 年，在佛羅里達的一次演出中，他被發瘋似的少女拖下舞臺，她們搶走了他的鞋子，分享了他的夾克碎片，甚至撕下了他的右褲腳。他被暱稱為「貓王」(The Hillbilly Cat and King of the Western Bop)，是「搖滾樂之王」(The King of Rock 'n' Roll)。

1956 年，普萊斯里以「鐵血柔情」(*Love Me Tender*, 1956) 一片進入電影界，他作為配角唱了四首歌，他把搖滾音樂加上了南方民歌風格和

爵士音樂變調的唱腔熔於一爐，使他的形象在影片中大放異彩。同年，他又以一首「傷心旅館」(*Heartbreak Hotel*) 榮登全美流行歌曲排行榜的榜首，該曲唱片的銷售額超過一百萬張，從而開始了他在流行音樂史上最輝煌，也是收入最豐的獨唱生涯。

毫無疑問，普萊斯里是搖滾樂史上最具吸引力的形象。到 1960 年，幾乎所有一流搖滾樂歌星都因各種原因而退出搖滾樂舞臺，一個時代結束了——搖滾樂時代最終成為過眼雲煙。

在搖滾樂出現之前，美國青少年的形象猶如一個半大人，他們說話附和父母觀點，穿著也模仿父母，從外表到內心都缺乏這一年齡層次的人所應該具有的鮮明個性，然而搖滾樂出現後則改變了這一切。青少年視搖滾樂為信仰的象徵，而搖滾樂則把他們造就成一個獨立的社會群體，使之擁有獨特的禮儀、規範、服飾風格、技藝和音樂，改變了他們對父母、對師長、以及對整個世界的看法。更重要的是，使他們重新認識自己，評價自己，塑造自己。[27]

搖滾樂之於美國社會，猶如一場不流血的革命，因為它影響了社會的進程，改變了整整一代人，而且這種影響還繼續延續下去。

四、「沉默的一代」的美國青年文化

從 1940 年代末期開始，幾乎所有的美國人都沉醉在夢幻生活中，認為或者期望人人都能過舒適而富裕的生活。但是美國青年人從來沒有如此孤僻離群、謹小慎微、缺乏想像力，對世事漠不關心，不思進取。「沉默的一代」(The Silent Generation) 成為 1950 年代美國青年的一大表徵，當然這也成為 1950 年代美國文化的一個特徵。

1950 年，美國的《生活》(*Life*) 週刊在青年人中進行了一次測試，

---

[27]　Stephen E. Ambrose, *Eisenhower: The President: 1953-1961* (Oxford, London: Oxford University Press, 1989), p. 110.

請他們舉出自己心目中的英雄人物。結果是林肯、富蘭克林、羅斯福名列前茅，英勇善戰的麥克阿瑟也榜上有名，另外還有棒球明星喬‧狄馬喬 (Joe DiMaggio, 1914–1999)，牛仔之王羅伊‧羅杰斯 (Roy Rogers, 1911–1998)、女歌手桃麗絲‧戴 (Doris Day, 1922–2019)，世界名人弗洛倫斯‧南丁格爾 (Florence Nightingale, 1820–1910) 以及伊麗莎白‧肯尼 (Elizabeth Kenny, 1880–1952)。對於這樣的答案，社會學家甚至懷疑應答者是否是中年人，因為這些青年與他們父母的意見似乎沒有什麼區別，他們接受老一代人的言行準則竟達到如此程度。過去社會學家曾經斷言，青年人的世界觀形成時往往偏於左翼，然後隨著年歲的增長漸漸轉向右翼。然而在 1950 年代，這一代青年的觀念是從正中間開始，並且長久地停留在那一點上。

　　1950 年代的美國大學，大多數青年學生沉默寡言，沒有人願意表現自己，甚至沒有人願意說出自己的想法，更沒有什麼可以稱得上「領袖」的人物。他們討厭鋒芒畢露，他們反對進取心，不願具有想像力，不願去冒險。更者，他們否定傳統所崇尚的「個人主義」，他們認為個人主義是損人利己，危及神聖集體的。「沉默的一代」人的個性最突出的矛盾點是他們反對「個人主義」，然而，在處理實際生活中的物質問題上，他們又表現得相當個人主義，可從他們對職業選擇上看到。1940 至 1950 年間，青年人選擇職業時，熱衷於選擇能帶來利潤和機會的工商業。1955 年時主修工商專業的學生，占在校學生人數的比例相當高。[28]他們對個人的物質享受相當重視，這也是某種形式的個人主義的表現。生活在富裕時代的這一代人，似乎認為人類所有偉大的發現都已經完成，夢想也已經實現，而自己如今所能做的事情便是享受。[29]

---

[28]　1950 年代中期以前，美國年輕人更喜愛的工作是與人文科學有關的，並不太關注利潤和機會。

[29]　他們的全部理想都可以從斯隆‧威爾遜 (Sloan Wilson, 1920–2003) 所作的《穿灰色法

　　「沉默的一代」對於政治漠不關心。在大學中，當一些教授與麥卡錫主義激烈交鋒時，他們的學生對此卻無多大興趣。青年學生並不支持麥卡錫，但是覺得也沒有反對的必要，他們對此表示厭煩。青年人甘願受當時社會習俗的約束，對他們當時所處的生活環境以及對未來的展望都心滿意足，沒有什麼事情令他們擔心。他們被要求去參與政治投票，但是完成這一過程以後，也就不再關心政治了。1950 年代中期，當搖滾音樂剛剛興起時，美國青年漸漸形成了一些特殊的風尚、習慣以及流行的語言及崇拜的偶像。他們崇尚新奇的搖滾樂，但是他們主要仍是物質享受的追求者，追求汽車、電視、唱片、摩托車、時髦服裝、流行音樂等。這個時期的青年人有時候也會用標新立異來表示他們對現實社會的不滿，但是他們並沒有從政治的角度對現實進行批判和否定，因此此刻「沉默的一代」並沒有發生新的實質性的變化。但是，1950 年代的美國青年中，確實也有一小部分公開蔑視美國主流文化和現存價值觀念的青年知識分子。他們故意嘲弄和破壞主體文化的道德規範，自稱為「垮了的一代」，不遺餘力地對世上一切「老古板」表示鄙視。「沉默的一代」是美國 1950 年代社會的產物，除了富足的物質生活原因之外，對反共迫害、對核武器的恐懼以及對於大蕭條的回憶，都是促成「沉默的一代」形成的力量。「沉默的一代」是特殊的一代，他們的享樂主義與反理智主義已充分表現了對清教傳統的否定。的確，以後的事實證明，「沉默的一代」成為 1960、1970 年代「怒吼的一代」 (The Wrath

---

蘭絨衣服的人》(*The Man in the Gray Flannel Suit*, 1955) 一書中找到：一個溫暖的家庭，三個漂亮可愛的孩子；一幢有六間房間的住宅，二輛汽車；一萬元的軍人人壽保險；一份年薪七千元的輕鬆工作，平時一週上五天班，上班時處理一些專門性的事務，下班後有精力的話參加一些非職業性的興趣活動、做做禮拜，參加一下社區活動，與孩子們一起參加體育運動。在「沉默的一代」看來，這一切並不是空中樓閣。他們的基本處世態度是「一切從眾」：從政治態度、個人信仰、擇友原則，甚至到語言談吐、衣著打扮、頭髮長度等等方面，都服從社會習俗。他們所著意關注的是他們的經濟上的保障，生活上的福利和優惠。

Generation) 的先驅。**㉚**

五、二戰後的美國教育

　　隨著二戰結束，美國人的生活逐漸趨於正常，出生率有了顯著的增長。戰後的 1947 至 1961 年間，美國出現了一個生育高峰 (baby boom) 時期，對日後初級教育形成了壓力，亦即戰後的嬰兒出生高峰促使教育當局不得不設法增加師資和擴建校舍。整個 1950 年代，初級教育的在校學生人數以每年一百萬人的速度增長，到 1960 年時初級教育的在校學生數竟高達三千零三十萬人。由於通貨膨脹等種種因素，造成教育經費嚴重短缺。1940、1950 年代的初級教育因為難以解決許多實際問題，而成為社會輿論的攻擊對象。許多批評者將這種局面歸咎於約翰·杜威 (John Dewey, 1859–1952) 的教育學理論，認為是由於他太注重當前需要的實用性，而忽略了傳統學科的教學；事實上，是相當一部分教師並沒有真正理解杜威的理論，以及正確地運用杜威的方法所致。批評者的意見是要求學校對課程設置進行調整，恢復學生對一些傳統科學性科目的學習，加強語法、數學、古典文學、歷史等課程。1956 年成立的基礎教育委員會規定，學校的職責「主要是確保語言、算術和思維邏輯的學習，同樣還要合理而又協調地傳授顯示文明人特徵的，在智力、道德和美學上的寶貴財富」。

　　至於中等教育的規模，這時期是有所發展的。中等教育的在校總人數，繼 1940 年的六百八十萬人上升到 1960 年的一千零二十萬人。以後幾年有近 85% 的適齡青少年在各地的中學就讀，這與十九世紀末、二十世紀初形成了鮮明的對照。中等教育經過數十年的改進已變得更加完備。許多中學同時開設了適應就業和適應將來進入大學學習的課程。

㉚　伍啟元，《美國世紀》（臺北：商務書局，1992），頁 310-315。

此時美國的公立中學的職能具有雙重功能：一是為社會提供適應性較強的一般勞動力，二是為高等教育提供合格的大學生生源。

　　高等教育的發展於此時受到更多關注。1940 年美國大學的在校總人數為一百五十萬人左右，1960 年則躍升至三百六十萬人。這種數量迅速上升的原因之一，是許多年輕人都希望能補償因戰爭而失去的就學機會。在二戰期間，許多年輕的軍人發現，即使是在軍隊中，受過較高教育的同事，在獲得升遷的機會方面具有較強的競爭力，因此二戰結束後，許多年輕軍人要求進入大學。聯邦政府為了解決退伍軍人的出路問題，也對他們的這種願望表示支持，並為他們創造條件。在戰爭快要結束時，根據《美國軍人權利法案》（*Servicemen's Readjustment Act of 1944*，又稱《1944 年軍人復員法案》），政府決定撥款為進入大學的退伍軍人支付學費、書籍費以及四年學習期間的個人生活津貼。這項法案為高等教育帶來了更多的資金，並使高等學校的招生人數大為增加，1945 至 1952 年大約有八百萬男女青年掌握了這個機會，進入高等學校。美國的大學、學院以及一些研究院都由此而得到發展，大學與研究院的教授和研究人員的研究工作條件也得到了改善。更重要的是，此時高等教育在美國已成為人人關心的事業。

　　然而，在 1950 年代席捲全美國的「赤色恐怖症」中，美國的教育領域也受到波及。戰後任教的共產黨員實際上人數極少，但教育界成為一個重要的清查目標。美國大學教授協會、全國教育協會和美國教師聯合會等一些全國性的團體，都一致表示反對雇用共產黨員為教師。許多州、市強迫每一位在校教師舉行忠誠宣誓，並建立教科書檢查委員會，以肅清「赤色恐怖思想」。其中尤以奧克拉荷馬大學 (University of Oklahoma) 為最，凡是非本國出生的公民，幾乎都被排除在該校的教職員工隊伍。堪薩斯州、賓夕法尼亞州和麻薩諸塞州授權學校當局可以隨時解雇「不忠誠」的教師；馬里蘭州、紐約州和紐澤西州則明文宣布，

禁止教師參加失去法律保護的組織。當時發生在加利福尼亞大學 (University of California) 的事件影響教育界至深，即為了保護該校教員免受立法機關中某些反共狂熱分子的攻擊，1949 年該校校長和評議員強制推行由他們訂立的忠誠宣誓辦法，要求全校教師與職工舉行宣誓。這一作法引起很大震動，包括一批傑出學者在內的四十九位教授，為了抗議對個人忠誠的懷疑和對個人尊嚴的侮辱，拒絕在宣誓書上簽名，這些人因此被解雇。在強烈的抗議浪潮中，其他的教授也以辭職表示反對，或者拒絕受聘。1951 年至 1952 年，該校評議員經過反覆的研究、磋商，最後不得不宣布撤銷有關「忠誠宣誓」的決定，並且恢復那些已被解雇的教授的職務。但是，有一部分教授已經離校他去了。

　　1957 年 10 月，蘇聯發射了第一顆人造地球衛星，從而在宇宙航空技術方面超過了美國。在這種情勢的壓力下，1958 年美國國會終於通過了《國防教育法》(National Defense Education Act)，特別強調國家要對科學、數學和外國語教學提供財政支持，以加強這些學科的教學與研究工作。聯邦政府通過科學基金會撥款數百萬美元，用來修訂大學的課程計畫，特別是用於教師進修。《國防教育法》明確地表達了一個基本的指導思想，即教育與國防需要相結合，以保證國家未來的安全與繁榮。1950 年代末，教育幾乎成為全美國議論的中心，關注教育事業的人也越來越多。1960 年代美國的教育事業則更向改革途徑邁進一大步。

六、藝術、科技與文化

　　慘烈的二戰結束後，戰後的十餘年間本來是承平歲月，但由於核子毀滅的新威脅深入人心，這十餘年反而成為焦慮不安的年代。

1. 藝術與文學的饗宴

　　1950 年代藝術家對社會的反應特別敏感。傑克遜・波洛克 (Jackson Pollock, 1912–1956) 受到焦慮不安的情緒折磨，退而閉門作畫，一心只

想在藝術領域中讓作品自創風格。1948 年 1 月 5 日波洛克在紐約市貝蒂・帕森斯畫廊 (Betty Parsons Gallery) 舉行畫展後，聲名鵲起。波洛克在紐約本來已是一位知名人物，他的成名是因為他畫的抽象畫氣勢磅礴，當時無人可與之比擬。1947 年，波洛克發明一種新畫法，他拋開畫架、畫筆和調色板，把巨幅畫布鋪在畫室地板上，然後在布面上滴潑 (drip-painting) 顏料，形成看似雜亂無章的巨幅圖畫。圖中都是濃厚而糾纏不清、花花綠綠的油彩，看起來毫無主題。這個畫展轟動一時，批評者視其畫是欺世作品，但是波洛克的態度非常認真，他的作法在藝術界引起一場革命。之後，他喜歡在地板上作畫，因為這樣他覺得自在，覺得自己和畫作接近，成了畫作的一部分，也彷彿人身在圖畫中。波洛克的新奇畫法和活力四射的畫面，使他成為新畫派的象徵。流行雜誌把他叫做「滴潑手傑克」(Jack the Dripper)，並以大幅圖片刊出他瘋狂工作的情形。又因為他父親以畜牧為業，歐洲熱心人士說他是藝術界的牛仔。波洛克把畫家從傳統的禁錮中解放出來，顯示了新材料新畫法的力量。他那氣勢渾厚的繪畫，有助於使美國在歷史上首次成為前衛藝術的中心。

　　在文學方面，從 1945 至 1960 年美國文學的總體成就不及上一時代，物質的豐富並不一定意味著精神的豐富與充實，二戰成為一個偉大的文學時代的結束。在這十餘年間，最出色的小說家當屬諾曼・梅勒 (Norman Mailer, 1923–2007)、杰羅姆・戴維・沙林傑 (Jerome David Salinger, 1919–2010) 以及杜魯門・卡波特 (Truman Capote, 1924–1984)。

　　第二次世界大戰為美國小說界提供了豐富的題材，戰爭小說層出不窮地出爐。諾曼・梅勒的《裸者與死者》(*The Naked and the Dead*, 1948) 便是其中出類拔萃的一部。它描寫了第二次世界大戰期間，在攻占一座太平洋島嶼的過程中，發生在一群具有不同社會、宗教背景和不同教育層次的美國士兵中間的故事。小說的創作手法十分成功，語言是士兵熟

悉的粗獷行為語言，故事情節引人入勝，但又突破了一般軍事題材小說
的主題領域，自然象徵筆法的運用也恰到好處。小說人物的塑造雖然過
於典型化，但心理描寫仍然是成功的。諾曼・梅勒以描寫軍隊生活中的
恐怖和壓力的手法，集中反應現代社會生活對普通美國人的威脅和壓
力；以描寫與批判軍隊中的等級森嚴，反應與抨擊美國社會中的等級制
度；以戰爭的荒唐反射出整個社會存在的不合理性。小說反應人類時刻
受到死亡力量的威脅，而在這種力量面前又束手無策。梅勒以高超的手
法發掘戰爭的歷史和哲學含義，甚至對整個人生和社會的存在意義進行
發掘。小說中的結局權力打倒了理智，則完全反應了梅勒對人類未來的
看法。

　　1951 年，沙林傑發表了他的代表作《麥田捕手》(The Catcher in the
Rye, 1951)。這部小說描寫了一個少年試圖與彌漫於整個社會中的虛偽、
空虛相抗衡，最終遭到失敗的故事。這部小說一發表，使得當時相當沉
悶的美國文壇頓時活躍起來，敏感的讀者和文學評論家意識到，一部現
代文學開創性的作品誕生了，它將領導美國文學創作的新思路。《麥田
捕手》的發表的確掀起大批美國青年模仿小說主人翁霍爾頓 (Halton) 的
語言、動作，甚至像他那樣倒戴紅色鴨舌帽，可見其影響之大。《麥田
捕手》之所以獲得超越文學範疇的成功，原因之一是小說迎合了 1950
年代青年處於「尋找出路」和「沒有出路」的困境之中的矛盾心理。《麥
田捕手》著力刻畫了處在理想幻滅、瀕臨精神崩潰的一代人的彷徨心
理，反應了戰後美國城市青年矛盾混亂的人生觀和道德觀，也代表了相
當一批人的思想狀態和困頓處境。小說的主題實際上是精神存亡的抉擇
問題。

　　另一位作家卡波特，在其創作的小說中，往往是充斥著臆想、幻覺
和稀奇古怪的人的社會，正體現出一個清醒的作家對於物質上富裕的美
國社會的深刻理解和勇敢的批判精神。他於 1948 年發表的《別的聲音，

圖 40：卡波特（圖片出處：Carl Van Vechten）

別的房間》(*Other Voices, Other Rooms*, 1948) 就是這樣一部小說。它描寫了一個男孩離家尋找他從未見過面的父親的經歷。在他一路尋找的過程中，他與一批心理或生理失常的人交往，最後走向成熟。由此可以看出，卡波特還是一名現實主義的作家。

2. 科技的發明

在科學與通訊方面，由於戰爭的特殊需要，不僅導致了原子彈的出現，而且促進了電子技術的迅速發展，使之成為 1940、1950 年代間美國乃至全人類最重要的一項技術進步成果。先進的技術幫助美國人度過二戰期間的艱難歲月；同樣也是先進的技術，為許多美國人創造了 1940、1950 年代富裕、悠閒的生活條件。

在二次大戰期間，政府當局沒有對鐵路進行軍事管制，也沒有像一次大戰時那樣對鐵路實行全面管制，但是所有的鐵路調度人員和工人都在協助國防運輸工作，成功地運送數量龐大的武器和裝備。僅於 1942 年一年，鐵路的客運量和貨運量都分別比往年提高了 40% 和 30%，這不僅是因為全國面對法西斯敵人同仇敵愾，愛國熱情高漲，還由於許多先進的技術被運用於鐵路。二次大戰期間，美國的鐵路線上一共擁有二萬輛牽引車頭和六十萬節車箱，這兩個數字都比一次大戰期間低，然而先進的技術使這些機車與車皮能充分發揮功能。

因為戰爭的需要，戰時美國商業性空中航班不得不有所減少，但是美國的航空公司仍然盡量維持一些原先的重要航班。此時，與航空業有關的所有私人企業都轉為與軍事工業服務有關。珍珠港事件以後，美國

的航空工業全部轉入了戰時體制，加速生產軍用飛機，1942 年一年中就生產了四千九百架飛機。到 1943 年時，飛機的月產量已從 1939 年的二百架提高到五千五百架，這為盟軍在戰爭中取得制空權，乃至為整個戰爭的勝利起了重要作用。

　　1939 年 2 月 24 日，在哥倫比亞大學舉行了一次由尼爾斯‧玻爾 (Niels Henril David Bohr, 1885–1962) 和恩里科‧費米 (Enrico Fermi, 1901–1954) 主持的研究鈾原子裂變的科學討論會，與會的三百名著名學者被報告人的演講所吸引，稱之為「從四十多年前發現放射性以來近代物理學上最驚人的發現」。自從愛因斯坦 (Albert Einstein, 1879–1955) 的研究結果問世以來，人們已經認識到確實有一種可望而不可及的巨大能量，蘊藏於微量的物質之中。唯一見證了三位一體測試和長崎原子彈爆炸的記者威廉‧勞倫斯 (William L. Lawrence, 1888–1977)，曾經詢問過愛因斯坦，那麼有沒有可能利用這一寶藏呢？愛因斯坦笑一笑回答說：「不會，我們都是蹩腳的射手，在黑暗中射鳥，而且這個國家飛鳥本來就很稀少。」

　　但是，美國政府在一些有識之士不斷的建議之下，決定開展原子裂變的研究。他們認識到如果納粹德國領先掌握了核裂變奧祕的話，那後果將是不堪設想。於是在 1941 年建立了由美國「原子彈之父」羅伯特‧奧本海默領導的洛斯阿拉莫斯實驗室（Los Alamos National Laboratory，簡稱 LANL），專攻核裂變問題，大批科學家參與這項研究工作。他們大多數是各個方面的學科領頭人，其中不少是為了逃避納粹迫害逃亡美國的歐洲科學家。德國的愛因斯坦、義大利的恩里科‧費米 (Enrico Fermi, 1901–1954)、丹麥的尼爾斯‧玻爾，貢獻尤為突出。1945 年 7 月 16 日，在新墨西哥州洛斯阿拉莫斯實驗室附近的沙漠上，一顆試驗性的原子彈爆炸成功。它發出的光比太陽還要亮，帶來一大陣隆隆的雷聲，巨大的一朵蘑菇雲直衝雲霄，高達四萬一千英尺。這是一個特殊的

時刻，宣告人類進入了一個新的時代：原子時代。這對當時人類而言，是「福」是「禍」實難斷定。

當這些參與製造原子彈的科學家們，看到了第一顆原子彈爆炸的可怕威力時，奧本海默回憶說，「有些人哭了，少許人欣喜，絕大多數人是默默地佇立著一言不發」。但是，在當時，原子彈的誕生，意味著反法西斯同盟者掌握了一件可以迅速結束戰爭的武器。

1943 年，哈佛大學 (Harvard University) 年輕的工程學教授霍華德‧艾肯 (Howard Aiken, 1900–1973) 發明了第一臺由機械和電子控制的「馬克一號」(Mark I) 自動數位電腦。兩年多以後，賓夕法尼亞大學 (University of Pennsylvania) 實驗工程師發明了第一種完全由電子控制的電腦，整個電路都由電子真空管控制。此時電腦只供軍事部門應用。1950 年電腦才投入商務性用途，商業管理人員由此受益匪淺。1950 年代的十年間，生產的電腦所用的都是電子真空管，每秒鐘只能運算數千次。1960 年代電腦已由晶體管組成，每秒鐘的運算次數已高達一百萬次。據統計，1955 年，全美國使用的電腦約三百臺，到 1970 年則增加到十萬臺。電腦產生以後，很快就開始進入美國社會生活的各領域之中。❸

1947 年，貝爾電話實驗室 (Bell Labs) 的物理學家約翰‧巴丁 (John Bardeen, 1908–1991) 以及沃爾特‧布拉頓 (Walter H. Brattain, 1902–1987)，發明了晶體管。晶體管與真空管一樣用途廣泛，但較之真空管體積小，重量輕，不需要預熱過程，抗干擾性強。晶體管的應用，使電子工業跨上了一個新的臺階。

汽車工業由於受到 1930 年代大蕭條的打擊，一度跌入谷底。1932

---

❸　電腦被廣泛的應用在各領域與場所：管理人員通過電腦控制機器進行生產；零售和批發業使用電腦統計銷售額；銀行利用電腦控制資金的進出；旅館和航空公司等運用電腦預測業務情況；教育部門則使用電腦儲存學生的成績等。

年全美汽車的銷售量下降到一百一十萬輛,之後隨著經濟形勢的好轉才穩步回升,1939年又達到四百八十萬輛,但在二戰期間又再度經歷一個痛苦的時期。戰爭結束後,在政府提高公眾購買力的政策底下,汽車工業又開始加速成長。從1940年代末開始到整個1950年代,美國市場上銷售的汽車每年大約為五百八十萬輛。汽車的外型與內在品質也有明顯變化,汽車的車體變得更長、更寬、也更重,發動機的馬力加大,內部設施與裝飾也比以往更加講究。汽車製造商甚至為了滿足消費者標新立異的心理,可以根據客戶的特別要求,選定色彩,裝修內部,甚至整部車子也可以按專門要求來製造。

此外,美國人十分重視醫療衛生事業的發展。二次大戰結束後,美國政府對研製新藥物和提高醫療技術投下更多的財力、物力和人力。美國人的健康水準顯著改善,1940年平均壽命是六十二 · 九歲,到1960年上升為六十九 · 七歲。藥物方面取得重大進展之一就是抗生素(Antibiotics) 的誕生。青黴素(或稱盤尼西林)是英國人亞歷山大 · 弗萊明爵士 (Sir Alexander Fleming, 1881–1955) 在1928年發明的,青黴素對於治療梅毒、淋病以及肺炎效果甚佳。青黴素的良好成效,推動了科學家研製更多的新抗生素。1940年代初,美國又研製成功鏈黴素(Streptomycin),這對治療當時人們害怕的肺結核效果尤佳。

大規模戰爭所引起的對於醫藥的特別需要,促使治療創傷的醫學技術迅速發展。戰時,大量為傷患實施的臨床外科手術所積累的經驗,使1950年代外科技術大為改進,戰地輸血救護的需要,也推動了對於血型的研究,促進了血庫制度的建立。

1939年,殺蟲劑DDT由一位瑞典科學家研製成功。第二次世界大戰期間,在歐洲和太平洋島嶼的作戰中,前線美國軍人為了防止傷寒病的發生和傳染使用DDT,意外發現十分有效。以後在美國廣泛使用,也風靡世界。然而幾年後許多跡象表明,不加限制地使用DDT和其他

殺蟲劑，可能會在殺死害蟲的同時，也大量殺死有益的昆蟲，最終破壞了世界生態的平衡。在這一類事情中人們亦發現，在有效地解決一個問題的同時，新問題又隨之而生，啟開人類無止境的科學探索。

七、電視的普及和電影的衰落

電視的出現可稱是人類文化娛樂、傳播媒介、訊息通訊的一次重大革命。電視對人類生活影響之深刻，遠非以前的電影與廣播等所能及的。

二次大戰後，電視機便進入了普及階段。電視的普及速度相當迅速，1946 年時共有一萬五千戶家庭擁有電視機，1950 年達到約四百萬戶，1953 年增到三千萬戶，1960 年更達到四千六百萬戶，擁有電視機的家庭數目已超過擁有自來水和室內盥洗設備的家庭。90% 的家庭擁有至少一臺電視機，每天在電視機前消磨的時間大約是四個小時。哥倫比亞廣播公司總經理弗蘭克‧斯坦頓 (Frank Stanton, 1908–2006) 博士曾經說過：「電視以其強大持久的魅力，日日夜夜吸引著美國人，這是其他事物所做不到的。」

真正吸引觀眾的並不是電視機本身，而是電視機螢光幕中多種多樣的節目，但是受到觀眾熱烈歡迎的卻是屢屢出現的喜劇性插曲。這些表演往往是關於人們日常生活中婚姻、戀愛等問題，還有人們關心的時事政治問題，表演者妙語如珠，令人捧腹大笑。

例如，風行一時由露西爾‧鮑爾 (Lucille Ball, 1911–1989) 主演的「我愛露西」(I Love Lucy)。這是一齣有關婚姻生活的諷刺性連續劇，鮑爾扮演一個輕浮又愛胡思亂想的年輕婦女，德西‧阿納茲 (Desi Arnaz, 1917–1986) 則演她那個極有耐心，擔任樂隊指揮的丈夫，劇情與生活貼切。至於晚間的電視節目常常播放冒險內容的電視系列片，一般都是警匪片和西部片這類影片。但是，與電影的西部片相比，電視西部片一般是迎合成年觀眾的胃口，涉及的內容範圍很廣。1960 年時，每晚平均

上演四部電視西部片。

　　舞臺劇現場演出實況，也經常在電視上轉播。1950 年代初每年電視上播放的舞臺戲劇，大概比紐約市戲院上演的還要多。許多劇目都是名劇或根據小說所改編，也有一些是專為電視而編演的劇作，在當時深受歡迎。

　　到了 1950 年代末期，由於錄影帶的出現，螢光幕上的現場轉播劇不得不讓位出來。然而，錄影帶的效果不佳，較不自然，結果錄影帶又被新興的電視節目所取代。

　　當電視用於娛樂方面取得極大成功的同時，電視界的一些領導人已經開始注意到如何利用電視發展新聞事業。他們認識到新聞事業如果運用電視系統作為傳播媒介，一定會產生意想不到的良好效果。於是電視開始用於新聞報導，同時也介紹一些重要的社會公共事務。以後隨著電視技術的日益改進，這種效果也越來越好，電視很快超過了廣播，成為第一重要的新聞媒體。1949 年的總統就職典禮、1952 年的兩黨全國年會、1955 年的總統記者招待會、1960 年的競選辯論、1963 年連續三天專題報導的甘迺迪總統的遇刺及其葬禮，都造成了巨大的社會反響。這時的電視已經不再是簡單地傳播某種訊息而已，電視編輯可以通過對畫面的剪輯、取捨，對解說詞的文字組織，甚至運用不同的表達語氣來傳達某一種看法、某一種觀念，以影響觀眾。由於電視機的普及，以及螢光幕上畫面給人一種真實感和客觀感，電視在社會生活中的導向作用是十分顯著的。

　　綜言之，1950 年代起電視終於取得了成功，漸漸成為美國人生活中不可缺少的一部分，電視改變了美國許多人的生活方式。電影院的觀眾急劇下降了 20% 至 40%。劇場老闆縱使像在大蕭條年代那樣降低票價和奉送餐具等小禮品，也無濟於事。去體育場觀看比賽的人數也有所下降。在人們觀看電視的尖峰時段，出租汽車、圖書館、飯館等場域的

顧客或讀者都大大減少。無線電廣播網也無法與電視臺較量，電視的出現，使美國人認識的領域空前寬廣，人們知識面大大拓寬，獲得的訊息量也大為增加，人們的眼界更加開闊，電視已經不只是一種供娛樂、求輕鬆的工具了。

　　1950 年代早期，新興的電視業的發展，使輝煌一時的電影業面臨嚴峻的挑戰。1930、1940 年代電影在娛樂界建立起來的霸主地位發生動搖了。電影的觀眾數量第一次出現急劇的減少，此後一直沒有大幅度回升過，然而電影製片的費用卻增加了近二倍，不少美國電影公司只好到國外去拍片，昔日好萊塢的黃金時代已成歷史。在此情況下，仍有一批優秀的美國導演在電影史上留下閃光的足跡，仍有一些明星的風采留在人們的記憶之中。每年，依然有大量的影片推出與觀眾見面，其中也不乏娛樂性、藝術性兩者俱佳的佳作。

　　在這一時期，電影導演們並沒有放棄他們的追求，眾多的導演之中，有三位特別令人矚目，他們是電影的傳統主義者約翰・福特 (John Ford, 1894-1973)、電影技巧大師阿爾弗雷德・希區考克 (Alfred Hitchcock, 1899-1980) 以及試驗主義者奧森・韋爾斯 (Orson Welles, 1915-1985)。

　　約翰・福特在電影創作生涯中，先後創作了近二百部影片，他的作品充滿著對於歐洲和美國社會傳統價值觀的讚美，對於人物感情的描寫淡雅入微，這些都成為其獨到的特色。儘管福特以導演西部片，尤其像「驛站馬車」(*Stagecoach*, 1939) 這樣使觀眾如醉如痴的影片而名噪一時，但他的才能是多方面的。在「告密者」(*The Informer*, 1935)、「憤怒的葡萄」(*The Grapes of Wrath*, 1939) 以及「翡翠谷」(*How Green Was My Valley*, 1941) 等不同題材的影片中，都充分展示了他的才能。

　　出生在英國的大導演阿爾弗雷德・希區考克，人們稱之為「緊張大師」，為世界影業界的名人。他以高超的導演技巧和驚人的藝術創造

力，使影片的情節跌宕起伏，扣人心弦。最常見的題材，再平淡的情節，經他處理後都顯得精彩紛呈，不同凡響。他一生中共導演了五十四部影片，曾獲得包括奧斯卡金像獎在內的多項榮譽。他的「三十九級臺階」(The 39 Steps, 1935)、「失蹤的女人」(The Lady Vanishes, 1938)、「蝴蝶夢」（原名是「麗貝卡」，Rebecca，1940）、「北西北」(North by Northwest, 1959)、「驚魂記」(Psycho, 1960) 等電影，都屬佳作。

奧森・韋爾斯可稱是電影史上一流，且最富於創造性的導演。早期，他曾在舞臺和電臺中大出風頭。在美國轟動一時的電臺廣播劇「火星人入侵」（又名「世界之戰」，War of the Worlds, 1938）便是出自他的手筆，不久他又步入好萊塢一展鴻圖。當第一部影片「大國民」(Citizen Kane, 1941) 問世時，立即引起評論界的注目，這部影片以當時的報業大王威廉・倫道夫・赫斯特 (William Randolph Hearst, 1863-1951) 為原型，描寫一個報業巨子的發跡生涯和獨特個性。影片由韋爾斯自編、自導、自演，他的才華得以充分展示。他系統地運用長鏡頭拍攝，在光線明暗對比、移動攝影、音響效果等方面都有獨到之處。韋爾斯一生共拍攝九十多部影片，其中「陌生人」(Stranger, 1946)、「上海小姐」(Miss Shanghai, 1948)、「簡愛」(Jane Eyre, 1944) 等都屬上乘之作。韋爾斯多才多藝，還在別人導演的影片中擔任角色，亦獨具魅力。

二十世紀中期，許多在 1920、1930 年代脫穎而出的電影明星達到了藝術生涯的頂峰，他們的影響甚至延續到以後的數十年。他們不僅在美國家喻戶曉，在全世界都擁有大量的崇拜者。男影星克拉克・蓋博以及馬龍・白蘭度，以其英俊、瀟灑的男子漢形象征服了觀眾，成為人們心目中的偶像。女影星中，凱瑟琳・赫本 (Katharine Hepburn, 1907-2003) 以其富有貴族氣質的外貌和充滿活力的表演，贏得觀眾的喜愛。瑪麗蓮・夢露是電影史上最著名的性感明星。她豐滿的雙唇，富有曲線美的體型，半睜半閉的眼睛以及獨特的嗓音，使她獨具麗質。但是，夢

圖 41：瑪麗蓮·夢露（圖片出處：Getty Images）

露的成功並不僅僅在於她那迷人的外表，更主要的還是那精湛的演技。

伊利莎白·泰勒 (Elizabeth Rosemond Taylor, 1932–2011) 是一位黑髮碧眼的絕代佳人，童星時就因主演「玉女神駒」(*National Velvet*, 1944) 名噪一時。成年後她扮演的角色，往往是性格剛烈的女子，演技極佳。總體而言，整個 1950 年代好萊塢在一定程度上仍然保持其自身的特色。

二次大戰期間與戰後，美國拍攝了大量有關戰爭的影片，如 1942 年上映的「卡薩布蘭加」（又名「北非諜影」，*Casablanca*，1942），它成功地重現了在戰爭氣氛籠罩下北非摩洛哥 (Morocco) 重鎮卡薩布蘭加 (Casablanca) 發生的一場政治和外交鬥爭、特工活動以及人們之間的恩恩怨怨。1957 年發行的「桂河大橋」(*The Bridge on the River Kwai*, 1957)，被譽為戰爭片中的「佳作極品」。它描寫的是二戰期間，在日軍占領下的緬甸 (Myanmar)，日軍強迫盟軍戰俘在崇山峻嶺中修建桂河大橋的故事。影片揭示了在戰爭這一個特定環境下，人們心靈深處的矛盾變化和內心衝突，揭示了心靈中蘊藏的善與惡、愛與恨的衝突，體現了人類經過反思後對戰爭的一種更新、更深刻的重新認識和理解。

為了與日趨壯大的電視的力量相抗衡，爭奪觀眾，電影製片商在提高影片本身品質的同時，還設法引進新技術以增強影片的演示效果。1950 年代，電影技術進步方面最重要的成果，一是寬銀幕電影的出現，二是立體聲音響用於電影製作。1952 年研製成功「西尼拉瑪」

(Cinerama) 寬銀幕系統，1953 年又出現「西尼瑪斯柯普」(Cinemascope) 系統的寬銀幕電影。能夠產生三維音響效果的立體聲技術，開始運用於電影業。

第十五章　風起雲湧的 1960 年代

　　1950 年代漸告結束，此刻冷戰繼續在進行，國家政局仍算是平穩。「赤色恐怖」的主要策劃人參議員麥卡錫，在 1957 年 5 月死於肝硬化，之後對美國國內來講，共產黨的問題就很少有人再提起了。

　　1957 年 10 月間，蘇聯發射「伴侶一號」衛星，打破了地心引力把人類限制在地球周圍的束縛。廣闊無邊的宇宙門戶頓時洞開，提供人類往太空探測。數年之間，太空人登陸月球已不算稀奇事；無人駕駛的太空船更從其他行星發送回大批科學資料。

　　然而，正值太空科技時期，人類互相爭戰的局勢日益升高，美蘇兩個核子超級大國陷入冷戰，在柏林與古巴兩次危機中幾乎釀成浩劫。此外，國際形勢也越趨緊張。中共與蘇聯由於思想型態分歧，曾經於 1969 年在邊界發生公開武裝衝突。美國企圖制止共產主義蔓延，可惜越南戰爭挫敗，徒勞無功。更者，第三世界之出現，使國際政壇增加新成員。第三世界主要由貧困的前殖民地國家組成，他們依賴富裕國家援助，但在冷戰中卻不肯站在任何一方。

　　1960 年代的美國，嬰兒出生率提高，青少年男女熱衷少年棒球聯盟等戶外活動，美國青少年獨立性高，較少想與家人住在一起。然而，此時期的美國社會，各方的抗議和與日俱增的暴行層出不窮出現；青年與老人、貧與富之間的鴻溝越來越大。從 1958 年底，失業率達到 6.8%，經濟衰退。黑人要爭取與白人同等權利的決心日益堅定，許多白人都同情他們的訴求，也積極參加民權主義的運動，聯邦政府也加以支持。在黑人民權領袖金恩博士帶領下，以非暴力為基礎，整個南部的民權運動在平靜的抵制、遊行及「靜坐」方式下進行，爭取基本民權。隨

著 1960 年代的結束，使已經存在的嚴重社會及政治緊張情形，更形惡
化。除了暴力的直接威脅外，人類還面臨一些長期的危機，例如人口膨
脹、空氣和水源受到污染，致使許多自然資源的枯竭等問題應運而生。

　　此外在 1960 年代裡亦有令人欣慰的科學發明受到肯定，例如取之
不盡用之不竭的太陽能已經逐漸被實用；醫學研究的發明，用以治療小
兒麻痺症、天花等以往認為無法治療的絕症藥物出爐；器官移植和其他
新科技使人類延年益壽。雷射、電腦、人造衛星和生物學上較重大的發
展，為人類展開無限的希望。

第一節　甘迺迪時期

　　繼艾森豪總統之後，甘迺迪總統以年輕的形象，出現在美國政壇
中，他的政策對美國 1960 年代初期，起著相當重要的影響。

一、身世背景

　　約翰‧甘迺迪（任期 1961-1963 年）是美國第三十五任總統，也是
美國第一位信奉羅馬天主教 (Roman Catholic) 的總統，同時也是第一位
前往梵蒂岡 (Vaticano) 訪問教皇的美國總統。甘迺迪出身波士頓豪門，
祖父曾任麻薩諸塞州州議員，父親曾任駐英大使，並為新英格蘭首屈一
指的百萬富翁。在其任內，面臨諸多外交危機，例如古巴飛彈危機
(Cuban Missile Crisis) 和柏林危機 (Berlin Crisis)，處理得宜；美蘇達成
《局部禁止核子試驗條約》和成立進步同盟等成就，外交受到肯定。

　　甘迺迪在擔任國會議員時的 1950 年代初，威斯康辛州參議員麥卡
錫發動反共運動，搜捕大批被指控為共產黨員的公務員，對於這種過當
的煽動行為，甘迺迪並不在意，他父親喜歡麥卡錫，曾捐款給他競選。
甘迺迪雖然不贊同麥卡錫的作法，但他說過，麻薩諸塞州一半的人民認

為麥卡錫是英雄。1954 年參議院投票譴責麥卡錫的行為，甘迺迪打算投票反對麥卡錫，準備了一篇說明理由的演講稿，但投票日卻因住院而缺席。1956 年甘迺迪寫下《勇者的畫像》(*Profiles in Courage*)，敘述八個依照良心做事而甘犯民意的美國政治領袖，該書於 1957 年獲普立茲獎 (Pulitzer Prize)。當年在參議院中，他反對廢除選舉人團的提議，支持勞工改革，致力於推動民權立法。他是參院外交關係委員會委員，主張大力援助亞非新興國家。他呼籲法國給予阿爾及利亞 (Algeria) 獨立，令華府大為吃驚。這些年間，他的政治看法漸向左傾。後來他繼承伊利諾州州長史蒂文生 (Adlai E. Stevenson, 1900–1965) 廣大的支持者，在民主黨中的地位逐漸提高。史蒂文生以理想主義 (Idealism) 改變了民主黨，也使甘迺迪得以崛起。

　　1958 年甘迺迪競選參議員，以八千七百多萬張票的差距獲勝，為麻薩諸塞州有史以來和該年參議員候選人中獲勝差距最大者。1960 年 1 月，甘迺迪正式宣布競選總統，選擇詹森 (Lyndon B. Johnson, 1908–1973) 為競選伙伴，以求獲得更多民主黨人的支持。在提名演說中，他宣布，「我們站在新邊疆的邊緣」。此後，「新邊疆」(New Frontier) 一詞根植於他的內政各計畫中。大選投票總數六千八百三十三萬五千六百四十二張票，甘迺迪以十一萬八千五百五十張票之差距，險勝共和黨候選人尼克森。

　　甘迺迪在 1961 年 1 月總統上任後，任命其弟羅勃‧甘迺迪 (Robert F. Kennedy, 1925–1968) 為聯邦政府的司法部長，老么愛德華‧甘迺迪 (Edward Moore Kennedy, 1932–2009) 以年輕形象，三十歲當上麻薩諸塞州的聯邦參議員。在 1961 至 1963 年間，甘迺迪三兄弟分別擔任美國總統、司法部長及聯邦參議員，聲勢之大，在美國政壇尚乏先例。他們不但對政治熱衷，更具有前仆後繼的精神。正如甘迺迪生前曾說：「自從

我大哥約瑟夫 (Joseph Patrick Jennedy, 1915-1944) 死後，❶我就走入政途，來填補他的位置，假如我明天遭到不幸，羅勃‧甘迺迪會起而接替，有朝一日羅勃‧甘迺迪去了，愛德華‧甘迺迪又會接他的棒。」❷

　　以後的事實，也證明這話並非虛言。在 1963 年 11 月 22 日，甘迺迪在德州達拉斯 (Dallas) 遇刺身亡後，羅勃‧甘迺迪即刻辭去司法部長之職，競選紐約州聯邦參議員。1968 年並出而爭取民主黨總統候選人提名，企圖接手他哥哥的棒子，進軍白宮。但不幸在獲得初步勝利時，卻遭一名阿拉伯民族分子槍殺，在洛杉磯身亡。

　　而么弟愛德華‧甘迺迪也有問鼎白宮之心，然而在 1969 年 7 月 18 日，他駕駛汽車從查帕奎迪克 (Chappaquiddick) 島的一座橋上摔下去，其二十九歲的女友科貝琴 (Mary Jo Kopechne, 1940-1969) 被淹死，愛德華見死不救被判緩刑，因而被認為犯有離開現場罪，遭全國指責，但在 1970 年仍成功連任參議員，可見他的號召力仍大。1981 年後成為勞工和人力資源委員會中資歷最長的民主黨人，在整個 1970 至 1980 年代期間，他一直是甘迺迪家族各項政策的卓越發言人，如支持社會福利立法和積極參與世界事務；是參院爭取許多自由事業的主要倡導者，其中包括建立全國健康保險制度。

二、國內政策

　　在 1960 年 11 月，甘迺迪以有限的十一萬餘票領先尼克森，也使尼克森苦等了八年才當上總統。甘迺迪是歷年來當選為最年輕的美國總統，他的就職演說辭裡充滿年輕的活力和熱情，而年輕的活力和熱誠也就是他政治的明顯標誌。在他的演說辭中曾說：「不要問國家為你作什麼，而要問你自己能為國家作什麼？」這一句話，至今仍為美國人民所

❶　約瑟夫‧甘迺迪在第二次世界大戰時服役，駕機失事喪生。
❷　《美國總統公文匯編，約翰‧甘迺迪卷，1961》，頁 101-118。

傳頌。他對民眾說：「火炬已經傳到了年輕一代的美國人了。」的確，他的內閣和他的白宮顧問，是美國有史以來最年輕的一群高級官員，他們虛心接受新觀念，而且勇於採取強而有力的行動。二年十個月的總統任期，有許多功績值得讚賞。

1. 內政「新邊疆」政策

1960 年代甘迺迪對內政策「新邊疆」，即針對這個時期出現的貧困及社會福利等問題進行改革。甘迺迪明確承擔了幫助工人實現最大限度就業的義務。在甘迺迪上任後的 1961 年 3 月 16 日，他在農業咨文中提出了消除大量剩餘農產品，實施有效的管理制度，肯定消費者享有公平價格的權利，使農民因他的勞動而取得公平的報酬的任務。❸他的經濟顧問委員會主席沃爾特·赫勒 (Walter. W. Heller, 1915–1987) 於 1962 年 1 月提出控制工資物價增長幅度的建議，初步嘗試來穩定工資和物價。

對於貧窮的問題，1960 年 7 月 15 日甘迺迪在洛杉磯接受民主黨總統候選人提名演說時說：「新政和公平施政對他們的同時代人來說，已是一個勇敢的邁進」，「我們今天站在新邊疆的邊緣上—— 1960 年代的邊疆、一個不知機會和危機的邊疆、一個沒有實現的期望和威脅的邊疆，是『未知的科學與空間的領域，未解決的和平與戰爭問題，尚未征服的無知與偏見的孤立地帶，尚無答案的貧困與過剩的課題』」。❹「新邊疆」一詞在此刻被提出，也是甘迺迪的內政計畫，上任後開始展開一系列的內政改革。

首先，擴大社會福利的範圍和對象。1961 年 2 月 9 日，甘迺迪向國會提出有關醫療衛生的特別咨文，重提杜魯門在 1945 年 11 月建議實

---

❸ 《美國總統公文匯編，約翰·甘迺迪卷，1961》，頁 192-200。

❹ Aaron Singer, *Campaign Speeches of American Presidential Candidates 1928-1972* (New York, NY: Basic Books, 1976), pp. 298-307.

行的國民健康強制保險制度，將社會福利範圍擴大。❺1961年10月為城鎮保健提供適當補助的法案，並對精神病患者實行保健措施。甘迺迪亦關注教育的發展，從1961年2月20日開始，每年向國會提出教育特別咨文，他把教育與軍事、科學和經濟力量聯繫在一起。甘迺迪認為，只有教育迅速發展，全國的發展才能加速。人民的才智是國家的基本資源。甘迺迪的主要計畫中有三分之一是以教育為中心內容，教育部也稱甘迺迪執政這幾年，為美國歷史中最為重要的立法時期。❻此外，甘迺迪特別強調培訓非熟練工人和重新訓練熟練工人，以適應經濟結構性變化和工業現代化發展的需要。1962年春，他批准《人力開發與訓練法案》(*Manpower Development and Training Act*)，實行人力投資，通過發展職業教育，開發蕭條地區，以實現勞動力生產的現代化。總體觀之，甘迺迪內政在教育立法的增多、重視智力開發投資、加速對工人的技術培訓，顯示了大力提高人口文化素質的新要求。

其次，擴大環境和資源保護措施，解決工業現代化面臨的新問題。1960年代必須解決工業現代化出現的大氣、水、熱、垃圾等環境污染、美化生活環境和提高生活素質等相關的課題。1961年2月23日，甘迺迪在關於自然資源保護的特別咨文中提出美國當時正面臨資源嚴重不足和困難的未來，由於人口以及工業的迅速增長和變化，美國國內大小河流的污染已達危急的程度。為了滿足包括家庭、農業、工業、休息場所在內的一切需要，水源必須重複使用，同時要保持它的質和量。1961年3月3日，甘迺迪在全國野生生物展覽館開幕典禮上演說，描繪了一幅現代化社會的環保藍圖：人們共同的目標是那樣一個美國——具有開闊的空間、新鮮的用水、碧綠的原野；在那裡野生生物和大自然的美景不會遭致毀壞；城市人口雖然不斷增加，但他們依然能夠到鄉下去，依然

---

❺　《美國總統公文匯編，約翰·甘迺迪卷，1961》，頁77-83。

❻　西奧多·索倫森著，《肯乃迪》（上海：上海譯文出版社，1981），頁214-215。

能夠享受舊日的文明，並且看到作為一個國家的偉大所賴以生存的物質
和精神力量。❽

　　此外，把部分剩餘農產品用於社會福利和對外經援事業，也是甘迺
迪的內政之一。甘迺迪政府一方面推行對貧苦人民進行福利補助的「食
品券計畫」以減少剩餘農產品，另一方面推行「糧食用於和平計畫」以
經援方式把過剩農產品轉移到國外，用以取得改善國家形象，加強美國
對世界各國經濟控制的多重效果。

　　甘迺迪時期的經濟政策，主張在經濟上升時期也實行擴張政策，修
正了在停滯時期才實行擴張性政策的觀點。為了對付通貨膨脹和失業的
併發症，糾正福利國家政策的弊病，1960 年代已經出現了實行對低工
資收入家庭有差別的收入津貼政策，以取代單純依賴政府救濟的趨勢，
出現了把福利支出與技術教育、勞動力再訓練結合起來的作法，以及將
把工資、物資增長率，限制在勞動生產率平均增長幅度以內的工資－物
價指導線的規劃政策。

　　總體而言，甘迺迪時期，美國內政大體上是繁榮的。一個工人每星
期的平均收入高達美金九十五元左右，這是前所未見的。但是失業的數
字也很高，尤其是賓夕法尼亞州的煤礦區，因為曾經受到新產品的競爭
和美國生活方式改變的嚴重影響，所以失業率偏高。為此，國會也通過
《區域發展法案》(*Area Development Act*)，聯邦政府有權協助貧困地區
建立新工業和所需要的公共設施。另一項法案規定，對於因缺少一般技
能而居於低薪或失業的工人，必須給予職業訓練。此外，各州的政府也
獲得裁量權，給付失業保險，由原訂的二十六個星期，再延長十三個
星期。

　　對於社會保險立法的放寬，甘迺迪也跟前兩任總統一樣，在社會保

---

❽　《美國總統公文匯編，約翰・甘迺迪卷，1961》，頁 114-121, 147。

險制度規定下，工人可以在六十二歲退休，而不必等到六十五歲。最低工資由每小時一元增加到一‧二五元。國會也通過一項廣泛的房屋計畫，協助老年人及收入低的家庭，獲得價格相宜的住宅。

2. 黑人的問題

在「新邊疆」的政策下，甘迺迪總統也強調要求黑人民權的受保障及重視。黑人一直是美國社會中不幸人群中的主體。為了黑奴問題，引發內戰，黑奴他們除了受盡凌辱外，也受到許多不公平的待遇，為爭取自由之身，提升福利及地位，歷經一世紀的努力，出現了傑出的黑人領袖，為黑人民權爭平等及自由。如黑人領袖布克‧T‧華盛頓 (Booker T. Washington, 1856–1915) 主張白人與黑人應當隔離居住，自己先做好，才不致讓白人瞧不起。另一位領袖杜布伊斯 (W.E.B. Du Bois, 1868–1963) 則認為，黑白人間必須接受同等的教育權。杜布伊斯也為黑人成立種族自願聯合組織，稱為「全國有色人種協進會」，為黑人爭取權利。❾1939 年協會的法律委員會和教育基金會宣告成立，總部設在紐約市，作為獨立機構，成為人權運動的合法武器。協會的法律委員會曾向最高法院提出「布朗訴托皮卡教育委員會案」案件，使最高法院在 1954 年做出了學校廢除隔離的決議。經過第一次、第二次世界大戰，造就黑人的就業機會，然而，戰後大批黑人再度受到歧視及排斥，仍沒有選舉權與投票權，在工作上仍無法與白領階級者平等。這種種限制及不平，激起黑人民權領袖的不平，特別在 1960 年代，當時著名的黑人領袖是馬丁‧路德‧金恩，以非暴力的靜坐抗議黑人在火車、汽車、候車室、廁所、公共圖書館、戲院及教會內的種族歧視待遇。

1960 年代，美國對於消除種族歧視的工作，有顯著的進步。在 1960 年代已經開始實行黑白合校，而且也結束餐館和飯店的種種隔離

---

❾　黃兆群，《美國的民族與民族政策》（臺北：文津出版社，1994），頁 61-87。

圖 42：金恩博士在林肯紀念碑前向民眾演說「我有一個夢」
（圖片出處：Bettmann/CORBIS）

現象。1961 年又發生了「爭取公民權利」在南方乘坐實行種族隔離的交通車輛的示威運動，這是有秩序、非暴力的抗爭，抗議長途汽車和車站有關種族隔離設備的運動，終獲成功。因而往來各州間的任何交通工具，禁止實行種族隔離。在「新邊疆」的政策下，甘迺迪政府強調黑人民權需受保障及重視。南方阿拉巴馬州伯明罕城 (Birmingham) 發生黑人的群眾示威之後，甘迺迪發表了電視演說，他告訴全國人民，大家在道義上都有責任使非裔美國人取得充分的平等。

甘迺迪向國會提出了一項二十世紀中影響最廣大深遠的法案，即要求消除投票、教育、就業和公共設施各方面的種族歧視。1963 年 8 月 20 日，二十萬以上的黑人和白人在南方黑人領袖金恩博士領導下，一直遊行到華盛頓林肯紀念碑 (Lincoln Memorial) 前，舉行了一次轟動的示威，引起了全國更加注意要求權利平等。黑人民權革命的運動，在 1963 年達到最高峰。1964 年，金恩博士因為十年長時期領導基督徒非暴力的抗議種族歧視，獲得諾貝爾和平獎。

甘迺迪更進一步推廣種族平等，任命優秀的黑人擔任政府的高級職

務。例如，聯邦法官或聯邦房屋及住宅建築總署署長等職。此外，也有奉派出任總統顧問以至駐外大使等職位，人數雖只有數十位，仍居少數，但已是黑人民權運動往前踏出一大步了。

1965年黑人獲得完整的選舉權，不再需要接受歧視的識字測驗後才有投票權。但不幸的是，金恩博士在1968年4月在田納西州孟斐斯遭到暗殺，對黑人的民權運動而言，實是一大打擊。

總而言之，黑人經過了1960年代的民權運動之後，仍沒有辦法獲得與白人平等的權利，但是，黑人在美國社會中的地位確實提高了許多。

三、外交事務

甘迺迪執政的一千零三十七天裡，從執政開始就一直關切外交事務。在令人難忘的就職演說中，他呼籲美國人負起責任，對付人類共同的敵人：暴政、貧窮、疾病以及戰爭。

1. 豬玀灣入侵

1950年代中期，美國人在古巴擁有的糖廠及煉油廠被古巴政府充公，國會授權給艾森豪總統，把古巴售糖配額減少95%，使古巴唯一大規模出口的產品失去了一個最大的市場。1950年代末期，古巴沒收了所有美國人的財產。甘迺迪在就職前不到三個星期，就和古巴斷絕外交關係。美國採取這一個行動，就是在報復卡斯楚政府對美國的惡意中傷。卡斯楚對美國大使館人員不斷騷擾，甚至把古巴當作恐怖活動滲透的基地，更變本加厲施行獨裁，讓成千的古巴人民，拋棄了他們的家園，逃到美國。

1961年初，美國斷絕與古巴的外交關係後，古巴找到了一個新朋友——蘇聯。事實上，由於卡斯楚不信任美國，而美國又恐懼共產主義，1960–1961年所發生的事件，可能是根本無可避免的。不過，在那關鍵時刻，出任美國駐古巴大使的邦斯爾 (Philip Bonsall, 1903–1995) 事

後寫了這些話：「我們沒有將古巴推進蘇聯懷抱，但我們卻不智地協助他們，移去他們所選的路途上的障礙。」有人說，卡斯楚起初當權時，在思想意識方面和政治方面都和蘇聯沒有聯繫，至少在 1959 年 1 月 16 日，他曾在反共革命分子奇巴斯 (Eddie Chibas, 1907–1951) 墓前做過這種表示。但美國和古巴當時互存歧見，卡斯楚為了鞏固自己的政權，自然投入與美國敵對的蘇聯懷抱中，但是後來卡斯楚承認自己一向都是共產主義者。

1960 年，古巴與蘇聯簽訂了第一項貿易及援助協議，蘇聯同意以當時每磅達美金三分的市場價格，五年內向古巴購糖五百萬磅。此外，古巴還獲得一億美元信用貸款，年息二・五厘，十二年內還清。這項協議，引起美國的恐懼。在 1961 年 4 月 17 日，一千四百名流亡者回到古巴一處叫做「豬玀灣」(Playa Girón) 的地方，這些流亡分子曾接受美國 CIA 訓練，由美國船隻載運，美國並有限度地派飛機掩護，他們估計這次進攻會引起古巴反革命運動，但有組織的反革命力量並不存在，古巴並沒有人起義，進攻者潰敗被俘，徹底被擊敗。1962 年，卡斯楚以一千一百七十九名俘虜與美國交換價值五千萬美元的糧食和藥物。同年 12 月，他一反過去論調，自稱是共產主義者，對卡斯楚而言，「豬玀灣事件」(Bay of Pigs Invasion) 是一次光榮的勝利；對甘迺迪而言，是外交上的一次挫敗。

2. 古巴危機

1961 年 6 月，美蘇兩國領袖在維也納會晤，蘇聯總理赫魯雪夫下令在東西柏林間建立一道圍牆，並且恫嚇要與東德單獨簽訂條約。聞此訊息，甘迺迪動員了國民兵和後備部隊，赫魯雪夫才取消單獨簽約的威脅。1962 年 10 月 14 日，一架美國 U-2 偵察機在古巴上空執行偵察任務時，發現蘇聯正在協助古巴建立飛彈基地。這些完全由蘇聯技術人員操縱的基地，能發射原子彈襲擊南北美洲大多數的主要城市。不但使美

國本土受到全面的威脅，也使中南美洲諸國籠罩在其射程範圍之內，對西半球威脅之大，不言可喻。

甘迺迪立即召開緊急會議，尋求解決方式有二：一為立即派飛機空襲古巴，但必將招致國際間嚴厲指責。所以甘迺迪採取第二個方法，即在古巴周圍的海面實行武裝封鎖，使得蘇聯的飛彈運送無法進入古巴，以強硬態度迫使蘇聯讓步，拆除蘇聯在古巴建立的飛彈基地。這方法可避免直接衝突，再尋外交方式解決。因此，甘迺迪下令封鎖古巴，要求蘇聯撤除這些飛彈。十三天的時間裡，核子戰爭似乎有一觸即發的可能。

1962 年 10 月 22 日美國東部時間下午 7 時，甘迺迪向全國發表電視演說，除了宣布武裝封鎖古巴，嚴禁任何載有武器的船隻越過封鎖線進入古巴的水域外，並以最強硬的措辭保障西半球其他國家的安全。

蘇聯對美國的強硬態度感到害怕，中南美洲各國又聲言要作美國的後盾，聯合國也以支持美國者居多，情勢似乎對蘇聯不利。蘇聯為了避免與美國直接發生衝突，赫魯雪夫於 10 月 26 日致電甘迺迪，願自行拆除古巴飛彈基地，以換取美國不攻擊古巴的保障。蘇聯於 1962 年 11 月 13 日完成拆除工作，美國 12 月 6 日解除對古巴的封鎖。

3. 反核子武器試爆

1961 年 8 月，蘇聯突然宣布將恢復大氣層核子武器的試爆，這一項聲明，使美國震驚。在 9 月 1 日時，蘇聯開始在大氣層中進行一連串的核子試爆行動。這種試驗產生大量放射性輻射塵，對未來人種遺傳基因會造成突變，引起世界恐懼。

甘迺迪敦促蘇聯放棄大氣層試爆，失敗後，美國只好宣布，除了恢復大氣層的試驗，以維持報復敵人核子攻擊的有效能力之外，別無選擇。美國政府也繼續為武器競賽而努力，除了設立特別的武器管制及裁軍署外，並且不斷為達成禁試條約而奔走。這項努力，終於在 1963 年

8 月，美、英、蘇三國在莫斯科簽訂《局部禁止核子試驗條約》(*Partial Test Ban Treaty*)，甘迺迪獲得外交上最大勝利。這一戰後，最緊張的國際危機終告結束，而甘迺迪個人及美國的聲譽也在自由世界中達到巔峰。

這種防止意外戰爭和污染大氣層的實際進展，反應出美蘇關係的一條新途徑。甘迺迪在 1963 年 6 月間，在華盛頓的美國大學 (Washington's American University) 建議把冷戰解凍，如甘迺迪最後的結論說：「美國為一個和平的戰略而努力，而非為毀滅性的戰略而努力。」❿

綜言之，甘迺迪在任只有二年十個月，任內最值得肯定的，當以用強硬手段阻止蘇聯在古巴建立飛彈基地為最；其他如《禁止核子試驗條約》之簽訂，也是外交上的開創。在甘迺迪任內，美國國家航空暨太空總署把太空人及「人造通訊衛星」(Satellite) 送入軌道，是太空科技的一大進步。甘迺迪外交表現卓著，其內政「新邊疆」理想甚高，但因在任內推行的時間短暫，成效難斷。

在 1963 年 11 月 22 日，甘迺迪訪問德州達拉斯時，被一左翼分子奧斯渥 (Lee Harvey Oswald, 1939–1963) 槍殺，二天之後（11 月 24 日），奧斯渥在達拉斯的看守所借提出庭中，被當地一名夜總會老闆傑克・魯比 (Jack Leon Ruby, 1911–1967) 刺殺，四萬名觀眾均在電視上親眼目睹，震驚全國。

甘迺迪遇刺身亡，林登・詹森總統上任後，於 1964 年 9 月 27 日指派委員調查本案，向外宣稱甘迺迪確為奧斯渥一人所為，別無他人牽涉在內，而盧賓斯坦亦純係激於義憤，並非殺人滅口，但這種說法頗難令人信服，所以調查雖告結束，但是謠言並未平息。1967 年 1 月 3 日，傳出本案唯一的關係人盧賓斯坦又已病死獄中的消息，從此死無對證，

---

❿　《美國總統公文匯編，約翰・甘迺迪卷，1961》，頁 151。

而甘迺迪之被刺，也就永久成為一件「疑案」了。甘迺迪的夫人賈桂琳 (Jacqueline Bouvier Kennedy, 1929-1994)，曾擔任華府某報攝影記者，對於藝術頗有修養。甘迺迪擔任總統期間，她曾以她的藝術眼光，將白宮布置得煥然一新，令許多室內布置專家自嘆弗如。她的服裝入時，髮式優美，態度大方，儀容典雅，為美國婦女模仿的典型。甘迺迪遇害時，她神情鎮定，舉止適度，更贏得不少人的同情、讚美與肯定。

第二節　林登·詹森時期

甘迺迪死後，局勢動盪不定，詹森（任期 1963-1969 年）接任總統的職位，是美國第三十六任總統。上任最初幾個月裡，致力於穩定人民的情緒外，詹森隨即敦促國會通過有關人權、減稅、反窮困計畫和資源保護等重要立法。1964 年 11 月，又以一千五百多萬空前多數選票連任成功。在詹森時期，有五件大事值得探討，除了內政的「大社會」(Great Society) 推行外，越南戰爭、黑人民權運動、青年文化及第二波婦女運動的興起等，對 1960 年代的社會產生相當大的影響。

一、內政「大社會」政策

1964 年 5 月 22 日，詹森發表演說，首次使用了「大社會」一詞。「大社會」是詹森的內政計畫統稱，在計畫中，他促成大量福利立法，包括老年人醫療保健、教育、住屋和城市發展、資源保護和移民事宜。他認為，「大社會」立足於人人生活富裕並享有自由之上，它要求結束貧困與種族歧視，「大社會」能為每個兒童提供受教育的機會來豐富自己的智力，發揮自己的聰明才智；「大社會」能給人們創造並帶來一個極樂的機會；「大社會」不僅能滿足每個城市居民的需求及相互交往的要求，而且還使人憧憬美好、追求共同理想。1965 年 1 月 4 日，他在國情咨

　　文中亦提出：「大社會不是只講數量的，它要求的還有品質，它向整個國家提出一個任務，作出努力，提高人民生活的素質。」**⑪**

　　戰後美國的經濟改革，始終和發展軍事大國的擴張需要相聯繫。1968 年軍費開支超過八百億美元，占政府開支的一半。1960 年代美國已經出現了如艾森豪總統在告別詞中所說的「軍事工業複合體」(Military-Industrial Complex)，「它所發揮出來的巨大影響力——經濟的、政治的、甚至是思想的——是不可估計的。」**⑫** 甘迺迪在推行國內「新邊疆」政策的同時，發展軍事工業和尖端科學技術，實行靈活反應戰略來「扭轉頹勢」。詹森在推行「大社會」政策同時，擴大越南戰爭，加緊實施阿波羅太空科技計畫。充分顯示戰後美國形成了軍事福利國家，既要富「民」，又要稱霸，富「民」離不開稱霸，稱霸也需要富「民」。

　　因此，在「大社會」政策裡，首先，擴大了社會福利的範圍和對象。1965 年 7 月 30 日，詹森簽署了促使國會通過的《醫療保險法》(*Medicare Bill*)，使六十五歲以上參與保險的老年人，享有九十天的醫院護理和一百天的出院後家庭護理，有一千九百多萬人居中受益。一些史學家稱它是「自新政以來意義最為重大的福利法案」，「是又一個里程碑」。**⑬** 在整個詹森任期通過的各種醫療法案就有四十多個。以國民保險費計算，1969 年達六百四十一億多美元，醫療保健指數為 1953 年的四百零七，而 1935 年時只有二十九億多美元，指數為 1953 年的十

---

⑪　National Archives, *American Presidents Archives* (Washington, D.C.: Government Printing Office, 1991), pp. 2913-2914.

⑫　1961 年 1 月 17 日告別詞，載《艾森豪政府文獻史》(*The Eisenhower Administration, 1953-1961, A Documentary History*)，第 2 卷，頁 1375。

⑬　林克‧卡頓，《1900 年以來的美國史》（北京：中國社會科學出版社，1983），下冊，頁 155。

七。[14]社會福利的擴大還明顯地反應在教育立法的增多、重視智力開發投資、加速對工人的技術培訓上，顯示了大力提高人口文化素質的新要求。詹森自稱是「衛生和教育總統」，更把實施教育立法視為實現大社會計畫的關鍵。在詹森任期通過的有關教育立法有四十多個，其中包括美國歷史上第一個由聯邦政府對中小學普遍進行援助的 1965 年 4 月中小學教育法、為貧窮的大學生提供聯邦獎學金的 1965 年 10 月高等教育立法。特別是 1964 年詹森簽署的《經濟機會法》（*Economic Opportunity Act*，簡稱 *EOA*），成立「經濟機會局」(Office of Economic Opportunity)，組織職業訓練隊，對十六至二十一歲沒有上過中學的青年進行職業培訓，為貧困家庭高中生提供免費輔導，為貧困大學生提供支付學費的臨時工作機會。1966 年和 1968 年，詹森政府還先後通過新的職業訓練計畫、企業界工作機會計畫、對工人進行職業和技術訓練。在整個 1960 年代，美國高等教育經費總支出從六十七億美元增加到二百二十七億美元，聯邦政府的補助款從十億美元增加到三十八億美元。美國各級政府有關社會福利的開支，1969 年高達一千二百七十一億多美元，占國民生產總值的 14.1%，而 1939 年時為九十二億多美元，占國民生產總值的 10.5%。[15]

其次，詹森時期重視擴大環境和資源保護措施，解決工業現代化面臨的新問題。在 1963 至 1968 年間，詹森政府頒布了一系列環保法案，其中包括《水土保持法》(*Land and Water Conservation Act*)、《水源法》(*Water Quality Act*)、《農村供水法》(*Rural Water Supplies and Sewerage Bill*)、《水質複淨法》(*Clean Waters Restoration Act*)、《清潔空氣法》

---

[14] U.S. Bureau of the Census, *Historical Statistics of the United States, Colonial Times to 1970* (Washington: U.S. Dept. of Commerce, Bureau of the Census, U.S. Government Printing Office, 1975), p. 73.

[15] 《美國歷史統計》，頁 341，及《美國統計資料，1978 年》，頁 330-331。

(*Clean Air Act*)、《小汽車排氣標準法》(*Motor Vehicle Air Pollution Control Act*)、《固體廢物處理法》(*Solid Waste Disposal Bill*) 等，取得了明顯的效果。

再者，詹森「大社會」裡，展開尖端技術研究，爭取科技領域的領先地位。詹森任期實行的資助小學食堂供應廉價午餐計畫，使受益學生從 1950 年供應牛奶的四‧五億半品脫 (pint) 增加到 1969 年的二十九億半品脫。供應廉價食品券的受益家庭，也由 1966 年的八十六萬四千戶增加到 1969 年的三百二十萬戶。

最後，改善黑人的政治地位，緩和日益激化的種族矛盾。1964 年 7 月 2 日，詹森簽署了被稱為「二十世紀最徹底的民權法案」，禁止在公共場所包括旅館、飯店、運動場、劇院、公共圖書館等地實行種族隔離，並授權聯邦政府對種族隔離現象提起公訴，保護黑人選舉權。[16]1965 年 8 月 6 日和 1968 年 4 月 11 日，詹森又先後簽署關於保護黑人選舉權和保護黑人住房的民權法，禁止在選民登記和住房方面的種族歧視。過去在某些南方州郡，黑人投票前須參加一項含有歧視意味的讀寫測驗，1965 年以後已不再施行了！詹森任期三項民權法案的頒布，從法律上嚴重打擊了自南方重建結束以來的種族隔離制度。

至於在社會安全福利上，詹森批准一項老人健康保險制度。

太空科技上的變革，詹森時期也有很大的發展。1968 年 12 月，阿波羅八號太空船首次脫離地球吸引力作探月冒險，旅程三十六萬八千多公里，這是歷史上從未有過的創舉，[17] 也是在詹森總統任期裡，表現最出色的一件大事。

總體而言，在詹森執政期間，可謂是一個繁榮時期。雖然此刻出現國庫收支失去平衡，出現赤字現象，但成因是由於美國在海外支出增

---

[16]　亨利‧康瑪杰編，《美國歷史文獻》，第 2 卷，頁 658-662。
[17]　「阿波羅」八號太空船成為第一艘載人繞月球飛行一周的太空船。

多，或向國外投資發展。從 1961 年至 1969 年在經濟成長上面，詹森時期仍創下美國歷史上空前的成就。詹森在任的五年多裡，在內政上頗有成功之處，如對教育的巨額支援、提高社會安全福利、對老年人的免費醫藥治療、實施解救貧窮的計畫、改進黑人民權、推行太空計畫、房屋與都市發展部及運輸部的增設等，都是在他的「大社會」大力推行的，至今仍為後人所稱道。

二、越南戰爭

越南戰爭 (Vietnam War, 1964-1975) 是自第二次世界大戰以來，美國為了防止共產力量的蔓延，所發動的一項大規模的戰爭。在 1954 年，越南共軍占有北緯 17 度以北的領土，而北緯 17 度以南則在美國及西歐的支持下，與北越對立。然而，北越游擊隊時常對南越侵擾。在 1961 年，美國派往南越的只有三千多名的軍事「顧問」，到 1969 年，竟增加到海陸空三軍共五十多萬人，陣亡人數也將近四萬餘名。起初美國人民對越戰的抗議呼聲還不太顯著，後來美國政府介入越戰越來越深，透過電視及報章的傳播，越戰的禍害也越來越明顯，人民的反戰情緒也隨之日益高漲。

越南戰爭是一場沒有戰線的戰爭，在戰術方面使美國將領深感頭痛。越戰真正發生應是在 1964 年 8 月 10 日，詹森簽署同意案，國會就這樣批准了美國歷史上最漫長而且又引起最嚴重紛爭的國外戰爭。美國這些打越戰的將領，大部分是經歷第二次世界大戰的將士，對越共那種難以捉摸，打了就跑的游擊隊作戰方式很不習慣。一直到 1975 年初，北越坦克部隊滾滾南下直驅西貢 (Sai Kung) 時，戰事才有了常規戰爭的模樣，但是那時已判定勝負了。而越戰最悲慘的一面是平民傷亡極多，在這一場他們難以了解的戰爭中，死亡、殘廢和痛失家園的人，數以百萬計。然而對越南人民來說，殺人的炸彈、砲彈不論來自何方，都沒有

多大的分別，因為平民死傷人數，不計其數。

　　美國為何會捲入越戰之中？幾十年來，美國官方所說對越南政策的主要目標，是使南越人民可以自決 (self-determination) 政治前途。但根據國防部五角大廈文件 (Pentagon Papers) 透露，美國領導人物一直都處心積慮要控制這區事態的發展。所謂國防部五角大廈文件，即當時國防部部長麥納瑪拉 (Robert Strange McNamara, 1916–2009)，在 1967 年下令編撰的一份詳實且機密的研究報告，分析美國自 1945 年起介入越南的資料，有七千頁事件報導及政府文件，由國防部三十六位分析專家編撰而成。在 1971 年依據國防部前雇員丹尼爾‧艾爾斯伯格 (Daniel Ellsberg, 1931–) 提供資料，在《紐約時報》將祕密洩漏公開，於 2002 年，艾爾斯伯格在其出版的新書《祕密：越南和五角大廈文件回憶錄》 **⑱** 中披露了自己當年這一義舉的許多內幕故事。文件中表明詹森總統對越南的立場並不是援助越南人，而是避免使美國名聲受損。從一份備忘錄中，看出其總結是：七成避免美國丟臉；二成不讓南越與鄰近領土淪入越共之手；一成使南越人可以享有較良好、較自由的生活；在統計中，完全沒有想要幫助南越的動機。

　　其次，為何美國人民的心態，由同情越戰，到支持越戰，進而反對越戰？美國人民從甘迺迪時期開始接觸越南問題，甘迺迪是主張南越人民「自主」的總統，但他恐怕北越勝利後，共產勢力便會橫掃東南亞。於是，甘迺迪答允擴大美國承諾，在 1961 年底派遣三千多名「軍事顧問」到南越。一年後，人數增加超過一萬一千名，還以大批軍事武器投入南越。到了詹森時期，在 1965 年已有大約十八萬名美軍派駐南越，美國此時陷入一場大規模戰爭之中，一直到 1969 年，最多美軍駐留南越，人數共有五十四萬名之多。

---

⑱　Daniel Ellsberg, *Secrets: A Memoir of Vietnam and the Pentagon Papers*, New York, NY: Penguin Book, 2002.

越共採以游擊戰略方式，打了就跑，然後撤退到柬埔寨 (Cambodia) 及寮國 (Laos) 的庇護所，重整軍備，準備再來。武器從蘇聯及中共源源不斷運來，供應北越軍隊，使他們有增無減的滲入南部，對抗集結的美軍。

而美軍深怕中共會動員大量人力來出面干涉，因而始終未曾盡全力摧毀北越的河內 (Ha Noi) 政權，結果美國在南越的「消耗戰策略」付出的代價太高，既犧牲了平民的生命財產，也破壞了南越農民的信任。河內屢次斷然拒絕美國的和談建議，似乎願意承擔慘重的傷亡，繼續作戰下去。

美國國內人民終於開始對遠方這場衝突有了懷疑。詹森政府卻預測，在 1965 年這場戰爭會結束，因而徵召更多青年入伍，沙場上死傷人數也繼續上升，新聞界又專門報導有關南越陸軍的壞事，以及在 1965 年上任的西貢政府阮高祺 (Nguyễn Cao Kỳ, 1930–2011) 政權的貪污獨裁，使越來越多美國人民懷疑，美國軍人究竟為什麼要保衛那樣的一個政權，因而在 1967 年，美國全國掀起一股的反戰運動的聲浪。越戰最後，詹森寧願放棄競選 1968 年的總統職位，也不願面對可能來臨的失敗。繼任總統尼克森終於結束了這場美國有史以來最不受歡迎的戰爭，然而，此刻的美國已有二萬五千名美國人喪生，美國戰機在東南亞所投擲的炸彈，亦比第二次世界大戰任何戰場所投擲的數量還多。

史學界對越戰作了一全面的檢討，首先，越戰對美國經濟的影響是雙重的。一方面越戰刺激了美國 1960 年代經濟的繁榮。從 1961 年 1 月至 1969 年 10 月，美國一直沒有發生經濟危機，成為戰後經濟最長的持續增長期。1965 年工業生長增長率一度高達 99%。1971 年美國的國民生產總值突破一兆美元。由於新興軍事工業主要集中在南部的「陽光地帶」，國民經濟的軍事化使新興的加利福尼亞財團及德州財團崛起，推動國家壟斷資本主義的進一步發展。

另一方面，越戰也留下了隱憂，沉重的軍費開支，消耗了大量可以

投放在民用生產上的資金，使國民經濟發展更加畸形，在越戰中的軍費開支高過韓戰一倍多，高達二百億美元。在尼克森的第一個任期內，四年行政預算赤字高達一千二百五十億美元，在聯邦政府稅收中，有 62% 用於軍事或與軍事有關的開支。鉅額的赤字和高額國債，給美國留下了嚴重的通貨膨脹的後遺症。1969 年 10 月至 1970 年 11 月經濟危機後，又在 1973 年 12 月至 1975 年 4 月爆發了戰後最嚴重的一次經濟危機。1970 年代以來，外國資本和商品也打進了美國，美國的經濟霸主地位面臨嚴重的挑戰。

此外，越戰在政治上和社會影響上是負面的。它實際上成為了美國由超級大國的高峰開始走下坡的一個標誌。前美國參院外交委員會主席詹姆斯‧富布萊特 (James Fulbright, 1905-1995) 於 1972 年在《跛足巨人》(*The Crippled Giant*, 1972) 一書中評論說：「我們已經付出的代價是二萬五千多人死亡，三十多萬人殘廢，和超過一千五百億美元的開支。」[19] 尼克森也說：「這場戰爭左右了我國的注意力。在國外，它把我們為適應變化的情況所做的努力複雜化了。在國內，它激起了日益增長的反對意見。」[20]

在越戰結束後二十年的 1995 年，當時擔任國防部長的麥納瑪拉向美國參加越戰的老兵懺悔，然而美國老兵並不領情，被壓抑了二十五年的憤怒再度湧現，幾乎已可淡然處之的痛苦記憶再度被撩起。過去參加越戰的青年，在上戰場後不久，就體悟到他們打的是一場不可能獲勝的仗，要求上級撤兵，但這些心聲都未獲上級的回應，因為上級只顧自己的政治前途，對陣亡人數已經麻木不仁。亦有一些將領，他們不願也不

---

[19] James Fulbright, *The Crippled Giant: American Foreign Policy and its Domestic Consequences*, New York, NY: Random House, 1972；亦見詹姆斯‧富布萊特，《跛足巨人》（中國：上海人民出版社，1976）。

[20] Arthur Schlesinger, Jr., *Bitter Heritage: Vietnam and American Democracy, 1941-1966* (Boston, Mass: Houghton Mifflin Co., 1967), pp. 31-32.

忍操作一部殺人的機器，毅然決定退役，自我放逐到別國，如澳洲。在越戰擔任醫護兵的老兵回憶說，美國政府犯了「道德盲目症」，因為越南政府既不民主，選舉也不乾淨，但美國卻選擇支持他來對抗深獲越南民心的胡志明 (Ho Chi Minh, 1890–1969)。不僅在越南，美國後來在墨西哥、尼加拉瓜 (Nicaragua) 和瓜地馬拉 (Guatemala) 等地，也都犯了同樣的錯誤。㉑

不少退伍軍人對麥納瑪拉的懺悔不領情。在越戰擔任步兵的一名連長曾回憶說，「麥納瑪拉承認戰爭不可能打贏的時候，我正好在越南。我和弟弟每天都要出兵打越共，隨時準備受傷或陣亡，為的是什麼？當領導階層知道不可能以軍事手段贏得戰爭之際，難道他們不應該立即調整政策，減少人命的損失？」㉒許多優秀的美國青年在異域捐軀，長官們卻視而不見。為何麥納瑪拉會有如此的行為？因為政客要維持戰爭機器繼續運轉的另一個理由在於：戰爭可以提升軍隊戰力，可以要求更多的預算、擴充軍隊的規模，而政客的前途也大有可為。既然有現成的越戰在進行著，麥納瑪拉想藉越戰獲得權力。

美國對越戰的介入，是一步步陷入泥沼中的。在 1961 年 4 月，甫就任美國總統三個月的甘迺迪，親臨紐約華爾道夫大飯店 (Waldorf Astoria Hotel) 拜訪他景仰已久的老兵麥克阿瑟將軍。在談話中，這位曾在亞洲叱吒風雲的將領嚴厲警告甘迺迪，美國千萬不可出兵東南亞，說道：「任何人如想派遣美國地面部隊到亞洲大陸作戰，這個人的腦袋應加以檢驗。」韓戰的痛苦經驗以及對亞洲問題的深入了解，使永不凋萎

㉑　Andrew Martin, *Receptions of War: Vietnam in American Culture* (Oklahoma, OK: University of Oklahoma Press, 1993), pp. 5, 159, 156; "McNamara and Memory, " *The New York Times*, September 5, 1995, p. 17; George C. Herring, "Some Legacies and Lessons of Vietnam, " *Virginia Quarterly Review*, No. 16 (Spring 1984), p. 211.

㉒　Larry Berman, *Planning a Tragedy: The Americanization of the War in Vietnam* (New York, NY: Basic Books, 1982), p. 282.

的老將提出警告。但是，甘迺迪並未牢記麥帥的警告，祕密增派負有戰
鬥任務的軍事顧問前往越南，增加軍源、建立戰略村，以對付越共游擊
隊，美國開始捲入了越戰，掉進了中南半島的泥沼而不可自拔。1975 年
4 月 30 日，西貢淪陷，南越赤化，美國倉皇潰退。

　　越戰烽火雖已平息數十年，然而這場戰爭所帶給美國人民的創傷和
傷痕，並未隨著歲月的推移而消失。就統計數字而言，美國總動員二百
多萬人、耗費二百億美元、二萬五千多名美軍戰死；北越正規軍和越共
游擊隊傷亡百萬。南越軍人陣亡二十四萬，南北越平民傷亡二百萬以
上。就社會代價來說，美國不僅在遙遠的中南半島作戰，在國內亦掀起
一場如火如荼的「內戰」──民權運動的興起和反戰運動的高漲，使美
國面臨南北戰爭以來最嚴重的國內危機──人民與政府的尖銳對立，新
大陸再次變成一個「分裂之家」(House Divided)。就國力耗損而論，十
餘年的海外征戰徒勞無功，國家元氣為之大傷，國際聲望遽降，「金元
王國」已轉變成「跛足巨人」。就國際關係視之，「美國世紀」
(American Era) 落幕，美國作為一個「自由世界的保衛者」和擔任「世
界警察」的能力，招致全盤考驗，對防衛盟邦的承諾亦受到懷疑，東南
亞安全秩序的改變影響到整個亞洲的戰略態勢。**㉓**

　　甘迺迪介入越戰和詹森升高越戰，充其量乃是對「骨牌效應」
(Domino Effect) 的自然反應，美國擔心南越淪入共黨之後，其他東南亞
國家可能一一赤化，而華府決策之士皆認為越戰乃為蘇聯和中共企圖延
伸擴張國際共產主義觸鬚的一項戰略設計，其最終目的是併吞亞洲。華
府深信憑恃美國最現代化的武器和裝備，必定能夠在短時間內肅清越共
游擊隊，贏得戰爭。諷刺的是，美國自始至終從未擬定一套目標清楚、
確實可行的越戰藍圖。在軍事上，戰略布局失當、戰術乏善可陳、高科

㉓　John Hellmann, *American Myth and the Legacy of Vietnam* (New York, NY: Columbia University Press, 1986), pp. 10, 20.

技軍火效力不彰，處處被動，越戰成為一場沒有前線、看不到敵軍的非傳統性戰爭。在政治上，美國自縛手腳，既不能以戰止戰，又不願過度觸怒蘇聯與中共，在和戰兩難的困局下，抽身不得，且越陷越深，以政變方式弄垮吳廷琰總統 (Ngô Đình Diệm, 1901–1963)，但又無法推出一個受人擁戴的政府。阮文紹 (Nguyễn Văn Thiệu, 1923–2001)、阮高祺皆非上馹之才，卻出掌政權，作戰不力，腐化成性，終至亡國。

　　進一步而言，美國政府在反共、防共和恐共心理下所設計的對越政策，乃奠基於無知、傲慢和一連串的錯誤之上。錯估蘇聯和中共的意圖，尤其是中共與北越的關係；低估北越以武力統一越南的決心和越共的作戰能力。白宮、國務院和五角大廈對中南半島的歷史、政治、社會和文化全然無知，無越南問題專家，貿然以世界警察的角色在完全陌生的國度替天行道。在甘迺迪和詹森政府擔任過近八年國防部長的麥納瑪拉，打破二十多年的沉默，發表回憶錄《回顧：越戰的悲劇和教訓》(*In Retrospect: The Tragedy and Lessons of Vietnam*)，公開坦承美國介入越戰乃是「大錯特錯」，決策系統的失誤，使美國經歷到建國兩百多年以來的首次敗仗。越戰徹底改變了美國的政治體質和精神面貌。[24]

　　麥納瑪拉以其對數字的終生不疲的愛好，在書中列出美國陷入越戰災難的十一個原因：[25]

　　1. 美國錯誤判斷了越南的動機，高估了越南行動對美國的威脅。

　　2. 美國把自己的經驗套到南越身上，對南越的政治力量做出完全錯

---

[24] David Halberstam, *The Best and the Brightest* (London: Penguin Books, 1983), p. 265.

[25] 麥納瑪拉的這一觀點受到前國務院官員的反駁。他們堅持美國當時並不缺少東南亞專家，而是麥納瑪拉等人沒有虛懷納諫的修養，不能容忍不同的聲音，這方面的最新批評見 Louis Sarris, "McNamara's War, and Mine, " *The New York Times*, September 5, 1995, A17. 麥納瑪拉對此類批評不為所動，堅持己見。詳見麥納瑪拉反駁 Sarris 的文章："On Vietnam, Kennedy White House Flew Blind, " *The New York Times*, September 14, 1995, p. 26；"McNamara and Vietnam War, " *The New York Times*, September 3, 1995, p. 20.

誤的估計。

3. 美國低估了民族主義對越南人民的推動力。

4. 美國在越南的錯誤，反應了其對越南的歷史、文化、政治的無知。美國缺乏這方面的專家。

5. 美國沒有意識到現代化軍隊，高科技裝備及先進理論在對抗特殊的、高度動員的人民運動中的侷限性。

6. 行政部門在決定重大事件前，沒有同國會和美國人民進行開誠布公的討論。

7. 因為決策者在越戰問題上向美國人民解釋不力，導致其外交政策缺乏人民的廣泛支持。

8. 決策者未意識到美國不是無所不知。美國無權按自己的意志去改造別國。

9. 在美國的安全未受到直接威脅下，其在越南的行動應該與多國部隊配合，並爭取國際社會的支持。但美國沒有做到這一點。

10. 美國沒有意識到在國際事務中有些問題是沒有直接答案的。

11. 行政部門不能有效地處理特別複雜的政治及軍事問題。這種組織缺陷也是美國在越南失敗的重要因素。

　　麥納瑪拉的這些觀點代表著美國對越戰的最新記憶及反省，同時也「喚醒了久遠的和痛苦的記憶」。**㉖**

　　經過 1960、1970 年代的社會動盪和飽嚐越戰失敗的苦果之後，美國人民試圖從經驗中獲取教訓，自歷史中採擷智慧，庶幾不再重蹈覆轍。自 1960 年來，美國對越戰所做的「反躬自省」，可謂歷經轉折。從越戰結束後的諱言戰敗、自我退縮，經 1980 年代的逐漸康復、重新自我肯定、尊重越戰退伍軍人的苦勞，以至 1990 年代波斯灣戰爭告

㉖ "McNamara and Memory, " *The New York Times*, September 5, 1995, p. 17.

捷、愛國主義復甦，再再證明越戰對美國所造成的巨大創傷。[27]越戰的慘痛結局使美國人民進一步認識自己、了解自己，進而知道美國的力量並非無窮，更不是無堅不摧，這或許是美國在越南戰場折戟沉沙的正面意義。

三、黑人民權運動

1960年代中期，美國黑人仍不斷要求平等權利。起初在馬丁·路德·金恩的影響下，民權運動還能和平進行，到後來便演變成流血事件。1964年至1968年之間，芝加哥、洛杉磯、底特律和其他幾十個城市先後爆發動亂。北方黑人區出來的黑人激進分子，根本不想採用和平抗議的方式，也不願意和白人合作。學生非暴力協委會和黑人回教徒的訴求只在於為黑人爭權，而不是與白人團結一致。那時候法庭下令用公共汽車接送公立學校學童，以達到黑、白學生同等待遇的目的，這種措施引起了全國政治的爭議。到1970年代仍是讓人爭論不已。

1968年4月，金恩博士在一會場演說時，遭刺殺身亡後，羅勃·甘迺迪亦遭殺害，民權運動便從此支離破碎。許多美國黑人覺得羅勃·甘迺迪在1968年6月5日遇刺身亡，可與早先甘迺迪總統及金恩博士之死，合成一幅三聯的民權殉道圖。到了1970年代中期，黑人失業率為14%（而一般全國失業率為8.5%），種族活動主義暫時平靜下來，美國黑人社會開始有了新的自覺。

四、青年文化的改變

1964年，英國的「披頭四樂團」(The Beatles)被引入美國。之後，披頭四歌曲加上美國本土的音樂，形成1960年代流行搖擺的搖滾樂曲，

---

[27]　George C. Herring, "Some Legacies and Lessons of Vietnam, " *Virginia Quarterly Review*, No. 16 (Spring 1984), p. 211.

充分代表了這一代青年不願全然接受父母的傳統價值標準的態度。

　　1950 年代所謂「沉默的一代」退位，1960 年代「高聲抗議的一代」登場了。校園裡的抗議行動，由一開始的言論自由、學生權益和其他當地事件，很快地演變成全國性的反越戰大示威。到了 1960 年代的後期，青年們開始改變外貌，男生蓄長髮留鬍子，學披頭四；女生不化妝，喜歡表現自然的外表，男男女女穿著藍色牛仔褲，在校園內吸食大麻和迷幻藥，男女混雜同居，中途輟學的學生增多，使得家長為之擔憂。和以前保守的時代相比較，實是截然不同。

　　許多年輕人成群結隊湧到舊金山或紐約的反文化中心去，甚至在大城市發生與警察衝突等事情。這種改變，是由於最敏感的美國年輕人，對群體社會和龐大政府不具人格的面貌、越戰、以及不斷因性別、種族背景、民族或者生活習慣等因素而歧視人，為此感到不滿。所以在 1960 年代，年輕人在態度、人與人間的關係、價值，甚至衣著和行為、思想，都起著很大的改變。

五、第二波婦女運動興起

　　經過早期女性主義者的努力，女性的地位有了提升。女性與男性的競爭，處於先天弱勢的女性意識到，所謂的「公平競爭」事實上更進一步鞏固女性的弱勢地位。就像商業化的選美活動所塑造出來的女性形象，依然是反應典型的男性價值，女性並沒有因為選美活動而提高地位，相反地，女性依附於男性、取悅男性的事實，反而獲得強化。二次大戰以後，大量男性軍人復員投入生產行列。令女性主義者失望的是，女性獲得所有她們要求的權利，但是從屬於男性的情況並沒有多大改善。

　　二次大戰爆發，美國男子應召從軍。由於人力短缺，美國國防部開始邀請婦女加入國防工業及政府機關行列。1944 年，就業女子已增加

了 43%，占總就業人口的 35%，並且從補助性的勞動力轉為主要的勞動力。全美僅就戰時工業方面，便吸收了二百萬名婦女，例如西雅圖波音公司 (Seattle Boeing Co.) 重要的飛機工廠，已有半數工人是女性。南茜‧吳樂克 (Nancy Woloch, 1940–) 在《婦女與美國經驗》(*Women & the American Experience*, 1984) 一書中所述，美國婦女在第二次世界大戰期間，僅二至六個月就學會了裝子彈、裝配機關槍，或清除內燃機等，幾乎沒有一樣工作她們不能勝任。當時白宮第一夫人安納‧羅斯福 (Anna Eleanor Roosevelt, 1884–1962) 曾說，戰時婦女的勞動力，是國家生活中不可或缺的一部分。

戰時吸收婦女加入勞動市場，只是非常時期的緊急措施，並不表示社會對「男主外，女主內」的性別角色觀念有所變更。經濟蕭條和戰爭本身，反而加強了公眾對家庭生活與傳統女子地位的信念。戰爭末期，美國政府唯恐婦女投入經濟行列中，再三呼籲婦女重回家庭。國防部新聞處還通過報紙、收音機、廣告及畫刊，大肆宣傳婦女戰時就業是臨時的，非永久性的。果然，戰爭未終止前，美國勞動部就提出了如何切斷婦女戰時工作的建議，企圖為順利轉移回國軍人作準備。1945 年政府號召婦女返回家庭，宣稱婦女就業不再是愛國熱情的表徵，反倒會影響社會經濟的安定。而婦女自己也厭倦拋頭露面去勞動，卻期待「甜蜜家庭」(home sweet home) 的幸福景象。所以，據蓋洛普民意測驗 (Gallup Poll) 顯示，86% 美國男性均反對已婚婦女出外工作。不久，褒揚婦女傳統美德的宣傳活動接二連三洶湧而來。

戰後到 1950 年代，美國社會通過傳播媒介所塑造的中產階級婦女形象，以 1956 年享譽全球的《生活》(*Life*) 雜誌發行的「美國婦女」(*The American Woman*) 專號為例，內容不外乎是「持家，照顧小孩，會自己縫衣裳，並擁有一個高薪收入的丈夫」等的畫面。像這種幸福女性的形象，法國存在主義哲學家西蒙‧波娃 (Simone de Beauvoir, 1908–

1986) 在 1953 年出版的《第二性》(*The Second Sex*, 1953) 中，指出婦女被社會塑造的錯誤形象，在美國婦女自我檢討的運動中獲得了重視。波娃在《第二性》中描述女性在社會的角色和地位，是相當重要的女性書籍之一。她說，由於社會幾乎拒絕女性的能力，又由於長久以來社會賦予男性的權勢，使女性受到不平等待遇。書中也對「女性」在一般人「潛意識下」或文學作品中被歧視，表示不平。在她的書中，她為女性解放作申辯，同時，也為爭取在社會地位及工作上與男性平等作努力。西蒙·波娃指出，一個人永遠無法廢除自我，但主張他要將自我固定。當別人觀看他時，他特別感覺自己是固定之物。在男性和女性成長過程中，初期均在父母「觀看」下失去自我，但男性很快脫離這個階段，而女性卻被迫變成「物」。女性從一開始就被教導要取悅別人，放棄自發性。她任由旁人高興，從「人」的地位貶為「物」的地位，因而女性成了低一級的生物。女性的第二等地位被社會化，無論在人格形成、性、生活及公眾事業上，女性都是下等的。女性失去了生命之喜悅，而男性則被賦予「超越」(Transcendence) 的權柄。所謂的「超越」的權柄，乃指積極進取、忙於事業的創造力等。西蒙·波娃認為，以前女性所處的乃是「初觀看」的第二等地位，要恢復女性地位，只有把女性變為男性的地位。因此，波娃在《第二性》中指出男女不對稱的關係，顯示婦女始終以「性別」的方式被定義，而非以理性自由人的面貌出現，她們始終是不完整的「人」。而限制女性的不是天性，而是一些成見、習俗和過時的法律，而女性對於這些成見、習俗和法律的形成多少難辭其咎，她呼籲女性要更具尊嚴和情操，從附屬的地位中掙脫出來。㉘

　　美國女性主義者貝蒂·弗麗丹 (Betty Friedan, 1921–2006) 的《女性的奧祕》(*The Feminine Mystique*, 1963) 強調形式上的平等是不夠的，她

㉘　Simone de Beauvoir, *The Second Sex* (London: Vintage Books, 1953), pp. 116-124, 357-388.

與西蒙‧波娃共同點燃1950年代及1960年代女權運動的戰火。弗麗丹根據自己的經驗以及多年的調查訪問，發現美國一般主婦力圖湊合的生活與現實之間，有一段距離。弗麗丹認為，1950年代的婦女急於走回廚房，以性愛交換安全感和自食其力的能力，喪失了志向和自尊心，活活被埋葬，結果並不快樂，實在是咎由自取。1960年代，美國女子上大專學院的人數遽增，當時自由主義的思想瀰漫各地校園，口服避孕藥的上市也方便了性自由的實驗，渴望廢除傳統兩性分工制的激烈婦女解放運動，終因《女性的奧祕》一書的震撼，而擴展開來。1960年代，婦女們都要求社會的革新。雖然婦女在1960年已享有完全的政治權利，許多婦女已出外工作，但是仍有部分婦女認為她們仍是歧視下的犧牲品。弗麗丹的《女性的奧祕》同樣地指出男、女在天性上沒有什麼本質的不同；然而，光是形式上的平等是不夠的，女性與男性一樣都希望走出去，享有與男性同樣的事業與平等的發展機會。弗麗丹的《女性的奧祕》掀起了第二波女性運動的出現。弗麗丹的論點是自第二次世界大戰後，女性被定位在扮演「太太」和「媽媽」的角色上。如此一來，由於一連串的家庭負擔都由婦女來肩挑，造成婦女、家庭及精神官能上受到傷害。而社會給予婦女一個不公平的說法是，這是由於婦女個性及自我判斷上的問題，而非社會所造成的。弗麗丹為此爭論，這種讓婦女在精神官能上受到的大傷害，不外乎是社會所加諸的，也是性別上不公平所造成的。所以弗麗丹再三強調，必須趕快對美國社會的架構作一個修正調整才對。這本書的論點一出來，為成千上萬的美國中產階級家庭主婦道出了隱藏在她們心底的「無名的煩惱」，引起「智識婦女」共鳴反省，再度掀起歐美婦運的浪潮。此時，更認為「男女平等」及「性開放」，是天經地義的事情。㉖

㉖　Betty Friedan, *The Feminine Mystique* (New York, NY: W. W. Norton & Co., Inc., 1963), pp. 122-168.

　　米蕾特 (Kate Millett, 1934–2017) 的《性別政治》(*Sexual Politics*, 1970) [30] 就更激進了，她延續左派的理論，強調壓迫與異化，同時還使用精神分析 (psychoanalytic) 的語彙，解釋女性何以無法掙脫束縛。她想回答的問題是：為什麼婦女在取得教育機會及政治參與的權利後，世界依然由男性主導，女性依然從屬於男性。她指出問題的關鍵，在從小女性就被洗腦，依循特定的方式與價值觀生活。法律、傳統、語言、社會科學、大眾文化、傳播媒體等不斷強化這個觀念。女性給人的刻板印象就是被動、慈愛、情感多於理智、顧家、愛漂亮。另外一些較負面的刻板印象是淫慾、有一點任性，且危險。不管怎麼說，這些印象都是為了男性的利益而創造出來的。如果婦女否認這些「形象」就會被視為違反自然 (unnatural)，這構成一個無形的壓力，在沒有暴力的情況下，女性仍被迫接受。[31] 男女間處處充滿宰制的權力關係，這其實就是一種政治關係，簡單地說，這是「父權」(patriarchy) 的反應。

　　其他女性主義思想家順著這個邏輯，從各個角度闡釋「父權社會」的運作，例如語言、歷史、文學、社會與政治理論，到處充滿父權的色彩。歷史教科書大部分的篇幅都是男性，極少有女性。美國《獨立宣言》說「人皆平等」(all *man* being equal) 用的是男性 man；馬克斯說「各盡其能，各取所需」(from each according to *his* need) 用的也是男性。洛克和盧梭的民主理論，習而不察地將男性代表全部人類，這樣的例子不勝枚舉。[32] 不少女性主義者要求將這些隱含男性的字眼改正（例如 chairman 改稱 chairperson）。葛莉兒 (Germaine Greer, 1939–) 的《女性去勢》(*The Female Eunuch*, 1970) 中再次嚴厲批評「女性是不一樣的，有不一樣的情感、價值觀、思考模式、需求」的觀念。葛莉兒以幾近控

---

[30]　Kate Millett, *Sexual Politics*, New York, NY: Doubleday and Company, 1970.

[31]　以佛洛伊德的術語來說，成為陽具崇拜 (penis envy) 的犧牲者。

[32]　例如，chair*man*, gentle*men*, God 等。

訴的口吻指出，這些傳統概念都是男性創造出來的，目的就是為了滿足自己，壓抑女性。女性的性別特質被壓抑、扭曲，如同「去勢」(castrated)、「無性別」(sexless)、只是「性的發洩對象」(sex-objects)。❸❸

　　1960年代是性解放的年代，婦女要求被當成「人」(persons) 看待，而非只是「性的發洩對象」。她們痛恨所有「婦女都應該這樣」的說法。這些「女德」將鼓勵婦女取悅男性、迎合男性品味。激進的女性主義者，她們對色情行業，以及選美活動展開一連串嚴厲的批判。對男同性戀團體，女性主義者則抱以同情，因為它同樣是對傳統性別角色的挑戰。❸❹

第三節　美國的社會

　　1960年代美國社會的生活步調加速，人們向來信服的許多信念遇到嚴重的考驗。語言出現了很多新字、新詞，各自代表一種新思想或新的社會趨勢，例如：「保障用戶利益主義」、「婦女解放運動」、「環境決定一切論」、「移植」和「幻覺」等，都成為老少皆知的概念。有了這種轉變，一些美國人受到鼓舞，開始體會出個人對四周世界的責任；另一些美國人對訊息萬變的環境感到無所適從。1960年代的生活，讓人目不暇接。

一、電視改變了生活方式

　　許多美國人民有感於傳統觀念受到攻擊，認為社會快速的轉變而無所適從，歸究其原因是傳播媒介的發達所致。的確，傳播媒介，尤其是電視，自從1960年以來影響美國社會發展與生活步調。通過電視，民

❸❸　Germaine Greer, *The Female Eunuch* (New York, NY: McGraw-Hill, 1971), pp. 8, 89.

❸❹　不少對女性主義有敵意的媒體稱「女性主義者」為蕾絲邊（Lesbianism，女同性戀者），意即拒斥男性之意。

眾可以耳聞目睹大多數的社會變遷狀況。電視還間接打垮幾家最具影響力的暢銷雜誌：《展望》(*Look*)、《生活》和歷史悠久的《星期六晚郵雜誌》(*The Saturday Evening Post*)。在這個社會和政治發展迅速的時代，雜誌的確無法和即時供應新聞及娛樂的電視相抗衡，也無法擁有固定的廣告客戶。❸❺

　　許多美國人就是在電視中親眼看到 1963 年 11 月甘迺迪總統的殯葬儀式，以及兇手奧斯渥被人行刺的經過。而甘迺迪本人就是第一位充分運用電視影響力的總統候選人。在 1960 年與尼克森對峙的競選辯論中，他本身的魅力比他的雄辯，更能使多數電視觀眾認定他為勝利者。甘迺迪總統和他的夫人賈桂琳在白宮短短三年生活，他們的賓客不乏藝術界和娛樂界人士，使白宮增色不少，透過電視報導，讓人民更貼近白宮。隨後，美國就踏入動盪的十年。甘迺迪執政期間，發生了 1961 年和平工作團及進攻豬玀灣；1962 年的古巴飛彈危機、爭取自由大遊行，及美國國家航空暨太空總署把太空人格林和人造「通訊衛星」送入軌道；1963 年在華盛頓舉行的民權運動大會和美、蘇禁止核試協定等，電視傳媒在此時發揮了將訊息即刻傳到每個人們的家中的功能。

　　無線電廣播在美國要經過兩個世代才成為家庭的必需品，電視還不到一個世代就已經成為生活中不可或缺的物品。電視的發展急如流星般進駐美國人家裡，而電視對社會的影響甚大。1960 年代全世界已進入「地球村」的階段，電視已經改變了人們的生活方式。藉著電視轉播，很多政客因此上臺、下野，或下野後又再上臺。各種人世間的慘事，例如越南的戰事紀錄或紐華克 (Newark) 的種族暴動等，都被真實地帶到人們的家裡，震撼千百萬觀眾的良知，久之又使人們的良知麻木。而商業廣告反覆不停地為商品作宣傳。由於工業技術的力量不斷增強，關於

---

❸❺　到了 1974 年，美國用電家庭中，96% 至少有一架電視機。

電視潛在的好或壞的影響，會繼續一直被爭辯下去。

二、披頭四文化與反主流文化

1960 年代中，對物質高度發達的美國社會表示不滿的人，並非都走上政治批判和反抗的道路，他們仍需秉持某種理性和勇氣，因為其中還蘊涵著某些與國家現實政治的矛盾與衝突。因此，更多的青年人，甚至部分中老年人，以逃避現實的方式，表示對於社會的反叛。從歷史的視角觀察，這只是一批穿著新的外衣的新人，走在 1950 年代他們前輩「垮了的一代」的舊道路上。

1950 年代「垮了的一代」派作家諾曼‧梅勒的小說《白色的黑人》(*The White Negro*, 1957)，曾塑造了一個存在主義的二流英雄「嬉皮斯特」(Hipster)，他「在反叛的自我意識的推動下，開始了通向未知天地的旅程」，以此作為在一個被死亡的陰影籠罩著的社會中生存下去的手段。很快地，人們便以「嬉皮士」(Hippies) 這一個詞來稱呼 1960 年代美國反叛的青年們。諾曼‧梅勒的《白色的黑人》一書，後來成為文化反叛運動最有力的倡導者。他所塑造的「嬉皮斯特」成為無數「嬉皮士」爭相仿效的偶像。在《白色的黑人》中全面闡明了「嬉皮士主義」的真實含義，成為嬉皮士運動的宣言書。梅勒把嬉皮士看作是一種只聽命於自身意願，不受習俗道統、社會行為法則約束的類型的人物。他把他們的行為視作是「時代」中的一種有氣魄的創舉。㊱梅勒敏銳地意識到了1960 年代「底層革命」，成為這場運動的先知。

此外，生長於紐約猶太人家庭的保羅‧古德曼 (Paul Goodman, 1911–1972) 以他的《荒唐的成長》(*Growing Up Absurd*, 1960) 揭示了成長中的青年與現存社會之間的衝突，他也成為一代人的代言人。㊲「垮

㊱　Norman Mailer, *The White Negro* San Francisco, CA: City Lights Books, 1957.

㊲　Paul Goodman, *Growing Up Absurd: Problems of Youth in the Organized System* New York,

了的一代」的詩人艾倫‧金斯伯格 (Allen Ginsberg, 1926–1997) 在嬉皮士中擁有比較大的影響力，他所作的《嚎叫》(*Howl*, 1956) 一書，真實地反應了 1950 年代動盪不安的社會局面，對社會的陰暗面進行了無情的揭露和控訴，成為新一代青年人的一份宣言書。❸❽

「嬉皮士」的生活方式及思想，是 1960 年代青年反傳統文化的一種反動表徵。他們鄙視成年人所統治的世界，憎惡他們的保守與柔順。「嬉皮士」的精神核心是「作你自己的事，逃離社會去幻遊」。他們對傳統紳士穿戴整齊的服裝不屑一顧，而熱衷於褪色的牛仔服、念珠、手鐲等這一類裝束。他們喜歡留長髮、蓄鬍鬚。嬉皮士自稱是「花之子」

圖 43：嬉皮士演唱者（圖片出處：Alexander Konovalenko）

(flower children)，因為他們向警察以及迫害他們的人獻上鮮花。他們還脫離各自的家庭組織「群居村」。雖然這與十九世紀流行於美國的公共制社會運動有相似之處，但它的思想基礎是「大家庭」(extended family)：實行財產、子女乃至性愛的公有制。這樣的組織在 1960 年代中期多數存在於舊金山的桉樹嶺地區、洛杉磯的日落地帶 (Sunset) 及紐約的東村 (East Village) 等地區。到 1970 年，全國各地共有二百多個群居村，成員約為四萬人。

「嬉皮士」本來被用來描寫西

NY: Random House, 1960.

❸❽ Allen Ginsberg, *Howl* San Francisco, CA: City Lights Books, 1956.

方國家 1960 年代和 1970 年代反抗當時傳統習俗和不滿政治的年輕人。
「嬉皮士」這個名稱是通過《舊金山紀事報》(*San Francisco Chronicle*)
的記者赫柏・凱恩 (Herb Caen, 1916–1997) 推展出來的。嬉皮士不是一
個統一的文化運動，它沒有宣言或領導人物，而是用公社式的和流浪的
生活方式展現他們對民族主義和越南戰爭的反對。他們提倡非傳統的宗
教文化，批評西方國家中產階層的價值觀。他們批評政府對公民的權益
的限制、大公司的貪婪、傳統道德的狹隘和戰爭的無人道。他們將其反
對的機構和組織稱為「陳府」(the establishment)。希望通過隨心所欲、
無拘無束的放蕩與自由自在的生活方式，找回在現代社會中喪失的永
恆、原始的情慾和文化創造的衝動力，以擺脫人類陷入的精神危機，達
到「文化超越」的理想。這種生活方式的終極體現就是嚴重的吸毒行
為，嬉皮士後來也被貶義使用來描寫吸毒者。直到最近保守派人士依然
使用「嬉皮士」一詞作為對年輕的自由主義人士的侮辱。嬉皮士為尋求
刺激，或為了打開「感覺之門」(the feeling door)，需要依賴毒品來尋求
滿足。❸許多人滿足於服用比較溫和的大麻 (cannabis, marijuana) 以「產
生幻覺」，其他一些人則服用海洛因（heroin 或 diamorphine）或麥角酸
二乙基胺（俗稱「麻醉致幻藥物」或 Lysergide、Lysergic acid
diethylamide，簡稱 LSD）等。這類毒品有時能極大地提高服用者對聲
音、顏色和運動的感受力，產生更大的靈性感受和新經驗。但是，隨之
而來的化學反應又使人產生恐懼感和長時期的意志消沉，結果導致精神
變態乃至自殺行為。

　　這些反叛活動，無論是「新左派」思潮、「嬉皮士」運動，還是群
居村、吸毒、搖滾樂，都形成了 1960 年代美國社會中的一股反叛潮流，

❸　當時的嬉皮士想要改變他們的內心（藉由使用毒品、神祕的修養或兩者的混合）和走
　　出社會的主流。形而上學和宗教實踐和原住民的圖騰信仰對嬉皮士影響很大。這些影
　　響在 1970 年代演化為神祕學中的新紀元運動。

即是所謂的「反主流文化潮」。至於要完整地反應「反主流文化」的全貌，首先要論及音樂及音樂在「反主流文化」中的作用。英國的披頭四樂隊和以後在美國出現的滾石樂隊 (The Rolling Stones) 演唱的歌曲，是反主流文化的溯源。因為這兩個樂隊所演奏過的一些有代表性的樂曲，正巧是美國青年思想演變最詳盡的紀錄。❹ 在這同一時期，好萊塢為了招徠觀眾，拍攝了一批反應青年情緒的電影。❹ 這些影片都不自覺地成為反主流文化潮流的組成部分。

1960 年代後期反主流文化開始走向極端化，其叛逆的特性也日益為純粹的享樂主義 (Hedonism) ❹ 所代替。城市的街道上，「徹底頹廢派」(Decadent) ❹ 取代了「花之子」，他們的「反叛」蛻化為盜竊、破壞、輪姦、鬥毆等惡行。「反叛」一詞，成為許多自稱為嬉皮士者為了滿足自己極度的放縱，而尋找的一種理所當然的藉口。此後，「嬉皮士」便成為暴力和色情的代名詞。1969 年 7 月和 8 月，以查爾斯‧曼森 (Charles Manson, 1934–2017) 為首的嬉皮士家族所犯下的嚴重殺人案殺死六人成為一個嚴重的信號，嬉皮士已與人們心中的骯髒、幼稚、愚蠢、自私自利、不負責任的行為聯繫在一起。到 1970 年代，反主流文化已煙消雲散。少數想追求原來的嬉皮士精神的人開始轉向宗教，追求個人的解脫

---

❹　例如：宣揚群居的「黃色潛水艇」(*Yellow Submarine*)，描寫幻遊的「天空中戴鑽石的露西」(*Lucy in the Sky with Diamonds*)，還有賈格爾的「同情魔鬼」(*Sympathy for the Devil*) 等。美國一代名歌手鮑勃‧迪倫 (Bob Dylan, 1941–)，他曾歌唱社會良心，以後改唱搖滾樂曲，歌頌吸毒與性愛。他是一個道地的美國人，他的歌曲演變的途徑正是這一代美國青年成長的足跡。

❹　其中有譏諷時勢的「畢業生」(*The Graduate*, 1967)，表現浪漫主義情緒的「逍遙騎士」(*Easy Rider*, 1969) 以及宣揚暴力的「我倆沒有明天」(*Bonnie and Clyde*, 1967)。

❹　享樂主義也稱唯樂論，有倫理學和心理學兩種理論含義。倫理學的享樂主義，是由昔蘭尼學派 (Cyrenaics)、伊比鳩魯學派 (Epicureans) 和大多數功利主義者所主張的。他們認為唯一固有的善就是歡樂，唯一固有的惡就是痛苦。心理學理論稱為唯樂論，往往用以幫助說明倫理學的享樂主義，認為人的動機總是追求歡樂和迴避痛苦的。

❹　「頹廢」即 decadence。

和自我完善。不過，以後大多數人又都返回主流社會了。然而，這種社會潮流留下來的許多東西，例如吸毒、性解放等，依然影響著此後的美國社會。就在為反主流文化產生的原因爭論不休的同時，幾乎所有的人都接受這樣一個事實：即在他們的理想與現實之間，存在一條難以逾越的鴻溝，這條鴻溝迫使人們本能地去探索人們面對的許多現實問題，想努力去認識它，盡力去解決它——不僅包括戰爭、種族和解、性別平等、環境保護、教育的本質等實際問題，還包括人與社會的本質、個體與社會的關係等抽象的理論問題。當然1960年代的「反主流文化潮流」遠遠未能滌蕩存在於美國社會的各種問題，但是它促使人們對美國社會、美國社會中流行的價值觀念，進行了冷靜的反思。

三、普普藝術

1940年代起，在美國的藝術界裡，抽象表現主義 (Abstract Expressionism) 大為盛行。隨之，紐約已代替巴黎成為世界現代派繪畫的中心，其特點是大筆潑塗油彩，而傑克遜·波洛克開創了所謂的「動作繪畫」(Action painting) 即是代表。如前所述，「抽象表現派」(Abstract Expression School)❹其所具有的特徵是用情緒方式去表現概念，它把注意力放在表面效果上，讓人們所具有的下意識進行自我表現。這個畫派不僅使美國畫壇大展雄風，而且影響到了歐洲，尤其是西歐的整個繪畫界。到了1950年代末，不少畫家已經對抽象的表現主義提出了嚴重的批評，並於1960年代匯成一股巨大的洪流。

與此相應，1960年代在美術界出現了一種新的藝術流派，即普普藝術，英語中稱為 "POP"。「普普，POP」一詞來源於 "popular"，意思是「通俗的，大眾的」。普普藝術家的畫風與昔日的表現主義截然不同，

---

❹　或稱作「抽象印象派」、「塔希主義」(Tachisme)、「無形藝術」、「紐約畫派」等等。

他們力求通過生活中最大眾化的事物，把觀賞者和創作者都融合於生活之中。普普藝術 (POP Art) 是一種藝術革新運動，反抗當時已存在之藝術形式，將當時的藝術帶回物質的現實，而成為一種通俗文化 (Popular Culture)，這種藝術使得當時以電視、雜誌或連環圖畫為消遣的一般大眾感到親切。普普藝術家把日常生活與大量製造的物品，與過去藝術家視為精神標竿的理想形式主義，擺在同等重要的地位。高尚藝術與通俗文化的鴻溝從此消失。「媒體」與「廣告」是普普藝術家最喜歡使用的主題，那也是他們對消費社會的禮讚。㊺1960 年代中期是普普藝術的真正流行時期，藝術家們著意描繪美國日常生活中的普通事物，諷刺美國的消費社會。㊻普普藝術到了 1960 年代的紐約，雖初期發展有些頓挫，但後勁彌堅，對當代藝術的影響極大。如普普藝術最具知名度的大師安迪·沃荷擅長大量重複使用大眾熟悉的形象物件符號，及使用攝影技術與繪畫結合。他最常使用的物件包括罐頭湯、可口可樂與成箱的清潔劑，他也喜歡使用明星的影像，包括：貓王、瑪麗蓮·夢露、伊利莎白·泰勒，重複出現在他的作品中。基本上，普普藝術的精神是十分美國化的，有富麗堂皇的生活品質，近乎膚淺的盲從意識，對影視明星的熱衷，對名利的經營與追求。雖然普普藝術當時沒有在藝壇占到領導的地位，但對通俗文化的同步化，確實改變了人們接受藝術的態度。而它對現代藝術美學的破壞與改變，並將藝術普遍化，甚至影響到一般人在生

㊺　鑑於他們也服從「偶發性」動機，所以也被稱為「新達達派」(Neo-Dada)。

㊻　1950 年代的美國畫家就曾以星條旗、啤酒罐、汽車輪胎等物件構成作品，被稱為「前期普普」。他們認為，把物質材料和油畫顏料混合，可以充分表現空間、光線和質感，於是破布、掃把甚至垃圾都成了繪畫材料，因此有人稱之為「垃圾箱」畫派 (Ash Can School)。最著名的是安迪·沃荷 (Andy Warhol, 1928–1987) 和羅伊·李奇登斯坦 (Roy Lichtenstein, 1923–1997)。沃荷善於以家喻戶曉的電影明星、總統肖像和牛肉條湯組成畫面，其代表作是「一百個罐頭」。它展示了層層疊疊一百個放在超級市場貨架上的湯罐頭，具有奇特的藝術效果。羅伊·李奇登斯坦則擅長於把通俗連環畫、郵票上的圖像加以放大，形成巨幅圖像。

活中對藝術的體認，這些都是具有其歷史性意義的。

到了 1960 年代中後期，在普普藝術的影響下，產生了一個局部性的畫派——芬克畫派。「芬克」(Fink) 一詞是西海岸加利福尼亞一帶的俚語，含有幽默、滑稽及隨便的意思，這正好概括了這一流派的風格。「芬克」藝術家對西部地區鄉間流行的木雕、泥塑玩偶藝術中表現的稚氣、詼諧等頗感興趣，於是他們在創作中便運用創作民間玩偶的某些手法，來創造古怪卻很真實的形象。這些作品既幽默又風趣，無論是內容或形式都是普普藝術的自然延伸。

理查德·林德納 (Richard Lindner, 1901-1978) 是美國當代著名畫家，他長年致力於表現現代美國社會大都會的繁華生活和機器文明，其繪畫具有濃厚的商業氣息和所謂大都會的現代風格，他也是普普藝術的主要代表人物之一。美籍德國猶太人的林德納生於 1901 年的德國漢堡，父親為富裕的猶太商人，母親是美國人。1922 年，林德納在紐倫堡公立藝術學校學音樂，以後改學繪畫。希特勒上臺後，他的家庭先流亡法國，1941 年移居美國。二十世紀一些歐洲美術家移居美國後十分欣賞美國的「機器文明」，肯定大都市的噪音、霓虹燈、摩天大樓、爵士音樂等，藝術風格大大改變。林德納便是其中最為突出的人物之一。

綜言之，對 1960 年代普普藝術的評價，歷來頗有分歧。有的評論家認為這是沒有思想內涵的純商業形象，是令人不快的遊戲。而普普畫家自己則聲稱，這種無思想的態度，正是作者的思想表現。其實，普普藝術是因應美國人的實用主義生活態度和拜物主義思潮而誕生的。普普藝術通過對現代「機器文明」的誇張表現，刻畫了這個物質豐富而精神空虛的世界。這固然是對消費文化的批判，同時也是對整個美國社會傳統價值觀的否定，在一定程度上，它與搖滾樂等這一類藝術，具有同等

的性質，也起著同樣的作用。**㊼**

四、性解放時期

狂亂的 1960 年代，使美國文化長期以來占正統地位的傳統因素，發生了根本性的變化，而且影響到整個社會及文化觀念。再加上，1960年代第二波女權運動的出現，對美國人的性觀念和性關係，產生很大的影響。

長期以來，美國人一直忌諱公開談論性問題，縱使是以性問題作為學術研究對象，往往也採取隱諱的方式。然而隨著科學研究水準的提高，以及整個社會的開化程度的上升，這方面的禁忌亦有所鬆動。長期占統治地位的傳統觀念，強調婦女的貞潔和自重，強調女子應有一整套嚴格的行為規範，尤其是她們的性行為、性活動受到社會、宗教和道德價值觀念嚴格的約束。性行為是為了追求一種肉體的快樂與感情上的滿足，但這是不允許公開議論的，只能被理解為是一種人與人之間的親密結合的象徵。這種觀念曾深深地影響了幾代美國人的生活，到了二戰以後，這些觀念開始受到嚴峻的挑戰。

這種挑戰不僅來自人類的科學研究領域，還來自哲學領域。佛洛伊德曾指出，人類社會文明生活的發展，必然要壓抑人的本能。馬爾庫塞 (Herbert Marcuse, 1898–1979) 雖然認為這種壓抑有某種必要，但是他同時又指出，當物質生活充分發展以後，人們便不必花費全部精力去應付外界的挑戰來維持肉體的生存，此時這種壓抑是沒有必要的。要真正從物質生活的壓抑之下解脫出來，這就導致了所謂的「性解放」觀念的產生。最初這僅僅還只是一個心理與生理領域的口號，但後來漸漸賦予了它某種政治的含義。這對於本身就具有反叛情緒的 1960 年代美國青年，

㊼ 普普藝術的代表畫家有：安迪‧沃荷、羅伊‧李奇登斯坦、羅伯特‧羅森伯格 (Robert Rauschenberg, 1925–2008)。

具有相當大的鼓動力及號召力。

在種種觀念的衝擊下，美國年輕人否定傳統的性觀念，斥之為「僵化的維多利亞時代的性標準」，取而代之的是一種更加開放的觀念。

觀念的改變進而導致行為的變化——不斷更新的避孕藥品，為婚前性行為和婚外性行為提供了便利；未婚先孕的女性也不再躲閃遮掩；年輕的情侶在決定是否結婚之前，往往已經同居；更甚者，一些已婚的夫婦放縱地交換性伴侶；父母也公開與子女談論性問題。美國人性觀念的變化，在美國社會中一度引起極大的震動。這種觀念不僅導致了一般性關係的變化，而且使一些新的現象出現，成千上萬曾對自己的性生活隱諱不言的同性戀者，也從密室中走出來，公開地稱呼自己為同性戀者(gay)。他們不僅不認為同性戀是病態，甚至還認為它能夠使人們緊密結合在一起，因而對社會也有貢獻。此時，"gay" 已成為美國社會的一個特別「現象」，而且還有進一步延續的趨勢。

性觀念的變化，已使各種娛樂場所的道德規範陷入一片混亂之中。這在1960年代美國的電影中表現得尤其突出。早在1957年，美國最高法院已改變了對猥褻行為的法律性制裁的規定，將性表現部分排除在猥褻行為之外，這實際上等於無條件地承認某種形式的性表現的合法性。從1960年代末期起，審查制度設置的關卡崩潰了，❹為了與電視展開激烈的競爭，以好萊塢為代表的美國電影業，利用性表現的自由，在「性解放」的口號下，大大增加對於人類性行為的渲染。

性觀念的變化，還使美國的家庭狀況發生了變化。最明顯的表現是離婚，逐漸成為一個社會問題。造成離婚率上升的原因很多，但是性問題在其中起的作用越來越大。據統計，1930年代，美國全社會離婚率

---

❹ 1968年，在美國電影協會主席杰克‧瓦倫蒂 (Jack Valenti, 1921-2007) 倡導下，好萊塢採用影片分級制，即根據影片內容的恐怖或色情程度，分成不同的等級，決定允許哪一類觀眾可以入場觀看，從而為宣揚性行為影片的發行打開了方便之門。

為結婚率的六分之一，1945 年，由於戰後出現眾多草率婚姻，所以離婚率曾一度上升到大約 30%。到了 1960 年代末、1970 年代初離婚率又急劇上升，達到創紀錄的水準，即離婚率是結婚率的三分之一，當然，這麼高的離婚率所造成嚴重的社會後果，將由全美國社會及全體美國人來承擔。

五、黑人民權運動

　　1960 年代黑人民權運動在美國社會上蓬勃展開，這是 1960 年代美國社會文化生活中最重要的內容。黑人作為美國社會中最龐大的一支少數族群，一直沒有得到美國社會公正的對待，長期以來處在社會的最底層。他們沒有平等的選舉權，在就業機會及工資報酬上也受到歧視。另外，在教育、住房和一些公共設施上，還實施著種族隔離措施。在層層壓迫下，美國黑人一直為爭取自由平等，反對種族歧視而進行抗爭，在 1960 年代形成黑人爭取民權的高峰時期。

　　1955 年底在阿拉巴馬州蒙哥馬利市爆發的抵制種族隔離的公共汽車運動，及 1957 年 9 月 4 日發生的「小岩城事件」，為戰後的黑人民權運動揭開序幕。

　　1960 年 1 月 31 日，北卡羅萊納州的四名黑人學生，在一家餐館用餐遭到拒絕。此後幾天內，他們每天來到這家餐館的餐桌旁靜坐，要求接待。由此在美國引起了一場著名的「靜坐」抗議運動，即進入一切實施種族隔離制而不允許黑人進入的場所，以「靜坐」方式要求接待黑人。這一運動擴及全美二十餘州，由餐館「靜坐」開始，漸漸擴及公共圖書館、劇院以至游泳池等。這種「靜坐」抗議得到了各方的響應，南方不少城市出現許多相類似的活動，並贏得一些白人的支持。1960 年底，為爭取貫徹最高法院將反種族隔離法應用於車站設施的裁決，民權組織又發起由黑白族群共同參加的「自由乘客運動」(Freedom Rides

Movement)，向州際旅途中實施的種族隔離制度發出挑戰，即黑人乘客有意占坐規定只許白人乘坐的座位，白人乘客則占坐規定給黑人的座位。這在一些地區，導致了暴力和流血事件。極端的種族主義分子在一些政府官員的縱容下，公然暴力襲擊「自由乘客」。但是這時的「自由乘客」運動已呈勢不可擋之局勢，結果，在商務委員會的干預下，又一個領域的種族隔離制度被打破了。

1960 年約翰·甘迺迪在競選總統時為了爭取黑人選票，曾表示如果當選總統，他會提出新的民權立法建議，甚至表示支持「靜坐抗議」運動。但是在他上任後，由於議會的阻撓，使他在維護黑人民權方面並無建樹。這一情況使得廣大黑人民眾認識到，聯邦當局在保護黑人問題上的軟弱無能。1963 年 4 月 12 日，馬丁·路德·金恩在美國實行種族隔離最徹底的大城市伯明罕，領導了一次在商店、飯店和就業上實行種族歧視的抗議示威行動。伯明罕地方警察當局在州法院的支持下，逮捕大批黑人民眾。4 月 21 日，馬丁·路德·金恩也被捕入獄，這一情況導致雙方發生衝突。被捕的黑人全部獲保釋後，數千黑人兒童舉行的非暴力抗議行動又被禁止，九百餘人被捕。5 月 3 日，伯明罕警方調動大批警力，使用警棍、警犬、高壓水龍、裝甲車等，對黑人進行大規模鎮壓，一時全國震動。甘迺迪總統也發表電視講話，允諾政府將採取行動。

1963 年 6 月 19 日，甘迺迪總統提出新的民權法案，這是戰後美國政府提出的涉及範圍最廣、內容最自由化的民權立法建議，得到社會進步人士的支持。這一法案在甘迺迪任內未能獲得國會通過，但是為 1964 年通過的《民權法案》奠定了基礎。

此時黑人運動仍在繼續發展，街頭行動抗爭有增無減。1963 年 8 月 28 日，二十萬黑人和支持民權運動的五萬名白人，一起在華盛頓舉行了規模空前的和平示威遊行。馬丁·路德·金恩在林肯紀念碑發表了著名的「我有一個夢」(I Have a Dream) 的演說，表達了他對黑人自由和

社會和諧的憧憬與嚮往。他激動地說：「我夢想這個國家會有一天站起來，體會到我們認為這些是不言自明之理，所有的人生而平等這個信念的真正意義。我夢想有一天，在喬治亞的山坡上，昔日奴隸的兒子和昔日奴隸主的兒子同坐在一起，親如手足……。」他聲稱，他相信總有一天，美國會成為一個不以膚色，而以品格優劣為準的國家。進軍華盛頓的活動，將戰後黑人民權運動推向新的高潮。

就在馬丁·路德·金恩領導南方黑人為民權而努力的同時，北方的黑人在法律上雖然沒有受到那麼多的限制和歧視，但是事實上的種族隔離依然存在，黑人在各方面極少能得到真正公平的機會。由於與白人之間長期隔離生活，北方的黑人對馬丁·路德·金恩提出的各民族和平共處的理想，以及他的非暴力主義主張表示懷疑，懷疑能否真正實現這種理想，懷疑非暴力主義是否有效，因此他們更傾向於用暴力解決問題。從 1964 年起，他們掀起了「以暴抗暴」的活動，形成了這次黑人運動的另一個面向。1960 年，黑人運動中最好鬥的一部分，按照軍隊方式建立了「黑豹黨」(Black Panther Party)，從而使黑人民權運動帶有暴力傾向，也導致了黑人民權運動的分裂和矛盾。

內戰結束後的一百年，黑人還是無法突破種族上的障礙，擁有自己的投票權。以賽爾碼市 (Selma) 為例，黑人幾乎占該市所有人口的一半以上，但是其中只有 2% 的人擁有投票權。白人在這裡總是以歧視與脅迫的態度來對待黑人，讓他們無法享有投票權。所以這些民眾決定要以示威遊行的方式，來爭取公平的投票權待遇。1965 年 3 月 7 日，有五百二十五位民眾參加示威運動，正準備從賽爾碼市遊行至阿拉巴馬州的蒙哥馬利市。阿拉巴馬州的警官在賽爾碼市外圍的愛德蒙配特斯橋 (Edmund Pettus Bridge) 與這些示威民眾爆發流血衝突，警察以催淚彈和警棍攻擊黑人為主的和平示威者，這一天成為歷史上的「血腥星期天」(Bloody Sunday)。

在日益壯大的群眾運動推動下，美國國會和政府通過並實施一系列消除種族歧視的法律和法令。1961年和1964年美國國會通過的《憲法》第22條 (The 22nd Amendment)、第24條修正案 (The 24th Amendment)，擴大了人民的選舉權。1964年國會通過的《民權法案》規定，黑人可以同白人一樣享用旅館、餐廳、娛樂休息場所，並授權聯邦政府對公共設施和學校中的種族隔離制度提起公訴。1965年8月通過的選舉法，取消了選民必須通過文化測驗的規定，撤銷其他一些對選民的選舉資格的審查規定。1968年國會又通過了一項民權法，禁止在出租和出售住房時實行種族歧視。

就整體而言，美國黑人從沒有像1960年代那樣真正關注過他們自己的權利，並如此廣泛、激烈地投入抗爭的行列中付出沉重的代價。這一時代的黑人民權運動，最後以黑人的政治、經濟和社會地位得到顯著改善作為結果而告終。美國黑人也從抗爭中認識到，要徹底解決黑白種族問題，仍需作長期的且多方面的努力；不過他們深信，美國黑人能夠不以暴力手段贏得平等，美國的未來應該是一個各民族和睦相處的社會。然而，1968年4月4日，黑人民權運動的領導者金恩博士在田納西州的孟斐斯市被種族主義暴徒暗殺，倡導非暴力主義的金恩牧師死於暴力。這起事件激起了更大規模的抗暴運動，並迅速席捲了美國一百七十二座城市。進入1970年代以後，黑人民權運動漸漸趨於沉寂。

六、校園學生反越戰運動

1960年代，甘迺迪當選美國總統後，在他充滿活力的形象以及提倡迎接挑戰，樹立理想的新邊疆精神的鼓舞下，1950年代期間一直保持沉寂的美國大學校園再度活躍起來。青年人的社會責任感再度被喚醒，他們重新投入各種社會思想文化活動。但是之後發生了甘迺迪的遇刺身亡、東南亞的戰爭升級、國內徵兵人數劇增、金恩牧師遭暗殺等一

連串事件，這使青年人理性地正視美國社會的醜惡，從而開始以批判的
態度面對他們周圍所處的一切。

　　大學——作為青年人生道路上接觸的第一個社會性場所，卻最先
成為他們批判的目標。他們要求在課程設置、選擇教師等問題上有更
大的發言權，在學校生活安排上有更大的自主權。1964 年秋，加利福
尼亞大學柏克萊分校 (University of California, Berkeley) 爆發了「自由言
論運動」(Free Speech Movement)，揭開了以後持續六年之久的校園學生
運動的序幕。

　　1964 年 9 月中旬，柏克萊校方公開禁止學生在校園內從事與學校
無關的政治和社會活動。結果反而在校園內激起聲勢更為浩大的「自由
言論運動」，幾乎所有學生組織都參加了這一運動。因為他們認為禁令
剝奪了學生的《憲法》權利，強烈要求學校當局取消這一決定。在學生
靜坐示威前，校方被迫同意學生有權從事直接的政治性行動，但是不得
鼓動非法活動。不久之後，校方即聲稱四名學生領袖在示威遊行中違反
校規，要開除他們，引起學生的再次靜坐示威。該校學術委員會的教授
們在五千名情緒激昂的學生包圍下，不得不通過決議，把問題提交州政
府裁決，學生並要求校方不得干預。柏克萊分校的「自由言論運動」
不僅是學生對校方干涉言論自由的抗議，也是對戰後多年來在美國流
行的指導思想——高等院校應該成為「實現國家目標的重要工具」
——的直接挑戰。**❹**

　　1965 年，詹森政府決定直接介入越南戰爭，從而使越南戰爭問題
在美國成為一個引起廣泛爭論的問題，這一問題也日益引起青年學生的
關注。此後，青年學生的行動與思想轉向一個新的方向，就是「反戰運
動」(Antiwar Movement)。

---

❹　莊錫昌，《二十世紀的美國文化》（浙江：浙江人民出版社，1993），頁 246。

1965 年 4 月 17 日，美軍進入越南後不久，二萬五千名學生與其他青年向首都華盛頓市發動反戰進軍。這是一次徹底否定美國現行外交政策，和反對干涉越南內政的政治性示威活動。接著，學生組織在美國全國各地不斷召集反戰群眾大會，參加者從幾萬人迅速發展至幾十萬人。他們抨擊校方為戰爭服務，要求取消在校內的後備軍官訓練團制度，取消一切與軍事技術有關的科研項目，禁止中央情報局和生產凝固汽油彈的軍火公司到校招募人員，學生們還組織大規模的抵制徵兵運動。青年學生的反戰運動很快地吸引了社會其他階層，使之成為全國性的群眾運動。

1968 至 1969 年，以反戰為主題的校園反叛運動，形成了一個反戰高潮。1968 年 3 月 27 日，哥倫比亞大學的學生領袖馬克‧拉德 (Mark Rudd, 1947–) 不顧校方的禁令，為了表示反對學校涉足國防研究活動，而在該校的防務分析研究所門外，組織了一次示威遊行，為此他受到校方處分。於是哥倫比亞大學的學生在 4 月 22 日再次舉行示威抗議活動，這次示威活動不僅表示反對校方為國防部五角大廈服務，並要求取消對馬克‧拉德的處分，還就校方為修建體育館而迫使七千名黑人與波多黎各 (Puerto Rico) 人遷居他處提出抗議。4 月 23 日，學生的抗議活動發展成為有黑人青年參加的校園暴動。學校當局只好向警方求援，結果七百名學生被捕，一百四十八人受傷。這次暴動震撼了整個美國社會，這表示學生反叛已從單純的反戰活動，發展成為政治暴力運動。反戰運動中，抵制徵兵活動也是一個重要的內容，這幾年間全美國有三萬至四萬人為了拒絕服兵役而逃亡國外，其中大部分遷居加拿大。

1968 年以後，青年反叛的口號日趨激進，行動越發猛烈，有人公開號召人們進行街頭戰鬥。新出現「黑豹黨」等團體，採用暴力和恐怖手段進行鬥爭，使整個青年運動失去原有的自由、寬容的特徵和對博愛、自由等精神的追求，因此，他們不僅失去了一般公眾的支持，也為

政府的鎮壓提供了口實。青年反叛活動失去了作為反戰運動道德領導的地位。❺⓪

　　1960 年代的校園反叛運動，引導全美國人重新認識美國社會和美國人民自身，一掃 1950 年代沉悶的政治空氣和社會氣氛，向美國社會的正統思想和現行制度提出挑戰，在政治、社會和文化等各方面都留下深深的烙印。這一運動是美國青年反叛精神的重要表現，也是「新左派」(New Left) 運動的組成部分，在一定程度上，體現了對美國社會制度持批判態度的「新左派」思想。「新左派」被看成是 1960 年代青年運動的重要思想庫，是色彩鮮明的美國文化的重要組成部分。❺①

七、環境保護的重視

　　在二次大戰期間發展起來的高科技、高技術的生產方法，不僅保證了西方國家在戰爭中的勝利，而且成功地提高了美國人的生活水準，使美國經濟得以持續繁榮。1960 年代初期，人類把環境中的各種問題，當作過眼雲煙，從不認真重視。1962 年，瑞秋‧卡森 (Rachel Carson, 1907–1964) 的《沉默的春天》(*Silent Spring*, 1962) 著作出版，此書內容令人驚恐，風行暢銷，披露殺蟲劑 DDT 危害健康的各種情況，使美國政府中很多部門和美國民眾第一次知道，所有生物均要彼此依賴，並且要有健康的環境才能生存。卡森以密西根州東蘭辛市 (East Lansing) 為消滅傷害榆樹的甲蟲所採用的措施作為證據，該市用 DDT 遍噴樹木，秋天樹葉落到地面，蠕蟲吃了落葉，大地回春後知更鳥吃了蠕蟲，一星期之內全市的知更鳥幾乎全部死光。總括殺蟲劑造成的種種公害，卡森

---

❺⓪　到了 1970 年，美國人入侵柬埔寨，青年反戰運動曾再次高漲，引起全國七百餘所高校的動盪，但是這時已經進入校園反叛活動的尾聲了。在以後的反戰運動中，社會各階層人民成為主體，完整意義上的青年反叛活動趨於消亡。

❺①　莊錫昌，《二十世紀的美國文化》，頁 252。

寫道：「全世界廣泛遭受治蟲藥物的污染。化學藥品已經侵入萬物賴以生存的水中，滲入土壤，並且在植物上布成一層有毒的薄膜，已知對人類有嚴重的損害。除此之外，還有可怕的後遺禍患，可能幾年內亦無法查出，甚至於可能影響幾個世代後的遺傳基因。」農學家極力反駁卡森女士的論點，聲稱若不用殺蟲劑，農作物的收穫可能降低 90%。關於此點卡森極力主張採用生物方法以真菌、細菌以及其他昆蟲來克制專吃植物的害蟲。[52]

《沉默的春天》一書促使美國參議院重新檢討 DDT 的使用問題，美國最終全面禁用使用 DDT。事後多年，科學家在距離任何使用殺蟲劑地區相當遠的南極地帶，竟發現企鵝的體內有殺蟲化學藥品聚積。他們又在距最近的農業區也有數百哩之遙的格陵蘭水域中，發現鯨魚的體內也有 DDT。在卡森的呼籲下，許多美國人終於發現繁榮背後隱含著威脅人類生存的危機。在 1960 年代全球各國都開始留意自己國內的田地、河流以及近海，但是環境的污染實際上是越來越嚴重。[53]

另一位環保先進是拉爾夫‧納德 (Ralph Nader, 1934−)，他將批判的目光引向美國最主要的汽車工業。在哈佛上學時，納德就開始與人探討一個非正統的法律課題：汽車工程設計問題。1959 年 4 月，他發表了一篇題為《你買不到安全的車》(*The Safe Car You Can't Buy*, 1959) 的文章。文章裡說得很清楚，「底特律的汽車製造公司設計汽車時所考慮的因素是時尚、成本、性能和報廢期，而不是安全，雖然每年發生五百萬起車禍，死亡四萬人，有十一萬人終生殘疾，一百五十萬人受傷。」

---

[52]　Rachel Carson, *Silent Spring*, Boston, Mass: Houghton Mifflin Company, 1962.

[53]　舉例來說，美國加利福尼亞大學的幾位科學家研究一項理論，認為噴霧罐內那些看起來無害的氣體，可能會增加皮膚癌的患病率。他們認為碳氟噴霧劑最後會上升到高層大氣中，並且侵入保護地球免受太陽紫外線曝曬的臭氧層。美國國家科學院的其他幾位科學研究人員說，臭氧若減低 5%，單在美國，一年之內將會增加約八千宗皮膚癌病例。

1965 年，納德又出版了一本名為《任何速度都不安全》(*Unsafe Any Speed*, 1965) 的書，向美國汽車製造業提出了一個令人震驚的問題，那就是在技術條件本可以使汽車更安全的時代，為什麼還有成千上萬的美國人死於因汽車故障而導致的車禍或因此致殘。他指出，美國汽車工業為了追逐高額利潤，只重視汽車的外部美觀，對於汽車行駛中的安全問題毫不關心，如此一來，使納德成為通用汽車、福特、克萊斯勒 (Chrysler) 三大汽車公司的仇敵。然而，這位年輕人對環境破壞者的攻擊更甚，他以身為一個環境保護主義的倡導者指出美國另一個問題，即「空氣污染」(air pollution) 問題。

　　卡森與納德的努力，終於喚醒了陶醉於繁榮與富足之中的 1960 年代的美國人，人們終於發現了污染的空氣、阻塞的交通、原始森林的陸續消失、水土流失、環境失衡等問題。全人類所亟待解決最大的，也是最根本的問題，就是環境問題。1969 年的夏秋兩季，環境保護運動 (Environmental Campaign Movement) 席捲全美國，在美國形成一陣新的狂熱。1970 年 4 月 22 日被選為「地球日」(Earth Day)，成為環境保護運動的重大活動日。最初的地球日選擇在春分節氣，這一天在全世界的任何一個角落晝夜時長均相等，陽光可以同時照耀在南極點和北極點上，這代表了世界的平等，同時也象徵著人類要拋開彼此間的爭議和不同，和諧共存。在很多國家都有慶祝春分節氣的傳統，於 1970 年 4 月 22 日，在美國各地總共有超過二千萬人參與了環境保護運動。這次運動的成功，使得在每年 4 月 22 日組織環保活動成為一種慣例，在美國「地球日」這個名號，也隨之從春分日移動到了 4 月 22 日，地球日的主題也轉而更加趨向於環境保護。

　　1970 年 4 月 22 日在美國發生的第一屆地球日活動，是世界上最早的大規模群眾性環境保護運動，這次運動催化了人類現代環境保護運動的發展，促進了已開發國家環境保護立法的進程，並且直接催生了 1972

年聯合國第一次人類環境會議。而 1970 年活動的組織者丹尼斯·海斯 (Denis Hayes, 1944–)，因此被人們稱為「地球日之父」。

八、捷「足」先登

遠在 1961 年甘迺迪總統下令開始進行登月工作後，當時有兩件大事動搖美國的自尊和自信，即 4 月 12 日，蘇聯太空人蓋加林 (Yuri Gagarin, 1934–1968) 作了歷時一百零八分鐘環繞地球軌道一次的太空飛行，成為第一個進入太空的人；一星期之後，由美國支持的豬玀灣進攻古巴的戰事遭受慘敗。甘迺迪總統決心展開美國太空計畫新階段，藉以重振美國的聲威。1961 年 5 月，甘迺迪向國會宣布：「我們這個國家應當盡一切力量，在十年內達到把人類送上月球，並安全返回的目標。」這不是一次簡單的講話，它標誌著美國乃至人類的登陸月球努力的開始。為了資助這個任務，甘迺迪請求對美國國家航空暨太空總署（National Aeronautics and Space Administration，簡稱 NASA）增加撥款。該總署是 1958 年有鑑於蘇聯發射第一顆人造衛星「伴侶一號」而組成的團體。美國阿波羅計畫共耗資逾二百二十億美元。計畫開銷的款項平均占每年聯邦預算的 3%，其中絕大部分付給設計及製造土星五號火箭和阿波羅太空船主要結構的十六家商行。此外，這項龐大工程還動用了一萬二千個分包工程的代辦商，和一百多所國立大學的人力物力。為這計畫各階段工作的人數，共達四十萬人。

一開始，人們認為努力把第一個人送上月球是一種競賽，是顯示美國科技優越的證明。經過多次不載人的登月實驗後，美國終於在 1969 年 7 月 16 日，五億多人在世界各地圍坐在電視機旁，等待著一個時刻的到來，即實現甘迺迪作為一個民主國家的代表曾許下的諾言——登陸月球。擔負這項偉大歷史性使命的阿波羅十一號 (Apollo 11) 太空船登月的壯舉。

　　1969 年 7 月 16 日早晨 9 點 32 分，在巨大的煙霧和震耳欲聾的轟鳴聲中，三十六層樓高的土星五號火箭從甘迺迪角的 3PA 發射臺上騰空而起，將載有太空人尼爾・阿姆斯壯 (Neil A. Armstrong, 1930–2012)、埃德溫・奧爾德林 (Edwin Eugene Aldrin, 1930–) 和邁克爾・科林斯 (Michael Collins, 1930–) 的阿波羅十一號太空船推進太空，在順利飛行離地球五萬英里處時，「哥倫比亞」(Columbia) 指揮艙與「鷹」(Eagle) 登月艙對接，並拋棄了第三節火箭。7 月 19 日，當太空船接近月球時，飛船減速進入離月球表面大約七十英里的繞月軌道飛行。此刻，阿姆斯壯與奧爾德林二人進入登月艙，科林斯則留在指揮艙內。很快地，指揮艙與登月艙成功地分離。指揮艙在登月艙正式登月時，繼續環繞月球飛行，以等待阿姆斯壯和奧爾德林返回。此刻，地球上的休斯頓太空中心 (Space Center Houston) 的工作人員和千百萬觀眾的緊張氣氛，幾乎到了無法形容的緊張程度。許多人都聲稱，登月艙與指揮艙分離，並點燃下降發動機使登月艙接近月球表面的那一刻，是他們一生中最激動也是最漫長的時刻。人們不會忘記，1969 年 7 月 20 日美國東部時間下午 4 點 17 分 42 秒，一個沉著的聲音進入耳際：「休斯頓，這裡是寧靜海 (Mare Tranquillitatis) 基地，『鷹』艙已經著陸。」把儀器檢查了三個小時之後，阿姆斯壯和奧爾德林穿上了價值三十萬美元的太空衣，正式踏上月球表面。阿姆斯壯曾這樣描述他的感受：「我的一小步，是世界人類的一大步」，「月球表面是纖細的粉末狀，它像木炭粉似的一層一層地黏滿了我的鞋底和鞋幫。我一步踩下去，不到一英寸深，也許只有八分之一英寸，但我能在細沙似的地面上看出自己的腳印來。」十九分鐘後，阿姆斯壯把一根標樁打入月球的土裡，並把電視攝影機架在上面，使全人類能夠看到他們登月先行者的壯舉，能夠第一次這麼真切地看看月球風光。

　　兩名探險者將一塊不鏽鋼的飾板架上，上面標有「來自行星地球的人於 1969 年 7 月第一次在這裡踏上月球，我們是代表全人類的和平到

圖 44：1969 年 7 月 20 日太空人阿姆斯壯登陸月球的壯
舉（圖片出處：NASA）

這裡來的。」經過二十一個小時後，三名太空人駕駛著「哥倫比亞號」
返回地球。登陸月球已不再是科學幻想，日後，科學家們甚至認真地討
論派人到太空居住的好處，而且 1975 年先進的科技已使這些計畫逐漸
變為可行。幾乎沒有人會否認，阿波羅十一號登月飛船是美、蘇兩國
競爭的副產品。然而這畢竟是人類共同的一次偉大的成功，這種光榮
屬於美國人民，更屬於人類。人類終於展開奔向冥冥太空的漫長旅行的
世紀了。

第十六章　保守的 1970 年代

1970 年代被稱之為是「保守的年代」，這期間美國歷經三位總統（尼克森、福特和卡特），度過曲折多變的歷史發展過程，社會的文化思想亦歷經複雜的演變。

1968 年，尼克森在總統競選中獲勝（任期 1969–1974 年），標誌著共和黨在華盛頓統治的一個新時期的開始，同時也意味著整個 1960 年代的狂亂局勢出現轉折。尼克森結束了這個國家在歷史上所經歷最長的一場戰爭——越南戰爭；阿波羅十一號太空人在月球上傲然漫步；以及國家開始關心環境等問題。但是這些積極的因素，也被一些怵目驚心的消極因素所破壞，例如，大學校園中青年學生飲彈身亡；城市中不斷發生騷亂和對抗等事件。尼克森任內的六年，無論在外交還是在內政方面都是在尋找一條保守主義的出路。雖然 1972 年他再次競選總統連任成功，但是美國社會並未接受他那偏離「新政」式國家資本主義軌道的主張。他的保守主義的試驗，也因為「水門事件」(Watergate Scandal) 爆發而宣告失敗，使他黯然辭職下臺。

繼尼克森之後上臺的福特政府，面臨的局勢比尼克森時代更為嚴峻。戰後經濟危機的困擾，使美國在國際事務中的影響力衰退，使得福特政府疲於應付，左右為難，結果在各方面都只能起到一種過渡政府的作用罷了！

1976 年，民主黨人卡特入主白宮，似乎意味著由一民粹主義者取得了勝利，人們期望會出現某種進步改革的前景。然而，事實並非如此，卡特政府推行的政策開始背離「新政」傳統，表現出相當明顯的保守主義色彩。不過這種保守傾向的表現是溫和的，從一定角度上看，是一種

優柔寡斷的表現。

任何一個具有特定色彩的時代到來，都是前一階段歷史演變的結果。這一段保守時代的到來，當然也是美國歷史發展的必然。這不僅是說時代造就了1980年代以雷根為代表的這一股保守主義勢力，也包含著這麼一個意思：美國人民自己選擇了一個保守主義的時代。前一時期美國的「新政」式國家資本主義統治的失誤、青年反叛、社會動亂、水門事件等，促使人們重新認識、重新評估前一代美國人所傳承的時代意義。這個時期的美國社會文化領域裡，保守主義的色彩也是十分顯著的。

第一節　總統的內政及外交

一、尼克森時期

在白宮裡，尼克森並不是一名陌生人。早在艾森豪當政期間，尼克森曾經兩次出任副總統。在1960年時，尼克森也和甘迺迪一同競選總統，但卻以些微票數敗給甘迺迪，苦等八年餘後，終於在1969年才當上美國第三十七任總統。後來，因被國會彈劾，又成為美國第一個辭職下臺的總統。

然而，尼克森的名字為美國人所熟知，是始於1948年。那一年，尼克森是眾議院「非美活動委員會」的委員。8月時，前國務院官員希斯被指控為蘇聯間諜，舉國震驚，因為身為國務院高級官員，竟然是蘇聯的間諜，實在是不可思議。「非美活動委員會」因為職責所在，就對這個案子進行調查，但是因為希斯狡猾異常，雖經委員會多方調查，終究找不出正面的證據來。正當多數委員主張暫時結束這個案子時，尼克森獨持異議，力主追究到底，而這個委員會的委員們也覺得這個案子「事出有因」，只是苦無證據。委員會決議成立一專案調查小組，以尼

克森為主席，在尼克森領導下，加上這個小組不眠不休的追查，終於獲得充分的證據，迫使希斯認罪。

在這其中，尼克森與希斯之名，經常出現在報章雜誌中，由於追查過程高潮迭起，使尼克森在當時的美國，幾乎眾人皆知。當 1950 年 1 月希斯被判處五年徒刑時，「共產分子剋星」(Communist Hunter) 與尼克森乃結上了不解之緣。所以，當尼克森在 1969 年開始執政後的前三年，皆著重於國內的事務政策上，例如注重 1960 年代的自由主義，以及緩和與中共和蘇聯這兩個長期對立的國際關係上。

尼克森以「反共」著稱，因此在 1952 年的競選運動中成為艾森豪理想的競選伙伴，但在 1960 年總統選舉和 1962 年在家鄉的加利福尼亞州州長選舉中被擊敗後，他曾宣告退出政界，遷居紐約市當律師。然而，在 1968 年再度出任競選總統寶座，終獲成功，再度進入政界。

1. 外交事務方面

在總統就職後，尼克森於 1969 年 7 月前往關島 (Guam)，並於 26 日發表美國此後的亞洲政策，亦即所謂的「關義」(Guam Doctrine)，內容包括：1. 與同盟國推進友好關係；2. 對威脅美國重大利益的國家將以「武力」對付；3. 以交涉達成和平。但是尼克森又表示，過去的美國政策是為了援助要對抗侵略者的國家，送給武器、兵源及軍用物資等，這就是美國在朝鮮及越南等地所採取的政策。但在今後，將改為對為了有自衛熱誠且願意動員兵力的諸國家，只提供軍用物資、軍事及經濟援助，而不再派遣美軍兵力參加戰鬥。亦即宣布減少美國駐外部隊，通過軍事和經濟援助，使較小國家得以自衛，這個著名的關島政策，後來在 1970 年 2 月 18 日尼克森送給美國國會的外交咨文上，把其擴大為適用於全世界的新外交戰略，被改稱為「尼克森主義」(Nixon Doctrine)。如此一來，在第一屆總統任期內，尼克森逐步撤退了大量的美軍地面部隊，以結束美國參加越南戰爭。尼克森最重要的外交行動，應屬美蘇經

過二十一年的隔閡之後，與中國重新開始直接交流。1972 年 2 月，他偕夫人以及大批隨從人員訪問中國；同年 5 月，訪問莫斯科，這是美國總統第一次訪問莫斯科。訪問結束時，美蘇宣布除了簽訂雙邊貿易協定及科學合作和太空合作計畫外，在限制核武器方面，也取得重大進展。

(1) 結束越戰

尼克森競選總統時，他承諾要盡快結束戰爭。在 1969 年尼克森宣布了一項「軍事越南化」(Vietnamization)，也就是「軍事非美化」(de-Americanization) 的政策，在這項政策執行之下，南越將逐步增加自行作戰的責任和義務。為了讓美軍撤退越南本土，尼克森命令恢復對北越的轟炸，期望在南越的支援之下，讓美軍撤離。這種作法讓美國人民不表贊同，批評者認為尼克森在擴大戰爭。

在 1970 年 5 月，尼克森也下令美軍聯合南越軍侵占柬埔寨。1970 年 4 月 30 日，大批的美國及南越部隊大清晨進軍柬埔寨，美軍並動用了一百二十八架戰機，猛烈轟炸柬埔寨境內的共軍。美國總統尼克森在電視上向人民發表演說，宣稱此次的行動「並不是對柬埔寨的侵略」，而是越南戰爭必要的擴大，目的在保護駐越美軍官兵的生命安全，並縮短越戰時間。尼克森此項決定引起國會中反越戰人士的強烈批評，多名參議員皆禁止總統動用任何款項，去支持美軍在柬埔寨境內的軍事行動。❶

這次攻勢的真正原因，是越共為避免遭到攻擊，而將活動範圍從越南本土，擴展到鄰國的柬埔寨及寮國境內，盤據在柬埔寨境內的越共和北越部隊，自此地的基地出發進入南越發動攻擊。

尼克森總統堅稱這項行動並非侵略，而僅是「有限度的進入」。但不論名稱為何，它都觸怒了宣稱擁有半數以上民眾支持的美國和平運動

---

❶　Dorothy D. Bromley, *Washington and Vietnam: An Examination of the Moral and Political Issues* (Dobbs Ferry, NY: Oceana Publishers, 1966), pp. 220-231.

團體。學生們發動全國性串連罷課。在一些校園中，他們還焚燬了預備軍官訓練團所用的設備。在國內，人民由於對越戰的反感日益擴張，在1970年5月4日，當俄亥俄州的肯特州立大學 (Kent State University) 的預備軍官訓練團建築物仍在悶燒、學生抗議美軍進軍柬埔寨大示威時，國民兵部隊竟向示威者及旁觀人士開火，並射殺四名無武裝的青年學生，使情況更為嚴重，引起學生的暴動。十天之後，警方在類似事件中射殺了密西西比州的傑克森州立大學 (Jackson State University) 的二名抗議學生，因而激起全美七十五所大專院校學生的憤怒浪潮，直到該學年結束為止；1971年，又有一萬二千名反戰示威者在華盛頓被捕。凡此種種衝突，都顯示出政府極力掩飾美國介入越戰的實況。❷

美軍進攻柬埔寨行動和肯特州立大學抗議事件，加深了美國人的反戰態度。在實質上並未切斷援助的情況下，國會以取消東京灣 (Tokyo Bay) 決議❸作為對政府的象徵性抗議行動。由尼克森所任命的斯克蘭頓委員會 (Scranton Committee) 在一份報告中也警告說，美國自內戰後從未面臨這種分裂情勢，所以應該盡早結束美國對東南亞的涉入。諷刺的是，這次「涉入」可說完全失敗。由於尼克森拒絕事先通知龍諾將軍 (Lon Nol, 1913–1985)，因而缺乏與柬埔寨部隊間的協調；至於消息靈通的越共部隊，則在敵人到達前就已撤離了。入侵者雖在6月離去，但美國仍持續地對柬埔寨進行密集轟炸，同時提供三十億美元的援助。一直到因美軍轟炸與龍諾貪污，受人民支持的赤柬（柬埔寨共產黨）在1975年奪取政權為止，長達十年八個月又二十三天的越戰苦痛日子，終於在1975年初，以驚人速度結束。

---

❷ Dorothy D. Bromley, *Washington and Vietnam: An Examination of the Moral and Political Issues*, p. 335.

❸ 1964年8月7日美國國會通過授權總統對北越使用武力的決議案，此決議在1971年被撤銷。

(2) 美蘇、美中冷戰的變化

尼克森是一名堅強的反共主義者，就如他早期在處理「希斯案件」般，絕不苟隨。然而，他的外交態度較有彈性，一方面防共，一方面卻積極地和中國共產黨政權和蘇聯共產黨進行往來，這點是讓許多支持他的人相當驚訝的。尼克森認為，世界局勢在改變，當然美國的外交政策也必須作修正。一名長久以來堅強的反共者，日後卻會改善與中共和蘇聯的外交關係，其態度的轉變受到關注。

尼克森改變了二十多年來的美國政策，在 1972 年 2 月 21 日的中國之行，化解與中華人民共和國的敵對狀態，美國戲劇性的和中國進行貿易、文化交流和政治聯繫。該日，全世界的人透過電視親眼目睹尼克森總統抵達中國，並與中共總理周恩來 (1898–1976) 和共黨主席毛澤東進行一連串會談。由於雙方外交政策的重大改變，這次訪問也宣告過去中國視美國為「全世界人民最兇惡的敵人」，以及華府拒絕承認中共主權的時代正式結束。促使這次高峰會的原因，是因中蘇兩國日益加劇的對立。1961 年中蘇邊境爆發了小規模武裝衝突後，北京便開始對華府做出友善的表示。兩年後，中國邀請美國桌球隊訪問中國，在外交關係上獲得相當大的斬獲。「乒乓外交」使得許多美國人相信，長期以來被中國當作外交準繩的共產體制，只不過是一則神話。而在各界認為並非軟化立場的情形下，尼克森成功地開創新的外交形式。曾於 1971 年 7 月祕密訪問中國的美國國家安全顧問季辛吉表示：「中國需要美國來打破孤立的狀態！」❹ 相對地，華盛頓也需要中共來對抗莫斯科。由於季辛吉的破冰之行（季辛吉在返回華府後公開了此行的目的），美國承認了中共的主權並斷絕與臺灣的官方關係，國會也表決改變聯合國以及美國自 1949 年毛澤東擊敗蔣介石之後，以臺灣的國民黨政府作為中國的唯

---

❹ George E. Catlin, *Kissinger's Atlantic Charter* (Totowa, NJ: Rowman Littlefield, 1974), p. 100.

一合法政權的立場。尼克森的訪問促成中（共）美兩國簽訂《上海聯合公報》，公報中承認雙方歧見仍然存在，但雙方皆表示改善關係的強烈願望。兩個國家亦相互交換給予民眾的禮物：中國是一對大熊貓，美國則是一對麝牛。中（共）美建交也對美國文化產生了重大影響，即從食品到針灸，所有關於中國的一切都蔚為流行。❺

此外，尼克森也成為二戰以來第一位訪問蘇聯的美國總統。1972 年 5 月結束對中國歷史性訪問的數個星期之後，尼克森親身訪問莫斯科。尼克森一下飛機便與蘇聯共產黨主席布里茲涅夫 (Leonid Ilich Brezhnev, 1906–1982) 進行「類似商務」的會談。儘管雙方對東南亞戰爭意見紛歧，但這次為期一週，包括貿易、科學合作和軍備管制等內容的一系列會談，無疑是二戰結束以來美蘇雙方最成功的高峰會議。這次的高峰會談主要的成就，莫過於簽署兩個限制戰略武器的條約（合稱為 *SALTI*），即限制防禦性的反彈道飛彈系統 (ABMs)，以及暫時凍結侵略性的核子武器。兩國還同意進行太空合作計畫，此計畫於 1975 年阿波羅號和聯合號太空船進行太空接駁而得以實現。雖然尼克森因與中共改善關係而獲得美國國內普遍的肯定，然而仍有許多右派分子指責尼克森為追求和解而放棄意識型態，這項指控使得美國人民對尼克森政府更沒信心。然而，美國和蘇聯兩國的多數民眾，則在喜悅但存著懷疑的態度下迎接兩國關係的和解。

2. 內　政

1968 年總統競選中，尼克森在五百三十八張選舉人票中，以三百零一票的優勢當選為美國第三十七任總統。尼克森的社會經濟政策，主要是「新聯邦主義」(New Federalism) 政策，表明了 1970 年代起，美國政府經濟政策開始由強化國家干預的大政府，轉為對國內的權力及政策

---

❺　George E. Catlin, *Kissinger's Atlantic Charter*, pp. 112-134.

進行改革。

　　首先，尼克森強調「還權於州」和「還政於民」的改革政策。尼克森在 1969 年 1 月 20 日，在就職演說中明確提出了「新聯邦主義」的構想。他宣稱，在追求充分就業、改進居住環境、改革教育、重建教育、重建城市和改良農村地區，以及在保護環境和提高生活水準方面等目標上，加速進行。❻同年 4 月 14 日，尼克森在一份致國會的特別咨文中，首次建議要提出稅收分享計畫，以改變聯邦政府在社會福利政策方面包辦一切的情況。❼1970 年 1 月 22 日，尼克森在致國會的第二個年度國情咨文中，論述了改革中需要迫切優先考慮的三個方面，其一是全面改革福利制度；其二是廢除不利工作、破壞家庭並使領受人喪失尊嚴的制度，代之以要求增加收入、就業培訓和刺激工作的計畫；其三是實行新聯邦主義。❽尼克森讓那些流向華盛頓各州和各社區的權力及資源回流到各個州和各個社區，更重要的是，回流到美國人民那裡，把權力分散到更多的地方去，使政府在更多的地方發揮它的創造性。他呼籲把權力交給人民。因此，尼克森做出多方面的改革措施。❾

　　在「新聯邦主義改革」方面，首先推行「一般稅收分享計畫」(General Revenue Sharing)。1969 年 8 月 13 日，尼克森在稅收分享的特別咨文中提出，從個人所得稅中劃出一定比例由財政部撥給各州；聯邦

---

❻ 李本京審訂，《美國歷任總統就職演說集》（臺北：黎明文化，1984），頁 275-279。

❼ 8 月 8 日，尼克森發表電視廣播演說，闡述了新聯邦主義計畫，要把一部分聯邦政府的權力和相應的聯邦政府歲入，交給各州和地方政府，通過發揮州和地方政府在解決經濟、社會政治間的作用，來恢復聯邦政府、州和地方政府間的權力平衡，減輕聯邦政府的負擔。他明確提出「在權力從人民和各州流向華盛頓達三分之一世紀之後，讓權力、資金、責任從華盛頓流向各州和人民，實行新聯邦主義的時候到了。」《美國總統公文匯編，尼克森卷，1969》。Anthony J. Lukas, *The Underside of the Nixon Years* (Seattle, WA: Seattle University Press, 1976), pp. 289-290.

❽ 《美國總統公文集，尼克森卷，1970》，頁 5-8。

❾ 《美國總統公文集，尼克森卷，1970》，頁 216-217。

歲入在各州和哥倫比亞特區的分配比例，按各州人口的比重來分配；數額的使用要滿足最低限度的要求。這一計畫被認為是實現新聯邦主義的第一步。由於 1969 至 1970 年發生經濟危機，和 1970 年美國期中選舉失利，尼克森於 1971 年擴大了稅收分享計畫的規模和推行。他提出了幾個特別稅收分享計畫，其稅收分享項目，如城市發展、中小學教育、交通運輸等項，由聯邦政府提供整筆補助，這些經費共一百一十億美元。一般稅收分享計畫由每年五億美元增加為五十億美元，並且擴大地方政府在分享歲入中的比重，這一計畫在 1972 年 9 月通過。1972 年 10 月 20 日，尼克森簽署以州與地方財政援助法為名稱的《分享歲入法》(*Revenue Sharing Act*)，它規定在五年內，由州與地方共享聯邦收入三百零二億美元，它是參眾兩院折衷妥協的產物。總體而言，在人口、納稅能力、收入水準等方面有利於較貧窮地區。但到 1974 年 1 月，在給州和地方的總數十億美元撥款中，只有 50% 兌現。❿

　　從 1950 年到 1968 年聯邦各種稅收收入，由四百億美元上升到一千五百三十七億美元，1970 年又提高到二千一百億美元。1968 年聯邦補助各州的款項占各州收入的 22%，尼克森的稅收分享計畫，在福特總統任內又進一步擴大。⓫1976 年 9 月國會通過了經修正的稅收分享計畫，但是引起不少人反對，認為和州、地方政府相比，聯邦政府更能救人民所急，在效率和誠實方面有著較為良好的紀錄。

　　第二，在「新聯邦主義」推動下，改革社會福利制度，推行家庭援助計畫。1970 年 6 月 10 日，尼克森政府擴大福利改革發表聲明，提出家庭援助計畫的四個基本原則，即加強鼓勵工作和訓練的刺激、對有工作的貧困家庭提供平等的援助、尊重個人的選擇和家庭的責任，以及有

❿　Anthony J. Lukas, *The Underside of the Nixon Years*, p. 389.

⓫　Richard Nixon, *The Memoirs of Richard Nixon* (New York, NY: Grosset Dunlap, 1975), p. 14.

效的管理以博得納稅人的信任。尼克森認為現有的福利制度中的醫療援助計畫缺乏效率，不公正地排除了工作的窮人，並且鼓勵依賴福利的人，因此主張為所有貧困家庭的孩子建立家庭健康保險計畫。此外，尼克森並對住房補貼進行改革，因收入不同而有所區別。❷尼克森的家庭援助計畫在國會討論中幾經挫折，未能完全如願。不過整體而言，社會福利開支有增無減，規模也有擴大。根據《社會保險法》修正案，1973年受益職工已擴大到七千七百萬人，津貼金額也有增加。根據1972年食品券補助計畫，每月收入二百美元的四口之家用五十三元食品券，可以購置相當於一百一十二美元的食品。整個社會福利開支1970年為二百七十三億美元，1974年增加到一千三百七十二億美元，在國民生產總值中的比重由8.1%擴大到10.1%。❸

　　第三，尼克森停止或縮減詹森「大社會」中反貧困的計畫。尼克森以讓所有美國人有較高品質的生活，來取代詹森「大社會」中的濟貧計畫。1970年2月26日，尼克森在致國會的聯邦經濟特別咨文中，建議削減、停止或重建已經過時的五十二項計畫，總金額達二十五億美元，其中包括：改變對因人口激增，而公共設施不足地區的學校教育援助；改革醫療補貼，改變對所有的人提供醫療待遇而不考慮年齡，也不考慮負擔這種照顧的能力的巨大開支；主張聯邦款項可用於醫療待遇，從而節約聯邦撥款二億三千五百萬美元，強調必須削減不必要的開支。❹

　　第四，精簡和改組聯邦機構。到1968年聯邦政府雇員已比1960年增加了27%，比1950年增加了56%；至於聯邦開支，1968年為一千七百八十八億美元，比1960年增加近一倍。尼克森認為聯邦機構龐大轉運不靈，導致效率降低，通貨膨脹。他決定把內閣十一個部中的

❷　《美國總統公開文件集，尼克森卷，1970》，頁490-492。

❸　《美國統計摘要》，1979年。

❹　《美國總統公開文件集，尼克森卷，1970》，頁493。

六個部，和數百個聯邦機構中的部分機構，歸併人力資源、自然資源、社會發展和經濟事務等機構，並對尼克森直接負責。1969 年總統行政辦公室人員有四千七百人，到 1973 年底計畫減少 60%。**⑮**

　　第五，制訂環境保護立法。1969 年尼克森簽署《美國國家環境政策法》(*The National Environmental Policy Act*)，宣布聯邦政府將與各州和地方政府，以及有關的公共和私人團體進行合作，採取一切可行的手段和措施——包括財政和技術上的援助，發展和增進一般福利，創造和保持人類與自然和諧生存的各種條件下，實現當代美國人及其子孫對於社會經濟和其他方面的要求，強調環境保護立法的必要。尼克森宣稱，要提出美國歷史上在這個領域當中內容最廣泛、耗資最多的計畫。其中包括一百億美元的全國性清潔水計畫；現代的市政廢物處理計畫；為控制空氣污染，進一步提高汽車發動機設計和改進燃料成分，把空氣和水作為稀有資源來看待。**⑯**1970 年尼克森簽署了《水質改進法》(*Clean Water Act*)，對一系列威脅水質的污染源作出規定，包括當時酸性礦物的排放，核電廠的污染，船舶傾倒出的垃圾以及公共工程和石油的污染，特別是油輪事故產生嚴重影響等。1970 年國會通過了《清潔空氣法》修正案，要求汽車工業部門在 1975 年前減少汽車排氣量 90%，對其他部門也規定了類似標準，還規定各州按聯邦政府要求控制空氣污染。在 1970 至 1971 年間聯邦政府成立了幾個環保機構，包括作為總統諮詢機構的環境標準委員會、執行聯邦反污染計畫的環境保護署 (U.S Environmental Rrotection Agency)，以及防止石油溢漏海洋污染的全國海洋和大氣管理局。總體而言，1970 年是聯邦政府處理環境問題的轉折年。

---

⑮　但是白宮改組計畫並未認真實施，它並未削弱總統的行政控制權，人們稱尼克森是「帝王般的總統」。

⑯　《美國總統公文集，尼克森卷，1970》，頁 13-14。

尼克森的新聯邦主義政策，在當時並未取得明顯成效，失業、通貨膨脹和美元危機三大問題越演越烈。**⑰**

尼克森政府的經濟政策，顯示了由激進的自由主義改革，轉向溫和的保守主義政策的跡象。從小羅斯福到詹森政府的三十六年間，基本上奉行激進的或較為激進的自由主義改革政策，其間雖有艾森豪政府八年任期的折衷路線，但並未改變總體的格局。以尼克森政府為開端到雷根政府任滿，喬治·老布希當選第四十一任美國總統，在二十年間有十六年是共和黨執政，實行溫和的保守主義調整政策，其間，吉米·卡特雖為民主黨總統，但亦實行了適應新形勢變化的調整政策，可以說尼克森政府開了經濟政策轉變之先河。

尼克森政府的新聯邦主義理論和實踐，顯然是對小羅斯福、杜魯門、甘迺迪和詹森政府強化聯邦政府、干預職能和實行大規模社會福利政策的修正。它強調的不是大政府而是小政府，不是聯邦政府的大開支而是小開支；不是無限制擴大聯邦政府干預經濟的職能，而是局部地限制政府的職能；不是推行大規模的社會福利政策，而是縮小社會福利的規模。**⑱**

---

⑰ 1971 年通貨膨脹率達 4.5%，失業率 1969 年底為 3.5%，1970 年底為 6.2%，消費者平均工資的提高低於商品和勞務費用的上漲。1969 年 10 月到 1970 年 11 月的戰後美國第五次經濟危機，使工業生產指數平均下降了 8.1%，工人失業率達 6%，同時發生美元危機。1971、1972 年財政年度的財政赤字都在二百三十億美元以上，僅次於 1968 年財政年度的二百五十一億美元。1971 年 7 月下旬以來，美國又爆發了第七次美元危機，西方不少國家不再願意保存大量的美元。在這種情況下，尼克森授權財政部長康納利等人起草實施「新經濟政策」報告。8 月 9 日，法、英兩國分別提前向國際貨幣基金歸還六億零九百萬美元和六億一千四百萬美元的債務。英法還要求把三十多億美元兌換成黃金。這樣，在不到半個月時間裡，美元連續下跌三次，嚴重動搖了它在資本主義世界的霸主地位，到 1971 年 8 月 19 日，美國的黃金儲備只剩九十五億美元。這一年美國的國際收支逆出高達二百九十六億美元，創美國歷史最高紀錄。1972 年 6 月和 1973 年 2 月，美國又爆發了兩次美元危機，1973 年 2 月 12 日美國政府又宣布美元對黃金的比價再貶值 10%，每盎司黃金兌換四十二·二二美元，美元霸主地位的衰落已難逆轉。

　　尼克森政府的經濟政策，也是 1960 年代以來保守主義勢力抬頭的產物。由於經濟的持續發展，美國成為富裕的社會，1950 年每個家庭平均收入為三千三百一十九美元，1960 年為六千一百六十九美元，到了 1970 年為九千八百六十七美元。絕對貧困現象減少，白領階級增加，中間階級人數擴大，他們反對通貨膨脹和過重的稅收負擔，要求穩定，成為保守主義的階級基礎。同時美國人口自 1960 年代末和 1970 年代初以來，出現了戰後歷史上又一次人口遷移的高潮，大量人口從東北部和中北部流向西部及南部。尤其中南部地區，由中心城市移居城市郊區和小鎮，這一情況削弱了民主黨勢力的傳統陣地，擴大了共和黨在這些地區勢力的影響。自尼克森政府以來，保守主義思潮成為 1970、1980 年代發展的主流。

　　綜言之，尼克森在他任內，內政的政績，是非難分。在內政方面，通貨膨脹是尼克森總統內政上最大的經濟問題。起初，他試圖緊縮聯邦開支，但他的政府預算赤字每年在增長。在 1971 和 1973 年，他的政府兩次使美元貶值，努力達到貿易的平衡。1971 年 8 月開始實行「新經濟政策」，其中包括在和平時期前所未有的對工資和物價的控制。

　　此外，尼克森根據《社會安全法案》(The Social Security Act)，繼續給中下收入的家庭聯邦房屋津貼，增加聯邦對教育的支持，並且也降低選舉年齡的標準至十八歲。他還將聯邦政府的稅收，大量地撥給各州及地方政府使用。另外，他創設學前兒童護養中心的法案，協助需要工作的母親，並建築公眾的工程。但是聯邦政府對於黑人的各項施政，他不像先前總統般重視。

　　在尼克森時期，他繼續支付越戰的費用及各項聯邦的計畫。因而在 1973 年，在通貨膨脹及失業情況日益惡劣趨勢之下，出現了美國有史

---

⑱　Paul Kennedy, *The Rise and Fall of the Great Power* (Lexington, Mass: Lexington Books, 1987), pp. 432-436.

以來最大的經濟危機。這個危機，一直持續到 1970 年代末期。根據美國蓋洛普民意調查顯示，通貨膨脹已取代能源危機，成為美國人當時關心的主要課題。在這項民意測驗中，48% 的人認為高消費額的生活，已成為國家最嚴重的問題。另外，15% 的人民顯示「不信任政府」；11% 的人認為「政府腐敗」。在這份一千五百零九人的民意測驗中，很多人都表達出他們對這幾年來的物價會急遽升高，提出疑惑不解之意。

3. 水門醜聞和總統

　　由於尼克森想再度競選連任總統，為了取勝，尼克森與他的競選委員試圖竊取華盛頓商業區水門公寓民主黨競選總部的祕密資料，因而掀起了這場事件。尼克森也因為「水門醜聞」，成為美國歷史上第一個在任辭職的總統。水門事件也讓尼克森在歷史上遺留下相當不好的聲譽，在歷史上甚至以最恥辱的醜聞來形容。

　　竊取水門公寓民主黨競選總部的這批盜賊，身分特殊，他們穿著黑色西裝，儀態穩重，個個具有身分地位的官員，在 1972 年 6 月 17 日夜裡，這批人戴著手術用手套，拿著對講機，配有照相機及設備、竊聽器等。這批人（共有五人）在凌晨二時半，被華盛頓警察逮捕後，調查其身分，有前聯邦調查局的局長及當時競選總部的雇員等。然而，白宮發言人只承認這是一項極為普遍的竊盜行為而已，亦即這件水門事件，只不過是由白宮高層主使的政治間諜、竊賊、情報販子、勒索和滋事者組織的部分活動而已。

　　1973 年至 1974 年間，報章、政客及尼克森前助理，對尼克森政府非法行動的指責與日俱增。最後，經國會及聯邦大法官的調查和後來進行的各項審問，揭發了尼克森政府高層，侵犯了正當的法律程序，企圖破壞 1972 年民主黨的競選運動。最後被控的罪名有接受非法捐獻、扣押罪證、妨害個人自由及對大法官、聯邦調查局和在國會發假誓。❶❾

　　這件事並沒有影響到尼克森在第二次大選中的輝煌戰績，因為當時事件尚未明朗化，當時調查證明，這件事件並不僅僅是某幾個尼克森競選委員會成員的單獨行動，許多人因涉入案情，不得不引退，其中包括聯邦調查局局長格雷 (L. Patrick Gray, 1916–2005)、司法部部長克蘭‧恩丁斯特 (Richard Kleindienst, 1923–2000)、白宮幕僚長霍爾‧德曼 (H. R. Haldeman, 1926–1993)、內政顧問埃利‧西曼 (John Ehrlichman, 1925–1999) 和白宮法律顧問迪恩 (John Dean, 1938–)。他們都有掩飾這件事件的嫌疑。霍爾‧德曼和埃利‧西曼的離職，使尼克森失去左右手。

　　至於尼克森本人在此事件中，堅稱他在事件發生後的第二天才知悉。一個月後，他仍然表示不相信自己的親信參與其事。在對全國的電視講話中，尼克森呼籲，他政府的完整性應該要比水門事件的處理方案更值得重視。

　　在事件展開調查之初，只有間接的證據牽連到尼克森，但是當高等法院命令尼克森將總統辦公室的談話錄音帶交出時，發覺在六、七卷錄音帶中，一卷大約有十八分半鐘的錄音談話已被磨損，據專家指出，這一段是關鍵所在，而且證明其實尼克森早就知道實情，過去曾加以否認，只是想企圖扣押有關水門偷竊案的正式合法資料罷了！

　　《華盛頓郵報》(*The Washington Post*) 的二名記者，二十九歲的卡爾‧伯恩斯坦 (Carl Bernstein, 1944–) 和三十歲的鮑伯‧伍德沃德 (Bob Woodward, 1943–) 的功勞最大，而水門案的一系列報導也是由他們負責撰寫的。他們二人起初認為這案子似乎和一般竊盜沒有兩樣，然而深入調查，他們從一個名為「深喉嚨」(deep throat) 的匿名消息來源得知，存在著一個共和黨的間諜組織。該組織有一個祕密的經費來源，而且與一些高級政府官員有牽連。《華盛頓郵報》對水門案所做的深入報導，

---

⑲　Frank Mankiewicz, *Perfectly Clear: Nixon from Whitner to Watergate* (Chicago, IL: University of Chicago, 1973), p. 50.

使之獲得了普立茲新聞公眾服務方面的獎項。

事後，尼克森本人在辭職的前三天，交出另外數卷白宮談話的錄音帶後坦承，在水門事件發生後六天，他以政治及國家安全的理由，下令停止調查此事件，並設法阻止他的律師和國會司法委員會獲知此事。[20]

這一醜聞起於對爭取總統連選連任委員會和爭取總統連選連任財政委員會活動的調查，而隨著調查的深入牽涉面越來越廣。至 1974 年 7 月，尼克森一些親密的助手（包括二名前內閣官員）均被指控犯有罪行，其中數人被判刑。同月眾議院司法委員會投票通過彈劾尼克森的三條罪狀。8 月 4 日尼克森透露，他和他的助手們一直拒絕承認的事實：他實際上企圖掩蓋水門事件的真相，並在事件發生後數天之內轉移聯邦調查局的視線，使之避免對白宮的調查，尼克森本人終於在 1974 年 8 月辭職。尼克森在辭職演講中承認，他在國會中已得不到支持，他表示若繼續為個人名譽辯解，將浪費總統和國會的時間，並「以美國的利益為前提」，宣布辭職，由副總統福特任命接替總統職位。水門事件的醜聞使得人民對政府失去信心，如何恢復人民對總統的信任，是當時之要務。

綜言之，美國第三十七任總統尼克森，是美國歷史上第一位因醜聞被逼辭職的總統，有很多美國人欽佩他、同情他，但也有不少人鄙棄他。他於 1994 年 4 月 22 日病逝，在他八十一年的生涯中，他的思想、觀念，以及他的政治作為，有很多相互矛盾，甚至劇烈相衝突的地方。一如他在政治途中的突起突落，有嚴重的挫敗，也有意想不到的成功。

二、福特總統

經過「水門事件」後，1974 年 8 月 9 日福特繼任總統（任期 1974–1977 年），他向人民保證，要作「全民的總統」。在尼克森執政時，

---

[20]　Frank Mankiewicz, *Perfectly Clear: Nixon from Whitner to Watergate*, p. 189.

副總統安格紐 (Spiro Theodore Agnew, 1918–1996) 因貪污案而辭職，福特被尼克森提拔為副總統。當尼克森以水門醜聞案被迫下臺後，福特因此繼任總統。在未贏得全國大選的情況下，成為美國總統者，福特算是美國史上第一人。福特在其宣誓就職時，向美國國民宣布：「我們國家長久以來的惡夢已結束。」福特所面臨的第一件難題是，重新建立人民對白宮的信任。這位前任眾議院主席，以及資深的國會議員，誓言讓總統職位重享其原有的榮耀，並保證積極行使每一項總統職權。他承認自己晉升總統的方式很特殊，他在電視演講中說：「我深刻體認人民未曾選我出任總統的事實，但我希望你們以祈禱的方式擁護我當總統。」 **㉑**

1. 福特政府的內政

福特上任後不久，即面臨著通貨膨脹及種族摩擦等各項問題。福特為此，替美國制訂了一個範圍廣泛的經濟計畫，促進更多的經濟活動，減少失業的人數，繼續對抗通貨膨脹，並且協助減少美國對外國能源的依賴。因為經濟問題是為了履行美國在世界上的義務，恢復人民對政府的信心，因此，福特對美國面臨的嚴重經濟問題，視為是當務之急。然而，福特的經濟計畫，並未得到效用及助益，可說沒有成功。

除了經濟問題之外，最受人批評的是福特以總統特赦令寬恕尼克森的一切作為，引起人民的不滿。因為尼克森本人涉案卻不需受法律制裁，逍遙法外，但為尼克森做事涉案者卻還在獄中，此事是最不公平且最受爭議的事情。雖然，越來越多的證據顯示，美國前總統尼克森曾於水門事件中從事不法行為，但因為福特給予尼克森無條件特赦待遇，使他不必為任何罪名接受審判。福特表示，尼克森健康狀況不佳，而且也為他所犯下的錯誤付出空前的代價——辭去職位，因而他特赦尼克森使其免於牢獄之苦。同此，福特又宣布赦免越戰逃兵的一切刑責，亦受到

㉑　李本京審訂，《美國歷任總統就職演說集》，頁 475。

人民的非議。

2. 福特政府的外交

新總統福特保證繼續大力支持前任總統的外交政策，因此福特重申美國對傳統盟國的承諾，訪問中華人民共和國和蘇聯，並且和這二國的領袖協議，簽訂一項新的限制核子武器的計畫，目的在限制美蘇兩國當前的武器發展計畫。

至於越南的問題，由於美國沒有大力的支持南越，使得南越軍隊不堪一擊。在 1975 年 4 月，南越向北越投降，而南北越則完全掌握在共黨的旗幟之下，南越首都西貢，改名為胡志明市 (Ho Chi Minh City)，採用北越開國者胡志明的名字作為紀念。福特在 1975 年 5 月 7 日，向人民宣布越戰已結束，並宣稱「越戰時代」已經過去。㉒

總而言之，1974 年尼克森辭職下臺後，福特繼任總統。他一反尼克森在職末期的詭密和猜疑，保證「公開和坦率」。9 月 8 日他完全赦免尼克森在職時可能「對合眾國犯下的一切罪行」。就職後曾向國會提出消除通貨膨脹計畫，但沒有引起熱烈的響應。他留任季辛吉為國務卿後，開始一系列的海外旅行。1974 年 11 月訪問日本，1975 年 5 至 6 月與歐洲各國領導人進行四次會晤，同年 12 月訪問中國。1975 年 4 月，在越南戰爭最後幾小時，他下令空運難民，總數達二十三萬七千人，大部分運至美國。㉓ 福特繼任總統時，也正值尼克森水門事件、民權運動呼聲高漲時期，又逢越戰結束期，福特的內政外交，算是沒有任何大的作為，於 1976 年 11 月大選中敗給了卡特。

㉒　John Osborne, *The White House Watch: The Ford Years* (New York, NY: Alfred A. Knopf, 1977), pp. 337-349.

㉓　John Osborne, *The White House Watch: The Ford Years*, p. 390.

三、卡特政府

來自喬治亞州平原鎮 (Plains) 的吉米・卡特，❷ 曾是一名花生批發商，是喬治亞州州議員之子。在 1974 年卡特宣布參加民主黨總統提名競選。雖然缺乏一個全國性政治基地或重要力量支持，但不斷的、有計畫的競選活動，仍使他在 1976 年 7 月民主黨總統提名大會中獲得勝利。卡特選擇自由派參議員孟岱爾 (Walter Frederick "Fritz" Mondale, 1928–) 為競選伙伴，於 1976 年 11 月獲得 51% 的選民票及二百九十七張選舉人票，擊敗共和黨福特的選舉人票二百四十張。在卡特就任總統之後（任期 1977–1981 年），美國當時經濟狀況低迷，失業的人數繼續在增加，而聯邦的收入繼續在減少，赤字也越來越大。

卡特在總統任內力圖加強平易近人的印象，常於公共場合穿著便服，以閒話家常方式發表談話，不時舉行記者招待會，並盡量避免官場的繁文縟節。雖然他有雄心在行政、社會、經濟上加以改革，而且當時民主黨控制了參眾兩院，但其改革方案仍在國會中受到阻力。由於不能將所抱持的理想轉為法案，到 1978 年時剛建立起來的聲望便逐漸消失。

1. 外交事務

1977 年 12 月，以倫敦為基地的人權組織 —— 國際特赦組織 (Amnesty International) 得到諾貝爾和平獎，不久之後又提出報告，指控共有一百一十六個聯合國會員國僅因個人的信仰和種族出身而監禁人民。國際特赦組織自 1961 年成立以來，幫助了一萬名囚犯獲得自由，此乃歸因於該組織不受政府約束。但是到了 1977 年，新任的美國總統

---

❷ 1924 年 10 月 1 日，生於喬治亞州平原小鎮附近的農場主家，從政前是花生種植場主，1971 至 1975 年任喬治亞州州長，是自扎卡里・泰勒 (Zachary Taylor, 1784–1850) 以來第一位來自美國南部的總統。著有《為什麼不是最好的》(*Why not the Best*, 1975) 和回憶錄《忠於信仰》(*Keeping Faith*, 1982) 等書。

卡特開始一項新的嘗試，利用政府的政經手段來阻止對人權的侵犯。

卡特是幾十年來對侵犯人權問題最坦率的美國總統，並用政策支持自己冠冕堂皇的論述。阿根廷 (Argentina)、烏拉圭 (Uruguay) 以及衣索比亞成為首批失去美援的國家。但卡特的信念面臨挑戰：一、美國自己的人權狀況非常差，國際特赦組織的報告引用了美國對黑人及美洲印第安人不公正的控訴；二、卡特的理論對人權的定義既模糊又廣泛。[25]

不過，在人權的努力上，仍見收穫。部分由於美國的壓力，越來越少阿根廷人被國家組建的敢死隊帶走而「消失」，許多國家的政治犯得到釋放，[26]獲得允許移民的蘇聯籍猶太人，從 1976 年的一萬四千人增加到 1979 年的五萬一千人。在捷克，大受鼓舞的異議分子創立了《七七憲章》(*Chapter 77*)，[27]是專門監督政府對《赫爾辛基協定》(*Helsinki Process*) 以及聯合國人權條款執行狀況的組織。[28]

---

[25] James G. Penze, Jr., *Presidential Power and Management Techniques: The Carter and Reagan Administrations in Historical Perspective* (New York, NY: Glencoe Press, 1987), p. 79; James Wooten, *Dasher: The Roots and the Rising of Jimmy Carter* (Chicago, IL: University of Chicago, 1978), p. 376.

[26] 從 1977 年到 1980 年光是在印尼一地就有三萬五千名得到釋放。

[27] 1946 年，以高華德 (Klement Gottwald, 1896-1953) 為首的共產黨，開始了捷克四十多年的共產統治。1968 年，共產黨祕書杜柏卻克 (Aleander Dubcek, 1921-1992) 同意「布拉格之春」遊行訴求：建立人性化的社會主義國家。然而，共產蘇聯卻強力鎮壓「布拉格之春」，進而扶植胡薩克 (Gustav Husak, 1913-1991) 政權，以更保守的方式統治捷克。為了反抗胡薩克的高壓統治，1970 年代成立「七七憲章」團體，哈維爾 (Vaclav Havel, 1936-2011) 正是該團體領導人，並遭逮捕下獄，團中更有人遭到處決，導致不滿情緒日益高漲。此後，改革開放已成趨勢，匈牙利和波蘭的共產政權相繼垮臺，柏林圍牆也在 1989 年倒下，捷克「天鵝絨革命」（假借天鵝絨的滑順質感，帶出革命主張和平轉移政權），在沒有鎮壓的情況下，由學生和反對者在布拉格示威遊行，帶動其他城市跟進。不到一個月的時間，共產政權宣布下臺，由長期被拘禁的哈維爾執政，哈維爾接著被選為總統。1997 年 5 月，政府所推行的經濟政策受到強大的反對，導致克朗的嚴重貶值。人民的不滿反應在選舉上，社會民主黨的柴曼 (Millos Zeman, 1944-) 在 1998 年被選為總理，這是自 1989 年以來，第一次由左翼政黨執政。但政績並未得到人民肯定，所以哈維爾於 1998 年再度被選為總統。

[28] 其中一位領導人捷克劇作家哈維爾曾受迫害，後來成為總統。

　　就外交事務言，卡特因標榜人權外交而獲國際重視，但其主要成就卻是現實性的忍耐外交。例如，美國放棄運河即是一個例子。1977 年與巴拿馬簽訂兩項條約，允許巴拿馬於 1999 年底接管巴拿馬運河，並保證其後該運河區中立。巴拿馬於 1903 年與美國簽署協議時，沒有巴拿馬人參與（巴拿馬的代表是一名親美的法國人）。這個協議承認美國對這段具有戰略意義的水域具有永久控制權，對於居住在巴拿馬運河區的巴拿馬人來說是一大恥辱，美國只把運河區的卑下工作交給巴拿馬人作，讓運河的經濟收益蒙上陰影。數十年來反美情緒高漲，美國官方逐漸認為這個條約站不住腳。1977 年，卡特總統迫於黨派的抗議呼聲，同意把巴拿馬運河所有權交還巴拿馬。經過參議院三分之二的贊成票批准，第二年卡特和巴拿馬左派強人奧馬爾・托里霍斯將軍 (Omar Torrijos, 1929–1981) 簽署了兩份條約，規定分階段的移交程序，於 1999 年 12 月 31 日生效，地域包括運河本身，以及由美國管轄寬十六公里、面積一千三百八十平方公里的巴拿馬運河區——這一片土地已經成為一萬名左右美國人的家園。美國一方面承認巴拿馬的主權及運河的中立地位，一方面保持永久防禦權。卡特認為這兩份條約反應了美國的信念：「公平，而不是暴力，是我們處理世界關係的準則。」但很多美國人，包括住在巴拿馬的多數美國人，指責這是「運河贈品」，抱怨華府向第三世界的落後國家屈服。參議院為此爭論不休，最終仍批准兩份條約。[29] 十年後雷根入主白宮，又重新採用武力解決巴拿馬和美國的關係。

　　此外，1979 年起巴拿馬與中國建立全面外交關係，同時與臺灣斷絕官方關係。1978 年卡特邀請埃及總統沙達特 (Muhammad Anwar Sadat, 1918–1981) 及以色列總理比金 (Menachem Begin, 1913–1992) 同赴大衛營 (Camp David)，使雙方同意按《大衛營協定》(*Camp David Accords*)，

---

[29]　Ames Wooten, *Dasher: The Roots and the Rising of Jimmy Carter*, p. 389.

結束自 1948 年以色列立國以來的戰爭狀態，彼此建立全面的外交和經濟關係，條件是以色列將所占領的西奈半島 (Sinai Peninsula) 歸還埃及。❸

　　另者，1979 年 6 月，卡特與蘇聯領袖布里茲涅夫在維也納簽訂新的《雙邊限制戰略武器條約》(SALT II)，使兩個超級強國得以適當查核，彼此建立同等的戰略核子武器發射系統。1985 年預定生效的《雙邊限制戰略武器條約》，限制兩國超級強權的戰略核武體系（長程飛彈和轟炸機）不得超過二千四百種：允許美國擴建兵工廠，另一方面迫使蘇聯略作削減。即使如此，美國參議院的強硬派仍譴責此項談判，而且在 1980 年 1 月蘇聯入侵阿富汗後，卡特總統即退出談判，不予考慮。儘管《雙邊限制戰略武器條約》未曾得到批准，但雙方仍保證遵守其方針原則，至於戰術性（短程）武器及指定各自能部署多少戰略彈頭的問題，則隻字未提。

　　這些外交上的實值收穫，旋被嚴重外交危機及經濟政策所引起的普遍不滿情緒所淹沒。「人質危機」的問題，在卡特任內算是一件重要的外交事件。1977 年 2 月 25 日，為報復卡特的譴責，烏干達 (Uganda) 獨裁者伊地‧阿敏 (Idi Amin, 1925–2003) 扣留美國人。阿敏下令限制二百四十名美國人質在阿敏與他們開會之前，不得離開烏干達。華府方面認為，此舉變成人質挾持，並相信阿敏做出此舉乃為報復卡特總統對非洲國家的一連串嚴詞譴責。阿敏寫信告訴卡特，在干涉烏干達內政之前，先解決自己國家的人權問題。他並警告，烏干達的武力足以粉碎美軍任何營救人質的企圖。同時，他也指控中央情報局陰謀推翻他的政權。這是卡特政府所面臨的第一件國際危機，卡特在回信中告訴阿敏，美國將不再忍受這種冒犯性的舉止。

　　又如，伊朗 (Iran) 發生政變，革命派掌權，推舉領袖柯梅尼

---

❸　James G. Penze, Jr., *Presidential Power and Management Techniques: The Carter and Reagan Administrations in Historical Perspective*, p. 360.

(Ruhollah Khomeini, 1902–1989) 來領導革命派，至於被推翻、撤職的國王巴勒維 (Mohammad Reza Pahlavi, 1919–1980)，則因病前往美國就醫，沒想到革命派的人員竟於 1979 年 11 月 4 日，派人擄獲五十三名美國人作為人質，並且要求美國遣送國王巴勒維回國。但巴勒維在 1980 年 7 月去世，而伊朗仍然扣留美國人質，最後，卡特向聯合國求援，但仍未能解決人質問題，想用軍事突擊的計畫，也未能成功。一直等到 1981 年 1 月 20 日才和伊朗達成釋放人質的協議。

至於石油能源危機的問題，也一直困擾著美國。美國過去的經濟一向是仰賴石油的，在二次大戰之前，美國仍是生產全世界所需要的大半石油，美國也靠自己豐富的油源來支配需要。但是自 1948 年之後，美國首次出現進口石油多於出口石油的現象，而且進口比例到 1970 年代有顯著的增加。尤其到了 1980 年，幾乎大半的消費物質，包括石油，都來自國外的供應。如此一來，造成油價上揚，導致 1980 年代通貨膨脹的問題圍困著美國。

當然通貨膨脹的問題對 1980 年代的總統選舉，是一項相當重要的課題。雖然在國內改革及經濟政策上遭到顯著失敗，再加上 1979 年的外交危機，卡特仍贏得 1980 年民主黨的總統提名。但美國人民對其信任已跌至谷底，因此，在當年 11 月的大選中，卡特被共和黨總統候選人雷根以壓倒性優勢擊潰，僅獲得 41% 的選民票。雷根以壓倒式的票數贏得總統的寶座，以演員出身的他，更讓美國在 1980 年代具有戲劇性的改變。❸❶

綜觀卡特總統的外交政策，有幾點值得重視：

1. 言行廣受重視的原因：在歷史上美國有過許多「強的」總統，也有過許多「弱的」總統。除了特殊的因素和機遇之外，一般而言大都取

---

❸❶　James G. Penze, Jr., *Presidential Power and Management Techniques: The Carter and Reagan Administrations in Historical Perspective*, pp. 339-342.

決於總統的才智、抱負、領導能力、奉獻精神，和他與國會之間的協調。因此，新的總統究竟能成為一名廣受人民擁戴並獲國會合作的堅強領導者，或是成為不甚為人民喜愛且時時要受國會牽制的無能總統，其間彈性很大，這也是卡特一言一行極受各方重視的原因之一。以往卡特沒有在聯邦政府中擔任過職務，就國際問題而言，也少有表明具體主張的機會，因此，各方對卡特的言行就特別仔細的推敲，來揣摩他的意向。

2.道德外交：卡特自始至終強調自由、和平、正義、人權、道德責任和人性尊嚴。他的重視精神價值，重視人道與正義的立場，也表示他堅持原則，要重整美國的傳統精神。卡特強調道德原則，誠然也有「對內」的作用。他要恢復自「水門事件」以來人民對政府失去的信心，要重整十、二十年以來所淪喪的道德觀念和精神價值。此外，從他多次的演說中，也可看出他是著重將道德原則注入外交事務之上的總統。

基於道德原則，卡特主張：一、反對「權力平衡政治」，主張「世界秩序政治」。換句話說，美國不應該一味追求強權之間的妥協，而應充分考慮如何解決全世界人類共同的問題，卡特認為，有些問題被共和黨政府所忽略，卻是人類共同的問題，例如飢餓、人口膨脹、核子武器擴張及能源問題等。二、美國人民已有高度的自由，絕不應忽視其他地方自由的命運，他認為強者欺凌弱小是不當的。三、反對放任的軍火銷售政策。他攻擊共和黨政府使美國變成世界軍火商，而且購買美國現代化武器的一些國家，往往彼此對抗，彼此交戰。四、主張公開外交，履行承諾，不背棄盟友。以往也有多位美國總統強調道德原則、倡議尊重人權，最早是湯姆斯‧傑佛遜提倡民主思想，發揚理想主義，宣揚要成立「一個賢明而廉潔的政府」。林肯的名言，美國政府「不能永遠容忍一半奴役一半自由」，也是維護民主自由，尊重人權。一次大戰後的美國總統威爾遜的「十四點和平原則」，建立世界和平公正的基礎。二次大戰期間的總統羅斯福及英國首相邱吉爾發表的《大西洋憲章》，號召

民主與自治，反對戰爭與侵略。這些傳諸於後世者，皆是具有崇高理想和道德原則的偉大理論和文獻。不過值得注意的是，卡特的道德原則是特別把它當作今後美國外交政策的釐定和推行時的指導方針。

3. 公開外交與有選擇性的外交承諾：卡特曾經多次抨擊季辛吉的祕密外交及個人外交。就卡特看來，過去季辛吉藉由祕密外交與蘇聯和解，使美國與北大西洋公約組織國家之間發生芥蒂。季辛吉又為推行祕密外交與中共低盪，使日本遭受撞擊；同時，這種個人外交有悖於行政與立法部門間團結的原則，而事實也造成國會與白宮間的失調。所以，卡特就職後，派副總統孟岱爾走訪西歐盟邦和日本，歡迎加拿大、英國總理和墨西哥總統赴美會商。此舉表示他要履行公開外交，增加國內的團結，加強與盟邦及友邦間的關係，以北大西洋公約組織國家和日本為優先。這些國家是已開發國家，具有高度的科技和經濟發展，以及開放的制度，由他們來充任主要的角色，協助開發中國家推展全球性的經濟發展，有助於世界和平及防阻共產主義的擴張。巧合的是，自越南淪陷後，美國國內又有一種「新孤立主義的論調」，其實這種論調早在越戰中期就已開始，那便是美國已非如二次大戰結束初期般強大，美國已無力負擔世界警察的任務，自由世界國家戰後迅速復原且各有主張，已不如過去的團結，因而主張自亞洲撤退，也減少過問海外其他地區的紛爭。**㉜**

4. 對華政策：在許多場的演說及對記者的答覆，卡特皆具體且肯定的表示，美國應遵守對中國的條約義務。首先，對於保障臺灣人民之自由獨立的意旨，卡特用的是肯定的語氣。特別是他與福特的競選辯論中，他強調絕不容許為促進對中共的關係而妨礙臺灣人民的自由與獨立。他有時用臺灣，有時用中華民國，並沒有什麼特殊意義。有一次他

㉜　James Wooten, *Dasher: The Roots and the Rising of Jimmy Carter*, p. 77.

特別說明稱臺灣也好，稱中華民國也好，對其條約義務是要履行的。其次，在時間順序上，越到卡特後期，他對於維持對臺灣條約的承諾，保障臺灣人民安全獨立越為明朗化。對於與中共關係正常化，只是「最終目標」，並無迫切性，而是有條件的。最後，關於對臺灣及對中共關係問題，絕大部分是被詢問而置答的。可見此一問題之優先順序上，還是排在美蘇戰略武器談判、中東問題、協調與北大西洋公約國家及日本間的協防和經濟合作，及自韓撤軍問題之後。

卡特政府針對道德原則，維護基本人權的立場始終不渝，卡特維護人權的立場是堅定不移的。但由於時機正逢經濟通貨膨脹時期，國際間複雜化，使卡特任內想有作為，但成效卻不大。

2. 反經濟停滯政策

自卡特上任以來，通貨膨脹率每年上升，1976 年為 6%，1980 年則達 12%，失業人口高居 7.5%；1980 年利率兩次達到 20% 以上，處於極不穩定狀態。卡特任期間美國經濟不景氣，通貨膨脹突破兩位數，美元危機連續不斷，失業嚴重，能源危機加劇。從 1980 年 2 月起，爆發了戰後最嚴重的經濟危機，卡特在處理經濟問題上引起廣泛關切。卡特作為一位民主黨總統，在面對 1970 年代形勢的新變化時，一方面必須尋求新對策，另一方面又要遵循民主黨政府的傳統模式，顯示了從傳統政策轉變的過渡性特點。

卡特上任後首先著力解決經濟停滯問題。首先，以反通貨膨脹為中心，克服經濟停滯政策。在工資和物價政策方面，卡特政府為對付通貨膨脹，強調實行自願限制工資和物價的增長。[33]卡特就任的最初兩年先後實行過兩個階段的反通貨膨脹計畫。他提出，自 1979 年起全國各公

---

[33]　張海濤，《吉米·卡特在白宮》（四川：四川人民出版社，1982），下冊，頁 672-675。

司工資（包括附加工資）增長最高限額在 7% 以下，物價上漲幅度至少
比 1976、1977 年的平均數低 0.5%，即不能超過 6.5%，如果通貨膨脹率
超過 7%，遵守合同的工人可以得到減稅。如果企業或工會違背協議則
要進行經濟制裁。卡特政府限制的只是工資和物價，並不包括地租、銷
售利潤和利息等收入，他限制的只是年純銷量在五億美元以上的四五百
家企業，而不是一切企業；然而實際上主要受到限制的是職工的工資而
不是物價。前者有資本家嚴格監督，後者只限於資方自願，對工資的控
制比對物價其他利潤的控制要多得多。靈活性的價格政策為企業主合法
逃避限制，開了方便之門，糧食進口、石油和住房建築費用等並未包括
在限價範圍之內，二百二十多萬家中小企業也不受限制。對付通貨膨
脹，卡特政府雖兩度籌劃都未能奏效。

　　1979 年夏天，政府和一些民間機構宣稱通貨膨脹率居高不下，又
將開始經濟衰退，使國民生產總值下降 3.3%，《華爾街日報》(*Wall
Street Daily News*) 宣稱「國家的經濟困難堆積如山」。[34]1980 年 1 月 24
日美國勞工部宣布，1979 年全年通貨膨脹率上升到 13.3%，國民儲蓄與
國民收入的平均比例占 4.5%，創三十年以來最低紀錄。1980 年 4 月 17
日，卡特在白宮宣布美國已進入了經濟衰退期，這時消費品物價指數以
1967 年為 100，1978 年為 195.4，1980 年 4 月為 242.6，卡特的反通貨
膨脹計畫宣告失敗。

　　對於導致通貨膨脹的真正原因，有學者認為，被膨脹了的不是物
價，也不是工資，而是貨幣（通貨和銀行信用）的供應，真正的問題是
美國印刷的鈔票太多。從 1946 至 1948 年是美國財政赤字年度，負債總
額達三千八百九十七億美元，為彌補巨額赤字，在增發紙幣同時大量發
行公債。適度通貨膨脹在 1950、1960 年代一度對於刺激經濟發展有積

---

[34]　《華爾街日報》，1979 年 9 月 3 日。

極作用，但自 1960 年代末期以來通貨膨脹的惡性發展，使它的破壞作用日益顯示出來。

其次，在社會福利和公共工程政策方面，1977 年夏天，卡特對社會福利計畫提出了改革方案，卡特主張削減經營社會福利事業的行政管理人員，確定全國範圍的福利費用最低標準，對單親家庭、帶有十四歲以上孩子的鰥夫或寡婦及無小孩的個人，都規定嚴格的工作條件，如果拒絕則停發福利費，這項計畫由於保守集團的反對而沒有被國會批准。

至於在國民健康保險問題上，卡特認為，雖然美國醫療技術在世界上是第一流的，但是美國國家的健保制度對窮人並不公平，醫療費用高昂，許多人在繳交一段時間的保險費後，不管需要不需要就去住醫院。1978 年每人的保險費高達一千美元，一個普通美國工人，每年用在保險的費用超過他一個月的工資，醫療費用總額幾占國民生產總值的10%。卡特為全國每個家庭提供特別醫療開支費用，不是全部由聯邦政府承擔，而是由每個家庭按其能力支付部分費用，防止濫用醫療費。然而這一方案沒有正式提出就中途取消了。

在公共工程方面，卡特競選時許諾減少浪費和製造公害的聯邦工程，保護環境。1977 年 4 月 18 日，卡特宣布從預算中取消十八項工程，另外五項則要作重大修改。1978 年 6 月 6 日，卡特政府宣稱水利工程的重點在於擴大並保持水質淨化的標準，使全國受益，對環境沒有不良後果。可是，1979 年 3 月 28 日美國發生了位於賓夕法尼亞州哈里斯堡(Harrisburg) 的三里島核反應爐 (Three Mile Island Nuclear Generating Station) 事故，它暴露了核電廠不遵守安全規章，和對電廠附近地區沒有應急的有效計畫措施等弊端，而三里島事件一度影響美國核電的發展過程。㉟

㉟　James Wooten, *Dasher: The Roots and the Rising of Jimmy Carter*, p. 312.

再者，卡特政府在稅收政策方面，力求稅收制度的公道化。1977年卡特宣稱要進行全面的稅收改革，國會通過《減稅和簡化申請手續法》(*Tax Reduction and Simplification Act*)。稅法要求在1979年底前減稅三百四十二億美元，它包括四千六百萬低中等收入的個人減稅，和為90%的美國人簡化納稅手續，並向企業提供稅款信貸。1977年卡特簽署了《社會保險資金籌措法案》(*Social Security Financing Amendments Act*)，從1979年起對一億多人增收社會保險稅，稅率從1977年的5.85%提高到1981年的6.65%。1978年1月19日，卡特在國情咨文中要求實施減稅二百五十億美元的計畫，其中為刺激私人消費而削減的個人所得稅為一百七十八億美元；降低企業所得稅，稅率由48%減為44%，從而使企業少交稅七十二億美元。卡特的稅制改革是戰後第三次較大規模的減稅行動，這種減稅只是有利於富人集團的妥協，並未成功。

開源節流的反能源危機政策是卡特的另一項經濟政策。卡特上任時，能源危機比尼克森、福特執政時要嚴重得多。1973年石油禁運時，美國石油消費的35%依靠進口，到1977年高達50%，每天要進口石油九百萬桶左右。卡特認為美國在國際石油市場上過量的購置，促使石油價格不斷上漲。這一方面是由於美國石油消費量激增，石油進出口差額增多，從1948年進口一千五百萬桶，1970年上升為十一億五千七百萬桶，1977年高達三十一億零三百萬桶。進口石油的比重，1955年占10%，1973年占36.1%，1977年占46.4%。另一方面由於美國石油和天然氣生產趨於下降和停滯，掠奪性開採使國內油田的平均回採率只有35%，長期的原油價格管制使國內原油價格一直低於國際市場價格，1977年國內價格每桶八·五七美元，而中東油價為十二·七美元一桶。1979年前者每桶為九·四七美元，後者為十八美元。

美國石油消費量猛增的主要原因是：第一，經濟迅速發展，特別是工業能源結構變化的結果，1950年煤占美國的能源36.8%，石油占

36.2%，1979 年煤只占 18.1%，石油占 50%。第二，消費方式的變化也使石油消費猛增，1979 年《美國新聞與世界報導》(*U.S. News & World Report*) 指出，石油消費中汽油消費占 43.1%，1964 年每天消費石油四百四十萬桶，1979 年初為七百二十萬桶，增加了 63.6%。1970 年全國有七千六百八十五萬名職工乘私人汽車上下班，占總數的 77.7%。1977 年美國各種車輛用油，小汽車占其中的 67.4%。住宅和商業衛生建築用的石油數量也驚人地增長。第三，能源消耗上的驚人浪費，美國每個家庭的平均耗電量超過了西歐和日本。1979 年 2 月 26 日，美國《時代週刊》報導：「在 1973 年石油危機的五年之後，美國仍然是一個能源消耗者和揮霍者。在住宅和辦公室中，空氣調節設備一年四季都在開動，春夏秋冬始終保持著華氏七十五度（相當於攝氏二十四度）左右的室溫；入夜後，人去樓空的摩天大廈中燈光徹夜不滅，在這個由燃料造就的天堂裡，一天中所耗費的石油的油桶，如果首尾相接地排列起來，就可以圍繞地球半周，從紐約一直延伸到印度的加爾各答 (Kolkata)。在使用私人小汽車方面，很多人追求豪華、舒適、高速、方便而不顧節約。」❸❻美國《新聞週刊》報導：「在美國燃燒的各種能源有 50% 是浪費掉了，僅家庭空氣調節器一項就占全州石油消費的四分之一，一些大型轎車的汽油有 87% 是從排氣管中跑掉的。」❸❼第四，擴軍備戰和發展軍事工業的結果，也使石油消費量猛增，1972 年每個美國士兵耗油十五噸，為全國人平均的五倍。

　　1977 年 4 月卡特提出第一階段能源計畫，即政府承擔能源政策的責任；保證「健康的經濟增長」；「保護環境」、削減石油進口量，使用能源的重點由石油轉向煤炭；公平對待，反對石油公司牟取暴利；實行節約，降低需求，合理價格，成立能源部；改變能源構成比例；研究

---

❸❻　美國《時代週刊》，1979 年 2 月 26 日。
❸❼　美國《新聞週刊》，1979 年 3 月 3 日。

新能源。卡特在演說中還提出到 1985 年實現的七大目標：能源需求增長率降到 2% 以下；汽油消費量降低 10%；石油進口砍掉一半；建立夠用半年以上的戰略石油儲備；增加煤炭產量三分之二；90% 的住宅和建築安裝隔熱、保溫設備以及使二百五十萬棟以上房屋使用太陽能。1978年 10 月 15 日，國會終於通過了能源計畫，其基本要點包括：分階段取消對天然氣價格的控制；鼓勵更多地以煤代用油和氣；規定對提高能源利用效率者減稅；改革用電收費率；並鼓勵其他節能措施等五項。**❸⑧** 這幾項法案重點都在「節流」，而且大多要幾年到十、二十年後才見效。1979 年 2 月，美國的石油日消費量突破二千一百萬桶，而到 1985 年計畫每天節油只有二百四十－二百九十萬桶，相當於月耗油量的 12%。而且進口石油的國家也由加拿大為主（1970 年占 50.7%，1978 年只占4%）轉為第三世界石油輸出國組織為主（由 46% 上升為 82.2%），1979 年 6 月上旬，由於中東石油減產，西歐、日本、蘇聯趁機搶購石油，美國又爆發了一場空前規模的能源危機，各地加油站前突然出現汽車排隊加油的現象。卡特簽署行政命令，授權各州州長實行「單雙日汽油配給制」，期間還出現全國十萬卡車司機罷工，抗議柴油供應不足和價格上漲。卡特還下令限制聯邦政府辦公室的溫度，夏季不得低於攝氏二十六‧五度，不久又把適用範圍擴大到五百萬棟建築物。加上冬季限制，每天可少燒三十九萬桶油，然而它只占每天耗油量的 2.17%。

　　1979 年 4 月 5 日，卡特發表第二階段能源計畫，宣布到 1981 年 10月為止，分階段取消對石油價格的管制，並要求國會通過一項徵收 57%的超額利潤暴利稅，以用於研製發展新能源，並補助公共交通和建立一項幫助低收入家庭的能源保險基金。由於國會拒絕批准而使這一計畫擱淺。

---

❸⑧ 吉米‧卡特，《忠於信仰》（北京：世界知識出版社，1983），頁 89。

1980 年 4 月卡特簽署生效《石油暴利稅法》(*Crude Oil Windfall Profits Tax Act*)，從而開始了第三階段能源計畫。它規定自 1980 年 3 月 1 日起向石油公司徵收 50% 暴利稅，以便在十年內集資二千二百七十三億美元，用於解決能源開發經費。1980 年 5 月 21 日，國會又通過了《發展合成燃料法案》(*The U.S. Synthetic Fuels Corporation Act*)，計畫到 1987 年建成十座日產五萬桶的合成燃料工廠。同時還要求加快儲油速度，增加儲油量，修建十億桶地下戰略儲備基地。調整對中東的政策，積極改善同阿拉伯國家的關係，並尋找從奈及利亞和墨西哥進口的新能源。

卡特的能源計畫並不能從根本上解決能源危機，但是卻為 1980 年代美國石油危機的緩和創造了有利條件，並且提供了調整能源結構和布局的經驗。由於持久困擾的石油短缺危機，也推動美國逐步調整對中東的政策和軍事戰略。與此同時也開闢了中東地區以外的新能源進口來源。卡特的反能源危機措施在本質上是一個有利於石油大企業的計畫，石油企業在六年中支付的石油暴利稅達七十億美元，而企業獲利高達五百七十億美元。[39] 綜言之，在整個 1970 年代裡，世界上大多數國家的通貨膨脹率以空前的速度上揚，造成銀行帳戶減少，民眾的生活水準下降。隨著物價急遽上漲，一些消費者得到「現借現花」的症候群，因為今天不買下來，明天物價又要上漲了。結果是流通中的貨幣量增多，通貨膨脹率以前所未有的速度直線上升。在政局不穩定的阿根廷，1979 年高達 172.6% 的通貨膨脹率可能不使人感到驚訝，但是在美國及英、法等國，兩位數的通貨膨脹率就會引起另一次經濟大恐慌即將到來的恐懼。能源價格居高不下是引起危機的最大因素，主要是因為石油輸出國

---

[39]　Jimmy Carter, *The Blood of Abraham: Insights into the Middle East*, Arkansas, AK.: University of Arkansas Press, 1993; Jimmy Carter, *Keeping Faith: Memoirs of a President* (New York, NY: Bantam Books, 1985), p. 357.

家組織在 1973 年至 1974 年間將油價提高三倍。1979 年油價又再調漲 70%，更使經濟復甦無望。儘管採取高利率❹及降低消費支出，但全年物價依然飆漲，經濟狀況欠佳的十年竟在憂鬱調子中斷然地落幕。

　　總體而言，在 1970 年代算是尼克森、福特及卡特時期。除了尼克森的一些作為之外，其他兩位總統則算是較無大作為。尼克森改變與蘇俄及中國關係，打開冷戰之門。但也因參與水門事件，人民對尼克森及總統職位大失信心。美國經濟開始出現問題，也是在尼克森時期。凡此種種，再再都影響後來的二位總統。1970 年代也算是一個多事的世代。

第二節　美國的社會

一、傳統生活的重視及激進女性主義的興起

　　1970 年代被稱之為「保守的時代」，這期間美國歷經了曲折多變的歷史發展過程。此時的 1970 年代承繼於 1960 年代第二波女性主義的出現，女性以更激烈的方式為自己的「定位」吶喊。她們不是以平和的方式訴求，而是以激進的方法爭取平權。女性居於先天的劣勢，無法擺脫生育小孩及照顧家庭。家庭的存在，導致社會為了將女性固著在家裡，必然採雙重道德標準，男性自由，女性不自由，社會對女性的要求總是比男性多些。如果要改變這個事實，就要重新調整家庭的功能。家庭的組成不是為了傳宗接代，也不是基於某種社會道德或義務。

　　1970 年代，激進的女性主義者甚至主張放棄家庭，無性生殖，由社會扶養小孩，這才是女性的真解放。法兒絲頓 (Shulamith Firestone, 1945–2012) 的《性別的辯證》(The Dialectic of Sex, 1970) 對此種激進的

---

❹　美國採取高利率，即各銀行把最低利率調到 15.5% 的最高紀錄。

觀點有清楚的闡釋。女性與男性競爭居於劣勢，源於生物上的不利因素。生產期間，女性是絕對的弱者，必須依賴男性保護，這是女性無法逃避的命運。因此，基本的關鍵在性別革命 (sexual revolution)，徹底改變兩性間的依賴關係。法兒絲頓期盼以科學來解決問題，例如透過人工生育，以及由社會照顧小孩，讓社會的每個分子共同負擔養兒育女的責任，這樣女性身體和心理上的責任才能減至最低，她們的解放才有可能。❹當然，並不是每個激進的女權運動者都同意法兒絲頓的看法，不過，大部分的人都同意壓迫的來源是男性，而不是社會或文化，而性別壓迫是所有壓迫中最根本的形式；因此，女性的解放是其他解放的前提。

美國女性主義作家布朗米勒 (Susan Brownmiller, 1935–) 認為女性自從有意識開始，即生活在恐懼之中，她們要極為謹慎小心，不能隨便亂跑，不能逾時未歸，因為怕碰到壞人。每當有暴力事件發生，受侵犯者雖然是一個人，但卻在每一個女性心中，對暴力的恐懼是女性擺脫不掉的夢魘。這個印記制約著女性的思維，影響女性的情緒，女性的畏縮、消極、壓抑一切皆導因於此，女性註定永遠是被宰制的第二性。激進的女性主義者認為，今日所有女性的壓迫情境，無法用階級、文化、任何社會結構或過程來解釋，唯一的原因就是男性的自私與宰制，男性是不折不扣的敵人。因此，只是給婦女教育、工作的機會，養兒育女的協助與服務，或者是改變社會結構都是不夠的。人類社會需要更根本的改變，女性才能擺脫壓迫。另一個在女性主義陣營裡引起廣泛爭議的話題是「女性特質」的討論。1960 年代初期，女性主義者認為所謂的「女性特質」，亦即塑造一個完美女性典型，溫和、愛心、優雅、顧家、相夫教子等，這些是男性加諸女性的枷鎖。

雖然，所謂的「女性特質」是指女性特有的生活經驗、價值觀、道

---

❹　參考 Shulamith Firestone, *The Dialectic of Sex*, New York, NY: William Morrow and Company, Inc., 1970.

德意識，是長期歷史的產物，是女性壓迫的來源；但是，她們也發現女性特質或許是改造世界，創造一個更好社會的前提。亦即女性特質不是女性專屬的，它應該推廣到整個社會，因此，要提倡愛心、合作、細心、情感等。女性在歷史上的貢獻被重新檢視，歷史被改寫了，加進女性的素材。至少，女性價值觀提供一個批判現有社會的根源，向以男性價值主導的社會挑戰。從她們的觀點，社會上的諸多邪惡，例如貪婪、慾望、暴力、野心、戰爭、冷酷、控制等，都是男性價值的產物。亦有女性主義者認為應該要融合男性 (masculine) 與女性 (feminine) 的特質 (androgynous)。一個自然人應該兼具勇氣、企圖心等男性特質，與愛心、溫柔等女性特質，而非硬性將某部分人訓練成僅具有一部分特質的人。

　　部分女性主義者甚至放棄「男女天性沒有什麼不同」的傳統女性主義觀點。男女間的差異不只是文化、社會，它也有自然或生物學上的基礎。不過，她們肯定此種差異，因為女性的特質、價值觀，甚至生物學上的構造都優於男性。[42]女性是優於男性的，這個世界如果被女性統治的話會比男性統治好很多。屬於這個陣營的女性主義者有瑪莉・戴利 (Mary Daly, 1928–2010) [43]和戴爾・斯賓德 (Dale Spender, 1943–) [44]等，她們認為如果女性要擺脫被壓迫的噩運，唯一的一條路就是真正獨立起來。真正的獨立不只是經濟上的獨立，還包括心態上的獨立。心態上獨立，婚姻當然要自主，若婚姻不和諧，隨時可以結束。此外，還要有生兒育女的自由權。她可以決定什麼時候要小孩，什麼時候不要小孩，當然這包括墮胎的權利。更重要的是沒有婚姻和男性，女性依然可以生活。女性要重新思考愛情對女性的意義，沒有愛情、不必依賴男性，女

[42]　例如：女性壽命較長、較能承受壓力、身體功能分化較細緻等。

[43]　Mary Daly, *Gyn/Ecology*, Boston, Mass: Beacon Press, 1979.

[44]　Dale Spender, *Women of Ideas: And What Men Have Done to Them,* London: Routledge & Kegan Paul, 1982.

性亦可以獨立生活，如此方有真正尊嚴的可能。她們有些是女同性戀者，有些是政治的女同性戀者 (political lesbians)，亦即基於信念，選擇成為女同性戀者。女性可以不需要男性而達成情感或性的滿足。女性如果仍然選擇男性作為伴侶的話，那麼她就不是完整、自主的個體，她仍然依賴男性，以男性的標準來界定自己，不過，這類的女性主義者並不多。另一些女性主義者不完全排斥男性，而是認為經過歷史上長期的男性宰制，女性必須強迫自己離開男性一段時間，才能培養出獨立自主的精神，以及重新面對男性的能力。這些激進的女性團體排他性很強，自己組成社會，彼此協助，相互支持，盡量與男性或男性宰制的社會保持距離。

　　女性主義發展至 1970 年代，論說越來越紛歧，她們對當前的社會沒有一致的共識與清楚的改革目標。不過，基本上可區分為三大流派——「自由主義式的女性主義」延續十九世紀以來女性主義的看法，基本上認同既有的社會，並不主張顛覆家庭，只不過要求教育、工作權，政治、法律上的平等地位，以及爭取婦女福利；「馬克斯主義式的女性主義」將婦女的解放與階級鬥爭聯結在一起，認為一切問題的根源在經濟不平等，自由主義式的女性主義只是反應中產階級婦女的利益而已。不過這種想法大部分的女性主義者並不苟同。馬克斯主義也是以男性為中心的理論，因為即使沒有了階級，女性依然臣屬於男性；最後，「激進的女性主義」則反對傳統的政治運作模式，認為這些都是以男性為中心的政治遊戲，而這正是所有問題的根源，她們不屑和男性同流合污。她們感慨女性先天的弱勢，無法透過教育、工作權來彌補，社會必須有更徹底的結構性改變，男女才可能平等。但是要怎麼改變呢？意見紛歧。不過就政治影響而言，自由主義式的女性主義者顯然較成功，她們認同既有的遊戲規則，組織較健全，訴求較清楚，其要求基本上也達成了。教育權、工作權已不是問題，婦女福利獲得重視，對女性的歧視（語

言、法律等）不存在（至少在表面上）。社會上「新好男人」的定義，
是放棄男性沙文主義、注意女性的需要，融合某些女性的特質，男女分
攤家務等。

　　女性主義者基於對男性主導的社會不滿，要求擁有與男性對等的權
力。她們反對「男女有別」的說法，要求自己也去追逐權力、事業，希
望與男性一爭長短。結果，她們獲得了一些，但也失去了一些。她們也
在反省，辛苦爭得的東西，真的是自己想要的東西嗎？所失去的東西，
難道一點都不值得留戀？建立在「男人能，女人也能」的思維，就某個
角度上來說，亦是男性觀點的投射。在爭取權利的同時，女性可能喪失
了自己的主體性而不自知。1960、1970 年代女權運動甚囂塵上，不過
一直到二十世紀結束以前，女權運動似乎在式微當中。但這不代表女
權運動已經消聲匿跡，也許她們正在尋找議題，等待另一個高峰的來
臨呢！

二、能源危機與節能運動

　　1973 年 10 月以後，阿拉伯石油輸出國組織作出決定：縮減石油生
產，對荷蘭和美國實行石油禁運，以回擊他們親以色列的政策，提醒工
業國家慎重考慮他們自己在中東衝突中真正的利益所在；與此同時，又
一再地大幅度提高石油價格。

　　雖然美國也是世界上最大的石油生產國之一，但是仍難以避免對其
所產生的嚴重影響。取暖用石油不足；動力公司降低電壓，致使「燈光
暗淡」，有些工業部門不得不停止生產；汽油不足，迫使加油站星期天
關門。平時等待加油的汽車排成長龍，而且供應量日益減少；更為嚴重

的是，石油價格上漲導致其他與石油有關產品的價格也跟著上漲，引起通貨急劇膨脹；汽車工業不景氣，失業率提高。1970年代的能源危機，促使美國政府開始認真對待這一問題，並設法著手解決。但是從另一方面看，這也有積極的一面，促使美國人民去研究和學習新節能技術，或重新使用舊方法以節約能源和節省金錢。這成為1970年代美國大眾文化的一個側影。❹

據美國能源部資料顯示，節能運動開始以後，從1973年起，美國國民生產總值中每一美元用於能源消費的比例下降13%，用於運輸的燃料消費下降25%，而美國家庭能源消費量則下降12%左右。1980年的工業能源消費量比1973年減少17%以上。美國能源部曾以1973年的能效水準為基準進行分析顯示，從1964年至1973年間共節約了相當於三百零四億升石油可產生的能量。在所有的部門中，運輸業在節約能源方面最早作出努力，這使汽油消耗量降低，從1977年的七百一十七萬七千桶下降到1980年的六百五十七萬九千桶。航空公司採取了一系列節能措施，如努力減輕飛機重量等。通過減輕機重，安裝高效能動機和增加座艙位置數量，各航空公司降低了能耗，增加了收益。1979年的燃料消耗比1973年只增加8%，而航空業務收入按每名乘客航行每英里計算，卻增加了60%。

節能運動的另一個著眼點，則是美國普通人的日常生活。二十世紀初期，美國人所使用的能源形式多種多樣，而且價格低廉。到1930年代和1940年代，聯邦政府補貼的電力供應已遠達最為偏僻的鄉村地區。

---

❹ 居住在加利福尼亞州的一位居民，重新發現了「風能」的價值，並在小屋外造了一架小小的風車，風能幾乎滿足了他家的全部能源需求；在美國的另一端，新罕布什爾州的一名律師，在他穀倉屋頂上安裝了太陽能集熱板，這使他從此不再需要繳納使用熱水的費用；在印第安那州，一位市長助理開辦了一系列專門講習班，向市民講解如何保溫，以及如何安裝節能裝置。結果定額三百人的班級竟招來一千五百人。這些人的個人節能微不足道，但積少成多卻為美國的節能運動帶來了相當大的成績。

這樣，美國人就都依賴這種由國家補貼的能源，而不再去使用昔日的那些能源了。

陷入能源危機以後，美國很快又回到使用火爐和壁爐取暖的簡易生活。但在中東石油禁運的二年內，美國柴爐的銷售量又再度升高，達到了四十萬七千隻，到 1980 年，估計已達一百萬隻。另有一種重新引起人們重視的技術，是二十世紀初一度甚為流行的餘熱發電，全國投入使用的餘熱發電機成倍增加。聯邦議會制訂了一項法律，規定各公用事業公司必須購買個人或私營公司所生產的額外能量，這無疑是一個改進。

為了節能，風行民間的另一種「古老」方法是建造溫室，這是以被動方式用太陽能取暖。麻薩諸塞州一戶居民，在其已經居住七十五年之久的老宅的廚房外，搭起了一個溫室，以吸收太陽的熱能。嚴寒的冬季，溫室仍然溫暖如春，成為這個家庭的另一個起居室。

美國國內聯邦志願人員機構「美國改善周圍關係委員會」(ACTION) 也起了相當的作用，他們的節能自助方案得到廣泛支持。該機構撥給當地政府少量款項，幫助地方上向居民傳授簡單易行的節能方法。他們資助一個工作組織對印第安那州拉法耶特 (Lafayete) 的二百戶居民進行調查，以了解人們可能願意採取什麼樣的節能措施。為了節省能源，工業界也進行調整，使用更高效能的機器設備。根據 1981 年美國能源部的統計，自 1972 年起，包括鋼鐵工業、製鋁工業和化工工業在內的十個消耗能源最多的工業部門，能效增長了 15.4%，1980 年用於安裝高效能源系統的經費超過前五年之總和。

在能源危機侵襲美國的 1970 年代，美國人民進行各種節能活動，有力地支持政府實施的應急措施，在一定程度上緩解了能源短缺對美國社會所造成的緊張氣氛。同時，由於節能運動的深入展開，對於能源問題的關心，使美國人認識到一個嚴峻的事實，即美國人只占世界人口的 6%，卻消費世界能源的 33%，對能源消費不在意的態度，導致了嚴重

的浪費。一批富有批判精神的美國人對自我的消費方式提出質疑；不久，他們又進一步指出世界性能源危機的真正責任，在於包括美國在內的大工業國身上。至於美國國內，則航空、汽車等大工業負有直接責任。如此一來，真正解決能源問題的鑰匙並不只是全民性的節能運動。從1970年代的節能運動起，能源保護問題乃至環境保護問題，成為全美國乃至全人類所關注的一個重大課題。

三、科技研發的持續

1960年代中後期，由於美國捲入越南戰爭等複雜的國際糾紛之中，背上了沉重的軍事、財政、政治負擔。國內的反戰運動、新左派運動，以及反主流文化活動又風起雲湧，使美國政府窮於應付。知識界、工商界在這樣動盪混亂的局勢下，對於科學技術的發展有更多關注。到了1970年代初時，美國的科技革命一度陷入停滯狀態。隨著越南戰爭的結束，美國的對外政策作了一些調整後，國內知識界、工商界以及政府部門，尤其是軍事部門，再度關注科技工作，美國的科技革命又呈現出某些新的發展趨勢，並在此基礎上出現了以微電子、雷射、光纖通訊、海洋工程、宇宙航行、生物技術、機器人、新材料、新能源為先導，以資訊及通訊科技為核心的新技術突飛猛進。一個以高技術發展為主導的新工業技術發展，蓬勃興起。

電腦，是最先進的資訊及通訊科技。電腦的發展歷史並不久遠，但是它的影響極為廣泛與深刻。1945年，美國物理學家莫奇勒 (John W. Mauchly, 1907-1980) 為研究彈道而製成了世界上第一臺電腦，這為人類的資訊及通訊科技開闢了一個新紀元。以後的短短二十年間，電腦經歷了電子管、晶體管、積體電路和大型積體電路四個階段。使用方便、運算迅速、功能多樣的計算機，不僅可以用來處理大量資訊，還被用於工業系統中以實現工業的自動控制，大大提高了工業產品的數量與品質。

1976 年，兩名大學生在自己簡陋的車庫中，成功地研製出「蘋果型」
微型電腦。由於這種電腦體積小，便於攜帶，操作簡便，深受歡迎。這
類微型電腦的產生，使非電腦專業的行政管理人員、各類技術人員乃至
普通的公眾，都有可能使用電腦。加之在光纖通訊技術基礎上建立起社
會通訊網絡系統，使整個美國成為一個高效率的通訊社會。微型電腦的
應用以及微電子技術滲入國民經濟和城市社區組織，使微型電腦成為一
種極其普通的資訊及通訊工具。據統計，1983 年時，全美國已擁有五百
萬臺微型電腦，二百多種不同型號的微型電腦被人們使用。微型電腦的
使用給人們帶來便利，也帶來財富。1986 年美國國民生產總值的 60%，
與應用微電子技術有關。由於電腦進入了整合化使用的新階段，使得美
國工業生產形式又經歷了一次變革。❹

　　太空科技的探索，也是人類科技的一大進步。1969 年，美國阿波
羅十一號太空船成功登月，是人類太空科技的一大壯舉。與此同時，美
國利用火箭技術發射了許多軍事、氣象、通訊等應用性的衛星，使太空
技術進入實用階段，這對於美國的工農業生產與科學技術的全面發展產
生重大影響。美國政府對此類探索給予大力支持，科學家開始研究是否
有與宇宙間其他智能生物溝通訊息的可能。1976 年，裝備了昂貴的複
雜儀器設備的「海盜一號」(Viking 1)、「海盜二號」(Viking 2) 飛往火星，
把大量的第一手照片和科學數據發送回地球。1977 年 8 月和 9 月，美
國又先後向太空發射了「旅行者一號」(Voyager 1)、「旅行者二號」
(Voyager 2)，成為人類向太陽系以外的宇宙派出的首批使者。1979 年，
「水手一號」(Mariner 1)、「水手二號」(Mariner 2) 又掠過木星，為巨
大衛星拍攝了照片，然後繼續飛往土星。到 1979 年為止，「先鋒號」

---

❹　跨入 1980 年代以後，美國科學家致力於研製模擬人類智能的第五代人工智能電腦。
　　如果在這一方面出現突破性的成就，必然在人類歷史上再一次實現新的技術研發。而
　　這一次技術躍進必定會促成整個人類社會的大變革。

(Pioneer) 飛船已經向金星作了十九次飛行。這一系列無人駕駛的空間探測器的發射，大大豐富了人類對於宇宙的認識。1983 年 4 月，「哥倫比亞號」太空梭 (STS Columbia OV-102) 試飛成功，標誌著人類太空技術的又一次飛躍，使人類建立永久性的太空站成為可能。

在生物技術方面，人們也取得了新的突破。1957 年，美蘇兩國科學家聯合發現脫氧核糖核酸 (DNA) 呈雙螺旋狀排列的規律，這對於分子生物學的發展是一次巨大的推動。由於這項研究已觸及人類生命的內核，也有人因為害怕人類的發展將會受到人為的控制，而畏縮不前。然而，1970 年代初，出現了以分子生物學為基礎的基因重組技術，由此形成了一系列現代生物工程技術，使生物學發生了一次新的躍進，美國人把它稱之為「生物革命」。到 1980 年代中期，美國已有二百多家從事生物技術應用的企業，成為一種新興產業部門。這是一種高科技產業，對一些舊的產業部門造成競爭的壓力。

從 1970 年代初起，在美國得以加速發展的科技革命，既是科學理論上的革命，又是技術上「質」的躍進，今日科學技術的進步，使人的智力延伸到了機器，開創了一個以機器控制機器的時代。美國在這一次科技革命過程中起著領頭的作用。但是，進入 1980 年代以後，美國在全球性的科技革命的進程中，已不再具有獨占鰲頭的優越地位，她已面臨來自西德和日本等國科技研發的挑戰。

四、鄉村音樂

1950 年代盛行於美國本土的「鄉村音樂」熱持續流行，繼續向世界各地傳播她純樸的鄉間文化。「鄉村音樂」的歌手清一色是鄉民村夫，甚至鄉村歌曲的歌迷也都在鄉村。美國「鄉村音樂」發端於阿帕拉契山區 (Appalachian Mountains)，這兒的鄉民基本上處於與世隔絕的生活狀態，未受美國大部分地區工業發展和都市化浪潮的衝擊。他們繼承了祖

輩移民帶來的英格蘭和蘇格蘭民歌的神韻，以此為基礎創造了美國鄉村音樂。他們一般使用自製的樂器來伴奏，用歌聲抒發深藏於內心的感覺。歌曲的主題往往是他們的貧窮生活、信仰、莊稼的收成以及他們的家庭。他們企圖從歌唱中找到慰藉，得到共鳴。至 1950 年代，如漢克·威廉斯 (Hank Williams, 1923–1953) 等造詣精湛的表演家，將鄉村音樂帶出南方和西南部，鄉村音樂從而具有一種新的光澤，不再僅具有地區性特徵。然而，從 1950 年代後期開始，隨著搖滾樂的興起，傳統的鄉村音樂趨於衰落，一大批富於創新精神的樂手從各種角度對鄉村音樂進行改造，使之更符合公眾口味。戰後有一段時期，鄉村音樂曾經過度強調運用「複雜技巧」，而不太注重鄉村音樂的「鄉土氣息」，使鄉村音樂因此褪色。到了 1970 年代中期，通俗音樂界的韋朗·詹寧斯 (Waylon Jennings, 1937–2002)、威利·納爾遜 (Willie Nelson, 1933–) 等人領導的「亡命之徒」(Wanted! The Outlaws) 運動，❹ 摒棄了演奏時使用的花俏技術，轉而採用一種簡單樸實的手法。無論是曲調本身還是伴奏或者演唱者的裝束，比以往都更具有鄉土氣息。這樣一來，鄉村音樂在搖滾樂興起後的二十年間，居然把深受搖滾樂影響的大批青年人吸引過來。然而，鄉村音樂在搖滾樂的步步進逼之下，雖奮力拼搏，還是很難完全保持它的原有特色。即便像肯尼·羅傑斯 (Kenny Rogers, 1938–2020) 等這樣的優秀鄉村歌曲歌手，為了順應轉換趣味的潮流，也在其鄉村音樂中滲入流行搖滾樂的因素。即便如此，鄉村音樂到了 1980 年代，從總體上依然處於弱勢。鄉村音樂唱片的市場萎縮，電臺節目中再也聽不到純樸的鄉村音樂了，幾乎所有的電臺都爭相播出流行歌曲。

---

❹　1970 年代初，威利·納爾遜與他長時期合作伙伴韋朗·詹寧斯，一起引發著名的亡命之徒運動。這使他在 1970 年代中期一躍成為鄉村巨星。納爾遜受搖滾和民歌影響，他的「紅脖子搖滾」(redneck) 亡命之徒形象，風靡全美國。

五、宗教擴張時期

戰後的美國，人們往往只注意到美國社會豐富的物質生活，而較忽視人民的精神層面。其實早在北美洲殖民地開發初期，殖民者的宗教生活就是北美社會生活的主要組成。據 1980 年統計，在美國居民中，新教徒為 40%，天主教徒為 30%，猶太教徒為 3.2%，東正教徒為 2.1%，無教派和無神論者為 6.9%，其他教派為 17.8%。我們難以用這種簡單的數據把握真實的情況，但是，有一點是可以肯定的，即絕大多數美國人具有強烈的宗教信仰。美國社會中的教派林立，宗教問題始終是美國社會中一個極其複雜的問題。

1960 年代末期以來，隨著整個社會的動盪以及社會批評呼聲的增強，神學家對傳統的宗教價值觀念提出理論的挑戰。1960 年，尼布爾 (Reinhold Niebuhr, 1892–1971) 出版了《一神論與西方文化》(*Radical Monotheism and Western Culture*) [48] 一書，在宗教界引起一陣騷動。此外，各學派也先後發表不同於傳統宗教觀念的著作。在這股思潮的推動下，一時間對傳統的宗教表示懷疑，在美國幾乎成為時尚。面對這種思潮的衝擊，美利堅合眾國聯合長老會 (United Presbyterian Church of North America) 在 1967 年發表了《1967 信綱》(*Confession of 1967*)，對已陳舊過時的教義與宗教禮儀形式進行改革，對傳統宗教產生不小的衝擊。

1960 年代末期蕭條的經濟狀況，使相當多的美國人——尤其是下層民眾陷入困境。日復一日的艱難生活，再加上社會的動盪，使昔日熟識的世界已變得茫然、陌生而難以把握，人們開始尋求一些詮釋人生的方式。一部分人在發現各種詮釋方法各無效之後，開始迷戀於各種形式的神祕主義，如占星術、魔法等。這漸漸成為美國社會中的一種奇特的

---

[48] Reinhold Niebuhr, *Radical Monotheism and Western Culture*, New York, NY: Harper, 1960.

文化現象：在這個經濟高度發展，文化水準普遍較高，科技又相當發達的社會中，竟然有許多占星家存在，而且這一行業頗受歡迎。到 1970 年代末，美國共有一萬名專職占星家和十七萬六千名兼職占星家。有一百家百貨商店辦有電話算命業務，還有總發行量為三千萬份的三百家報紙，闢有長期固定的占星術專欄。有些地方開設了巫術學習班，甚至還頒發文憑。更有甚者，南卡羅萊納州大學有二百五十名學生報名學習巫術課程。電腦這種高技術科學的產物也被運用於巫術，用它製作的星座圖在市場上隨處可見。就其本質而言，巫術活動其實並不是真正的宗教，它沒有什麼信仰或信念可言，更沒有一套宗教理論，巫術多少帶有一些遊戲的色彩，只是穿上了一層神祕主義的外衣。有人認為，巫術在美國的流行，只能說明美國人認為生活在現存制度中難以把握自己的命運。1970 年代的美國，家庭、教會和政府傳統結構的權威性下降，人們開始懷疑人存在的價值。

在巫術風行的同時，由於社會緊張局勢加劇和各種經濟問題越加嚴重，昔日的樂觀主義逐漸消失，帶有沉思默想和先驗論色彩的東方宗教日益具有吸引力，相當多的人們投入這類教派的懷抱。這類教派大多源於古代東方的印度教、佛教、錫克教、伊斯蘭教等。它們的教義不一，但一般都鼓吹「善惡有因果」、「人生有輪迴」，主張苦行苦修，超越現實，由此到達靈魂解脫的最高境界。除此以外，幾乎沒有什麼系統的教義教理，有的只是東方神祕主義哲學和各種封建迷信的大雜燴。但是這些宗教活動的儀式與傳統宗教相比極其不同，具有神祕色彩，例如打坐、冥想、降神、神喻等，因而對青年人頗有吸引力。從 1960 年代起，反主流文化運動的參與者中，眾多人成為虔誠的東方宗教信徒，有的人甚至達到狂熱的地步。1978 年就曾發生過一起宗教狂熱釀成的慘劇：11 月 18 日，在人民聖殿教 (Peoples Temple) 教主瓊斯 (Jim Jones, 1931-1978) 率領下，九百一十八名信徒集體自殺，其中有兒童二百七十六人。

這起慘劇震驚全美國，使一些神祕宗教的信徒認識到極端宗教情緒的危險性。

　　相較之下，在美國宗教界中一向占據主流地位的基督教新教各教派和猶太教，在美國的影響相對地有所下降。一部分人沉溺於重視物質的環境中，一味追求物質快感，無暇尋找精神慰藉；另一部分人由於生活中屢屢受挫，轉而對昔日的精神依託產生反叛。此外，不斷出現的各種新神學理論吸引了一部分青年人。與此相抗衡的力量當然也是存在的，其中，福音派 (Evangelical) 教會尤為引人注目。福音派教會擁有四千五百萬信眾，他們力圖擺脫世俗的干擾，重振基督教社會。該教派把復興傳統信仰的說教內容，運用最新的通訊技術和現代大企業經營的方法去傳播。他們全力建立自己的基督教社會，以抵制周圍社會的世俗化壓力。他們建造教會生活所需要的各種設施，如住宅、商店、銀行、飯店、汽車旅館、美容院、電視臺、書店、學校等——為保證其純潔性，這些設施都由基督徒經營。這個運動在全國的影響之大，令人難以置信。它擁有一個居全美第四位的電視網，一千三百個廣播電臺，二千三百家書店和唱片公司，以及一個龐大的出版企業。同時，福音基督教運動還具有相當完整的教育制度和完備的教育內容，因為在他們看來只有運用教育手段，可以對抗世俗社會對神聖基督教的進攻。有一百多萬兒童在五千所他們辦的中、小學學習，這些學校幾乎都以基本教義派者對《聖經》的解釋，作為知識的基礎進行宗教教育。從1970年代開始，福音基督教運動成為美國宗教生活中的主流，由於它聲勢浩大，美國歷任總統福特、卡特和雷根等，都曾公開宣布自己是福音派成員。

　　福音派運動儘管努力與世俗化傾向抗爭，但是就整體而言，整個1970、1980年代，美國宗教界的世俗化傾向，是極其明顯的。眾多有組織的宗教活動服務於改革和改進人類社會的抗爭，他們幾乎都在爭論如何處理和平與人權問題。新教、天主教和猶太教的領袖們為民權運動

而努力；許多旨在實現黑人和少數民族充分平等的活動中，發揮著突出的作用。同時他們立場鮮明表態，反對貧困、歧視、城市弊病和環境污染、越南戰爭等。更甚者，有些天主教的修士、修女對獨身主義提出懷疑；婦女爭著要做英國聖公會的神職人員；各教區居民對於人工流產和節制生育是否違背教義、是否符合倫理道德準則，意見甚為分歧。宗教的世俗化還表現在教義內容的變化上，真正的基督教正在讓位於一種膚淺的、模糊的、人文主義的信仰，基督教教義被極度地簡單化，神父們已不再拘泥於背誦《聖經》，不再使用拉丁語布道，而使用英語，且在布道時分析國際形勢，宗教儀式也變得輕鬆愉快。教堂使用電影、電視以及一切盡可能好的音響效果來渲染神祕色彩，進而以搖滾樂作為禮拜的背景音樂，還用電腦來描繪基督形象，唱詩班也以新式電子琴代替古老的風琴伴奏。為了適應不同性別、年齡、團體和不同興趣者的需求，教會組織了數以百計的俱樂部和運動隊。甚至連神學院也開設了電視技術課，以上帝為中心的教堂，逐步變為以信徒的興趣及需求為主的課堂。有學者認為，宗教中古老禁忌的消亡，表明了人與人之間的關係正朝著更健康、更真誠的方向發展。另有學者認為，這是美國「放任自由的社會」道德淪喪的表現。

　　起始於 1960 年代，席捲美國宗教界的世俗化傾向，對於美國宗教界的影響是不容忽視的。在強大的世俗力量衝擊下，各教派紛紛失去各自的特點。以往正是這些各自的特點導致各教派的差異和紛爭，現在各教派相互靠近，以往存在於彼此之間的對抗和偏見，現也已趨淡化。這不僅僅是宗教世俗化的結果，也與全國基督教運動和各基督教教派要求團結一致有關。在教義問題上，1970 年代天主教、新教和東正教相互接近，三大基督教派表現出空前的容忍精神，彼此諒解和適應，基督教世界最後是否走向重新統一，有待 1980 年代的發展。

　　宗教日趨世俗化是否逐漸削弱宗教影響力呢？答案是肯定的。1980

年代初，美國有數千個獨立於傳統教派的教會和宗教團體，其影響力是擴大的，其中尤以法爾韋爾 (Jerry Falwel, 1933-2007) 牧師的「道德多數派」(Moral Majority) 和羅伯特‧格蘭特 (Robert Grant, 1936-) 牧師的「基督教之聲」(Christian Voice) 這兩個組織較為著名。它們對美國的政治社會產生巨大的影響，兩者在 1970 年代中後期於美國新保守勢力的支持下得到發展。它們拋棄美國政教分離的傳統，認為教士應當參與政治，把美國變為一個基督教國家，公開表示反對「新政」以來，特別是 1960 年代的各種自由主義運動，對共產主義深惡痛絕，把美蘇之爭提到「世界末日前善惡決戰」的高度。在國際事務中要求進一步發展與南非、以色列和臺灣等「可靠盟友」的關係。這兩大宗教組織曾經為雷根上臺立下功勞，成為雷根總統保守政權的強大後盾之一。

六、電視文化

就單純的電視技術而言，早在二次大戰以前就已日臻完備，但是電視真正的發展與普及，是二次大戰結束以後的事情。1946 年 9 月，第一批經過改裝的價格合理、款式新穎的八英寸電視機上市，立即被民眾搶購一空。無論是電視機還是電視傳播的內容，都吸引著沉浸於戰後繁榮中的美國人。幾個月內，新上架的十餘萬臺電視機再度售完，電視工業達到前所未有的興旺。1948 年和 1949 年間，全美國平均每月售出二十萬臺電視機。到了 1950 年 1 月，全美國已擁有三百萬臺電視機。1951 年 9 月 4 日，有九十四家電視臺聯手進行了一次全國範圍的電視聯播，近四千萬觀眾在螢光幕前觀看杜魯門總統在舊金山對日和約會議上發表講話，這使美國的電視熱再次升溫。在以後的五年中，每年電視機的銷售平均達五百萬臺。到 1960 年，全美國已擁有六千萬臺電視機。

1951 年，彩色電視問世，這又為電視業的發展注入了新的動力。1956 年，芝加哥的 WNBQ 電視臺（後改名為 WNAQ 電視臺）首次播

出彩色電視節目，到 1960 年代末，就已有三大商業電視網播出彩色電視節目。到 1971 年，美國家庭擁有六千三百多萬臺黑白電視機和二千七百萬臺彩色電視機，即平均每兩個家庭擁有三臺電視機。1980 年代初，全美國共有一千多臺電視臺。電視網傳播覆蓋面達到全國人口居住地區的 99%，全國使用的電視機達一億四千萬臺，平均每三人擁有將近兩臺電視機，擁有彩色電視機的家庭，占總戶數的 80% 以上，電視已普及全國。到 1990 年，全美國家庭擁有的電視機更上升到一億六千萬臺，平均每個美國人每天在電視機前花費的時間達六個小時。

電視的普及，產生了巨大的影響。有的美國人並沒有自己的觀念與觀點，他們的資訊都是從電視上獲得。考察美國電視節目的內容與形式，可以大致探知美國人的思想意識狀況，了解他們的文化心態。因為此時電視已不再僅僅是藝術與文化的載體，而是幾乎擴及到美國社會生活的各個層面，觀看電視節目也已成為美國文化生活一個重要的組成。

十五世紀德國工匠古騰堡 (Johannes Gutenberg, 1398-1468) 發明的活字印刷術，大大縮短了書籍出版時間，加快知識傳播，推進了人類文明發展，也引發人類歷史上第一次重大的資訊革命，成為人類文明發展史上的重要轉折點。而電視的發明和廣泛運用，則象徵著第二次資訊大革命的到來。電視這一現代技術綜合運用的產物，更不同於書籍這一類出版物，它以動態代替了書本的靜態表現，以具象代替抽象，以形象代替概念，把同一資訊在同一時間迅速傳播到億萬人面前，充分運用和開發了人類認識事物的兩種主要途徑——視覺和聽覺。電視是人類有史以來最有威力的傳播工具，是無可替代的全方位傳播文化藝術和資訊的工具。

電視改變了美國人的生活，尤其對美國大眾群體影響更大。早期的美國人，工作之餘沒有機會及財力常去參加社交和娛樂活動，夜裡早早就寢，等候第二個勞動日的來臨。後來，收音機改變了這一切，一家人

圍坐在一起收聽廣播節目。電視則更大地改變了這一切，它使人們看到和聽到發生在世界各地的事件，讓各個年齡層次、各種愛好的人得到各自的享受。這不僅是內容豐富多彩的，而且是大眾化、廉價的享受。看電視已成為美國人生活的一個重要組成，不難發現，無論男女老少，都把他們大部分業餘時間消磨在電視機旁。據1985年美國報刊統計，整個1970年代間，平均每人一年看電視的時間估計在二千小時以上，這已超過了他們用在工作上的時間。

美國人在電視上花費的時間越多，電視對美國人生活的影響也就越大，電視創造著時尚，任何一種新奇的玩意只要在電視上露面，就意味著不久它就會風行一時。無論是服裝款式，烹飪方法或其他，都是如此。隨著電視業的發展，電視也涉足新聞領域。對於三分之二的美國人來說，新聞的主要來源是電視。美國三大電視網——美國廣播公司(ABC)、哥倫比亞廣播公司(CBS)和全國廣播公司(NBC)，都是在全國各大城市和其他地方擁有數百個電臺和電視臺的巨大廣播電視網，它們的記者也遍布世界各地。電視即時向人們展示世界或是美國即時的訊息。電視以其直接、迅速的特點，把不同性格、不同人生態度的所有美國人，吸引到世界上剛剛發生的重大事件中來。1963年甘迺迪遇刺事件的連續現場報導，使成千上萬電視觀眾成為這一血腥事件的目睹者；1969年7月阿波羅登月的實況轉播，又喚起蘊藏於美國人內心的光榮感和責任感；電視關於越戰的報導，掀起了美國國內的衝突。此刻的電視機不只是簡單的娛樂用品，它成為描繪美國社會形象的工具，成為造就美國人世界觀的畫筆。

電視同時也是影響美國社會政治的重要因素。它對於國內公眾的政治觀念，起了重要的誘導作用，它在總統選舉中所扮演的重要角色，更不容小覷。從歷史上看，在總統選舉中，候選人如何塑造形象以贏得公眾的支持，一直是至關重要的問題。電視出現以後，它就成為樹立良好

形象的最有效手段。1952 年，年輕的共和黨人、副總統候選人尼克森，說服該黨全國委員會花巨資購買電視播映時間，充分利用電視的優勢，直接向大眾說明了反對黨曾經大肆渲染關於他競選基金的來源問題，從而奠定了他最終取得勝利的基礎。在 1960 年的總統競選中，尼克森的對手甘迺迪同樣利用電視這一傳播媒體而取得巨大成功。最初，一般認為經驗豐富的尼克森必定能夠戰勝初出茅廬的甘迺迪。但是當兩個形象同時出現在電視螢幕上時，尼克森的老態立刻成了他的劣勢，年輕英俊、言詞鋒利的甘迺迪通過電視贏得了廣大選民的好感。同樣地，在以後的總統選舉活動中，雷根戰勝卡特，有人分析其制勝原因之一，就是雷根是一個擅長電視表演的行家，他有過電影演員的經歷。今日，幾乎所有的政治家都已經認識到電視傳播媒體在政治生活中的極度重要性，因此都盡力設法透過傳播媒體，為自己的政治活動服務。

由於電視已經滲透到社會生活的各個方面，能左右社會生活和社會時尚，因而成為廣告宣傳的重要媒介，自然這也使得電視文化具有很強烈的商業色彩。電視臺的收入主要來自於商業廣告，因此商業廣告幾乎在任何節目中都可以隨意插入。依據 1970 年代電視廣告費標準，一般為每分鐘八萬美元，如果是下午 7 點至 9 點的黃金時段，費用則更高。1984 年，電視行業在美國獲得的廣告收入高達一百八十八億美元以上。出於營利目的，各電視製作商都花大力氣在廣告製作上，從而使廣告成為一種藝術性和趣味性兼備的創作。當然為了經濟利益，電視中的虛假廣告也時有出現。

電視文化給人們帶來愉悅，也帶來禍患，有識之士提出了相當嚴厲的批評。這不僅是指電視帶給人們生理上的「電視病」，更指它對青少年所造成的不良心理影響。1985 年的一份研究報告表明，一個美國年輕人到高中畢業時，在他們所看過的二萬二千小時的電視節目中，會看到一萬八千起血腥兇殺場面。這二萬二千小時的總時數相當於他們課堂

學習時間的兩倍。有些教育界人士指出，電視是導致青少年學習成績下降和犯罪率上升的重要原因之一。

無論如何，電視文化在美國人的文化生活中占有相當重要的地位，儘管隨著技術的發展湧現出更多的新技術產品，如立體聲唱機、家用錄影機等，但是電視的原型仍將得以保留。第二代電視——電纜電視、衛星傳播電視、高清晰度電視等，都將進一步擴大電視文化的影響力。

七、享樂主義下的社會問題

美國享樂主義 (Hedonism)，以其獨特的方式在今天的美國社會文化中表現出來。大量的統計數字表明，在二次世界大戰後的生育高峰期 (指1945–1957 年) 以後，美國人口出生率開始下降。美國人口在世界人口中的比例從 1950 年的 6%，下降到 1988 年的 5%。出生率下降的原因，首先是由於女權運動的興起，社會經濟水準的提高，更多的婦女參加工作，因而延後了婚期。從 1970 年至 1978 年，二十至二十四歲婦女中未婚者的比例上升了三分之一。其次 1970 年代的高通貨膨脹率，青年反叛思想的增強，以及核戰的恐怖等，使相當一部分青年人認為生兒育女，已不復是一件十分愉快的事情，不再願為養兒育女花錢費力。另外由於科學技術的發展，避孕、節育和絕育的藥物和手術等更為完善，效果更好，加之自由墮胎的合法化，這種種因素都促成了近年美國生育率的下降。雖然有這些原因存在，但是最主要的原因還是享樂主義。

出生率的下降引起人口年齡結構的變化，人口老齡化的趨勢日益嚴重。全美國人平均生育年齡，1970 年時不到二十八歲，1985 年上升到三十一·五歲。1980 年美國老人數量達二千二百五十萬，為 1955 年的兩倍。老年人由於其生理特徵以及經濟狀況，使他們成了一個特別的階層。儘管多數美國老人可以得到政府和福利機構的幫助，經濟上還不會處於太困頓的境地，但是精神上的孤獨是無法擺脫的。信奉享樂主義的

青年人，把全部身心投入於追求財富和享用他們所獲得的財富，根本顧不上與老一輩人的感情交流。這就使任何時代都存在的「代溝」問題此時變得更突出，更難以溝通了。晚輩越來越不需要上輩的經驗，上輩則失去了他們賴以為精神和物質依託的晚輩，兩代人彼此幾乎視同陌路。在美國文化中出現的分裂現象，也反應了美國社會的這一狀況。

　　不管人們是否贊同1960年代末的反主流文化也屬於享樂主義範疇，但無法否認美國社會中嚴重存在的吸毒現象，正是享樂主義的極端表現，人們為追求精神和肉體的新異感受，不顧一切後果地大量使用麻醉劑。1977年據蓋洛普民意測驗顯示，美國成年人中有四分之一的三十歲以下的青年人中，有半數者曾經吸食過大麻。**❹** 更可嘆的是，吸毒已經不單是「反叛青年」反抗現存社會、藐視現行行為規範的一種表示，它幾乎成為美國不少人的真正嗜好。美國緝毒總署 (Drug Enforcement Administration, DEA) 宣稱，1970年代在美國吸毒者已遍及社會的各個階層，從十歲的小孩到律師、教授、醫生，甚至一些孕婦都有此惡習，政府高級官員吸毒的醜聞也不時傳出。吸毒造成的社會後果是災難性的，且不談它如何危害整個民族，僅由吸毒問題造成的社會經濟損失，據估計每年就高達一百四十億美元之巨。吸毒這種文化行為，對於美國享樂主義文化賴以生存的物質基礎本身，也是一種嚴重的破壞。

　　美國人的享樂主義情緒越益嚴重的同時，社會上的犯罪活動也急劇增加，成為美國社會與文化生活中一個不可忽視的黑暗面。社會的動盪、經濟的衰退本已使社會不那麼安定，享樂主義思想的泛濫更加深了人們與環境之間的不協調性，最終導致一部分人鋌而走險。1960年，在人口超過二十五萬的城市裡發生的暴力犯罪率為0.3%，到1978年則

---

❹ 一位美國學者提供的一組數字更為可怕，全美國有一億人使用過毒品，其中一千二百萬人使用過海洛因，一千五百萬人使用過古柯鹼，一千六百萬人使用過迷幻藥，八百萬人使用過極危險的苯環利定（俗稱天使丸，PCP），五千四百萬人使用過大麻。

上升為 1.1%，而絕大多數犯罪者是十八－二十四歲的貧困男子，其中不少人吸毒成癮。1972 年阿方索·平克尼 (Alphonso Pinkney, 1928–) 出版的《美國暴力的方式》(*The American way of Violence*, 1972) 一書，向人們展示了一個可怕的畫面：在美國，平均每半小時發生一次謀殺；每五十四秒鐘發生一次強姦、搶劫和暗殺之類的暴力犯罪行為；每小時有十六名婦女遭到強姦。犯罪的原因多種多樣，但是最根本的還是為了享樂。人們為了滿足自己的慾望，不顧法律與道德的制約，喪失理性地使用殘忍的暴力手段。1984 年曾發生過年僅十五歲的中學生，因為家長沒有能夠滿足他的要求，開槍打死了自己的雙親。而對這麼嚴重的狀況，美國一些明智之士曾經大聲疾呼：享樂主義將侵蝕美國社會的結構，毀滅一代人。

作為社會基本單位的家庭，在各種新文化潮流衝擊下，首當其衝受到影響。1958 年到 1978 年的二十年間，美國的離婚案從三十六萬八千起上升為一百一十三萬起，「破碎家庭」越來越多。在 1970 年代後期，美國有一半的家庭是由單身家長或自由同居者組成的，這比 1970 年增加了三分之二，以婦女為戶長的家庭數量在十年中也增加了近三分之二。至於家庭解體的具體原因，隨著收入的增加和生活水準的提高，家庭在如何分配時間、精力和金錢方面，供選擇的可能性變多了。

「富裕」和「流動」在此時成為影響美國人家庭生活的重要因素。在許多美國人的眼中，家庭和後代都已經不再是他們追求的重要內容。及時解除「不幸」的婚姻成為一種新的時尚的信念。追求天長地久的愛情、白頭偕老的婚姻，培養有為的下一代人等觀念，似乎都已陳舊過時。結果是「家庭」這個社會的基本單位實際上正處於解體的過程中，

大量原先由家庭協調解決的矛盾，今日已推給了社會。原本已夠複雜的
社會問題變得更為複雜了，舊的社會問題沒有得到解決，新問題又接踵
而來，尤其是嚴重的青少年犯罪問題，一直困擾著美國。

　　享樂主義加深了人們對於物質繁榮的依賴性，促使人們不顧一切地
追求物質生活水準的提高。漫無限制的經濟發展，加上人們的短視，給
人類造成了一場嚴重的生態危機。⑩然而，如果不能有效地遏制短視的
享樂主義思想的泛濫，這仍將是一個難以解決的問題，最終，生態危機
仍將無法克服。

八、環保問題再探

　　在日益強大的環境保護運動的壓力下，美國的國家行政機構在保護
環境工作方面邁出具有實質性成就的步伐。1970 年的《水質改進法》，
謀求對一系列威脅水質的事物採取有力的保護措施。《清潔空氣法》，
對汽車製造商提出了汽車排廢量的限定。《資源回收法》(*Resource
Recovery Act*) 是為處理日益增多的固體垃圾而採取的一個重要的步驟。
1971 年 7 月，為了更好的解決環境問題，聯邦政府成立了環境保護署，
這將環境保護運動推上了一個新里程。

　　在強烈的環境保護主義的氛圍中，環境問題已成為全體美國人關注
的焦點，某一個具體的環境問題也可能引起一場軒然大波。例如開挖連
接大西洋與墨西哥灣、橫貫佛羅里達州的遊船運河就是一例。當這一提

---

⑩　美國每年從汽車、家庭、工廠和發電廠釋放出來的億萬噸污染物質，進入空氣，流入
　　河道，侵蝕土壤。人們一手創造了豐富的物質生活，另一手卻破壞了維繫地球上生命
　　長存的循環系統，威脅到人類的根本生存條件。有人提出警告：世界將不在爆炸聲和
　　哀鳴聲中完結，而在「嘶嘶」地跑、冒、滴、漏中斷送。在一度聲勢浩大的環境保護
　　運動中，一批著名的科學家倡議進行「社會、倫理和生活」的綜合性研究，設法建立
　　一種能夠將科學技術置於社會控制之下的有效機制，使科學技術的進步從根本上符合
　　全人類的長遠利益。

議剛被提出，就引起一次騷動。在四處奔走的環境保護論者詳細說明其對於生態和自然將會造成禍害後，在公眾的壓力下終於在 1971 年 1 月迫使總統下令停建。1976 年 12 月，同樣是出於環境的考慮，參議院通過反對建造超音速運輸機的決定，即使面對來自工業巨頭政府高層方面的壓力，也依然沒有改變議會的態度，因為他們深信這種飛機將造成環境公害。

　　總之，環境保護運動並沒有完全杜絕環境破壞現象，如果要從結果來評價環境保護運動的意義，這將是很困難的事情。美國人相信，即使人們已經充分意識到環境保護問題對全人類的將來是多麼至關重要，然而破壞環境的行為最終也難以完全制止。

第十七章　從保守年代到新紀元
（1980年至今）

　　1980至1990年，仍被稱為「保守的年代」，羅納德‧雷根和喬治‧布希在任的幾年，可說是相當保守的年代。至1990年以後，冷戰結束，美國的民主面臨多重挑戰，自由氣息才冉冉升起。

　　由於卡特內政外交的種種失敗，導致以保守主義著稱的前加利福尼亞州州長羅納德‧雷根在下一次的總統競選中獲勝。雷根可被視為一個道地的保守主義者。其上臺以後，即按照他自1960年代中期以降所形成的保守意識型態，制訂並實施一系列的內外政策。雷根採用相當靈活的手段與態度用以推行前揭政策，唯其反對舊有之自由主義❶的保守立場卻是相當堅定的。因此，雷根任期的八年，是保守主義色彩最強的時期。至1990年代後，美國的內政及外交政策，仍然是國際社會的重心。

---

❶ 此處之「自由主義」係指先前主張由政府管制、介入市場發展的「新自由主義」，與鼓吹放任態度以及市場機制調節的「古典自由主義」不同。又雷根政府時期推行之「新保守主義」以及經濟政策，又被稱為另一種「新自由主義」(Neoliberalism)。

第一節　從雷根到布希

一、雷根政府

1. 雷根的上臺

　　雷根是美國第四十任總統（任期 1981-1989 年），以保守的共和黨思想著稱。雷根為鞋類銷售員之子，1932 年畢業於伊利諾州尤里卡學院 (Eureka College) 後，在愛荷華州擔任廣播電臺體育播報員。1937 年踏入漫長的電影演員生涯，共參加過五十部左右的影片演出，其中著名的有「羅克尼傳」(*Knute Rockne, All American*, 1940)、「金石盟」(*Kings Row*, 1942) 及「倉卒的心」(*The Hasty Heart*, 1950) 等。1947 至 1952 年和 1959 至 1960 年兩度擔任電影演員同業公會主席，配合打擊傳聞存在於美國電影業中的共產黨勢力。

　　雷根的演藝生涯在 1950 年代走下坡，遂在奇異公司 (GE) 擔任巡迴發言人，並主持電視節目「奇異劇場」(*General Electric Theater*, 1954-1962)。在此期間，他從自由派民主黨員轉變成保守派共和黨員。1966 年以共和黨員身分，當選了加利福尼亞州州長，1970 年再度當選。1976 年曾認真地想奪取福特總統受提名的資格，未果。其於 1980 年贏得共和黨總統提名，在隨後的競選中提出保守的政綱，以樂觀親和的態度，鼓吹美國的傳統價值。該次總統選舉中，雷根獲得 51% 的選民投票，擊敗卡特的 41%。而於選舉人之投票上，雷根更是囊括四百八十九張選舉人票，對比卡特之四十九張選舉人票，進而獲得壓倒性的勝利。

　　雷根之所以贏得大選，究其原因，茲分述如下：首先，卡特無法解決「通貨膨脹」和「失業的問題」；❷ 其次，共和黨達成了空前的大團結。

---

❷　卡特在競選過程中屢次強調，最重要的問題是如何防止核子武器的擴散，但是很少人能夠接受他的這種說法。雷根則對卡特經濟事務處理的無能，施以嚴厲的抨擊。雷根

雷根競選時，有前總統福特及前國務卿季辛吉的幫忙，為雷根在美國北部許多工業大州奠定了勝利的基礎。反觀卡特並未獲得參議員愛德華・甘迺迪的大力支持，甚至連麻薩諸塞州甘迺迪家族的勢力範圍也為雷根所奪取。再者，美國在 1980 年代以來，國際聲望下降，顯示出卡特的外交政策已不能有效應付國際情勢。❸因此，雷根大膽地向選民們說，作為自由世界的領導者，美國人不能推卸他們的責任，也正因為他們是唯一能擔負這個責任的人，是故，維持和平的重擔便落在他們的身上。最後，美國保守主義思潮也於此時逐漸抬頭。❹這種象徵，可從經濟方面看出來，美國的保守主義經濟哲學，基本上是反對聯邦政府作過多的干涉，他們不認為英國凱因斯學派的經濟學，足以解決當前美國所面臨的經濟困境。❺雷根上臺後表示，他將降低政府的支出，逐步達到「收支平衡」的願景，而不再出現赤字。雷根主張，唯有這樣，才能恢復美國工商業界的活力，而期望美國的經濟早日再走向繁榮之途。美國人深受重稅之苦，已對大政府感到厭倦了。因此，美國人將希望放在雷根身

宣稱，在卡特政府下，美國失業人口數，達好幾百萬人。

❸　1970 年代以來，蘇聯乃至於許多較小的國家，都敢正面向美國挑戰，例如伊朗柯梅尼政權下的學生，竟然拘留美國人質不放，相持一年之久，白宮毫無辦法解決。在美國大選快要投票時，伊朗開出釋放人質的條件，讓卡特只是空歡喜一場。許多政治觀察家都說，伊朗是在幫卡特的「倒忙」。

❹　按新保守主義之代表人物厄文・克里斯托爾 (Irving Kristol, 1920–2009) 所言，新保守主義本質上就是自由主義。不同的是，新保守主義雖帶有愛國主義與國家利益至上的色彩，但同時著重國際貿易以及解除市場競爭管制等面向，與踐行保護政策與關稅壁壘等孤立主義政策的「舊保守主義」有別。此外，新保守主義某程度上反對「積極平權政策」以及詹森總統施行的「大社會」運動，同時亦可被視為對於民主黨國內以及和平外交政策的反動。

❺　簡言之，保守主義者相信古典經濟的傳統「自由競爭」法則，主張擴大市場的功能以減少「大政府」所帶來的弊病。事實上，凱因斯的所得模型理論係著眼於大蕭條時期的經濟背景，因通貨膨脹並非問題焦點，故其模型於決策時係假設物價水準固定不變為前提。唯當時美國恪遵凱因斯經濟模型的結果，不僅使得物價上升，造成嚴重的通貨膨脹，亦形成「新自由主義」崛起的有利環境。

上，希望政府「有效率」，表現大有為的作風。總而言之，卡特三年九個月的執政紀錄，是他這次競選連任的最大「敵人」。

在雷根當上美國總統後，除了以高齡當上總統，表示美國人民對他的擁戴外，更讓人民體會到「人生如戲，戲如人生」。以好萊塢演員的經歷，當上美國總統，的確是頭一遭。

雷根就任總統不久便遇刺受傷。1981 年 3 月 30 日，他遭到二十五歲的遊民小辛克利 (John W. Hinckley, Jr., 1955–) 開槍重創，但以驚人的速度完全康復。

2. 雷根政府的對內政策

國內政策方面，在雷根任內不得不重視國內通貨膨脹的問題。雷根在就職演說中指出，要解決當前通貨膨脹的問題，必須增列國防軍事的預算，減少稅收及社會福利的支出，來恢復人民的一般生活水準。❻但是通貨膨脹及經濟不景氣的問題、失業人數的增加及聯邦入不敷出的現象，仍然困擾著國內，甚至失業率的比例仍是驚人。

雷根上臺後，宣告將一反大政府的趨向，推行供給經濟學，以恢復經濟活力，這一經濟學主張減稅將刺激經濟成長，從而使稅收獲得真正的增加。1981 年 5 月，在雷根遇刺受傷後兩個月，國會通過了他的計畫，即在三年內削減所得稅 25%，削減聯邦用於社會計畫的開支，以及大大加快在卡特政府時期業已開始的擴充軍備的速度。由福爾克 (Paul Volcker, 1927–2019) 透過高利率來阻止通貨膨脹的政策所造成的經濟衰

---

❻　雷根的經濟政策（雷根經濟學）被學者歸類為「新自由主義」，唯此即與小羅斯福總統推行之「新政」，亦即凱因斯學派之「新自由主義」有別：凱因斯學派之新自由主義反對古典自由主義的放任政策，進而提出「投資社會化」以及「管理通貨」等政策，以政府的財政政策（譬如「新政」時期廣為人知的大型基礎建設）等方式增加政府支出，藉以刺激疲軟的市場；反之，「雷根經濟學」高舉「自由化、私有化、市場化」的大旗，較類似於古典自由主義的放任主張，進而減少政府的干預與管制，也屬於一種商業保守主義的型態，主張全球的資本主義自由化與市場自由競爭。

退，在 1981 年加深，但到 1984 年，經濟衰退被克服，而通貨膨脹並未再度發生。因此，雖然利率直至 1985 年才下降至個位數，美國經濟仍進入戰後最強有力的復甦期之一。

　　雷根採用供給面經濟政策，提議大幅增加軍事經費、❼銳減非國防性開支，同時降低稅收，認為這樣可以造成經濟快速成長，而因此增加的政府歲入（藉由擴大課稅所得的基準）終將平衡聯邦預算。1981 年國會通過他的大部分提議，大幅削減非國防性開支，批准降低個人所得稅及企業加速的折舊稅額減免。前揭經濟政策的結果好壞參半：雖然雷根任期內通貨膨脹率降至 3.5% 左右，經濟在 1982 年衰退後也有穩健的成長，減稅卻造成連年龐大的預算赤字，1981 至 1986 年間，美國的債務因而倍增。❽

　　美國人權議題，在雷根政府時期亦向前邁進了一大步。申言之，這是美國第一次有黑人參加民主黨的初選，而且有一名女性的副總統候選人出現。這樣的現象在美國政治上，可說是史無前例的。

　　承上所述，雷根執政八年間，實行新保守主義的經濟學說，克服幾十年來新自由主義改革中的弊端和結構性經濟危機帶來的新困境，推行一系列重大調整措施，於 1982 年底度過了最嚴重的經濟危機，並取得了自 1983 年以來連續六年多的經濟增長，創造 1980 年代的「雷根經濟學奇蹟」。同時也帶來了高利率、高赤字、高債務的新問題，形成了美

---

❼　同時，新自由主義雖然主張經濟自由化、減稅以及削減社會福利等措施，唯雷根時期的「新保守主義」同時亦有提倡「愛國主義」以及「發動對外戰爭」等主張，藉以制裁恐怖主義。因此，雷根主政時期雖然推行減少稅捐以及削減非軍事支出等政策，唯其軍事戰略增加了大量的軍事預算，使得政府赤字節節高升。因此，民主黨（當時為眾議院的多數黨）以及部分評論者批評，後續之經濟成長並非源於減稅之效果，而係政府大量的軍事費用支出，其本質上不脅古典的凱因斯經濟學理論。

❽　雷根為了解決高昂的收支赤字，大量以國債向美國國內與外國貸款，使得國債於 GDP 所占比例逐步增加；又減稅以及通貨緊縮政策同時亦曾導致 1981 至 1982 年之經濟衰退，以及於 1983 年經濟成長後使得貧富差距日趨擴大。

國現代史上改革運動的新高峰。

1. 雷根實施歷史上最大規模的減稅計畫。1981年2月18日，雷根在國情咨文中提出了經濟復興計畫，主張大規模減稅，削減政府開支，減少政府對經濟的干預，穩定貨幣供應，鼓勵私人投資，降低通貨膨脹，促進經濟發展。

2. 雷根堅持緊縮貨幣，控制通貨膨脹。雷根上任後致力於降低通貨膨脹、持續經濟增長政策，改變以往緊縮性貨幣政策只是作為擴張性財政政策的補充手段的主張。❾

3. 雷根推行新聯邦主義，積極改革社會保障制度。雷根執政以來，一改擴大社會福利和聯邦政府干預政策，限縮社會福利的規模，並逐步擴大私人和地方經營的軌道，藉以減輕聯邦政府的沉重負擔，推行「新聯邦主義」和新福利政策。雷根的社會保障制度改革可以分為以下幾個層面探討：

第一，雷根大幅透過削減支出與給付的模式，改革社會保險制度，以解決當時出現社會福利負擔過重的問題。1981年2月，雷根在咨文中建議，取消對所有具備現行規定資格之社會保險受益者，給付每月最低一百二十二美元的津貼計畫。5月，又建議實行對社會保險制度的一系列改革，包括減少對六十五歲以前退休人員的津貼，與從嚴界定殘疾人標準等，但礙於國會和各種利益集團的強烈反對，迫使政府暫時擱置這一計畫。同時，雷根政府在實施社會福利改革時也注意謹慎從事。1981年12月，雷根任命由艾倫・格林斯潘(Alan Greenspan, 1926-) 為首的共和、民主兩黨代表組成的「全國社會保障改革委員會」(National

---

❾ 1981年到1982年中，聯邦儲備委員會嚴格控制貨幣供應量的增長，預定1981年增長3.6%，實際上只有2.1%，貼現率在1982年底前始終保持在兩位數以上。紐約聯邦儲備銀行的平均貼現率1981年為13.41%，1982年為11.02%；商業銀行平均優惠率，1981年為18.87%，1982年為14.86%。這一果斷措施使1980年的12.4%消費物價上漲率下降到1982年的3.9%。

Commission on Social Security Reform) 來解決社會保險方面的問題。
1983 年 2 月，該委員會提出改革計畫，其中包括：增加工薪稅，七年
內增加聯邦保險基金一千六百九十億美元；將社會保險費隨生活物價指
數變動而作調整；對領取老殘遺屬保險金而收入過高的人徵收所得稅，
並將稅款撥歸保險基金；從 1983 年起勞工退休年齡由六十五歲改為
六十六歲；從 1990 年起領取津貼的條件從具備十年納稅工齡改為二十
年等。1983 年 3 月，國會通過了這一計畫，並於 4 月由雷根簽署生效；
同時，雷根政府亦削減了一些社會保障項目，其中包括對於扶養未成年
子女家庭補助項目，凡家長有工作的即取消其資格。上述政策使得原本
符合舊規定之四十多萬戶家庭，約有二分之一失去領取資格，且另有五
分之二家庭的津貼也因此減少。在醫療補助方面，雷根政府減少了聯邦
對州的補貼，從 1982 年減少 3% 到 1984 年減少 4.5%。在食物券方面，
1982 年取消了因通貨膨脹而進行的向上調整，凡收入高於貧困線收入
水準 130% 以上者，取消食物券資格，但家庭中有高齡或殘病者不在
此限。[10]

　　除了上述政策外，雷根大刀闊斧的改革表現亦可見於下述例子：
1981 年 2 月 18 日，雷根在經濟復興咨文中，提出削減聯邦政府八十三
項「不必要的開支」，合計三百四十八億美元；復於 3 月 10 日在 1982
年度財政預算修正案中，又增加了二百個削減項目，合計一百三十八億
美元。在以上兩項削減的四百八十六億美元開支中，即包括大幅度減少
社會福利開支，特別是社會保障中的「隨意性」社會福利支出。如 1981
年雷根政府在預算中「收入保障」項目下減少開支一百二十八億美元，
1984 年預算中減少一百七十六億美元，其中 60% 集中在低收入補助項
目中。據統計，日間看護、撫育照顧以及計畫生育等社會服務項目削減

---

[10]　陳寶森，《美國經濟與政府政策從羅斯福到雷根》（北京：世界知識出版社，
　　　1988），頁 771。

了22%，為社區低收入者提供的社會服務減少了39%。1982至1985財政年度中，扶養未成年子女家庭的補助和食物券比1981年前減少13%，醫療補助減少了5%，兒童營養補助減少了4.4%，一般就業和訓練基金減少35%，工作鼓勵項目削減33%。根據統計，大約七成的削減項目，共影響了48%年收入低於二萬美元的家庭。**⓫** 而雷根的政策亦及於住房政策，譬如從1981年到1987年間雷根政府為住房和城市發展部援助住房計畫的撥款，從三百一十九億美元降到九十四億美元。綜上所述，就雷根觀之，這些削減之開支減輕了納稅人身上的不合理負擔，而無損於真正需要幫助的人。這也充分體現「新保守主義思想」對於美國政府於內政方面之舉措的影響力，一改先前「大社會」思潮以及「大政府」思維。值得一提的是，新保守主義對於民主社會主義的批評泰半包括「製造大量預算赤字」，唯此亦為後者對於前者的有力反擊，蓋因新保守主義政府之預算赤字之高確實有目共睹，其中的因果值得深思。

　　第二，雷根的社會保障制度的另一大改革表現，係將聯邦政府在社會保障方面承擔的部分責任移轉予州和地方政府，並促進私營福利事業的發展。其原因在於，雷根認為實行新聯邦主義計畫，就是要使有意義的福利事業由聯邦政府轉入州和地方政府，返回由私人經營社會福利事業的軌道。在雷根看來，聯邦政府過分干預社會福利、社區開發、醫療保健及教育文化事業，會造成對州和地方企業和個人的主動性、創造性的壓抑，並形成對於市場機制自主調節的不利影響。其具體政策如1982年1月26日雷根在國情咨文中提出一項五百億美元的撥款計畫，以便在十年內將數十項社會福利與公共服務項目中，針對管理和財政收支部分，在聯邦、州、地方三級政府間作出劃分。此外，雷根亦要求從1984年財政年度起，州和地方政府有義務承擔除了醫療照顧，以及援助需要

⓫　陳寶森，《美國經濟與政府政策從羅斯福到雷根》，頁772。

扶養子女之家庭、食物券補助的責任之外，州、地方政府亦須與聯邦政府共同負擔醫療補助項目。再者，州和地方政府尚須接管全部的公共交通、社區發展、職業教育、福利保健等項目的分類補助計畫。至於其他措施尚有對於聯邦設立基金之改革，自 1984 至 1988 年，由聯邦政府逐年撥款建立特別信託基金，由各州和地方按「公平分額」提取，到 1991 年由各州和地方自籌或取消。雷根政府認為實行管理權力分散化，可以擴大州和地方的自主權，有助於消除管理上的官僚主義弊端，提高社會保障的效率。

除此之外，在健康保險方面，雷根政府在 1981 至 1983 年間，賦予各州和地方更大權力，以設立節省使用健康保險費辦法──由各州實行降低成本的付費制度。在社會保險方面，提供私人養老金計畫更多的稅收優惠，並鼓勵更多人參加個人退休儲蓄帳戶。此項政策成效顯著：1980 年參加私人養老金計畫的有四千萬人左右，約占私營企業勞力的一半，而 1983 年參加計畫的約五千萬人，占私營企業勞力的 60% 左右。另外，雷根還鼓勵人民參加個人退休儲蓄帳戶，參加人把每年所得工資的一部分儲蓄起來，為退休生活作準備，但凡每年存入二千美元金額者可免稅。參加這一計畫的約占全部就業人數的 17% 左右，獲得踴躍的響應。

至於在住房政策上，雷根政府維持一貫的主張，強調減少聯邦政府的干預，把權力交給州和地方政府，以及個人的主動性，由政府向低收入家庭提供直接的現金補貼，並透過恢復低房租公寓，逐步減少對住房建築的補貼。

在教育方面，雷根強調學校要由州、當地社區以及家庭和教師來控制。⑫

---

⑫ 1988 年 1 月 25 日，雷根在致國會的國情咨文中說：「若干年前，聯邦政府向貧窮宣戰，結果貧窮打了勝仗。今天，聯邦政府有五十九項重大的福利計畫要實施，每年要花去

　　綜觀以上，雷根福利改革的客觀原因是基於赤字財政和膨脹福利帶來的過重負擔，從 1960 年到 1980 年政府用於社會保障的開支，從五百二十三億美元增加到四千九百二十五億美元，年增長率全部超過 8.1%，有十年超過 11.3%，1980 年高達 14.6%，大大超過國民生產總值增長速度。1980 年的社會保障支出已占國民生產總值的 11.5%，占聯邦政府支出的 54.4%。其次是社會保障制度本身發生了變化。社會保險基金收入不敷社會保險的開支，1971 至 1981 年赤字九十一億美元，1982 年赤字一百二十二億美元。由於人口呈現老化趨勢，導致撫養老年係數提高。1980 年每百名二十至六十四歲的成年人負擔老人十九人，為 5.26:1，比 1970 年增加 12%；1985 年六十五歲及以上的老年人占總人口的 12.5%。加上社會保障制度本身的弊端，雖然開支增加，但貧窮線下人數並沒有減少，而過度的社會保障制度也造成家庭和競爭觀念的淡漠。然而，自 1930 年代中期以來，社會保障制度已經發揮了緩和階級矛盾、社會衝突、穩定社會的安全網作用、經濟增長的調節器作用和生產力發展的添加劑作用，因而雷根福利改革不可能觸動福利國家制度的根本、否定社會福利，僅是努力消除它的弊端，實行有效福利和有效管理。

　　4. 雷根的改革，是當代改革運動的新高峰。這次改革從 1970 年代初尼克森的新聯邦主義改革開始，到 1980 年代雷根的振興經濟政策，戰後美國的經濟改革和調整進入一個新階段及改革高潮。雷根的改革在

　　一千多億美元。所有這些錢花出個什麼結果呢？它往往只是使貧窮變得更難擺脫。聯邦的種種福利計畫帶來了一個巨大的社會問題。政府用心無比善良，卻製造了一個貧窮的陷阱，它大肆破壞窮人的家庭，而家庭正是窮人擺脫貧窮最需要的支持體系。依賴救濟已經成了太多分崩離析的家庭的傳家寶，一代傳給一代。」「各州已開始為我們指出一條明路。他們已為我們做出榜樣，說明必須採取更有效的撫育兒童的強制性措施，以及要求領取福利的人參加工作或充實自己以便參加工作這種革新計畫，福利計畫才能收到成效。」他還說：「我們賦予各州更大的靈活性並鼓勵它們進行更多的改革。讓我們整頓我國的福利體制，使它成為美國社會階梯的第一級踏凳，擺脫依賴向上攀登；不要使它成為墳場，而要成為希望的誕生地。」

新的條件下系統性推行了新的改革政策，因而取得了卓絕的成果。從改
革措施來看，包括前文提及之財稅政策變革，在稅收政策上由增稅、減
稅交替使用，改變為以大規模減稅作為刺激經濟恢復和發展的主要手
段。在貨幣政策上，從只是作為擴張性財政政策的補充手段，到致力降
低通貨膨脹，促進持續經濟穩定增長作為基本政策，透過供給面之政
策，戮力達成降低物價水準以及增加總產出的雙重效果。在社會福利政
策上，不是擴大而是收縮社會福利，不再是單純恩給式之救濟福利，反
而是強調工作福利非倚仗靠聯邦管理，而是發揮更多地方和州以及私人
團體的作用，實行分享稅收之政策，並於企業管理上放鬆管制，而非強
化控制。在能源政策上，不是頭疼醫頭，腳疼醫腳，而是兼顧開源節流，
綜合治理。更有甚者，在通過發展高科技促進經濟發展，以及加強生態
環境保護協調經濟發展等方面，雷根都延續並擴大了 1950、1960 年代
的規模。然而，透過總和供給曲線右移，促使物價下跌並增加產出的後
果，卻也進一步擴大財政預算的收支失衡，財政赤字急劇增加之現象，
也成為亟須調整的新問題。

　　另一方面，從政治思潮來看，1970、1980 年代以來，由於美國的
社會經濟結構，地區分布的力量對比，以及階級結構和集團勢力發展等
因素，美國的社經與區域結構亦逐漸形成嶄新的風貌。舉例來說，西部
和南部地區的興起，中產階級和集團力量的擴大等，從而使具有溫和自
由主義色彩的新保守主義思潮迅速發展。同前所述，它強調的是「大社
會小政府」而不是「小社會大政府」。如此有利的背景也促使古典自由
主義的部分元素，諸如自由化與解除管制化等，再一次透過新保守主義
的興起而成為美國政治與經濟的重要主張。

　　從改革調整所發揮的作用來看，雷根改革於 1970、1980 年代，特
別是在應付結構性危機維護經濟增長上，確實發揮了積極的作用，為
1990 年代美國繼續在世界列強中居於領先地位，甚或於蘇聯解體後的

「一超多強」局面，均創造有利條件，並在調整聯邦制的相互關係上作出了新的努力。同時，雷根於協調國家壟斷和一般壟斷、壟斷和自由競爭的相互關係上，也進行了新的探索，導入有別於以往的「小政府主義」，採取新的經濟措施。最後，雷根在宏觀控制和微觀調節方面，比較注意微觀調節的作用，同時為適應經濟國際化的需要，發揮宏觀控制的作用。

由於雷根政府的一系列經濟政策與 1950、1960 年代相比，具有顯著的變化，且考量其所發揮的重大作用，加上前述政策對西歐、日本等資本主義發達的國家政策調整，產生不可忽視的影響力。職是之故，它像羅斯福的「新政」一樣，具有重要的轉折意義及影響。

3. 雷根政府的外交政策

雷根開始整建美國有史以來最大的和平時期軍備，包括巨額的軍事預算，以及與蘇聯爭奪第三世界國家的支持等，成為新保守主義勢力抬頭的具體例證。1983 年曾提議依據頗受爭議的戰略防衛計畫，來建造一套美國戰略防衛系統。在外交方面，他採取強硬的反共立場，以極端謹慎的態度勉強與蘇聯進行限武談判。❸外交政策的主要成就，包括 1983 年美軍侵入加勒比海小島格瑞納達 (Grenada)，解散當地的馬克斯主義政府，以及 1987 年與蘇聯領袖戈巴契夫召開的高峰會議——此次高峰會議中，兩人簽署了限制中程核子飛彈的《中程核武飛彈條約》(*INF Treaty*)。雷根在兩屆總統任期內，普獲美國民眾的喜愛。他動人的個人特質，使本身原具與大眾溝通的才華更加洋溢。

1984 年雷根競選連任，對手為自由派民主黨人孟岱爾。雷根獲得壓倒性勝利，以 59% 的選票擊敗孟岱爾的 41%。1985 年他簽署了強制

---

❸　雷根於 1986 年 3 月 14 日發表國情咨文《自由、地區安全和全球和平》(*Freedom, Security and Global Peace*)，指出美國應與蘇聯競逐第三世界的主導權，並嘗試遏止蘇聯於第三世界之擴張，並加強第三世界親美國家之經濟與軍事援助。

政府削減支出的立法，以求在 1991 年平衡聯邦預算。他繼續力求增加
國防支出，同時反對增稅以減少政府持續赤字的提議。他的簡化和修正
聯邦稅則的提議經國會大幅修改後，才於 1985 至 1986 年間通過。

　　在外交事務方面，雷根常常採取大膽行動，但結果常令人失望。雷
根政府曾運送軍火給伊朗激進的伊斯蘭教基本主義政府，這種行為顯然
是希望伊朗藉其影響力，促成黎巴嫩貝魯特 (Beirut) 的恐怖分子釋放扣
留的美國人質，但這種作法違反美國公開宣稱拒與恐怖分子交易的政
策。同時國家安全會議（白宮諮詢機構）高階層的官員曾將伊朗軍火交
易的部分所得祕密轉給美國支持的尼加拉瓜反抗軍，協助反抗尼國左派
桑定 (Sandinista) 政府。這些事實的揭發驚動了美國國會，也嚴重削弱
雷根的聲望和執政權威。

　　在雷根任內，蘇聯與美國的關係一直僵化著，而雷根對於蘇聯的問
題，也表現了相當強烈的立場。雷根曾指責蘇聯的欺騙外交，而且美蘇
之間的限武談判，也一直沒有進展，延至 1988 年 5 月，雙方才達成協
議。雷根的外交政策，不外乎就是要限制蘇聯的恐怖行動，並積極幫助
落後的國家。這點也充分顯示奉行「新保守主義」的雷根對於第三世界
國家仍採行「陣營競逐」的外交模式。就雷根的外交手腕言，大致上是
採行較為強硬的手段來對付蘇聯。至於國際糾紛的問題，他則採行平
等、和平的方式。

　　雷根對於自由世界的政策，有他的原則及努力：首先，在過去卡特
執政時期，白宮的決策經常給人以不能「信任」的感覺。這種「信任危
機」的產生，不但已影響到東北亞、東南亞，甚至於中東各國對於美國
的親密態度。要消除這種「危機」，美國必須發揮明朗快捷、堅定有力
的作風。針對此點，雷根及其幕僚對友邦的政策作出了相當的努力。依
照雷根的高級外交政策顧問艾倫 (Richard V. Allen, 1936–) 所云，美國必
須優先考慮與西半球各國加強關係，特別是和拉丁美洲及加拿大。雷根

上臺後，減少利用「人權外交」為藉口，❹以干涉許多比較「落後國家」
的內政。這並不是表示雷根政府會積極支持一個「獨裁」政權，而是意
味著美國不應該拿本國的政治標準，強加於許多發展程度不同的國家；
其次，對於《北大西洋公約》，美國仍熱烈加以支持，然而，美國同時
也將居於「平等伙伴」的地位，促使西德等民主國家陣營，多擔負些國
際責任。質言之，北大西洋公約組織應該分工，故若某一國家必須擔任
新角色，其他會員國可能不得不接替他所留下的工作。亦即，假如美國
加強對波斯灣的部署，西德就準備取代美國原在北大西洋公約組織所負
的某些責任。

　　雷根決定向黎巴嫩派遣一營海軍陸戰隊以維持停戰局勢，卻造成
1983 年的恐怖主義襲擊；在這場襲擊中，約二百六十名海軍陸戰隊士
兵喪生。在格瑞納達，古巴的影響正日益增強。1983 年 10 月 21 日，
他發動了對加勒比海國家格瑞納達的入侵，最後美軍獲勝。這次入侵，
雖然在國內受到肯定，但在其他地方，則處處受到譴責。而雷根政府與
中國的關係，最初轉壞，1984 年透過互相進行國事訪問，而有所改善。

　　在 1984 年的選舉中，雷根除了得益於他個人的高度聲望，以及經
濟復甦的開始外，也多受益於克服通貨膨脹的問題，以及充足的石油供
應等因素。通貨膨脹率在 1983 年已下降至 3.8%，成為捍衛雷根經濟學
的有力指標。這些加在一起，對民主黨總統候選人、前副總統、明尼蘇
達州的孟岱爾及其競選伙伴——紐約州的國會女眾議員費拉蘿
(Geraldine Ferraro, 1935–2011) 無疑是相當嚴峻的威脅。茲有附言者，費
拉蘿是第一個由一個主要政黨提名的女副總統候選人。

---

❹　值得注意的是，雷根雖不以「人權」為介入藉口，卻於涉及蘇聯等二元對立之外交問
　　題時仍採取強硬的干涉態度，顯示雷根執政時期仍帶有冷戰時期「代理人戰爭」的特
　　徵。因此，雷根於第一任期所採取的強硬態度也使得美蘇間一度陷入高度緊張關係，
　　蘇聯當局甚至曾聲稱雷根政府為「戰後最好戰的美國政府」。

　　雷根的第二個任期，在外交事務方面較第一個任期要成功得多。1987年他透過談判，與蘇聯簽訂了《中程核武飛彈條約》，銷毀雙方各自在歐洲部署的兩種武器系統。這是第一個導致真正銷毀現存武器的限制軍備協議，其重要性可見一斑。到1988年，由於蘇聯新總理戈巴契夫在國內進行改革，在外交政策上亦相應地作出同樣重大的改變，超級大國之間的關係有了根本性的改善。在1988年雙方互相進行異乎尋常地熱烈的國是訪問之後，蘇聯許諾大量裁減軍隊，特別是駐歐蘇軍。

　　在面臨外交與國際局勢劇變之際，雷根的國內政策保持不變，而其聲望始終很高，僅於1987年在獲悉他的政府曾向伊朗祕密出售武器以換取美國人質，並將所得利潤用來非法資助尼加拉瓜反政府武裝後，曾一度下跌，但很快地又上升。同前文所述，他的經濟措施很快奏效，通貨膨脹率一直保持很低，失業情況也是如此，而經濟則持續成長。但是，如此的政策也有令人憂慮的一面，譬如國內計畫開支縮減，軍事開支繼續上升，財政收入並沒有像供應學派人士所預見的那樣增加，結果反而是預算赤字驚人成長。有甚者，於1980年曾是債權國的美國，現在成為世界上最大的債務國，亦是因為雷根為了應對財政赤字而大量舉債的結果之一。不僅如此，雖然雷根堅持以經濟復甦為目標，但個人收入以定值美元計算仍低於1970年代初期，家庭收入則是由於大量已婚婦女加入勞動行列才保持不變。儲蓄達到最低點，生產率平均每年僅增加約1%。綜上所述，雷根解決了通貨膨脹和經濟衰退短期的問題，但他是用借錢的辦法做到這一點，並沒有解決美國經濟衰退更深的根源。

　　雷根精心挑選的繼任人是副總統布希。民主黨提名麻薩諸塞州長杜凱吉斯 (Michael Dukakis, 1933-) 為總統候選人。布希依靠繼承雷根總統留下的和平與繁榮的遺產，迫使對手杜凱吉斯在競選時僅能防守，難以回擊，從而贏得了1988年的總統選舉。

二、布希政府

1959 年布希成為一名活躍的共和黨員，1966 年被選入美國眾議院，1970 年競選參議員失利。尼克森總統遴選布希於 1971 至 1972 年擔任美國駐聯合國大使。1973 年水門事件發生後，布希擔任共和黨全國委員會主席，並支持尼克森，到 1974 年 8 月，便要求尼克森辭去總統職務。同年被任命為美國駐北京聯絡處主任。1976 年奉召回國，接任中央情報局局長的職務（1976–1977 年）。1980 年原擬參加總統競選，嗣後成為雷根的競選伙伴。雷根當選總統後，布希擔任副總統兼參議院議長，於 1984 年再度當選為副總統，並於 1988 年當選為美國總統（任期 1989–1993 年）。

在外交事務方面，布希繼續執行雷根政府的基本政策，特別是保持與蘇聯及其更迭後的各繼任國的友好關係。1989 年 12 月，布希下令美軍奪取對巴拿馬的控制，逮捕了巴拿馬實際上的統治者諾瑞加將軍 (Manuel Noriega, 1934–2017)。美國同時就販毒和詐騙對其提出控訴。

1990 年 8 月 2 日伊拉克入侵科威特，此一國際事件也使得布希的領導才能和外交手腕受到嚴重考驗。處在危險之中的，不僅是這個小酋長國的主權，還有美國在波斯灣的利益，其中更不乏獲得這一地區之巨額石油供應等重要戰略因素。布希擔心伊拉克的侵略將擴及沙烏地阿拉伯，故迅速組織了多國聯盟軍隊，其兵源主要由北大西洋公約組織和阿拉伯國家組成。在聯合國的主持下，約有五十萬美軍（自越戰以來美國軍事人員最大的一次調動）與其他盟軍在沙烏地阿拉伯集結。在 1 月 16 日至 2 月 28 日短短的幾天裡，聯盟以少量的物資和人員為代價，輕而易舉地贏得了勝利。值得一提的是，美軍的尖端武器嚴重破壞了伊拉克軍事和民用設施，並造成大量伊拉克士兵死亡。隨著蘇聯勢力的衰落，這場戰爭同時亦突出地顯示美國為世界上唯一的軍事超級大國，已可略

見後續「一超多強」之局勢雛形。

　　然而，這場因大部分由美國盟國支付的、相對花費不多的短暫戰爭，於其進行期間雖曾受到人們的擁護，卻也促成了經濟衰退，而這場衰退毀壞了人們給予布希的讚許。在其他方面，與前幾次戰爭不同的是，它並沒有什麼重大影響。另外，巨額國債使美國排除了以大量的聯邦開支來治癒經濟衰退這一通常的作法。同時，布希所支持的有節制的法案，在民主黨控制的國會裡未能通過。此外，布希除了1990年與國會達成預算協議外（這項協議違反了布希作出的不增稅的諾言），在控制由於因經濟衰退而加劇的年度預算赤字方面，布希總統幾乎一無所成。

第二節　從柯林頓到歐巴馬

一、柯林頓政府

　　1992年的總統選舉遵從了處處出現的競選口號「改變」。阿肯色州長、民主黨的柯林頓（任期1993–2001年）打敗了布希。值得注意者有二：一是在這場競選中，獨立的候選人裴洛 (H. Ross Perot, 1930–2019) 贏得了19%的普選票，這也是自1912年西奧多·羅斯福以來得票數最高之第三黨候選人；二是總統當選人柯林頓是美國第一位在第二次世界大戰後出生的總統。

1. 柯林頓政府的內政措施

　　對美國來說，1990年代的開始階段是一個困難時期。不僅經濟遲滯不前，而且還面臨了暴力犯罪（其中許多與毒品有關）、貧困、對福利的高度依賴、繁雜難解的種族關係，以及不斷攀升的醫療保健支出等問題。雖然柯林頓承諾要提高經濟和生活品質，但他的政府卻是站在一個搖晃的起點上，某些評論家稱之為政府無能和錯誤判斷所造成的結

果。柯林頓採取的第一次行動是保證消弭軍隊中對男、女同性戀者歧視的改革運動。然而，在遭到來自保守派和某些軍事領導人物——包括參謀長聯席會議主席鮑爾 (Colin Powell, 1937–) 的強烈抨擊後，柯林頓最終被迫支持一項妥協政策，大致可總結為「不予聞問，也不予承認」。這項政策亦被批評是模糊不清、不能令人滿意，甚至可謂是不合《憲法》的——就實際層面而言，這項政策的實際效果是使更多的男、女同性戀者被軍隊開除。

另外，柯林頓對總檢察長的前兩次提名都因種族問題而撤回，而兩項主要的立法——經濟刺激包裹計畫和實施金融改革法案——都於參議院受共和黨所阻擾。此後，他為避免國會中發生嚴重的政黨衝突，就不再試圖實施金融改革運動。又柯林頓於總統競選中曾承諾，要組建一個全民健康保險系統，唯在他任命其妻希拉蕊 (Hillary Clinton, 1947–) 負責醫療保健制度改革時，卻立即引來共和黨人嚴厲的批評，蓋因共和黨既反對這一安排的適當性，同時也對希拉蕊所代表的女性主義頗有微詞。為此，他們竭力反對這個專案小組的最後提案，導致各種各樣的建議均未能正式提交給國會。

儘管早期政策之推行多所窒礙難行，柯林頓的行政還是取得了多項成果。舉例來說，縱使裴洛講述了北美自由貿易協定（North American Free Trade Agreement，簡稱 NAFTA）可能招致的後果——亦即，他認為該協定會發出一個「巨大的吸吮聲」，致使美國的工作機會流向墨西哥——但國會還是通過了這項措施，經由柯林頓簽字後正式生效，從而在美國、加拿大和墨西哥之間創造了一個總體上堪稱成功的自由貿易區。北美自由貿易協定之性質不同於歐盟，並非凌駕於三國以上之政治、經濟共同體，而係根據關稅以及貿易協定所訂定之協議，主張解除關稅壁壘、提供最惠國待遇、增加投資機會以及保障公平競爭等貿易條件等。值得注意的是，目前北美自由貿易協定即將由「美國－墨西哥－

加拿大協議」（United States-Mexico-Canada Agreement，簡稱 USMCA）所取代。

在柯林頓的第一屆任期內，國會頒布了減少赤字的計畫，以改變在 1980 年代和 1990 年代中不斷積累之龐大財政超支窘況。柯林頓還簽署了三十多個關於婦女和家庭問題的法令，包括《家庭和醫療請假條例》(*The Family and Medical Leave Act*) 和《布雷迪手槍暴力防制法》(*the Brady Handgun Violence Prevention Act*)。此外，柯林頓還改變了聯邦政府的組成面貌，譬如在他的任期內任命了一些婦女和少數民族官員擔任重要職務，包括第一位女性總檢察長雷諾 (Janet Reno, 1938–2016)、衛生和醫療部部長沙拉拉 (Donna Shalala, 1941–)、醫療總署署長埃爾德斯 (Joycelyn Elders, 1933–)、第 一 位 女 國 務 卿 奧 爾 布 賴 特 (Madeleine Albright, 1937–)，以及最高法院法官金斯伯格 (Ruth Bader Ginsburg, 1933–)。

醫療保健工作垮臺後，柯林頓的聲望下降，而 1994 年的選舉結果更是以反對派共和黨同時贏得了國會兩院的多數作結，這也是四十年來的第一次。許多人 ❶⑤ 把共和黨的這場歷史性的勝利看作是選民對柯林頓整體政治地位的否定。隨後，柯林頓採納了共和黨的一些建議，提出更大膽的赤字減少計畫，並欲大規模地對於國家的福利體制進行徹底的檢查。同時呼籲，共和黨不應試圖否定或阻撓政府對於醫療健保改革所投入的努力。值得注意的是，柯林頓即便於 2010 年，時任總統的巴拉克·歐巴馬於任內推動健保政策 (Obama Care) 時，仍持續為新健保政策辯護。在 1995 和 1996 年共和黨人與柯林頓之間，因對於預算無法達成共識而陷入僵局，該僵局迫使政府二度陷入局部性的「政府關閉」(government shutdown) 窘況，而其中一次更長達二十二天（同時也是迄

---

❶⑤　尤其是金里奇 (Newt Gingrich, 1943–) 議長領導的眾議院的共和黨人。

今為止最長的政府工作關閉）。此乃肇因於共和黨要求柯林頓對於「七年預算平衡方案」提供數據，並拒絕柯林頓以美國行政管理與預算局（Office of Management and Budget，簡稱 OMB）之數據為憑，進而陷入僵局。

2. 柯林頓政府的外交政策

柯林頓外交政策上的冒險，包括於 1994 年成功使於 1991 年因軍事政變而失去權柄之海地總統阿里斯蒂德 (Jean-Bertrand Aristide, 1953−) 復位，美軍也組織在波西尼亞－赫塞哥維納 (Bosnia-Herzegovina) 的維和行動，並設法於巴勒斯坦和以色列的爭端從中斡旋，於提供一個可被視為永久性解決方案的提議中發揮領導作用。1993 年他邀請以色列總理拉賓 (Yitzhak Rabin, 1922–1995) ⑯ 和巴勒斯坦解放組織 (PLO) 主席阿拉法特 (Yasser Arafat, 1929–2004) 至華盛頓簽署一項歷史性協定，給予巴勒斯坦人在加薩走廊 (Gaza Strip) 和傑里科 (Jericho) 有限的自治權。

在柯林頓執政期間，美國一直是國際恐怖主義分子的襲擊目標，譬如 1993 年發生了對紐約市世界貿易中心的炸彈襲擊事件、1998 年對美國駐肯亞和坦尚尼亞大使館的炸彈襲擊，以及 2000 年對駐紮葉門的美國海軍的炸彈襲擊。更有甚者，1995 年 4 月 19 日在美國國內出乎意料地發生本地的反政府暴行，一個名叫麥克維 (Timothy McVeigh, 1968–2001) 的美國人以恐怖攻擊方式，在奧克拉荷馬州奧克拉荷馬市的默拉聯邦大樓 (Murrah Federal Building) 引爆了一顆炸彈，造成一百六十八人死亡，受傷人數超過五百人。

於此同時，白宮內部的醜聞也接踵而至：舉例來說，一個在政府中工作過的阿肯色人自殺；柯林頓於擔任阿肯色州州長期間曾有財政上的不正當行為等傳言，一時甚囂塵上；反對者們指控第一夫人操縱並解雇

---

⑯　拉賓後來於 1995 年，被一個反對將領土割讓予巴勒斯坦人的猶太極端分子暗殺。

白宮旅行室之工作人員；其他醜聞還包括幾名前助手被指控犯罪，以及
有關於不正當性醜聞的謠言不斷等。然而，不可否認的是，自 1991 年
起經濟緩慢而穩定地復甦，而 1990 年代中期股票市場引人注目的獲利
就是柯林頓執政成果的有力指標。如此一來，儘管對於白宮以及柯林頓
個人的流言蜚語未曾停歇，在經濟成長的支持下，1996 年柯林頓輕易
地再次當選，獲得 49% 的選票，而共和黨的挑戰者杜爾 (Robert Dole,
1923–) 獲得 41% 的選票，裴洛獲得 8%。在選舉團中，柯林頓獲得
三百七十九張選票，而杜爾只獲得一百五十九張。

在柯林頓的第二個任期內，經濟亦持續成長，最終創造了美國於和
平時期最長的經濟擴張紀錄。在經歷整個 1980、1990 年代早期的巨大
預算赤字——包括 1992 年的二千九百億美元的赤字之後，到 1998 年時，
柯林頓政府終於達成自 1969 年以來第一次的平衡預算以及預算盈餘。
於此時期，充滿活力的經濟景況使股票市場的市值達到了原來的三倍之
多，而持股的家庭數亦達到歷史上的最高水準，更遑論失業率降到近
三十年來的最低點等，均足見柯林頓第二任期內美國經濟的繁榮。

然而，針對柯林頓的指控仍未間斷。在柯林頓的第一個任期裡，總
檢察長雷諾批准了對柯林頓在阿肯色州的交易歷史作調查。這項被稱為
白水事件 (Whitewater scandal) **⑰** 的調查，自 1994 年起由獨立律師斯塔爾
(Kenneth Starr, 1946–) 領導。雖然調查進行了數年，總計耗費了五千多
萬美元，但斯塔爾卻無法取得柯林頓夫婦犯罪的決定性證據。然而，當
由三個法官組成的陪審團允許他擴大調查範圍後，斯塔爾發現了柯林頓
與白宮實習生魯因斯基 (Monica Lewinsky, 1973–) 之間不正當的關係，

---

⑰ 爭論核心的房屋開發公司的名稱。白水事件是一件美國的著名政治醜聞，該公司位於
柯林頓家鄉及主政的阿肯色州小岩城，是一家房地產公司，柯林頓擁有這家公司 50%
的擁有權。當事情發生後，美國聯邦調查局進行調查，發現當時的柯林頓夫人希拉蕊
曾經從該擔保公司獲得過一筆非法紅利。這筆錢先存入白水開發公司名下，然後希拉
蕊再利用法律漏洞把該錢轉出，用作柯林頓 1990 年競逐連任阿肯色州州長的費用。

被稱為「魯因斯基醜聞」。柯林頓一再公開否認曾與之發生過這種關係。然而，當找出本案之決定性證據後，柯林頓向他的家人以及美國民眾道歉。在律師斯塔爾長達四百四十五頁的報告以及支持證據的基礎上，於1998年的期中選舉以前舉行了聽證會，結果柯林頓因涉及偽證罪和妨礙司法公正罪，受到選後眾議院議員的彈劾。1999年參議院因二罪均未達彈劾門檻，故俱遭否決。❶❽在彈劾期間，外交政策也是頭條新聞的常客，例如1998年12月柯林頓以伊拉克不接受聯合國的解決方案和武器檢查為由，下令對伊拉克進行四天的轟炸，而這一軍事行動確實也促使伊拉克停止進一步的阻撓武器檢查。值得一提的是，希拉蕊於「白水案」後與共和黨之關係更顯惡劣，其亦認為「魯因斯基醜聞」係「廣大的右翼陰謀」(Vast right-wing conspiracy)，且屬於政治鬥爭的工具；同時，柯林頓夫婦雖於白水案中並未被定罪，唯多人因此獲有罪判決。

　　柯林頓政府於處理諸多指控與傳言後，其從政之路雖屢經坎坷，唯仍未受有致命打擊。在柯林頓擔任總統的最後兩年中，民眾對他工作的認可率依然很高，而其妻希拉蕊更於1999年成功地當選了紐約州參議員留下的空缺，❶❾從而成為贏得選舉職位的第一位第一夫人。而在柯林頓當總統的最後一年中，他仍對以巴衝突的調解不遺餘力。他邀請了阿拉法特和以色列總理巴拉克 (Ehud Barak, 1942–) 到美國，試圖作為以色列和巴勒斯坦之間最後解決方案的調停人。不過，談判最終破裂了，也衍生後續於耶路撒冷和領土爭議地區發生的諸多事件，造成了以色列和

---

❶❽　按投票結果如下：其一，偽證罪為四十五票（有罪）對五十五票（無罪）；其二，妨礙司法公正罪為五十票（有罪）對五十票（無罪）。但依照法律規定，有罪之投票須達三分之二以上方可成立（六十七票），故二罪均無法成立彈劾案。值得一提的是，上述二罪的「有罪」投票均為共和黨人所投票，而偽證罪的無罪票包括四十五名民主黨員以及十名共和黨人，而妨礙司法公正罪之無罪票則包括四十五名民主黨人以及五名共和黨人。

❶❾　民主黨人莫迺漢 (Daniel Patrick Moynihan, 1927–2003) 所留下的空缺。

巴勒斯坦間長達十多年的衝突。茲有附言者，柯林頓也是越南戰爭結束後訪問越南的第一個美國總統。

　　承上所述，儘管有亮眼的長期經濟成長，但是 2000 年，在高爾 (Albert Arnold "Al" Gore, Jr., 1948–) 和前總統的長子小布希之間進行的總統競選卻是美國歷史上選票最接近，也最富爭議的選舉之一。雖然高爾以五十萬票之差距贏得全國的普選，但總統之位的歸屬以佛羅里達州的情況卻是最終關鍵，蓋因該州的二十五張選舉人票將會由該州的勝利者贏得。在經過指定的全州重新計票後，布希與高爾之得票差距低於一千張。基於前揭原因，佛羅里達州法院和聯邦法院對於布希當選之合法性存有疑慮，故於選舉結束後之五週內均未能確定總統當選人為何。由於佛羅里達州地方法規之緣故，一個分立的佛羅里達最高法院下令，對全州約四萬五千張被機器記錄為「沒有清楚表明所投總統」的選票進行手工複計，包括以前未被佛羅里達的州務卿確認過的兩個縣的手工計票。❷⓪布希競選團很快進行上訴，要求停止手工複計，美國最高法院以 5：4，接受此一上訴。本次選舉爭議的結論是：除非建立起細緻的基礎規則，否則全州範圍的快速複計不可能公平地進行。因此，美國聯邦最高法院發布頗具爭議的 5：4 的決定，推翻了佛羅里達最高法院的複計命令，由布希出任總統。由於布希在選舉人團裡取得二百七十一對二百六十六票，因此布希亦成為自 1888 年以來，雖於全國普選中落敗，卻因選舉人團投票而仍贏得選舉的總統。

二、小布希政府

　　小布希（任期 2001–2009 年）係自 1950 年代以降，同時在參、眾議院代表多數政黨之第一位共和黨總統。但是，布希政府卻也於執政初

---

❷⓪　在手工複計開始以前，這兩個縣的選票使布希的優勢減少到二百張選票以下。

期面臨諸多國內難題，包括成長趨勢日益疲軟的全國經濟，以及加利福尼亞州的能源危機等議題。布希在競選中的形象是「有同情心的保守派」，故其亦於嗣後之國內事務與政策推行上提倡傳統的保守政策，而這項保守主義的核心政策即為 2001 年 6 月所簽署為法令的減稅法案，減稅額達一兆三千五百億美元。然而就在該月，共和黨參議員傑福茲 (Jim Jeffords, 1934–2014) 成為獨立人士，並將參議院的控制權交給了民主黨。結果，布希的部分動議在國會中處處遭到民主黨掣肘，譬如教育券計畫。該計畫將針對把子女送到私立學校去的家長提供補貼；抑或是創建核子飛彈防禦系統等。在外交事務方面，布希政府試圖對正在與美國建立更緊密關係的墨西哥開放移民政策。然而，布希政府也因批准對臺軍售，令中國指責其行徑違反《中美聯合公報》而遭受尖銳批評；而布希政府同時也承受來自歐洲和其他地區的抨擊，蓋因其背棄 1997 年為減少溫室氣體排放而簽訂之的《京都議定書》(*Kyoto Protocol*)；此外，上述國家尚批評布希政府宣布退出 1972 年《反彈道飛彈條約》的意圖。㉑

　　除上述爭議外，布希入主白宮第一年裡所遭遇到的最大挑戰，莫過於發生在 2001 年 9 月 11 日的一次大規模恐怖攻擊行動。該次事件中，被劫持的數架商用飛機被當作自殺的炸彈。四架被劫持的飛機中，有二架撞擊了紐約市世界貿易中心 (World Trade Center) 的雙子塔樓 (Twin Towers)，並破壞了周圍的眾多建築物，另一架破壞了位於華盛頓特區郊外五角大廈的一大部分，還有一架則墜落在賓夕法尼亞州南部的鄉間。於這次恐怖行動中，約有三千人喪生。布希政府對此之反應係號召對恐怖主義開展全球戰爭作為報復，並接連展開一系列的軍事行動。首先，布希認定被驅逐的沙烏地阿拉伯百萬富翁和恐怖行動策劃人——賓拉登 (Osama bin Laden, 1957–2011) ——是此次恐怖攻擊行動的首要主

㉑　2002 年美國正式退出《反彈道飛彈條約》。

謀，布希建立起一個反賓拉登的國際聯盟，藉以對抗前者所創立的恐怖組織——蓋達組織（又名「基地組織」，Al-Qaeda），以及試圖窩藏賓拉登及其伙伴的阿富汗塔利班 (Taliban) 政府。布希隨即於同年 10 月 7 日，由美國發動對阿富汗的空襲；到該年末，塔利班和賓拉登的勢力因美國的行動，或活動範圍受到壓制，或被迫躲藏，而布希政府則與阿富汗的許多黨派（如北方聯盟）進行談判，試圖在阿富汗建立一個穩定的政權。

2002 年美國的經濟狀況更加惡化，消費者的信心和股市連續下跌，公司的醜聞案充斥著新聞頭條。儘管如此，布希仍保持了聲望，在 2002 年的中期選舉中，他帶領共和黨再次成為眾議院和參議院的多數黨。不過，儘管美國國內面臨有許多經濟上的困難議題，但布希政府的議程始終以外交事務為首要任務。除了上述對於阿富汗與恐怖組織的行動，於 2002 年時，布希遂將全世界的關注焦點引向了伊拉克。他指責薩達姆·海珊 (Saddam Hussein, 1937–2006) 的政府與蓋達組織有所聯繫，還公開譴責其繼續占有、發展大規模的殺傷性武器，刻意悖離聯合國的命令。因此，11 月，布希的國務卿鮑爾促成了聯合國安理會的解決方案，授權武器檢查人員返回伊拉克。此後不久，布希進一步宣稱伊拉克沒有與檢查人員充分合作，違反了新的解決方案，並於 3 月中旬宣稱外交途徑終止。隨後，布希向海珊發出四十八小時的最後通牒，要求海珊離開伊拉克，否則將面臨解除武力等後果（不過他還指出，即使海珊選擇離開，美國領導的軍隊也將進入伊拉克，進行大規模殺傷性武器的搜查，並穩定新政府）。3 月 20 日，在海珊公開拒絕離開後，美國和盟軍發起了對伊拉克的攻擊，被稱為「伊拉克自由行動」(Operation Iraqi Freedom)。

三、歐巴馬政府

　　2008 年，曾任伊利諾州聯邦參議員的巴拉克‧海珊‧歐巴馬二世以極高的初選支持率領先同為民主黨總統候選人之希拉蕊與約翰‧愛德華茲 (John Edwards, 1953–)，並於同年 8 月 23 日之民主黨全國大會上正式獲得政黨提名，角逐 2008 年之美國總統選舉。歐巴馬嗣後於 11 月之總統大選，以三百六十五張選舉人票勝過共和黨競選人約翰‧席德尼‧麥凱恩三世 (John Sidney McCain III, 1936–2018) 的一百七十三張選舉人票，正式成為第四十四任美國總統（任期 2009–2017 年）。爾後，歐巴馬亦於 2012 年的美國總統選舉中再次獲得民主黨提名，並以三百三十二張選舉人票再次勝出，擊敗共和黨提名的候選人羅姆尼 (Willard Mitt Romney, 1947–) 的二百零六張選舉人票，連任美國總統。

歐巴馬出任美國總統有其重要的時代意義，一方面乃肇因於其不僅為少數具有非裔血統的美國參議員，更是美國第一位具有非裔血統的美國總統；另一方面，歐巴馬二次之共和黨競選對手均被視為新保守主義的擁護者，加上第四十五任美國總統唐納‧約翰‧川普 (Donald John Trump, 1946–) 的政策亦不同於傳統的新保守主義，故有論者認為，新保守主義已於美國逐漸式微，值得深思。

圖 45：巴拉克‧歐巴馬總統（圖片出處：白宮官方照片）

　　歐巴馬出生於夏威夷檀香山，並於該地成長。據歐巴馬自述，因為非裔的血統，就學期間的白人同學多不欲與他親近，唯其亦非純粹的非裔黑人，故亦受到非裔同學的排斥。1983 年，歐巴馬自哥倫比亞大學畢業，並於 1988 年進入該大學之法學院攻讀法律學位。歐巴馬以極其優異的成績，獲得 J.D.（法律博士）學位，同時成為一名民權律師，於 1997 至 2004 年間任教於芝加哥大學的法學院。嗣後，歐巴馬離開學校，於 1996 年當選伊利諾州的州參議員，唯於 2000 年於角逐聯邦參議員時落敗。歐巴馬遂全心投入州參議員的工作。

　　2004 年，歐巴馬於民主黨全國黨代表大會中發表著名的演說「無畏的希望」(Audacity of Hope)，亦於同年當選伊利諾州聯邦參議員，開啟了他的總統之路。於 2008 年，歐巴馬贏得美國總統選舉，成為美國總統。其於芝加哥發表當選感言時，以數次 "Yes we can" 的語句而成為全球關注的焦點。翌年，挪威的諾貝爾獎評審委員會授予歐巴馬諾貝爾和平獎，以表彰其對於和平、人權以及外交的努力。[22]2012 年，歐巴馬再度連任，亦是民主黨自 1996 年以來第一次成功連任的民主黨總統，其時代意義值得深思。歐巴馬於 2016 年總統任期屆滿，並由共和黨的候選人唐納‧約翰‧川普勝出，成為美國第四十五任總統。

1. 歐巴馬政府的內政措施

　　歐巴馬甫就任，即面臨不久前爆發之「次級房貸危機」(Subprime Mortgage Crisis)[23]與接續而來種種金融危機與高失業率。[24]不僅如此，全

---

[22]　多數意見均肯定歐巴馬對於和平與國際事務的奉獻，唯少數論者質疑，歐巴馬時任總統未滿一年，且美軍尚於阿富汗展開軍事行動，故受有批評。

[23]　所謂「次級房貸危機」是指由美國次級房屋信貸行業違約劇增，以及信用緊縮問題。而於 2007 年夏季引發了國際金融市場上的震蕩、恐慌和危機。

[24]　2008 年美國之失業率為 7.3%，而 2009 年 10 月更高達 10%。值得注意的是，失業率直至 2010 年後始真正有下降的趨勢，顯示歐巴馬的經濟政策並未於第一時間發揮降低失業率的功能。因此，於歐巴馬施行諸多經濟改革之初期，部分論者批評，如此龐大的計畫於短期內不可能發揮作用，反而會因為大量增加政府開支造成財政收支

球經濟亦因次級房貸事件而受有極大衝擊，故歐巴馬政府採取相當大規模的改革措施。此外，歐巴馬政府對於移民、槍枝管制與同性婚姻等人權問題亦多有所回應，茲分述如下。

在財政經濟方面：歐巴馬政府一改新保守主義的放任政策，對於賦稅措施做出極大變革。其施行重點主要係對於低收入戶與普通家庭進行減稅，並對富裕及高所得者提高稅率。於此同時，歐巴馬政府亦增加政府支出，藉以刺激疲軟、衰頹的經濟。舉例來說，歐巴馬政府重新增定稅捐的稽核方式，避免發生富人利用賦稅政策較為寬鬆的地區或國家避稅的情形，同時改變跨國公司的納稅方式，使得富人與企業主無法規避賦稅新制。歐巴馬認為，如此根據量能原則的課稅方法較能達成社會正義，並達成稅制的實質公平。然而，此政策也受到民眾抗議，認為這種作法不啻「劫富濟貧」，且蘊含「管制」與「大政府」的色彩。此外，歐巴馬政府亦推行《2009 年美國復甦與再投資法案》（*American Recovery and Reinvestment Act of 2009*，簡稱 *ARRA*），其內容包括投資大量基礎建設（譬如道路、學校等）、改善醫療環境等內容，無一不屬於耗費鉅資之改革，顯示歐巴馬政府欲自根本改革、振興經濟以及整體提升美國競爭力的意圖。[25]

在能源方面：歐巴馬政府增加新能源研究的投注，強調以風能、太陽能與地熱等再生能源提供動力，並鼓勵發展「綠色能源」以及發展節能車輛，同時將再生能源的供電與美國現有能源網絡連結。歐巴馬政府也任命華裔科學家朱棣文 (1948-) 擔任美國新能源部長，戮力於減少美國整體對於石化燃料的依賴。不過，如此的政策也面臨石化燃料（煤、

失衡。

[25]　然而，亦有論者認為，這樣的作法最主要的目的仍未逸脫「新自由主義」（此指凱因斯經濟學派）的作法，亦即，歐巴馬政府最主要追求的效果仍在於以大型建設與政府投資等方式刺激經濟。

石油、頁岩油等）產區的反對，認為新政策的走向將對當地就業造成嚴重負面影響。

在貨幣政策方面：貨幣政策向來令美國歷代的政治家大傷腦筋，而美國的貨幣政策以及利率控制幅度亦然，始終在「市場機制調節」與「政府管制」間擺盪。歐巴馬政府在面臨經濟衰頹的情況下，明顯偏向後者，譬如以政府力量加大對金融市場的管制力度，避免利率大幅浮動（更準確係壓低利率），盡可能減緩對人民生計的影響，同時避免利率升高形成投資與借貸的障礙。聯邦準備理事會於金融風暴後，為穩定股市，持續將美國聯邦基金利率鎖定在 0.25%，直至 2016 年才宣布生息。就此點而言，歐巴馬政府的作法與柯林頓政府有類似之處。

在移民政策方面：歐巴馬於移民議題，始終保持較為溫和且開放的態度，唯其亦表示，同時也會加強邊境管理，減少偷渡與非法越界的情形，故不會損及美國工人階級的工作利益。不過，歐巴馬政府也表示，全面打擊已在美國成家立業的非法移民不僅不切實際，亦無法有效應對問題。是故，2012 年 6 月所推行之《童年抵達者暫緩驅逐辦法》（*Deferred Action for Childhood Arrivals*，簡稱 *DACA*）即是針對符合特定條件之非法移民，賦予其於遣返前仍得享有二年合法工作的時間。2014 年，歐巴馬政府亦嘗試擴張 DACA 法案的涵蓋範圍，唯因遭受強烈反對，未果。值得注意的是，因為 DACA 法案的緣故，大量美國白人勞工之工作機會受到壓縮，而共和黨亦猛烈抨擊此一政策。2016 年之共和黨總統候選人川普更是以「承諾廢除 DACA」與「美國優先」(America First)為競選口號，主張保護美國利益，顯示不同價值觀與政策的衝撞。

在健保法案方面：歐巴馬政府同時也針對醫療品質進行改革，為此，歐巴馬總統本人還特別參與拍攝健保改革法案的廣告影片。其主張健保的範圍應擴張至原先未投保的部分，盡可能將納入所有公民，並同時提升醫療品質。此項法案於國會受到多次阻撓，於 2010 年甚至面臨

被廢除的窘況，❷唯最後仍繼續保留並得以施行。

　　至於歐巴馬政府於其他政策方面，亦多有行動。譬如歐巴馬於2012年曾公開表示支持同性婚姻合法化，亦是第一位公開表達此一立場的美國總統，唯其2008年時歐巴馬曾表示反對同性婚姻，但尊重各州政府之自主立法；就槍枝管控法案而言，歐巴馬傾向管制槍枝，唯其管制法案因共和黨而受阻，故其多以「行政命令」之方式處理槍枝議題。

2. 歐巴馬政府的對外政策

　　歐巴馬之外交政策取向，為時任國務卿之希拉蕊評價為「懷柔政策」，而歐巴馬政府確實加強與多個國家的合作關係，解決核子武器的問題，盡可能保持與伊斯蘭國家之和睦關係，並承諾對於伊斯蘭國家「永不交戰」。較值得注意的是歐巴馬時期的反恐政策，歐巴馬政府雖承諾「永不開戰」，但其於嗣後仍派遣美軍襲擊蓋達組織，並擊斃賓拉登，此舉被批評為有所矛盾；又歐巴馬於任內亦試圖調和以色列與巴勒斯坦之衝突，但美國並未反對聯合國安全理事會通過「約旦河西岸禁止屯墾」的決議，被以色列視為美國公然承認巴勒斯坦享有該區之主權，也顯示歐巴馬政府對於中東政策已有重要轉變。

　　針對拉丁美洲的部分，歐巴馬政府成功於2015年與古巴恢復邦交關係，並積極以新的經濟政策援助拉丁美洲，嘗試緊密化與拉丁美洲的合作關係，亦遭受部分中南美洲政治人物的批評。針對日本此一亞洲重要同盟，美國始終致力於維護其與日本的緊密關係，並視日本為亞太地區的穩定基礎。歐巴馬政府自然也不例外，譬如其接受由當時日本首相鳩山由紀夫 (Hatoyama Yukio, 1947-) 所提出之「對等關係」，並搭配美國國內的能源政策，嘗試推廣並合作發展再生能源等。對臺政策部分，

❷　共和黨於2010年成為眾議院多數黨，曾試圖廢除該法案，唯民主黨仍為參議院多數黨，故未能成功。

歐巴馬重申以《臺灣關係法》(*Taiwan Relations Act*) 作為雙方交流的法律基礎，亦明確指出不接受任何片面改變現狀的舉動；針對中國部分，歐巴馬聲明將會遵循《中美聯合公報》等一貫政策，並加強雙方之經貿交流，唯歐巴馬政府同時對於中國部分企業課徵反傾銷稅，引發反彈。

整體而言，歐巴馬的部分經濟政策似帶有「大政府」與「政府管制」的色彩，與柯林頓總統之政策趨勢較為接近，而與 1980 年代的「新保守主義」與「新自由主義」有別。反之，同時期與其競爭之共和黨候選人麥凱恩，以及後續之羅姆尼，多主張一定的新保守主義色彩，包括愛國主義、打擊國際犯罪與恐怖勢力、減少並解除對於利率的凍結，以及撙節財政支出等，均帶有類似雷根主政時期的經濟放任主義色彩。綜上論結，歐巴馬政府的政策本質上帶有部分的政府干涉主義，以及社會福利制度之擴張，又其特殊的族裔身分、背景與政策走向，於現今之美國政治、經濟、社會、文化與族群融合等面向，均產生極其深遠的影響。

第三節　美國的社會

保守的 1980 年代是承襲前一個十年的保守作風的延展。不論是婦女問題或是青少年問題，在在都影響著 1980 年代的美國社會。

一、婦女的角色

如果說 1960 年代的風氣促成了「性革命」的爆發，那麼 1970 年代的全面婦女運動對美國社會影響更為深廣。1970 年代初，新女性主義已豎立了理論和實踐方案，從「溫和」的女權派 (Women's Right) 為爭取法律上的平等，而推動《憲法》「平等修正案」（Equal Rights Amendment，簡稱 ERA）運動，讓婦女在經濟權利上爭取平等，乃至「激烈」的「婦女解放派」(Women's Liberation) 呼籲打倒父權社會經濟結構，

消滅傳統「性角色」與雙重道德標準的「性心理」等，往往都具有「革命的眼光」。1970 至 1972 年間，傳播界對婦女問題開始產生興趣，透過媒體報導，使女性主義的新名詞，例如「性歧視」(Sexism)、「男性沙文主義」(Male-Chauvinism)、「姊妹盟」(Sisterhood)、「性玩物」(Sex Object) 等，成為家喻戶曉的口頭禪。

1970 至 1975 年，美國一連串的國會立法、法庭判決、行政法令和勞動部的指令，先後正式批准了婦運所爭取的《同工同酬法》(*The Equal Pay Act*)、墮胎合法化、「無過錯」(no-fault) 離婚法，以及要求停止對女同性戀的歧視等。在教育方面，婦女運動對「教育界」也產生了衝擊。一般學校的課本，在審查之下，刪除了有關男女樣版角色的內容和不利於女性的語言。中小學校也重新修訂課程規例，使男女過去依性別分派的課程，如上烹飪課或工藝之類等，成為專修科目。

1960 年代在黑人民權運動的聲浪中，美國學術界興起了尋根探源的「黑人研究」(Black Studies)。不久，「婦女研究」(Women's Studies) 也隨之在英美各大校園裡醞釀。1970 年代以後，許多大學成立了「婦女研究」中心。1974 年美國約有五百所大專學院開設了將近二千門婦女研究的課程。到了 1983 年已大有可觀的數目了，全美國共計有三萬門「婦女研究」課程供學生選修。這些科目跨越了人文科學（歷史、哲學、文學批評）、社會科學（人類學、心理學、社會學、語言學及經濟學），還有藝術（如音樂史、電影批評）等科系之間，成為新興的科技整合的先鋒。

1980 年代開始「後女性主義」(Post-Feminism) 取代了 1960 年代的「女性主義」。一個新的「第三性」(The Third Sex) 人種開始出現。據調查，成功的女性有 61% 未生過小孩。成功的女性多數不願結婚，或離婚後即不再嫁。「第三性」出現，逐漸失去傳統女性特質，而認同男性特質，具有反家庭情節和個人主義的傾向。「第三性」從歷史角度而

言，將會是女性實質獲得解放前，對各種可能性的揣摩型態之一。「第三性」亦將是個不穩定的組合。1980 年代的「後女性主義」，勢必會在公共面上做出更大的進展。1980 年代是個婦女問題將因社會基礎膨脹而萌發的時代，女性不再圍於傳統角色中，將更加地使女性投向公共世界裡。女性會不會被覺醒的光所照射？這將是個值得注意的問題。

「性革命」以後的今天，美國許多女子自己會賺錢，社會地位提高，連帶牽動了男女兩性在愛情、婚姻、家庭、工作場合等各方面的權利義務關係，一些大大小小的問題與困擾，也接踵而來。例如，年輕女孩面對性愛自由抉擇的猶豫、事業成功的中年單身女子找不到對象、已婚職業婦女家庭與工作難以兼顧、單身媽媽經濟困窘、專業婦女升遷困難等等，都不是一時解決得了的。一個多世紀前，美國首次女權大會召集人斯坦頓曾在一場演講上說，婦女為反叛現狀所做的奮鬥，實在是揭開了全世界有目共睹的最徹底的革命，其企圖改變所牽涉的範圍之廣博，問題之繁多，使成功道途上的障礙，好像幾乎難以克服，難以超越。今日的美國婦女還有一長段路要走呢！

二、對平等觀念的再認識

在經歷了尼克森的政治風波和福特的「治癒創口的時代」後，1976 年，卡特競選總統成功，從而出現了戰後第一個傾向保守政治的民主黨政府。但是 1970 年代臨近結束的時候，原本已經很嚴重的經濟滯脹現象，在兩次能源危機的衝擊下達到更為嚴重的程度。再加上美國綜合國力的下降，日益喪失在全球運用力量和施加影響的實力。由此，美國國內的社會思潮與政治氣氛也發生了變化。保守派實力大大增強，1980 年，共和黨人雷根憑藉這種變化的勢頭登上總統寶座。

美國著名史學家阿瑟·林克 (Arthur Link, 1920–1998) 稱：「雷根是一個直言不諱的極端保守派，長期以來是共和黨強有力的右翼寵兒。」

從雷根的言行，特別是從他的言論看，這種評論絲毫不為過。在他任內八年中，他所推行的種種政策，將共和黨的保守主義傳統表現得淋漓盡致，甚至達到登峰造極的地步。自由知識界在對雷根的所作所為表示震驚之餘，又不得不承認這是一個獨特的時代──「雷根時代」。「雷根時代」無疑是一個特殊時期，在國內問題上，他從極端保守主義的立場出發，支持自由企業制度，反對政府干預，主張削減社會福利計畫，降低稅額，支持恢復或維持死刑，反對墮胎，主張加強宗教對社會的影響。在國際問題上，他完全以「鷹派」的面目出現，認為美國應當「領導世界」，力圖恢復第二次世界大戰以後美國所取得的霸主地位。因而主張加強軍備，對蘇聯持強硬態度，認為參加越戰是「崇高事業」，堅定地支持臺灣及以色列。

「雷根時代」可稱是「保守時代」的代名詞，標誌著冷酷的個人主義戰勝了「新政」以來所倡導的新自由主義、對自由資本主義生產方式的優越性深信不疑的勢力的勝利，以及 1950 年代以來，美國的原教旨主義影響力從衰退之中復甦。「雷根時代」濃烈的意識型態特色，不僅影響了這一時期的國家行為，也在美國的社會文化中留下了深刻的烙印。

雷根及其政府的所有政策都直接涉及傳統美國文化觀念中的平等問題。自從美國建國以來，平等問題在美國一直是人人所關注和爭論的一個中心問題。在美國長期以來流傳著這樣一個觀念：「管事最少的政府就是最好的政府」。當然這裡有一個前提，即政權能夠防止有權者壓迫弱者。這裡所說的平等有兩個涵義：機會平等和結果平等。在觀念中兩者可以並存，但是在現實中卻難以做到。長期的爭論導致出現了兩個意見不同的集團，兩個集團之間形成了對立：一個主張機會平等，一個主張結果平等。雷根並沒有公開宣稱他站在哪一邊，但是他的言與行表明了他的觀點與立場。八年中，雷根領導下的政府向過去二十年間所推行的抑制個人主義、擴大平等的政策進行了反擊。一位共和黨人在為雷根

政府的對內政策辯護時，曾經這樣說過：「我們不能為追逐結果平等這種虛幻而不切實際的美好願望，而使不同素質、不同條件的美國人失去取得各自成就的機會，從而背叛機會平等這一美國立身之本。」這段敘述清楚地表述了雷根政府及「雷根時代」所奉行的平等觀。這很自然地使人想到美國人歷來所信奉的「個人主義」，雷根無非是要恢復美國人所長期奉行的個人主義原則，這個「雷根時代」的保守色彩已是再清楚不過了。

從 1980 年代初起，美國社會的文化狀況也完全與雷根時代的總氣氛相吻合而趨向於保守，這當然是政府的政治態度對社會文化的影響和滲透，也是美國民眾在經歷了從 1960 年代末開始的反叛與運動之後的自然選擇。

宗教正在復興，福音派以及神學上的保守派別勢力增強了。1985 年時，星期天上教堂的美國人的人數增加了，約占美國人口的 49%，恢復到了 1930 年的水準。承認自己經常觀看宗教性電視節目的人數從 1980 年的 42% 增加到 1989 年的 49%，成千上萬家宗教書店遍布美國各地。1980 年，參加美國基督教圖書推銷者協會的零售商店達二千五百家，至 1989 年更上升為三千家。

保守與傳統主義的因素也滲透到美國文化領域的其他角落。新落成的建築物中，又出現了早已為人遺忘的古典式圓柱子和金色葉片紋飾等。在舞臺上、螢光幕上原本已銷聲匿跡的體魄健壯、胸毛茸茸的男性形象，又重獲廣大觀眾的青睞；1980 年代音樂市場上，古典音樂唱片首次與搖滾樂唱片一樣炙手可熱，盧齊亞諾‧帕瓦羅蒂 (Luciano Pavarotti, 1935–2007) 錄製的「啊！寂靜的夜」(*Oh! Silent Night*) 銷售量高達一百萬張以上，因而獲得白金唱片的盛譽。為電影「莫札特傳」(*Amadeus*, 1984) 而灌製的莫札特唱片，銷售量也達五十萬張之多，而登上黃金榜。❷ 而許多風行一時的新潮流行音樂，其創作者們也自稱為「新

---

❷　其他有名的影片，如布萊恩‧拉爾吉 (Brian Large, 1939–) 執導的「霍羅威茲在莫斯

傳統主義」，這並非僅僅是追求詞意搭配上的新奇效果，也不單純是為了迎合世人口味，這些歌曲的內容往往表現出某種保守性。許多歌曲是表達對家庭、對國旗的熱愛，表達堅定的信仰以及讚美人們的勤勞。這些在 1980 年代也是最受人喜愛的歌曲主題。

同時，保守主義的書籍在美國的書店裡也頗受歡迎。阿倫·布盧姆 (Allan Bloom, 1930–1992) 所著的《美國思想的禁錮》(*The Closing of the American Mind*, 1987)，在短短數月內售出八十五萬冊，而這正是一本對二十世紀的一切予以全盤否定的著作。小說體裁的《虛榮之火》(*The Bonfire of the Vanities*, 1987)，是湯姆·沃爾夫 (Tom Wolfe, 1930–2018) 的作品。沃爾夫完全從保守主義的立場出發，對美國存在的種種嚴重的城市問題進行猛烈抨擊與批判。該書在出版後，連續五十二週名列暢銷書榜首。即便一些原先有左派傾向的作家也變得保守了。最明顯的一例，就是在 1986 年紐約舉行的作家筆會上，諾曼·梅勒 (Norman Kingsley Mailer, 1923–2007) 這位一向激進的著名作家，居然公開為雷根的國務卿舒爾茨 (George Shultz, 1920–) 作辯護。

在最具廣泛影響的文化娛樂形式電視和電影中，明顯地表現出對美國傳統價值觀的讚美與追求。一度在美國文化界流行的具有反叛、厭世精神的作品已漸漸失去觀眾群。據統計，1980 年代美國觀眾最喜愛的電影當屬「火戰車」(*Chariots of Fire*, 1981)、「捍衛戰士」(*Top Gun*, 1986)、「法櫃奇兵」(*Raiders of the Lost Ark*, 1981) 以及「你整我，我整你」(*Trading Places*, 1983) 等。這些電影風格不一，題材也不一，但是思想傾向是一致的：對虔誠的宗教徒寄予深深的同情；坦率地頌揚勇往直前的英雄軍人；讚美小城鎮人誠實、淳樸的美德；推崇艱苦的創業精

科」(*Horowitz in Moscow*, 1986) 被電視評論家協會獎提名為最佳電影；音樂家伯恩斯坦 (Leonard Bernstein, 1918–1990) 及劇作家勞倫斯 (Arthur Laurents, 1917–2011) 合作的「西城故事」(*West Side Story*, 1961) 音樂劇，受到世界多國廣大的迴響。

神。這一系列的觀念和理想，在 1970 年代是人們，尤其青年人所不屑
一顧的，當時它們被視為「過時貨」而被棄之一邊，而今人們卻再度予
以讚美、頌揚並視之為至寶。

三、鄉村音樂的復興

　　1980 年代，鄉村音樂的新傳統派歌手出現在舞臺，他們漸漸成為
美國鄉村音樂中一支強有力的生力軍。新傳統派歌手乃是一群年輕的鄉
村音樂歌手，他們的歌唱和演奏方法各個不同，但是都力求恢復鄉村音
樂的鄉土氣息，而摒棄世俗那套好萊塢式令人眼花撩亂的手法和技巧。

　　新傳統派歌手的中心人物是埃米盧‧哈里斯 (Emmylou Harris,
1947–)。她出生於阿拉巴馬州，在她的成長過程中，接觸的多是流行音
樂、搖滾樂和其他形式的音樂，後來她卻選擇了鄉村音樂，就在不少鄉
村音樂歌手向搖滾樂靠攏時，1975 年哈里斯卻出版了第一張唱片「天
上的樂章」(*Pieces of the Sky*) 並一砲成名，取得了極大的成功。隨後她
的名聲越來越大，她歌聲中帶著的鄉土氣息也越來越濃厚，為廣大的流
行歌曲迷們一致稱道，成為全國性的名歌手。1980 年，她發行了一套
藍草音樂[28]唱片集「雪中玫瑰」(*Roses in the Snow*)，使她的歌唱生涯達
到了頂峰。哈里斯在「雪中玫瑰」中極大地張揚了這種反潮流的傾向，
在歌曲的內容、樂器的配置方面表現得淋漓盡致，這進一步鞏固了哈里
斯在當時鄉村音樂中的先鋒地位。[29]

---

[28] 藍草音樂是以舊日山地音樂改編而成的，在 1940 年代，先後由比爾‧門羅 (Bill
　　Monroe, 1971–1996)、萊斯特‧弗拉特 (Lester Flatt, 1914–1979) 等極力推薦而風靡一時。

[29] 哈里斯的這套唱片集是由里基‧斯卡格斯 (Ricky Skaggs, 1954–) 改編錄製的。他也是
　　一位藍草音樂的宿將，此後，又由他錄製發行了一套以藍草音樂為基調，思想脈絡與
　　前者相似的唱片集「期待陽光普照」(*Waitim' for the Sun to Shine*)。這種音樂最初僅僅
　　流行於田納西、北卡羅萊納、維吉尼亞和肯塔基的山區，演奏時主要使用弦樂器、小
　　提琴、吉他等，其特點是採用複合和聲。這是對鄉村音樂日趨高雅化的一種反潮流行
　　動。他們力圖使時光倒流。但當時即使在它最流行的歲月，藍草也不過只是一時的時

　　此外，1980 年代初期還出現了四位也可稱為新傳統派的歌手。一位是 1981 年在德克薩斯州中部山地鄉村音樂歌壇上崛起的喬治·斯特雷特 (George Strait, 1952–)，他把當地兩種具有不同風格的音樂——低級酒吧音樂和西部搖擺樂，揉合成一種悅耳動聽的音樂。另一位是崛起於佛羅里達的青年約翰·安德遜 (John Anderson, 1954–)，曾在低級酒吧中演唱，他的嗓音壓抑而多鼻音，常使用切分音唱法，他的成名之作是 1983 年一首表達鄉村式戀愛的新穎歌曲「搖擺著」(Swing)。還有兩位歌手分別是娜奧米·賈德 (Naomi Judd, 1946–) 和韋諾娜·賈德 (Wynonna Judd, 1964–)。母女二人在 1984 年發行了第一部唱片集，她們的歌聲動人、旋律優美。此外，麗芭·麥肯泰爾 (Reba McEntire, 1955–) 也是新傳統運動的重要人物，雖然她直至 1978 年才發行第一張唱片。這不僅意味著新傳統運動在整個鄉村音樂中的重要地位，也預示著鄉村音樂這一流行音樂形式的復興。

　　在美國流行樂壇中，新傳統運動的浪潮還能持續多久，難以預測。不過，另一批頗具天才的人物已嶄露頭角，這就是：歌手兼吉他手斯圖爾特 (Mary Stuart, 1926–2002)，她所取得的成績不同凡響；格雷厄姆·布朗 (T. Graham Brown, 1954–)，他將鄉村音樂和黑人音樂配合得天衣無縫；另外是奧凱恩斯樂團 (O'Kanes)，他的音調明快，和聲充滿緬懷之情，往往使人浮想連篇。此外，也有一些歌手依然堅持主流傳統鄉村音樂的風格，其中最典型的，一是默爾·哈格德 (Merle Haggard, 1937–2016)，他從 1960 年代起一直創作和演唱關於堅強的勞動階級之歌；再者就是喬治·瓊斯 (George Jones, 1931–2013)，許多人把他看作是有史

尚。哈里斯的先鋒地位不僅體現在她的歌唱活動中，在她的樂隊中還出現了三位新傳統運動的健將，鋼琴手托尼·布朗 (Tony Brown, 1946–)，低音提琴手埃默里·戈迪 (Emory Gordy, 1944–) 和後來成為鄉村音樂唱片著名製作人的吉他手羅德尼·克羅韋爾 (Rodney Crowell, 1950–)，後者既是一位頗具影響力的唱片製作人，也是一位具有號召力的歌手。

以來最傑出的鄉村音樂歌手。另一方面,鄉村音樂中的一些諸如藍草那樣的邊緣音樂風格,依然沒有受到時尚潮流的衝擊。在路易斯安那州西部地區,當地加拿大移民卡真人 (Cajuns) 的卡真音樂仍保持著強烈的地方色彩。他們擁有自己的俱樂部、音響錄製公司、演播室和電臺這一整套設施。卡真音樂節奏明快,與鄉村音樂有極多的相似之處,甚至也偶有轟動全國的作品問世。1985 年的「我的喇叭嘟嘟,嘟嘟」(*My Toot Toot*) 便是一例。

在如此眾多風格迥異的鄉村音樂中,的確很難預言其中的哪一種形式今後會成為主流。但就今天的情況而言,可以看出鄉村音樂在美國人民的文化生活中是有長久生命力的。這不僅是因為 1980 年代的美國社會趨於保守、懷舊,而且可以肯定,隨著整個美國社會進一步提高工業化程度,人們將更常地回味過去,鄉村音樂將得到更多人的青睞。這種音樂的主題常常表達了人們對生活中一些永恆的問題的關注:謀生、成家、對自然環境的抗爭等,因而會激起民眾內心的共鳴。

第三篇
多元文化的美國

第十八章　族群的融合

美國歷史是一部族群史，它提醒著我們，在每一個人所生長的社會中，其實是好幾個世紀以來，文化模式發展的結果。就如著名的歷史學家腓利普 (Ulrich B. Philips, 1877–1934) 所云：「我們並未生活在過去，但是過去卻活在我們周遭生活中。」❶的確，族群史除了與我們生活息息相關外，它也反應了不同族群的人們要彼此相處，是多麼困難的一件事，無論他們是來自哪個國度，除了有著不同的膚色及習俗外，還牽涉到縱使同一族群內部，也有許多不同的差異性存在。

美國被稱為是「民族的大熔爐」，五百年前的原住居民，包括印第安人和愛斯基摩人，人口只有二百五十多萬人，不到美國人口的 1%。移民占美國人口的 99%，根據 2010 年公布（每十年一次）的全美人口普查資料顯示，美國共有人口三億餘人。從宗教信仰上看，信仰人數最多的是基督教新教，其次是天主教、猶太教和東正教。從膚色上看，白人仍占優勢，但比例在減少。1990 年以前的美國，80% 的人口是歐洲移民的白人後裔。二十一世紀初時，白人人口退居到只占 75%，來自非洲的黑人有三千四百多萬人，占全美人口的 12%，在二十一世紀以前，黑人一直是美國最大的少數族裔。來自亞洲的移民有一千萬人，雖然只占 3.6%，但是增長很快。根據 2010 年的調查顯示增長最快的是褐色皮膚講西班牙語的移民（泛指來自前西班牙殖民地、使用西班牙語的移民，亦可稱為拉美裔），也是美國人口最多的少數族裔，首次超過了非洲移民，有三千五百萬人，占美國人口的 12.5%。拉丁美洲移民和非洲移民已經

---

❶ Ulrich B. Philips, *The Slave Economy of the Old South* (Baton Rouge, LA: Louisiana State University Press, 1968), p. 269.

占據了美國人口近 25%，在青年人口的比例中高居 33%。他們增長的速度還在持續加快中。

　　在這片土地上，身為美國最早的主人北美原住民，如今被圈在多州的保留區生活，他們早期對美國的貢獻鮮少被提起，然而已消失的印第安美好的文化，在這熔爐裡默默被文學家所發掘，甚至是近日環保人士重視關注的焦點。例如，野牛是大平原所有印第安部族賴以生存的基礎，部落依賴和利用野牛的程度是現代人難以想像的，他們充分利用野牛身體的每一個部位。牛肉是他們食品的主要來源，牛的氣管不扔掉，把它割開晾曬，因為部落人不知道冬天有沒有東西吃。牛皮晾乾了以後，將它們縫在一起做成帳篷。把牛筋和牛蹄熬煮成糊狀塗在尖頂帳篷上，使它變得結實，用來防雨。印第安人的衣服也是用野牛皮做的，用牛腱中的筋來縫製，牛身的筋也用來做繩索和弓弦；牛尾放在鍋裡燉，一直燉到與尾骨完全分離；小骨節用來製造小玩意，它們上面有孔，穿在一起給小孩玩；至於牛角則雕成湯匙、鑿子或其他工具。其他的牛骨砸碎了用來熬油，再將油裝進曬乾製成的牛胃袋子裡。部落人把牛毛全部弄下來，牛前身最長的毛可以作床墊，把這些長毛填充在牛皮中縫起來，就是一個很柔軟的墊子了。人們吃牛肉時，如果手上或嘴唇上沾有牛油，抹下來擦在頭髮上，它使頭髮油潤，而且長得又密又長。可是野牛不容易捕獵，部落酋長要爬到高山丘去為他的人民祈禱來獲得食物，部落酋長是受無畏無私精神指引的。他分食物時，首先分給寡婦和孤兒，而獵牛的勇士們和他們的家庭則排在最後分取他們的分額。❷ 這是對永遠逝去的時代追憶，充滿生活的艱辛和人情味的描述，更是印第安

---

❷　Mildred Campbell, "Social Origins of Some Early Americans," in Janes Smith, ed., *Seventeenth Century American* (Chapel Hill, NC: University of North Carolina, 1959), pp. 63-64；亦參見陳靜瑜，《美國族群史》（臺北：國立編譯館，2006）和陳靜瑜，《他鄉變故鄉──美國亞裔族群史》（臺北：三民書局，2013）相關資料。

文化的呈現。

　　三百多年來，美國容納來自世界各地各種不同的文化，其中，主要還是以歐洲文化為主體。這些來自歐洲的不同文化，儘管具有各自的特色、內涵和形式，然而追根溯源，都還是有一個共同的根，而這個「根」，就是古希臘羅馬的文化。因此，這座「大熔爐」裡，原則上是較平和的。但是回顧歷史上，這種融合為一體的過程，實際上是充滿矛盾和紛爭的。近數十年內，美國境內的族群及文化有所改變，並不再只源於古希臘與古羅馬的文化了。1960 年以後出現的新移民潮中，湧入美國的移民成分，發生了顯著的變化。這個時期，約有八百萬移民湧入美國，其中來自歐洲的移民人數大為減少，而來自亞洲和拉丁美洲地區的移民人數急遽增加。此外，還有相當數量的非法移民潛入美國，尤其是來自墨西哥及中南美洲的非法移民為最多，❸其次是來自亞洲的非法移民。這移民潮的結果，使美國人口中，族群成分比例有了異於過去的現象。

　　拉美裔人在美國總人口中逐漸改變美國的面貌，從人口學角度來看，1970 年拉美裔美國人占 4.5%，而 1990 年上升為 8%。拉美裔移民是美國的人口紅利，為老化的美國帶來勞動力新血。在校園中，拉美裔移民的後裔不斷地在增加。❹但同時，非法移民身分所產生的緊繃關係，正造成驚人的社會心理後果，如何吸收移民、整合移民，就成了美國教育向前進的挑戰。此外，二十一世紀拉美裔美國人已成為加州的多數民

---

❸ 2016 年美國總統選戰期間，美國總統候選人川普狂打移民議題，抨擊拉丁美洲裔移民是毒販、性侵犯，甚至是毒蛇。川普的競選口號之一，便是要修築覆蓋邊境全線約三千二百多公里長的美墨邊境圍牆以阻擋非法移民。然而，川普的猛烈砲火，卻是另一個新的美國面貌正在生成的證明。

❹ 2019 年加州洛杉磯郡蒙特貝婁學區副督學亞瑟・雷弗塔斯指出，在他學區裡的學校中，第二代新移民的人數，產生了劇烈變化：「就在這 50 年間，這學區的拉丁美洲裔美國人從 7%，上升到 97%，這是翻天覆地的大轉變。」參見 2019 年 10 月，公共電視主題之夜「美國變臉」紀錄片。

族，影響了加州的政治、文化到家庭。加州是全世界第五大經濟體，幾乎等同美國境內的小國家，主導了整個美國的走向。「加州拉美化」的浪潮，也將連結到整個美國未來的方向。更者，長久被視為次等公民的拉美裔美國人，憑著快速成長的人口，正在改變美國的政治版圖，逐步取得公平對等的機會。以前在政治上無足輕重，二十一世紀中葉以後拉美裔美國人很可能成為決定誰當總統的關鍵，他們的選票是入主白宮的鑰匙。總體而言，二十一世紀最初二十年，美國擁有五千五百萬名拉美裔美國人，三十五年之後，全美國將會有一億以上的拉美裔美國人，亦即美國每三人就會有一人是拉美後裔；每三十秒就有一位拉美裔美國人滿十八歲。拉美裔移民的蓬勃發展，也代表一個國界更加模糊、更加緊密連結的美洲大陸。一場人口革命正默默展開，從 1800 到 1940 年代，美國多年來一直是高加索人種的白人國家。不過，接下來的一百年，很可能即將換成拉丁美洲裔出頭天，這個國家也將因此改變。❺

　　從新移民在美國定居的地點觀之，一般而言都比較集中，因此出現了一些新的族群勢力中心。例如紐約、加州、德州以及伊利諾州等，近年來吸收了大量新移民，其中，日裔及華裔的人口，占有相當高的比例。這些新移民的自我族群文化意識相當強烈，他們雖然已經移居美國，但是仍然保持他們原有的族群文化傳統，尤其是移民的第一代。拉美移民、非洲移民和亞洲移民組成的少數族裔，大多傾向住在大城市裡。在全國一百座大城市人口中，1990 年有七十個城市白人占多數。進入二十一世紀之後，白人占多數的城市降為五十二個。例如拉斯維加斯和鳳凰城等快速成長的城市中，非洲裔增長速度為 23%，亞洲裔69%，拉美移民則高達 72%，而白人僅增長 5%。在一百座城市中，白人人口總量已不及其他少數族裔的總和，這種趨勢還在加快中。少數族

---

❺　參見 2019 年 10 月，公共電視主題之夜「美國變臉」紀錄片。

裔集中在大城市的現象，在紐約市尤其明顯。紐約市分五個區，除了赫赫有名、成為紐約象徵的曼哈頓區外，在其他四個區繞一圈就像到世界各地旅行一般。皇后區的法拉盛 (Flushing) 一帶，中國餐館林立，人們把水果攤擺到大街上。在那裡吃飯買東西講中文就行，來自中國的物品應有盡有，價格還不貴；在布朗市 (The Bronx)，天氣好時，墨西哥裔移民會聚集在裴漢灣公園 (Pelham Bay Park) 烤肉；在布魯克林 (Brooklyn) 的展望公園 (Prospect Park) 可以聽到牙買加人聚會時震耳欲聾的擊鼓聲；而在海灘上則聚集不少俄羅斯人。即使講英語，在這些地方走一圈，就會發現還有很多聽不懂的語言，移民們保持了在家裡說家鄉母語的習慣。美國的統計顯示，在家裡說外語的人占 17.6%。而加州說外語的比例更大，幾乎占 40%。根據美國移民研究中心顯示，進入二十一世紀最初二十年，有 21% 的美國人在家不講英語。

1960 年代以後抵達美國的新移民，與二十世紀初來到美國的老移民相比，新移民在文化教育水準與經濟狀況有明顯的不同，比昔日的老移民優越許多，尤其是來自亞洲的移民。自然，在文化融入美國社會的進程中，會遭到相當大的排擠。此外，新移民的政治參與意識，也大大強烈於昔日的老移民，由於他們的經濟狀況優於昔日的老移民，他們也有能力更積極地參與政治活動，促使美國的文化呈現多元化的特徵。

美國人文化教育水準的普遍提高，尤其是非裔美國人、北美原住民及拉美裔美國人文化教育程度的提高，激發了他們的族群文化意識，他們要求在整體的美國文化中，有他們的文化之立足之地。

歷史，縱然有所例外，但終究是存在一些普遍的模式。決定這些模式的理由或是本身的內容，可以說明族群、社會，和人類的關係。

首先，美國各個族群最令人驚訝的「共同發展型態」，就是他們在經濟上普遍的成長。在美國除了生活水準、政治參與及人民壽命的提高之外，美國族群在相關的項目上也都有很大的進步。在二十世紀初期，

義裔美國人的平均收入不到全國平均的一半，但是，二十世紀末期，義
裔美國人的收入，超過了全國平均。十九世紀為貧窮所逼的猶太人，現
在比任何族群都富有。縱然，進步的比例各有不同，但是進步是普遍
的。每一個族群在他進步的過程中總是會碰到許多阻礙，但是他們在來
到美國之前所碰到的阻礙或困難，往往超過他們在美國所遭遇的。例
如，黑奴的遭遇比被阿拉伯或是其他西方國家奴役的非洲人要好一點。
在那些地方，奴隸死亡的速度，要比出生的速度快。

　　其次，在美國各族群間的差異，有著相當程度的區別。美國是一個
移民國家，所謂的「移民」，其實包括了許多來到美國的族群之間的許
多差異。飢餓的愛爾蘭人和那些被犧牲的東歐猶太人，以逃難者的身分
移入美國這個大家庭，他們破釜沉舟，一開始就準備成為美國人；有的
人只是短暫的停留者，他們大多是男性赴美，並且打算返回母國，因此
語言、文化或是成為公民，對他們來說並不是首要的事，早期的義大
利、中國和日本移民，大部分都有這種特性。還有一些移民，既不是逃
難也不是暫居，他們只是在某一個時期選擇到美國在某一個地區來定居
而已，例如德國人或斯堪地那維亞人。最後，還有一些人並沒有選擇
來，但是最後他們還是以非洲奴隸的身分來到了美國。

　　雖然每一個族群多少都有其獨特性存在，但是在居住地點、工作、
主要的發展領域、學校及其他機構方面，仍然有一個族群取代另一個族
群的歷史模式存在。❻隨著時間演變，當族群的經濟地位提高時，他們
也離開原來的居住地點。十九世紀當愛爾蘭人來時，盎格魯薩克遜人便
離開原來居住的地方，而後來當猶太人和義大利人移入時，又換成中產
階級愛爾蘭人離開了。❼

❻　Charles H. Trout, *Boston, the Great Depression and the New Deal* (New York, NY: Oxford University Press, 1977), p. 10.

❼　Thomas Kessner, *The Golden Door: Italian and Jewish Immigrant Mobility in New York*

　　貧窮的新居民取代舊居民時，房子本身往往有極大的改變。在歷史上，窮人往往搬入過去富有人住過的房子，由於租金貴，因此由更多人來分租，他們有時是合起來分租，有時則透過租屋業來共同分擔。幾乎每一個族群都曾經渡過這種招攬房客以分攤房租的日子。1880年的時候，義大利移民及猶太移民，平均每一戶的房客都超過一個人；到了1905年，降為平均每二戶有一名房客。這種情形在1920年代的哈林區(Harlem)黑人家庭間，仍然非常普遍。❽

　　儘管不同的族群在居住地點、職業等方面先後承繼，然而整體的社會還是不斷地在改變。十九世紀末期，當下水道系統及室內管線出現之後，後到的族群就不必忍受十九世紀初期，愛爾蘭移民在都市的貧民窟內所遭遇的惡劣條件了；地下鐵、運煤車、巴士的出現，使人們可以到較遠的地方工作，因此十九世紀時紐約東邊低地區的擁擠情形，在現代的貧民窟就不可能再發生；黑人移民、波多黎各移民及墨西哥移民和同時代的人比較起來，住的地方很擁擠，但是他們絕不會比十九世紀的猶太移民、義大利移民或是愛爾蘭移民的情況更糟糕。

　　雖然族群的發展有許多相似點，但是不是所有的族群發展都是同一模式。即使是在非常類似的環境中，各族群的發展還是有許多不同的模式，或者整個社會對每一個族群的對待模式也不一樣。

　　族群之間最令人震驚的差異，可能要算是他們對學習及自我進步的要求了。猶太移民以相當的決心和毅力，把握免費學校、圖書館及收容所的機會。他們不僅湧進公立學校，同時也踴躍參加夜間的成人學校，並且從他們僅有的薪水中撥出一點金錢去聽演講，不停地向圖書館借閱內容深奧的圖書。❾然而，和猶太移民生活及工作狀況類似的義大利移

　　City 1880-1915 (New York, NY: The New York Times Co., 1967), p. 102.
❽　Jacob Riis, How the Other Half Lives (New York, NY: Atheneum Co., 1977), p. 8.
❾　Howe and Kenneth Libo, How We Lived, 1880-1930 (New York, NY: Richard Marek

民，卻是對美國的教育排斥、對圖書館沒有興趣，而且對收容所抱持懷疑的態度。由於，這二族群的移民背景不同，因此，義大利移民和猶太移民在同樣的學校裡面，卻有不同的學習表現，不是種族歧視的關係，也不是因為能力的差異。

家庭在不同的族群間，也扮演不同的角色。十九世紀的愛爾蘭移民，貧窮的原因常是家庭破碎所導致，但是二十世紀初期的義大利移民，雖然一樣貧窮，但卻很少是因為家庭破碎的緣故，而義大利移民即使是在同樣的貧困條件下，也不像愛爾蘭移民那樣求助於慈善機構。當然，外在環境不能決定一切。

除了家庭的穩定性之外，家庭的價值觀也一樣影響深遠：義大利移民和猶太移民都有非常穩定的家庭，但是猶太移民家庭鼓勵孩子往上爬升，而義大利家庭卻會將那些想要離開家庭軌道，到更廣闊的世界發展的小孩，視為是對家庭的背叛。

家庭組成的時間，也是影響族群發展的重要因素。墨西哥裔美國人通常較早婚，家庭結構穩定。約有一半的墨西哥裔美國女性，在青少年的時候就結婚。相較於日本裔美國人，在那個年齡層結婚者，只有10%。[10]這種情況很明顯地影響了兩個族群的年輕婦女接受教育的機會，同時也使這二族群的年輕男性受高等教育方面的機會也不一樣。當許多墨西哥裔男性必須承擔父親的責任時，日裔男性卻在大學中受教育。

再者，族群間的發展，亦與其「文化」因素有關。一個民族、或是人類、國家的發展，在很大程度上必須視他們的價值觀、態度、技術或是信仰而有所不同。族群間往往因為價值觀、信仰的不同，或是情感、態度表達方式的不同而發生衝突。眼神、手勢、講話的語氣等，對不同

Publishers, 1979), p. 193.

[10] Robert K. Yin, *Race, Creed, Color, or National Origin* (Itasca, IL: F. E. Peacok Publishers, 1973), p. 91.

的族群來說，往往有不同的意義，因而容易引起誤解和導致不舒服、被冒犯或是懷有敵意的感覺，個人的衝突很容易蔓延到整個族群。[11]不同的文化差異，所擁有的教育及其他的社會優勢，會隨著他們是自願或被迫與其他文化交流而有所不同。例如，早期有關於種族混合學校的研究顯示，種族混合學校有助於族群的友好，並促進教育的效果，其結果恰與那些被迫合併的學校相反。[12]在政府的住屋規劃下，聚集在一起的異族群家庭，他們願意住在一起的原因，往往是因為房租低，而不是為了與不同族群的人往來，但在社交活動方面，他們往往會自動隔離。[13]

　　文化沒有所謂的「優」或「劣」，它們只是較適應或較不適應某種特定的環境而已。美國族群當中最成功的猶太移民，曾經在農業上飽嘗失敗。[14]因為他們幾個世紀以來的城市生活經驗，不利於農場的發展，然而卻有助於他們在城市生活。

　　文化的重要性，表現在教育方面，相當明顯。最成功的黑人中學，不管是在學業成就或是職業成就方面，與同一座城市中的白人學校相比，在曠課率或是遲到的情形方面，往往較低。[15]這不只是因為曠課或遲到對學業影響很大，同時也因為他們的態度，才能堅持到底。

　　有時候人們會認為教育要成功，往往需要家裡有很多藏書和雜誌，並且要有父母和小孩之間不斷的口頭互動。但是華裔美國人的家庭，卻

---

[11] Stephen Birmingham, *Certain People* (Boston, Mass: Little, Brown and Co., 1977), p. 67; Richard Gambino, *Blood of My Blood* (New York, NY: Anchor Books, 1974), pp. 235-236.

[12] Norman Miller and H. B. Gerard, "How Busing Failed at Riverside," *Psychology Today* (June 1976), pp. 66-67.

[13] Gerald D. Suttles, *The Social Order of the Slum* (Chicago, IL: University of Chicago Press, 1968), pp. 28, 56.

[14] Maldwyn Allen Jones, *American Immigration* (Chicago, IL: University of Chicago Press, 1960), pp. 212-213.

[15] Thomas Sowell, "Patterns of Black Excellence," *The Public Interest* (Spring 1976), p. 51.

不是非常符合這些特質，然而他們的小孩在學校表現卻相當突出。[16]歷史的經驗顯示，不管是在同一所學校，或是不同的學校，每一個族群對教育的態度仍然不同。同一所學校中的中國移民和墨西哥移民的差異，和南方地區分別上不同學校的白人、黑人之間的差距同樣都非常大。而猶太小孩和同一所學校的波多黎各小孩則差距更大。

　　所謂的「同化」，常常被認為是各個族群被迫放棄他們的特殊文化，以適應盎格魯薩克遜文化的單方向過程。事實上，美國文化是建立在廣大的不同族群的食物、語言、態度及各種技術上。古老的清教徒反對各種娛樂的習俗，早已被德國人較輕鬆而不失優雅的趣味所征服，成為一般美國人的特性；美國的流行音樂是在黑人的傳統音樂上，發展出爵士樂和藍調音樂；美國的政府機關有好長一段時間是由愛爾蘭裔主宰；沒有什麼東西比漢堡、幼稚園更能代表美國了，但是這兩個名字卻都是來自於德語；義大利的披薩 (pizza) 和墨西哥的夾餅 (tacos) 也是如此。上述的這些所謂的美國特色，沒有一項是來自不列顛移民的，儘管族群的差異仍在，它們仍是所有族群共同的遺產。族群間相互分享彼此的文化，例如在哈林區的人們喝百威啤酒 (Budweiser)，猶太移民吃披薩，中國餐館靠一群非華人族群來維持他們的生計，這些都是明顯的例子。

　　擁有技術或是有能力自我經營事業或雇請別人的族群，甚至不必學英語也可以賺取財富。十九世紀的德國裔農夫和猶太裔製衣廠的工人，或是二十世紀初期的日裔農夫，他們同化的程度都很低，也遭到各種不同程度的排斥，但是一樣可以在經濟上逐漸提升。只有那些缺乏各種技術或是經營能力，必須依靠別人雇傭的族群，才必須學習別人的語言，而且也要了解別人的文化，才能使自己的工作較順利。

　　近年來隨著印第安人與美國社會的聯繫越來越多，種族之間的通婚

---

[16]　Harry H. L. Kitano, *Japanese Americans* (Englewood Cliffs, NJ: Prentice-Hall, 1969), p. 72.

現象也正在大量的湧現。據統計，1970 年有 61% 的印第安男子和 64% 的印第安女子是與本族人結婚成親的，其餘的人都是族外婚，和不同種族的人結成連理。根據統計，最為流行的種族聯姻方式是白人男子娶印第安女子，其數目是占種族婚姻的 13.7%，印第安男子娶白人女子的比例占 12.2%，若同白人通婚相比，黑人和北美印第安人通婚則比較少見。兩個種族之間通婚僅占 6%，其中黑人男子和印第安女子的結合方式最為普遍，占 3.7%，而印第安男子與黑人女子之間的通婚占所有種族間婚姻的 2%。[17]必須說明的是，自 1970 年至 1982 年之間，印第安人的種族通婚率增加了五分之一，但是城鄉印第安人之間的通婚現象顯然有所差別。城市印第安人族內婚的情況比較少，而居住在保留區上的印第安人族內婚則占很大的比例。[18]這是一種特殊且必然的現象。曾幾何時，二十一世紀的今日，根據美國官方的解釋，「保留區是一度遍及大陸的印第安土地的最後殘餘部分。雖然不可否認，在很多情況下，這些保留區最初是為了使北美印第安人不與歐洲定居者接觸而建立的。但是今天，美國政府和各部落的印第安政府都認為，儘管大多數印第安人不願居住在保留區上，保留區仍是保存印第安傳統的一種方法。」

「民族熔爐」一詞曾是許多人對美國的觀感，但是現在這個概念卻已經不再受重視了。相反的，在「民族熔爐」理論盛行的時期，當時的異族通婚率是相當低的，但是今天知識分子不再認同「民族熔爐」的說法時，異族通婚率反而較高。德裔、愛爾蘭裔、英裔或是波蘭裔美國人的異族通婚率，都超過了一半以上，義大利裔和日本裔的情形也相去不遠。甚至異族通婚率很低的族群——非裔、猶太裔、拉美裔在異族通婚

[17] 黃兆群，《美國的民族與民族政策》（臺北：文津出版，1993），頁 119。

[18] The Department of Business, *American Indians, Eskimos, and Aleuts on Identified Reservation and in the Historic Areas of Oklahoma* (Washington, D.C.: Gales Seaton, 1986), p. 560.

的比率上也逐年提高。

　　而族群世代相傳過程中，會出現族群內部的差異性。例如猶太移民、墨西哥移民、黑人移民、日本移民和義大利移民，幾乎所有的族群都或多或少曾因下一代間要求改革，而被上一代視為是背叛。[19]然而，即使他們對同化提出反抗，且族群間同化程度各有不同，最後仍會逐步同化，成為「美國化」。有時候族群的差異會世代相傳，經由第一代、第二代的奮鬥之後，第三代在同化程度或是財富方面都不差，但是他們卻往往對自己逐漸消失的族群文化，產生一種鄉愁式的情懷，他們對自己已經無法講的語言、他們已經不再遵循的傳統，或是他們從未擁有的「認同」產生強烈的關懷。這種情形在許多族群身上也常發生，例如中國裔、愛爾蘭裔、墨西哥裔、猶太裔、非裔等。人們常常刻意地去追求一種事實上他們從未繼承的「遺產」。

　　族群內部同化程度的差異，往往導致族群內部在社會及各方面的分裂，而且這種情形也普遍存在各族群之中。新來乍到或是同化程度較低的成員，通常會一直住在這個族群最初落腳的地區，而那些適應、同化程度高的家庭則會選擇遠離他們，往族群外圍附近同化程度最高、最富裕的家庭所居住的地方遷移，也因此逐步地將整個族群往外擴張，例如加州蒙特利爾公園市 (Monterey Park) 及擴張出去的聖蓋博谷區 (San Gabriel Valley) 即是。這種環繞著核心，一圈圈往外發展的典型模式可以在某些城市看到，但是各個城市也會有一些不同的阻礙（例如其他族群不肯搬走），因此這些新拓展出來的區域彼此之間就有些分散。由曼哈頓東邊移往布朗市中產階級社區的猶太移民就是一個典型的例子。有時候同化程度較高或較富裕的族群成員會獨自和一般人住在一起，例如，富裕的中國移民既不住在中國城，也不住在中產階級住的中國區。

---

[19]　William Petersen, *Japanese Americans* (New York, NY: Random House, 1971), pp. 60, 86.

最後，族群的認同和同化，在每一個族群當中有很大的差異。對某些人來說，族群是一種榮耀的表徵。族群認同是一個複雜且不確定的現象，即使是在同一族群裡面，隨著歷史發展而有很大的變化。例如，十九世紀猶太移民的認同，著重在他們的宗教、族群和民族文化傳統上。從他們的觀點出發，一個猶太人，如果對宗教漠不關心、講話像個非猶太人，怎麼可以被認為是一個猶太人呢？然而沒有人會說，猶太移民已經喪失了他們的認同。他們在選舉的傾向上，與經濟力相當的美國人，有很大的差別，他們沒有活在過去，但是過去卻活在他們身上。

族群認同有時候被認為有助於族群的進步。但是族群認同太強烈的族群，例如只為自己族群徇私的政治人物，或是只雇用同族群的人，通常不會成功。沒有人比愛爾蘭裔在政治或是宗教上更保護愛爾蘭人，但是他們這方面的發展速度並沒有比義大利裔快，雖然義大利裔不像他們那樣保護族群私利。例如猶太裔和中國裔，喜愛保持他們特有的文化，但是並沒有像非裔或是拉美裔般，將它變成公開的議題。[20]

美國族群的歷史也就是美國人的歷史，是一部複雜族群和個人的歷史，不能只從道德的角度來詮釋。這是一部有各種發展型態又有各種極大差異的歷史，充滿痛苦、驕傲及成就。從某種意義上來說，這是一部集合著各種不同遺產的歷史；從另一方面來講，它卻是人類精神以各種不同面貌的展現。

不同的族群在美國社會當中，其融合、同化步驟及方式，亦有不同。因此，我們可以得到如下的認知：

第一，美國是世界上接受移民最多、族群成分最為複雜的國家，外來移民極大地影響了美國整個歷史進程，可以說沒有外來移民就沒有美利堅合眾國。外來移民是美國歷史不可或缺的一部分，他們為美國的發

[20]　Humbert Nelli, *The Italians in Chicago* (New York, NY: Oxford University Press, 1970), pp. 24, 28, 36.

展做出了重要的貢獻。外來移民增加了美國的人口，增強了美國人的活力。他們不僅給美國社會注入了富有朝氣的活力，而且也帶來了先進的科學技術，推動了美國生產技術的革新和生產力的提高。此外，外來移民擴大了美國的市場，體現了對美國經濟發展的人力投資。移民在不同程度上保持自己群體本身的傳統和習俗，從而豐富了美國的文化，使它更加多姿多彩。

第二，任何國家和民族要保持他的存在和發展，都必須維護自己國家的利益和民族的利益。美國的移民政策，是以維護美國的利益為出發點，對美國經濟、政治、社會和外交環境產生了重大影響。美國移民政策，乃融合各支族群在美國的親身經歷而成「慣例」，和美國政府依循早期歐洲移民所遵循「社會契約論」及「三權分立」的先例所決定。當聯邦政府急需勞動力的時候，就會將移民的大門敞開。內戰以前，聯邦政府對外來移民採取自由放任的態度。內戰以後，一旦出現和勞動力相對過剩的時候，美國便通過多項立法，開始對移民進行限制以至排斥的移民政策。1882 年《排華法案》標誌著美國自由移民政策向限制移民政策過渡的開端。1917 年的《文化測驗法案》，部分關閉了對移民敞開著的美國大門。其原因在於，二十世紀初美國人口總數已超過一億人，勞動力不再像過去那樣缺乏了。1920 年代國會通過的《移民緊急名額法》，使歐洲的移民總數減少了，亞洲的移民幾乎完全被禁止，而來自加拿大和墨西哥的移民日益增加，這是由於西半球移民不包括在《移民緊急名額法》之內。二次世界大戰後，美國從自己的實力和當時國際競爭的需要出發，放寬了對移民的限制，掀起美國另一波移民高潮。1946 年至 1947 年間，根據非配額法入境的外籍新娘及子女約有十八萬人。1945 年至 1965 年期間，根據《被迫流亡法》(*Displaced Persons Act*) 和《難民救濟法》(*Refugee Relief Act*) 入境的難民超過百萬人，占這一時期全部移民總數的 25%。到了 1960 年代，美國在發展經

濟和科技的過程中仍需要各方面的人才，加上受民權運動的衝擊，美國不得不對移民政策進行修改。於是，1965 年美國國會通過了新移民法，即《1965 年移民與國籍法》，亦稱《哈特－塞勒法案》(*1965 Immigration and Nationality Act/Hart-Celler Act*)。新移民法的實施，改變了美國移民法的傳統格局，主要來自歐洲的移民逐漸被亞洲所取代，第三世界國家的移民也大大地增加了。㉑

第三，美利堅民族的形成和發展，是一個不斷接受和同化外來移民的過程，民族融合是不可避免的趨勢。凡試圖進入美國社會而受阻的那些群體，在敵意的環境中為求在經濟上有所發展，傾向於依靠族群自己本身社團提供的安全和保護，開始其經營活動。外來移民建立了各種組織，如提供物資的經濟協會；滿足成員間友誼、娛樂、精神慰藉所需要的社會和文化（包括宗教）社團；以調解他們之間的矛盾、捍衛他們的權利的政治組織等。外來移民創立了自己的社區或聚居區 (ethnic enclave)。隨著美國工業化、城市化的迅速發展，移民及其後裔的社會流動增強了，進而加強移民與土生美國人，以及移民聚居區之間的來往交流，為互相融合為一體，創造了有利的條件。當今美國社會的許多方言、食物、音樂和文化特徵，都曾一度具有族群的特色，而今卻成為美利堅合眾國共同遺產的一部分。不僅各民族、族群集體移居美國後已發生變化，而且美國社會在接納他們之後，也在許多方面發生了變化。㉒

第四，生存與發展，一直都是整個人類社會最基本的問題。對生存環境改善的渴望，幾乎成為世界上所有民族的本能。為了生存與發展的需要，出現了大批遷移到外地或者外國定居的人，這就叫做移民。因此，移民作為整個人類的一種生存本能，其共同性自然會遠多於特殊性，而且歷史的發展趨勢，正顯示出越來越多的共同性。如果把中國移

㉑ 陳靜瑜，《美國族群史》，頁 7-37。
㉒ 陳靜瑜，《美國族群史》，頁 471-489。

民史放在國際移民史的大背景之下進行考察，那就未必能夠顯示出太多的獨特性。換言之，從移民的背景、身分、動機以及類型等方面來看，中國移民與其他國家的移民並沒有太大的不同。

　　第五，美利堅民族具有文化多樣性。外來移民都出生在世代相傳的特定文化模式之中，這種文化模式有著深長久遠的影響。外來移民在政治入籍、經濟運作、語言文字和宗教信仰等方面融入當地社會時，仍然保留對自己族群的認知。例如，義裔美國人和華裔美國人在很大程度上保持著自身的特性。1890年一項調查顯示，在紐約下城幾乎沒有義大利裔娼妓。正如義裔美國人生活中的其他許多現象一樣，這一點同樣反應出義大利南部的社會風氣和價值觀。隨著時間的推移，義大利人的價值觀念和行為模式，都在美國環境下發生了變化，但仍有一些原封不動地保留下來。義裔美國人在學校裡與其他移民族群一樣，接受的是美國的價值和方式，由於孩子們在兩個世界裡長大，講兩種語言、體現兩種文化，是很自然的事情。同樣地，華人肯定中華文化的優點對美國是寶貴的財產，是有利無害的；愛爾蘭人保存原鄉的踢踏舞及三葉草的傳統，不曾改變。從理論上說，每一個族群群體在美國這一個民主社會裡，都有權利保持自己獨特的文化特徵和民族性，這不但有利於美利堅民族的發展，也符合美國社會的實況。美國歷經不斷同化過程，融合移民文化，加上美國社會採取兼容並蓄的策略，使得美國文化豐富多彩。總體觀之，保持與發展移民自身的優秀文化，對於美國社會的進步與繁榮是有所助益的。

　　綜言之，從制度學的意義說，美國是一個熔爐。從宣誓成為美國人的那一天起，移民就要保證，只向新的國家效忠。即使離開美國，也逃避不開對這個曾效忠的國家盡義務。從人種學上講，美國是一個多元化色彩的國家。眾多來自不同國度的移民，不論是為了追求宗教的自由、政治的理想、經濟生活的改善，他們對這一個陌生的新大陸，充滿期待

及夢想。構成美利堅社會文化的基礎是盎格魯薩克遜文化，尤其是在其形成的初期。㉓英屬北美殖民地建立以後，以及美利堅合眾國建立以後，該社會的統治者也曾經力圖保持這種一元化的盎格魯薩克遜文化的原則。他們曾經竭力按照英國文化模式發展美國文化，然而，實際情況根本不允許他們做到這一點，除非他們有可能禁止大量外來移民入境，或者僅僅只允許來自英倫三島的移民入境。美國社會之所以能夠迅速發展，之所以能保持旺盛的生命力，在很大程度上得益於不斷注入的新生力量，亦即大批外國移民的到來。外國移民為美國民族注入了新的智慧，新的勞力，同時亦帶來了新的文化元素。但是，一直到二十世紀以前，美國社會文化的主要元素還是來自歐洲，尤其是西歐的文化成分。相當長的一段時期裡，美國文化缺乏本鄉本土的氣息。美國文化的美國化，一直要到進入二十世紀以後，美國社會文化的多元化成分才逐漸明顯，進而使得美國文化的鄉土特色越加突出。眾多的族群融合在一起，雖然他們試圖融入這個社會，雖然他們自稱自己是美國人，但許多移民都頑強地保留自己本身的生活習慣與價值觀。美國的猶太裔仍然帶著他們特有的圓扁帽去猶太教堂做禮拜；亞美虛裔 (Amish) 仍過著傳統務農的原始生活；中國裔依然注重孩子的教育。這種多元化的社會特色，只有在族群運動時才會顯現出來。如此一來，美國社會制度的力量在於能夠把他們凝合在一起，容許他們保持各自的宗教信仰和各自的價值觀，讓他們各有所長地去發揮，物盡其用；而在他們的價值觀和這個社會制度發生衝突時，再去作修正，讓不同的價值觀遵守一個共同的規定。相同性與相異性的混合，不僅貫串當今的美國社會，也貫串著美國的歷史。沒有哪一個種族是完全獨特的，但也沒有哪兩個種族是完全相同

㉓ 美國著名史學家丹尼爾‧布爾斯廷 (Daniel Boorstin, 1914–2004) 曾經指出，在整個殖民時期，美國的書籍基本上全部是從英國進口的。如此證明，美國文化的淵源是英國文化。

的。不論是日本裔族群或是義大利裔族群，也不論是非裔族群或是墨西
哥裔族群，更不論是德裔族群或是猶太族群，每一個族群群體都有自己
的地理分布格局，以及他們到達美國本土時的困境，和他們賴以維生的
職業和地區的演變。美國各族群的同化過程，並非是一種單行道；在這
些同化的道路上，移民在邁入主流文化中會自我選擇及調適。

第十九章 再創「新」的美國世紀

　　美國，是一個接納移民的國家，在這個移民的大熔爐裡，誠如1776年美國《獨立宣言》中所強調的──「人生而自由平等」的理念，任何移民都可到美國來尋找自由、平等，美國給予移民機會，證明自己的價值，成就事業，成就自我。百餘年後，法國為了友好，送給美國一尊自由女神像 (Statue of Liberty)，如今矗立在哈德遜河，為歐洲各國人民照亮前來美國之路。更何況美國給予世界的一個印象是民主實驗場典範，移民來到美國完成他們「美國夢」的實踐。在移民心中，美國就是移民的避難所，是老天賜予的一塊樂土。

一、美國的移民與經濟

　　早在十七、十八世紀歐洲殖民者到來之前，北美原住民已有二千多支部族，說著不同的語言。1619年第一批黑人契約勞工和奴隸來到新大陸，幾年後殖民者也隨之大批到來，但直至1860年左右，美國人口同質化的程度還相當高。1820至1860年從歐洲來到的五百萬名移民中，十分之九來自英格蘭、愛爾蘭或德國。自南北戰爭後，大批來自義大利、巴爾幹地區、波蘭、俄國和其他東歐與南歐國家的移民才開始湧入，他們在文化和語言方面大多數與早期美國人有明顯的差異。新移民建立他們自己的地區（一般是城鎮），並迅速發展其種族性社團、俱樂部、報紙和劇院；他們居住的地區內具有獨特文化和社會特性，成為社會的轄外之地。同一時期，阿拉斯加和夏威夷的居民開始看到自己的文化在移民潮中淹沒，甚至有時會透過抗爭等激烈手段保護己身文化。二十世紀時，其他美洲和亞洲的千百萬人加入了這股移民浪潮中。

　　1980 年代中期美國人民以白人占多數（約占總人口的 85%），通常他們自認為是最早的「美國人」，但他們也強烈地認同許多原來的民族傳統；黑人占 12%，代表著一個日益增加、處境不利並且經常疏遠、離心的部分；人數較少的是亞洲人、太平洋島民、北美印第安人、愛斯基摩人（因努伊特人）和阿留申人，共約占 3%。

　　從語言看，白人和黑人族群都講英語。大約 8% 的拉丁美洲（源自西班牙前殖民地）移民使用西班牙語，他們的傳統主要來自墨西哥。只有拉丁美洲裔、亞裔和北美原住民等族群維持充分的群體意識，以致仍能活用他們的語言。就地區而言，這些社團的成員人數眾多，因此產生雙語教育和政府服務等社會棘手難題。新教徒約占美國人口的 40%，最大的教派和教派集團是浸禮會、衛理工會、信義會、五旬節派、長老會、基督教會和聖公會。總人口中約 30% 是天主教徒，3% 是猶太教徒，2% 是東正教徒，另外，7% 則自認不屬任何教派或是無神論者。

　　美國的出生率稍高於歐洲國家，但較之世界其他大多數地區則又低得多。一般而言，隨著家庭收入增加和教育水準提高，嬰兒出生率降低。天主教徒和基本教義派新教徒有較高的出生率。美國十五歲以下的未成年人約占總人口的五分之一。死亡率稍低於歐洲國家。美國黑人的平均壽命約比白人少五年，各種年齡的非白人男性的死亡率，一般比白人高出許多。主要死亡原因是與老年有關的慢性疾病，如心臟病、腦血管失調和癌症等。世界上的人口中很少像美國人那樣遷徙，美國每年有 10% 的人民遷移。二十世紀後期，美國成為一個市郊居住型國家，大約 45% 的人口住在郊區，約 30% 住在中心城市，25% 住在鄉間。占總人口 3% 且日趨下降的農業人口，是美國有史以來最小的人口比例。

　　從經濟觀之，美國屬於以自由企業為主的發達經濟，製造業和服務業占國民生產毛額的主要部分。國民平均生產毛額居世界之冠，其成長率比人口成長快。農業產值約占國民生產毛額的 2%，約雇用 3% 的勞

動力。農田耕作大多已機械化並以科學控制，大部分的經濟作物生產超出國內需求很多，使美國成為主要的食物輸出國。約十分之一的可耕地受灌溉，大部分在西南部和西部。主要農產作物包括玉蜀黍、小麥、大豆、甘蔗、甜菜、高粱、飼草、大麥、馬鈴薯、棉花、燕麥、番茄、向日葵籽及花生。水果有柑橘、葡萄、蘋果、葡萄柚、檸檬及酸橙。菸草、鱷梨、鳳梨、草莓、扁桃和蓴草的產量在世界產量中名列前茅。也有大量生產粗糖和精糖、水果酒、啤酒和蜂蜜。

美國的主要牲畜有牛、豬、馬、羊。乳品業很發達；牛奶、乳酪、奶油的生產超出國內的需求，一部分供出口，一部分由政府補助作為儲備。牛皮及羊毛的生產供應皮革業和紡織業。家禽也占重要地位。美國是世界主要的木材生產國，商用林業發達，相當大的地區定期砍伐和種植。美國名列世界主要漁業國之列，幾乎所有的商業漁撈都在海洋進行，漁船隊在大西洋、太平洋、北極海、加勒比海以及墨西哥灣作業。

美國採礦業極為發達並且高度機械化。煤居能源礦產之首，鐵、銅、鋁礬土、鉛、鋅、鉬、水銀、鎢、鈦及銀是最重要的金屬礦。此外還開採磷酸岩與鉀鹼、鹽、石灰石、石膏、石灰、泥灰岩、浮岩、硼及滑石等。美國也是世界上雲母、重晶石、硫和長石的主要生產國。

製造業種類繁多，約占國民生產毛額的 20%，約雇用 17% 的勞動力。鋁鋼鐵金屬與製品、水泥與建材、機械、機動車輛與其他運輸設備、電氣和電子產品、加工食品和菸草、化學品、紡織品與服裝、橡膠與塑料等為主要產品。全國近四分之三的電能是由火力發電廠產生的，其餘則來自核電廠和水電廠。1970 和 1980 年代，由於舊產業的工廠和設備陳舊，生產力成長低落和相對提高的勞動成本難以和外國產品競爭，製造業開始從生產重型的耐用品轉向生產電子、電腦及軟體等。

建築業約占國民生產毛額的 4%，雇用相同比例的勞動力。主要的建築活動為維護州際高速公路系統、天然氣和原油輸送管，以及改善密

西西比河及其他河流的運河。旅遊業集中在佛羅里達、南加利福尼亞、夏威夷、波多黎各和美屬維爾京群島等亞熱帶地區，這些地方有極佳的海灘和垂釣場所，冬季運動勝地則在落磯山區和新英格蘭；冬季旅遊勝地在夏季，也因高山景致且氣候宜人吸引遊客。大都會地區則以其博物館和文化活動吸引遊客；東部濱海各州的歷史古蹟、西部諸州自然奇景和國家公園，以及加拿大美國之間的尼加拉大瀑布，都是吸引國內外遊客的重要旅遊勝地。

勞動力約占美國十六歲以上人口的三分之二。1980 年代早期的經濟衰退中，傳統重工業向電子工業轉移，工業自動化等，失業問題出現。工會活動勃興，連帶對政治產生影響。美國勞工聯合會產業工會聯合會（勞聯產聯，簡稱 AFL-CIO）是主要的工會聯合，大部分工會都從屬於它。聯合會的組成工會和其他獨立工會代表會員磋商關於工資和工作條件的契約，並且就會員的不滿和雇主談判；他們還協助會員尋找工作，提供來自勞聯產聯的臨時資助和援助。在聯邦立法通過勞工部等各種不同機構制定勞資關係的規定，這些機構也裁決勞工爭議、確立聯邦的最低工資、主管職業安全和保健政策及協助州政府的失業方案。

政府通過稅收、免稅、補助、津貼及扣除來調整經濟；利率是由在政治上獨立的聯邦準備銀行所控制的。商務部和各種管理機構保證公開競爭，司法部則執行反對限制貿易的立法。有關國家利益的工業則主要通過能源部、國防部、國家航空暨太空總署及國家科學基金會等管道取得研究發展的資助。

聯邦收入主要來自個人所得稅、社會保險稅、公司所得稅及消費稅，支出項目主要有國防、社會保險、社會福利、國債的利息、保健及教育等。財政部和聯邦準備系統制定貨幣政策。技術先進的軍事系統使軍事支出逐漸增加，加上 1960 和 1970 年代社會和福利服務的迅速擴充，產生了嚴重的預算赤字。這些赤字又因週期性的經濟衰退而擴大，

其結果是國債繼續增加。

美國擁有世界最大的鐵路系統（按鐵道總長度計算）和最廣泛的公路網（以哩程計算）。鐵路日益作為長距離、大宗貨物的快速拖運工具。該國道路五分之四以上有鋪柏油，大約十分之一的道路是州際高速公路。美國四通八達的內陸水道有五十多個港口，以紐約港和紐奧爾良港的運輸量最大；密西西比河則是美國最繁忙的內陸水道。航空運輸十分發達；連接各地區的亞特蘭大機場和芝加哥機場的商用空運量居世界之冠。

1970年代中期至1980年代後期商品貿易持續呈現逆差。1970年代後期進入1980年代初期貨品勞務的貿易平衡極為不利，此時勞務的輸出使其轉為有利。主要出口物包括化學品和相關製品、機動車輛和部件、辦公室用機器和電腦、飛機和部件、穀物及一般工業與電氣機械等。美國主要的出口市場包括加拿大、日本、墨西哥、英國及西德；而主要進口貨物包括機動車輛和部件、原油和煉製品、基礎鋼鐵製品及一些原料（不包括燃料和食物），主要從日本、加拿大、西德及墨西哥等國輸入。

二、美國的政府與社會

就政府與社會狀況觀之，美國為聯邦共和政體，包括一個聯邦政府和五十個州政府。美國於1789年頒布的《憲法》賦予聯邦政府若干權力外，其他所有權力均保留給州政府。國防、外交政策、對外貿易、高等司法、國內安全、州際商業管理等，皆為聯邦政府最重要的職責範圍。各州的主要功能包括農業和農林保護、公路和機動車輛的監管、公共安全和懲戒、州內商業的管理以及教育、保健和福利計畫的實施。

《憲法》將聯邦政府的權力分由三個地位平等的部門執掌：行政、立法及司法部門；各州的政府機構也近似於這種分工。最高行政權由總

統行使，任期四年，以民主方式從五十個州和哥倫比亞特區選出的選舉
人中選舉產生。總統是國家元首、軍隊總司令和條約締結者，他還是政
府的中心，可推動立法和制定外交政策。立法權則由有四百三十五名成
員的眾議院和有一百名成員的參議院行使。參議員由每州選出二名，任
期六年，眾議員則由公眾投票選出，任期二年；每州眾議員的人數是根
據十年一次的人口普查數字調整的。司法部門則以最高法院為首，其九
名大法官由總統徵得參議院同意後任命。最高法院利用其司法審查的權
力，可以使不遵循《憲法》的立法和行政決議失效，它還是下級法院判
決提出最後上訴的法院。

支配美國選舉政治的兩個政黨是民主黨（主要為中間偏左）和共和
黨（主要為中間偏右）。每一個組織都尋求廣大選民和廣泛利益範圍的
支持，因此兩黨一般都標榜溫和的政治綱領。美國是全球的軍事大國，
根據各種條約在西歐、日本和南韓駐軍。美國擁有大規模精密的核子武
器，包括戰術飛彈、戰略轟炸機、潛艇發射的彈道飛彈和洲際彈道飛彈。

美國社會福利的資助和管理有公共和私人兩部分；救濟金範圍包括
失業、工作傷害、疾病、妊娠、老年、喪失工作能力及喪偶。此外，聯
邦政府和州政府一起提供需要扶養兒童的貧困家庭現金補助和社會服
務。保健和衛生狀況極佳，但農村或城市的貧民聚居區例外。全國主要
的健康問題是心臟病，其致死率在 1960 年代後期至 1980 年代初期已穩
定下降。此外，醫生占人口的比例高。黑人的健康情形則一般較差，例
如黑人的嬰兒死亡率幾乎高達白人的兩倍。

大部分的州實行六至十六歲免費義務教育。絕大多數美國學生直至
十七或十八歲完成高中教育才離開學校。雖然教育主要是由州政府和地
方政府管轄，但聯邦政府在下列事項上扮演著重要角色：支持學校供應
午餐、管理印第安人的教育、提供各大學研究獎學金、貸款給大學生、
資助退役軍人教育及補助各種教學器材的購置。美國擁有一些世界上最

優秀的高等學府，如哈佛大學（麻薩諸塞州）、耶魯大學（康乃迪克州）、普林斯頓大學（紐澤西州）、麻省理工學院、芝加哥大學（伊利諾州）、史丹福大學（加利福尼亞州）及加州大學。

美國《憲法》對新聞自由（聯邦和州均相同）的保證，給予全國新聞媒介無可比擬的自由來牽制政府的活動。縱使一件官方祕密活動也不能限制報界站在與政府敵對的角色來報導：對越戰的新聞報導，並有助於扭轉政府參戰的政策；它還促使各種煽動者和其他政治人物的起落；對「水門事件」醜聞的報導迫使尼克森總統在面對逼近眼前的彈劾時辭去總統職務。美國新聞媒介的力量是巨大而無所不在的。

從文化生活觀之，美國文化已經產生了許多傑出的作家和藝術家。該國十九世紀的文學由馬克‧吐溫、愛倫坡、梅爾維爾、惠特曼及亨利‧詹姆斯 (Henry James, 1843-1916) 等人擅揚。二十世紀偉大的作家有海明威、福克納、史坦貝克、孟肯、費茲傑羅、梅勒及索爾‧貝婁 (Saul Bellow, 1915-2005)；劇作家有尤金‧歐尼爾和田納西‧威廉斯 (Thomas Lanier Williams III, 1911-1983)；詩人有埃茲拉‧龐德、艾略特及羅伯特‧佛洛斯特等。

美國最流行和最能影響國際的一種藝術形式是電影。美國的電影導演如霍克斯 (Howard Hawks, 1896-1977)、寇克 (George Cukor, 1899-1983)、奧森‧韋爾斯 (Orson Welles, 1915-1985)、法蘭克‧柯波拉 (Francis Ford Coppola, 1939-)、約翰‧福特 (John Ford, 1894-1973) 及約翰‧赫斯頓 (John Huston, 1906-1987) 等以攝製電影的藝術技巧而聞名世界。美國發展出幾種獨特型態的流行音樂：爵士樂、藍調音樂、鄉村與西部音樂以及搖滾樂。最受歡迎的表演者有愛德華‧艾靈頓 (Edward Kennedy Ellington, 1899-1974)、藍調的亞伯特‧金恩 (Albert King, 1923-1992)、鄉村與西部音樂的漢克‧威廉斯及搖滾樂的艾維斯‧普里斯萊。

就美國社會的變遷觀之,除了族群大融合之外,從 1960 年至今,美國社會充滿騷動,社會發生許多改變,也因此造就了今日的美國。

首先,從家庭的發展趨勢改變觀之,父母在子女心目中的地位發生了變化,由對父母遵循、服從,變成自立和自決。丈夫和妻子在權利方面,有平等化的趨勢。不過可以觀察到,當代家庭中的夫妻權利格局已趨多樣化,並走向平等化。男女初婚年齡也從 1960 年的 26:24 提高至 29:27。初婚比例從四分之三降到二分之一,這種趨勢說明 1960 年以後出生的人,在其一生中過婚姻生活的意向,比他們父母輩和祖父母輩要低。而家庭最基本的標示是生育率,然而自 1960 年代以後,生育率有下降的趨勢。深究 1960 至 2000 年,改變美國家庭生活情況的四大因素是:生育成為選擇的活動;禁止非婚同居的法律被廢除;無過失離婚成為可能;以及大量有小孩的婦女加入勞動大軍,亦使離婚和與丈夫分居的母親加入勞力市場中。忠於家庭的價值觀念在近幾十年裡並沒有明顯的減弱,而且研究成果也表明,家庭穩固性或親屬關係也沒有削弱。

其次,從宗教信仰的發展趨勢觀之,宗教有開明,有保守。美國似乎正開始發展宗教觀念與政治態度之間的聯繫。猶太教徒和一神教教徒,很可能投票選民主黨人。南部浸禮會教徒則喜歡共和黨人。但就大部分新教徒和天主教徒來說,真實情況仍然是他們的宗教信仰和政治主張並沒有多大的聯繫。雖然有些觀察家預言,教派的保守性將繼續增大,開明性將隨之衰弱,但事實並未證實這種預言。美國宗教仍然一如既往,比其他各種制度更禁得起考驗。綜觀 1960 年代至今,美國教徒人數有增加的趨勢,已婚婦女上教會的比例降低,而宗教上的寬容有了明顯的增長。

再者,從教育的發展趨勢觀之,南北戰爭以後的一百年,美國在教育方面,如同在製造業方面般,有了引人注目的發展。尤其在 1970 年前後,教育發展開始平穩下來。不過,黑人在完成教育年限上,繼續追

趕著白人，一直到 1980 年，他們才平穩下來，剩下很少不利的條件。美國在 1980 年代後，教育體系已不再能與其他發達國家的教育制度相競爭。例如，1981 至 1982 年在國際教育成績評估協會進行的許多國家和地區，八年級學生數學水準的調研中，美國學生的分數低於加拿大、英國、法國、香港、日本、芬蘭、荷蘭等地學生分數。並在十四個國家中學生科學成績調查中，除泰國外，所有國家的得分都超過美國。1980 年代公立學校教學品質逐漸下降，教師訓練不夠，師資素質參差不齊。大半中學畢業生是半文盲，最後，大多數美國人把教育的根本變革，視為是使美國重新恢復競爭力的最大關鍵。針對以上缺失，美國進行對教育制度的檢討，包括重建公眾對教育制度的信心。儘管教育理論不斷地變化，教育課程卻長期未更動。公立教育不穩定的另一根源是學校關閉、重新劃分學區和大量轉學。這些在 1970 年代和 1980 年代成為常事，部分是為了遵循取消種族隔離的計畫，部分是因為出生率波動，社區內的遷居、地區間的遷徙和從國外來的移民所引起的學齡人口的巨大變動。此外，聯邦干預地方學校的管理，給學校的計畫工作，引進了另一些不確定性。

　　最後，從休閒的趨勢觀之，休閒活動連續不斷地多樣化、複雜化和擴大化。先進的工業社會歷經了週期性的休閒活動大增，其標識就是參加積極和消極休閒活動的人數明顯增加。多樣化的典型方式，就是增加新的活動而不丟掉舊的活動。例如，1920 年左右，無線電廣播和收音機傳入美國，報紙的讀者有增無減。1945 年左右電視到來時，它並不曾妨礙無線電廣播聽眾的增加，艇尾推進機的發明也沒有阻止裝有艇內推進機的船隻或帆船、划艇的繼續發明。同時，在各類之中可以選擇的東西更多了。有線電視出現了，就成為對無線廣播電視的一種可供選擇的替代物，出租影片供錄影機使用，又是對電視、影視兩者的一種可供選擇的替代物。多樣化的另一方面，是興趣分得越來越細，從園藝到花

卉展、百合花展、萱草花展，各種展覽都有自己的基礎設施，都有自己的專門觀眾。而且幾乎每個休閒領域中，人數遞增，可說是當然的事。1960年以後，美國二十多種能夠計算參與人數的積極娛樂，只有「臺球」的程度有下降的趨勢。按階級、財富或權力劃分的，無論任何人口階級組成方式，都可想而知會影響休閒方式。地位高的人從事休閒活動總是比地位低的人更多，不管他們是否有較多的空閒時間。把某些休閒活動保留給地位高的人，是多少世紀以來西方社會結構的一個重要因素，例如，工廠的工人在1890年不打槌球，1930年不打高爾夫球。

個人和家庭的地位與他們休閒活動的次數和強度之間，仍然有正面的相關，但這種相關比過去低很多，而且繼續在下降。儘管次數比白領勞動者少，美國的藍領工人如今也打高爾夫球、滑雪和出席交響音樂會等休閒活動。對工人階級來說，去國外旅遊也絕非不可能的事。就整個美國而言，休閒方式的部分平等，並不同時代表收入或職業地位上任何具有意義的平等。尤其自1960年以來，休閒的方式、階級差異的減少，加上性別、年齡和種族差異減少，雖然在全部休閒方式中，男女之間仍有不少的差異，但是幾乎所有從前典型的男性或女性的活動，近來都已吸引了相反性別的愛好者，例如，男性從事縫被子和園藝，女性舉重和獵鹿等。

美國對於膚色的限制也取消了。1960年以前，美國幾乎所有的體育明星都是白人，今日，多數體育明星是黑人。

但是人們哪有這麼多的時間從事休閒？工作時間並未減少，婦女又大批出外工作，人們的休閒時間卻增多了？由於家庭規模的縮小和孩子上學更早，用於照顧孩子的時間略有減少。此外，由於器具、織物食品雜貨的改進，快餐出售的擴展，花在家務上的時間也有所削減。這些因素增加了普通市民自由行動的時間，但遠不足以說明休閒活動的激增。新的休閒活動所需的時間，似乎主要來自過去閒散、無所事事中消磨的

時間。

　　促進休閒活動激增的最重要因素是，人口教育水準的穩步提高。教育本身就是一種以令人感興趣的方式，將工作和休閒結合的活動。

　　最後，就族群發展趨勢觀之，通婚，隔離漸減，失業率仍有，政府關切社會福利、社會流動及社會變化。白人和黑人在教育、收入、保健方面的差距早已開始縮小，並繼續在縮小，居住分散的跡象也較明顯。

三、再創另一個新紀元

　　美國這個年輕的國家，從殖民地的地位，紮根、淬煉後，於二十世紀初一躍而成世界首要的強國，站在世界的前端，創造二十世紀的美國紀元。她秉持著林肯「民有、民治、民享」的崇高治國理念，堅持著「門羅主義」的外交理想，在世界國際舞臺上，發光發熱。

　　二十世紀是美國的世紀。美國首先是世界的經濟超極強國，其次是世界軍事的超極強國，如此取得世界第一超極強國的地位。美國地大物博，資源豐富，國家富有，技術領先。國內國民生產毛額高，再加上她的自由貿易政策，美國變成世界最廣大和最重要的市場。美國的貨幣還是世界第一國際交易的貨幣，紐約是世界第一金融中心。

　　美國在國際貨幣基金和世界銀行中，占有控制的優勢。因此，美國至二十一世紀仍居世界經濟的首位，無任何國家可以取代。美國也是世界重要的投資市場，重要的外國移民入口的國家。在二十世紀，不少外國的科學家和技術人員移入美國，在美國貢獻智慧及發明。

　　再者，二十世紀美俄是兩個主要霸主、超極強國，分別稱霸於西東。從一次、二次兩次世界大戰後，美國兼負世界重要責任與地位。在1991年蘇聯瓦解後，美國成為世界首要軍事國家。除了美國外，沒有一個超級軍事強國可以取代。美國繼續經由聯合國執行若干霸主的工作，行使若干世界霸權，繼續其領導者的地位。

　　承襲二十世紀的優勢，二十一世紀的美國，不論其在政治、經濟、社會，乃至於文化及融合的嬗變歷程及發展，仍將牽動著各國的脈動，引領著世界邁向國際地球村。二十一世紀的今日，茁壯的美利堅合眾國亦將在世界繼續壯大，調整步伐，在國際間創造下一個「新」的美國世紀。

世界現代史（上）（下）

王曾才／著

　　現代世界的發展，有其特別的重要性，此為今日大專學生和社會人士亟需吸收的歷史知識。本書作者王曾才教授以其清晰的歷史視野和國際觀，用流暢的筆法來撰述，為讀者提供了一個體察天下之變的指涉架構。

　　本書分上、下兩冊。上冊所涵蓋的範圍起自第一次世界大戰，終至世界經濟大恐慌和極權政治的興起；下冊始於第二次世界大戰而迄於冷戰結束和蘇聯的崩解。舉凡現代政治（含國際政治）、社會、經濟和文化的演變，均有詳盡而有深度的敘述與析論。

　　本書結構嚴謹，而富可讀性，允為瞭解現代世界變遷的最佳讀物和參考書。

國家圖書館出版品預行編目資料

美國史／陳靜瑜著.——增訂二版一刷.——臺北市:
三民,2020
　　面;　　公分

　ISBN 978-957-14-6954-6　(平裝)
　1. 美國史

752.1   109014659

美國史

作　　者	陳靜瑜
發 行 人	劉振強
出 版 者	三民書局股份有限公司
地　　址	臺北市復興北路 386 號 (復北門市)
	臺北市重慶南路一段 61 號 (重南門市)
電　　話	(02)25006600
網　　址	三民網路書店 https://www.sanmin.com.tw
出版日期	初版一刷 2007 年 10 月
	增訂二版一刷 2020 年 11 月
書籍編號	S750070
I S B N	978-957-14-6954-6

三民書局